河南历史考古研究的回顾与展望

"河南历史与考古研究"丛书（第二辑）

主编 张新斌

中原出版传媒集团
中原传媒股份公司
大象出版社
·郑州·

图书在版编目(CIP)数据

河南历史考古研究的回顾与展望/张新斌主编.— 郑州：大象出版社，2018.11
（河南历史与考古研究丛书.第二辑）
ISBN 978-7-5711-0004-9

Ⅰ.①河… Ⅱ.①张… Ⅲ.①河南—地方史—研究②考古—研究—河南 Ⅳ.①K296.1②K872.61

中国版本图书馆CIP数据核字(2018)第265562号

"河南历史与考古研究"丛书（第二辑）

河南历史考古研究的回顾与展望

HENAN LISHI KAOGU YANJIU DE HUIGU YU ZHANWANG

张新斌 主编

出 版 人	王刘纯
责任编辑	李小希
责任校对	毛 路　李婧慧　张迎娟　安德华
装帧设计	王晶晶

出版发行	大象出版社（郑州市开元路16号　邮政编码450044）
	发行科　0371-63863551　总编室　0371-65597936
网　　址	www.daxiang.cn
印　　刷	河南文华印务有限公司
经　　销	各地新华书店经销
开　　本	787mm×1092mm　1/16
印　　张	38.5
字　　数	520千字
版　　次	2018年11月第1版　2018年11月第1次印刷
定　　价	80.00元

若发现印、装质量问题，影响阅读，请与承印厂联系调换。
印厂地址　新乡市获嘉县亢村镇工业园
邮政编码　453800　　电话　0373-5969992　5961789

"河南历史与考古研究"丛书（第二辑）编委会

主　任　王　勇
副主任　袁凯声　张新斌
主　编　张新斌（兼）
副主编　陈建魁　唐金培　李　乔
编　委　张佐良　李　龙　田　冰　陈习刚　杨世利
　　　　张玉霞　魏淑民　章秀霞　徐春燕　夏志峰

《河南历史考古研究的回顾与展望》编委会

主　编　张新斌
副主编　李　乔　陈建魁　唐金培
编　委（以姓氏笔画为序）
　　　　王建华　田　冰　师永伟　李　龙　李　乔
　　　　李玲玲　李晓燕　杨世利　宋　放　张玉霞
　　　　张佐良　张新斌　陈习刚　陈建魁　夏志峰
　　　　徐春燕　唐金培　章秀霞　魏淑民

河南省社会科学院历史研究所部分人员合影（1985年）

河南省社会科学院院领导与历史研究所全体人员合影（1998年）

河南省社会科学院历史与考古研究所部分人员合影（2009 年）

河南省社会科学院历史与考古研究所部分人员合影（2016 年）

张新斌研究员向日本学者木田知生赠送学术成果

2010年，张新斌研究员在日本石川县作题为"中华姓氏纵横谈"的学术报告

2012年春，河南省社会科学院历史与考古研究所研究人员考察太行山白陉古道

2011年11月，河南省社会科学院历史与考古研究所主办的"第四届固始与闽台渊源关系研讨会"

2014年8月，河南省社会科学院历史与考古研究所主办的"中国炎帝朱襄氏与柘城文化发展研讨会"

2016年9月，河南省社会科学院历史与考古研究所参与主办的"第十四届河洛文化研讨会"

2017年7月，河南省社会科学院历史与考古研究所参与主办的"海峡两岸纪念陈星聚诞辰200周年研讨会"

河南省社会科学院历史研究所部分研究成果（1998年）

河南省社会科学院历史与考古研究所部分研究成果（2009年）

河南省社会科学院历史与考古研究所部分研究成果（2018年）

河南省社会科学院历史研究所部分获奖证书（1998年）

河南省社会科学院历史与考古研究所所获部分荣誉

开封迁至郑州。所里的11万余册图书资料并入新建的院图书馆,所里的行政人员也转入院行政部门工作。院里任命韩庆起(1981—1983)、郑涵(1981—1983)为副所长,之后,王天奖(1983—1984)继任副所长。

1983年10月5日,河南省社会科学院设立考古研究所。考古研究所除参与一些遗址调查试掘外,主要根据文物考古资料,结合历史文献记载,对史前文化、夏商考古、古城古国、楚文化、秦汉考古与简牍学、隋唐宋元考古等方面进行综合研究。考古研究所成立之初,由郑杰祥(1986—1991)任副所长,20世纪90年代以后,郑杰祥(1991—1996)、马世之(1996—1999)、萧鲁阳(1999—2001)、张新斌(2003—2007)先后担任所长。

1984年年底,河南省社会科学院院党委决定将历史研究所分设为历史研究所和近现代史研究所。分开后的历史研究所以研究中国和河南的古代历史为主要任务,设立古代史、宋史、思想史三个研究室和一个资料室。陈振先后担任副所长(1984—1987)、所长(1987—1988)。新成立的近现代史研究所设有中国近代史和中国现代史两个研究室,由王天奖担任所长(1984—1991)。

1991年2月历史研究所和近现代史研究所合并,仍称为历史研究所。这一阶段,历史研究所的研究方向仍以河南地方史为中心,并持续加强科研人员的培养工作和引进新的科研人员,学科设置上逐步完善,设有中国古代史、宋史、中国近现代史三个研究室和一个资料室。王天奖(1991—1996)、程有为(1996—2004)、蔡万进(2006—2007)先后担任所长,副所长有李绍连(1991—1999)、程有为(1991—1996)、苏丽湘(1998—2007)、穆朝庆(2004—2007)、蔡万进(2004—2006)。

1991年至2006年,是历史研究所与考古研究所并行发展时期。两个所根据自己的学科特点,以河南地方史研究为重点,承担了多项国家级和省级课题,并与地方文化发展相结合,积极致力于姓氏文化研究、地方传统文化的传承与开发,社会影响力不断扩大,涌现了一批国内知名专家学者,如王天奖、李绍连、郑杰祥、马世之、程有为等,他们在各自的学术领域都占据着重要的位置。

第三阶段即两所合并后的河南省社会科学院历史与考古研究所时期(2007年至今)。2007年9月,历史研究所与考古研究所合并成为历史与考古研究所,2004年成立的河南省河洛文化研究中心和历史与考古研究所合署办公。这一阶段,两所科研人员得到了有效整合,学科设置最为完备,专业分布涉及历史上的各个朝代,能够集中全所之力进行大型的专项研究。主要研究方向仍以河南地方史研究和河南历史文化的研究开发为重点,多次承担国家级和省级课题,取得了丰硕的成果,社会影响力迅速增强。所长为张新斌(2007年至今),副所长有苏丽湘(2007—2011)、李立新(2007—2012)、穆朝庆(2007—2014)、陈建魁(2015年年底至今)、唐金培(2015年至今);陈建魁(2010—2015年年底)、李乔(2015年年底至今)先后担任河南省河洛文化研究中心专职副主任。

河南省社会科学院历史与考古研究所现有人员19人,不但是河南省社会科学院中最大的研究所,也是全国省级社会科学院中最大的历史类研究机构。在这支朝气蓬勃的队伍中,有研究员4人、副研究员10人、助理研究员3人、研究实习员1人、行政秘书1人,其中博士与在读博士6人。研究团队以中青年研究者为主,大多经过10余年的学术锻炼,已步入研究的黄金期。两所合并后的河南省社会科学院历史与考古研究所陆续承担国家社科基金(一般、青年、后期资助)项目9项,河南省社科基金项目与政府发展研究课题19项,形成了以先秦历史与考古研究,环境生态与城市史研究,河南专门史研究,中原文化、河洛文化与姓氏文化研究,河南历史文化传承发展研究等特色研究领域,出版了一批较有代表性的学术成果,承办了在学界与社会上有影响力的研讨会与论坛,取得了学术研究与社会发展的双丰收。

河南省社会科学院历史与考古研究所已经走过了 60 年的历程，我们希望这本书能够为大家提供更多的信息，为大家提供有关河南历史与考古研究的最新研究动态与资讯，也希望河南省社会科学院历史与考古研究在未来创造更大的辉煌。

目 录

上编　辉煌历程

第一章　发展历程纪略

第一节　大师云集的初创阶段……004

第二节　全面铺开的奠基阶段(上)……010

第三节　全面铺开的奠基阶段(下)……051

第四节　并驾齐驱的发展阶段……075

第五节　形成合力的新生阶段……085

第二章　人事忆往纪实

第一节　现职人员……102

第二节　离退休人员……111

第三节　离所人员……130

第四节　旧事记往……145

第三章　学术成果与学术活动

第一节　重要学术成果……158
第二节　主要学术活动……185

下编　热点综论

第一章　先秦历史考古研究

第一节　河南新石器考古的回顾与展望……232
第二节　中原文明起源研究的回顾与思考……257
第三节　"禹都阳城"的发现与研究……276
第四节　新世纪大禹文化研究述评……292
第五节　花东甲骨研究的回顾与综述……309

第二章　中古学术前沿研究

第一节　隋唐大运河研究的回顾与展望……332
第二节　宋代理学研究的回顾与展望……348

第三章　环境生态变迁研究

第一节　淮河文化与黄淮关系问题研究述论……372

第二节 20世纪90年代以来黄河中下游地区生态环境
　　　　变迁与城镇兴衰研究综述……391

第四章　地方历史热点研究

第一节　明清时期河南城镇研究综述……408

第二节　孙奇逢研究的回顾与展望……419

第三节　改革开放以来康百万庄园(家族)开发利用、
　　　　社会传播与学术研究述评……439

第四节　河南农业史研究的回顾与反思……455

第五节　袁世凯重新评价问题研究的回顾与反思……479

第五章　地方特色文化研究

第一节　河南地方史研究的回顾与前瞻……506

第二节　近30年来河洛文化研究的回顾与反思……515

第三节　改革开放四十年河南姓氏文化研究与寻根发展历程……566

后记　……602

上 编
辉煌历程

第一章 发展历程纪略

第一节
大师云集的初创阶段

河南地处中原，是中华民族的主要发祥地之一，也是中国奴隶社会和封建社会诸多朝代建都时间最长的地区。这一地区发生过无数的重大历史事件，涌现了众多的著名历史人物，有着在全国数量数一数二的历史遗址、遗迹和文物。河南地区的历史研究在中国古代史研究中具有十分重要的意义，在河南地区研究中国历史，也有着得天独厚的条件。20世纪50年代，开封师范学院等院校已经聚集了一批在史学研究领域颇有造诣的专家学者。1957年冬天，在河南省籍著名考古和历史学家、中国科学院哲学社会科学学部委员、历史研究所副所长尹达，河南省省长吴芝圃和副省长嵇文甫的倡议下，河南省人民委员会决定建立河南省历史研究所。1958年1月11日，河南省人民委员会发布(豫长文嵇字第3号)文件《关于成立河南省历史研究所的决定》。文件指出：我省"亟需设立历史研究机构，以探讨中国古代人民的劳动成就、经验与社会演变情况，服务于社会主义建设的需要。为此，决定建立河南省历史研究所，由省领导。所址暂设于开封师范学院内。由副省长嵇文甫兼任所长，开封师范学院院长赵纪彬兼任副所长。编制研究员及助理研究员10人(另设兼职研究员若干人),图书资料及文物陈列员4人,行政及勤杂人员5人。所需经费列入省文化事业费项下开支"。这个文件对历史研究所的隶属关系、所址、领导人、人员编制和经费等作了明确的规定,省人民委员会又拨款5万元作为筹建经费。赵纪彬院长具体负责筹建工作,他从开封师范学院历史系和行政部门抽调了9人,并解决了办公房舍等问题。历史研究所于3月19日宣告成立。4月17日《光明日报》刊登了《河南省决定筹建历史研究所》的消息。消息说:"这个研究所将成为河南地区第一个社会科学研究机构,将着重研究河南地区近年来已发现的古代文物,探讨中国古代人民的劳动成就、经验和社会演变,河南历代政治经济文化情况,并将对科学和教学上的重大问题进行研究,为高等院校提供资料、培养师资。"这一报道对历史研究所的研究方向和工作任务作了简要的说明。

历史研究所创建伊始,有研究人员7人,行政资料人员2人,兼职研究人员若干人,分为专题断代史、思想史和地方史三个研究组。所里制定了五年(1958.8—1963.7)规划纲要,确定以河南地方史为研究重点,坚持古为今用的原则,以先今后古的顺序,循着由专题而专史、由专史而通史的步骤波浪式前进,争取在三年内写出《河南史现代篇》初稿,四年内写出《河南史近代篇》初稿,在五年内写出《河南通史》教科书,并达到国家出版水平。规划制定后,所里组织专人拟订《河南通史》的编著计划。作为编写《河南通史现代篇》的前期准备,所里拟订了《河南十年》的编写大纲,着手编写《河南近十年(1949—1959)大事记》及《河南近百年大事年表》。

1959年6月,中国科学院河南分院宣告成立,历史研究所归属分院领导,更名为中国科学院河南分院历史研究所,所址仍在开封师范学院内。是年,所里分来7名大学和高中毕业生,人数由刚并入分院的11人增加到18人,购置的图书已达4万余册。所里决定以整理研究河南地方史为主,并开展考古和思想史研究。当时中共河南省委下达了编写《中国通史》的任务，于是赵纪彬所长组织所研究人员，开封师范学院历史系、郑州师范学院历史系部分师生共同承担编写工作。所里提出了"边干边学、书成人长"的口号，采取"群众路线"的方式，组织了100多人的编写队伍，其中有老年也有青年，有教师也有学生。1960年春节后，学生回学校上课，仍有科研人员和教师共75人从事这项工作。

1961年5月，所里已发展到27人，其中研究员2人，助理研究员3人，研究实习员15人，实习生3人，行政人员4人；设立有专题断代史组、中国近现代史组、中国哲学思想史组，另有办公室和图书资料室。当时所里注重人才培养和科研队伍素质的提高，要求青年同志认真读书，下苦功夫，实现三至五年学好基础知识，打好基础，五至七年达到"又红又专"的目标。6月份，所里根据河南省委的部署，开展了"中国历史"大讨论。讨论坚持"百花齐放，百家争鸣"的方针，要求大家解放思想，通过讨论提高自己的史学理论水平，提高《中国通史》的编写质量。同志们以郭沫若主编的《中国史稿》为引子，围绕当时历史研究提出的几个主要问题，如原始社会如何发展为奴隶社会、中国奴隶社会的类型和特点、奴隶社会向封建社会的过渡、封建社会的分期、农民战争的历史作用、封建土地所有制的形式、资本主义萌芽问题、历史人物评价问题、近代史分期问题、辛亥革命时期的主要社会矛盾问题等，展开了认真的讨论。通过讨论，全所同志提高了史学理论水平，增长了知识。当年的科研工作仍以编写《中国通史》为主，同时进行《河南省大事记》的修订。年底所里对以前的工作作了总结，提出了以后科研工作的意见：明确以后的科研工作要以河南地方史为主，结合中国通史，为河南的政治、经济和文化服务；结合所里的具体情况，主要研究中国哲学思想史、古文字学和中国近代政治思想史；确定了1962—1965年重点研究项目，几位老专家的《名原校笺》《殷墟卜辞丛考》《甲骨文索引》《卜辞通考》《康有为年谱》《梁启超年谱》《论语新探》《哲学史论稿》等专著均列入其中；同时纠正了"群众运动"式的编书方式，决定将《中国通史》分为《古代中世纪史》《旧民主主义革命时期》和《新民主主义革命时期》三册，各册初稿由赵希鼎负责组织，张秉仁、王天奖、刘永之、王泽宣等11人进行加工修改。

1962年2月，中国科学院河南分院被撤销，历史研究所恢复了河南省历史研究所的名称，由河南省委宣传部领导，行政、编制和财务由河南省科学技术委员会管理。当时所里贯彻了《自然科学研究机构当前工作的十四条意见》和《中国科学院自然科学研究的暂行条例》，提出"把精力转到出成果出人才的第一线工作上面来""聚精会神、专心一志地从事科研工作"，规定每月学习不超过两天，实行"三定"，即定研究方向、定研究任务、定研究人员，建立所务委员会和学术委员会。这两个文件的贯彻，纠正了过去在领导作风、知识分子政策、"双百"方针、红专关系方面的错误和缺点，有利于科研工作的正常进行。是年5月，河南省历史研究所已发展到31人，其中研究人员23人，行政资料人员8人，图书达48000册。科研工作也取得了不少成果。在地方史方面，编写了《河南近十年大事记初稿》《河南近百年大事年表》《焦作煤矿史》，还参与《开封市志》和《长葛县志》的编写，进行了白朗起义、辛亥革命、义和团运动的实地调查，辑录整理河南历史资料约200万字。在古文字学方面，已完成《殷周文字释丛》，修订了《甲骨文编》。

1963年的形势比较有利于科研工作的开展。所里的主要科研任务有《殷墟卜辞丛考》《甲骨文索引》《中国通史》的初稿修订和《梁启超集》的编辑等。是年10月初，所长嵇文甫逝世，11月下旬，赵纪彬副所长也调到北京中共中央直属高级党校工作。

1964年7月，河南省委任命开封师范学院院长曲乃生兼任历史研究所所长，郑涵为秘书长；次年又任命李烈夫为副所长。河南省委宣传部部长宋玉玺指示，历史研究所的研究工作应以河南为主，以近现代为主，要集中力量搞出集体成果，作出更大成绩。根据这一指示，所里决定以"河南人民近现代革命斗争史"为主题，从河南人民革命斗争的各个主要方面，整理出比较完整系统的史料，写出具有相当水平的著作。8月，所里制订了1964—1972年工作计划，得到了省委宣传部的批准。不久，所里中青年同志先后到中牟、通许参加社会主义教育运动，到1966年6月方回所。其间科研工作难以正常进行。

1966年，留所老年科研人员制订了上半年工作计划，以《河南近现代人民革命斗争大事记要》《梁启超年谱》《殷墟卜辞丛考》的修订、编辑和金文断代研究为重点。不久，"文化大革命"开始，出现了大动乱的局面。1968年，所里成立了革命委员会。以后，全所同志和开封师范学院历史系的师生共同编成连队，到灵宝县朱阳镇和杞县等地搞"斗批改"。当时进行的"清理阶级队伍"等活动，使不少老专家受到冲击和伤害，科研工作完全陷于停顿。但全所的图书资料仍得到完好保存。

1973年7月，乘着邓小平同志主持国务院工作，对科技、教育战线进行全面整顿的东风，河南省委下发了（豫发1973）第105号文件，决定恢复河南省历史研究所的工作。外出的科研人员陆续回所。年底，所里重建内部机构，设立了古代史组、近代史组、哲学思想史组和资料办公组。不久，所革命委员会主任蒋中礼调省委组织部工作，由支部书记张明和主持全面工作。1974年和1975年，由于受"批林批孔"和"反击右倾翻案风"运动的干扰，科研工作仍无法恢复正常。

1976年10月，党中央一举粉碎了"四人帮"反革命集团，开始全面地拨乱反正。次年6月，历史研究所又重新确定了以后的工作仍以研究河南地方史和近现代史为主，并根据需要和可能研究中国史。在这一思想指导下，所里制订了次年的工作计划：在古代史方面，开展关于《吕氏春秋》的研究，撰写《简明宋史》；在近代史方面，编写《辛亥革命史》《白朗起义》《花园口今昔》和《河南近现代经济史资料》等。到1977年年底,所里编制人员30人,实有26人。当时的科研工作渐趋正常。

第二节
全面铺开的奠基阶段（上）

1979年12月，河南省委、省政府决定建立河南省社会科学院，历史研究所归院领导，称河南省社会科学院历史研究所。1981年年初，所址迁至郑州。1984年年底，院党委决定将历史研究所分设为历史研究所和近现代史研究所，1991年2月两所合并，仍称为历史研究所。

历史研究所从建所初期即确定以河南地方史为研究重点，同时从事中国断代史、专门史的研究，分设专题断代史、思想史和地方史三个研究组，后将地方史改为近现代史，并以研究河南现代史为主。河南省社会科学院成立后，研究方向更为明确，研究室的设置也较为全面。两所并存时期，设有古代史、宋史、思想史、近代史、现代史五个研究室。合并后设有先秦史、汉唐史、宋明史、近现代史四个研究室。

历史研究所先后主持的国家社会科学基金项目有"袁世凯研究""千唐志斋藏志研究""红枪会研究""黄河中下游水利史研究""中原地区历史上的民族融合与同化"等。比较重要的课题成果有《中国通史·五代辽宋夏金卷》、

《中国无神论史》《中华文化通志·中原文化志》《中国地域文化·中原文化卷》《二十四史·宋书》(今注本)、《中华区域文化大系·中州文化》《中国文化通史·元代》《中国社会通史·宋元卷》等,省级课题成果有《河南通史》《梁启超年谱长编》《华夏文明之源》《河南地方志提要》《中原文化史》等10余种专著,地厅级(院级)课题有30余项。

40年来,历史研究所科研工作取得了丰硕成果,先后出版了《殷周文字释丛》《甲骨文编》《论语新探》《中国古代神话与史实》《梁启超年谱长编》《简明宋史》《简明河南史》《华夏文明之源》《中国廉政史》等专著59部,论文500余篇,普及读物、人物评传、工具书、古籍整理等94部(篇),调研报告及其他文章计200余篇。多数成果得到专家的赞同和社会好评,获得各级奖励58项,其中国家级5项,省部级10余项。科研成果在国内外产生了较大影响。

1999年,历史所在岗职工13人,其中研究员2人,副研究(馆)员5人,所长程有为,副所长李绍连、苏丽湘。

一、中国断代史研究

历史研究所以历史分期组建研究室,故所有研究人员都在从事断代史的研究。某些领域的研究在全国有一定影响,如对甲骨文、殷商史的研究,朱芳圃、孙海波两位先生曾是这一领域的著名学者,他们的著作在国内外都有很大影响。对宋史的研究是历史研究所研究的主要领域之一。北宋国都设在开封,这对开展宋史研究有得天独厚的优势。历史研究所自20世纪80年代初设立宋史研究室以来,对宋代的官制、土地、人口、农业、商业、科举、文化等方面进行了全面的探讨,出版了《简明宋史》等一大批有价值的著作。近代史的研究也有较多成果,《辛亥革命史》《梁启超年谱长编》等在学术界都有一定的影响。

（一）史前原始社会史

对原始社会的探索,主要通过对神话传说的研究和考古来进行,因此,古代神话也是一门重要学科。朱芳圃的遗著《中国古代神话与史实》(王珍整理,中州书画社,1982年),主要研究了古代神话与史实的关系。作者以古文献中关于神话传说的史料为依据,运用古文字学、古音韵学、训诂学、考古学、民俗学等学科知识对夏禹之前的神话传说的产生、发展作了较详细的考证,对研究古代神话传说和远古社会有较大参考价值。王珍的《〈山海经〉一书中有关母系氏族社会的神话试析》(《中州学刊》1982年第2期)一文,运用历史唯物主义观点,对女娲、西王母、羲和、常羲等进行了分析,认为《山海经》中女神的形象和地位对研究原始社会母权时代的历史很有帮助。他的《〈山海经〉与原始社会史研究》(《中原文物》1983年特刊)论述了《山海经》在原始社会史研究方面的史料价值。

在考古研究方面,王珍的《略论仰韶文化的群婚和对偶婚》(《考古》1962年第7期)一文,论述了母系氏族繁荣期的婚姻形式及其变化。《关于马家窑时期原始舞蹈的几个问题》(《史学月刊》1983年第6期)一文则认为舞蹈图案所反映的主题不是男子狩猎,而是妇女庆祝农业丰收,舞蹈者穿的衣服及其下腹部的尾饰是图腾崇拜的象征。王珍在这一领域中的论文还有《半坡的氏族组织》《大汶口文化中晚期的父系氏族社会》《我国境内的原始人类》(分见《史学月刊》1981年第3、4、5期)等。这些论文都从不同侧面对原始社会进行了探讨,并有独到的见解,受到史学界的重视与好评。李绍连的《"仰韶"社会进化论》(《史学月刊》1986年第3期)和《仰韶文化社会形态初探》(《中原文物》1986年特刊),对距今6000年的中原原始社会的状况进行了研究与探讨。他主编的《中华人文初祖》论文集(河南人民出版社,1991年),对黄帝及其社会历史状况进行了研究。他的《从反山墓地和瑶山祭坛论良渚文化的社会性质》(《中原文物》1992年第3期)一文,主要研究良渚文化时期部落酋长与军事首长的特权和社会阶级分化状况,指出当时的社会处于进入文明前的激烈变革阶段。这些论著在中国史前史的研究中具有一定的学术地位。

针对"利用文献与考古资料研究中国文明起源"这一重大学术课题,李绍连发表了一系列论文,并有诸多理论建树。《何谓文明要素》(《河南社科通讯》1992年第8期)一文,研究了文明内涵的特征,认为只有将父系个体家庭、私有制、阶级的产生作为文明要素,才能判定文明是否产生和存在。《试从淅川下王岗文化遗存考察文明起源的历史过程》(《中原文物》1995年第2期)一文即根据这一观点进行了分析,进一步揭示了文明形成的历史过程。《伊洛系文化是中国早期文明的主源》(《洛阳考古四十年——1992年洛阳考古学术研讨会论文集》,科学出版社,1996年)一文,论证了伊河和洛河流域的原始文化系统,即裴李岗文化—仰韶文化—河南龙山文化—二里头文化发展系统,直接促成我国第一个统一的奴隶制大国——夏王国在洛河河畔建立。因此,伊洛系文化比起其他地区的原始文化系统,同中国早期文明有更加密切的关系。他在这方面的论文还有《中国文明起源的考古线索及其启示》(《中州学刊》1987年第1期,《新华文摘》1987年第4期全文转载)、《伊洛系文化与中国早期文明》(《洛汭与河图洛书》,河南科学技术出版社,1993年)等。其中,《中国文明起源的考古线索及其启示》一文,提出了中国文明起源多元论,为全国各主要报刊所报道,影响较大。

《华夏文明之源》(河南人民出版社,1992年)是我国第一部专门研究文明问题的学术专著,是李绍连集数年之力研究中国文明起源的结晶。作者认为中国最早的国家政权产生的时机可能在仰韶文化晚期至龙山文化早期之间,很可能在距今5000年前后。该书还详细论述了黄河、长江、珠江和北方四大区域的原始文化几乎平行发展,而且差不多都在距今五六千年发生了父系氏族代替母系氏族的变革,同时产生了一夫一妻制为基础的个体家庭、私有制和贫富阶级分化的现象。因此,四大区域中的九个原始文化区都是中华文明的发祥地。由于各地原始文化发展不平衡,各个文明发祥地也不能等量齐观,应有主次,其中黄河流域中游即中原文化区最早进入文明阶段,是中华最早也是最重要的发祥地。中华文明起源多元论的观点已被学术界认同,具有重大的学术价值。

(二)奴隶社会史

在奴隶社会史研究领域,朱芳圃、孙海波、李绍连、程有为、王珍等在夏史、甲骨文殷商史、西周史的研究方面,取得了许多成果,在国内外产生了较大影响。

关于夏代,国外非华人学者多不承认其存在,认为中国文明史自商代始。李绍连的《夏是我国历史上第一个统一的奴隶制大国》(《夏商文明研究》,中州古籍出版社,1994年)一文驳斥了这一观点。该文指出:夏王朝建立之前,中原地区就已出现许多小国,夏禹征服若干小国建立起夏王朝。夏王朝已是一个有国王、百官和各级国家机构的成熟的国家,它有设立保卫国家和镇压反叛的常备军、制定刑律、设置监狱惩治犯罪等国家职能。他的同类论文还有《夏文化研究的轨迹》(《社会科学评论》1986年第4期,《新华文摘》1986年第9期全文转载)等。

在甲骨文殷商史研究领域,朱芳圃是国内外著名学者之一,他在著作中最先提出了"甲骨学"这一学术概念,并获得了国内外学术界的认可。1962年,中华书局出版了他的《殷周文字释丛》,书中共识释文字181个,其中新识甲骨文41个,金文18个;其余文字或纠正旧说,或另创新解,对殷周古文字研究作出了较大的贡献。在甲骨文研究方面,孙海波也是著名学者之一。1965年,他将原燕京哈佛学社1934年出版的《甲骨文编》进行了认真的修改、补充,由中华书局再版。该书收录了41种甲骨书刊资料,正编共录1723字,附录收2949字,共计4672字,几乎包罗了1965年以前所有已识和未识的甲骨文字,采纳了很多甲骨文字研究新成果,是甲骨文研究的一部很好的工具书,在国内外均有较大的影响。

在殷商史的研究方面,程有为的《〈史记·殷本纪〉补正》(《商丘师专学报》1988年第1期)一文,利用甲骨卜辞纠正了司马迁记载的错误,对《殷本纪》的内容进行了增补。李绍连的《人殉人祭与商周奴隶制》(《全国商史学术讨论会论文集》,《殷都学刊》1985年增刊)一文,从商周的人殉人祭制度的差异入手,说明奴隶制的发展。文章指出,商代大批杀戮战俘和奴隶,反映其奴隶劳动制度并不十分发达,而西周对奴隶杀殉很少,奴隶可买卖,奴隶劳动制度非常发达。奴隶制到春秋时期才逐渐衰落。他的《商代农业生产者的身份初辨》(《农业考古》1988年第2期)一文,阐明了除王畿农业生产大量使用奴隶外,王国其他地方从事农业生产者主要是农村公社的自由民。甲骨文中的"众"和"众人"不像郭沫若等学者所说的是农业奴隶,而应是管理农业的最低级官员或者"工头"。这是一种独到的见解。王珍的《试论商代的商业和货币》(《全国商史学术讨论会论文集》,《殷都学刊》1985年增刊)一文,分析了商代商业发展的诸因素——农业与手工业的分工、城市规模的扩大、手工业内部的再分工等,农业、畜牧业、手工业和商业都得到了比较充分的发展,贝币在商品交换中得到了广泛的应用,并已具有了价值尺度、流通手段、贮藏手段和支付手段等职能,所以商人把"贝"当作财富的象征。尤其金属称量货币无文铜贝的使用,标志着我国货币史的发展进入了一个新的阶段。

在西周政治制度的研究方面,程有为的《西周分封制的几个问题》(《中学历史教学》1983年第1期)指出,西周大分封制是周灭商前作邑作邦事业在新形势下的继续,征服和分封促进了周奴隶制国家机器的完备和强化。征服的土地、臣民名义上属周王所有,通过层层分封形成了奴隶制的生产关系。他的《西周宗法制度的几个问题》(《河南师大学报》1981年第1期)认为宗法制度渊源于父系家长制家庭公社时期,正式形成于西周;层次比较清楚、比较偏重血缘、和政治系统紧密结合,是西周宗法制度的特点。西周宗法制度通行于包括天子诸侯在内的整个奴隶主贵族中间。此文受到了学界同人的重视和好评。

(三)秦汉史

秦汉时期是我国由分封走向统一的社会变革时期,对这段历史的研究具有重要价值。程有为、王珍等用力颇勤,取得了不少成果。

西汉社会史研究。程有为的《试论王莽的王田私属制》(《史学月刊》1985年第2期)一文认为,王田制的实质是限制地主占有土地的数量,以冻结土地的兼并,将国家掌握的土地按家庭人口分给无地贫民,使他们从事农业生产。王田制并非井田制,它是西汉一些经济政策的继续和发展。同类论文还有他的《论王莽改制中的"私属"身份》(《中州学刊》1983年第3期)等。他的《阀阅考辨》(《史学月刊》1983年第6期)认为,阀阅在西汉以前指功臣谋士的功劳,在汉代指官吏的政绩和任职时间的长短,因此记录官吏政绩和任职年月的官簿也被称为阀阅。两汉选举用人均重阀阅,但汉武帝以前重视的是战功和谋策之功,汉武帝以后至东汉注重的是官吏的政绩和历职时间的积累。

东汉政治史研究。程有为的《试论东汉魏晋的选举标准》(《河南师大学报》1982年第3期)一文认为,东汉的选举标准以德行、经学为主,对才能、文法重视不够;中后期实际上又注重阀阅;建安时期以才能为主而轻忽德行。东汉经济史研究方面,王珍的《东汉首都洛阳工商业的畸形发展》(《史学月刊》1985年第6期)一文阐明了东汉商人地主势力的发展,指出在东汉的商业中心洛阳,有金市、马市、南市等工商业区,由于皇亲国戚、达官贵人崇尚奢侈,所以奢侈品充斥市场,生产工具和人民生活用品都很少看到,这导致农业经济的萎缩。东汉人物的研究方面,程有为的《论蔡邕的是非功过》(《史学月刊》1986年第2期)一文,考察了蔡邕的生平事迹、思想倾向和学术贡献等,认为蔡邕一生的主要事迹还是应该肯定的,他敢于同残害人民的宦官集团作斗争,立志以学术著作报效国家。蔡邕在哲学、伦理道德上没有摆脱传统的影响,但其思想倾向是进步的。此外,蔡邕在史学、经学、文学、音乐、书法等方面都有很深的造诣,对古代文化作出了卓越贡献。

(四)魏晋南北朝隋唐史

魏晋南北朝时期是我国由统一走向分裂、社会出现极大动荡的时期,但它的动荡与分裂又促进了民族的融合。关于这一时期的研究主要有以下几个方面:

诸葛亮研究。程有为的《诸葛亮躬耕隆中说献疑》(《南都学坛》1992年第3期)、《给〈草庐对〉正名》(《卧龙论坛》1993年第2期),王珍的《"诸葛亮遗墟"考》(《诸葛亮躬耕地新考》,社会科学文献出版社,1992年),王大良的《诸葛亮躬耕地问题三论》(《诸葛亮躬耕地新考》,社会科学文献出版社,1992年)等文,对诸葛亮躬耕地问题发表了自己的见解,认为诸葛亮躬耕地应在汉水之北,而不应在汉水之南,汉水以南的"隆中"未必为南阳郡所管辖,躬耕地问题值得继续探讨。

经济、民族研究。王珍的《略论北魏首都洛阳的工商业》(《史学月刊》1984年第6期)一文,探讨了孝文帝改革对工商业发展的促进的历史状况,并对城内的坊里制度和大市、小市、四通市等商业区的经营管理情况进行了较为详尽的论述。在魏晋南北朝的民族问题研究方面,程有为的《论魏晋南北朝时期中原地区的民族问题》(《许昌师专学报》1996年第1期)一文论述了当时中原地区的民族迁徙、融合及统治者的民族政策。他的《内迁丁零人与翟魏政权》(《许昌师专学报》1988年第4期)一文,对北方少数民族丁零人进入中原并建立政权的情况进行了认真的考述。此外,他还撰写了《魏晋北朝河南地区佛教的传播和兴盛》(《许昌师专学报》1986年第3期)等文。

在魏晋南北朝家族史和门阀士族的研究方面,王大良取得了不少成果,发表有《论两晋之际的中原势族》(《许昌师专学报》1994年第4期)、《论六朝时期的谢氏家族》(《谢太傅安石纪念论文集》，世界谢氏宗亲总会编辑，1994年)、《从北魏刁遵墓志看南北朝士族婚姻》(《北朝研究》1992年第2期)等论文多篇。任崇岳著《谢安评传》(新华出版社，1996年)对东晋大政治家谢安的一生作了评述。在论及淝水之战晋军以弱胜强的原因时，作者认为是谢安悉心运筹的结果：未雨绸缪，命谢玄组建北府兵；当前秦大军压境时，谢安以沉着冷静的态度影响朝臣，树立必胜的坚定信心；派刘牢之、谢石等率精锐深入敌后；实施妙计，动摇前秦军心；等等。这些都是晋军取胜的重要条件。

唐史研究。单远慕的《诗仙李白》(河南人民出版社，1981年)一书是对唐朝"开元盛世"和"安史之乱"前后的历史作了深入研究之后，根据大量历史资料、李白遗留下来的诗篇和一千多年来人们对李白的研究成果而写成的一本简明的李白传记，至今已出四种版本。从1981年起单远慕还对新安千唐志斋所藏一千多块唐人墓志进行了系统整理研究，取得了阶段性成果。

五代民族关系史研究。任崇岳的《契丹与五代山西割据政权》(《晋阳学刊》1984年第5期)一文认为，五代政权所以发轫山西，一是山西离当时的政治中心河南稍远，而北边又扼守契丹进入中原的孔道，统治者往往把最强的将领部署在那里，从而给这些将领以坐大之机；二是由于山西密迩契丹，这里的军阀虽然实力强大，但仅凭自身之力要夺取天下还是不可能的，因此都毫无例外地勾结契丹。他在另一篇文章《略论辽朝与五代的关系》(《社会科学辑刊》1984年第4期)中认为，辽朝在五代时期之所以能对中原地区取得优势，不是历史的必然结局，而是五代帝王自相混战削弱了力量的结果。辽朝的优势对中华民族的历史发展有利有弊，他们对东北地区的开发作出了积极的贡献，而烧杀抢掠却给中原地区带来了极大的灾难。

(五)宋元史

宋史是历史研究所的一个重点学科,早在1985年历史研究所就成立了宋史研究室,先后有陈振、单远慕、任崇岳等研究员,刘益安、彭友良、穆朝庆、魏天安等副研究员专门从事宋史研究,取得了相当丰硕的成果。

《中国通史·五代宋辽夏金史卷》(上海人民出版社,1999年),陈振主编。该书为白寿彝主编的多卷本《中国通史》中的第七卷,为"六五"期间国家社会科学重点项目的结项成果。《中国通史》在当时是部头最大的一部通史,在体例上也有所创新,分为序说、综述、典志、传记四编。五代宋辽夏金史卷代表了这段历史研究的新成果,具有较高的学术价值。

《中国社会通史·宋元卷》(山西教育出版社,1996年),任崇岳任本卷主编并撰写元代部分。该卷共计11章,先后论述了宋元时期的疆域,自然环境和生产力,人口与民族,家庭、宗族和社区,阶层和阶级,群体与组织,社会生活方式,社会调控等。

《简明宋史》(人民出版社,1985年),陈振、周宝珠主编。这是中华人民共和国成立以来国内出版的第一部宋朝断代史。该书历时十载,数易其稿,作者们网罗诸家,兼取众长,反映了20世纪80年代前期的宋史研究水平。该书记述了整个宋代的历史,重点探索了重大历史事件、农业发展水平、商业经济发展程度、城市经济特点、科技成就、理学形成等问题。

《宋代行会制度史》(东方出版社,1997年),魏天安著。中国城市发展到宋代,形成坊、市合一的新貌。"坊郭户"中的工商业和服务性行业出现了大批的"团""行""作"等组织。该书认为行会是一种本地同业商人的市场垄断组织,并通过对中国古代行商与坐贾势力消长的研究,得出中国行会形成于宋代的结论。针对学术界对宋代"行"的性质的不同认识,该书认真分析了宋代"行"的职能问题,探讨了"行"在疏导商品流通、独占商品市场、联络同业商人、承担政府科配等方面的作用。

《庚申外史笺证》(中州古籍出版社,1991年),任崇岳著。《庚申外史》是研究元末历史不可或缺的史书,有许多不见于他书的记载,但因该书是私人著述,舛误甚多,需要整理。作者搜集了60余种史籍对《庚申外史》进行疏证,考证出40余处谬误,使其成为一本可靠的工具书。

宋代政治制度研究。陈振的《宋史研究中官制引起的几个问题》(《宋史论集》,中州书画社,1983年)、《政事堂制度辩证质疑》(《中国史研究》1985年第1期)、《关于北宋前期的宰相制度》(《中州学刊》1985年第6期),穆朝庆的《宋代中央官府吏制述论》(《历史研究》1990年第6期)等文,都从不同侧面对宋代政治制度进行了深入探讨。穆朝庆的《论宋代致仕思想的发展与士大夫的致仕活动》(《史学月刊》1986年第4期)一文,考察了致仕思想演进的脉络、宋代士大夫们对官吏致仕制的认识、致仕的目的及致仕后的社会活动等问题。魏天安的《宋代闲官制度述略》(与刘坤太合著,《中州学刊》1983年第6期)阐述了宋代闲官制度的发展演变过程,分析了闲官与冗官的区别和联系。穆朝庆的《北宋时期的科举改革》(《史学月刊》1982年第5期)一文论述了针对唐代积弊所进行的具有时代特色的改革,认为诸项改革贯彻了在地主阶级内部选贤任能、"学而优则仕"的指导思想。同类论文还有他的《宋代糊名法和誊录法的若干问题》(《中州学刊》1983年第5期)、《论宋代的殿试制度》(《许昌师专学报》1984年第1期)、《论南宋科举中的"类省试"》(《中州学刊》1987年第6期)、《论宋代的"恩科"制度——兼评宋代的养士政策》(《中州学刊》1991年第5期)等。单远慕的《宋代的花石纲》是国内外第一本讲宋代花石纲的专书,书中系统论述了花石纲的起因、花石纲给人民带来的灾难、人民对花石纲的反抗、花石纲的历史影响等,出版后受到读者好评。他的《钟相杨么起义》(中华书局,1985年)一书,论述了南宋初期钟相杨么起义的原因、经过和历史作用,资料翔实,观点有新意。

宋代经济史研究。自北宋真宗朝起,社会风气由尚简朴转向尚奢侈华靡,府库由羡溢转向困乏,财政危机不断加深。刘益安的《论北宋国用不足及其对策之失误》(《史学月刊》1986年第1期)一文,分析了北宋历朝为解决财用不足而采取的种种经济措施,认为北宋自仁宗始,国用不足的经济压力迫使君臣们抛弃了空洞的"宽仁"旨义,直言不讳地聚敛钱财,并以获钱多少作为论功行赏的尺度和"能臣"的标准而载入令册。这种倒行逆施的做法,损伤了北宋社会的元气,把经济推向了崩溃的边缘。同类论文还有刘益安的《略论北宋禁榷及官营企业》(《中州学刊》1986年第1期)。该文分析了北宋的禁榷制度与官营企业的发展关系,认为北宋禁榷的特点是品种比前朝更多,官府的专卖政策主要是靠超经济的强制力量来维持的,禁榷政策与商人阶层自始至终存在着矛盾。魏天安的《宋代〈户绝条贯〉考》(《中国经济史研究》1988年第3期)一文从户绝财产的检估、继承、分割、出卖、出租等方面,阐述了宋代户绝法形成、发展和完善的过程。

农业经济研究。在宋代土地问题的研究方面,陈振的《关于唐宋庄园的几个问题》(《宋史研究论文集》,河南人民出版社,1984年)一文,稽考了部分史料与经典论著,否定了尚钺主编的《中国史纲要》中的"唐宋庄园制"说。宋代究竟是私有土地制占主导地位,还是国有土地占主导地位,这是史学界争论的又一重要问题。穆朝庆的《论宋代土地私有制的特征及其在法律上的体现》(《中州学刊》1985年第3期)一文,对宋代土地私有制发展的状况作了具体考察,认为宋代土地私有制不仅存在,而且已根深蒂固,不同意宋代的"土地国有"说。魏天安在《宋代官田的数量和来源》(《中州学刊》1991年第4期)一文中,通过对官田项目的分析,推算北宋后期官田占垦田总额的10%以上,另外,他在文中还对官田的来源渠道作了逐一论述。他的《北宋弓箭手屯田制度考实》(《河南大学学报》1988年第4期)、《宋代官庄制度考实》(《河南大学学报》1991年第4期)两文则考证了宋代弓箭手屯田和官庄制度的产生、发展和衰亡过程,分析了它们与其他国家屯田的区别,对二者的内涵、性质作了界定。穆朝庆的《北宋前期农业政策初探》(《中州学刊》1986年第3期)一文,对北宋前期60年间的主要农业立法作了分类研究。

宋代商品经济研究。魏天安的《宋代的粮食商品化及其特征》(《中州学刊》1986年第2期)一文,认为宋代粮食商品化程度提高的基本原因在于农业生产的发展,但从粮食消费方面看,也出现了一些刺激粮食商品化的新因素。《宋代粮食流通政策探析》(《中国农史》1985年第4期)一文将宋代粮食消费分为民间消费与官府消费两个系统,指出宋代采取了开放粮价、禁止遏籴、减免商税等促进粮食流通的政策,而庞大的官府消费使"和籴"逐步演变为抑配征购,抑制了民间消费的商品化进程。《宋代的"行滥"》(《史学月刊》1984年第1期)一文对宋代不行法定标准的"行滥"市场进行了分析。《宋代布帛生产概观》(《宋史研究论文集》,浙江人民出版社,1984年)、《宋代渔业概观》(《中州学刊》1988年第6期)等文分析了宋代布帛、渔业的生产形态和商品化水平。

宋代社会研究。穆朝庆的《论宋代的无产客户》(《中州学刊》1989年第6期)一文,考察了客户概念及其内涵的演化、客户的来源与职业流向,以及其封建依附关系的几个特征。他的《论宋代租佃关系中的佃户成分》(《河南大学学报》1987年第1期)一文,把宋代文献中所称的"佃户"作了定性分析,分为三种类型,即生产佃户、非生产佃户(转租佃户)、诡名佃户。诡名佃户是宋代赋役制度的一个对立物。穆朝庆的《论宋代的"户多丁少"问题》(《中州学刊》1984年第3期)一文,在考察宋代户多丁少之弊时,亦把诡名佃户列为祸源之一。宋代户口统计是否登记女性人口问题,从20世纪30年代起,史学界就展开了争论。穆朝庆的《两宋户籍制度问题》(《历史研究》1982年第1期)一文,从研究户籍与赋役的关系入手,分析了宋代的户籍版簿格式,否定了日本学者加藤繁与中国学者袁震等人的观点,即认为宋代正常户籍统计不计女性人口。

宋代学术思想研究。宋代是学术思想比较活跃的一个历史时期,各种学派互相批判、互相吸收,促进了新的哲学思想体系的形成。郑涵的《张景学术思想述评》(1982年《中华文史论丛》增刊)一文,对史籍中幽暗不彰的张景的学术思想进行了系统的钩沉与评价,认为张景是北宋前期的朴素唯物主义者,实开北宋经学摆脱汉唐束缚之先声。他的《欧阳修天人观试探》(《宋史论集》,中州书画社,1983年)一文,肯定了欧阳修"不绝天于人,亦不以人参天"的朴素唯物主义思想,视其为当时"天人相分"说的优秀代表。疑古惑经之风盛行是宋代学术思想发展的重要标志,郑涵的《北宋"洪范"学简论》(《中州学刊》1981年第2、3期)一文,系统研究了北宋儒士们关于《洪范》的争论与贡献。

宋辽关系研究。任崇岳的《从民族关系看赵匡胤统一全国的政策》(《中州学刊》1984年第1期)一文认为,赵匡胤登基后之所以采取"先南后北"的统一策略,是因为无论经济力量还是军事力量,辽朝都比北宋占有明显的优势,只有先统一屠弱而又富庶的南方诸国,尔后挥师北上,才是万全之策。澶渊之盟后,宋辽关系发生了重大变化。他的《关于"澶渊之盟"的几个问题》(《河南师大学报》1983年第4期)和《论"澶渊之盟"后的宋辽关系》(《历史教学》1984年第1期)两文,研究了宋辽之间缔结"澶渊之盟"的原因和此后双方关系的变化,认为宋朝在有力量打败辽朝进攻的情况下,签订了一个屈辱的"澶渊之盟",其原因是结束旷日持久的宋辽战争是宋朝朝野上下的一致愿望。在此后的100多年间,宋辽双方边境开设榷场进行贸易,加强了中原地区和边疆地区的经济交流,促进了辽朝的经济繁荣。魏天安的《宋代买马社考》(《晋阳学刊》1988年第4期)一文指出北宋沿边地区由民户结社买马以充禁军的制度,使沿边骑兵具有典型的地方军特色,失去了骑兵机动灵活的优势,不能有效抵御辽、夏骑兵。此外,任崇岳的《论辽代契丹族对汉族文化的吸收和继承》(《中州学刊》1983年第3期)、《论金朝南迁后的宋蒙金关系》(《驻马店师专学报》1985年创刊号)、《略论蒙金关系》(《社会科学辑刊》1986年第5期)、《论宋蒙关系》(中国社会科学出版社,1987年)、《论辽金关系》(《中央民族学院学报》1988年第4期)等文,对宋、辽、金、元之间的民族关系进行了专题探讨。

宋代城市研究。陈振的《11世纪前后的开封》(《中州学刊》1982年第1期)一文,对这一时期开封的人口作了统计,认为包括军民僧道和流动人口共120万人左右。由于原有的城市制度被破坏,宋朝政府采取了设立基层厢、区级厢、城乡分治和建立"坊郭户"户籍制度等措施来进行城市管理。

宋代人物研究。任崇岳的《宋徽宗　宋钦宗》(吉林文史出版社,1996年)一书对徽宗朝的对外轻启战端、对内朘剥无度及徽宗嫖娼狎妓、建造宫室、笃信方士和书画方面的造诣等进行了论述,对徽、钦二帝作了公允的评价,有不少独到的见解。作者认为,徽宗既非纨绔子弟,也不是昏庸之辈,当权之初曾经想把满目疮痍的宋室江山恢复为太平盛世,但很快便陷入宵小们的包围之中,沉沦为荒淫无道的帝王,把国家弄得十室九空,以致和儿子都成了金人的阶下囚。任崇岳的《误国奸臣贾似道》(河南人民出版社,1991年)一书,通过对南宋末年权奸贾似道的一生的记述,分析了南宋末的政治、军事、经济形势,着重探讨了宋元两国的民族关系,揭露了南宋统治集团是如何玩物丧志导致南宋覆亡的。

元史研究。任崇岳的《元顺帝与宋恭帝关系考辨》(《民族研究》1989年第5期)一文,对元顺帝系宋恭帝之子一事作了详细考察,认为不少史书所说的元顺帝乃宋恭帝之子实系捕风捉影,不足为信,两人并无血缘关系,澄清了历史迷雾,这一结论为元史学者所赞同。对元代知识分子问题的研究,任崇岳的《宋元鼎革之际的知识分子》(《中州学刊》1985年第1期)一文,将这一时期知识分子的表现归纳为三种:一是慷慨捐躯,以身殉难;二是寄情笔墨,不忘故主;三是不和元朝统治者合作,遁踪山林以终其天年。这些知识分子不受名缰利锁的羁绊,洁身自好,守节不移,是值得肯定的;而受到历代史学家挞伐的,则是那些奴颜婢膝、为虎作伥的无耻文人。在元代,儒士受压是传统看法,任崇岳的《略论元代儒士社会地位的历史过程》(《社会科学辑刊》1981年第3期)一文,否定了这一传统看法,认为儒士在元代并非一直受压,而是经历了由被奴役、被笼络怀柔到受摧残压抑的过程。任崇岳的《关于元杂剧繁兴原因的几个问题》(《历史教学》1982年第1期)和《元杂剧繁荣原因新探》(《殷都学刊》1985年第1期)两文认为,经济全面繁荣是元杂剧繁荣的经济基础,元朝知识分子待遇优渥是元杂剧得以发展的主要条件。文网松弛给元杂剧的发展打开了繁荣之门,蒙古统治者对杂剧的喜好也在相当程度上促进了元杂剧的繁荣。

(六)明清史

明清时期,中国封建社会开始走向没落。明末农民战争及清中叶后日益加重的政治、经济危机都值得探讨。在这方面的研究有:

任崇岳的《论朱元璋对待儒士的态度》(《中州学刊》1982年第4期)一文考察了朱元璋笼络重用儒士及后来摧残儒士的原因,认为他对待儒士态度的变化都与巩固其统治地位有关。智天成的《明代宗室人口的迅猛增长与节制措施》(《中州学刊》1990年第4期)一文,根据大量历史记载,对明代宗室人口的迅速增长情况及节制措施作了论述。杨杭军的《评永乐帝的五次北征》(《河南师范大学学报》1995年第2期)一文对明初特别是永乐时期对蒙古的政策及其后果作了详细论述和评价。

智天成的《李自成农民军究竟于何时入豫?》(《河南师大学报》1979年第5期)一文,对李自成农民军入豫的具体日期和详细情形作了论述,匡正了一些不正确的看法。他的《明末农民起义领袖"过天星"考》(《史学月刊》1983

年第1期)一文,对明末农民起义领袖中有两个诨号"过天星"的人作了详细的考辨和区分。他的《李自成农民军汝州战役研究》(《史学月刊》1985年第3期)一文,对明末农民战争中规模较大的汝州战役的准备过程、战斗经过和时局影响,作了较详细的研究。中国社科院历史所编的《中国古代史研究论文摘编》一书,对该文作了摘要介绍。他的《李自成由西安向九宫山转移路线史实考辨》一文,根据大量方志资料,对李自成由西安向九宫山地区撤退转移的具体经过作了较详细的考辨。此篇被学术界认为是有说服力的文章,载入武汉大学出版社出版的《李自成殉难于湖北通山史证》一书。

吕坤是明末反道学的唯物主义思想家,至今未见吕坤的传记或年谱行世。郑涵多方搜集资料,首撰《吕坤年谱》(中州古籍出版社,1985年)。该书在吕坤的言行著述、治学论道、交游酬答、出处进退、居官临行、学术思想、政治思想等方面援引翔实的资料,逐年详细论述,对于吕坤和明史研究有重要参考价值。

在清史研究方面,杨杭军的《略论清朝嘉道时期漕运之弊及其影响》(《中州学刊》1998年第1期)一文,论述了清朝中期漕运制度的危机及其对政治社会的影响;《论嘉道时期漕运旗丁的若干问题》(《河南师范大学学报》1998年第2期)一文对漕运制度中的旗丁的社会地位、生活状况及其对漕运的影响作了恰当的评价。王珂的《尹会一治豫述论》(《中州学刊》1997年第3期)一文,对清初河南巡抚尹会一在豫期间所实行的经济措施及其政绩进行了论述,认为尹会一关注人民疾苦,根据河南省的实际情况,对当时的弊政进行了改革和整顿,从而减轻了人民的负担,有利于河南经济的发展。由于河南常有旱涝灾害,尹会一曾采取一系列措施赈灾救荒,以纾民困。

(七)近代史

在近代中国,湖南的地位和作用特别引人注目。许多著名的历史人物都从这里产生,而湖南在19世纪50年代以前无论在哪一方面,均是个默默无闻的省份。这种变化是怎样来的?王天奖的《左宗棠在湘幕》(《太平天国学刊》第四辑,中华书局,1987年)一书对此作了一些深入的探索,阐述了湖南一变而成"天下强省"的由来及由此带来的深广影响。

在近代中国农业史方面,对19世纪五六十年代的惨重破坏及嗣后的缓慢恢复,王天奖的《清代后期农业生产的恢复问题》(《河南大学学报》1985年第4期)、《清同光时期客民的移垦》(《近代史研究》1983年第2期)等文,进行了比较周详的考察和深入的阐发,说明了近代中国大规模农民战争之后未能像前代封建王朝建立初期农业迅速恢复和较快发展,而是一直衰颓不振的黯淡图景和历史原因。

中国近代的秘密会社,特别是民国前期各枪会,在当时的政治和社会生活中影响很大。王天奖的《十九世纪下半纪中国的秘密会社》(《历史研究》1963年第2期)、《也谈本世纪20年代的枪会运动》(《近代史研究》1997年第5期)等文和《红枪会研究》(国家"八五"社科基金资助项目成果)一书,对此均进行了有价值的探讨,否定了枪会研究中的一些说法。

太平天国研究。针对海内外太平天国史研究中若干争论或探讨不够的问题,王天奖撰写了20多篇专题论文,绝大多数在国家级刊物或论文专集上发表。这些论文均在综合分析大量历史资料(其中许多为前人很少利用者)的基础上,提出自己独到的见解,受到同行的赞誉。如关于太平天国的基层政权问题、赋税制度中的"着佃交粮"问题,以往的论者多认为太平天国是让人民"公举"基层行政人员,经济上废除地租剥削,体现出"农民民主主义"和"农民政权"的实质。他的《析太平天国的"着佃交粮"制》(《太平天国学刊》第一辑,中华书局,1983年)、《关于太平天国的乡官和基层政权》(《太平天国学刊》第二辑,中华书局,1985年)等文,征引了大量历史文献,举出数十个实例,证明太平天国的基层政权绝大多数被地主士绅或其爪牙窃据,佃农虽直接向太平天国交粮,但同时仍要向地主交租。再如太平天国农民运动在变革封建土地所有制上是否起过积极作用,有些知名专家对此作出了全面肯定的回答,另一些则作出了完全相反的结论。王天奖的《太平天国革命后苏浙皖的土地关系》(《新建设》1963年第8期)一文援引了大量的文献资料,揭示了不同省区因阶级力量和社会情况的不同而存在着不同的情况,完全肯定或完全否定均失之偏颇。诸如此类的文章均深化或拓展了有关课题的研究,给中华人民共和国成立之后特别繁荣的太平天国史研究提供了许多令人称道的新成果。生活·读书·新知三联书店出版的《太平天国史论文选》中,收录王天奖的论文4篇(该书编例确定每一作者收录论文数量不能超过4篇),中华书局出版的《中国近代史论文集》、广东人民出版社与广西人民出版社联合出版的《太平天国史论集》等论文专集中,均收录有王天奖的论文。有关书刊在综述太平天国史研究成果的专文中,对王天奖的论文也有所论述。

有关洋务派的研究论文有邓亦兵的《曾国藩的洋务思想》(《史学月刊》1980年第2期)、《论左宗棠的洋务思想》(《东岳论丛》1982年第5期)、《洋务派所办企业经营方式的变化及其利弊》(《历史教学》1981年第11期)、《试论丁日昌的洋务思想》(《史学月刊》1987年第2期)等。

康、梁研究。康有为、梁启超都是我国近代史上影响颇大的人物。20世纪30年代,丁文江、赵丰田曾有《梁任公先生年谱长编初稿》油印稿作征求意见用。70年代在赵丰田的主持下,由申松欣、李国俊对长编初稿进行校勘、修订、补辑,而成皇皇巨著,以《梁启超年谱长编》命名,于1983年由上海人民出版社出版,全书81万字。该书详尽地记录了梁启超一生的思想言行,为研究晚清至民国前期的政治、思想、文化、教育及外交关系诸问题提供了可信的资料,对于近代史和梁启超研究有着重要参考价值。该书的出版受到史学界的重视与好评,荣获河南省社会科学优秀论著一等奖。申松欣经过长期搜集、整理、研究康、梁有关资料,写出了《康有为梁启超思想研究》(河南美术出版社,

1996年)一书。该书对康有为的美学观、妇女观、教育观及梁启超的新闻观等进行了探讨与研究,尤其对康有为晚期的思想倾向有独到的见解。有关康、梁研究的论文还有李国俊的《梁启超与辛亥革命》(《史学月刊》1981年第5期)、《论戊戌维新变法时期的爱国主义》(《中州学刊》1983年第5期,与王天奖合作),申松欣的《日本警视厅与康有为》(《西北大学学报》1987年第3期)、《论康有为后期的爱国主义思想》(《东岳论丛》1988年第6期)、《康有为与西学》(《史学月刊》1990年第2期)、《梁启超与〈变法通议〉》(《历史教学》1995年第7期)等。

辛亥革命史研究。1981年人民出版社出版的《辛亥革命史》三卷本,是一部由宋庆龄副主席题签的中华人民共和国成立后出版的第一部研究辛亥革命的巨著,其中第三卷由王天奖、刘望龄撰作并任分卷主编。论者称该书"是迄今为止关于辛亥革命篇幅最大的著作,受到国内外重视。它较充分地搜集和利用了目前所能掌握到的国内外报刊、地方史志和档案,广泛地吸收了国内外的研究成果,力图按照唯物史观,客观地全面地叙述辛亥革命的发生过程,阐明革命取得胜利及其终于失败的原委,显示出这段错综复杂历史的发展规律和特点。对资产阶级及其两个派别、各种团体及各种代表人物、资产阶级各种思潮,都给予恰如其分的分析评价,有不少精辟的见解"(《中国历史学年鉴》,人民出版社,1982年)。1982年、1989年该书分别获湖北、湖南和国家教委一等奖。其他有关辛亥革命史的论文,如王天奖的《辛亥革命首先在湖北爆发的原因》(《江汉论坛》1980年第6期)、《试论贵州自治学社的性质》(《辛亥革命史丛刊》第二辑,中华书局,1980年)等,也都提出了不同于成说的独到见解,被视为新的研究成果反映在该年各有关书刊的学术综述中。

孙中山研究。骆宝善的《论孙中山国家统一的主张》(《中州学刊》1986年第6期)一文指出,孙中山大半生都在为国家而顽强奋斗。反对军阀独裁与恢复帝制、反对国家分裂与军阀割据、建立民主统一的多民族国家,是孙中山的三民主义中民族主义的重要组成部分,并且随着从旧三民主义向新三民主义的发展而不断充实和增新其内容。他认为孙中山关于国家统一的主张主要有:(1)国家统一的前提是打倒帝国主义,结束帝国主义在中国的统治;(2)统一大业的实现要有革命政党领导的革命武装作后盾;(3)实现国家和平统一的途径是召开国民会议;(4)国家统一是中国的内政,不许外人干涉。他的同类论文还有《孙中山的民权主义及其实践》等。

袁世凯研究。骆宝善从事袁世凯研究,先后撰写了《唐绍仪与袁世凯》(《唐绍仪研究论文集》,广东人民出版社,1989年)、《甲午战争时期的袁世凯》等文。后又承担了国家社会科学基金项目"袁世凯研究",并收集了大量资料。1990年骆宝善调广东工作,继续从事这一研究项目。

左宗棠、朱执信研究。王天奖著的《左宗棠评传》(河南教育出版社,1990年)一书,对所谓"中兴名臣"之一的左宗棠进行了全面的评述,对这个著名历史人物的早期活动和思想、在湖南的业绩、在洋务运动中的表现、收复新疆的建树等方面,均提出了有别于他人的新见解。朱执信是孙中山领导集团中的一位著名理论家和活动家。张瑛著的《朱执信评传》(河南教育出版社,1990年)一书以翔实的史料、公允的评价,比较全面和系统地研究了朱执信为寻求救国救民真理而奋斗的革命一生,对一些重要问题进行了深入探讨,颇有见解。

近代社会思潮研究。《救亡·启蒙·崛起——近代中国向西方学习思潮论纲》(天津人民出版社,1997年)是王建吾撰写的一部探讨近代中国向西方学习思潮的专著。该书从理论上探讨了鸦片战争之后一些先进的中国人被迫走上"向西方学习"的艰难之路的历程,从启蒙、全盛、蜕分、衰落四个时期进行了论述,并就怎样向西方学习、学什么及近代中国向西方学习得出了怎样的结论等问题发表了令人深思的见解。

(八)现代史

新民主主义革命时期,中国共产党领导的农民运动,是中国革命的重要组成部分。王全营经过长期探讨与研究,与曾广兴等合著了《中国现代农民运动史》(中原农民出版社,1989年)一书,以翔实的史料为基础,进行纵横结合、分析对比,生动地再现了第一次国内革命战争时期的历史画卷,对中国共产党领导下的新型农民运动的发生、发展、斗争情况及经验教训作了全面、系统的研究和探讨。

李大钊研究。庞守信的《李大钊的武装斗争思想》(《河南党史研究》1989年增刊)一文指出,李大钊在中国共产党的创建和国共合作方面有着杰出的贡献,在武装斗争方面也有很大建树。他认为在中国要实现民主革命的任务,最根本的途径就是实行暴力革命。他主张"我们党要建立革命军队",依靠这些"革命的进步军队,同军阀势力对立、斗争"。他还十分重视创建由党直接掌握和领导的武装部队,曾准备派人在赤峰地区组建"共产军"。此外,庞守信还写有《李大钊与农民运动》(《学术百家》1989年第6期)等文。

土地革命战争的研究。王全营的《鄂豫皖苏区土地政策的演变》(《中州学刊》1982年第3期)一文指出,第二次国内革命战争时期,全党都在探索土地革命的道路。1928年秋鄂东特别委员会作出"谁种的田归谁收去"的决定,标志着土地革命政策在鄂豫皖地区开始实施。1930年夏鄂东北特别委员会发布《临时土地政纲》,规定凡地主、豪绅、反革命者之土地一律没收,拨归当地无地的农民、失业工人和退伍兵士耕种,从根本上动摇了中国数千年来的封建地主阶级土地占有制。1931年10月鄂豫皖军委总政治部发布的《怎样分配土地》中对雇农、贫农、中农、富裕中农、富农、地主等六种阶级成分作了比较正确的说明,表明鄂豫皖苏区党组织在农村阶级路线问题上已经比较成熟。王全营的《井冈山道路与鄂豫皖苏区的创建》(《中州学刊》1983年第6期)一文,从三个方面揭示了毛泽东、朱德等创建的井冈山道路对其他根据地的创建产生的影响。1929年5月中共鄂东北特别委员会即向中共中央提出"学江西井冈山的办法"创造鄂豫皖边区的武装割据,说明井冈山道路对各革命根据地的创建和巩固起了普遍的指导作用。关于鄂豫皖苏区研究的论文还有王全营、庞守信的《刘店秋收起义与豫南游击战争》(《郑州大学学报》1984年第1期),王全营的《鄂豫皖苏区教育革命述评》(《史学月刊》1984年第3期)、《鄂豫皖苏区货币述略》(《河南党史研究》1986年第1期)等。

抗日战争研究。冯文纲对豫皖苏边区和新四军第四师的成长壮大历程进行了系统研究,撰写了《关于新四军第四师的几个问题》《论中原抗战战略发展方向的转变》等论文,对边区研究中的某些重大问题发表了独到的见解。王全营的《抗日战争后期河南解放区的开辟》(《中州学刊》1985年第4期)一文指出,1944年夏日军发动中原战役后,豫西沦陷,中共中央及时作出了进军豫西的命令,为抗日战争的全面胜利奠定了坚实的基础。同类论文还有他的《豫西解放区概述》(《湖北党史委地方革命史研究》1985年第4期)、《试评中原战役》等。《一代名将——彭雪枫传记》(冯文纲等3人著,河南人民出版社,1991年)一书以翔实的史料,全面阐述了新四军第四师师长彭雪枫的博大胸怀和甘洒热血的无私奉献精神,是研究新四军军史中一部有价值的著作。

二、中国专门史研究

这里所说的专门史研究,是指跨越时代的空间而从事的某一项专门问题的研究。历史研究所从事专门史研究有多种形式:有的是组织多人共同研究某一课题,以求取得突破性进展,如《中国廉政史》等;有的是某一研究人员,长期从事某一课题的研究而撰写的专著,如《中国古代人才思想史》等;有的是围绕某一课题,众人参与,分头撰写,如姓氏源流与客家研究等,其中不少成果得到学术界的好评。

(一)政治、思想、文化史

廉政问题为历代政府所重视,单远慕、刘益安等著《中国廉政史》(中州古籍出版社,1991年)一书从先秦到中华人民共和国共设九章,九位撰稿人依次为郑涵、刘益安、王大良、程有为、单远慕、任崇岳、骆宝善、王天奖、王全营。该书是我国第一部廉政史专著,对各个不同历史时期的廉政思想、廉政制度、廉政措施、廉政成就,以及对廉政建设有贡献的历史人物、不同朝代的廉政特点和规律进行了探讨,既有学术价值,又有现实意义。有关领导和专家对该书的总体评价是:"主题新颖——研究专史者(如法制史、政治史、经济史、官制史等)著述不少,而唯无廉政方面的专题,此作乃补历史制度研究上的一个空白;材料殷实——运用历朝历代的大量史料典籍,有证有论,是部有分量的廉政制度史;现实意义——以史为鉴,对加强我国的廉政建设具有积极的启迪借鉴意义。"1991年河南省委书记侯宗宾在河南省社会科学院现场办公时,对该书也作了充分肯定。该书在中国廉政史研究领域具有开创之功,并达到了一定的研究深度。

历史研究所老一代史学家赵纪彬、郑涵、程有为、王秉伦等都长期从事中国古代思想史的研究,历史研究所还成立过思想史研究室,并出了一批成果。

赵纪彬的《论语新探》(人民出版社,1959年)一书,研究了前期儒家思想体系,对孔丘的世界观、认识论、逻辑学进行了探索,并说明了战国时期儒家的学派对立,认为春秋社会正在由奴隶制向封建制过渡。这是一部透过《论语》对春秋社会性质及孔门哲学思想有所探索的专著,受到国内外学术界的极高评价。孙海波的遗作《论孔子》(《史学月刊》1982年第2期)一文认为,孔子是没落贵族阶级中的士,他希望通过温和的手段,从礼乐教化方面来缓和阶级矛盾,这在当时是进步的。他所说的仁,在某种意义上和被统治阶级的民是有联系的，"导之以德，齐之以礼"，比奴隶主贵族"导之以政，齐之以刑"进步。郑涵的《试论孔子对晋铸刑鼎的批评及其政治意义》(《开封师院学报》1962年第3期)一文指出，孔子正是本着维护西周奴隶制的保守立场，认为贵贱不愆的治民原则不可弃，认为宣子之刑是夷之蒐的乱制，而批评晋铸刑鼎的。所谓孔子对范中行氏的批评，均与孔子无关。

无神论研究。《中国无神论史》(中国社会科学出版社，1992年)一书由王秉伦参与撰写。该书揭示了中国上起先秦下至近代各民族无神论思想的产生、发展的历史过程及其规律，并用专编探讨了各少数民族的无神论思想发展史。此外，王秉伦发表研究无神论的文章主要有《魏孝文帝破除卜筮、谶纬等世俗迷信评述》(《河南师大学报》1980年第4期)、《盛唐"开元之治"的政治家——姚崇》(《河南师大学报》1981年第2期)、《欧阳修无神论思想述评》(《南京大学学报》1984年第6期)、《李觏无神论思想研究》(《中国无神论史研究》，青海人民出版社，1986年)、《关于二程破除世俗迷信思想事迹述评》(《洛学与传统文化》，求实出版社，1989年)、《石介无神论思想简论》(《河南大学学报》1994年第5期)、《试论清圣祖佛道观的无神论倾向》(《史学月刊》1991年第2期)、《以科学和民主反对神秘主义》(《郑州大学学报》1996年增刊)等。

中原文化研究。王天奖、李绍连主编的《中州文化》，是"中国区域文化大系"丛书之一，由中华民族基金会赞助，是具有学术专著性质的全国文化丛书，其研究地域涵盖全国，文化内涵亦包含全国56个民族，内容之丰富，层次之高，前所未有。该书除一般文化内容外，还具有自身的特色，如针对自然地理环境和政治社会环境对文化的影响的问题，增添了都市文化、古建筑艺术等具有地方优势的内容，而且在论述文化现象时，注重揭示其文化底蕴，做到熔科学性、知识性、学术性于一炉，以提高其社会效益。《中国地域文化·中原文化卷》(山东美术出版社，1997年)一书由单远慕主编，是国内第一部研究中原文化的专著,基本上反映了中原传统文化的丰富内容、发展脉络和区域特色。杨海中、任崇岳等参与了编撰。单远慕所著的《中原文化志》是以萧克为编委会主任的《中华文化通志》中的一册。该书对中原文化发展的全过程进行了系统的概括和总结,通过简洁的文字和横分竖写的志体形式,全面反映了中原文化在不同历史时期和不同领域的基本面貌和主要成就,集中体现了当时对中原文化的研究水平。此外,单远慕还发表了若干篇有关中原文化的论文,主要有《历代中原史学家及其著作研究》(《中原文化与传统文化》,高等教育出版社,1996 年)、《中原古代经学研究概述》(《中州学刊》1996 年第 6 期)、《中原古代教育》(《天中学刊》1996 年第 4 期)、《中原古代道教研究》(《黄河文化》1996 年第 3、4 期)。程有为著有《河洛文化概论》(《河南社会科学》1995 年第 4 期)等文。

文化断代研究。《中国文化通史·辽金西夏元卷》(任崇岳主编,中央党校出版社,1999 年),全书 50 万字,任崇岳撰写 30 万字。该卷对辽金西夏元代的民族融合、科学技术、文学宗教、服饰、婚姻、哲学思想、语言文字等作了全面探讨。

(二)人才思想制度史

程有为侧重于中国古代人才思想、人才制度史的研究有 20 余年,发表系列论文 20 余篇,他的《中国古代人才思想萌芽的几个问题》(《中州学刊》1988 年第 6 期)一文,对雷祯孝等关于人才思想萌芽于原始社会初期的看法提出质疑,认为中国人才思想萌芽于夏商时期,并阐述了中国最早的人才思想的基本内容与特点。此文获全国人事科研成果二等奖。他的《西周人才思想刍议》(《中州学刊》1990 年第 5 期)和《西周人才思想简论》(《中州人才》1991 年第 1 期)两文,对西周时期的人才思想进行了深入的探讨,指出西周人才思想从本质上说是一种任用善人的思想,它以注重人的德行为主要特点。同类论文还有《〈诗经·小雅·菁菁者莪〉非人才诗》(《谈古论今说人才》,河南人民出版社,1996年)、《晋国人才思想与举用制度述论》(《史学月刊》1990年第3期)等。程有为的《春秋举善思想初探》(《中州学刊》1986年第2期)、《战国时期的人才学说述评》(《河南大学学报》1986年第1期)两文,对诸家的贤能之论、德功之争、名实之辨作了具体分析。此外,他还有《南朝人才思想述论》(《中州学刊》1995年第3期)、《南北朝人才思想略谈》(《文史哲》1993年第3期)等文。

1996年,中州古籍出版社出版了程有为的专著《中国古代人才思想史》。该书是第一部较为全面、系统地阐述中国古代人才思想的专著。全书共九章,从夏商时代人才思想的萌芽,一直写到鸦片战争前古代人才思想的终结。书中具体论述了50多位著名思想家和政治家的人才观念和用人思想,包括什么是人才、人才所具备的各种素质及相互关系、人性理论、成才途径、人才的社会作用,以及关于人才的培养、鉴别、选拔、使用和管理等方面的思想主张。该书获首届河南人事科研优秀成果一等奖。

通过考试的方法选士用人,在我国不仅历史悠久,而且组织相当严密。程有为参与主持并撰写的《河南考试史》(中州古籍出版社,1995年)一书,系国家教委"八五"重点课题成果,也是我国第一部地区性的考试通史。该书通过了国家教委考试中心组织全国著名专家学者进行的结项鉴定,并荣获首届全国人事科研成果二等奖。《人民日报》发表了题为《揭示考试与人才消长的关系——〈河南考试史〉值得一读》的评介文章。

程有为的《北魏考绩制度初探》(《中州人才》1988年第2期)一文对北魏时期的考绩制度进行了认真的探讨,该文获第二届全国人才研究新秀奖。他在这方面的论文还有《十六国人才问题管窥》(《许昌师专学报》1990年第1期)、《曹操的人才思想与用人实践》(《谈古论今说人才》,河南人民出版社,1996年)、《诸葛亮的人才观与用人得失》(《谈古论今说人才》,河南人民出版社,1996年)、《北朝人才思想与选举制度述论》(《中州学刊》1986年第3期)等。

(三)姓氏源流与客家

姓氏研究,是历史研究所参与人员较多、成果也较多的项目之一。程有为的《挥的身世与青阳之地望考》(《龙乡寻根》,河南教育出版社,1996年)一文,考证了张姓始祖挥的身世和张姓起源的地望。他的《程姓起源地望考辨》(《豫闽台姓氏源流》,1997年)一文,经过认真考证辨析,指出程姓得氏于西周初期,得氏始祖为伯符,又称乔伯,程氏以国为氏,得氏地点就是汉晋时期的洛阳上程聚(今洛阳、孟津之间)。他的《宁化石壁——中原姓族南迁的聚居地与中转站》(中国华侨出版社,1998年)一书,阐述了中原姓族南迁的路线、迁入和迁出宁化的情况,指出其与客家石壁形成的关系。王大良也发表了数十篇论文,主要有《关于琅邪王氏的几个问题》(《四川师范学院学报》1990年第1期)、《南阳顺阳范氏研究》(《南都学刊》1990年第4期)、《张姓源于濮阳考》(《豫闽台姓氏源流》,1997年)、《从晋末丧乱看客家先民的第一次南迁》(《客家大观园》1996年第1期)、《从中原人口南迁看闽台姓氏源流》(《台湾源流》,1996年)等。

另外在几套大型姓氏研究的丛书中,均有历史研究所人员的撰述,从而对姓氏研究及华侨寻根作出了一定贡献。这些丛书是:

"中华姓氏通书",三环出版社出版,王大良撰述的《王姓》于1993年出版。"华夏姓氏丛书",广西人民出版社出版,王大良撰写了《谢》《杨》2卷,均于1993年出版。

"百家姓寻根探秘",四川人民出版社出版。王大良任丛书主编,并撰写了《王》《杨》《周》3卷,均于1995年出版。任崇岳撰写的《陈》、程有为撰写的《张》等卷也于同年出版。

"百家姓书系",新蕾出版社出版,第一批计划出版20种,程有为撰写了《程姓》《张姓》2卷,任崇岳、耿瑞玲、王珂等撰写了《陈姓》《刘姓》等共计8卷。

河南人民出版社1994年出版的《中原寻根·源于河南的千家姓》一书,王大良为副主编之一,并撰写了其中的王、赵、吴、胡、许、范、罗、邓、陆、庾、荀、穆、杞等13姓,程有为、王秉伦、陈建魁等均参加撰写。

1996年,气象出版社出版了王大良的专著《姓氏探源与取名艺术》,30万字。他主持编写的"中国大姓寻根与取名"丛书至今已出版6种。

三、河南地方史研究

历史研究所历来重视河南地方史的研究。建所初期制定的五年规划纲要(1958—1963),即确定以河南地方史为研究重点,并对编写《河南通史》《河南大事记》等作出了安排。河南社科院建立后,更明确了历史研究所的科研方向是以河南地方史为主,立足河南,放眼全国。由于方向明确,措施得力,地方史研究取得了丰硕成果,老一代史学家嵇文甫、赵纪彬等为之设想而未能实现的《河南通史》于2005年付梓,《简明河南史》于1996年问世,《河南省大事记》也已编写出版多种,《河南辛亥革命史事长编》等已与读者见面。此外,对农民运动、中原民居、地方志等的研究,也都取得了一些成果,并在学术界产生了很大的影响。

(一)河南通史

为了加强对河南省情的了解和研究,使历史研究更好地为"四化"建设和振兴河南服务,1986年历史研究所制订了编写河南简史的计划,经数年之力,《简明河南史》于1996年由中州古籍出版社出版。该书由张文彬任主编,程有为、王珍为副主编,撰稿人还有智天成、王大良、刘益安、邓亦兵、王全营。该书以当时河南省行政区域为范围,叙述这一地区从远古到中华人民共和国成立前的政治、经济、文化状况,阐明河南历史发展的基本脉络和规律,是第一部较为全面、系统地阐述河南历史的专著。该书得到史学界的好评,荣获河南省社会科学院优秀成果一等奖、河南省社科联社科优秀成果荣誉奖。

《河南通史》,全书共四卷160万字,内容从史前先秦到中华人民共和国成立,为河南省"八五"社科规划重点项目。全书由张文彬、胡思庸、王天林、张锐及王天奖、程有为等主持编写,编写人员以历史研究所的工作人员为主,并邀请郑州大学、河南大学有关专家参与。由李绍连、程有为、任崇岳、王天奖等担任四个分卷的主编。该书是第一部系统、全面地阐述河南地区数千年历史的专著,有较高的学术价值,对人们了解河南省情有较大的助益。

(二)河南古代史

河南所在的黄河流域是华夏文明的重要发祥地,研究河南古代史对中国史的研究有重要价值。

李绍连的《楚国北疆及其对中原文化的影响》(《楚文化研究论文集》,河南人民出版社,1995年)一文,根据历史文献和考古发现,将楚国北界界限划在陆浑、阳翟、许、杞一线,即今天的伊川、登封、禹州、杞县一线。而楚国北疆长期比较稳固的地域是在南阳盆地至淮河流域一带。楚国强大时一度威慑到黄河南岸地区,其对中原文化的影响是有限的,仅在河南南部少数地区有楚文化的踪迹。

程有为的《杞国史蠡测》(《郑州大学学报》1988年第1期)、《杞国及其迁徙》(《东夷古国史论丛》,三秦出版社,1988年)两文,对杞国历史进行了详尽的考证,指出作为夏族后裔的杞国,初建都于雍丘(今河南杞县),春秋初期为郑国所逼,被迫东迁,在今山东省又四次迁徙,不遑宁居。程有为的《西汉梁国史初探》(《商丘师专学报》1986年第1期)一文首次对西汉梁国的王系、都城、疆土、政治、经济、文物等方面的状况进行了深入的考察。他的《论西汉梁国的都城迁徙》(《河南大学学报》1995年第6期)一文指出,梁王彭越时的都城在昌邑,梁孝王初期建都开封,后来方迁至睢阳(今河南商丘)。

任崇岳对河南省的蒙古族、维吾尔族、回族、西夏族与女真族遗民进行了系统研究,发表有《河南少数民族来源研究》(《中州学刊》1989年第2期)、《河南省的维吾尔人》(《中州今古》1989年第1期)、《河南省的女真遗民》(《中州今古》1994年第1期)、《谈晋豫皖三省的女真遗民》(《北方文物》1995年第2期)、《略论河南的西夏遗民》(《宁夏社会科学》1986年第1期)等。

古都开封研究。开封是中国八大古都之一,曾长期作为中国政治、经济、文化中心,在国内外具有广泛影响。单远慕著有《古都开封的故事》(河南人民出版社,1980年)一书,这是国内外第一本以专题形式论述开封历史上的事件、人物、文物和名胜古迹的著作。他的《开封史话》(中华书局,1983年)一书,论述了各个不同历史时期开封的面貌,厘清了开封城市的发展脉络,解决了开封史研究中的一些关键问题。1984年他又应中国古都学会之约,参与编写了《中国历史名都》,所写的《七朝都会开封》(浙江人民出版社,1996年)一书,古都学会的专家们认为它"体现了目前国内外关于开封史研究的最新成果",具有较高的学术水平。此外,单远慕还发表了关于开封史的一系列论文。主要有《北宋时期的东京》(《史学月刊》1980年第3期)、《金代的开封》(《史学月刊》1981年第6期)、《明代的开封》(《史学月刊》1982年第6期)、《历史上有关开封的诗歌》(《河南大学学报》1981年第6期)、《〈枫窗小牍〉关于北宋开封的记载》(《开封文博》1989年第1期)。

《河南古代史话》(河南人民出版社,1986年),任崇岳、王宗虞、王珍、程有为、刘益安、智天成集体编撰。该书用历史唯物主义的观点,以史话体的形式,介绍了从上古南召猿人时期到鸦片战争前的河南历史、河南历史上的重大事件和著名的政治家、军事家、科学家、文学艺术家,是一本雅俗共赏的通俗地方历史读物。

《河南历史名人》(河南人民出版社,1992年),任崇岳等著。该书对75位河南籍历史名人在政治、经济、军事、文化、教育、科学、艺术等方面所取得的成就作了较为全面的论述。

(三)河南近代史

为了适应河南社会主义两个文明建设的需要,丰富中国近代通史的内容,历史研究所加强了对河南近现代史的研究,并出了一批成果。王天奖所发表的一系列论著,大都具有开拓性质,他的《清末河南的民族资本主义》(《中州学刊》1984年第1期)、《近代河南租佃制度述略》(《史学月刊》1989年第4期)、《近代河南的农村高利贷》(《近代史研究》1995年第2期)、《晚清时期河南的地权分配》(《史学月刊》1993年第6期)、《民国时期河南的学校教育》(《河南大学学报》1996年第3期)等20来篇专题论文,分别就一系列前人未曾研究的问题或近人论列有欠妥切的问题,进行了深入、周详的论述,深受史学界的好评,对河南各行业和省、地(市)、县地方志的编纂也很有裨益,省外学术界也颇为重视,认为例如近代河南地权分配不是趋向集中而是趋向分散等新见解,都值得国内外学术界注意。

1994年河南人民出版社出版的《天翻地覆话沧桑——河南的昨天和今天》一书,是王天奖的力作之一。该书以丰富、翔实、具体的史实,向读者揭示了河南近150年的历史变迁,有助于读者认识近代中国历史发展变化的规律,提高辨别是非的本领和展望未来的能力。该书为前、中、后三篇。前篇揭露晚清腐朽的封建统治、经济盘剥、洋货入侵造成的农业社会缓滞;中篇揭示民族资产阶级革命无法改变中国落后的面貌,人民仍沉沦于兵匪横行和灾害频仍的苦难之中;后篇展现中华人民共和国成立后,河南发展日新月异,全省城乡发生了翻天覆地的变化。

　　为实现建所初期老一代史学家的夙愿,王天奖等编著了《河南近代大事记》(河南人民出版社,1990年)一书。参与搜集该书素材的有刘永之等多人,后由王天奖、庞守信、王全营、苏丽湘、冯文纲分段进行了考核、整理、补充。上起1840年6月,下迄1949年10月,举凡发生在河南境内的政治、经济、军事、文化、外交、自然灾害等大事均酌加收录。该书的出版对各地编史修志提供了可参考的宝贵资料。后应广大读者的要求,对此书进行了重新编写,新增了夏代至鸦片战争前的大事,近代部分进行了精编,以《河南省大事记》为名,1993年由中州古籍出版社出版。主编为王天奖,编写人员(按编写时段为序)有陈建魁、庞守信、王全营、冯文纲。1994年,在河南省地方志编委会的指导下,由王天奖任主编,庞守信、王全营、冯文纲编撰,对《河南近代大事记》作了进一步的选编、考订,保留19万字,收入《河南省志·大事记》中。

　　王天奖著的《河南辛亥革命史事长编》(上、下册,河南人民出版社,1986年),以专著的格局,用长编的形式,分题选辑有关资料,首列19世纪末20世纪初河南的社会经济状况,是研究辛亥革命史中的一部极有特色和价值的书籍。

　　《白朗起义》(河南人民出版社,1978年),杨炳延著,王天奖整理。书中记述了辛亥革命后发生于河南宝丰、鲁山一带的一支农民起义军的悲壮史事。白朗军反对封建剥削,"打富济贫",反对北洋军阀统治和洋教,以鲜血谱写了近代中国人民革命史的新篇章。该书史料翔实确切,论述有独到见解,受到史学界好评。

　　《河南省志·农民运动志》(省志第23卷,河南人民出版社,1997年),由王天奖任主编,庞守信任副主编,王天奖、庞守信等7人撰稿。在各省新修方志中,这是第一部专为农民运动而立的志书。该书从鸦片战争后河南人民自发的反抗斗争写起,对河南省农民在辛亥革命、北伐战争及土地革命战争、抗日战争、解放战争中作出的贡献给予了应有的评价,并对中华人民共和国成立后农民积极参与土地改革及政权建设、十一届三中全会以后农村经济体制改革等都作了论述。

耿瑞玲著的《民间居住》(海燕出版社,1997年)一书分居住形式、城乡宅院、村落布局、城市设施、神鬼之居等共六个部分,以历史为经,以现实为纬,通过对多姿多彩的中原民居的描述,展现了民间生活的个体居住的历史与现状,描绘了一幅生动有趣的中原民间居住的风俗画卷,为中原民俗研究添写了一项新的内容。

(四)河南现代史

河南现代史也是历史研究所的重要课题之一,王全营、刘永之、庞守信、冯文纲等均以毕生精力从事这一工作。研究成果主要有以下几个方面:

五四运动研究。王全营的《"五四"前夕的河南社会》(合著,《开封师院学报》1979年第3期)一文,从三个方面分析了五四运动在河南引起广泛反响的原因。庞守信的《"五四"反帝爱国运动在河南的反响》(合著,《开封师院学报》1979年第3期)一文,论述了五四运动在河南的全过程,指出河南的反帝爱国运动是全国反帝爱国运动的重要组成部分,它沉重地打击了北洋政府的卖国政策,揭露了河南军阀的卖国罪行,有力地配合了全国的反帝爱国运动;它激发了中原人民的觉悟,是河南人民革命进入新的历史时期的显著标志。庞守信的《五四时期河南人民的新觉醒》(《河南党史研究》1989年第3期)一文指出,河南地处中原,封建统治相当稳固,五四运动促进了河南人民的新觉醒,它标志着河南革命运动进入了新的时期。同类论文还有刘永之的《马克思列宁主义在河南的传播》(《中州学刊》1983年第2期)等。

五卅运动研究。庞守信的《试论"五卅"运动在河南的历史地位》(《河南党史研究》1989年第1期)一文,对五卅运动在河南的反响进行了考察,从五个方面论述了它在河南现代史中具有的重要意义。

第一次国内革命战争研究。庞守信、王全营合写的《河南省最早的县农工政府》（《中州学刊》1981年第2期）一文,认为1927年4月,共产党员张家铎、张耀昶和马尚德(即杨靖宇)等领导的确山农民起义后建立的农工政府——确山县临时治安委员会,是在河南创建的第一个革命政权,也是全国最早的县级革命政权之一。革命政权的建立使共产党组织在豫南得到发展,扩大了党在群众中的影响,并从思想上和干部队伍上为秋收起义作了准备。庞守信的《第一次国内革命战争时期的河南农民运动》（《河南党史研究》1986年第2期）一文认为,河南农民运动在河南现代革命史上具有重要意义:一是河南农民运动是党领导的全国农民运动的重要组成部分;二是在河南农民运动高潮中,中共领导建立的确山、杞县、睢县三县革命政权,开创了北方农工阶级掌握政权的范例;三是教育锻炼了河南人民,提高了其革命觉悟和阶级觉悟;四是造就了大量的武装斗争骨干,为土地革命战争作了人力准备;五是在农民运动中建立的党的基层组织,形成了农村革命的堡垒,在以后的革命斗争中发挥了重要作用。王全营的《略论二次北伐及其意义》（《河南党史研究》1987年第2期）及《北伐战争在河南》（《理论学习》1985年第2期）等文,研究了二次北伐胜利的原因及其意义,认为北伐军入豫后,由于蒋先云等共产党人的英勇作战与河南民众的大力支援,才一举摧毁了奉军防线,取得了战争的胜利。

河南红枪会、天门会研究。河南是遍布华北数省的红枪会的发源地,它对一战时期的农民运动、反抗兵匪斗争等都曾产生过重大影响。王全营的《大革命时期的河南红枪会》（《中州学刊》1983年第2期）一文,对20世纪20年代遍布全省的红枪会产生的原因及其作用进行了探讨。文章认为,南方革命思潮的影响和农民运动的推动、封建军阀的黑暗统治和残酷掠夺、兵匪的抢掠等都是促成红枪会产生和发展的重要原因。红枪会在大革命时期所起的作用,一是武装自卫,抵抗土匪、溃兵的骚扰,拒纳苛捐杂税,保护地方秩序的安定;二是积极参加国民革命,支援北伐战争。庞守信的《大革命时期的一支农民起义军——豫北天门会》(《河南党史研究》1988年第1期)一文,从不同侧面对红枪会、天门会的性质进行了探讨,认为活跃于太行山区的豫北天门会,是一支农民起义军,并给予了军阀政府一定的打击。王天奖主持的国家社会科学基金课题"红枪会研究",在这一领域中取得了新的成果,改变了史学界在会党研究中的不少观点。他的《也谈本世纪20年代的枪会运动》(《近代史研究》1997年第5期)一文认为,这一时期的红枪会既不师承白莲教系统的秘密教门,其性质与历史上的农民起义迥异,也有异于晚清以来的乡团。作者认为所谓枪会或红枪会,不过是一种笼统的混称,旨在保产自卫,因而在本质上仍不脱乡团属性的枪会,是枪会运动的主流。文章还对枪会的基本成员及掌权者、枪会的主要活动、党的枪会工作等方面进行了探讨与评述。

河南古志编行时间长、种类多、佚失严重,现有古志又存藏分散,多半收藏于外地。为对旧方志进行规划整理,刘永之、耿瑞玲承担了省级课题"河南地方志提要",历经数年艰辛,其成果《河南地方志提要》终于成稿。该书分别于1990年、1992年由河南大学出版社分上、下册出版,计105万字。作者对已存河南旧志进行了全面普查,收录561种方志,各撰提要一篇,提要内容为志书名称、卷数、内容、得失等的评介及对孤本版本考订等。另对401篇散佚志书钩沉显隐,故该书实收旧志962种。史学界评价该书"内容丰富、材料详尽","体现了考镜源流、辨章学术的优良传统"。该书对于旧志的妥善保存和利用,尤其对于河南地方史志的研究和编纂,均有重要价值。该书获河南省社会科学优秀成果二等奖。

四、古籍整理与文献汇编

中国历史上的私家著述如诗文集、笔记、杂记等可谓浩如烟海,其中含有不少重要史料,可补正史之不足。但由于刊校质量较差,错处不少。为使古籍能为今天的史学研究所用,历史研究所的科研人员选择有价值的古籍进行考订比勘,校正衍误脱讹,作了不少整理工作。河南现代史的资料散见于各种报刊和著述,给研究工作带来极大不便,也有待于汇集编辑。1979年至1999年20年间,历史研究所共计出版有关古籍整理、文献汇编、工具书等书籍90余部,近千万字。

(一)古籍整理

《今注本二十四史》,系国家古籍整理重点项目,由中华民族文化促进会牵头,组织全国200多位专家联合攻关。程有为、王大良承担这套书中《宋书》的部分校注任务。

《白话本二十五史精选》(国际文化出版公司,1994年),程有为、任崇岳、卢海山、王珍参与选注工作,承担了《宋书》《南齐书》《梁书》《陈书》《旧唐书》《新唐书》等数十万字的选译任务。

《中国经济思想史资料选辑》(中国社会科学出版社,1996年)宋金元分册,任崇岳注释金元部分。该书从古籍中选择有关经济思想的原始资料加以标点注释,可供中国经济思想史专业工作者作初步研究之用,同时也为一般经济理论工作者查找一些经济学说在中国的产生与发展提供方便。

《山西通志》(中华书局,1991年)第11册,单远慕校点。清光绪本《山西通志》是我国地方志中的精品,具有很高的文献价值,梁启超将它列为清代光绪时期所修各省优秀通志之首。中华书局与山西省社会科学院合作,组织国内专家,将其点校整理后分22册精装出版。单远慕整理点校的是该通志中"盐法略""秩祀略""学制略""营制略""公署略"等部分,出版后装订为该通志第11册。

《鸡肋篇》(中华书局,1983年),宋庄绰撰,萧鲁阳整理。《鸡肋篇》为宋人史料笔记中较为重要的一种,内容翔实,有较高学术价值。这次对其的校点整理为国务院古籍整理出版规划小组出版规划项目。此次校点以涵芬楼本为底本,校以影元抄本、傅校本、文渊阁补抄本、琳琅丛书本,并参校了一些诗文集,为全书300余条逐条拟定标题编为目录。书后附研究文章《庄绰生平资料考辨》,出版后在学术界有较大影响,已多次再版。

《宋东京考》(中华书局,1988年),单远慕校点。该书是清代周城撰写的一部记载北宋首都开封史事的著作,具有重要的学术价值。单远慕在整理过程中,参阅了数百种古籍,除对原书进行了认真标点和仔细校勘外,还撰写了前言,编制了索引,并将前人对该书的序跋和评论资料编为附录,进一步提高了该书的学术质量和实用价值。中华书局对点校稿的评价是:"引证繁博,校勘精审,断句标点准确,订证了原书不少讹误,在古籍整理著作中具有较高学术水平。"1991年获河南省社会科学优秀成果二等奖。

《大梁守城记笺证》(中州书画社,1982年),刘益安著。《大梁守城记》是清初周在浚记述明末李自成农民起义军三次围攻开封的始末。此书保存了明末农民战争的珍贵历史资料,但疏漏遗误也不少。刘益安参照《明史》诸书记载这一事件的零散材料与该书所记诸事的异同,作了许多订正工作。刘益安校点的古籍还有《〈汴园襟湿录〉校注》(中州书画社,1982年)、《平寇志》(上海古籍出版社,1984年)。

《梦厂杂著》(上海古籍出版社,1988年),清俞蛟(号梦厂居士)撰,骆宝善校点。俞蛟生平交游甚广,见闻颇多,该书被后人誉为清代历史琐闻类的笔记中具有代表性的一种,其中《读画闲评》实可作为一篇画史来读。

《木兰文献大观》(河南人民出版社,1993年),苏丽湘主编。自《木兰辞》问世以来,人们对木兰这一艺术形象及其原型的研究十分零散,该书对唐以来散见于各种著述及近代报刊中的有关诠释、校勘、考证、评论及小说、书法、绘画等文献资料进行了系统的搜集,并选取精粹,汇编成册。正文部分由史料、诠释、研究三编组成，末尾附该文献未收资料篇目索引。该书对整理木兰文献遗产,提高木兰研究水平有很大价值。

由王天奖主编、多人完成的《中国近代史论文摘编》(河南人民出版社,1990年)一书,用论文摘要的方式,总结了1978年中共十一届三中全会以后国内在中国近代史研究方面的基本成果。

单远慕还发表了若干篇研究古籍的论文:《周城和他的〈宋东京考〉》(《中州学刊》1985年第5期)、《简论〈十七史商榷〉》(《中州学刊》1989年第5期)、《〈十七史商榷〉纠误》(《嘉定文化研究》,三秦出版社,1990年)、《薛居正和他的〈旧五代史〉》(《河南师范大学学报》1990年第2期)。

(二)文献汇编

王全营主编的《五四前后的河南社会》(河南人民出版社,1990年)一书共分政治、经济、军事、文化四大部分,每部分又分若干小类,对政局变幻、黑暗统治、水旱灾害的侵袭、兵匪的抢掠鱼肉、人民的反抗斗争都有专题介绍,是一本研究河南地方史很有参考价值的书籍。

庞守信等编的《五四运动在河南》(中州书画社,1983年)一书共分三个部分,比较系统地反映了五四运动在河南的概貌,其中有些资料相当珍贵,对各地编史修志具有重要参考价值。

庞守信编的《五卅运动在河南》(河南人民出版社,1986年)一书比较系统地搜集了1925年6月至1926年2月这一时期,在中国共产党领导下,河南各阶层人民奋起参加五卅运动,积极声援沪、汉工人阶级反帝斗争等有关资料。该书内容丰富,资料全面,纲目清晰,为研究河南地方史提供了可贵的资料。此外,庞守信还选编了《一战时期河南农民运动》(河南人民出版社,1987年)一书,收录了确山、杞县、睢县等地农民运动资料,比较全面地反映了一战时期河南农民运动的概况。

曾广兴、王全营编的《北伐战争在河南》(河南人民出版社,1985年)一书搜集选编了有关吴佩孚败退河南后的混乱局面、靳云鹗抗奉及失败、北伐军在河南的作战、河南农民对北伐战争的支援等文献资料。

王全营编的《鄂豫皖苏区资料选编》(河南人民出版社,1984年)列入《中共河南党史资料》第三辑。这是公开出版的第一本鄂豫皖苏区文献选编,选录了鄂豫皖中央分局、苏区政府的通告、决议、条例及鄂豫皖苏区的党组织及负责人向中央的报告、商城等县向中央及分局的报告等70余件。

冯文纲编的《豫皖苏边区文献资料选编》(河南人民出版社,1985年)一书共辑录豫皖苏边区有关文献、资料156件,分为豫皖苏准备时期及边区的政治、军事、反顽斗争、根据地建设、文化教育、人物等类别。有些地方作了简要注释,对研究豫皖苏边区具有重要的参考价值。

冯文纲等3人编的《忆彭雪枫同志》(第1、2辑,河南人民出版社,1979年、1981年)一书,共计选编陈毅、张云逸、张爱萍、张震等老一代革命家悼念、回忆彭雪枫的文章近百篇。无数具体生动的事例,使人们对彭雪枫这位文武双全的军事家有了一个全面的了解。冯文纲等3人还选编了《彭雪枫书信日记选》(河南人民出版社,1980年),选录了彭雪枫致邓颖超、范长江等人的书信及彭雪枫在太原办事处时的日记等。这两部书对研究彭雪枫生平及其思想、军事艺术等具有很高的参考价值。冯文纲还撰写了《彭雪枫年谱》。

(三)工具书

李国俊编的《梁启超著述系年》(复旦大学出版社,1986年)一书,共著录梁启超著述2111目,其中未见于《饮冰室合集》的1004目。该书对于研究梁启超颇有助益。

王宗虞等主编的《河南历代名人辞典》(中州古籍出版社,1991年)一书,收录上起先秦、下至中华人民共和国成立的河南籍名人3700多位,包括河南籍的政治、军事、思想、文化、教育方面的人物，和工、农、商、科技及其他行业的名人，对研究中州人物具有一定参考价值。

王全营等二人编著的《中共党史简明题解》（中原农民出版社，1986年）一书，按党的历史时期划分为五个部分，每个时期包括"重点问题解答"和"主要历史事件解释"两部分，对青年学习中共党史很有帮助。

冯文纲、耿瑞玲等编撰的《河南省改革开放20年大事记》（中州古籍出版社，1998年）一书，是为纪念党的十一届三中全会召开20周年而编写，以大事记的形式，以时间为序，记述了20年间发生在河南省域内的大事及河南改革开放的政策、措施和成就。

第三节
全面铺开的奠基阶段（下）

河南地处中原,历史悠久,是著名的文物大省。地下出土文物量居全国之冠,地上文物亦名列前茅,文物考古发掘、保护和研究的任务十分繁重。根据河南的具体情况,经河南省人民政府批准,1983年10月5日,河南省社会科学院设立考古研究所。建所以来,除了参与一些遗址调查试掘,主要根据文物考古资料,结合历史文献记载,对史前文化、夏商考古、古城古国、楚文化、秦汉考古与简牍学、隋唐宋元考古等方面进行综合研究,承担国家级课题4项,省级课题5项,取得了比较丰硕的成果。1999年,全所有研究人员9人,其中省管专家2人,研究员2人,研究馆员1人,副研究员1人,助理研究员2人,所长萧鲁阳,副所长张新斌。所下设先秦考古研究室、秦汉考古研究室。

一、史前考古研究

"史前"(prehistory)一词是学术界约定俗成的一个大的时代概念,这里所谓的"史",特指"有文字可考的历史",并非指整个人类发展史。史前考古学（prehistoric archaeology）是一项巨大的系列工程,时间跨度大,包括了成文记载史以前的所有人类史,前后绵延300余万年,主要包括旧石器时代考古与新石器时代考古两个部分,内容涉及人类起源、石器制造、农业发明、文字出现、金属器的铸造和使用、城市起源等许多重大学术问题。考古研究所的科研人员曾参与陕西长武下孟村、河南淅川下王岗、登封王城岗等大型新石器时代遗址和一些重要墓葬的考古发掘工作,除发表上百篇学术论文外,还出版了大型考古发掘报告和学术专著。

（一）史前文化

史前文化研究方面最重要的成果是《淅川下王岗》与《史前文化研究》。《淅川下王岗》（文物出版社,1989年）是一部由李绍连参与撰稿并通纂全书的大型考古发掘报告。该书不仅研究了淅川下王岗遗址的文化遗存,还对比研究了中原仰韶文化、河南龙山文化、二里头文化、西周文化的特征和社会性质。尤其是将仰韶文化分为三期,其中又将二期墓地细分为早、中、晚三期。通过这批考古资料探讨当时社会发展状况,对中原地区仰韶文化研究具有重要学术价值。该书曾获1991年河南省社会科学优秀成果一等奖。

马世之所著的《史前文化研究》（中州古籍出版社,1993年）是一部综合性学术著作。本书以考古学研究成果为基础,同时应用大量的历史学、地理学、民族学、民俗学、古典文学、神话等资料,由人的创世纪开始记叙到文明的起源和产生。采取中外对比手法进行研究,提出许多新的观点,如在中国文字起源问题上,指出中国文字发育于裴李岗文化和仰韶文化时期,启始于龙山时代,成熟于殷商之世。在城市起源上,认为中国"城堡"的出现,主要是防御的需要,并不是商业发达的结果和动因,不像西亚古城那样,具有贸易中心的性质。该书以马列主义观点探讨问题,对"西方文化中心论""人类起源神创说"

等观点进行了揭露和批判,指出中国是人类起源和古代文明的重要发祥地。张得水指出:"该书的问世,是作者多年笔耕的结果,无疑是对史前文化研究的新贡献。"(《史前文化的灿烂篇章——评马世之著〈史前文化研究〉》,《中州纵横》1995年第5期)该书获1995年黄河文化优秀论著一等奖。

此外,李绍连还发表有《关于磁山·裴李岗文化的几个问题》(《文物》1980年第5期)、《论中原与江汉两地区新石器时代文化关系》(《考古学集刊》1984年第4期)、《淮阳龙山城与登封"小城堡"》(《中州学刊》1984年第4期)、《"仰韶"社会进化论》(《史学月刊》1986年第4期)、《仰韶文化社会形态初探》(《论仰韶文化》,《中原文物》1986年特刊)、《河南新石器时代考古概论》(《中原文物》1989年第3期)、《炎帝与黄帝探论》(《中州学刊》1989年第5期)、《炎黄二帝与中华民族文化》(《光明日报》1989年10月25日)等文。其中《关于磁山·裴李岗文化的几个问题》一文,首先提出磁山和裴李岗两个典型遗址的文化遗存尽管有一定差异,但共性大于个性,应属于一个文化的两个类型,根据考古惯例命名为"磁山·裴李岗文化"比较合适,不宜分别命名。此外,文中将莪沟北岗遗存分为早晚两期,并特别强调指出,这个文化不是新石器时代最早的文化遗存,它同仰韶文化之间也有缺环。

马世之发表的论文有《牲畜·贝壳·金属币——浅谈交换与贸易的起源》(《今昔谈》1982年第5期)、《从考古发现看河南古代的烹饪与饮食》(《中国烹饪》1984年第4期)、《河南临汝仰韶陶缸彩绘图象考略》(《中州学刊》1984年第5期)、《龙与黄帝部族的图腾崇拜》(《中州学刊》1988年第2期)、《浅议黄河文化》(《学术百家》1989年第5期)、《多彩多姿的中原远古文化》(《黄河文化》1992年第2期)、《试析炎黄文化的发祥地》(《黄帝故里——新郑》,河南科技出版社,1993年)、《略论我国早期的高台建筑》(《太平洋学报》1995年增刊)、《昆吾史迹钩沉》(《中州建设》1996年第1期)、《史前时期黄河流域的三大文化区》(《中原文物》1998年第1期)等。其中《史前时期黄河流域的三大文化区》一文,根据黄河文化源远流长的特点,从黄河流域史前考古研究着手,经过认真探讨,提出古代黄河流域三大文化区的观点。该文指出,早在史前时期,黄河流域即是中华远古居民活动的历史舞台。约从新石器时代早期开始,渐次形成了著名的三大文化区,即黄河上游的河湟文化区、中游的中原文化区和下游的海岱文化区。中原文化区形成的时间较早,河湟文化区在时间起点上稍晚。各个区域范围内的文化独立发展,自成序列:河湟文化区从仰韶文化庙底沟类型开始,经马家窑文化发展为齐家文化;中原文化区从前仰韶文化开始,经仰韶文化发展为中原龙山文化;海岱文化区从北辛文化开始,经大汶口文化发展为山东龙山文化。

郑杰祥发表的论文有《鹳鱼石斧图新论》(《中原文物》1982年第2期)、《屈家岭文化渊源试探》(《楚文化研究论文集》,中州书画社,1983年)、《试论大河村类型》(《中国考古学会第三次年会论文集》,文物出版社,1984年)、《关于王城岗城堡的性质问题》(《中州学刊》1986年第2期)、《中原仰韶文化的发掘和研究》(《中原文物》1996年第2期)等。

张新斌参与了一些史前文化遗址的考古调查发掘,并且是如下文章的主要执笔者:《新乡地区新石器时代文化初探》(《考古与文物》1985年第2期)、《河南温县仰韶文化遗址调查简报》(《中原文物》1988年第2期)、《河南武陟东石寺遗址调查简报》(《考古》1990年第3期)和《河南济源苗店遗址发掘简报》(《考古与文物》1990年第6期)。

(二)古代文明起源

"文明"一词,在中国古典文献中最早见于《易经·文言》:"见龙在田,天下文明。"现代汉语中的"文明"一词,是对英文civilization的翻译,该词源于拉丁文civis(市民),并派生出civitas(城邦)和civititas(市民资格)两词,其原意与城市有关。以后大都用它来指人类社会的进步状态,即由氏族制度解体而进入有了国家组织的阶级社会。学术界大都认为，中国古代文明约从夏代初年开始，而文明起源甚早，一般而言，早在史前时期，许多文明因素即已形成。考古研究所的科研人员非常重视对文明起源问题的探索，发表了一系列有关文明起源的学术论文。

马世之早在20世纪80年代初期就开始对文明起源问题进行研究，《试论中原地区的古代文化与文明》（《中州学刊》1983年第3期）一文，通过对中原地区史前文化序列的整理，提出中原地区是我国北方农耕文化的摇篮、原始手工业中心和夏商文明的发祥地。该文发表后，引起学术界的极大关注，被选入《中国古代文化史论》一书，作为北京大学中文系古典文献专业的学习参考文献。以后，马世之又发表了《黄河流域文明起源问题初探》（《中州学刊》1989年第4期）、《中原古城与华夏文明的起源》（《开封文博》1990年第1、2期合刊）、《文明起源诸要素试析》（《河南社科通讯》1992年第8期）、《中外文明起源问题对比研究》（《中原文物》1992年第3期）、《伊洛－郑州地带的文明起源》（《河洛文明论文集》，中州古籍出版社，1993年）、《中原龙山文化城址与华夏文明的形成》（《夏文化研究论集》，中华书局，1996年）等文。《黄河流域文明起源问题初探》一文，根据黄河流域各个文化区域的特征，从农业出现、城市形成、文字的发明和金属器的出现等4个方面进行剖析，提出我国黄河流域文明起源甚早，它同磁山、裴李岗、老官台、北辛诸新石器时代早期文化关系密切，仰韶文化在黄河流域文明起源中的作用更是不可低估，约在这个时期，已经露出文明的曙光，至迟到龙山文化后期，社会发生重要变革，已经进入文明时代。在黄河流域三大文化区域中，中原地区文化的发展一直处于领先地位，由于伊洛－郑州地带是古代各个历史文化区频繁接触的场所，因而最早迈入文明门坎而成为东方古代文明的发祥地。《中外文明起源问题对比研究》一文，通过中外文明起源问题对比研究，指出在世界古文明中，最为著名的有7个，即埃及文明、苏美尔文明、克里特文明、玛雅文明、安第斯文明、哈拉巴文明和中国文明,这些各自独立发生发展的文明当中,一直延续至今从未中断的只有中国文明,因而中国文明在世界文明史上占有特别重要的地位。

李绍连也发表了一些研究中国古代文明起源的论文,如《中国文明起源的考古线索及其启示》(《中州学刊》1987年第1期)、《"文明"源于"野蛮"——论中国文明的起源》(《中州学刊》1988年第6期)等。其中《中国文明起源的考古线索及其启示》一文,提出中国文明起源多元论,阐明中国文明发祥地广及黄河、长江、珠江和北方四大区域的九个文化区,并强调由于各石器文化发展不平衡,各地进入文明社会的时间先后不一,中原地区进入文明社会时间最早,是中国文明的主要发祥地。

李立新的《河图洛书与汉字起源》(《周易研究》1995年第3期)一文,认为汉字起源于象形字,象形字起源于以"河图洛书"为代表的原始数字卦,原始数字卦起源于结绳数字。汉字并非起源于图画,它通过以"河图洛书"为代表的数字卦直接上承结绳记事,从而把汉字起源结绳说、八卦说、图画说统一起来,对汉字起源问题进行了比较合理的解释。

二、夏商考古研究

在我国历史上,夏商王朝的活动中心在河南,因此,夏商考古成为河南考古研究的重点,考古研究所对夏商文化的研究取得了比较重要的成果。

(一)夏文化

夏王朝是我国历史上第一个奴隶制国家政权。它的建立标志着我国若干万年的原始社会至此结束,数千年的阶级社会自此开始,这是我国历史上的一个转折点。因此,深入研究夏朝的形成和兴衰过程,对于探讨我国古代文明的产生和社会发展规律,都具有重要的学术价值和理论意义。由于迄今还未发现夏人留下来的文字资料，后人追记夏人的历史文献也比较少，所以学术界都寄希望于用现代考古学的方法去寻找夏人创造的物质文化遗存，以弥补文字记载的不足，这种物质文化遗存就是学术界所称作的"夏文化"。

郑杰祥长期从事夏文化的探索与研究工作，1988年完成了河南省社会科学规划重点项目《夏史初探》（中州古籍出版社，1988年）一书。该书根据文献记载和考古资料，对我国夏代历史和夏文化进行了全面而系统的论述。他认为夏族本是我国古代黄帝族的后裔，长期生活于河南省中部的嵩山地区；禹是夏王朝的奠基者，启是夏王朝的建立者；夏族当以居于夏地而得名，这个夏地就是后世称作阳翟的地方，即嵩山以南现今的河南省禹州市区。以后夏人在嵩山以北的伊洛平原之上，即今偃师市二里头地区建立起强大的夏王朝政权，考古工作者在这里所发现的二里头文化应当就是夏文化。二里头遗址所发现的我国最早的宫殿基址，应是我国最早出现的王权的象征，在这里所发现的青铜器群，也是我国最早出现的青铜器礼器群，所有这些都标志着我国已经进入文明时期，它所反映的社会形态和文献记载的夏王朝是完全相符的。李学勤指出："郑杰祥先生的《夏史初探》印行，更是第一部夏史专书。"（《夏文化研究论集·序》，中华书局，1996年）。该书曾获1991年度河南省社会科学优秀成果一等奖和同年度《光明日报》光明杯哲学社会科学优秀学术著作三等奖。郑杰祥还承担了国家"九五"社会科学规划重点项目——夏商周断代工程中夏及商前期都城文献及考古资料的搜集和研究，并完成夏商周断代工程丛书《夏文化之研究》的汇编工作，该书由云南人民出版社出版，是从20世纪以来学术界研究和发表的近600篇论文中精选出70余篇代表各种观点的论文汇编成书，旨在使读者对探讨夏文化的发展历程有个清楚的了解。郑杰祥发表的论文还有《夏部族起源的探讨》（《河南师大学报》1980年第3期）、《"甘"地辨》（《中国史研究》1982年第2期）、《试论夏代历史地理》（《夏史论丛》，齐鲁书社，1985年）、《建国以来的夏文化探索》（《中原文物》1989年第3

期)、《关于二里头文化的性质问题》(《中国文物报》1991年10月17日)、《论禹、戎禹和九州的关系》(《中原文物》1997年第3期)等。

马世之发表的论文有《"鲧复生禹"之谜》(《河南日报》1986年8月3日)、《涂山地望考辨》(《史学月刊》1986年第5期)、《夏部族图腾问题试探》(《史前研究》1987年第1期)、《1986年河南夏文化探索述略》[《河南社会科学年鉴》(1987),河南大学出版社,1989年]、《歧见纷纭的二里头文化》(《学术百家》1989年第5期)等。

(二)商文化

商王朝是我国古代文明社会开始走向繁荣的时期,河南地区是商王朝的政治中心所在,遗存有极其丰富的商代物质文化资料,这些资料为研究商代社会形态和河南地方历史提供了重要的依据。郑杰祥长期从事商文化的研究工作,所完成的河南省社会科学规划重点项目《商代地理概论》(中州古籍出版社,1994年)一书,根据殷墟卜辞资料,结合文献和考古资料,对商代后期的王畿和都邑、东土和东部诸方国、南土和南部诸方国、西土和西部诸方国、北土和北部诸方国地理,进行了全面而系统的论述,并且通过对卜辞所记数十个地名地望的考证,提出了商王田猎区当在今河南濮阳地区及其周围的新说。还对帝辛十年征人方的具体时日、路线及商代部分黄河下游故道进行了新的探讨。另外,书中还释卜辞所记"滴水"当为后世的清水;释早期卜辞所记的"商"邑当指安阳王都,即现今所发现的安阳殷墟;释晚期卜辞所记的"大邑商"仍当指安阳王都,而所记"商"邑则当指现今的淇县;释"丘商"当为商丘,地在今河南濮阳高城遗址;释"东"地为古代东郡,地在今河南濮阳故县村一带。朱凤瀚的《近百年来的殷墟甲骨文研究》(《历史研究》1997年第1期)一文指出:"研究殷墟卜辞地理的最新成果,是郑杰祥的《商代地理概论》一书。"该书获1995年度河南省社会科学优秀成果三等奖。此外,他还发表了《商汤都亳考》

(《中国史研究》1981年第4期)、《后李商墓族属试析》(《中原文物》1981年第4期)、《卜辞所见亳地考》(《中原文物》1983年第4期)、《释"家"——兼论我国家庭的起源》(《中州学刊》1987年第2期)、《释礼、玉》(《华夏文明》第1集,北京大学出版社,1987年)、《释滴》(《殷都学刊》1988年第2期)、《释商》(《驻马店师专学报》1988年第2期)、《二里岗文化的发现和研究》(《中原文物》1989年第1期)、《玄鸟新解》(《中州学刊》1990年第1期)、《释亳》(《中原文物》1991年第1期)、《关于郑州商城的定名问题》(《中州学刊》1994年第4期)、《商代四方神名和风名新证》(《中原文物》1994年第3期)、《关于偃师商城的几个问题》(《中原文物》1995年第3期)、《商丘地望在濮阳》(《龙乡寻根》,河南教育出版社,1996年)、《殷墟卜辞所记商代都邑的探讨》(《甲骨文发现一百周年学术研讨会论文集》,台湾文史哲出版有限公司,1998年)等论文。在商族起源问题上,通过对"东下冯类型"和"辉卫型"考古学文化的研究,认为商族当起源于晋南,以后沿黄河北岸东下进入豫北地区;在商族命名问题上,认为卜辞"商"字象在祭坛上祭祀大火心星之形,商族当是以祭祀大火心星著称而得名的部族;通过对郑州出土战国"亳丘"陶文和卜辞所记亳地的考证,论证了郑州商城应当就是商代亳都和亳邑;通过对新出土的考古资料的分析,提出了偃师商城为商初一座军事重镇的新说,此说成为当代学术界讨论偃师商城性质的三种主要学说之一,被列入《夏商周断代工程可行性论证报告》之中。

马世之发表的论文有《商族图腾及其名称的由来》(《殷都学刊》1986年第1期)、《商文明窥探》(《中原文物》1987年第2期)、《辽西大凌河流域出土商周青铜器及其相关问题》(《博物馆研究》1988年第3期)、《1986年河南商周考古发现与研究概述》[《河南社科年鉴》(1987),河南大学出版社,1989年]、《1987年河南商周考古主要收获》[《河南社科年鉴》(1988),河南大学出版社,1991年]等。《商族图腾及其名称的由来》一文,通过对原始商人图腾崇拜及商族名称由来进行探讨，认为豫北冀南的漳水流域，是商族的发祥地。后来，商人又迁居于豫东商丘一带。1986年6月1日《文摘报》"理论园地"以《商族源于漳水流域》为题，对该文进行了摘引报道："关于商族的发源地，我国学术界历来说法不一。马世之在《殷都学刊》第1期著文指出，根据现有资料看，商族源于豫北冀南的漳水流域较为科学。"《商文明窥探》一文，根据考古资料，对农业经济、青铜铸造业、城市建设和甲骨文进行剖析，认为商代农业经济相当发达，农具和谷物品种比较齐备，已经形成了农作物栽培学和植物水分生理学。作为古代文明三要素的青铜器、城市和文字，商代社会在这几方面都取得令人震惊的成就。精美绝伦的青铜器、规模巨大的都市遗址和内容丰富的甲骨卜辞，标志着商文明的无比璀璨，与同时期世界上其他文明共臻于青铜文化的繁荣期。

张新斌发表的论文有《新乡地区先商文化浅说》(《中原文物》1983年特刊)、《辉县商代文化遗存的初步研究》(《华夏考古》1994年第1期)、《夏商时期的新乡》(《平原大学学报》1989年特刊)等。

李立新的《试论先秦时期郑州的商业》(《中州学刊》1996年第6期)一文，通过对考古资料的研究，认为郑州地区的商业文化发轫于裴李岗文化时期，兴起于仰韶文化时期，商代初期初度繁荣，西周初年再度繁荣，春秋时期达到高峰。中国历史上最早的市和最早的自由商人出现在郑州，郑州在先秦时期不愧为一个重要的商业中心。"商人""商业"称谓的出现，同商代社会经济发展有着直接的关系。

三、古城古国研究

城是人类社会的重要聚落形态，是历史文化的特殊产物。城作为一种宏观的地理现象，又作为一种大规模的永久性的防御设施，它所代表的文化现象被称作"城邑文化"或"防御文化"。一般所说的"古城",系指中国早期城邑而言。城邑加上交通线,就编织成文化之网,因而它在文化发展中占有极其重要的地位。

古国为高于部落之上的、稳定的、独立的政治实体。恩格斯在《家庭、私有制和国家的起源》中深刻指出:"国家是文明社会的概括。"中国进入文明社会以后,在一个漫长的历史阶段内,国家形态为在城邦国家基础上结成的方国军事联盟。因此,五帝及夏、商、周之世是方国林立的时代。历史上的每个古国均有一个城邑为国都,研究古国离开古城就无从谈起,二者关系十分密切。

随着城市考古的不断开展,古城古国的研究逐渐提到议事日程之上。考古研究所一向对古城古国问题研究十分重视,并做了大量工作。

(一)古代城址

在古城研究方面,马世之起步较早。20世纪60年代至80年代期间,他曾经长期在新郑郑韩故城从事田野考古工作,除了写出《河南新郑郑韩故城的钻探和试掘》(《文物资料丛刊》第3辑,文物出版社,1980年)一文,还出版了《郑韩故城》(中州书画社,1981年)一书,对于郑韩故城的形制、布局和考古发现作了全面探讨。

关于城的起源,长期以来是学术界争论不已的一个重要问题。20世纪80年代初,马世之发表了《略论城的起源》(《中州学刊》1982年第3期)一文,指出我国至迟在龙山文化时期就已经出现了最早的城,并认为从当时生产发展水平及防御需要来看,仰韶文化或者更早的时期已经具备了筑城条件。根据考古新发现,他又发表了《中国城的起源问题》(《黄河文化》1998年第2期)一文,提出早在距今五六千年的大溪文化和仰韶文化时期,中国已经有城出现,湖南澧县城头山和河南郑州西山两座古城,是迄今所知我国最早的城址。此外,他还发表了《河南淮阳平粮台龙山文化古城试析——兼论登封王城岗遗址非夏都阳城》(《史前研究》1984年第2期)、《黄河流域新石器时代的村与城》(《中原文物》1986年特刊)、《城的出现及其防御职能》(《中原文物》1988年第1期)、《平粮台古城址》(《中原文物》1988年第4期)、《淮阳平粮台古城的族属问题》(《中州学刊》1990年第2期)、《平粮台古城的建筑特征及其历史地位》(《华中建筑》1991年第3期)、《王城岗遗址再探讨》(《中原文物》1995年第3期)、《关于史前文化城址的规模与人口问题》(《河南文物考古论集》,河南人民出版社,1996年)、《郑州西山仰韶文化城址浅析》(《考古文物研究——纪念西北大学考古专业成立四十周年文集》,三秦出版社,1996年)、《史前时期黄河流域的城址》(《史前研究——西安半坡博物馆成立四十周年纪念文集》,三秦出版社,1998年)等论文,对于史前城址的规模、布局、职能、建筑特征、族属、人口问题及其与文明起源的关系进行了比较全面而深入的探讨。

商周时期是我国城市发展的重要阶段,马世之发表的论文有《试论商代的城址》(《中国考古学会第五次年会论文集》,文物出版社,1988年)、《尸乡沟商城遗址》(《中原文物》1988年第4期)、《郑州商城——大河之滨的一代名都》(《档案管理》1994年第3期)、《略论西周的都城遗址》(《中州城市研究》1987年第3、4期,1988年第1期)、《关于西周都城遗址的探索》(《中州学刊》1987年第5期)等,对于商代与西周时期城址的规模、布局等问题进行了综合考察研究。

春秋战国时期,我国城市建设进入新阶段,当时出现了一次大规模的筑城运动。关于这一阶段的城址研究,马世之最早发表的论文为《关于春秋战国城的探讨》(《考古与文物》1981年第4期),此文发表后,在学术界引起很大反响。高金光撰文指出:"马世之《关于春秋战国城的探讨》一文,是我国较全面论述春秋战国城市的论著。他依据大量考古资料,校正了清代学者戴震的周代'王城图'。"(《在古文明的废墟中寻宝——访中国古文化和城市考古专家马世之》,《河南日报》1988年8月13日)焦性德说:"该文抓住了当时大规模筑城运动这一社会现象,根据考古发现,对于一向被学者奉为圭臬的《考工记》中关于营国制度的记载,提出了自己的见解。……他根据城址的形制,第一次把东周城分为新郑型、侯马型、洛阳型和夏县型。不少著名历史和考古学家读后,无不称赞他在学术上的创见。"(《笔走龙蛇写千城——记古代城市专家马世之》,《中州城市研究》1988年第3期)该文曾被日本考古学博士太田阿佐子女士译成日文发表。关于这一历史时期城址的研究,马世之还发表了如下文章:《略论韩都新郑的地下建筑和冷藏井》(《考古与文物》1983年第1期)、《春秋战国时代的储冰及冷藏设施》(《中州学刊》1986年第1期)、《蔡国城怀古》(《河南日报》1986年)、《中州宅京纪略》(《中原城市春秋》1990年第1、2期)、《一代名都话往昔——息故城与息夫人》(《中州城市研究》1991年增刊)、《略论洛阳东周王城》(《洛阳考古四十年》,科学出版社,1996年)、《中州名都史略》(《中州建设》1997年第3期)等。由于楚文化考古发现令世人瞩目,马世之对楚城也进行了认真探索,发表的论文有《关于楚之别都》(《江汉考古》1985年第2期)、《楚城试探》(《楚文化研究论集》第1集,荆楚书社,1987年)、《略论楚王城》(《湖北大学学报》1988年第1期)、《略论楚郢都城市人口问题》(《江汉考古》1988年第1期)、《中州楚都之谜》(《中州今古》1990年第1期)、《楚国宫室问题试探》(《江汉论坛》1990年第2期)、《楚宫室中的高台建筑》(《文物研究》第6辑,黄山书社,1990年)、《楚都丹阳地望探论》(《中州学刊》1991年第1期)、《楚都淮阳史迹觅踪》(《长江日报》1992年8月26日)、《楚都陈郢故城试探》(《长江文化论集》,湖北教育出版社,1995年)、《淮上楚城考》(《黄河文化》1997年第1期)等。根据河南、湖北、湖南、安徽境内数十座城址的对比研究,他提出楚城除存在着分级建设体制外,还有双护坡的城垣结构、城垣切角和外包突进的建筑形式、城角突起与门房设施、双重防御体系、别具特色的水上城门建筑等特点。《略论楚郢都城市人口问题》一文,对东周时期我国南方第一都会郢都的高峰人数进行了测算。《楚别都初探》一文影响甚大,高介华、刘玉堂评价道:"时至今日,学术界关于楚别都的研究文章尚不多见,马世之先生所撰《楚别都初探》,属这方面的拓荒之作。"(《楚国的城市与建筑》,湖北教育出版社,1995年)马世之对春秋战国城的研究,在国外学术界也产生了一定影响。日本北海道教育大学谷口满教授在《东洋史研究》上的《春秋时代的城市》一文附记中说:"本文在写作过程中得到中国河南省的马世之先生许多宝贵的指教,这些都是通过当面请教和在信函中获得的。"

在中国古城综合研究方面,马世之还发表了如下论文:《试论我国古城形制的基本模式》(《中原文物》1984年第4期)、《再论我国古城形制的基本模式》(《中原文物》1987年第1期)、《中国古代都城规划中的象天问题》(《中州学刊》1992年第1期)、《中国古代宫室陵寝制度释名》(《太平洋学报》1996年增刊),并与任全民合写了《玄象与中国古代都城设计》(《中州建设》1994年第3、4期)等。他认为,中国古城形制的基本模式,是在中国特殊历史条件下,在豆腐干式的"方块田"规划方法和"天圆地方"概念的支配下逐渐产生的。正是基于这一点,终于形成了富有中国特色的方形古城。赵立评价马世之在古城研究方面的贡献时说:"浩浩几十万字,绘就一幅我国先秦古城的立体图。……在全国学者发表的有关古代城市研究论文中,马世之先生可谓名列前茅。"(《胸中自有百城烟水——访城市考古学家马世之》,《中原城市春秋》1990年第3期)

李绍连和张新斌也发表了一些关于中国古代城市研究的论文。李绍连的《试论中国古代都城性质的演变》(《史学月刊》1989年第3期)一文,将中国古都划分为四个阶段:夏商时期有都无市;周代古都已具有"市"的某些功能,是个过渡阶段;秦汉时期古都已与"市"结合,始称"都市";唐宋时期古都已成为全国的政治、经济、军事、文化中心。所以,早期的古都不宜称城市,只有秦汉以后的都城才能称城市。张新斌的《黄河与中国古代城市》(《河南文物考古论集》,河南人民出版社,1996年)一文,从地理环境尤其是黄河"善淤、善决、善徙"的特点,分析了中国古代城市起源与发展的独到之处,提出了中国古代第一次筑城高峰的出现是治理黄河洪水的直接结果,大规模的治水活动促使了中国古典城邦国家的形成的新观点。中国古代城墙是堤的变体,城市平面布局变化与治水密切相关,高台建筑系由避水台演变而来,长期治水活动促使了城市建设水准的全面提高,并促使了战国时期第二次大规模筑城运动的出现,黄河流域的生态环境促使了土木混合建筑特色的形成。此外,他还发表了《黄土与中国古代城市》(《河南师范大学学报》1991年第2期)、《河南鹤壁鹿楼古城为赵都中牟说》(《文物春秋》1993年第4期)、《新中城与新乐城——新乡城市聚落形成和发展研究》(《平原大学学报》1994年第1期)、《"宁新中"地名与地望研究》(《河南师范大学学报》1993年第2期)等论文,在对诸多城址分析研究的基础上寻找中国古代城市的一般规律,探询地理环境在城市起源与发展过程中的作用,并将考古学分散的古文化遗存、古城址、古墓群有机地结合起来,作为复原古代城市原貌的有效方法。

(二)古国问题

关于古国研究,马世之发表了一系列学术论文,如《应国铜器及相关问题》(《中原文物》1986年第1期)、《文王伐崇考兼论崇的地望》(《史学月刊》1989年第2期)、《中州古国之谜》(《中州纵横》1993年第3、4、5期)、《沁水下游古国探秘》(《黄河文化》1993年第1、2期合刊)、《虢国史迹试探》(《中州学刊》1994年第6期)、《沁水下游古温探秘》(《司马懿研究》1995年第1期)、《昆吾史迹钩沉》(《中州建设》1996年第1期)、《应国历史文化管窥》(《中州建设》1996年第2期)、《郑国历史文化试探》(《黄河文化》1996年第1期)、《唐白河流域古国探秘》(《黄河文化》1996年第3期)、《孟州古国考》

(《中州建设》1996年第4期)、《河洛古国考》(《洛汭与河图洛书》,河南科技出版社,1996年)、《杞国史迹探秘》(《黄河文化》1997年第3期)等,对于上述古国的史迹进行了较为全面的探讨,并寻觅到其都城、墓地等分布踪迹。在此基础上,马世之出版了《中原古国历史与文化》(大象出版社,1998年)一书,该书为国家社会科学基金资助项目,除根据文献记载外,主要依靠考古发现的城址、宫室、作坊、墓葬及甲骨、金文资料,对中原地区180余国的时代、族姓、地域、都邑及历史、文化状况,进行了全面梳理和综合研究。该书具有鲜明的地域特色和较高的学术价值。马世之还和李立新合写了论文《郑州地区的古国与古城》(《太平洋学报》1995年增刊)等。

张新斌发表的论文有《温史述论》(《河南师范大学学报》1988年第2期)、《辉县固围村战国墓国别问题讨论》(《中原文物》1994年第2期)、《周初三监与邶、鄘、卫地望研究》(《中原文物》1998年第2期)等。需要特别指出的是,辉县固围村战国墓由中国科学院考古研究所1950年发掘,为目前已知三晋地区最高规格的贵族墓,学术界多主张是魏国的王陵。《辉县固围村战国墓国别问题讨论》一文,从同期墓葬的对比、出土器物的分析、出土货币的认识、战国时期古河内的形势、文献记载的魏国的疆界与长城等多方面研究,首次提出固围村大墓应为赵都中牟(今鹤壁山城区)时的王陵所在。

四、楚文化研究

考古学上的楚文化,主要是指中国古代楚人所缔造的一种具有自身特征的文化遗存,别的一些族属或国别的遗存,只要与其文化面貌特征基本一致,也应该纳入楚文化的范畴。楚文化是因楚人和楚国而得名的一种先秦区域文化,它同邻近的百濮、吴越、巴蜀诸文化有着渗透和融合关系,因而在体现其区域性的同时,又呈现出多元和综合的色彩。楚文化同中原文化有着千丝万缕的联系,被誉为"华夏文化的南支"。古代东方这两支灿烂的华夏文化,与其时代大致相当的西方古希腊和古罗马文化遥相辉映,并臻于世。鉴于河南省豫南、豫东大部分地区古属楚之版图,考古研究所曾致力于楚文化的研究工作,并取得一定成绩。

(一)楚之渊源与历史文化

楚族与文化的渊源,是楚文化研究的重大课题之一。早在20世纪80年代初,马世之就开始对此问题进行探讨,先后发表了一系列学术论文,如《楚文化探源》(《楚文化研究论文集》,中州书画社,1983年)、《关于楚的族源及其发祥地》(《江汉论坛》1983年第11期)、《楚族图腾考》(《湖南民族研究》1985年第4期)、《试论楚文化的形成及其相关问题》(《楚文化觅踪》,中州古籍出版社,1986年)、《祝融部族与楚民族的关系》(《民族论坛》1987年第1期)、《略论楚族先民的图腾崇拜》(《楚史与楚文化研究》,求索杂志社,1987年)、《大河村类型与楚文化的渊源关系》(《楚文化研究论集》第3集,湖北人民出版社,1993年)等。马世之认为楚族与楚文化的历史渊源在黄河流域的中原地区,从其族源与谱系等多方面考察,均能窥见其对中原地区颛顼文化承袭的蛛丝马迹,并同祝融文化之间存在着明显的渊源关系。从考古发现分析,仰韶文化大河村类型(又称秦王寨类型)可能属于颛顼时代物质文化遗存,中原龙山文化的王湾、王油坊、后岗和下王岗诸类型,同祝融部落集团之间有着较为密切的关系。芈姓楚人最早活动于河南省的豫北、豫中一带,以后逐渐南徙至江汉地区,直到春秋时期,才形成具有鲜明地域特色的文化体系。中原地区既然是楚族先民活动的历史舞台,楚文化之渊源也应从仰韶文化大河村类型和中原龙山文化中去寻找。此说受到国内外学术界的关注,日本学者谷口满教授在《江汉地区新石器文化·殷西周期文化与楚文化渊源问题》(《东洋学集刊》第52号)一文中,称马世之为"楚族源于北方说"的代表。

关于楚之历史文化研究,马世之发表了《试论郑与楚文化的关系》(《中原文物》1983年特刊)、《也谈王子婴次炉》(《江汉考古》1984年第1期)、《王子婴次炉为炊器说》(《中国烹饪》1984年第4期)、《试论楚与中原地区的经济关系》(《求索》1985年第1期)、《试论滞缓期的楚国经济》(《楚文化研究论集》第2集,湖北人民出版社,1991年)、《楚都丹阳地望探论》(《中州学刊》1991年第1期)、《楚东迁问题试析》(《史学月刊》1993年第1期)、《试论西周早期的楚文化》(《楚文化研究论集》第4集,河南人民出版社,1995年)等文,从各个方面对楚之历史文化进行综合研究,其中涉及不少学术难题,如认为河南淅川下王岗有关文化遗存属难以寻觅的西周早期楚文化,楚之始都丹阳在淅川县境内丹淅之会处等。《楚都丹阳地望探论》是一篇专门探讨楚都丹阳的学术论文,该文对楚都丹阳的各种说法逐一进行剖析,经过比较研究后,从楚人早期居地所在、早期楚人的迁徙过程、丹阳地名的由来、丹阳距丰镐之里程、楚与鄀、巴、邓、濮的关系、龙城遗址的发现等方面加以探索,认定"淅川说"较之"当涂""秭归""枝江"诸说有更多的理由,楚之始都丹阳在河南淅川。

李绍连发表的论文有《楚文化起源的几个问题》(《楚文化研究论文集》,中州书画社,1983年)和《河南境内楚文化的特征和分期》(《楚文化觅踪》,中州古籍出版社,1986年)。《楚文化起源的几个问题》一文,主要是探讨何谓楚文化、楚文化年代的时限、楚文化的来源等。文中强调楚文化是荆楚土著文化加上中原文化强烈影响而形成的区域性文化,它既不是土著文化的一个发展阶段,也不是中原文化的变异。整个楚文化都有着浓厚的地方特色和中原文化因素。

(二)中原楚文化

"中原"是个地域概念,位于黄河流域的中下游,古称"天下之枢"。凭其得天独厚的地理优势,在特定的历史条件下,曾经作过楚人活动的历史舞台。中原楚文化是指楚人在中原地区所创造的文化,它是楚文化的不可分割的一部分,但同江汉地区的楚文化相比,无论在发展阶段还是文化特征方面,均有不同之处,只有对其进行认真探讨,方能揭开整个楚文化的"庐山真面目"。马世之研究员在中原楚文化研究方面发表了《豫南楚文化初探》(《史学月刊》1982年第3期)、《河南楚文化的考古发现和研究》(《中原文物》1989年第4期)、《中州楚都之谜》(《中州今古》1990年第1期)、《中原楚文化的发展阶段与特征》(《中原文物》1992年第2期)等文。这些论文对河南境内考古发现的楚文化遗存进行了比较全面的梳理,并提出了"中原楚文化"这一新的概念。后来,他又根据历史文献和考古资料进行综合研究,出版了《中原楚文化研究》(湖北教育出版社,1995年)一书。

《中原楚文化研究》属于"楚学文库"的一部学术专著,系国家"八五"规划的重点出版书目。该书对楚文化的历史渊源、楚人立国与建都、西周时期楚的国势与文化、楚灭中原诸国与文化、东周时期楚的国势与文化、楚国东徙及其文化的衰颓、中原楚文化的发展阶段及其特征等问题作了深入探讨,指出楚族与楚文化始于中州,兴于江汉,衰于淮滨。从整体面貌来看,中原楚文化可分为渊源、滥觞、成长、繁荣和衰落5个阶段,其源虽远而流不长,不像江汉地区那样直到西汉时期仍然存在着"转化期的楚文化"。中原楚文化自始至终都有中原文化的因素和影响,如考古发现的木漆器较少,墓葬内随葬的兵器不多等,形成了有别于江汉地区楚文化的一些特色。张得水认为"作者所论及的问题大多是学术界争论的焦点",并说"这是关于中原地区楚文化的第一本专著,其'筚路蓝缕'之功,已足可为学术界所称道"(《楚文化研究的新进展——评马世之〈中原楚文化研究〉》,《史学月刊》1995年第5期)。赵立指出:"该书以丰富的内容和翔实的资料,总结概括了多年来中原楚文化的研究成果,更有作者独到、深刻的真知灼见。……书中所论及的,多为学术所争论的焦点,很多还是悬而未决的难题。作者集大成而辟新蹊,启中原楚学之伟业,为楚文化研究作出了重大贡献,其功不可没。"(《楚学研究的新成果——评马世之的〈中原楚文化研究〉》,《中州学刊》1996年第6期)该书曾获第十届中国图书奖和第三届国家图书奖。

五、秦汉考古与简牍学研究

秦汉考古是中国考古学的重要组成部分。秦汉时代文献记载详细,各类遗迹和遗物丰富,这使得秦汉考古不仅有广泛的课题,而且有充实的材料。考古研究所重视对秦汉考古的研究工作,在秦汉考古与简牍学研究方面取得一定的进展。

(一)秦汉历史

利用战国秦汉考古出土文字和实物资料,结合历史文献记载,对战国秦汉粮食与货币经济进行研究,主要有蔡万进的专著《秦国粮食经济研究》(内蒙古人民出版社,1996年)和论文《建国以来两甾钱的考古发现和研究》(《中国钱币》1998年第2期)。《秦国粮食经济研究》以仓储制度为主线,以湖北云梦睡虎地秦墓出土竹简为核心材料,全面系统地研究了战国至秦始皇时期秦国的粮食生产、储藏、管理、分配、运输、贸易、加工、价格、消费和有关政策,内容丰富,资料翔实,是第一部利用秦简研究秦国经济史的专著。《中国史研究动态》(1997年第12期)、《中国文物报》(1997年11月9日)分别以《秦代经济史研究的一部力作》和《秦简研究的又一硕果》为题发表书评,在学术界产生一定影响。

《建国以来两甾钱的考古发现和研究》一文通过对中华人民共和国成立以来两甾钱的考古发现与研究状况的回顾,对近年在河南南阳等地出土的两甾钱币资料进行分析、整理,第一次提出两甾钱既不是秦币,也不是汉初货币,而应是公元前301年至公元前291年韩国占领宛地期间铸行的货币。

张新斌发表的秦汉考古论文有《河南省新乡县丁固城古墓地发掘报告》(《中原文物》1985年第2期)、《河南辉县地方铁路饭店工地汉墓发掘简报》(《中原文物》1986年第2期)、《河南济源出土汉代大型陶连枝灯》(《文物》1991年第4期)、《河南济源承留汉墓的发掘》(《考古》1991年第12期)、《汉代画像石所见儒风与楚风》(《中原文物》1993年第1期)等。

(二)简牍

简牍的出土和发现是我国秦汉考古的重要收获。蔡万进在秦简研究方面发表了《秦国广籍制度探略》(《中州学刊》1993年第4期)、《秦国"是县入之"粮仓社会功用述论》(《黄河文化》1997年第2期)、《从云梦秦简看秦国粮仓的建筑与设置》(《中州学刊》1996年第2期)、《试论春秋战国时期秦国的赈灾》(《中州学刊》1997年第3期)等论文。1998年8月20日至22日,蔡万进应邀参加"中国连云港东海尹湾汉墓简牍学术讨论会",会后发表《中国连云港东海尹湾汉墓简牍学术讨论会综述》(《中国文物报》1998年11月25日)一文。

六、隋唐宋元考古研究及其他

考古研究所科研人员自建所以来,在隋唐宋元考古、科技考古、博物馆学研究和姓氏文化研究方面也做了大量工作,发表了一批有影响的文章。

(一)隋唐宋元考古

马世之发表的论文有《关于隋代张盛墓出土文物的几个问题》(《中原文

物》1983年第4期)。张新斌在隋唐宋元考古方面作了大量田野考古工作,发表有《河南新乡宋金墓》(《考古》1996年第1期)、《温县宋代人物雕砖考略》(《考古与文物》1988年第3期)、《辉县金代窖藏铜钱及相关问题》(《中原文物》1991年第4期)、《河南新乡县所见二尊造像》(《文博》1988年第6期)、《河南辉县百泉金墓发掘简报》(《考古》1987年第10期)等报告和论文。

(二)科技考古

张新斌与王星光合著的《黄河与科技文明》(黄河水利出版社,1999年)一书,系"八五"社会科学基金资助青年项目。该书认为,黄河是中华文明的象征,黄河与黄土的结合构成了独特的地理景观,形成了独具特色的黄河文化生态圈。黄河流域辽阔的空间、复杂多变的地理环境,使不同文化在这里碰撞,促使其文化长期保持旺盛的活力。黄河流域以旱作农业最为发达,这里干旱缺水的自然条件促使其农业生产具有明显的防旱保墒和精耕细作的特征。由于长期的治水活动,许多实用技术不断发展,如这里最早发明了陶器,且具有鲜明的地域特色,砖、瓦最早使用,三彩技术亦达到了高峰。金属冶铸技术发达、单生矿与共生矿共存的状况使中国古代冶铸从一开始便形成了红铜与青铜的并行发展。由治水而形成了堤,由堤而演变成聚落的城垣,由避水台发展为高台建筑,治水促使了第一次和第二次筑城高峰的出现。除此之外,黄河也对天文、数学、物理、生物、地理、交通运输、四大发明等产生了影响。黄河流域的科学技术有如下特点:一是黄河流域科学技术内容广博、积淀深厚、成就巨大,代表了中国传统科技的最高水平;二是黄河流域科学技术实用性强;三是农业和水利在整个科技体系中占有独特的地位;四是黄河流域科学技术继承性较强,并逐步传播到东亚和海外。

（三）博物馆学

马世之发表有《略论历史博物馆的藏品来源问题》(《博物馆研究》1986年第3期)、《关于博物馆科研工作的几个问题》(《博物馆学论丛》,1988年)等文。郑杰祥发表有《试论博物馆的科研管理》(《博物馆学论丛》,1988年)。张新斌先后发表了《试论博物馆的社会效益与经济效益》(《博物馆学论丛》,1988年)、《社会主义初级阶段中国博物馆发展前途的理性思辨》(《博物馆研究》1992年第2期)、《试论开放型博物馆》[《博物馆学论丛》(三),上海科技文献出版社,1992年]、《八十年代以来河南省博物馆事业发展的新趋势》(《博物馆研究》1993年第1期)、《祖根博物馆与历史名人纪念馆体系》[《博物馆学论丛》(四),中州古籍出版社,1994年]、《建设有中国特色博物馆若干问题的辨析》(《中国博物馆》1993年第2期)、《中原地区博物馆网络建设的思考》(《中国博物馆》1998年第2期)等文,对博物馆学研究进行了认真探索。

（四）姓氏文化

郑杰祥、艾延丁与任崇岳合写的《谢邑考》(《南阳师专学报》1989年第2期)一文,认为古谢国及谢氏之源在南阳县,其观点引起了有关方面的关注。李立新在《许氏始祖考辨》(《许氏文化报》1998年10月15日)一文中提出,许由是确实可考的人物,是尧舜时期在登封箕山一带活动的许部落的首领,许部落发源于箕山一带,后迁徙到许昌并发展成为酋邦国家,许地之许起自许由,西周初年建国许地的文叔是许由的后裔,许姓的始祖是许由,登封箕山一带是许姓的起源地。张新斌在林姓的开发与研究上做了大量工作:发表的《殷比干三论》(《殷都学刊》1998年第4期)对比干的家世提出了新的看法;在苏姓研究方面,首次对苏姓源于辉县百泉苏门山的观点进行了论证,先后发表了《苏姓源于苏门山》(《河南师范大学学报》1994年第4期)、《苏颂家族与河南》(《河南师范大学学报》1995年第6期)、《关于苏姓起源问题的探讨》(《平原大学学报》1996年第1期)等文章,出版了《苏》(新蕾出版社,1999年)一书,对苏姓的起源与播迁进行了全面论述。他执笔的《李商隐祖籍河南沁阳说证论》(《黄河文化》1998年第3期)一文,从文献、民间传说、考古发现等方面论证李商隐为河南沁阳人;他还发表了《姓氏文化与寻根旅游》(《平原大学学报》1992年第3期)等文章,对文物开发和总体利用方面提出了建议。此外,蔡万进发表有《中原文明与华夏姓氏》(《豫闽台姓氏源流》,1997年)、《河南姓氏资源概况及成因分析》(《黄河文化》1996年第3、4期)、《论客家民系在中华民族形成过程中的作用》(《宁化石壁与客家世界学术研讨会论文集》,华侨友谊出版社,1998年)和《蔡姓的来源与迁移》等文。

第四节
并驾齐驱的发展阶段

进入20世纪后,河南省社会科学院历史研究所、考古研究所紧紧围绕河南省经济社会发展的实际开展应用对策研究,不仅为省委、省政府提供决策咨询,而且积极与地方县市结合,为地方文化的发展提供学术支持,社会影响力不断增强;同时在有河南特色的基础理论研究方面也取得了一定成绩,中标多项国家级和省市级课题,学术成果多次获奖;在人才建设和培养方面也取得了极大成就。

2000年11月14日至16日,河南省社会科学院考古研究所参与承办的"中国·鹤壁赵都与赵文化学术研讨会"在鹤壁市召开。与会专家重点对鹤壁赵都、赵文化与鹤壁考古两个专题进行了充分论证,并对赵都中牟在鹤壁达成了学术共识。

2000年12月,考古研究所副所长张新斌被河南省人事厅评为"河南省跨世纪学术和技术带头人培养对象"。

2001年2月,历史研究所主办的"陈氏三宰相"学术研讨会在新郑举行,程有为所长主持了会议。

2001年10月24日,"《中原墨学研究》首发式暨学术研讨会"在郑州召开,考古研究所所长萧鲁阳对《中原墨学研究》的编辑、学术价值、特色等进行了介绍。

2001年11月,考古研究所所长萧鲁阳正式退休,由张新斌副所长主持考古研究所日常所务工作。

2001年12月31日,历史研究所所长程有为、研究员王天奖与河南省地方史志办公室的鲁德政主持编写的《河南通鉴》,由中州古籍出版社出版。该成果是由河南省社会科学院历史研究所与河南省地方史志办公室共同承担的重要项目,历史研究所的王珍、冯文纲、王全营、杨杭军、陈建魁、庞守信等参与其中,承担从原始社会到1949年9月的撰稿任务。全书共400万字,是河南省的一部大型编年体史书。此项成果2002年荣获河南省社会科学优秀成果荣誉奖、河南省社会科学联合会优秀成果一等奖。

2001年,经河南省社会科学规划办评审组评审,历史研究所副研究员王全营申请的课题"中原抗战史"获准为2001年度河南省社会科学基金一般项目。参与该课题的成员主要有河南省社会科学院副院长赵保佑研究员。该课题于2006年结项,成果形式为学术专著《中原抗战史》,被列入第二批河南省社会科学院学术文库,于2009年正式出版。

2001年考古研究所研究员萧鲁阳的提案《关于加强和改进我省民主评议行风工作的几点意见》被河南省政协列为重点提案。

2002年6月24日,历史研究所研究实习员杨世利因在2001年省直单位下乡驻村工作中表现突出,被中国共青团河南省委授予"河南省新长征突击手"的荣誉称号。

2002年6月,经全国社科规划办评审组评审,历史研究所副研究员蔡万进申请的课题"河南出土文字资料的整理与研究"获准为2002年度河南省社会科学基金一般项目。该课题于 2008 年 11 月结项。

2002 年 6 月,经全国社科规划办评审组评审,历史研究所副研究员魏天安的课题"宋代官营经济史"获准为 2002 年度国家社会科学基金一般项目。该课题的最终成果为学术专著,已发表前期论文成果近二十篇。

2002 年 8 月,考古研究所副所长张新斌副研究员与郑州大学教授王星光合著的《黄河与科技文明》获 1998—2001 年度河南省社会科学优秀成果三等奖。

2002 年 9 月 9 日,河南省社会科学院考古研究所参与主办的"中国卫辉首届太公文化节暨姜太公诞辰 3166 周年纪念大会"在卫辉市举行。与会专家学者就姜太公故里、姜太公的历史地位、姜太公故里资源的开发等问题进行了热烈的讨论,并确定太公为"谋圣"。

2003 年 6 月,经全国社科规划办评审组评审,考古研究所助理研究员李立新申请的课题"商代宗教的原始记录——甲骨文中所见祭名研究"获准为 2002 年度国家社会科学基金一般项目。该课题的最终成果为学术专著,主要参加人员有郑杰祥、常耀华。

2003 年 10 月 10 日至 11 日,由河南省中原姓氏历史文化研究会、河南省社会科学院考古研究所、固始县政协主办,固始县台湾事务办公室、县机关事务管理局协办的"固始与闽台寻根暨固始寻根旅游资源开发研讨会"在固始举行。河南省中原姓氏历史文化研究会,郑州大学历史与考古系,河南省社会科学院考古研究所、文学研究所及固始县有关单位的专家和领导 40 多人参加了会议,共收到论文 18 篇。研讨会上,与会专家围绕固始闽台寻根、固始寻根资源的价值及开发的具体措施与步骤进行了认真深入的探讨,提出了许多新的观点和建议。

2003 年 10 月,考古研究所副所长张新斌被正式任命为考古研究所所长,主持日常所务工作。

2003年10月，考古研究所所长张新斌在《领导参阅》第31期上发表了《郑州应申请列为"中国八大古都之首"并举行建城3600周年庆典活动——关于郑州"申庆工程"实施的总体构想》一文。河南省委常委、郑州市委书记李克对该方案作了批示，并采纳了大部分建议。《大河报》2003年12月专门用一整版对张新斌进行了专访。2004年11月，郑州被中国古都学会正式确认为"中国八大古都"之一。

2003年，考古研究所所长张新斌因在河南省旅游资源的调查中表现突出，获"河南省旅游先进工作者"荣誉称号。

2004年3月29日至4月4日，河南省社会科学院纪委书记杨海中、历史研究所所长程有为随河南省政协副主席陈义初赴湖北武汉、湖南长沙、安徽合肥等地考察楚文化、湖湘文化、徽州文化，与三省高校、社会科学院的专家学者进行交流座谈。

2004年3月，历史研究所副研究员蔡万进申请的河南省社会科学基金一般项目"河南文字学成就的现代价值与开发利用研究"正式结项，课题的最终成果为研究报告，主要参加人员有袁延胜、齐航福、李玲玲。

2004年4月，国家社科规划重大委托项目"河洛文化研究：河洛文化的内涵、传承和影响"立项。该项目由历史研究所所长程有为和纪委书记杨海中论证申报。在全国政协的大力支持下，经全国社科规划办批准立项，委托全国政协副主席罗豪才负责，由河南省政协和河南省社会科学院承担。这是河南省承担的第一项国家社会科学基金重大委托项目。

2004年4月，全国政协副主席罗豪才在河南调研河洛文化，并在郑州举行河洛文化座谈会。罗副主席及省政协副主席陈义初等领导出席座谈会。历史研究所所长程有为、考古研究所所长张新斌到会并作发言。

2004年5月15日至17日，河南省社会科学院参与主办，考古研究所承办的"中国·商丘与商业起源研讨会"在河南商丘召开，与会专家就商业的起源、王亥的历史地位、商丘的重要地位、商业文化的内涵等问题达成了共识。

2004年7月,考古研究所所长张新斌主持的河南省社会科学基金"九五"期间的项目"寻根文物旅游资源的开发与可持续发展"正式结项。课题组成员有李乔、李龙、王建华等。该课题结项后,被新华社以《专家摸清河南"根文化"家底》为名发了统稿,全国20余家媒体进行了转载,在学界与社会引起了较大反响。

2004年9月25日,历史研究所所长程有为为《郑州大学学报》策划的以"论中国古代的统一"为题的笔谈凡五篇,在该学报第5期发表。其中《中国古代统一的条件和基本经验》一文,被人大复印资料2004年第12期《历史学》全文转载,《新华文摘》2004年第24期《历史学》全文转载,产生了较大的社会反响。

2004年9月28日,河南省河洛文化研究中心在河南省社会科学院正式揭牌成立,中心以历史研究所为依托。这是河南省唯一的省属河洛文化研究机构。河南省政协副主席陈义初、省委宣传部领导出席了揭牌仪式并发表讲话。

2004年9月,考古研究所所长张新斌参与主编的《中原文化旅游概览》获2003年度河南省社会科学优秀成果二等奖。

2004年10月10日,穆朝庆调入历史研究所担任历史研究所副所长。

2004年11月1日,历史研究所副研究员蔡万进被正式任命为历史研究所副所长,主持所务工作,历史研究所研究员程有为不再担任所长职务,作为研究员延聘,继续从事科研工作。

2004年11月4日至6日,由中国元史研究会、中国实学研究会、河南省社会科学院和焦作市中站区人民政府共同主办,河南省社会科学院考古研究所和焦作市中站区区委宣传部具体承办的"中国首届许衡学术研讨会"在焦作市举行。著名学者陈高华向大会发来贺信,河南省省委领导袁祖亮、张洪华,国家文物局原局长张文彬到会讲话。来自12个省、市、自治区的27所高校、科研单位的专家学者和各方面代表150余人参加了会议。通过两天半的学术研讨交流和实地考察,与会代表对许衡的各个方面进行了系统全面的深入探讨,内容涉及许衡的家世里籍、政治思想、学术成就、教育实践、天文学贡献及其医学、文学造诣等各方面。此次会议是1949年以来第一次专门对许衡进行的一次高规格的研讨会。

2004年,考古研究所副研究员李立新因在科研工作中表现突出,被评为2004年度河南省学术技术带头人。

2004年,历史研究所研究员程有为获得国务院授予的有突出贡献、享受政府特别津贴的专家称号。

2005年5月28日,为纪念著名的甲骨学者朱芳圃先生诞辰110周年,河南省社会科学院历史研究所、科研处联合主办了"朱芳圃与甲骨学殷商史研究学术座谈会"。来自河南大学、郑州大学、安阳师范学院和河南省社会科学院历史研究所、考古研究所等单位的20余名专家学者参加了会议,就朱芳圃先生的学术成就、贡献、学术人格及商代分封制度、新出花园庄东地甲骨研究、新世纪甲骨学学科发展方向等进行了座谈和交流。

2005年6月,经全国社科规划办评审组评审,历史研究所助理研究员齐航福申请的课题"殷墟花园庄东地甲骨刻辞的语言学研究"获准为2005年度国家社会科学基金青年项目。该课题的预期成果为学术专著,主要的参加人员有章秀霞、张新俊、王建军、李玲玲。

2005年7月7日,河南省社会科学院承担的河南省社会科学规划重大项目"中原文化通史"由河南省社会科学院院长王彦武与河南省委宣传部副部长王耀签订协议书,正式立项。该项目由历史研究所研究员程有为申报,历史、考古、文学、哲学等研究所的老专家和中年骨干共同承担。10月29日,举行课题组全体会议,项目正式启动。

2005年10月26日,历史研究所研究员程有为正式退休,但以资深研究员继续返聘。

2005年12月10日至11日,由黄河文化研究会、河南省中原姓氏历史文化研究会、政协获嘉县委员会主办,河南省社会科学院考古研究所、河南省炎黄文化研究会姓氏旅游专业委员会和获嘉县宁邑历史文化研究会承办的"中国·获嘉宁氏文化研讨会"在河南获嘉县举行。来自省内外多所大学和科研院所的50余位专家学者参加了此次会议。与会专家对宁氏的起源地、宁氏文化研究的重要意义、获嘉县历史文化资源的开发等问题进行了深入探讨。

2005年历史研究所副研究员魏天安获民主党派"中国民主促进会先进工作者"称号。

2006年1月19日,《大河报》推出20个版面,举办"2006新百家姓商都大团圆"活动,考古研究所所长张新斌担任顾问,并和陈建魁、李立新、李乔等撰稿,全面盘点宣传河南姓氏文化。这一活动在社会上引起了较大反响,也进一步强化了河南省社会科学院在姓氏文化研究方面的地位。

2006年2月,中国河洛文化研究会在北京正式成立。全国政协副主席张思卿、罗豪才、张志辉,河南省政协主席王全书、副主席陈义初等领导到会。河南省社会科学院院长王彦武当选为副秘书长,杨海中当选为常务理事,程有为、王永宽、张新斌出席会议,并当选为理事。

2006年4月1日至3日,由河南省社会科学院考古研究所参与主办的"永城与汉刘文化研讨会"在河南永城举行,与会专家就永城与汉代历史、刘邦及汉代刘姓、梁国的历史与文化、永城与汉刘文化的保护利用等各个方面展开了深入探讨。

2006年4月3日,河南省社会科学院与河南人民出版社联合举办"《河南通史》出版座谈会"。《河南通史》是河南省社会科学规划重点项目,由历史研究所的研究人员及郑州大学历史学院、河南大学的教授共同完成,历史研究所研究员程有为、王天奖主持编写。全书共四册200余万字，系统全面地记述了有史以来河南地区的政治、经济、文化状况。河南省政协主席王全书、国家文物局原局长张文彬到会并发表讲话，对该书进行了充分肯定。河南省委宣传部副部长张锐、河南出版集团管委会副主任王长法等领导出席会议。座谈会由河南省社会科学院院长王彦武主持，院党委书记焦锦淼、河南人民出版社总编辑辛发林致辞。程有为介绍了《河南通史》编写出版情况，历史考古界著名人士朱绍侯、李民、许顺湛等在会上发言。《河南日报》、河南电视台等新闻媒体报道了这次会议。

2006年6月12日至13日，由河南省社会科学院参与主办的"河南省寻根文化发展战略研讨会"在郑州召开。会议对河南省的寻根历史和现状作了回顾和总结，剖析了寻根活动中出现的问题、经验教训，探讨了寻根文化和寻根经济的未来发展与战略思路。

2006年6月16日至17日，历史研究所所长蔡万进应邀参加由韩国中国古中世史学会主办、庆北大学承办的"简牍所见中国古代史"国际学术研讨会，作了"《奏谳书》与汉代奏谳制度"的学术报告。

2006年6月，经河南省社会科学规划办评审组评审，历史研究所助理研究员章秀霞申请的课题"殷墟花园庄东地甲骨卜辞与殷商礼制研究"获准为2006年度国家社会科学基金青年项目。该课题的预计成果为研究报告或论文集。主要参加人员有曹建敦、齐航福。

2006年6月，历史研究所研究员程有为、王天奖主持编写的《河南通史》荣获2005年度河南省社会科学优秀成果一等奖。《光明日报》《史学月刊》等报刊发表评介文章，在社会上获得了较大影响，该项目同时获得国家新闻出版署首届"三个一百"原创作品奖。

2006年8月，考古研究所副研究员李立新担任考古研究所副所长，试用期一年。

2006年11月5日至6日,由河南省社会科学院主办的"河南省首届范仲淹文化节"在邓州市举行。与会专家对范仲淹的生平与思想及范仲淹历史文化资源开发等问题进行了专题研讨。

2007年1月,考古研究所所长张新斌被抽调到省委,参与起草省委书记徐光春的《中原文化与中原崛起》讲话稿,徐光春在香港纵论中原文化,引起较大反响。

2007年4月,由考古研究所所长张新斌主编、副所长李立新副主编的《中原文化解读》一书,由文心出版社出版发行。本书作者均来自河南省社会科学院,包括考古研究所全体科研人员,文学研究所、历史研究所、哲学研究所、《中州学刊》和科研处的相关人员。本书从时代、寻根、地理、思想、社会、科技、文艺、民俗八个方面,把中原文化分解为更为细密的30种分支文化。文字通俗易懂,图文并茂,兼具学术性和可读性,对于基层和群众了解中原文化、关注中原文化有积极作用。

2007年8月29日,历史研究所与考古研究所正式合并为历史与考古研究所。由张新斌担任所长,苏丽湘、李立新、穆朝庆任副所长。

2007年10月4日至7日,历史与考古研究所副研究员陈习刚应邀赴德国参加"中国与德国葡萄酒文化研究"国际研讨会。此次国际研讨会主要由德国研究联合会(DFG)、莱茵兰普法尔茨州教育部、美因兹大学跨学科研究中心赞助,在德国美因兹大学应用语言学与文化学学院(FASK)举行,来自中国、德国、美国、英国、意大利等国家科研院所、高等学府、葡萄酒企业的20多位学者、专家与会。陈习刚所作的大会报告的题目是"关于中国古代葡萄酒历史文化的记载及其研究",对两宋以前葡萄和葡萄酒的历史文化发展作了全面、系统、深入的探讨。

2007年10月22至25日,由河南省社会科学院等单位参与承办的"第六届河洛文化国际研讨会"在安阳举行。与会专家学者围绕"河洛文化与殷商文明"的议题进行了深入的交流和探讨。

2007年12月17日,"中国商丘·华商之都"城市品牌定位研讨论证会在商丘隆重召开。会议由商丘市市委、市人民政府主办,中国城市竞争力研究会、河南省社会科学院历史与考古研究所、香港世界遗产研究院、世界城市合作组织中国委员会、亚太人文与生态价值评估中心协办。来自香港和河南省内外知名大学和学术机构的专家学者,商丘市政府、高校、社会科学团体代表及多家新闻媒体的记者参加了此次会议。研讨会由历史与考古研究所所长张新斌主持,与会专家学者就"华商之都"城市品牌的历史文化内涵和解读、城市品牌的定位、城市品牌的规划和建设三个方面进行了详细全面的论证,并制定通过了研讨会的论证报告,对商丘打造"华商之都"城市品牌的意义和发展前景给予了肯定和高度评价。

2007年12月25日,"范仲淹民本思想研讨会"在邓州市召开,河南省社会科学院等机构和院校的80余名专家学者参加了本次会议。与会专家围绕范仲淹民本思想的形成过程、主要内容、历史价值和时代意义进行了系统而深入的探讨。

第五节
形成合力的新生阶段

河南省社会科学院历史与考古研究所成立于2007年,由河南省社会科学院原历史研究所与原考古研究所合并而成。从成立至今,历史与考古研究所有效整合科研力量,明确研究方向,取得了丰硕的成果,形成了独有的学科优势。

一、勠力同心,奋发上进

历史与考古研究所自2007年成立以来,在"开门办院、科研强院、人才兴院"战略的指引下,以河南地方史研究和河南历史文化研究开发为重点,不断完善学科设置,加强人才培养和引进,逐渐形成了自己的学科优势,在中国史研究、河南地方史研究、考古研究、中原文化研究、河洛文化研究等方面都取得了比较丰硕的成果;同时在为河南省委、省政府决策服务和为河南地方经济、社会、文化发展服务方面也作出了重要贡献,学术影响力和社会影响力不断增强。

（一）学科配置完善，人才配备齐全

2007年9月历史与考古研究所成立以后，共有科研人员18名，后陆续有退休、调入、调出等人员变动，至今所里共有科研人员19名，其中研究员4名，副研究员10名，博士研究生4名，在读博士2名，硕士7名，以中青年科研人员为主，研究方向涉及中国历史的各个时段。历史与考古研究所成立之初，便确定了以河南地方史研究为核心，理论研究与现实需求相结合，致力于优秀传统文化的传承与开发的学科定位。十年来，研究所紧紧围绕此方向，既注重基础理论研究，又积极参与各项现实对策研究，取得了丰硕的科研成果，并且集全所之力启动了"河南省根亲文化研究""河南地方史研究"等大型项目，社会影响力迅速增强。

（二）科研成果丰硕，学术影响力增强

十年来历史与考古研究所在科研工作上取得了许多重大突破，尤其是在各级课题的立项结项、有社会影响力的学术论文和学术专著方面，在全院乃至整个河南史学界都可圈可点，也因此获得了与之相匹配的众多奖项和荣誉称号。

1.课题立项屡有突破

从2007年至2017年间，历史与考古研究所立项国家课题共10项，其中包括国家社会科学基金一般项目与青年项目7项，国家社会科学基金后期资助项目2项，国家博士后科学基金面上资助项目1项，其中2017年获得立项的国家社会科学基金项目是河南省社会科学院中唯一的一项。十年时间九项国家社会科学基金立项，这在全国地方社科院历史类研究所中都是绝无仅有的。

这9项国家社会科学基金项目具体为：2008年，张新斌主持的"黄淮的历史变迁与两大流域文化的互动"获国家社会科学基金一般项目立项；2009年，徐春燕主持的"明清时期中原城镇发展研究"获国家社会科学基金青年项目

立项;2010年,田冰主持的"古代黄河中下游地区生态环境变迁与城镇兴衰研究"获国家社会科学基金青年项目立项;2011年,穆朝庆申报的"宋代户籍管理与社会阶层互动研究"获国家社会科学基金一般项目立项,王建华申报的"古代传说时代中原地区的生态环境与文明形态研究"获国家社会科学基金青年项目立项;2012年,章秀霞申报的"殷墟花园庄东地甲骨卜辞与殷礼研究"获得国家社会科学基金后期资助项目立项,是我院获得的第一个国家社会科学基金后期资助项目;2013年,魏淑民主持的"清前期省级司法职能与地方行政、君臣关系互动研究"获得国家社会科学基金青年项目立项;2017年,徐春燕主持的"清代北方地区的城乡关系研究"获得国家社会科学基金一般项目立项;2018年,唐金培主持的"新民主主义革命时期党的作风建设"获得国家社科基金后期资助项目立项。围绕这些中标国家课题的研究,其所涉及的研究方向如古代生态与环境、古代河流变迁与社会发展、殷商史、明清社会发展等都随之成为所里的优势学科。

除国家级课题外,省级课题在十年间也立项了15项之多,既包括史学基础理论研究,也有多项为现实社会发展需求提供决策咨询的对策性研究,体现了历史考古研究所在理论与实践相结合、服务社会、弘扬和传承优秀传统文化方面的重要作用。

2.论文专著成果丰硕

十年间历史与考古研究所在各类专业期刊、学术论文集上公开发表的论文近600篇,平均每年达60篇左右。其中被人大复印资料全文转载的共有5篇,被中央宣传部主办的《学习活页文选》(2010年第33期)全文转载的1篇,被《新华文摘》转载观点的2篇。在各自的学术领域产生了一定影响。

学术专著方面,历史与考古研究所十年来出版的个人专著、主编的学术论文集近50部。既有个人编著的学术著作,又有以研究所的名义编著的成套的系列丛书,在学术界产生了重要影响。

其中重要的个人专著和编著主要有：2008年，任崇岳、徐春燕等合著的《郑州军事史》，程有为主编的《中原文化大典·大事记》《中华通鉴·河南卷》；2009年，由河南省委统战部和河南省社会科学院编写，赵保佑任执行主编，张新斌任执行副主编，历史研究所大部分同志参与撰写的《中华姓氏河南寻根》，刘道兴、张新斌主编，李立新等副主编的《范仲淹思想与修武范园文化》；2010年，张新斌、李龙、王建华合著的《黄河流域史前聚落与城址研究》，张新斌总主编的"中原文化记忆丛书"，张新斌编著的《中华蒋姓淮滨寻根》，杨世利著的《官员贬降与北宋政治文化》；2011年，张新斌主编的《中华赖姓息县寻根》，唐金培著的《第一次国共合作与党的建设互动研究》，章秀霞参著的《殷墟花园庄东地甲骨刻辞类纂》；2012年，田冰著的《明代官员谥号研究》，张新斌、王建华等副主编的《河南生态文化史纲》是河南省内第一部生态史方面的大部头著作；2013年，魏淑民著的《清代乾隆朝省级司法职能研究》；2014年，陈建魁参著的《黄姓简史》，陈习刚参著的《吐鲁番唐代军事文书研究·文书篇》《吐鲁番唐代军事文书研究·研究篇》；2016年，张新斌、李乔、张玉霞等参著的《大嵩山——华夏历史文明核心的文化解读》，张新斌等主编、陈建魁等副主编的《中华黄姓潢川寻根》；2017年，徐春燕著的《明清时期中原城镇发展研究》，章秀霞、齐航福合著的《花东卜辞与殷礼研究》；等等。这些个人专著的出版，是作者在长期研究基础上的呕心之作，在各自的学术领域都产生了重要影响。

编著论文集包括以研究所为主的系列论文集和个人主编的论文集。以研究所科研人员主编出版的系列论文集有"河南历史与考古研究"丛书，目前已出版至第二辑，这套丛书基本为所里科研人员任主编和副主编共同编辑出版的。第一辑包括2009年张新斌等主编，穆朝庆、唐金培等副主编的《颛顼帝喾与华夏文明》；2010年张新斌等主编，李立新、李建华、李龙等副主编的《鹿邑与中华李姓之根》；2011年张新斌等主编，李晓燕等副主编的《云台山与竹林七贤》；2012年张新斌、陈建魁等副主编的《比干文化研究》，张新斌等主编，杨世利、李玲玲等副主编的《武王伐纣·宁氏源流》；2013年张新斌等主编、陈建魁副主编，唐金培编辑的《葛天氏与上古文明》；2015年张新斌等主编，李立新、陈建魁、李玲玲副主编的《卢氏历史文化研究》。第二辑包括2016年张新斌等主编、李玲玲等副主编的《共工氏与中华龚姓》和《登封与大禹文化》，2017年张新斌等主编、张玉霞等副主编的《柏皇氏与中华柏姓》，还有一些目前仍在整理中，后续会陆续出版。另外还有有关河洛文化、姓氏文化方面的丛书，包括2008年张新斌、陈建魁等主编的《河洛文化与闽台文化》；2009年张新斌等主编，唐金培、穆朝庆等副主编的《固始与闽台渊源关系研究》，张锐副主编，张新斌、陈建魁等任执行副主编的《河洛文化与姓氏文化》；2013年张新斌主编的《黄帝与中华姓氏》；2016年张新斌主编，李龙等副主编的《炎黄文化与社会主义核心价值观——第三届中部六省炎黄文化论坛论文集》；等等。这些系列丛书的编辑出版，见证了历史与考古研究所十年来的发展历程，也是历史与考古研究所理论联系实际，对优秀传统文化传承、开发、探索、实践的具体见证。

3.评奖表彰屡获殊荣

正因为历史与考古研究所同人的齐心合力和共同努力，所里不仅学术成果屡获奖项，而且几乎每年都会获得荣誉表彰。十年来，历史与考古研究所的科研成果获得国家级奖项1项，即2011年9月，张新斌主编的"中原文化记忆丛书"（典藏版）被评为全国百部优秀社科普及读物。省级奖项5项，分别为：2008年唐金培的《刘庄发展模式的运行机制与现实启示》获河南省纪念改革开放三十周年优秀论文；2010年《中华姓氏河南寻根》获河南省社会科学优秀成果二等奖；2011年张新斌主编的"中原文化记忆丛书"（典藏版）获河南省社会科学优秀成果一等奖，田冰的《明代官员给谥中的特殊现象解读》获河南省社会科学优秀成果二等奖；2013年田冰的《明代官员谥号研究》获河南省社会科学优秀成果二等奖;2014年张新斌等副主编的《河南生态文化史纲》获河南省社会科学优秀成果一等奖。

除了科研成果上的成就和荣誉,还因为在理论研究及理论与实践相结合服务社会方面的突出贡献,历史与考古研究所每年都会受到河南省或河南省社会科学院的表彰。院里先进单位的荣誉称号主要有2007年度先进单位、2008年度先进单位、2009年度先进单位、2010年度先进单位、2011年度国家社会科学基金课题申请先进单位、2013年度先进单位、2015年度先进单位,先进党支部的荣誉称号主要有2011年度先进党支部、2014年度先进党支部、2017年度先进党支部;省里颁发的荣誉称号主要有2013—2014省直机关五好党支部、2015年度全国社科联系统先进单位等。这些奖项和荣誉称号是对历史与考古研究所多年工作成绩的肯定,是对历史与考古研究所领导班子努力的褒奖,也是历史与考古研究所辉煌历程的见证。

(三)理论联系实际,社会影响力激增

历史与考古研究所成立后,不仅重视基础史学理论和河南地方史、文化史的研究,同时理论联系实际,积极参与河南省委、省政府的决策性研究,与许多地方县市都建立了长效联合,多方合作,在传承和保护优秀文化遗产、开发和弘扬优秀传统文化方面作了大量工作,社会影响力迅速增强。

1.参与应用对策研究,为决策部门提供咨询

加强应用对策研究,为决策部门提供智力支持和政策咨询,是地方社科院的重要定位之一,历史与考古研究所多年来一直遵循这一定位,积极参与为社会发展需求服务的各类决策研究,在省委、省政府及地方政府的多项决策报告中都有相应贡献。

参与省委、省政府决策咨询研究或获省领导批示的重要项目如下:2008年6月至8月,李立新被抽调到河南省文化产业办公室参与起草郭庚茂代省

长在"全省文化产业发展与文化体制改革工作会议"的讲话稿。同年,张新斌为落实李长春同志关于"福建、台湾许多姓氏来自河南,河南要给予积极配合"的指示精神,到福建泉州参加协调会,调查研究有关情况,并提出相关建议。2009年3月,张新斌参与调研并完成由贾庆林主席批示、省委省政府交办的《关于加快王屋山保护与开发的报告》,呈报省政府后得到徐光春、郭庚茂、孔玉芳等领导的批示。5月,在院长赵保佑的带领下,李立新参加了《全国政协关于文化强省考察报告(待议)》的起草工作,李玲玲参加了由省委宣传部组织的河南文化强省大事记的编写工作。5月至6月,张新斌参加全省文化改革发展实验区的评选和规划工作。6月,李立新参与了河南"旅游立省"战略方面的解读工作。8月至9月,张新斌、穆朝庆、唐金培、张佐良等与省委政研室共同就《一部河南史半部中国史》写作提纲及其主要内容进行反复讨论和通审。随后,穆朝庆、李立新、陈建魁、唐金培、杨世利、田冰等参加了由省委政研室、省政协学习和文史委员会、省社会科学界联合会和河南省社会科学院联合举办的"《一部河南史半部中国史》座谈会"。10月,张新斌为全国政协副主席白立忱撰写了在第八届"河洛文化国际研讨会"上的讲话稿和全国政协港澳台侨委员会主任、海协会会长陈云林在第八届"河洛文化国际研讨会"上的工作报告。李立新为徐光春撰写了在第八届"河洛文化国际研讨会"开幕式上的讲话稿。11月,张新斌、穆朝庆、陈建魁应邀到省委政研室讨论起草徐光春《河洛文化与台湾》演讲稿,为"中原文化宝岛行"作前期准备。2010年3月,河南省社会科学院院长张锐写给中共河南省委书记卢展工的信得到批示。该信后附有四篇文章,其中一篇就是张新斌撰写的《充分发挥河南文化优势的若干思考》。4月1日至5月底,李立新参加省委宣传部组织的《河南省文化强省实施纲要》的编写工作。2011年7月至10月,张新斌参与起草省委、省政府文件《华夏历史文明传承创新区建设规划纲要》。2012年6月1日,张新斌在"河南发展论坛"上作"华夏历史文明传承创新区若干问题的思考"的主题报告,有关发言获得副省长张大伟的肯定性批示。2015年,张新斌、陈建魁起草全国政协领导在"第十三届河洛文化学术研讨会"上的讲话和中国河洛文化研究会《河洛文化研究五年规划》。《呈阅件》2016年第2期刊登的张新斌的《华夏历史文明传承创新要旗帜鲜明地叫响"洛阳学"》一文,获得省委常委、副省长李亚的肯定性批示。

参与市厅级重要决策研究如下:2010年李立新参与河南省社会科学院与省建设厅的调研课题"加快旅游业发展与我省风景名胜区建设管理问题研究",负责序言和第二部分"我省风景名胜区建设管理方面存在的问题"的撰稿,并负责通稿工作。李立新参与郑州市文化创意产业调研报告课题,并完成《郑州市文化创意产业体制机制调研报告》的撰写工作。10月27日至11月10日,李立新参与省委宣传部马正跃副部长安排的课题"中原文化与中原经济区战略",承担中原文化的概念、内涵、特点、优势部分写作任务。2011年3月,张新斌、陈建魁、杨世利等到三门峡卢氏县进行历史文化资源考察调研活动,为卢氏县历史文化资源的开发利用出谋划策。5月,张新斌、杨世利、陈习刚等到小浪底参加由河南省文化产业研究院组织举办的"河南黄河黄金旅游带专家建言献策座谈会"。张新斌作大会主题发言。

2.加强与地方结合,实现历史文化的传承开发

历史与考古研究所多年来与各县市政府部门或民间组织积极合作,为其当地的文化保护和开发、城市文化品牌建设、文化旅游开发等建言献策,提供咨询和学术支持。

与地方合作举办学术研讨会,为地方文化建设、旅游开发、文化传承提供学术支撑和智力支持。

2008年历史与考古研究所先后协助获嘉、内黄、武陟、巩义、登封、固始、郑州等县市组织研讨会7次,进一步增强了历史与考古研究所的办会能力和社会影响力。2009年,历史与考古研究所先后与鹿邑县、固始县、焦作市中站

区、内黄县等县、市、区联合主办了一系列研讨会,同时还承担了河南省社会科学院主办的"区域文化与区域发展学术研讨会""第八届河洛文化国际研讨会""河南省第四届范仲淹文化节暨学术研讨会"等大型学术活动的筹备工作。在邀请专家、论文收集、论文审编、会务工作等方面,既有分工又有合作,既锻炼了个人办事能力又强化了团队意识。2010年,历史与考古研究所与中国社科院及固始、焦作等地市合作,参与承办"首届子贡儒商文化高峰论坛""第二届中原(固始)根亲文化节暨2010年固始与闽台渊源关系研讨会""中国·云台山第三届'竹林七贤'文化研讨会"等研讨会。2011年历史与考古研究所与地方政府联合主办、承办的学术研讨会共计6次,与多地建立了长效联合机制,以便对当地的文化传承和旅游开发持续关注。2012年,历史与考古研究所与国家级学会、省级学会及固始等地方政府合作,主办和承办了多次学术研讨会。2013年历史与考古研究所继续关注固始根亲文化的进展,推动了固始文化节的举行;与卢氏县卢氏文化研究会共同主办了"2013年中国·卢氏历史文化研讨会";与南阳合作,整合河南的三国文化资源,促成河南省三国文化研究会的成立。2014年8月24日至26日,历史与考古研究所与柘城文化研究会联合主办了"中国炎帝朱襄氏与柘城文化发展研讨会";12月,与登封市政协、登封市大禹文化研究会等合作,举办了"登封与大禹故里学术座谈会",为登封市大禹文化研究的进一步深入奠定了基础。2015年,历史与考古研究所与驻马店西平县、登封市、辉县市等继续合作,召开全国性的大型学术研讨会,为当地历史文化的传承开发提供学术支撑。2016年,历史与考古研究所继续与新乡市、辉县市、登封市、固始县合作,举办了多次学术研讨会。2017年,历史与考古研究所与洛阳、登封、濮阳、辉县、漯河等地市继续加强合作,主办或承办了"洛阳学国际学术研讨会"、"2017年中国登封国际大禹文化研讨会"、"濮阳县为中华张姓祖根地研究认定会"、中国先秦史学会"共工故里"授牌仪式;参与筹备了河南省社会科学院、漯河市人民政府台湾事务办公室主办的"海峡两岸纪念陈星聚诞辰200周年研讨会"。这些与国家级学会、地方研究会及地方政府共同合作举办的学术研讨会，不仅为地方文化发展建设和文化资源开发提供了有力的学术支持，而且通过这些学术会议的举办，历史与考古研究所的研究人员与全国相关专家建立了联系，交流了感情，在学术上得到提升的同时，也为国内学术界畅通了渠道，对历史与考古研究所在省内和国内的影响力也是一种提升。

到各地市调研，为当地的文化资源开发保护、城市文化品牌建立、旅游发展建言献策。

2009年6月，张新斌带领唐金培、杨世利等人到信阳潢川、固始、淮滨、息县等地就当地根亲文化资源开发和研究状况进行了调研并就根亲文化研究提出了相关建议和思路；12月11日至13日，张新斌、李立新、陈建魁、唐金培、陈习刚等到方城县进行为期三天的"方城历史文化"调研活动。2011年1月至3月，以张新斌为副组长的河南省社会科学院课题组，主持完成"南阳市节会效益评估与前景分析"的调研，唐金培等参与调研报告撰写工作；4月，张新斌、李晓燕等到信阳潢川、息县、淮滨等地进行"根亲文化跟踪调研"，并参加蒋姓寻根活动；5月，张新斌、唐金培、李晓燕等到商丘市参加由林宪斋书记、谷建全副院长带队，以"三化协调"和"中原经济区文化支撑力的区域定位及思路"等为主题的调研活动，并完成相关调研报告。2014年9月，张新斌、张佐良、李玲玲等到安阳进行安阳殷墟保护与发展学术调研，调研报告在《中国文化报》上刊登；10月，张新斌、陈建魁、张佐良、魏淑民、李玲玲到固始进行河南根亲文化与文明河南建设调研，调研报告获有关部门好评。

3.积极开展学术交流，扩大学术影响力

历史与考古研究所的科研人员在专注于自己科研工作的同时，还积极参与各类学术交流活动，从各方面提升历史与考古研究所的学术影响力和社会影响力。

2008年年初,张新斌先后应邀到台湾参加"中华民族联合祭祖大典"活动,到马来西亚指导"马来西亚中华百家姓研究协会"的筹组工作,在吉隆坡、马六甲作了"河南与中华姓氏"专题演讲,在东南亚华人中产生了广泛的影响。2008年张新斌先后接受《中国地理杂志》、《河南日报》、《大河报》、河南电视台等媒体采访20次左右。程有为接受中央电视台、河南电视台等媒体专访2次。这些学术交流活动不仅使个人学术影响力得到增强,也使历史与考古研究所的社会影响力随之增强。

2009年,历史与考古研究所科研人员参与省内重要学术交流活动共13项,到外省参加学术交流活动共有12人次。重要的学术交流活动有:1月4日至14日,张新斌作为河洛文化研究方面的专家,担任中国河洛文化研究会访问团顾问,与全国政协机关的有关领导到台湾交流访问。7月7日至14日,李立新参加中国河洛文化研究会组织的台湾参访团到台湾交流访问。8月28日,邀请台湾凤邑赤山文史工作室负责人郑温乾先生到历史与考古研究所访问。10月,邀请美国纽约州立大学戴福士教授到历史与考古研究所考察访问。随着对外交流的加强,所里科研人员的学术影响力得到增强,部分科研人员在学术界占有一席之地,取得相应学术兼职。如张新斌应邀担任水利部中华水文化专家委员会成员、河南省文化产业专家委员会成员,并当选中国河洛文化研究会常务理事;李立新、陈建魁当选为中国河洛文化研究会理事。

2010年,历史与考古研究所科研人员参加各种形式的学术研讨活动共计48人次,其中,到省外和境外参加学术活动22人次。重要的交流活动有:3月16日至21日,应中国人民对外友好协会和日本"北枝篆会"的邀请,张新斌随"'中日姓氏汉字书法篆刻文化展'访日代表团"到日本石川县进行为期6天的学术交流和参观访问,并为当地居民作了一场有关中华姓氏的报告。4月30日至5月7日,张新斌、陈建魁等应海峡百姓论坛组委会的邀请,随林宪斋书记到台湾进行为期8天的交流访问。8月16日至22日,李立新应邀到韩国釜山参加"汉语与汉字文化国际研讨会"。10月29日至11月5日,应世界林氏宗亲总会和柬埔寨林氏宗亲总会的邀请,张新斌、陈建魁等随林宪斋书记到柬埔寨参加"世界林氏宗亲总会第十三届恳亲大会"。6月11日至15日,张新斌到重庆参加中国先秦史学会年会,并当选为该学会常务理事兼副秘书长。

2011年,历史与考古研究所的科研人员对外学术交流活动,省外9人次,省内30余人次。该年度获得社会兼职的科研人员大幅增加,显示出历史与考古研究所在国内学术界的学术影响力和学术地位在不断扩大提升。9月,在"河南省历史学会2011年年会"上,张新斌当选为河南省历史学会副会长,陈建魁等人当选为常务理事,穆朝庆、陈习刚、田冰、杨世利、李龙等人当选为理事。12月,在"河南省文物考古学会2011年年会"上,张新斌当选为常务理事。7月,张新斌、陈习刚、李龙等参加"河南省文化遗产保护研究会",张新斌当选为常务理事,陈习刚、李龙当选为理事。

2012年,历史与考古研究所人员利用一切机会和场合,宣传历史与考古研究所,参加了"河洛文化与台湾"电视专题系列片专家座谈会、"中华姓氏博物馆"可行性报告专家论证会、"中华历史故事"丛书编撰体例专家论证会等多个学术专家论证会和座谈会。张新斌11次在重要会议上发言或作主题报告,在社会各界产生了广泛影响。如2012年6月1日张新斌在"河南发展论坛"上所作的"华夏历史文明传承创新区若干问题的思考"的主题报告,获副省长张大伟的肯定性批示。

2013年,历史与考古研究所依托由河南省社会科学院主管的河南省姓氏文化研究会与河南省社会科学院成立的河南省姓氏祖地与名人里籍研究认定中心,扩大了历史与考古研究所的学术影响:以河南省社会科学院名义主办了"黄帝与中华姓氏学术研讨会",以河南省姓氏祖地与名人里籍研究认定中心的名义主办了"淮滨为中华蒋姓祖根地"研究认定会,以历史与考古研究所的名义举办了中华蒋姓论坛。

2014年全所科研人员共52人次参加了23个学术研讨会。重要的如中国河洛文化研究会在福建厦门举办的"第十二届河洛文化国际研讨会"、中国殷商文化研究会在山东烟台举办的"王懿荣甲骨学国际学术研讨会"、中国宋史研究会在杭州举办的"中国宋史研究会第16届年会"、湖南省炎黄文化研究会在湖南株洲举办的"第二届中部六省炎黄论坛"、中国佛教文化保护中心在登封举办的"中国佛教文化保护与发展高层论坛"等。

2015年,全所科研人员共有85人次参加了35个学术研讨会。重要的如筹办"第三届中部六省炎黄文化论坛",参加"中日考古学论坛""第九届国际葡萄与葡萄酒学术研讨会""南明史国际学术研讨会""西周金文与西周史学术研讨会暨中国先秦史学会2015年年会""2014敦煌论坛:敦煌石窟研究国际学术研讨会""第十六届明史国际学术研讨会暨建文帝国际学术研讨会""第22届国际历史科学大会""故宫博物院九十华诞暨中国第十六届清史学术研讨会""第十三届河洛文化国际研讨会""第四届宋学国际学术研讨会"等。张新斌在"西周金文与西周史学术研讨会暨中国先秦史学会2015年年会"上当选中国先秦史学会副会长,历史与考古研究所的学术地位和学术影响力得到进一步提升。

2016年,全所科研人员共70人次参加了34个学术研讨会。重要的有"第十四届河洛文化研讨会""中英'一带一路'战略合作论坛""第六届全国社会科学院世界历史研究联席研讨会""首届嵩山道教文化论坛""中国历史地理学会2016年年会""中国宋史研究会第十七届年会""第五届宋学国际学术研讨会""第六届中国范仲淹国际学术研讨会""第四届中部六省炎黄文化论坛""第八届海峡论坛两岸同名(同宗)村文化论坛"等。

2017年,全所科研人员共70人次参加了25个学术研讨会。重要的有"第十八届明史国际学术研讨会暨首届阳明文化国际论坛""中华伏羲文化论坛""嬴秦文化与远古文明研讨会""移民文化与历史记忆学术研讨会""淮河文化研究·理论与实践·蚌埠峰会""第七届全国社会科学院世界历史研究联席研讨会""全国炎黄文化论坛暨第五届中部六省炎黄文化论坛""长安记忆丝路互通——第二届丝绸之路历史文化国际学术研讨会""第六届近现代河南与中国学术研讨会""甲骨文研究前沿论坛"等。

积极参与国内外各类学术交流活动,使历史与考古研究所科研人员的学术影响力和社会影响力不断扩大,有不少科研人员在各自的研究领域都有了一定影响和地位,担任有学术兼职。

二、笃行致远,再创佳绩

经过十年的发展,历史与考古研究所目前学科配置完备,人员组成以中青年科研人员为核心,后劲十足,潜力巨大,已经形成了自己独有的学科优势。在生态环境、河流、城镇研究,姓氏文化根亲文化研究,中原文化研究,河南地方史研究等领域,在全省乃至全国都有着一席之地。

在生态环境、河流、城镇研究方面,历史与考古研究所获得了多项国家社会科学基金项目和河南省社会科学规划项目的立项,并且已经有了许多标志性成果,甚至是填补学术界空白的研究成果面世。如张新斌主持的"黄淮的历史变迁与两大流域文化的互动"、田冰主持的"古代黄河中下游地区生态环境变迁与城镇兴衰研究"、王建华主持的"古代传说时代中原地区的生态环境与文明形态研究"、徐春燕主持的"明清时期中原城镇发展研究"和"清代北方地区的城乡关系研究",都是这一领域的国家社会科学基金项目,并且形成了系列研究成果。如:张新斌主编的《河南生态文化史纲》是省内第一部生态史方面的大部头著作,荣获河南省社会科学优秀成果一等奖;张新斌的《济水与河济文明》填补了国内济水及相关研究的空白;田冰主持的河南省政府决策研究招标课题"河南省加强水资源保障体系战略研究"以优秀结项。

姓氏文化和根亲文化的研究一直是历史与考古研究所的优势学科，不仅与各地市长期合作，进行姓氏文化和根亲文化资源的调研、传承、开发工作，促进各地寻根活动和根亲文化节的健康正规开展，而且还出版了系列研究丛书，在全国都独具优势。如张新斌编著的《中华蒋姓淮滨寻根》《中华赖姓息县寻根》《中华黄姓潢川寻根》，陈建魁编著的《黄姓简史》等都是根亲文化和姓氏文化的重要著作。此外，2009年出版的《中华姓氏河南寻根》四卷本，被新郑黄帝故里拜祖大典组委会用作馈赠贵宾的重要礼品书，用以宣传推介河南的姓氏和根亲文化资源。另外，历史与考古研究所在2013年河南省社会科学院重大课题"论河南寻根"的基础上，形成了"寻根大资源""寻根大战略"合为一体的《寻根河南》专著，近期将会由大象出版社出版发行，是历史与考古研究所在河南根亲文化和姓氏文化研究方面的重要的代表性和综合性研究成果。

中原文化研究也是历史与考古研究所长期以来的重点研究方向。从河南省历史研究所成立之始，河南地方史的研究一直是核心定位。历史与考古研究所同样遵循此定位，在中原文化研究方面作出了重要贡献。程有为主编的《中原文化大典·大事记》《中华通鉴·河南卷》，张新斌总主编的《中原文化解读》、"中原文化记忆丛书"，以及"河南历史与考古研究"丛书、"河洛文化研究"系列丛书，都是中原文化研究的集大成者，奠定了历史与考古研究所在中原文化研究方面的重要学术地位和影响。

河南地方史研究取得重大进展。河南地方史研究一直是所里的研究重点，并且有多项学术成果面世。如2005年出版的程有为等主编的《河南通史》，2006年出版的任崇岳著的《中原移民简史》，2008年任崇岳、徐春燕等合著的《郑州军事史》，2017年徐春燕著的《明清时期中原城镇发展研究》等，都是近些年河南地方史研究的重要成果。除了现有的对河南地方史研究的个人成果，历史与考古研究所集合全所之力，广邀河南学术界同人，共同启动了河南地方史专门史的专项研究，推动了河南地方史研究的全面开展。2015年年底,在河南省社会科学院的支持下,历史与考古研究所正式启动河南专门史工程。历史与考古研究所人员作为主要承担者,承担了《河南家族史》《河南水利史》《河南移民史》《河南考古史》《河南古都史》《河南书院史》《河南城镇史》7部专门史的写作工作,并在2016年多次进行大纲论证,几经讨论和修改后最终确定大纲。同时,为了形成河南专门史的规模效应,历史与考古研究所还在河南省社会科学院领导的支持下主导了院外河南专门史书稿的联络、筹划、选拔、讨论和签约等工作,从郑州大学、河南大学、华北水利水电学院、河南农业大学、河南科技大学等高校提出的十多个课题论证中,选取了《河南水文化史》《河南史学史》《河南园林史》《河南行政区划史》《河南基督教史》等5部列入第一批河南专门史工程,加上河南省社会科学院其他部门负责写作的《河南道教史》《河南诗歌史》《河南哲学史》等3部专门史,共有15部书稿列入第一批河南专门史工程。目前,这批书稿正在紧张的写作当中,其中部分书稿初稿已经完成。河南专门史项目的启动,是历史与考古研究所集全所之力的一项大工程,彰显着历史与考古研究所的科研能力和学术影响力,也是历史与考古研究所在河南史学界乃至全国学术地位的重要体现。

在未来的发展中,历史与考古研究所在目前优势学科的基础上,继续培养新的学科增长点;立足河南,放眼全国,找准河南地方史研究与全国史研究的契合点;集中力量,形成整体优势,组织重大科研项目,在出精品力作上狠下功夫;加强人才队伍建设,培养和引进高层次人才,扩大学术影响力。同时历史与考古研究所坚持理论联系实际,学以致用服务社会,为河南历史文化研究和优秀传统文化的传承开发提供智力支持和学术支撑;不断开创河南省历史研究工作的新局面,为河南的经济文化腾飞作出应有的贡献。

第二章 人事忆往纪实

第一节
现职人员

历史与考古研究所在职人员 19 人。其中,研究员 4 人、副研究员 10 人、助理研究员 3 人、研究实习员 1 人、行政秘书 1 人,其中博士和在读博士 6 人。

一、正高级职称人员及现任领导

张新斌,1960 年 1 月生,河南沁阳人。1981 年郑州大学历史系考古专业毕业,获历史学学士学位。曾任新乡市文物管理委员会办公室主任,1997 年调入河南省社会科学院工作,先后任考古研究所副所长、所长。现任河南省社会科学院历史与考古研究所所长,兼任河南省河洛文化研究中心执行主任、河南省姓氏祖地与名人里籍研究认定中心执行主任,二级研究员。为河南省高层次人才,特殊支持"千人计划"中原文化名家、河南省优秀专家,河南省跨世纪学术带头人,河南省宣传文化系统"四个一批"人才。担任或曾担任中国先秦史学会副会长、中华炎黄文化研究会姓氏文化工作委员会副会长、中国河洛文化研究会常务理事、水利部中华水文化专家委员会委员、河南省台湾研究会会长、河南省炎黄文化研究会常务副会长、河南省历史学会副会长、河南省姓氏文化研究会副会长、河南省科技史学会副理事长、黄河文化研究会副会长兼秘书长等。郑州大学、河南大学、信阳师范学院等高校兼职教授，河南省社会主义学院客座教授。主要研究领域为先秦历史与考古、黄河文化与河流文明、中原文化与姓氏文化、历史文化资源开发与利用研究。主持或承担国家社会科学基金3项，主持或参与省级课题、省委省政府重大项目研究10余项。出版专著或主编书稿有《黄河与科技文明》《济水与河济文明》《黄河流域史前聚落与城址研究》《中华姓氏谱·苏》《百家姓》《中华姓氏河南寻根》《中原文化解读》及"中原文化记忆丛书"等20余部，发表论文与报告160篇左右，获省级社科奖二等奖以上4项。

陈建魁，1965年9月生，河南荥阳人。1982年考入河南大学历史系，1986考入西北大学历史系研究生，获硕士学位。1989年7月到河南省社会科学院历史研究所工作。现为河南省社会科学院历史与考古研究所副所长、副研究员，民革河南省社会科学院支部副主委。担任或曾担任中国先秦史学会夏禹文化研究中心副主任、中华炎黄文化研究会姓氏文化工作委员会副秘书长、中国河洛文化研究会理事、河南省姓氏文化研究会副秘书长、黄河文化研究会副秘书长、河南省三国文化研究会副秘书长、河南省民革科教文卫委员会委员、河南省历史学会常务理事、河南省台湾研究会常务理事、黄河文明传承与现代文明建设河南省协同创新中心研究员。主要从事中原文化、河洛文化和姓氏文化研究。主持立项河南省社会科学规划课题2项（2006年，"中原古代的社会环境与人才成长"；2016年，"中国家族史研究"）、河南省政府决策研究招标课题1项（2010年，"和谐社会视域下河南中华人文始祖祭典与姓氏文化寻根"）、河南省科技攻关课题1项（2007年，"河南根文化资源整合与河南旅游经济发展"）。独著或参著有《中国姓氏文化》《中华林姓通史》《河洛文化与姓氏文化》《黄姓简史》《我们最老最老的祖先》《河南通鉴》《源于河南千家姓》《根在河南》等著作10多部，另在《中国社会科学报》《中州学刊》《河南日报》等报刊发表相关专业论文30多篇，还曾在《中国剪报》《大河报》《益寿文摘》《读者》等多家知名报刊上辟有姓氏文化研究专栏。

唐金培，1967年9月生，湖南武冈人。法学硕士。2005年毕业于湘潭大学中共党史专业，河南省社会科学院历史与考古研究所副所长、副研究员。主要学术兼职有河南省历史学学会副秘书长、河南省中共党史学会理事、河南省科学社会主义学会理事、河南省姓氏文化研究会副秘书长、河南省台湾研究会常务理事兼副秘书长、黄河文化研究会副秘书长、河南省姓氏文化研究会副秘书长、河南省姓氏祖地与名人里籍认定中心副秘书长。主要从事中共党史和中国近现代史研究。先后在《光明日报》《中国社会科学报》《红旗文稿》《史学月刊》等报刊上公开发表文章80多篇，其中有10多篇分别被《学习活页文选》《新华文摘》《红旗文摘》《中国共产党》《中国现代史》《高等学校文科学术文摘》《中国社会科学文摘》《历史与社会》《党史博览》《光明日报》等全文转载或摘编。著有专著《第一次国共合作与党的建设互动研究》，合著《中国抗日战争全景录·河南卷》《史来贺事迹读本》等多部。主持完成河南省社会科学规划一般项目"共产国际指导时期中国共产党党风建设研究"（结项为优秀等级），主持国家社会科学基金后期资助项目"新民主主义革命时期党的作风建设研究"；参与完成国家社会科学基金一般项目"批评与自我批评常态化制度化研究"（排名第二），参与完成河南省社会科学基金项目、河南省社会科学规划决策咨询项目、省软科学项目等多项。入选河南省宣传思想文化战线"四个一批"人才。参与课题获河南省社会科学优秀成果一等奖、二等奖各2项，第六届河南省发展研究奖1项。

李乔，1968年8月生，河南西峡人。1988年7月兰州大学图书馆学专业毕业，被分配至河南省社会科学院图书馆工作，先后在文学研究所、中原文化研究中心、中原文化研究所任职，2011年被聘为研究员，2015年12月以河洛文化研究中心副主任的身份进入历史与考古研究所工作。主要学术兼职有华北水利水电大学特聘教授、中国河洛文化研究会理事、河南省姓氏文化研究会副秘书长等。研究领域为中原文化与闽台关系、姓氏文化、家族文化、中原移民史等，发表有《唐代固始移民对闽文化形成的影响》《"闽祖光州"现象形成原因探析》《"开漳圣王"陈元光籍贯辨析》《中原文化与岭南文化的互动》《应国历史与地理问题考述》《姓氏堂号中蕴含的中国传统伦理思想》《试析嵩洛地区在中国姓氏史上的重要地位》等学术论文60余篇，出版《"闽祖光州"现象研究》《固始与闽台》《中原文化大典·著述典》《萧姓史话》《曾姓史话》《百姓堂联》《中华姓氏河南寻根》等学术著作20余部。主持或参与多项国家社会科学规划项目、省社会科学规划项目。《中华姓氏河南寻根》《华夏历史文明传承创新研究》等获得河南省社会科学优秀成果二等奖。

夏志峰，1964年9月生，河南商城人。1985年毕业于吉林大学考古专业，同年进入河南省博物馆工作，历任助理馆员、馆员、副研究馆员。2001年4月，任国家文物出境鉴定河南站站长、研究员，河南省文物鉴定委员会副主任委员。2018年1月调入河南省社会科学院历史与考古研究所。从事文物鉴定和研究工作30多年，由其主持鉴定的各类文物逾30万件，其中有相当一部分成为河南省各级收藏单位的藏品，纳入文物法及相关法律的框架内规范管理，2006年被授予"河南省文物保护工作先进个人"称号。在从事文物鉴定工作的30多年中，始终坚持客观公正的原则和实事求是的态度，为逾千起文物违法犯罪案件提供了鉴定依据，有力地配合了各级各类司法机关打击文物违法犯罪活动。2014年，带领的国家文物出境鉴定河南站被河南省人民政府授予"反走私先进集体"称号。在工作之余，先后参加了《楚文物图录》《楚文物图典》《河南省博物馆藏青铜器选》《中国古塔》《新郑郑公大墓青铜器》等书的编写工作。多次受聘为国家文物局举办的全国青铜器鉴定研修班，河南、河北、辽宁、广东等省举办的文物鉴定培训班讲授青铜器鉴定课程。还为参加河南省馆藏文物数据库建设和首次可移动文物普查的专业技术人员讲授文物数据库信息著录规范和文物认定、定级等课程。

田冰，女，1971年9月生，河南邓州人。历史学博士、博士后。1996年至1999年在郑州大学历史系攻读硕士学位，1999年8月到河南省社会科学院历史研究所从事科研工作，2006年至2009年在河南大学历史文化学院攻读博士学位，2011年至2014年在陕西师范大学西北历史环境与经济社会发展研究院从事博士后研究工作，入选2012年度河南省学术技术带头人，2015年12月被评为研究员。主要研究方向为明清史、历史地理和河南地方史。在《史学月刊》《中州学刊》《郑州大学学报》《地域研究与开发》等国内核心期刊发表论文30余篇，其中发表在《史学月刊》2010年第6期的《明代官员给谥中的特殊现象解读》一文被人大复印资料《明清史》2010年第12期全文转载，获2010年度河南省社会科学优秀成果奖二等奖。专著《明代官员谥号研究》于2012年出版，并获得2013年度河南省社会科学优秀成果奖二等奖。主持完成国家社会科学基金项目"古代黄河中下游地区生态环境变迁与城镇兴衰研究"；2012年5月获得第51批中国博士后面上资助项目"明清时期黄淮平原水环境与经济社会发展互动研究"；主持完成河南省政府决策研究招标课题"河南省加强水资源保障体系战略研究""河南非物质文化遗产保护与开发战略研究"。此外，参与撰写的著作有《中原文化旅游概览》《中华通鉴·河南卷》《中华姓氏河南寻根》。

二、其他人员

陈习刚，1966年12月生，湖北黄冈人。2000年湖北大学中国古代史专业史学硕士，同年8月到河南省社会科学院历史研究所工作至今。现为历史与考古研究所副研究员。主要学术兼职有河南省历史学会理事、河南省科技史学会理事、河南省科技文化遗产研究与保护协会理事。主要从事葡萄文化史、出土文献、关津史、隋唐五代史、河南地方史等研究。主编、合著《郑州与黄帝文化》《吐鲁番唐代军事文书研究》等著作10多部，主持、参与"河南农业史""新疆通史"等省部、国家社科规划项目多项，参加《今注本廿四史·两唐书》编纂工程。发表《中国葡萄文化史绪论》等学术论文60多篇。尤其是在葡萄文化史的研究方面取得了一定成果，在国内外产生了一定影响。

张佐良，1972年10月生，河南温县人。中国社会科学院研究生院历史学博士研究生毕业。2003年7月到历史研究所工作，现为历史与考古研究所副研究员、夏峰学会副会长。主要研究领域为清代政治思想史、河南地方史。主要研究成果有《从河州事变看乾隆朝民变的政府对策》《中国历史上的民间组织》《孙奇逢与清初社会伦理秩序重建》等。

杨世利，1973年3月生，河南获嘉人。1996年毕业于河南大学历史系，获历史学学士学位；同年入湖北大学历史系，师从葛金芳教授学习宋史，1999年毕业，获历史学硕士学位；2005年入河南大学历史文化学院，师从贾玉英教授学习宋史，2008年毕业，获历史学博士学位。博士学位论文《北宋官员政治型贬降与叙复研究》被河南省学位委员会、河南省教育厅评为"2009年河南省优秀博士学位论文"。1999年入河南省社会科学院历史研究所工作至今，2010年12月被聘为副研究员，研究方向为宋史、思想文化史等。出版有《官员贬降与北宋政治文化》一书，在《中州学刊》《中原文化研究》《中国史研究动态》等刊物发表论文多篇。

李龙，1974年2月生，湖南岳阳人。1995年至1999年在武汉大学学习，本科学历。1999年7月到河南省社会科学院考古研究所工作，现为历史与考古研究所副研究员。先后获河南省社会科学院2015年度"优秀共产党员"、2016年度考核"优秀个人"等荣誉称号。河南省职业技术学院兼职副教授。

主要从事史前考古、先秦灾害史、河南历史文化保护与开发研究。参与国家社会科学基金项目2项,教育部重点项目1项;主持河南省社会科学基金项目2项,主持或参与其他省厅级项目10余项。先后参著《济水与河济文明》《中华姓氏河南寻根》《中原文化概览》《黄河流域史前聚落与城址研究》等著作,在《中原文物》《湖北社会科学》《船山学刊》《中州学刊》《中原文化研究》《中国文物报》等报刊上发表论文40余篇。

张玉霞,女,1979年1月生,河南温县人。吉林大学历史系本科毕业,考古学系研究生毕业,硕士学位。2004年7月进入考古研究所任职,现为历史与考古研究所副研究员。研究方向为魏晋隋唐考古。代表学术成果有《牡丹江流域渤海遗迹出土陶器的类型学研究》(《边疆考古研究》第4辑)、《钧瓷系与禹州钧窑》(《中原文物》2011年第4期)、《〈营造法式〉营造模数制度研究》(《中原文物》2013年第6期)、《隋唐五代北方地区仿木构墓葬建筑形制研究》(《庆祝魏存成先生七十岁论文集》)等。合著出版《中原文化大典·文物典·城址卷》《济水与河济文明》《大嵩山》等著作多部,承担各级课题多项。

魏淑民,女,1977年7月生,河南濮阳人。历史学博士。2009年毕业于中国人民大学清史研究所,2013年7月由河南省社会科学院中原文化研究中心转入历史与考古研究所,2018年河南大学中国史专业出站博士后。现为历史与考古研究所副研究员,河南省优秀青年社科专家,兼任中国法律与历史国际学会会员、河南省史学会理事、河南省法学会法律文化研究会常务理事。主要研究方向为清代政治史、法律史与河南地方历史文化。学术专著《清代乾隆朝省级司法实践研究》系中国人民大学出版社"清史研究丛书"遴选书目,获2014年河南省社会科学院优秀学术成果一等奖。先后在《清史研究》《明清史论丛》《河南社会科学》《中州学刊》《中国社会科学报》等报刊发表学术论文30余篇,其中《君臣之间:清代乾隆朝秋审谕旨的政治史解读》等文被人大复印资料《明清史》《中国近代史》《中国社会科学文摘》全文转载并被《新华文摘》辑录。主持(完成)国家社会科学基金青年项目"清前期省级司法与地方行政、君臣关系互动研究"、中国博士后科学基金项目2项。

徐春燕,女,1977年3月生,河北泊头人。南开大学历史学专业硕士研究生毕业,2004年7月进入河南省社会科学院考古研究所工作,现为历史与考古研究所副研究员。主要从事城镇史、明清史研究。主持国家社会科学基金项目2项,主持省级课题2项,参与国家级和省级以上课题多项,出版《明清时期中原城镇发展研究》(独著)、《郑州古代军事》(合著)、《济水与河济文明》(合著)、《中原生态文化史纲》(合著)、《走向世界的中原功夫文化》(合著)等著作多部,在《史学月刊》《中州学刊》《郑州大学学报》《中原文物》《辽宁大学学报》《中国社会科学报》等期刊报纸上发表文章30多篇。

章秀霞,女,1974年10月生,河南宁陵人。郑州大学中国古代史专业毕业,硕士研究生学历,2004年7月进入河南省社会科学院历史研究所,现为历史与考古研究所副研究员、在读博士。主要研究领域为古文字与先秦史,尤以甲骨学与殷商史为主。发表专业论文20余篇(独著),出版专著2部(合著),主持完成国家社会科学基金后期资助项目和河南省社会科学规划项目各1项,在研河南省社会科学项目1项。参与完成国家社会科学基金、河南省社会科学基金等项目5项。

王建华,1974年9月生,陕西西安人。1999年毕业于北京大学考古学系,获历史学学士学位,同年进入河南省社会科学院考古研究所工作,现为历史与考古研究所助理研究员。2012年度被评为河南省社科联系统先进工作者。主要研究方向为先秦历史与考古,在《考古与文物》《殷都学刊》等期刊上发表文章多篇。

李玲玲,女,1978年11月生,河南济源人。河南大学历史文化学院本科毕业,郑州大学历史系硕士研究生毕业。2003年7月进入河南省社会科学院历史研究所工作,现为历史与考古研究所助理研究员。研究方向为先秦史。

代表性学术成果有:《从早期族群交流看大禹传说多地发生的史实依据》(《中州学刊》2014年第10期),被人大复印资料《中国古代近代文学研究》2015年第6期全文转载;《先秦时期陶、玉、青铜三大礼器谫论》(《中原文化研究》2014年第4期),分别被《文摘报》《新华文摘》转载观点;《由乐及礼:论春秋时期郑乐对礼制的坚守与僭越》(《郑州大学学报》2016年第3期);《三代居洛与先秦都城择址理念的发展》(《中州学刊》2017年第9期)等。合著出版《黄河流域的青铜文明》《柏皇氏与中华柏姓》等著作。

李晓燕,女,1979年7月生,回族,宁夏固原人。东北师范大学历史文化学院硕士毕业,2004年7月进入河南省社会科学院考古研究所工作,现为历史与考古研究所助理研究员、在读博士生。主要研究领域为秦汉史、中原历史与文化。主要研究成果有《从婚姻、家庭看汉代妇女的地位》《从举贤良看汉代的选官制度》《论秦汉时期的明法选任》《从律令看汉代对汉文化的推崇》《汉代孝治文化探微》《福建摩尼教遗存踏查之主要收获》等论文,参撰著作有《济水与河济文明》等。

师永伟,1989年8月生,河南项城人。中南大学历史与文化研究所毕业,历史学硕士,2016年9月进入历史与考古研究所工作,先后发表论文10余篇,参与省级课题2项。

宋放,1973年7月生,河南郑州人。助理研究员。2013年由河南省社会科学院文献信息中心调入历史与考古研究所工作,任行政秘书。

第二节
离退休人员

一、正高级职称人员

嵇文甫(1895—1963),名明,河南卫辉人。我国著名教育家、历史学家,河南省历史研究所创建者和第一任所长。1918年北京大学毕业后,到开封第一师范任教,与冯友兰等创办《心声》杂志,介绍西方资产阶级民主主义与社会主义理论,提倡科学与民主。1926年加入中国共产党,受党派遣赴苏联留学。1928年回国后先后在清华大学、北京大学、燕京大学、中国大学、女子师范大学等校任教,讲授宋代哲学、先秦思想史、明清思想史及中国社会经济史等课程,运用辩证唯物论与历史唯物论的观点阐述问题,受到史学界重视。九一八事变后,积极从事抗日爱国运动,受到反动势力迫害。1933年8月被迫离京返豫,任河南大学教授兼文史系主任。1948年6月,开封解放,率河南大学进步师生300多人奔赴豫西解放区参加革命,担任中原大学筹备委员会副主任。1949年以后,历任全国政协委员、全国人大代表、河南省副省长、中国科学院哲学社会科学部委员、开封师范学院院长及郑州大学校长等职。主要著作有《先秦诸子政治社会思想述要及附录》(北平开拓社,1932年)、《左派王学》(开明书店,1934年)、《船山哲学》(开明书店,1936年)、《晚明思想史论》(重庆商务印书馆,1944年)、《为什么要批判资产阶级唯心主义,为什么要学习唯物主义世界观》(河南人民出版社,1955年)、《关于历史评价问题》(人民出版社,1956年)、《春秋战国思想史话》(中国青年出版社,1958年)、《学习毛主席著作存稿》(河南人民出版社,1960年)、《王船山史论选评》(中华书局,1962年)、《王船山学术论丛》(生活·读书·新知三联书店,1962年)、《学习用历史唯物主义观点看问题》(河南人民出版社,1961年),辑为《嵇文甫文集》三卷(河南人民出版社,1985年)。

朱芳圃(1895—1973),湖南醴陵人。1928年毕业于清华大学国学研究院,曾师从国学大师王国维和著名学者梁启超,历任中山大学、河南大学、湖南大学、东北大学、开封师范学院教授,1958年调至河南省历史研究所任研究员,直至1973年逝世。在甲骨、金石、音韵及殷周文化研究方面颇为精深,为中外学术界所称道。一生著述颇多,主要有:《甲骨学文字编》(商务印书馆,1933年)、《王静安的贡献》(商务印书馆,1933年)、《孙诒让年谱》(商务印书馆,1934年)、《甲骨学商史编》(中华书局,1935年)、《殷周文字释丛》(中华书局,1962年)、《中国古代神话与史实》(王珍整理,中州书画社,1982年)等著作;《述先师王静安先生治学之方法及国学上之贡献》(《东方杂志》1927年第24卷第19号)、《评珂罗倔伦中国古韵研究之根本思想》(译作,《国立中山大学语言历史学研究所周刊》1928年第6卷第67、68期合刊)、《释伭》(《国立中山大学语言历史学研究所周刊》1929年第6卷第70期)、《殷契卜暵考》(《河南大学学术丛刊》1941年第1卷第1期)、《阳甲考》(《儒效月刊》1946年第2卷第1期)、《曹圉考》(《儒效月刊》1946年第2卷第2、3期)、《周代铸器所用金属考》(《东方杂志》1946年第42卷第18期)、《殷卜辞中所见先公先王再续考》(《新中华》复刊 1947 年第 5 卷第 4 期)、《王皇名号溯源》(《新中华》复刊 1948 年第 6 卷第 12 期)、《西王母考》(《开封师院学报》1957 年第 2 期)、《土方考》(《开封师院学报》1962 年第 2 期)、《殷顽辨》(王珍整理,《中州学刊》1981 年第 1 期)等论文。其中《甲骨学商史编》是依据殷墟甲骨文资料研究商史的著作,全书分为民族、世系、人物、都邑、方国、文化、制度、产业、卜法和附录等十编,涉及商史问题很广,其中对商代民族起源于东方及殷周制度等问题均有独到的见解。其中,在历史研究所工作期间的主要著述和出版著作是《殷周文字释丛》和《中国古代神话与史实》。《殷周文字释丛》一书收录了他在甲骨文考释方面的不少成果。该书分三卷,共释文字 181 个,包括新释甲骨文 41 个,具有较高的学术价值,受到了学界的好评,被翻译成日文介绍到了日本。

赵丰田(1905—1980),河北昌黎人。毕业于燕京大学研究院文史部,历任北京大学、东北大学教授。1949 年以后,先后在东北大学、中央革命博物馆、平原师范学院、开封师范学院工作。1958 年 3 月到河南省历史研究所,从事康有为、梁启超研究。主要著作有《康长素先生年谱》《晚清五十年经济思想史》《河南省近代大事年表》及《论语》《孟子》《荀子》《庄子》《墨子》引得等。他与丁文江合著的《梁任公先生年谱长编初稿》1949 年前以油印本流行,"文化大革命"后又主持对此书进行了修订,改名为《梁启超年谱长编》,1983 年由上海人民出版社出版,受到学术界的重视与好评。他还主编有约 30 万字的《世界古代及中世纪史》讲义。此外,赵丰田还发表有《太平天国北伐军在河南的战斗》(《河南省历史研究所集刊》1960 年第 1 期)、《安徽捻军在河南战场的重大成就和意义》(《河南省历史研究所集刊》1960 年第 2 期)等论文。

赵纪彬(1905—1982),原名济焱、化南,字象离,笔名向林冰、纪玄冰,河南内黄人。我国著名哲学史家,河南省历史研究所创办者,并担任副所长。1926 年加入中国共产党,早期主要从事学生运动和农民运动,1934 年转入文化教育界,开始从事古代哲学、中国哲学史、思想史、伦理学、逻辑学和逻辑史的教学和研究工作。先后任通俗读物编刊社研究部主任、中国文化服务社"青年文库"主编和复旦大学、东北大学、东吴大学教授。1949年以后,曾任山东大学校委会副主任委员兼文学院院长、平原省政府委员、平原省政协副主席、平原师范学院院长、开封师范学院院长、中国科学院河南分院副院长。1963年11月离开历史研究所到中央高级党校任教授、顾问等职。主要著作有:《中国哲学史纲要》(生活书店,1939年)、《中日关系条约汇释》(商务印书馆,1940年)、《中国知行学说简史》(中国文化服务社,1942年)、《哲学要论》(中华书局,1948年)、《中国哲学思想》(中华书局,1948年)、《古代儒家哲学批判》(中华书局,1950年)、《中国思想通史》(与侯外庐、张岂之、杜国庠合著,中华书局,1957—1960年)、《什么是唯物论,什么是唯心论》(河南人民出版社,1955年)、《关于辩证唯物主义的体系与内容问题》(河南人民出版社,1956年)、《〈论语〉新探》(人民出版社,1959年)、《困知录》(中华书局,1963年)、《关于孔子诛少正卯问题》(人民出版社,1973年)、《赵纪彬文集》(第1—2卷,河南人民出版社,1985年;第3卷,河南人民出版社,1991年)、《困知二录》(中华书局,1991年)。

孙海波(1909—1972),河南潢川人。1928年毕业于潢川省立第七中学;1929年考入北平燕京大学国文专修科;1931年考入北平师范大学研究院,在容庚先生指导下从事甲骨文、金文研究;1934年毕业,获史学硕士学位。毕业后任中央研究院历史语言研究所助理研究员,后又陆续在北京师范大学、中国大学、东北大学、长白师范学院、云南大学和西南师范学院等高等学府任教授或系主任。1954年调往新乡师范学院历史系任教授,1955年调开封师范学院历史系任教授,兼该院学报和《史学月刊》编委。1958年调河南省历史研究所任研究员,直至去世。在古文字学领域造诣颇深,一生著述甚丰,主要著作有:《甲骨文编》(哈佛燕京学社石印本五册,1934年;又台北艺文印书馆影印本,

1958年；又增订本，列为考古学专刊乙种第14号，中华书局影印本1册，1965年；又再版本，中华书局，1982年）、《古文声系》（二卷，北平来薰阁，1935年）、《魏三字石经集录》（考古学社，1937年）、《新郑彝器》（河南通志馆，1937年）、《睿县彝器》（河南通志馆，1937年）、《甲骨文录》（河南通志馆影印本两册，1938年；又台北艺文印书馆翻印本，1971年）、《河南吉金图志剩稿》（北平大业印刷局，1939年）、《诚斋殷墟文字》（北京修文堂影印本一册，1940年）、《中国文字学》（东京文求堂书店，1941年）、《甲骨文录新编》（孙海波、严一萍新编，台北艺文印书馆影印本，1958年）、《甲骨金文研究》（中国大学讲义石印本）等。代表性论文包括：《甲骨文中"周侯"辩论》（《新晨报副刊》1930年8月6日）、《说十三月》（《学文》1930年第5期）、《由甲骨卜辞推论殷周之关系》（《禹贡半月刊》1934年第5期）、《释"采"》（《行素杂志》1934年第11期）、《释"眉"》（《行素杂志》1934年第11期）、《国语真伪考》（《燕京学报》1934年第12期）、《记周公东征》（《禹贡半月刊》1935年第2期）、《甲金文中所见说文之逸文》（《师大月刊》1936年第4期）、《从卜辞试论商代社会性质》（《开封师院学报》创刊号1956年）等30余篇论文。另外还有10余篇评介序跋类文章，如《读王静安先生〈古史新证〉书后》（《考古社刊》1935年第6期）、《〈汉代圹砖集录〉序》（考古学社，1935年）、《〈簠室殷契徵文〉校录》（《考古社刊》1937年第6期）、《评〈殷墟书契续编校记〉》（《中和》1940年第1期）、《评〈甲骨地名通检〉》（《中和》1940年第1期）、《评〈铁云藏龟拾零〉》（《中和》1940年第2期）、《评〈金璋所藏甲骨卜辞〉》（《中和》1940年第2期）等。在历史研究所工作的十余年间（1958—1972年），修订了《甲骨文编》，此书在1934年由哈佛燕京学社出版，1965年经过认真修改、补充，又由中华书局再版。该书充分利用了当时已刊布的41种甲骨著录书中的资料，考订采纳了许多新的研究成果。增订后的《甲骨文编》正编收1723字，附录收2949字，共计4672字，收字之多达到前所未有的程度，几乎包罗了1965年以前所有已识和未识的甲骨文字，实为我国最早的一部甲骨文字典，对促进甲骨学的发展起到了重大的推动作用。先生生前曾藏有一批甲骨残片，因故未能整理，1972年，先生不幸病逝，根据他的遗愿，其家属将这批甲骨残片全部捐献给河南省历史研究所。1979年，河南省社会科学院成立，历史研究所归属河南省社会科学院，这批甲骨也转归院图书馆保存至今。1999年，为纪念甲骨文发现100周年，河南省社会科学院专门成立了由马世之、程有为、李绍连、张新斌、萧鲁阳、郑杰祥、李立新等人组成的整理小组，对这批甲骨进行了整理（拓印、照相、临摹及考释等），并将成果公布于世，发表于《中州学刊》1999年第5期。另外，他的《甲骨文录》收录甲骨930片，系河南博物院所藏3600片甲骨之精粹，有重要的参考价值。

郑涵，1923年生，河南鄢陵人。1948年由北平师范学院毕业，1958年3月河南省历史研究所成立，即调所工作，直到1985年6月离休。曾任历史研究所助理研究员、副研究员、研究员、办公室主任、秘书长、副所长。河南省历史学会常务理事。长期从事中国思想史研究，主要著作有《吕坤年谱》（中州古籍出版社，1985年）等，整理编辑有《赵纪彬文集》（上、中、下三册，河南人民出版社，1985—1991年），并发表学术论文多篇，如《讨论孔子对晋铸刑鼎的批评及其政治意义》（《开封师院学报》1962年第3期）、《欧阳修天人观试探》（《学术研究辑刊》1980年第2期）、《张景学术思想述评》（《宋史研究论文集》，上海古籍出版社，1980年）、《北宋〈洪范〉学简论》（《中州学刊》1981年第2期）等。

王天奖（1933—2002），浙江黄岩人。1959年北京大学历史学系中国近代史专业研究生毕业，分配至开封师范学院历史系工作，1960年调中国科学院河南分院历史研究所工作，1996年8月退休。原为所长、研究员、国家级专家，曾任全国人大代表、中国史学会理事、河南省历史学会副会长。以中国近代史和河南地方史为主要研究方向，发表学术论文41篇，专著7部。专著有

《辛亥革命史》(下册主编,人民出版社,1991年)、《辛亥革命在河南》(与邓亦兵合著,河南人民出版社,1981年)、《左宗棠评传》(河南人民出版社,1990年)、《河南省志·大事记》(河南人民出版社,1994年)、《天翻地覆话沧桑——河南的昨天与今天》(河南人民出版社,1994年)、《河南省大事记(1993)》(合著,河南人民出版社,1993年)。论文有《辛亥革命首先在湖北爆发的原因》《辛亥首义后劳动群众的反抗斗争》《南京临时政府成立前后民主热潮简述》《太平天国与地主阶级》《近代先进中国人的爱国传统和奋斗精神》《论太平天国的"着佃交粮"制》《太平天国革命后浙江农业生产的恢复问题》《清同光时期的客民移垦》《十九世纪五六十年代中国农业生产的破坏问题》《辛亥革命时期河南的民主革命运动》《晚清中国农业恢复问题》《左宗棠用兵略论》《也谈左宗棠对陕甘回军的镇压》《近代河南人口估测》《左宗棠洋务思想辨析》《近代河南农村的高利贷》等。

申松欣(1937—1999),女,河南洛阳人。1959年毕业于西北大学历史系,分配至中国科学院河南分院历史研究所工作。从事中国近代史,特别是康有为、梁启超研究工作。1997年8月退休。曾任郑州市知识妇女联谊会常务理事、河南省宗教文化研究学会理事。独著有《康有为年谱长编》、《康有为梁启超思想研究》(获1997年院社科优秀成果论著三等奖),合著有《梁启超年谱长编》(获1984年河南省优秀论著一等奖)、《中华文化名人传》,编纂有《万木草堂遗稿》《康南海精品集》《康有为先生墨迹》(1—6集)等书。发表有关康有为、梁启超的学术论文有《康有为和刘海粟》《日本警视厅和康有为》《康有为、刘海粟、夏伊乔》《论康有为后期的思想》《康有为与西学》《梁启超与〈变法通议〉》《天道后起者胜也》《论梁启超的家教》等30多篇。

马世之(1937—2018),河南温县人。1960年西北大学历史系考古专业毕业后,先后在陕西省博物馆、河南省文物工作队、河南省博物馆从事田野考古与历史文物研究工作,任河南省博物馆副馆长、《中原文物》杂志主编。1989

年1月,调任河南省社会科学院考古研究所任所长,《黄河文化》主编。河南省文史研究馆馆员、国务院政府特殊津贴专家。1999年6月退休。社会兼职有黄河文化研究会副会长、河南省炎黄文化研究会副会长、河南省中原圣贤研究会副会长等。发表学术论文200余篇,出版著作10余部,曾参与"楚学文库""中国建筑文化文库"及《黄河文化史》的编写,主持完成了国家社会科学基金项目"中原古国研究"。个人专著有《史前文化研究》《中原楚文化研究》《中原古国历史与文化》《中国史前古城》等。获河南省社会科学优秀著作奖、中国图书奖和国家图书奖等共20余项。在学术研究上多有建树,提出中原地区是农耕文化的摇篮、史前时期黄河流域三大文化区系等新说;在楚文化研究方面,提出"中原楚文化"这一新的概念,并对其发展阶段和文化特征进行了全面论述;在古代城市研究方面,对中国史前古城、中国城市的起源、早期城市的演进轨迹、古代城市分级建设体制、古代都城的规划设计、古代别都制度等方面的研究取得了突破性进展。以考古资料校正了清人戴震的"王城图",把春秋战国城分为新郑型、侯马型、洛阳型和夏县型,并科学地测算出临淄齐故城、荆州楚都纪南城的城市人口数,这种分类计算方法现已被学术界采用;在先秦古国研究方面,对于中原地区180余国的时代、地域、族姓、都邑和历史文化状况进行了全面梳理,发现许多前人未知的古国,突破传统观念,将中国国家起源从夏王朝上溯到五帝时代,将其提前了数百年,填补了这一领域的空白。

郑杰祥,1937年生,河南新蔡人。1961年毕业于北京大学历史系考古专业,同年分配到河南省文物工作队工作。1970年,随文物队合并于河南省博物馆,曾任博物馆副馆长。1986年调至河南省社会科学院考古研究所工作,曾任副所长、所长、研究员。1999年6月退休。长期从事考古学、历史学及古文字学的发掘和研究工作。1963年为河南省文物干部培训班讲授石刻学,并曾主办安阳、新乡、周口、商丘四个地区的文物干部培训班。1969年主持焦枝铁路线焦作至黄河北岸线段的考古发掘工作。1974年重新发现并修建起我国历史上第一位农民起义领袖陈胜墓地。1977年首先发现了登封王城岗城堡基址。1984年为河南大学文博专修班讲授"新石器时代考古学"课。1985年编撰出版《夏文化论文选集》。进入考古研究所工作后，主要从事考古理论学习和先秦史研究工作。1988年出版专著《夏史初探》。1994年出版专著《商代地理概论》。1996—2000年，参加"夏商周断代工程"重大课题研究工作。2002年编撰出版《炎黄汇典·文论卷》，同年编撰出版《夏文化论集》。2005年出版专著《早期中国文明：新石器文化与夏代文明》。2014年出版专著《郑州商城与早商文明》。总计出版论著4部，编撰论文集3部，发表论文百余篇。兼任郑州古都学会副会长、嵩山文明研究院学术委员会委员，被评为河南省社会科学院建院三十周年突出贡献专家，享受国务院特殊津贴。

任崇岳，1938年生，河南临颍人。1961年毕业于中央民族学院历史系，1981年中国社会科学院研究生院元史专业毕业，获硕士学位。同年8月分配到河南省社会科学院历史研究所工作，研究员职称，1999年6月退休。著有《庚申外史笺证》《误国奸臣贾似道》《宋徽宗传》《谢安评传》《韩愈传》《台北知府陈星聚评传》《中原移民简史》《忧国忧民遗韵长——范仲淹传》《中国社会通史·宋元卷》《中国文化通史·西夏辽金元卷》《任崇岳学术文集》《中华姓氏谱·谢》及"中国历史文化名城丛书"中《安阳》《南阳》《浚县》等册。承担国家社会科学基金项目2项，分别为"中原地区历史上的民族融合""中国北方游牧民族源流考"，均以优秀结项。主编《河南通史·宋元明清卷》，译注《宋名臣言行录评注》（与葛景春合译）为《河南古代史话》《宋元宫廷秘史》《漫话后妃》等普及读物主要撰稿人，另有传记性长篇历史小说《李后主》。其中《中国文化通史·西夏辽金元卷》获河南省社会科学优秀成果一等奖，《中国社会通史·宋元卷》《中原地区历史上的民族融合》《中国北方游牧民族源流考》获河南省社会科学优秀成果二等奖，《中国北方游牧民族源流考》同时获得中国社会科学院优秀论著二等奖,《庚申外史笺证》《中原移民简史》《台北知府陈星聚评传》获中国社会科学院优秀论著三等奖。发表学术论文130多篇,其中《论朱元璋对待儒士的态度》《关于民族史研究的几个问题》被《新华文摘》转载,18篇论文被人大报刊复印资料转载。在《人民日报·副刊》《光明日报·史学版》《中国社会科学报》《中国史研究动态》《河南日报》发表随笔、读书札记、书评等50余篇。

李绍连,1939年生,广东廉江人。1965年毕业于北京大学历史系考古专业本科。先后在河南省文物研究所、河南省社会科学院考古研究所等单位工作。1991年2月调至历史研究所。曾任副所长、研究员,1999年9月退休。1993年始享受国务院政府特殊津贴。社会兼职有中国殷商文化学会理事兼副秘书长、中华炎黄文化研究会理事、河南省炎黄文化研究会副会长、河南省民俗学学会副会长、河南省孔子学会副会长等。在考古研究所等单位工作时,主要从事新石器时代考古和夏商史研究,出版《淅川下王岗》《司马光》《婚姻史话》等著作3部,发表学术论文数十篇,获奖5项。其中,参著的《淅川下王岗》考古专著荣获1991年度河南省社会科学优秀成果一等奖。独著的论文《中国文明起源的考古线索及其启示》提出了"中国文明起源多元论",引起学术界的重视和认同。调历史研究所工作后,重点进行先秦史和炎黄文化研究,出版个人专著《华夏文明之源》,合著《河南省社会科学志》,主编《中华人文始祖》《河南通史》(第一卷)等,并发表一系列论文,获得社科优秀论著奖6项。其中,《华夏文明之源》是我国第一部有关文明起源的学术专著,荣获社会科学优秀成果奖。

单远慕,1939年生,江苏大丰人。1965年8月北京大学历史系毕业,分配至河南省历史研究所工作,直至1999年6月退休。曾任河南省第八届人大代表。以宋史为主要研究方向,先后发表论文数十篇,出版专著及古籍整理、通俗读物6部,获奖5项。承担国家项目"千唐志研究""中国文化通志·中原文化志"及省级课题"中原文化通史"。出版专著有《中国古代著名军事家评传》（合著）、《中外战争战役大辞典·宋代部分》、《中国廉政史》（主编）、《中国地域文化·中原文化卷》（主编）等。古籍整理有《宋东京考》《山西通志（第11册）》等，普及读物有《古都开封的故事》《诗仙李白》《开封史话》《宋代的花石纲》《钟相杨么起义》《中国历史名都》等。发表论文有《北宋时期的东京》《历史上有关开封的诗歌》《略论宋代的花石纲》《薛居正和他的〈旧五代史〉》《中原古代的史学研究》等。

萧鲁阳，1942年生，河南鲁山人。1967年毕业于武汉大学，1981年上海师范大学古籍整理专业研究生毕业，历史学硕士。河南省社会科学院研究员，2011年11月退休。1995年始享受国务院政府特殊津贴。曾任河南省社会科学院图书馆馆长、考古研究所所长。1983年整理出版《鸡肋编》3卷，此后在古籍整理方面的作品有《田锡诗》6卷、《河南新志》18卷等。图书馆学方面的著述有《河南图书馆概况》（主编）、《中国古代图书事业史》（合著）、《宋元图书事业发展史》等，并参与《中国社会科学院图书馆图书分类法》中哲学大类的修订。在历史文化研究方面，出版有《中国牡丹谱》《酒事概览》《郑州经济史料选编》等书。在墨子研究方面出版有《中原墨学研究》《墨子元典校理与方言研究》《鲁阳墨论》等专著。

程有为，1944年生，河南洛宁人。1969年武汉大学历史学系本科毕业，1981年河南大学历史系中国古代史专业研究生毕业，获历史学硕士学位。1982年分配到河南省社会科学院历史研究所工作，2005年10月退休。曾任研究员、所长，兼任河南省历史学会副会长，中国魏晋南北朝史学会与中国河洛文化研究会理事，《史学月刊》编委、顾问，《中州学刊》编委，系享受国务院政府特殊津贴专家。主要从事先秦秦汉魏晋南北朝史、河南地方史与中原文化研究。曾承担并主持国家社会科学基金项目"黄河中下游地区水利史"、国家社会科学基金重大委托项目"河洛文化的内涵、传承与影响"、河南省社会科学基金重点项目"河南通史"、河南省社会科学基金重大项目"中原文化通史"等,发表研究论文100多篇,其中多篇为《新华文摘》、人大复印资料转载,或为《历史学年鉴》《史学情报》《中国史研究动态》摘引,40余篇收入《程有为学术文集》一书。学术著作有独著《中国古代人才思想史》《河洛文化概论》《中华姓氏谱·程姓卷》《河南简史》《中国大河文化史系列·中原文化史》等。主持编写的合著有《河南通史》《黄河中下游地区水利史》《简明河南史》《河南通鉴》《中华通鉴·河南卷》《中国地域文化通览·河南卷》《中原文化大典·大事记》等。论著获全国首届人事科研成果评审二等奖,第二届全国人才研究新秀奖,河南省社会科学优秀成果一等奖、荣誉奖等省部级奖励多项,《河南通史》入选国家新闻出版总署首届"三个一百"原创图书出版工程。

魏天安,1948年生,河北辛集人。1981年河南大学中国古代史专业研究生毕业,1982年1月到河南省社会科学院情报所,1988年调入历史研究所工作,研究员。2008年10月退休。以宋史为主要研究方向,专著有《宋代行会制度史》(东方出版社,1997年),发表论文有《宋代的科配与时估》《宋代布帛生产概观》《宋代粮食流通政策探析》《宋代的粮食商品化及其特征》《北宋买马社考》《宋代户绝条贯考》《宋代官庄制度考实》等近30篇。

穆朝庆,1954年生,河南滑县人。1981年河南大学中国古代史宋史专业研究生毕业,获硕士学位。1982年1月分配到河南省社会科学院历史研究所工作。主要研究方向为宋史,亦参与一些重大当代社会问题的调查研究。历任助理研究员、副研究员、研究员。在历史研究所工作期间,1992年7月调任河南省社会科学院开发办公室主持工作,1993年兼任河南省社会科学院科研处副处长,1997年5月主持河南省社会科学院事业部工作,2005年回归历史研究所任副所长。2014年8月退休。主要社会兼职有中国宋史研究会会员、河南省范仲淹研究会副会长、河南省姓氏文化研究会副会长等。公开发表专业学术论文近40篇,其中2篇刊于《历史研究》、4篇刊于《史学月刊》,先后有

9篇论文被人大复印资料、《新华文摘》、《中国史学年鉴》、《中国社会科学报》等纸质媒体平台全文转载或摘要。在宋代户籍制度、科举制度、土地制度、官吏制度等领域研究成果中的学术观点被多部巨著引用吸纳，如白寿彝主编的《中国通史》第七卷、葛剑雄主编的《中国人口史》第三卷、刘岳的《中国人口分析与区域特征》、刘炳照主编的《简明中国教育史》与《中国科举制度史》、张培青主编的《中国教育史》等。课题研究方面，主持完成河南省"七五"重点社科项目1项，成果最终以《村级组织管理学》一书正式出版。主持完成河南省科委课题1项，通过验收。1987年至1988年借调到河南省委组织部青年干部处参与"干部选拔中引入考试方法研究与试验"课题组（中组部下达课题），成果报告对干部制度改革产生了积极影响。1991年承接河南省机构编制委员会办公室下达的专题调研项目"河南省科研事业单位的运行状态与编制管理研究"，圆满完成结项，为事业单位的改革提供了理论支撑。2004年参与河南省委组织部的"河南三年机关干部驻村工作调查报告"课题组，任副组长并为主要执笔统稿人。研究成果获省级及以下二、三等奖，累计5项。

二、其他人员

刘永之（1911—1987），安徽萧县人。1959年6月进入中国科学院河南分院历史研究所工作。任历史研究所副研究员，以中国现代史和河南地方史为主要研究方向。著作有《河南地方志提要》（合著，河南大学出版社，1990年），论文有《修志刍言》（《学术研究辑刊》1980年第2期）、《修志续议》（《中州学刊》1981年第3期）、《马克思列宁主义在河南的传播》（《中州学刊》1983年第2期）、《菟园考》（《中州今古》1983年第5期）等。1985年6月离休。

刘家凤（1923—2007），女，北京人。1962年从青海省调入河南省历史研究所，负责图书管理，工作认真负责。1980年由历史研究所资料室调至河南省社会科学院图书馆工作。1985年6月退休。

李增亮（1924—1997），回族，河南开封人。1958年河南省历史研究所创建时进所，为所里主管会计，在所工作20余年。曾参加河南省社会科学院的筹建工作，建院后仍从事院里的会计工作。1985年4月离休。

张明和（1924—2006），山东海阳人。1941年参加革命工作，1945年9月参加中国共产党，参加过抗日战争和解放战争，1949年3月任区财政助理员。1950年3月南下，先后在河南省粮食公司、南阳地区唐河粮食公司、南阳社旗镇粮食公司、南阳市粮食局、方城县粮食局工作，1956年6月任中共方城县县委委员。1958年7月下放到赵河区，任区委书记，后改为公社党委书记。1960年3月调中国科学院河南分院历史研究所，负责政治思想工作，1963年任河南省历史研究所党支部书记。1981年2月任河南省社会科学院图书馆馆长。1985年6月离休。

韩庆起（1925—2014），河南清丰人。1939年4月参加革命，1940年入党。曾任中共河南省委宣传部副部长。1980年调至河南省社会科学院担任历史研究所副所长，负责行政工作。1985年5月离休。

岳世显（1926—2017），河南伊川人。1943年7月毕业于省立陕县中学简师科，1948年3月入豫西解放区第三专署伊洛公学学习，7月留校工作。后调任开封师院政治辅导处秘书、校报编辑室主任。1961年1月调入中国科学院河南分院历史研究所，负责编辑出版和图书资料工作，历时20年。1981年历史研究所并入河南省社会科学院，任院图书馆副馆长。1985年7月离休。

黄永清（1929—1999），河南长葛人。1948年参加革命工作，1958年毕业于开封师范学院历史系。同年3月调至河南省历史研究所，曾在古代史研究室和宋史研究室从事研究工作，任助理研究员。主要论文有《论包拯》。"四人帮"被打倒后到建院前，为历史所领导小组成员之一。1983—1990年任河南省社会科学院科研处副处长。1991年离休。

庞守信(1930—2003),河南内乡人。1960年8月毕业于中国人民大学党史系,同年分配到中国科学院河南分院历史研究所工作,任副研究员,1990年年底退休。以中国现代史、河南地方史为主要研究方向。发表学术论文20篇,出版专著有《河南省大事记(北洋政府时期)》(合著,河南人民出版社,1993年),文献汇编有《"五四"运动在河南》《五卅运动在河南》《第一次国内革命战争时期的河南农民运动》,论文有《河南最早的县农工政府》《刘店秋收起义与豫南游击战争》《大革命时期的一支农民起义军——豫北天门会》《五四时期河南人民的新觉醒》《李大钊的武装斗争思想》《中国现代史研究》《李大钊与农民运动》等。

刘益安(1931—1993),湖北黄陂人。1960年8月毕业于中山大学历史系,同年分配到中国科学院河南分院历史研究所工作,任副研究员,1991年6月退休。主要研究方向为宋史,先后出版专著有《〈大梁守城记〉笺证》《中国编辑史》,古籍整理有《〈汴园湿襟录〉校注》、《平寇志》(校点)及普及读物《张献忠聚义》、《宗泽守汴》、《治国能臣张居正》、《河南古代史话》(合著)等;论文有《论章学诚对乾嘉考据学的批判》《论乾嘉考据学派的历史作用及批判继承问题》《对〈中国通史〉第五册的再商榷》《略论北宋开封的物价》《对〈东京梦华录〉注本的几点商榷》《略论张居正的改革》《略论北宋禁榷及官营企业》《论北宋国用不足及其对策之失误》《钱大昕在史学上的贡献》等12篇。

智天成(1932—2011),河南襄城人,笔名智夫成。1956年武汉大学历史学系毕业,曾在内蒙古大学工作,1976年6月调至河南省历史研究所工作,任副研究员,1992年12月退休。主要研究方向为明史。来所前出版专著《李自成农民起义》(通俗读物),参与《元史》校勘;论文有《我国少数民族进步政治家——拓拔焘》(合著)、《谎言改变不了历史——驳苏修篡改我国准噶尔部的历史》(合著)等。在所工作期间,发表学术论文34篇,著作14部,获奖4项。专著有《中国古代北方各族简史》(合著)、《昌黎县史》(合著)、《河南古代史话》(合著),文献整理有《河南地震历史资料》《中国地震历史资料汇编》,论文有《秦末农民大起义的原因何在》《李自成农民军究竟于何时入豫》《明末农民起义领袖"过天星"考》《论牛金星》《李自成农民军汝州战役研究》《李振声与李自成农民起义关系考略》《明代宗室人口的迅猛增长与节制措施》等。

李国俊(1932—2014),湖南湘阴人。1958年毕业于开封师范学院历史系,同年3月历史研究所成立,即分配到所工作,任副研究员,1992年1月退休。主要研究方向为中国近代史,发表有《梁启超与辛亥革命》《论戊戌维新变法时期的爱国主义》《梁启超论方志学说略》等学术论文,出版有《梁启超著述系年》,参与编著《梁启超年谱长编》《康有为先生墨迹》等。

张建忠,1933年生,山西代县人。1960年9月开封师范学院历史系本科毕业,分配到中国科学院河南分院历史研究所工作。1991年2月调至河南省社会科学院图书馆任副馆长、党支部书记,1994年1月退休。在所期间曾任革委会副主任、党支部委员、书记,研究实习员、助理研究员、中国古代史组组长、思想史研究室主任等。主要从事中国哲学史的研究工作。主持编写有《商君书注译》(省重点项目),撰写有《河南古代人物志》(其中《伊尹》《宾子》等篇在《今昔谈》第2期发表),另有文稿《试论矛盾的同一性》《"两手抓"与"两点论"》等。

赵金泉,1934年生,河北昌黎人。1980年到河南省社会科学院历史研究所,负责行政事务工作。1982年初调至河南省社会科学院行政处工作。1996年1月退休。

王宗虞(1935—2008),河南荥阳人。1959年7月毕业于开封师范学院历史系,同月分配到中国科学院河南分院历史研究所工作,1981年调至河南省社会科学院《中州学刊》编辑部。在所期间任助理研究员,退休前任副所长、副主编、副研究员。社会兼职有河南省人力资本研究会会长、黄埔军校史研究会副会长、河南省工业经济管理学会常务理事、河南省职业技术培训学会常务理事、黄河文化研究会理事、炎黄文化研究会理事、河南省人才学会理事。合作编著有《河南古代史话》(河南人民出版社,1986年)、《漫话后妃》(河南人民出版社,1985年)、《野史钩沉》(河南人民出版社,1994年)等书,参与主编出版的书籍还有《河南历代名人辞典》(中州古籍出版社,1992年)、《黄埔军校名人传略》(5卷,河南人民出版社,1985—1996年)、《宦官传》(2卷,河南人民出版社,1994年)、《河南当代企业家》(11卷,河南人民出版社,1985—1998年)等。1996年1月退休。

王珍(1935—2015),河南鹿邑人。1959年西北大学历史系考古专业本科毕业。1960年10月分配到中国科学院河南分院历史研究所工作,任副研究员、中国古代史研究室主任,1995年8月退休。主要研究方向为先秦史。发表论文30多篇,著作(包括合著)多部,获奖3项。专著有《简明河南史》(合著)、《中国古代神话与史实》(整理朱芳圃遗著)、《河南古代史话》(合著)、《中国帝王辞典》(合著)等。论文有《我国境内的原始人类》《大汶口文化中晚期的父系氏族社会》《三国时期曹魏经济的恢复和发展》《〈山海经〉一书中有关母系氏族社会的神话试析》《关于马家窑时期原始舞蹈的几个问题》《东汉首都洛阳工商业的畸形发展》《"诸葛亮遗墟"考》等。

冯文纲,1936年生,河南荥阳人。1960年7月毕业于中国人民大学党史系,同月分配到中国科学院河南分院历史研究所工作,1996年2月退休。原任历史研究所副研究员、中国抗日战争史学会理事、河南省新四军研究会理事。以中国现代史、河南地方史为主要研究方向。发表论文30篇,著作11部,获奖3项。专著有《花园口变迁》(河南人民出版社,1979年),合著有《河南省大事记(抗日战争时期)》《一代名将——彭雪枫传记》,文献汇编有《彭雪枫书信日记选》、《忆彭雪枫同志》(续集)、《烈士永生——鲁雨亭纪念专集》、《豫皖苏边区文献资料选编》等,论文有《关于新四军第四师的几个问题》《周恩来同志领导的反对黄河"堵口复故"的阴谋斗争》《中州英才彭雪枫》

《豫皖苏抗日平原游击战浅论》《豫东抗日著名将领鲁雨亭》《彭雪枫笔名考辨》等。

王秉伦(1936—2018),河南封丘人。1960年9月毕业于开封师范学院历史系,同月分配到中国科学院河南分院历史研究所工作,任副研究员,1997年1月退休。发表学术论文数十篇,著作(合著)5部,获奖1项。以中国思想史之无神论史为主要研究方向,主要著作有国家社科项目成果《中国无神论史》(合著)、通俗读物《一位年轻有为的皇帝——孝文帝的故事》(合著)、《年轻有为的魏孝文帝》、《中原寻根·源于河南千家姓》(合著)及古籍今译《人镜类纂》(合著)。出版的专著还有《洛学及其中州后学》(合著)、《何高郭张·中国大姓寻根与取名》(合著)、《河南通史》(合著)等。论文有《魏孝文帝破除卜筮谶纬等世俗迷信评述》《盛唐"开元之治"的政治家——姚崇》《欧阳修无神论思想述评》《李觏无神论思想研究》《十年来无神论研究综述》《试论清圣祖佛道观的无神论倾向》《石介无神论思想简论》等。

李振河(1938—2013),河南浚县人。1959年高中毕业后,分配至中国科学院河南分院历史研究所,负责办公室工作,1960年初到中国科学院图书馆学习两个月,回所后兼管所资料室报纸、期刊。1981年以后在河南社会科学院图书馆工作。1998年12月退休。

王全营,1946年生,河南巩义人。1977年9月毕业于开封师范学院历史系,同月分配到河南省历史研究所,任副研究员,2006年4月退休。主要研究方向为中国现代史、河南地方史。先后发表学术论文20多篇,专著(合著)及文献汇编10余部,获奖10项。专著有《中国现代农民运动史》(合著)、《大别山风云录》、《河南省大事记》(合著)、《中国廉政史》(合著)、《简明河南史》(合著)、《河南历史》、《河南通鉴》、《河南通史·近现代卷》,文献汇编有《北伐战争在河南》《中共党史简明题解》《五四前后的河南社会》等,论文有《鄂豫皖苏区土地政策的演变》《大革命时期的河南红枪会》《井冈山道路与鄂豫皖苏区的创建》《刘店秋收起义与豫南游击战争》《鄂豫皖苏区教育革命述评》《抗日战争后期河南解放区的开辟》《略论二次北伐及其意义》《试评中原战役》《试论中国共产党对"土匪"工作的策略》《从古诗义考女子缠足之风始末》《国民党军敌后游击战衰败原因探析》《民俗文化:民族文化的根》等。

耿瑞玲,女,1953年生,河南淇县人。1981年郑州大学历史学系本科毕业,1982年1月分配至河南省社会科学院历史研究所,2005年7月退休。曾任副研究员、近现代史研究室主任,河南省民俗学会常务理事、河南省地方志协会理事。以中国近代史、河南地方史、民俗学为主要研究方向,发表学术论文6篇,著作5部,获奖2项。承担的河南省"六五"社科规划项目"河南地方志提要"获河南省社会科学院优秀成果一等奖、河南省社会科学优秀成果二等奖。独著有《民间居住》("中原民俗丛书",海燕出版社,1997年)。

苏丽湘,女,1956年生,辽宁沈阳人。1978年10月毕业于开封师范学院中文系,1983年3月调入河南省社会科学院历史研究所,2011年11月退休。曾任副所长、副研究馆员,河南省第九届人大代表。承担国家社会科学基金课题"老学典籍考",获奖4项。出版有文献汇编《木兰文献大观》、专著《河南近代大事记》(合著),发表有论文《司马迁〈史记〉与希罗多德〈历史〉之比较》、《荷花考略》(合撰)等,古籍整理有《正续小十三经》(合辑)、《周易参同契汇刊》(合辑)、《海公案》(合点)、《孙奇逢集·读易大旨》(合点)。

第三节
离所人员

一、正高级职称人员

杨静琦（1922—2013），女，河北顺平人。1943年加入中国共产党，1944年奉组织调动南下河南工作，历任区、县党政工作，团省委副书记，省地方志编委会总编室副主任、编审。20世纪80年代初，任中共河南省社会科学院党委委员，1981年历史研究所由开封迁至郑州后，分管历史研究所的工作，1983年调离。主要负责地方志的编纂修订工作。发表学术论文百余篇，主要著作有《辞源》（修订本，河南编写组副组长）、《中国方志大辞典》（合著）、《新编地方志研究》（合著）、《地方志与现代科学》（合著）、《志苑十五年》（合著）等。

陈振，1931年1月生，江苏海门人。1959年北京大学历史系毕业，1963年12月调入河南省历史研究所，专事宋史研究。历史研究所并入河南省社会科学院后，任所长、研究员。1988年9月调入南京师范大学，历任校务委员、校文科学术委员会副主任、历史系主任，教授，北京大学中国古代史研究中心兼职研究员,中国宋史研究会副会长。长期从事唐宋史、中国古代政治制度史、经济史的教学与研究工作。1996年离休。专著有《宋史》(上海人民出版社,2003年)、《宋代社会政治论稿》(上海人民出版社,2007年),合著有《简明宋史》、《辽宋西夏金史》、《中国大百科全书·中国历史》、《中国通史·五代辽宋夏金史卷》(主编及主要撰稿人),副主编有"中国思想家评传"丛书,论文主要有《也谈武则天的出生地和出身》《关于唐宋庄园的几个问题》《晚唐五代的宰相制度》《再谈中古汉人从跪坐到垂脚高坐的演变》《轿子的产生与发展》等50余篇。

骆宝善,1933年生,河南鄢陵人。先后在鄢陵县中学、开封高中读初中、高中,1954年入读中山大学历史系,毕业后留系任教师。1984年至1990年任河南省社会科学院近代史研究所副研究员,后任广州市社会科学院历史研究所研究员。享有国务院特殊贡献专家津贴。长期从事中国近代历史的研究和大学教学工作,早年侧重于鸦片战争、太平天国、义和团及广东历史诸领域的研究,在《历史研究》《近代史研究》《太平天国学刊》《中山大学学报》《清史研究》等刊物发表论文数十篇。主编《广东洪兵起义史料》(广东人民出版社,1992年),参与《太平天国历史地图集》(中国地图出版社,1989年)、《太平天国历史与地理》(中国地图出版社,1989年)的撰著,获北京市社会科学研究一等奖。晚年主要从事以有关袁世凯为中心的晚清及民初历史研究,主持国家"七五"社科规划基金资助的"袁世凯研究"项目,发表论文一组,出版《骆宝善评点袁世凯函牍》。曾在凤凰卫视《世纪大讲堂》主讲"民国人物系列之袁世凯",又先后在湖南电视台《湖湘讲堂》、广州图书馆"羊城学堂"作袁世凯专题系列讲座。与刘路生共同主编《袁世凯全集》,该书为国家古籍整理"九五"规划项目,国家清史工程清史文献项目之一,全书3400万字,河南大学出版社2013年出版。

丁巍,1954年6月生,河南开封人。1977年5月由开封火电厂调入河南省历史研究所工作。1978年2月由河南省委宣传部调派,随张建忠来郑州参加河南省哲学社会科学研究所(后更名为河南省社会科学院)筹建工作。1983年5月毕业于武汉大学图书馆学系图书馆学函授专修科,学历大专。河南省社会科学院文献信息中心研究馆员,2014年7月退休。社会兼职有鹿邑县老子文化顾问、福建省老子研究会学术顾问、首届中国老子道学文化研究会常务理事、中国老子文化研究中心特邀研究员、《道苑》特邀顾问。主要研究领域为文献学。发表有《荷花考略》《中国牡丹典籍考述·唐宋时期》《博通古今融会东西的老子文献遗产》《〈二千五百年来世界老学文献书目数据库〉项目之缘起与构想》《由〈老学典籍考〉到〈二千五百年来世界老学文献书目数据库〉》《丹经之祖〈参同契〉述略》《〈老子〉道治学说之要则——"圣人处无为之事、行不言之教"考述》《梵文〈老子〉首开〈老子〉外译输入西域走向世界之先河——唐玄奘法师奉敕领译梵文〈老子〉史事述略》等论文10余篇,整理并出版《周易参同契汇刊》《正续小十三经》《海公案》《孙奇逢集·读易大旨》等古籍4部。主持国家社科基金项目"老学典籍考"、省科委软科学研究项目"河南省文献资源调查与布局研究",参与国家社科基金项目"中国家谱总目"、省社科基金项目"老庄圣人观及其现代价值研究"、国家教育部人文社科研究项目"《道德经》英译中的误译误释问题研究"等。

刘路生,女,1954年生,河南泌阳人。恢复高考后考入河南大学历史系。1982年至1988年在河南省社会科学院情报研究所、中国近代史研究所工作,任研究实习员、情报研究所情报资料室副主任。1988年入读江西师范大学历史系硕士研究生。毕业后至广东省社会科学院孙中山研究所工作,任研究实习员、助理研究员、副研究员、研究员。主要研究方向为晚清民初史,发表论文20余篇,主要集中在辛亥革命、袁世凯等研究领域。论文有《辛亥革命所展示的民族精神与民族凝聚力》《辛亥时期的政治凝聚力评议》《辛亥时期共和观念的传播刍议》《洪秀全照片辨伪》《袁世凯在朝鲜》《甲午战争时期的袁世凯》、《袁世凯青年时期的导师——袁保龄》、《袁世凯致袁世勋家书考辨——兼论宫门告密》、《袁世凯家书辨伪》、《戊戌政变袁世凯初四告密说不能成立》、《李鸿章遗片保荐袁世凯说质疑》、《彰德隐居时期的袁世凯》、《袁世凯辛亥复出条件考》、《辛亥和议袁唐关系刍议》(合作)、《袁世凯与辛亥革命》(合作)、《民国元年共和国总统的困惑:共和意味着什么?》(合作)等。校点整理有《海国四说》、《美理哥合省国志略》、《孙文全集·人事任免卷》、《辛亥时期袁世凯秘牍——静嘉堂文库藏档》(三主编之一)、《袁世凯全集》(双主编之一)。

李军靖,女,1956年2月生,河南汝南人。1981年12月毕业于郑州大学历史系本科,同年分配到河南省社会科学院历史研究所工作。1985年调入郑州大学,曾任郑州大学研究生院副院长,河南省中原文化研究中心、郑州大学殷商文化研究所兼职研究员。主要从事古代思想文化史研究,师从于先秦史著名学者李民先生。研究重点有《尚书》领导统御思想研究、礼乐文明与王道政治研究、秦汉之际治政方略调适研究、《尚书》与古代政治文明研究,以及中原文明探源、黄河流域民俗文化研究等。

李维明,1956年11月生,河南洛阳人。1984年郑州大学历史系毕业,1985年至1986年、1989年至1992年在河南省社会科学院考古研究所工作。1989年和1995年北京大学考古系研究生毕业,先后获历史学硕士和历史学博士学位。现为中国国家博物馆研究馆员,兼任中国殷商文化学会常务理事、中国汉画学会第五届理事会秘书长、郑州中华之源与嵩山文明研究会常务理事。主要研究方向为中国夏商周时期历史与考古学文化。出版学术专著6部,发表学术文章百余篇。代表性学术成果有:20世纪80年代,对河南密县(今新密市)曲梁遗址、郑州岔河遗址的发掘整理与研究,判断二里头文化与二里岗文化为两支性质不同的考古学文化,成果见《试论曲梁、岔河夏商文化遗址的分期》(《华夏考古》1991年第2期)一文。90年代,在河南省信阳与南阳地区进行考古调查与发掘,梳理该地域龙山时代至东周时期考古学文化谱系,成果见《豫南及邻境地区青铜文化》(线装书局,2009年)一书。2000年以来,在河南郑州二里岗1953年出土的商代牛肋骨刻辞上补识出"乇"字,为郑州商城汤都亳学说补充了商代文字证据;依据河南密县(今新密市)黄寨出土二里头文化牛骨刻辞,不仅将甲骨文出现的时代由商代前推至夏代,而且以此探讨"夏"字之源,为夏文化的探索提供了夏代文字线索,成果见《郑州青铜文化研究》(科学出版社,2013年)一书;历时4年研究司母戊鼎,揭示其仍存诸多待解之谜,成果见《司母戊鼎还有多少待解之谜》(四川人民出版社,2017年)一书。

  王大良,1963年生,河南商丘人。先后就读于河南大学、南充师范学院、首都师范大学,获历史学学士、硕士、博士学位。1986年分配到历史研究所工作,历任研究实习员、助理研究员、副研究员,兼任汉唐史研究室主任。1997年考入首都师范大学攻读博士学位。中国魏晋南北朝史学会、中国社会史学会、中国谱牒学研究会、中国民俗学会会员,河南省历史学会理事,河南省中原姓氏历史文化研究会、中原客家研究会、中原宗教研究会副秘书长,河南省历史文化旅游资源研究开发中心研究部主任。在所期间主要从事魏晋南北朝史及姓氏、客家、宗教文化研究,出版《中国古代家族与国家形态》等专著、合著多部,发表有《前凉与晋的关系研究》《关于琅琊王氏的几个问题》《诸葛亮躬耕地问题三论》《河洛大姓与中原文明》《唐代相国寺史事钩沉》《客家大姓根在中原》等论文多篇,编写《构建郑州城市群研究报告》《巩义杜甫故里综合游览区可行性研究报告》《三门峡虢国文物旅游景区项目可行性研究报告》等报告多部,获奖多项。后到中国人民大学社会学流动站工作,兼任北京化工大学政治与行政学研究所所长、重庆荣昌县人民政府副县长。现为著名姓氏与家谱文化研究专家,中央团校教授、科研部主任,兼任国家图书馆团中央分管馆长、中华炎黄文化研究会姓氏文化工作委员会执行会长、中央电视台《百家姓》特别节目总顾问、公安部姓氏统计及姓名登记项目专家等,另出版有《中国的百家姓》《姓氏探源与取名艺术》《家谱文化知识与编修技巧》等著作多部。

李立新,1966年2月生,河南邓州人。1988年毕业于山东大学历史系考古专业,同年到河南省社会科学院考古研究所工作。2000年考入中国社会科学院研究生院,攻读甲骨学与殷商史方向博士学位,2003年7月获中国古代史博士学位。2006年任考古研究所副所长,2007年任历史与考古研究所副所长,2012年调入河南省社会科学院中原文化研究中心。现任河南省社会科学院文学研究所副所长、研究员。兼任河南省姓氏文化研究会副会长、秘书长,河南省社科院中原文化研究中心副主任,中国殷商文化学会副秘书长,《河南文化蓝皮书》副主编。曾获河南省学科带头人称号。研究领域为中原文化与甲骨学殷商史。先后在《中国历史文物》《考古与文物》《中原文物》等杂志上发表有《甲骨文"贞"字新释》《甲骨文"商"字新释》《甲骨文"肜"字新释》等专业论文。主持并结项国家社科基金课题"商代宗教的原始记录——甲骨文中所见祭名研究"。先后深度参与"周口姓氏文化节""信阳根亲文化节""商丘华商文化节"和"河洛文化研讨会"的学术工作。对登封许由与许氏文化、鲁山刘累与刘姓文化、商丘商业起源地、永城汉兴之地、获嘉宁氏文化、鹿邑李姓文化都有开拓性研究,促进了地方文化开发。连续十年参与主编《河南文化蓝皮书》,在研究和传播中原文化、河洛文化、根亲文化等方面作出了积极努力。多次参与河南省委省政府文化建设相关文件的起草工作和省内文化专题调研活动,对河南文化建设有一定的理论积累和实践感悟。

蔡万进,1967年3月生,河南唐河人。郑州大学本科、硕士、博士毕业,中国社会科学院历史研究所博士后出站。1991年7月至2007年3月先后在河南省社会科学院考古研究所、历史研究所工作,曾任考古研究所秦汉考古研究室主任,历史研究所副所长、所长等职。2007年3月调入首都师范大学工作。

现任首都师范大学历史学院教授、博士生导师,中国社会科学院简帛研究中心兼职研究员。主要从事秦汉史、考古与简帛学研究,主持完成国家社会科学基金项目"河南出土文字谱系的整理与研究""秦汉丧葬简牍研究""里耶秦简秦制史料分类辑考"等课题3项,河南省社会科学规划项目"河南粮食史""河南文字学成就的现代价值与开发利用研究""中原文化与河南当代文化建设"(重点项目)及中国博士后科学基金项目"张家山汉简《奏谳书》研究"、全国高校古籍整理研究基金项目"秦汉丧葬简牍集释"、北京市教委社科计划重点项目暨北京市社会科学基金项目"里耶秦简编年考证(第一卷)"等省部级课题6项,出版《秦国粮食经济研究》及增订本、《尹湾汉墓简牍论考》、《张家山汉简〈奏谳书〉研究》等专著4部,在《历史研究》《中国史研究》《史学理论研究》《文献》等核心期刊发表专业学术论文数十篇。2006年入选河南省宣传文化系统首批"四个一批"人才。

李晓英,女,1970年8月生,河南周口人。2001年7月河南大学历史文化学院研究生毕业,获得硕士学位,同年进入河南省社会科学院历史研究所工作。2004年7月进入河南大学历史文化学院攻读博士学位,2007年7月于河南大学历史文化学院博士毕业,进入商丘师范学院历史系工作,曾为历史系教研室主任。主要从事中国古代思想和道家文化研究。主持国家课题"早期道家精神体验和心灵世界之研究"。出版专著《个体论:先秦儒道对"德""道"的诠释》荣获2010年河南省社会科学优秀成果二等奖;论文《试论老子之善》刊发于《文史哲》2005年第5期,荣获2016年河南省社会科学优秀成果三等奖,参编的《河南通史》荣获2006年河南省社会科学优秀成果一等奖、入选国家新闻出版总署首届"三个一百"原创图书出版工程。在《文史哲》《孔子研究》《史学月刊》《中州学刊》等核心刊物上发表论文30篇。社会兼职有周口老子文化研究院副院长、华夏老子学会常务理事、中华孔子学会常务理事、河南老子学会副会长,商丘师范学院《庄子与道家文化研究》、《周口师范学院学报》的《老子与道家文化研究》栏目编委。多次参与郑州、商丘、洛阳、周口等地的文化活动和发展建设,在洛阳和周口连续几届举办的老子国际研讨会上,面向全国媒体充分展示道家传统文化的力量,受到地方政府的关注和好评。

齐航福,1975年12月生,河南虞城人。1996年7月毕业于商丘师专历史系,2003年7月毕业于郑州大学历史学院,获史学硕士学位,同年8月进入河南省社会科学院历史研究所工作。2010年7月毕业于首都师范大学文学院,获文学博士学位。2012年调入河南省社会科学院中原文化研究中心。现任《中原文化研究》杂志社副社长,研究员,兼任河南省文字学会秘书长。主要从事古文字与上古文明研究,独立完成专业理论著作《殷墟甲骨文宾语语序研究》《宾组卜辞分组分类的初步整理与研究》,合作完成《殷墟花园庄东地甲骨刻辞类纂》(第一)、《花东子卜辞与殷礼研究》(第二)。主持完成国家社会科学基金项目"殷墟花园庄东地甲骨刻辞的语言学研究"、河南省社会科学基金项目"汉字演变与文化变迁",现主持有河南省社会科学基金项目"殷商祭祖文化研究"、国家社会科学基金冷门"绝学"专项课题"殷墟甲骨文疑难辞例疏证"等,作为主要参与人完成国家、河南省社会科学基金项目8项。在《中国语文》《考古与文物》《中原文物》《故宫博物院院刊》《中州学刊》《语言研究》等核心刊物发表论文多篇,其中《殷墟甲骨文中句式使用的组类差异考察》一文被人大复印资料全文转载。合著《华夏历史文明传承创新研究》获河南省社会科学优秀成果奖(2013年度)二等奖,独著《殷墟甲骨文中句式使用的组类差异考察》获河南省社会科学优秀成果奖(2014年度)二等奖,独著《殷墟甲骨文宾语语序研究》获河南省社会科学优秀成果奖(2015年度)二等奖,独著《宾组卜辞分组分类的初步整理与研究》获河南省社会科学优秀成果奖(2016年度)二等奖。获河南省百名优秀青年社科理论人才、河南省学术技术带头人称号,入选河南省宣传思想文化战线"四个一批"人才等。

二、其他人员

李慎仪,女,北京通州人。1958年3月调入河南省历史研究所,任助理研究员,在近现代史研究室工作。1960年调至入中央党校工作。曾参与《赵纪彬文集》的编辑工作。

池上昕(?—1960),江西人。1958年毕业于开封师范学院历史系,同年3月调至河南省历史研究所思想史研究室工作。曾任赵纪彬副所长秘书。

焦长永,河南鲁山人。1958年毕业于开封师范学院历史系,毕业后分配到河南省历史研究所近现代史研究室工作,1976年调入平顶山煤矿职工大学任教。

贾广孝,1958年河南省历史研究所创建时任历史研究所办公室秘书,主管财务工作。后被调至中国科学院河南分院负责财务工作。

牛发成,河南南阳人。河南大学老工友,河南省历史研究所创建时即进所当工友。辛勤工作,视所为家,颇为全所同志所称赞,于1964年退休。

王祖铭,河南安阳人。高中毕业,1959年分配至中国科学院河南分院历史研究所工作。1962年回原籍工作。

袁绪忠,河南信阳人。高中毕业,1958年分配至中国科学院河南分院历史研究所资料室工作。1962年回原籍工作。

毋启芬,女,河南武陟人。高中毕业,1959年分配至中国科学院河南分院历史研究所资料室工作。1962年回原籍工作。

曲乃生(1905—1994),河南洛宁人。早年参加革命,1930年加入中国共产党,曾任洛宁县委委员、洛阳地委委员,在洛阳中学任英文教员时曾数次向延安输送进步青年,后来到延安大学任总务长。1949年以后历任河南省人民政府副秘书长、河南省文教厅副厅长。1960年被国务院任命为开封师范学院院长兼党委第二书记。是河南省著名的教育家之一。1964年被河南省委任命兼任河南省历史研究所所长,负责历史研究所工作14年。

王泽宣,1927年8月生,河南社旗人。原在开封师范学院政教系任教,1960年调至中国科学院河南分院历史研究所任助理研究员,1977年调入河南大学马列主义教研室任教。1980年调入河南医科大学马列主义教研室,任教授,长期从事中共党史、中国革命史教学。

王化南,河南太康人。1958年毕业于开封师范学院历史系,毕业后曾在《史学月刊》和河南省社会科学界联合会工作。1960年调至中国科学院河南分院历史研究所主管办公室工作。1981年调至河南省社会科学界联合会工作,现已退休。

彭友良,福建长汀人。1958年毕业于复旦大学历史系。毕业后分配至河南省科学技术委员会工作。1960年调至中国科学院河南分院历史研究所工作,曾参加《中国通史》的编写工作。1975年参加宋史编写组。1975年调往福建省社会科学院,任副研究员。

张耀侃,福建福州人。1958年毕业于复旦大学历史系,毕业后分配至河南省科学技术委员会工作。1960年调至中国科学院河南分院历史研究所工作。1962年调回福建,任中学教师。

张颖,女,河南人。1960年毕业于开封师范学院历史系,毕业后分配至中国科学院河南分院历史研究所工作。1961年调至天津《历史教学》任编辑,后任《历史教学》编辑部主任、副编审。

陈致庭,河南睢县人。1960年毕业于开封师范学院历史系,毕业后分配至中国科学院河南分院历史研究所从事研究工作。1962年调至睢县工作,现任睢县教师进修学校校长。

姚万涛,河南郏县人。1960年毕业于开封师范学院历史系,同年分配至中国科学院河南分院历史研究所从事研究工作。1962年调至郏县第一高级中学任教。

马至善,河南郸城人。1960年毕业于开封师范学院历史系,同年分配至中国科学院河南分院历史研究所从事研究工作。1962年调至郸城文教局工作,后又到郸城县委党校任教。

朱先治,河南安阳人。1960年毕业于开封师范学院历史系,同年分配至中国科学院河南分院历史研究所从事研究工作。1962年调至安阳教育学院工作。

许成英,山西祁县人。1960年毕业于开封师范学院历史系,同年分配至中国科学院河南分院历史研究所从事研究工作。1962年调至许昌教育局工作。

杨炳延(1916—1977),河北临榆人。曾在北京国家商业部工作,后调往青海工作。1962年从青海调至河南省历史研究所工作,从事中国近现代史的研究工作,任助理研究员。编著有《白朗起义》和《焦作矿史》。

梁世英,女,1933年10月生,河北灵寿人,河北师范学院中文系毕业。1981年调入河南省社会科学院,1985年至1990年任历史研究所支部书记。主要学术成果有论文《祁林院幽居寺及其古塔创建的浅探》(合作)、《关于赵灭中山过程中两次军事行动的思辨》("赵文化学术研讨会")。1990年3月退休。

蒋中礼,1934年生,云南施甸人。1964年毕业于兰州大学研究生班,后分配至河南省历史研究所工作。曾任历史研究所革委会主任。1971年调至河南省委组织部工作,1974年调回云南省社会科学院历史研究所,后任研究员、所长。

曹桂芳(？—1968),河南信阳人。曾任开封师范学院人事处干部,1964年调至河南省历史研究所工作。

李烈夫,河北人。早年参加革命,1949年以后历任开封市委宣传部部长,开封师范学院院长助理、历史系总支书记。1965年任河南省历史研究所副所长。

陈义友,河南南阳人,转业军人。1965年4月调入河南省历史研究所为工友。1997年调入河南大学,后转为干部,曾任河南大学出版社办公室主任。

郭象天,河南濮阳人。1949年以后历任开封师范专科学校副校长,开封师范学院办公室主任、院长助理、革委会副主任,河南师范大学副校长。1978年兼任河南省历史研究所所长。1989年去世。

张玉润,1938年3月生,河南镇平人。1962年于南开大学历史系本科毕业,先后在南京海军学院、镇平中学工作。1980年12月考进河南省社会科学院历史研究所,1982年7月离开历史研究所到河南省社会科学界联合会做刊物编辑工作,任副编审。在所期间主要从事地方史志和河南近代史的资料搜集和研究。主要著述有《清末豫南陈大喜捻军起义》(《信阳师范学院学报》1983年第2期)、《中国精神文明建设巡礼2004》(第一主编,中国档案出版社,2004年)、"东方文化研究丛书"(副主编,河南人民出版社,1994—1995年)等。

邓亦兵,女,1947年生,北京人。1977年9月毕业于开封师范学院历史系,同月分配至河南省历史研究所工作,先后任研究实习员、助理研究员。以中国近代史为主要研究方向。1988年调至北京市社会科学院历史研究所工作。著作颇丰,著有《丁日昌评传》《清代前期商品流通研究》《清代前期关税制度研究》《清代前期北京房产市场研究》《河南近代大事记》《简明河南史》等,在《历史研究》《中国史研究》《中国经济史研究》《中国社会经济史研究》《清史研究》《清华大学学报(哲学社会科学版)》《中州学刊》《北京社会科学》《东岳论丛》《社会科学战线》《史学月刊》《浙江学刊》等学术刊物上发表论文数十篇。

周源,1948年生,北京人。1979年毕业于洛阳师范专科学校历史系,1980年考入河南省社会科学院历史研究所,从事近现代史研究。参与编写《白朗起义》等。1974年调至中国人民大学清史研究所工作。

许晶，女，1952年生，广东中山人。1990年5月从河南省社会科学院咨询部调至近现代史研究所任资料员，1991年2月调至河南省社会科学院《中州学刊》编辑部工作。

张瑛，1954年生，河南陕州人。1977年毕业于豫西师范学校，留校任教，1982年暨南大学中国近代史专业研究生毕业，同年分配至河南省社会科学院历史研究所，从事中国近代史研究。发表论文9篇，著有《朱执信评传》，合著有《中国文化辞典》。1991年离所，现在加拿大，任约克大学客座教授。

王建吾，1954年10月生，山东曹县人。在军事院校从事中国近现代史教学10余年，1991年4月调至河南省社会科学院历史研究所任副研究员。中国现代史学会副秘书长，黄埔军校史研究会秘书长。出版有专著《黄埔军校史话》（合著）、《救亡·启蒙·崛起》，纪实小说《黄埔魂》，论文《孙中山是社会主义的真朋挚友》《论民族资产阶级在抗日战争中的历史地位》等，参与主编《黄埔军校名人传略》。

卢海山，1956年2月生，河南辉县人。1982年武汉大学历史学系本科毕业，1991年11月从中州古籍出版社调入河南省社会科学院历史研究所工作，1997年2月调至哲学研究所。在所期间任助理研究员，以宗教佛学为主要研究方向。在所期间出版著作2种：《禅趣》于1996年出版，译著《白话二十五史精选》于1995年出版。论文有《〈老子〉与佛教的中国化》《〈大唐西域记〉是佛教史上的重要文献》等。

艾延丁，1957年1月生，河南台前人。1974年4月台前县台前公社李明天大队下乡知青。1976年10月台前县轻工业局办事员。1978年3月至1981年12月，在郑州大学历史系学习。1982年2月至1985年1月，在南阳市博物馆工作。1985年1月至1993年3月，至河南省社会科学院考古研究所工作，任科研秘书、助理研究员。在新石器考古研究、夏商周考古研究、汉画像石研究及姓氏文化研究方面发表学术论文20余篇。1993年3月调至河南省人民政府办公厅工作,历任督查处主任科员、副调研员,调研室副处长,办公厅研究室副主任、主任,监察室主任,行政财务处处长,副巡视员等职。在河南省人民政府办公厅工作期间,多次参与《政府工作报告》、省政府重要文稿和调研报告的起草,获河南省委省政府联合表彰1次,荣立三等功2次。

张安莉,女,1960年生,1987年由河南省社会科学院办公室调入考古研究所资料室工作,2007年调至城市与环境研究所工作,2015年退休。

杨杭军,1960年生,河南新乡人。1992年南开大学历史系清史专业研究生毕业,分配至河南师范大学历史系工作,任讲师。1995年调入河南省社会科学院历史研究所,旋即攻读南开大学明史专业博士研究生,毕业后回所工作。后调入河南省社会科学院社会学研究所工作。

王小方,1962年9月生,河南清丰人。1984年郑州大学历史学系本科毕业,历史学学士,分配至中州古籍出版社工作。1997年调入河南省社会科学院历史研究所,任汉唐史研究室主任。1999年调回中州古籍出版社。出版有《风云变幻的宫廷》、《古中国悲剧祭文》(合著)、《秦始皇》、《真龙天子人间神》、《虞初续志》(古籍整理)等书。

张鸿基,1962年生,河南内乡人。1989年河南大学历史系本科毕业,分配至河南省社会科学院近现代史研究所工作。1993年调至《郑州晚报》财贸处任编辑记者。在所期间主要从事中国和河南近现代史研究,发表论文7篇,文章数十篇。

马志冰,1964年生,河南安阳人。1988年山东大学历史系魏晋南北朝史专业硕士研究生毕业,分配至河南省社会科学院历史研究所工作,后调至安阳师范专科学校(今安阳师范学院)工作。

牛素玲,女,1964年11月生,河南开封人。1985年中国人民大学历史系本科毕业,分配至河南省社会科学院历史研究所,从事宋史研究工作。1992年调至河南省社会科学规划办公室工作。在所期间发表文章多篇。

任全民，1966年生，河南叶县人。1986年西北大学毕业后至河南省社会科学院考古研究所工作。1989年考入中国人民大学攻读法学硕士学位，毕业后进入《北京日报》工作。

葛飞，1967年1月生，河南商丘人。1994年毕业于河南大学中国近代史专业，获硕士学位，同年7月分配至河南省社会科学院历史研究所，从事中国和河南近代史研究，参与撰写《黄河文化》书稿。后调至郑州工业大学德育教研室工作。

王树林，1969年11月生，河南潢川人。1998年东北师范大学硕士研究生毕业，后到河南省社会科学院历史研究所工作。2002年考入中国人民大学攻读博士学位。2005年至中共中央党史研究室从事民主革命时期中共党史的研究工作。撰写和发表学术论文30余篇，主要代表作有《中共"七大"前后毛泽东美国观的变化》(《党史研究与教学》2004年第5期)、《新中国大行政区军政委员会的缘起与演变》(《中共党史研究》2010年第6期)、《共产国际、斯大林与中共六届六中全会——以抗日民族统一战线为中心的考察》(《中共党史研究》2015年第10期)。

王珂，1972年7月生，河南荥阳人。1996年郑州大学历史研究所明清经济史专业研究生毕业，获硕士学位，同年分配至河南省社会科学院历史研究所工作，以明清史为主要研究方向。1997年调入《中州学刊》杂志社工作至今。

第四节
旧事记往

筚路蓝缕　以启山林

——历史研究所初创回眸

1958年我大学毕业。那年3月19日,我和另外两名同学接到通知,晚上8点整到开封师范学院7号楼206号房间开会。时隔40年,我仍然清晰地记得当时的情景。206室是个约有25平方米的小会议室,靠南墙摆着两个单人沙发和茶几,中间是条长桌,西墙两扇大窗户,挂着深红色窗帷,地面是红色木板。会场显得庄严肃穆。我们入座后,相继进来8位长者,其中有熟识的老师,有的则缘悭一面,他们的脸上都洋溢着笑容。

会议开始,由开封师范学院院长赵纪彬宣读河南省人民委员会文件,决定成立河南省历史研究所,任命副省长、一级教授、学部委员、历史学家嵇文甫为河南省历史研究所所长,赵纪彬为副所长。然后他简要地说了建所的意义:河南地处中原,是我们祖先政治经济活动的中心地区,是历代兵家必争之地,具有悠久而丰富的传统文化。近代以降,历经天灾人祸,河南人民进行了不屈不挠的斗争,有着光荣的革命传统。研究河南历史,对于开创未来、对于今天的社会主义革命和建设具有深远意义,从事这个工作也是大有可为的。

接着他进一步谈到创办历史研究所的设想。说这个研究所将有10名研究员、若干名副研究员、若干名助理研究员和研究实习员。研究所内分四个组,首先是考古研究组,这是该所的重点,拟招调专业人才,开展野外考古发掘与研究。其次是地方史研究组,由张邃青先生(资深史学专家,开封师范学院图书馆馆长)、刘尧庭副主任(开封师范学院历史系副主任)任组长(张、刘两位先生为兼职)。再次是断代史研究组,赵丰田教授任组长。最后是中国思想史研究组,赵纪彬兼任组长。赵纪彬说今天的会议,是河南省历史研究所的成立会,也是河南省历史研究所正式工作的开始。

新诞生的河南省历史研究所就设在7号楼第2层,除南端的两个房间仍归开封师范学院留用外,历史研究所用房计有大小14间,面积约400平方米。7号楼是这所河南最早创办的大学里仅有的两座民族形式建筑之一。琉璃筒瓦,如意斗拱,虽仅三层,却显得雄伟典雅。四周绿树掩映,花草葳蕤,环境优美,的确是可静心读书研究之佳境。当时研究所的工作,我印象最深的是图书资料源源不断地成批送来,如4月22日,几辆架子车送来价值几千元的书,赵纪彬亲自和所里人员一起搬书。图书选购是赵纪彬经手的,当时经费除了工资,主要是买书,几乎没有别的什么开支。大家的愿望是使历史研究所拥有比较完整的历代历史名著和省内最丰富的河南历史资料。由于当时政治运动频繁,所内人员少,业务上不记得有什么项目,我们三个青年则是忙于研读专业基础书和有关理论著作,或者学点外语。

7月,中国科学院哲学社会科学部主任潘梓年来河南视察,他到历史研究所指导工作时说,中央指示要研究地方历史,每省都要成立科学院,研究地方的哲学、经济、历史、文学;明确指示河南历史研究所以地方史为重点,指导方针是"厚今薄古，边干边学"；并强调，对于干，目前谈得不够、了解不够、做得不够。此后，历史研究所强调"干"字当头，以地方史为重点。9月，全所几乎全体出动到焦作煤矿作社会调查，历时半个月，收集了许多文献资料，走访了四五十名劳动模范和参加过1925年焦作罢工的老工人。回所后，我就这些资料按焦作煤矿发展的顺序进行了梳理。第二年5月，我和黄永清再赴焦作作补充调查。9月，我第三次赴焦作，和矿务局几位同志合编出《焦作煤矿史初稿》，作为国庆十周年献礼。1959年春开始的另一项目是编《河南解放10年大事纪》，也是不分专业组织全体人员参加的，我记得编成了初稿。同年6月，中国科学院河南分院成立，嵇文甫任院长，历史研究所隶属河南分院。是年3月出版的由中国科学院院长郭沫若题字的《中国科学院河南分院历史研究所集刊》第1期，显示了新生的历史研究所成立两年已取得的初步研究成果，这期14万字的集刊所载文章都是历史研究所研究人员撰写的河南近现代历史的研究文章。

流年似水，往事如烟。历史研究所风风雨雨走过了40年。江山代有才人出，各领风骚数百年。嵇文甫、赵纪彬等专家虽已作古，但他们开创的事业如今后继有人，如果九泉有知，他们也会欣慰的。（李国俊）

滋兰九畹　奖掖后学
——怀念赵纪彬先生

赵纪彬先生是我国著名的学者，是中国哲学思想史界屈指可数的大家之一。他以开封师范学院院长的身份兼河南省历史研究所所长，可以说他为办好历史研究所几乎倾注了全部心血。用他自己的话说："我虽是师范学院院长，但我的工作重心在历史研究所。"当时我们的办公室里就放着他的办公桌，他经常到所里指导工作，找青年研究人员谈心，指导研究方法。他爱护、体贴老年知识分子,更关心青年人的成长。他有胆有识,在当时极左风行的时代,把在学术界享有声望的朱芳圃、孙海波、赵丰田、刘永之、李慎仪等一批老专家调来历史研究所,使河南省历史研究所一开始就有一支高水平的科研队伍,几个学科都有了学术带头人,他们都成为青年科研人员的导师。他还建议,刚大学毕业来到历史研究所的青年人,不管研究方向是哪一段,都要通读《资治通鉴》,高中毕业生读《纲鉴易知录》,有条件的还应该读前"四史",只有这样才会为自己的研究打下坚实的基础。在他的倡导下,许多青年人都读起了《资治通鉴》。我也每天坚持读一卷,并做好学习笔记和心得体会,经过一年的努力,我终于读完了《资治通鉴》294卷及12卷附录,的确收获不小。

赵纪彬先生治学严谨,反对空谈,认为搞学术不能赶浪头,要坐冷板凳,写文章要以材料说话。他认为开始从事研究的人,不必急着写论文,一定要下苦功夫打好基础,掌握大量的第一手材料,做好卡片,开始写文章时首先写夹叙夹议的文章,逐渐向写学术论文过渡。记得我的第一篇习作《记道光二十一年河决开封张家湾》就是他出的题目。

赵纪彬先生常讲,要学会博览群书,养成浏览书籍的习惯,有些书只看一下叙、跋、编例就知道它的大概情况了,不必全读,但有些书则需细读,甚至反复读。

赵纪彬先生特别关心青年人的成长,用各种办法培养青年研究人员。他主张青年人参加编书工作,他常说:"书成人长。"在他的建议下,黄永清、卢连璋到广州中山大学进修,我到长葛县参加编史修志。1962年北京成立《梁启超集》整编领导小组,吴晗任组长,金灿然、左拱、翦伯赞、侯外庐、刘大年、石俊、梁思成、赵纪彬等10人为成员,赵纪彬推荐赵丰田先生具体主持此项工作,并派李国俊和我作为赵先生的助手赴北京中华书局参加《梁启超集》的整编工作。他对我们说:"让你两人来京参加《梁启超集》的整编工作,就是要通过编书使你们很快成长起来,北京中华书局集中全国各地来京参加古籍整理的许多专家,是你们学习的好场所。老先生有丰富的知识和治学经验,但他们也各有个性和自己多年养成的习惯,为了学到本领,一定要有忍耐性,学会与老先生相处,要顾全大局,委曲求全,刻苦学习,努力工作,完成组织上交给你们的任务。如果有什么想不开的事或遇到什么困难,就到中央党校找我。"

岁月不居,时光如流,一晃就是30多年。江山依旧,物是人非,赵院长早已溘然长逝,当年曾亲聆教诲的我,也两鬓添霜,到了退休年龄。但他的谆谆教诲、他的音容笑貌,时常在我脑海中浮现。他是一位严师,也是一位好领导,为河南省历史研究所的发展乃至河南省社会科学事业的发展都作出了重大贡献。

"云山苍苍,江水泱泱,先生之风,山高水长。"我们永远怀念赵纪彬先生。

(王宗虞)

博大精深　才华横溢
——孙海波先生印象

孙海波先生曾经说过这样的话:"做学问者,应立志写出'藏之名山,传之其人'之作。而只有不甘寂寞,专心致志,锲而不舍,方能有所成。"他自己早在青年时代就立下了这样的大"志"。20岁时,在国学大师王静安先生的支持下,他大胆承担起编著《甲骨文编》的重任。赁屋与编著《金文编》的容庚比邻,他们"朝夕相从,以析疑为乐,妻子之啼饥号寒不顾也,朋友之非笑不顾也",取殷墟书契八种,逐字排比,"尽出影摹,不差分毫"。其治学之谨严,为先辈和同人们所称誉,埋头五年而《甲骨文编》成。此时孙先生方才25岁。这部集当时已发现的甲骨文字之大成的《甲骨文编》,遂成为驰名中外的传世之作。孙先生博学广识,才华横溢,在30岁前还编写出版了《古文声系》《诚斋殷墟文字》《新郑彝器》《浚县彝器》《魏三字石经集录》《河南吉金图志剩稿》等著作。

孙海波先生对中国古籍目录学有着相当精深的研究。1962年孙先生给所里青年研究人员讲目录学，不用讲稿，侃侃而谈，层次分明，条理清晰，深入浅出，透彻易懂。他的脑子就像一座古籍书库，应有尽有。他对中国学术源流之熟悉，对中国古籍之通晓，使听讲的人无不折服。孙先生的记忆力极其惊人，甚至对《辩证唯物主义与历史唯物主义》中的重要论点，也能准确地说出是在书中的哪页哪段。

孙先生对中国古籍版本有着很高的鉴赏能力。专营中国古籍的北京中国书店、来薰阁、上海书店等，常有人专程或顺便到河南来向他请教有关版本问题的知识。历史研究所在不太长的时间里，搜购了相当丰富的有较高质量的古籍，就得益于孙先生的指导。

孙先生对古文字学有很深造诣。早在20世纪30年代，日本人主办的东方文化事业委员会着手编纂《续修四库全书》时，聘请我国著名学者撰写提要，孙先生就被聘为小学类提要撰稿人。据我所知，他生前曾计划对《说文解字》段注进行批校、注疏，而且已经做了大量的工作。他的一本《〈说文解字〉注》原版书中，字里行间、天头地脚都写满了批语、注释。可惜他没有完成此项工作。

孙先生又是古铜器的研究者、鉴赏家。生前他搜集了河南历年出土的铜器图片近400张，拟在此基础上进一步补充整理，编一部比较全面的《河南出土铜器图录》。可惜他也没有完成此项工作。

此外，孙先生的书法也是有目共睹的。他那《甲骨文编》上是极其工整漂亮的小楷，有些自著书都用篆体题写书名。他对绘画也有"一技之长"，只是很少公开亮相，不为众人所知罢了。

真想做学问者，多么盼望有做学问的机会和条件啊！但在政治运动频繁的时代却完全没有可能。孙海波先生就曾情不自禁地抱怨过："知识分子做学问,犹如母鸡孵卵,它刚卧下,就把它戳起来,而且不停地戳它,那它还怎能孵出小鸡来!"这句形象、实际而又深刻的牢骚,实在代表了广大知识分子的心声。令人十分遗憾的是,孙先生没有能够活到十一届三中全会以后这个知识分子可以大显身手的好时代,他的才华和专长没有得到应有的发挥,这是孙先生个人的悲剧,也是我们民族的悲剧!

孙先生十分重视研究工作和文化事业,他临终前反复表示,要把一生积累起来的十分珍贵的图书、文物捐赠给所里,使之能够继续发挥应有的作用。这充分显示出他高度的事业心和大公无私的精神。孙先生去世后,其家属遵从他的遗愿,把1700多册图书、400多幅文物照片、100余件文物、20多幅古字画全部捐赠给历史研究所。这是孙先生留给我们的无价之宝。(岳世显)

辛勤耕耘　蜚声史坛
——朱芳圃先生二三事

朱芳圃教授,1893年生,早年毕业于清华大学,后在河南大学等高等学府任教。1958年调入河南省历史研究所,专门从事科研工作。

朱先生知识广博,功底深厚,治学严谨,成就卓著,早在20世纪30年代就出版了《甲骨学文字编》和《甲骨学商史编》两部名著,为世人所推崇。在我上大学时,胡厚宣先生和唐兰先生到西北大学讲授甲骨文和金文时就曾提到他。因此他在我的印象中是一位颇有声望的教授。

1960年,我从郑州调往河南省历史研究所工作时,所里领导先让我跟随赵纪彬所长编写《中国通史》。该书编成后,所里领导又让我跟朱芳圃先生学习甲骨文。当时我很高兴,一方面是因为朱先生德高望重、治学严谨、学识渊博,是当时颇有名望的甲骨文专家;另一方面是因为我在大学所学的是考古专业,需要有甲骨学和古文字方面的知识。当时朱先生对我说,要学甲骨文,必须先学好《说文解字》，它是一部古代汉字字典，不学好《说文解字》，就无法学好甲骨文。我听从朱先生的谆谆教诲，从背《说文解字》入手，争取把它学好。可是由于"文化大革命"的冲击，我中断了这次学习的好机会，半途而废了。

由于朱先生专业方面的缘故，他想到外地参加一些有关商代著名遗址和甲骨方面的新发现的考察。当时所里领导让我陪同朱先生前往郑州和安阳。我们首先参观了河南省博物馆馆藏甲骨文，并和一些同志举行了座谈。后来到了安阳，在河南大学教师张嘉仓同志的帮助下，由他弟弟介绍在安阳地委招待所居住。从安阳市内到小屯殷墟博物馆还有一段比较远的路程，我劝朱先生坐小车去，他不肯，认为不方便，还不如坐人力三轮车方便。到达小屯后，正逢中国科学院考古研究所安阳工作站的同志在那里发掘，朱先生认真地听他们介绍，不时地提出问题，还参观了殷墟博物馆，朱先生说这次参观使他增加了不少感性知识，收获颇丰。

当时，朱先生正从事甲骨文和金文的研究，他辛勤劳作，笔耕不辍。不久完成了《殷周文字释丛》书稿，1962年由中华书局出版。

"文化大革命"后期，朱先生回家乡湖南株洲居住。1973年7月，河南省委下发文件，决定恢复历史研究所的工作，离所的科研人员陆续返所。所里正准备派人接朱先生回所，9月传来了先生逝世的噩耗，全所同志深感痛惜。

朱先生的遗稿《中国古代神话与史实》，以古文献中的神话传说为依据，运用古文字学、古音韵学、训诂学、考古学、民俗学方面的知识，对夏禹以前古代神话传说的产生、发展与史实进行了详细的考证。我怀着对先生的崇敬之情，将它加以整理，交中州书画社于1982年面世。先生如九泉有知，亦应感到慰藉了。（王珍）

著作传世　师生情深
——顾颉刚、赵丰田先生与《梁启超年谱长编》

荣获1983年河南省社会科学优秀成果一等奖的《梁启超年谱长编》,凝聚着著名史学家顾颉刚、丁文江和赵丰田等先生的心血。

1929年,赵丰田先生在燕京大学师从顾颉刚老先生治古史,顾老发现他更适宜治当代史,便指导他转向对康有为、梁启超的研究。赵先生花费一年的时间,完成了《康长素先生年谱稿》,刊载在燕京《史学年报》上。丁文江先生看到此文,颇为赞赏。当时丁先生正慨然以《梁启超年谱》的撰作自任,苦于职事繁忙,力不能胜,顾老便将赵先生推荐给他。于是赵先生承担了编写《梁启超年谱》初稿的重任。

丁、顾两位先生对《梁启超年谱》初稿的主旨、体裁、格式等都作了认真的研究和安排,亲手制定出《例言》25条。《例言》说:"本书主旨在尽量表现任公先生之言行思想及其事业。""采用英人《赫胥黎传记》体例,故内容方面多采原料,就中尤以信件材料为主。"又强调"叙述方面尽力免除批评及主观或左右袒之文字。但所收材料范围广博,凡有关任公先生个人及其事业之各方面皆经收录,虽有驳杂之嫌,实寓'画我象我'之意"。顾老在审查《例言》时,又细加眉批,提出具体意见。对此,赵先生十分感激。

赵先生依照《例言》的要求,从1932年夏季开始,根据搜集到的梁启超的近万件信札和几百万字的梁氏著作,以及他人撰写的梁氏传记,进行艰苦的编写工作。1934年秋完成了第一稿,抄成24册,100多万字。丁文江认为篇幅太大,要赵先生删削后再送他审阅。不久,丁文江先生到南京就任当时的中央研究院总干事,1935年初赵先生随丁先生前往并对第一稿进行删削。是年,丁文江先生出差衡阳时煤气中毒,翌年1月5日于长沙湘雅医院去世,《梁启超年谱》的编辑工作由丁文江先生的朋友翁文灏先生接替。1936年5月,赵先生完成第二稿,约67万字,题名为《梁任公先生年谱长编初稿》,油印50部,每部装成12册,散发给梁启超的家属和知友,作征求意见用。

由于人世沧桑,《梁任公先生年谱长编初稿》未能及时出版,搁置竟达40多年。顾老常为此事叹息,然亦无可奈何!

"十年浩劫"之后,普天同庆,大地回春,年逾八旬的顾老兴致勃勃地对赵先生说:"国家得救了,我们的工作有希望了,一定要把有生之年贡献于国家和人民。极左路线当道时,你不能从事康、梁研究,现在要搞出个名堂来。40多年前,我就希望你在康、梁研究方面能有新的建树,望汝今日尚能锲而不舍,大有所成。"顾老又语重心长地说:"康、梁两人为推动中国之变法运动者,其为历史人物,百世无疑也。顾未有综合当时文献为之龃理成书者,此非史家之大憾乎!"当时年已古稀的赵先生也十分激动地说:"老师尚且如此,何容学生怠惰。"并立即对顾老说:"我们设法使《梁任公先生年谱长编初稿》面世吧!我在广东和湖南看到有人把咱们当年编的未出版的《梁任公先生年谱长编初稿》全部翻印,以应学术研究之急需。现在我们将它修订后出版,一定会受到学术界的欢迎。"顾老欣然同意,并鼓励赵先生立即着手进行。

1978年秋,当我跟随赵先生到北京玉渊潭去请顾老审查修订条目,他仍然像40多年前那样,字斟句酌,修改不当之处。这种认真治学的态度,着实让人感动。

在赵先生主持下,我们积数年之力,完成了《梁任公先生年谱长编初稿》的修订和增补,全书约81万字,更名为《梁启超年谱长编》,交上海人民出版社出版。

1980年1月3日,赵丰田先生仙逝。顾老不胜悲痛。他仍关注着《梁启超年谱长编》能否出版。直到该书修订完毕出版有望时,他在序言中写道:"顷知《梁启超年谱长编》已由赵君助手申松欣、李国俊两位同志修订完毕,并已转至沪上,出版有期,不独慰我无量,并康、梁、罗、丁诸家亦将欢喜无既。爰不辞病体之孱弱,一吐五十年之苦闷,后之览者倘亦与我同感乎!"这是顾老在炎夏抱病住在协和医院为该书写的序言,也是他一生写的最后一篇书序。

该书1983年8月由上海人民出版社付梓面世。令人遗憾的是,顾、赵两位先生生前都未能见到该书的出版。但他们为该书付出的心血不会磨灭,将永远铭记在我们心中。(申松欣)

第三章 学术成果与学术活动

第一节
重要学术成果

一、著作

《甲骨文编》 孙海波撰集,燕京哈佛学社1934年出版。后经修改补充,1965年由中华书局再版。该书收录了41种甲骨书刊资料,正编共录1723字,附录收2949字,共计4672字。几乎包罗了1965年以前所有已识和未识的甲骨文字,采纳了很多甲骨文字研究新成果,是一部考古、历史学者查考的好工具书。

《殷周文字释丛》 朱芳圃著,中华书局1962年出版,为朱芳圃的重要著作之一。书中共释文字181个,其中新识文字甲骨文41个,金文18个。其余文字或纠正旧说,或另创新解,对殷周古文字研究作出了贡献。可与他的另一部重要著作《甲骨文商史编》比肩并艳。

《王船山论丛》 嵇文甫著,中华书局1962年出版。嵇文甫是中国著名的王船山研究专家,作为其代表作的《船山哲学》一书,1936年由开明书店出版,后又与一些论文收入《王船山论丛》中重新出版。这部书显示出他对船山哲学的研究成果,"见人所未见,道人所未道",不愧为开创性研究中最有成就的专家之一。

《论语新探》 赵纪彬著,人民出版社1976年出版。该书对孔子《论语》中的有教无类、君子小人、学习知能、崇知恶佞、仁、礼、先进、异同等重要语词的内涵作出解释,是一部研究《论语》的专著,对春秋社会性质和孔丘哲学思想进行了新的探索,受到国内外学术界很高的评价。

《白朗起义》 杨炳延著,河南人民出版社1978年出版。该书原名为《白朗起义记》,杨先生逝世后由王天奖整理。书中记述了1911年辛亥革命时期发生于河南宝丰鲁山一带的一支农民起义军的悲壮史事。白朗军反对封建剥削,"打富济贫",又反对北洋军阀统治和洋教,以鲜血谱写了近代中国人民革命史的新篇章。

《辛亥革命史》(下册) 王天奖主编,人民出版社1980年出版。这是由章开源、林增平主编的第一部系统地记述辛亥革命的大部头著作。王天奖担任该书下册的主编和主要撰搞人。该书资料翔实,记事详明,尤其是对辛亥革命的若干重要事件的深刻剖析,有真知灼见,显示出高深的学术造诣。

《中国古代神话与史实》 朱芳圃著,中州书画社1982年出版,10万字。这是朱芳圃先生的遗著,由王珍整理出版。其主要内容是研究中国若干古代神话与史实的关系。作者以古文献中关于神话传说的史料为依据,运用古文字学、训诂学、考古学和民俗学等,对夏禹之前的神话传说的产生和发展作了考证,对研究古代神话传说和远古社会有一定参考价值。

《简明宋史》 周宝珠、陈振主编,人民出版社1985年出版。陈振撰写第六、七、八、九、十一、十四诸章,是第一撰稿人。书中记述了宋代的历史,重点探索北宋、南宋发生的重大事件和理学形成诸问题,对农业发展水平、商业经济发展程度、城市特点和科技成就也作了比较全面的阐述。这是中华人民共和国成立后出版的第一部宋代断代史,填补了国内相关领域的空白。

《河南古代史话》 河南人民出版社1986年出版,32万字。这是一部由历史研究所任崇岳、王宗虞、王珍、程有为、刘益安、智天成等人集体编撰的通俗地方历史读物。该书用历史唯物主义的观点,以史话体的形式,介绍了从上古南召猿人时期到鸦片战争前的河南历史,对于普及地方历史知识和进行爱国主义教育都有裨益。

《黄埔军校名人传略》 王宗虞、王建吾等主编,由河南人民出版社于1986年、1987年、1989年、1993年分别出版四辑。黄埔军校在现代史上很有影响,通过人物传略反映出黄埔军校在历史上的作用,对促进祖国统一和教育青少年都很有益处。

《夏史初探》 郑杰祥著,中州古籍出版社1988年出版。该书运用历史唯物主义观点,根据文献记载,结合考古资料,对我国历史上第一个国家政权夏王朝的建立及其兴亡过程进行了系统论述,是我国第一部夏史专著。国家人事部出版的《享受政府特殊津贴学者名录》评论此书说:"《夏史初探》填补了夏史研究的空白,且'饶有创发','独树一帜'。"该书曾荣获1990年度河南省优秀社科论著一等奖,《光明日报》"光明杯"优秀哲学社科论著三等奖。

《中国现代农民运动史》 王全营等编著,中原农民出版社1989年出版,18万字。该书由王全营、曾广兴、黄明鉴三人编撰,以大量的资料生动地再现了第一次国内革命战争时期在中国共产党领导下波澜壮阔的广大农村大革命的历史画卷,对于研究第一次国共合作、北伐战争等历史事件具有重要学术价值。

《河南地方志提要》 刘永之、耿瑞玲著,河南大学出版社1990年出版。河南志书当时存有566种,共计7563卷,居全国各省前列,但藏存分散,多半收藏于外地。在刘永之先生的主持下,与耿瑞玲一道,对旧志进行全面普查,实收录561种,各撰《提要》1篇。同时,又将散佚志书在《概述》中重点介绍和论述,计49种,共收旧志962种。此书的出版花费了作者的大量心血,对于旧志的妥善保存和利用,尤其对河南地方史志研究和编撰新志,均有重要价值。此书荣获1990—1992年度河南省社会科学优秀成果二等奖。

《朱执信评传》 张瑛著,河南教育出版社1990年出版。朱执信是孙中山领导集团中的一位著名理论家和活动家。书中以翔实的史料、公允的评价,比较全面和系统地研究了朱执信为寻求救国救民真理而奋斗的革命一生。对一些重要问题进行了深入探讨,颇有新的见解。

《左宗棠评传》 王天奖著,河南教育出版社1990年出版,25万字。左宗棠是清末"中兴名臣",曾任总理衙门大臣和南洋通商大臣等官职,创办了旨在"自强"和"求富"的洋务企业,与曾国藩、李鸿章等人均为近代历史上有影响的人物。这部评传别具特色,对推进中国近代史和左宗棠研究有创造性的贡献。

《中国廉政史》 单远慕等著,中州古籍出版社1991年出版。这是历史研究所集体编撰的一部专著,由单远慕、刘益安牵头,参加者有郑涵、任崇岳、程有为、王大良、骆宝善、王天奖、王全营等人。该书内容纵贯古今,分为先秦、秦汉、魏晋南北朝、隋唐五代、宋辽金元、明、清、民国和中华人民共和国九个历史时期,陈述不同历史时期的廉政思想、具体制度和措施,重点探讨不同政权实施廉政的成功经验与失败教训,对今天党和国家机关进行廉政建设有重要借鉴作用。

《一代名将——彭雪枫传记》 冯文纲等著,河南人民出版社1991年出版,29万字。彭雪枫是一位杰出的将领,在他的戎马生涯中,出生入死,机智勇敢,为革命事业立下赫赫战功。该书以翔实的资料,生动地阐述了彭雪枫将军为党为人民战斗的一生,热情地讴歌了他的无私奉献精神。该书对于现代革命史研究和青少年革命传统教育均有重要价值。

《华夏文明之源》 李绍连著,河南人民出版社1992年出版,23.5万字。该书是我国第一部关于中国文明起源的研究专著,是河南省"七五"社科规划的一项重点科研课题的成果。书中内容包括有关文明的理论、经济基础、文明标志、文明形成过程的考察，并把中国文明划分为九个分区发源地，打破传统的"黄河文明一元论"，提出"中国文明起源多元论"，曾引起学术界的重视并逐渐为学术界所认同。1993年获河南省社会科学院优秀成果二等奖和河南省社会科学优秀成果三等奖。

《史前文化研究》 马世之著,中州古籍出版社1993年出版。该书以考古发现与历史文献记载为基础，综合运用考古学、历史学、民族学、民俗学、古典文学及神话传说，探索了人类起源、发展不同阶段的历程，研究了史前社会采集、狩猎、原始农业起源及交易互换等社会经济形态问题，探讨了原始社会聚落形态、婚姻制度、丧葬习俗、宗教信仰及科技艺术等相关问题，总结了人类文明起源的规律、标志与特征，是一部有较高学术价值的史前文化研究著作。

《中华姓氏通书·王姓》 王大良编,河南人民出版社1993年出版。该书内容涉及王姓的来源、历代王姓支系、宗族家族和在历史上颇有影响的王姓人物的介绍，还有侨居外国的王姓名人等。王姓是中华第二大姓，透过此书，我们可以了解王姓的历史贡献和变迁。

《中原寻根——源于河南千家姓》 谢钧祥主编,王大良、陈建魁、王秉伦、程有为、张新斌等参与编写,河南人民出版社1994年出版,66.3万字。该书对1700余个姓氏的源头进行了考证，尤其对主要大姓源头进行了梳理，在当今汉族的100个大姓中，有73个姓氏的源头或有一支源头在河南，另有7姓望于河南或其起源与河南相关。该书是河南省姓氏寻根的第一部专著，对河南姓氏寻根研究具有里程碑式的意义。

《商代地理概论》 郑杰祥著,中州古籍出版社1994年出版,28万字。该书基于卜辞对商代地名地望进行深入考证探讨，根据干支系联的地名群的分布范围，把商代后期地理分为王畿、主要田猎区和四土四方六大区域，并且阐述了当时黄河下游的部分故道和帝辛十年征伐人方等相关问题。

《中原楚文化研究》 马世之著,湖北教育出版社1995年出版。该书是关于中原楚文化研究的第一本专著,以丰富的内容和翔实的资料总结概括了多年来中原楚文化的研究成果;着意于中原楚文化体系的建构,用比较史学的方式,在黄河、长江两大流域的文化坐标系中,寻找中原楚文化在历史与考古现实中所具有的地位与价值;从中原地区远古文化入手,对楚文化的历史渊源、楚的立国与建都、楚的各个历史时期的国势与文化,以及中原楚文化的发展阶段和特征等问题,进行了深入的探讨,提出了楚文化中原主体论等颇有见地的新观点。

《简明河南史》 张文彬主编,程有为、王珍副主编,中州古籍出版社1996年出版。参加撰稿者有程有为、王珍、智天成、王大良、刘益安、邓亦兵、王全营等。该书为河南省"七五"社科规划重点项目"河南通史"的研究成果,以现在河南省行政区域为范围,叙述这一地区从远古到中华人民共和国成立的政治、经济、文化状况,阐明河南历史发展的基本脉络和规律。前言概述河南在中华文明发展史上的重要地位,并分析其原因与历史特点。全书分远古先秦、秦汉、魏晋南北朝、隋唐、宋金元、明清(前中期)、晚清、民国八章,分别介绍各个时期河南地区的政治、经济、文化状况。该书荣获1997年河南省社会科学院社科优秀成果一等奖、河南省社科联颁发的社科优秀成果荣誉奖。

《康有为梁启超思想研究》 申松欣著,河南美术出版社1996年出版,20万字。康有为、梁启超是我国近代史上很有影响的人物。作者长期搜集、整理、研究康、梁有关资料。该书的内容十分丰富,不仅剖析了两人的政治思想,还扩及康有为的美学观、妇女观、教育观与梁启超的新闻观等,富有特色和新意,尤其对康有为晚期的思想倾向有独到的见解。该书荣获河南省社会科学院优秀论著三等奖。

《中国古代人才思想史》 程有为著,中州古籍出版社1996年出版。全书共九章35万字,从夏商时代人才思想的萌芽一直写到鸦片战争前,具体阐述了50多位思想家、政治家的人才观念和用人思想,包括什么是人才、人才所具备的素质及其相互关系、人性理论、成才途径、人才的社会作用,以及关于人才的培养、鉴别、选拔、使用、管理等方面的思想主张,揭示了中国古代人才思想形成和发展的基本轨迹,有较高的学术价值和一定的现实意义。

《宋代行会制度史》 魏天安著,东方出版社1997年出版,18万字。宋代的商品经济较为发达,工商业组织庞杂,"行"与"会"的组织制度变化更与不同时代和地点有密切关系。书中探索了宋代行会的形成、职能、特点,以及宋代的行役制度和市易法等问题,资料翔实,观点新颖,对于宋代经济史的研究有重要价值。

《中国社会通史·宋元卷》 任崇岳主编,山西教育出版社1997年出版。该书是龚书铎总主编的《中国社会通史》中的一卷(册),任崇岳任分册主编并撰元代及部分宋代内容,系与郑强胜等多人撰稿纂成。该书内容丰富,包括宋元时期的自然环境、生产力、民族、家庭、阶级、阶层、群体组织、社会生活方式、社会调控、社会信仰等社会生活的方方面面,以新的方法、新的视野剖析了宋元历史的各个维度。该书文辞优雅流畅,是一部颇有特色的专著,获河南省社会科学优秀成果二等奖。

《中原古国历史与文化》 马世之著,大象出版社1998年出版。该书以中原地区重要河流的古国分布为脉络,探讨了黄河中下游、沁河流域、卫河流域、伊洛河流域、沙颍河流域、淮河上游、唐白河丹江流域等十个水系的古国的历史文化,将古国研究与城市考古结合起来,主要依据近几十年考古发现的城址、宫室、作坊、墓葬、器物及甲骨、金文资料,对180多个古国的时代、族姓、地域、都邑及历史文化进行了全面的梳理与综合研究,对中原古国的兴亡、迁徙、历史状况与文化特征进行了深入探索与总结。

《中国古代家族与国家形态——以汉唐时期琅琊王氏为主的研究》 王

大良著,甘肃人民出版社1999年出版。该书在作者多年研究的基础上,采用当时国内尚不多见的个案研究方法,对琅琊王氏在汉唐时期的家族历史进行了缜密考察,并从政局、仕宦、婚姻、文化、经济等方面探讨了其与国家之间的关系,在研究方法上追求深刻入微、系统全面而又不陷于琐屑枝蔓,具有一定的开创风气的作用,是一部当时国内仅见、价值独到的研究专著。

《永不失落的文明——中原古代文化研究》 李绍连著,学林出版社1999年出版,"九五"国家重点图书规划项目。从中原古代文化入手,上起新石器时代,下迄北宋,阐述了古代中原文化的一般特性与主要内容,既说明了中原古文化是中国传统文化的基础,又说明了中原古文化在各个方面的具体表现,如华夏族的形成与中华民族文化、中原古代物质文化的成就、科学技术方面的成就、中原军事文化潜在的力量、古代中原诸家哲学思想、儒学、宗教、丝绸之路的文化轨迹等。该书荣获2002年河南省社会科学优秀成果二等奖。

《中国文化通史·辽西夏金元卷》 任崇岳主编,中央党校出版社1999年出版。该书是北京师范大学副校长郑师渠主编的《中国文化通史》中的一册,任崇岳担任册主编,并撰写了三分之二的篇幅。本书中详尽介绍了以辽、西夏、金、元等王朝为代表的草原文化,论述了草原文化与中原农业文化相糅合而产生的深远影响。该书获河南省社会科学优秀成果一等奖。

《黄河与科技文明》 王星光、张新斌著,黄河水利出版社2000年出版,31万字。该书对黄河科技文明的多个层面进行了专题研究,包括传统农业科学技术、传统水利科学技术、传统陶瓷技术、传统纺织技术、传统交通运输工程技术、传统冶金技术,传统城市建筑与技术、古代四大发明、传统生物学、传统地学及传统天文学、数学和物理学,这些成就的取得都深深地打上了黄河的烙印。黄河对传统科技文明的形成和发展具有十分重要的意义。

《中华姓氏通史·林姓》 陈建魁、王大良编著,东方出版社2002年出版,24.5万字。该书是一部涵盖诸多学科、文献资料丰富的通史性著作。全书分为姓氏源流、姓氏文化、姓氏文献、姓氏名人四大板块,帮助读者全面了解和掌握林姓文化。该书视野广阔,言简意赅,明白晓畅,附有大量珍贵图片,涉及祖先、人物、郡望、文献、山川、名胜、古迹等内容,图文并茂,相得益彰。

《中华姓氏谱·程姓》 程有为编著,现代出版社、华艺出版社2002年出版,21.8万字。该书是中国史学会重点课题"中华姓氏文化研究"第一阶段项目"中华姓氏谱"的成果之一。全书分为源流、人物、人文、文献四编,系统阐述了程氏族群的起源、得氏、迁徙、分布及历史名人、家族文化等,面世后受到广大程姓人士的关注。

《中华姓氏谱·苏姓》 张新斌编著,现代出版社、华艺出版社2002年出版,23.6万字。该书是国内第一本较为系统地介绍中华苏姓源流的专著,其内容包括苏姓的寻根溯源、大陆迁徙、渡海发展,苏姓名人的精神风貌、家族文化和文物古迹,以及有关记载苏姓的正史典籍和当代的研究状况,对于苏姓寻根具有重要的参考价值。

《中国史前古城》 马世之著,湖北教育出版社2003年出版。全书分中原地区、海岱地区、江汉地区、江浙地区、巴蜀地区、河套地区等六大区域,介绍了史前城址的考古发现成果,是当时收集资料最全面、最系统的研究史前古城的学术专著;总结了不同区域史前城址的特征,从考古学、历史学、建筑学、生态环境学等多角度探讨了我国史前城址的起源、发展的轨迹,充分论证了城市、国家和文明起源的关系;并运用历史唯物主义观点,以史前古城研究为切入点,结合历史文献,研究了我国的五帝时代,探索了我国早期文明的起源与发展。

《墨子元典校理与方言研究》 萧鲁阳著,西安地图出版社2003年出版。该书从方言入手,在吸收前贤研究成果并结合实地考察的基础上,对《墨子》一书进行了白话翻译,试图解决《墨子》中艰涩难懂的难题,同时进一步论证了墨子里籍就在河南鲁山的观点,在学术界有重大影响,荣获河南省哲学社会科学成果二等奖。

《中原地区历史上的民族融合》 任崇岳著,内蒙古人民出版社2004年出版,国家社科基金项目结项成果。该书第一次全面梳理了从春秋战国至清末中原地区历史上的民族融合,详细论述了汉族形成于中原地区的过程,同时也论述了匈奴、鲜卑、契丹、女真等少数民族融入汉族的原因及经过。该书荣获河南省社会科学优秀成果二等奖。

《百家姓》 张新斌注解,中州古籍出版社2004年出版,20.21万字。该书主要依照最为流行的504个姓氏,对姓氏源流、祖地、始祖、名人进行简要描述,并配以适当的插图,简明扼要,图文并茂,深受广大读者欢迎,多次再版发行。

《河南通史》 程有为、王天奖主编,河南人民出版社2005年出版。该书为河南省"八五"社科规划重点项目"河南通史"的最终成果,入选国家新闻出版总署首届"三个一百"图书出版工程。全书凡四卷219万字,书首有绪论,简要阐述河南地区的区位优势和历史发展概况及其在中华文明史上的重要地位。全书分为史前先秦、秦汉魏晋隋唐、宋金元明清和近代四卷,详细介绍各时期河南地区的政治、经济、文化状况,揭示其历史轨迹与规律。

《早期中国文明:新石器文化与夏代文明》 郑杰祥著,江苏教育出版社2005年出版,49万字,国家"九五"出版规划重点图书。该书运用历史唯物主义观点,结合考古资料和文献记载,全面系统地阐述了我国古代中原地区家庭、私有制和国家的起源及其形成过程。全书共分六章,第一章"裴李岗文化时代"论述了原始农业的发展和繁荣的母系氏族社会制度;第二章"中原仰韶文化时代"论述了当时原始农业、手工业的发展和父系家庭及父系氏族制产生的过程;第三章"龙山文化时代"论述了当时私有制确立、贫富分化及阶级起源的过程;第四章"二里头文化与夏文化"论述了二里头文化就是夏文化及该文化所反映的夏王朝国家政权形成的过程;第五、六两章运用文献记载,论述了夏族起源、夏王朝政权的建立及其兴衰的过程。

"**郑州烈士陵园爱国主义教育丛书**"　苏俊魁主编,张继宏、刘世强、杨杭军、陈建魁副主编,河南电子音像出版社2006年出版,46万字。全书分为三册,分别为:《历史上的中原名人》,陈建魁、赵婕执笔,精选对中国历史有突出贡献的中原名人51位;《百年中原革命英雄录》,马翠兰、吕进执笔,择收百年来中原革命和建设中涌现出来的革命英雄和先进典型44人;《百年中国革命风云纪实》,周建树、赵继红执笔,择收中原历史上对中国历史进程有重大影响的事件24例。

《**黄河中下游地区水利史**》　程有为主编,河南人民出版社2007年出版。该书是国家社会科学基金项目的最终成果,凡12章,70万字。上起原始社会末期,下迄20世纪末,较为全面系统地记述了黄河中下游地区的水利历史,包括黄河河道变迁,水患防治、灌溉、航运、供水、水电工程,水土保持,水利科技等。《国家社会科学基金项目选介汇编》(第四辑)、《中国社会科学院院报》、《中州学刊》、《中国史研究动态》对该书进行了评介。

《**河洛文化概论**》　程有为著,河南人民出版社2007年出版。该书凡18章,50万字,是国家社会科学基金重大委托项目"河洛文化的内涵、传承与影响"的最终成果之一,也是一部全面系统论述河洛文化的专著。该书对河洛地区的物质文化、制度文化和精神文化,特别是对精神文化的各个方面分历史时期进行系统考述;并论述河洛文化的历史地位和重要作用,提出了许多个人独到的见解。

《**唐宋行会研究**》　魏天安主编,河南人民出版社2007年出版,"豫商发展史与豫商案例研究"丛书之一。书中内容涉及唐宋之际客商与坐贾势力的消长、唐宋坊市制度、宋代行会职能与法规,并从个案角度深入剖析了宋代粮食、出版、煤炭等行业市场和社会,最后介绍了宋代食、茶、药、书、邸、水果、鱼肉、米、花等诸业行会。

《河洛文明探源》 李绍连著,河南人民出版社2007年出版,收入"河洛文化研究丛书"。该书聚焦河洛文明形成的起源、发展及在中华文明史中的地位与作用,内容涉及河洛文明之酝酿、河洛文明之路、河洛文明的曙光、中国早期国家根植河洛、河洛文化与中华传统文化、河洛文明与中华文明。作者认为河洛文化是以洛阳为中心的古代黄河与洛水交汇地区的物质与精神文化的总和,是中原文化的核心,也是中华传统文化的精华和主流。河洛文化以"河图""洛书"为标志,体现了中华传统文化的根源性;以夏、商、周三代文化为主干,体现了中华传统文化的传承性;以洛阳古都所凝聚的文化精华为核心,体现了中华传统文化的厚重性;以"河洛郎"南迁为途径,把这一优秀文化传播到海内外,体现了中华传统文化的辐射性。

《济水与河济文明》 张新斌等著,参加者有王建华、李龙、李晓燕、张玉霞、徐春燕、李建华,河南人民出版社2007年出版,62万字。该书对河济关系、河济文明及河济发展进行了综合研究,不仅对济水河道经行地点进行了考证,而且对济水河道的变迁及黄河与济水关系进行了专题研究,提出济水在夏代以前是独流入海的河流,大禹治水是因为黄河与济水形成了交叉。该书首次提出了河济文明的概念,对河济文明与史前文化、国家形成、王朝嬗变、科学技术、思想文化进行了研究,对未来河济文化的发展战略进行了基本的勾勒。该书是国内学术界首部关于济水方面的专著,对深化黄河文化的研究具有重要意义。

《中原文化解读》 张新斌主编,李立新副主编,文心出版社2007年出版,30万字。该书围绕中原文化的八大板块、32个内涵展开解读,包括史前文化、夏商文化、汉魏文化、北宋文化、始祖文化、姓氏文化、名人文化、都城文化、村镇文化、山水文化、易学文化、诸子文化、道教文化、佛教文化、商业文化、军事文化、教育文化、天文文化、农耕文化、陶瓷文化、冶铸文化、医药文化、汉字文化、书画文化、诗文文化、戏剧文化、武术文化、节庆文化、传说文化、饮食文化等453个文化亮点。该书通俗易懂,文字清新,图文并茂,是解读中原文化颇具权威性的成果之一。

《中华通鉴·河南卷》 程有为、鲁德政主编,王珍、任崇岳、冯文纲、陈建魁、陈习刚、唐金培等撰稿,中国戏剧出版社2008年出版。该书近210万字,是一部河南地区的编年体通史。上起远古,下迄20世纪末,以时为经,以事为纬,以事系人,以朝代分期,每期前有概述,提纲挈领地阐述了当时河南地区的社会状况和特点,对系统全面地了解有史以来的河南历史及资政育人有一定的意义。

《中国姓氏文化》 陈建魁编著,中原农民出版社2008年出版,29万字。该书分为中国姓氏文化解析和中国当代百家大姓两卷,是学术界较早也较为全面的姓氏学专著之一。第一卷分中华姓氏的产生,新旧《百家姓》,中华姓氏始祖,姓氏郡望与堂号,姓氏家谱,名、字与号,取名方式面面观,姓氏楹联与字辈谱,姓氏趣闻与谜语等九个部分;第二卷则按顺序逐个解读中国当代100个大姓的起源、播迁、郡望、堂号、名人、遗迹等内容。

《郑州与黄帝文化》 陈习刚主编,河南人民出版社2008年出版,32万字。2007年度郑州市重点投标项目"黄帝活动的主要区域及黄帝文化研究"的结项成果。黄帝肇造了辉煌灿烂的中华古代文明,是中华民族共同的"民族始祖""人文始祖"。黄帝是代表具体人黄帝、黄帝族团和黄帝族团世袭领袖的名号,是黄帝时代的代名词。黄帝的年代约为公元前4420—公元前2900年。黄帝时代所对应的考古学文化主要是仰韶文化的中晚期。该书在阐释黄帝文化概念及其发展阶段、黄帝文化性质与特征、黄帝文化历史地位等的基础上,在全国黄帝文化的视野下,主要探讨了黄帝故里所在的郑州与黄帝文化相辅相成、密不可分的渊源关系。

《郑州古代军事》 任崇岳、徐春燕、张攀著,河南人民出版社2008年出版。该书以时间为经,以军事战争为纬,力求在叙述历史、重现战争画卷的同时,对其中的著名战役作深入剖析,再现中国战争史上的典型事例,从另一个角度勾画了中国军事发展的缩影。

《黄河流域史前聚落与城址研究》 张新斌主编,李龙、王建华副主编,科学出版社2010年出版,35.2万字。该书对黄河流域的地理特征进行了总结,对黄河流域史前聚落的研究现状进行了综合,对黄河上游、中游和下游的史前聚落和城址进行了研究,对黄河流域史前聚落的形成和演变轨迹、生态环境、社会形态、经济发展进行了专门研究。从其对黄河上、中、下游史前聚落发展的比较研究中可以看出,中原地区史前聚落的发展具有特定的轨迹,而这与其特定的环境和文化传统有着密不可分的关系,由此文明在这里形成成为必然。

《中华蒋姓淮滨寻根》 张新斌主编,林长副主编,中国文化出版社2010年出版,6.7万字。该书重点对中华蒋姓根在淮滨的文献、考古及民间传说等方面的依据进行了考证和梳理。对蒋姓胜迹、蒋姓名人、蒋姓文化、蒋姓盛事,以及蒋姓源起和流布进行了研究、分析和梳理。对全球蒋姓宗亲到河南淮滨寻根具有重要的参考指导意义。

《官员贬降与北宋政治文化》 杨世利著,中州古籍出版社2010年出版。该书采用制度史与思想史相结合的研究方法,不仅对北宋官员政治型贬降和叙复制度本身作了细致的考证、分析,而且通过官员贬降制度演变这一独特的角度分析了北宋政治的宽容性问题,以及北宋皇权、相权、谏权三者之间制衡关系的动态演变,最后分析了政治理念与权力运作的关系。该书认为儒家思想中有利于维护皇权的思想已经转化为法律,而限制皇权的思想仍停留在理想层面。

《第一次国共合作与党的建设互动研究》 唐金培著,河南人民出版社2011年出版。全书分"建立统一战线是苏俄和国共两党生存发展的共同需要""第一次国共合作的初步酝酿与党的建设良好开端""第一次国共合作建立前后党的建设面临的机遇与挑战""大革命高潮时期党的自身建设方面的成就与缺陷""第一次国共合作走向破裂与党的建设的重大挫折""第一次国共合作时期党的建设的历史特点与经验教训"等6章,共26万字。该书以第一次国共合作期间中国共产党的建设为主要内容,着重探讨了第一次国共合作统一战线的建立、维护、破裂等与中国共产党政治建设、组织建设、思想建设、作风建设等之间的内在关系。

《中华赖姓息县寻根》 张新斌主编,李卓、蒋文俊、赖云合副主编,中国文化出版社2011年出版,23万字。该书重点对赖姓根在息县的理由进行了研究和探讨,对赖姓名人、赖姓播迁、赖姓盛事、赖姓胜迹、赖姓家谱进行了梳理,对于全球赖姓到息县寻根具有重要的参考指导意义。

《殷墟花园庄东地甲骨刻辞类纂》 齐航福、章秀霞著,线装书局2011年出版。该书主要是在参考学界包括缀合在内的相关基础整理和研究成果基础上,集作者个人研读心得编著而成,在字头(或词头)编排、字形原篆的选取、辞例的搜集、释文的补充、部分卜辞辞序的调整、兆序字的补充、文字释读的选用、卜辞文意的理解等方面作了进一步的完善,更加方便了学界的使用和研究工作。

《中国北方游牧民族源流考》 任崇岳、白翠琴著,黑龙江人民出版社2012年出版,国家社科基金项目结项成果。中国北方游牧民族资料少且分散,不易搜集,因此之前只有单篇文章问世,未有专著出版。该书搜集了中国北方游牧民族的零星资料,全面梳理了匈奴、鲜卑、乌桓、高车、回鹘、突厥、契丹、女真、蒙古等族的源流,并提出了自己的见解。该书获中国社会科学院优秀论著二等奖、河南省社会科学优秀成果二等奖。

《河南生态文化史纲》 刘有富、刘道兴主编,张新斌、徐忠、杨晓周、王建华副主编,黄河水利出版社2013年出版,53万字。该书由张新斌具体主持编务工作,王建华、李晓燕、张玉霞、徐春燕、唐金培等参与编写。全书分为上、下两篇:上篇主要论述了河南地区历史时期的生态环境变迁;下篇主要论述了河南生态文化,其内容包括生态哲学、生态伦理、生态宗教、生态文艺、生态美学、生态习俗、生态科技、生态安全和生态教育。该书是党的十八大提出生态文明建设后河南省围绕生态文化所推出的第一本学术专著,荣获2014年度河南省社会科学优秀成果一等奖。

《清代乾隆朝省级司法实践研究》 魏淑民著,中国人民大学出版社2013年出版。该书系中国人民大学出版社"清史研究丛书"遴选书目,是国内外第一部研究清代省级司法的学术专著,兼采地方行政和君臣关系的研究视角,通过剖析动态的司法实践过程,既深入展现地方行政宏观范畴之下刑名与钱粮要务的交汇关系、督抚两司等员的司法职能特点,又生动刻画了外省督抚和乾隆皇帝之间复杂而微妙的君臣关系状态,进一步修正了学界对专制君主"乾纲独断"论的传统认识,在史学和法学研究领域均有一定影响。中国政法大学法律史学研究院院长林乾教授指出,该书选题新颖,从省级司法职能出发,选取清代法制定型化的乾隆朝为重点,透视大行政框架下的司法及其运行时态,对研究清代法制史和政治史都有较大裨益,对今天的依法治国也有积极借鉴意义。

《吐鲁番唐代军事文书研究》 程喜霖、陈习刚主编,新疆人民出版社2013年出版。该书为2005年度国家社会科学基金重大项目"新疆通史"(05&ZD060)之子项目"吐鲁番唐代军事文书研究"(XJTSB061)的结项成果,共分《吐鲁番唐代军事文书研究》(文书卷)、《吐鲁番唐代军事文书研究》(研究卷)两卷。陈习刚为《吐鲁番唐代军事文书研究》(文书卷)的具体完成人,该卷提出唐代军事文书分类三原则:一是文书中首见军事名词;二是依军队、军制;三是涉西域军防。据此将从已刊的数千件文书中所遴选的唐代696件军事文书按内容划分为军府、军镇、征行征镇、镇戍、烽铺、军马、军屯、涉军事文书等八大类,共计收录图版84幅、录文部分696件文书和总附录录文部分107件文书,依类相从,有条不紊,分类整理研究辑录成卷。

《中国地域文化通览·河南卷》 朱绍侯主编,程有为等副主编,中华书局2014年出版。该书为中央文史研究馆组织全国各地专家学者撰写的《中国地域文化通览》中的一卷。该书凡52万字,分为绪论和上、下两编。上编纵向描述河南地区文化的发展史,下编重点描述河南地区文化的特点和亮点。程有为撰写绪论并与王永宽研究员合作撰写了上编书稿。该书上起远古时代,下迄1911年辛亥革命,可视为河南地区的"文化地图"。

《黄姓简史》 陈建魁著,陈建魁、黄百鸣主编,江西人民出版社2014年出版,39万字。该书分别从黄姓的源起、迁徙流布、文化、名人及相关建筑遗存等方面进行了系统的梳理和叙述,尤其对在黄姓发展史上产生过重大影响的家族进行了详细且明晰的介绍,不仅有利于研究黄姓的历史发展脉络和特点,对我国的姓氏文化乃至历史上的一些重大事件的研究也有助益。

《郑州商城与早商文明》 郑杰祥著,科学出版社2014年出版,45万字。该书依据现有考古资料、参考文献记载和古文字资料,在前人研究的基础上,对郑州商城作为商代王都亳邑的性质作了进一步的论述;认为以郑州商城为中心的二里冈文化的文化内涵是以商族文化为主体,融合各族文化特别是夏文化的精华,不断创新发展,从而形成了初步繁荣的早商文明,推动我国早期文明进入了一个新的历史阶段。

《中国抗日战争全景录》(河南卷) 王全营、唐金培著,河南人民出版社2015年出版。为纪念世界反法西斯战争暨中国抗日战争胜利70周年,人民出版社策划出版一套"中国抗日战争全景录"丛书,要求以省为单位撰写一卷。应河南人民出版社邀请,王全营和唐金培担任河南卷的撰写工作。该书分"滔滔黄河在咆哮""一寸山河一寸血""中流砥柱创伟业""暴行罄竹难得书""水深火热声声急""大河南北起烽火""縠縠中原展红旗""辽阔大地奏凯歌"等8章,共17万字,重点在于突出河南抗日战场在全国抗战中的重要地位和独特作用。

《花东子卜辞与殷礼研究》 章秀霞著,中华书局2017年出版。殷礼自古以来材料匮乏,难以足征。近世以来的殷礼探索肇始于商代甲骨文的发现,多以王卜辞为考察中心,从商王视角进行探讨。该书以新出花东子卜辞为中心,站在非王贵族这一独特视角,对其反映的殷礼信息进行了分类整理和探索。上编在吸收学界校读基础上,结合作者研读心得,对这批子卜辞进行了系统分类与排谱整理。下编对其体现出的殷礼信息进行了分门别类的阐述和探讨。

《明清时期中原城镇发展研究》 徐春燕著,社会科学文献出版社2017年出版。该书以明清时期中原城镇发展为中心,从城镇职能组合、区域分布、等级规模及城镇发展区域比较等方面进行研究探讨。总体来看,明清时期中原城镇的发展在许多方面都有所成就,但放在全国大背景下考量,中原地区的城镇地位却在下降,这固然受累于整个北方地区经济增速变缓和南北方差异加大的外部环境,中原城镇固有的经济活力不足却是更深层次的原因。

《河南简史》 程有为著,河南人民出版社2018年出版,40万字。《简明河南史》面世已有20多年,河南地区出现许多举世瞩目的考古发现和重要研究成果,知识需要更新。该书分历史时期阐述河南地区的政治、经济、文化状况,可使读者对数千年来河南历史的演进轨迹和规律有所了解。

《中华大河文化史丛书·中原文化史》 程有为著,人民出版社2018年出版,40万字。该书为"中华大河文化史丛书"中的一种,上起原始社会,下迄中华人民共和国成立,分时期阐述中原地区的精神文化,包括思想、学术、宗教、文学、艺术、科技、教育、风俗等,兼及制度文化与物质文化。该书着重探讨了中原文化形成、发展、演变的历史轨迹和规律,中原文化在黄河文明、中华文明中的地位,使读者对中原文化有一个较为全面、系统的认识。

《中原之城——河南先秦城址研究》 马世之著,河南人民出版社2018年出版。该书分绪论,仰韶、龙山时代城址,夏代城址,商代城址等8部分,对河南考古发现的约200座先秦城址的地理位置、生态环境、考古发现经过、城址平面布局、宫殿、官邸、手工艺作坊、墓葬区、重要出土文物、文献记载情况、重要意义及学界重要观点等都作了全面解析。

二、文集

《中原墨学研究》 萧鲁阳编著,中州古籍出版社2001年出版。该书是一部墨学研究文集,收录有《墨子里籍辨析》《毛泽东对墨子的评价》《墨子的物质观研究》《墨子经济思想简论》《略谈墨子与儒家的关系》等文章,对墨子里籍问题进行了新的考证和研究,对墨子思想及其与现代文明的关系进行了研究。

《伏羲与中华姓氏》 穆仁先主编,张新斌、张治光、孔远华、刘占国副主编,黄河水利出版社2004年出版,31.3万字。该书为2004年"伏羲与中华姓氏文化学术研讨会"的论文集,共收录何光岳、陈昌远、张振犁、马世之、郑杰祥、袁义达、任崇岳、王大良、许永璋、李绍连、张新斌、陈建魁、李立新、李乔、徐春燕等论文与文件43篇,是国内学术界对伏羲与中华姓氏关系研究的首部论文专集。

《许衡与许衡文化》 该书分为上、下两卷,上卷为许衡故里志,下卷为"中国首届许衡学术研讨会"论文集。下卷的主编为张新斌、常平凡。全书共34.4万字,中州古籍出版社2007年出版。该书收集了河南省社会科学院考古研究所主持的主题报告,并收录有杜荣坤、陈美东、陈得芝、李治安、白翠琴、张帆、崔大华等国内知名专家及马世之、程有为、李立新、王建华、李晓燕、徐春燕、张玉霞、李建华等人的论文与资料共57篇。该书为国内学术界有关许衡研究的首部文集。

《范仲淹思想与修武范园文化》 刘道兴、张新斌主编,中州古籍出版社2009年出版,16.3万字。该书收录了2007年8月河南省社会科学院考古研究所相关人员对修武范氏陵园的调查报告,报告对宋至当今范氏陵园的埋藏情况和碑刻进行了描述,对该陵园的历史文化价值进行了考察,在对现存问题分析的基础上,对范园未来的开发提出了构想。该书还收录了张新斌、任崇岳、李立新、李晓燕、徐春燕、王建华、陈建魁、穆朝庆、郭艳、徐春燕、张玉霞等人有关范氏文化、墓葬文化、家族精神传承等方面的论文及相关的研究成果。

《固始与闽台渊源关系研究》 张新斌、金平、崔振俭主编,唐金培、戴吉强、穆朝庆、戴黎明副主编,人民出版社2009年出版,60万字。该书是2008年10月在固始举行的"固始与闽台渊源关系研讨会"的论文集,共收录何光岳、袁义达、林瑶琪、宋豫秦、卢美松、蔡干豪、欧潭生、汤漳平、廖开顺及马世之、任崇岳、程有为、张新斌、穆朝庆、李立新、唐金培、李乔、陈习刚等论文与资料71篇,是国内学术界系统研究固始与闽台渊源关系的开端之作。

《区域文化与区域发展》 赵保佑主编,张新斌、穆朝庆、唐金培副主编,河南人民出版社2009年出版,56万字。该书为2009年"区域文化与区域发展高层论坛"的论文集,汇集来自全国各省市社科院有关区域文化研究的最新研究成果,涉及草原文化、中原文化、齐鲁文化,荆楚文化、闽台文化及当代文化的利用和开发。赵保佑、张新斌、李立新、唐金培、程有为、杨世利、李龙、章秀霞、张玉霞等均提供了论文,共收录论文56篇。该文集是区域文化研究阶段性成果的具体体现。

《颛顼帝喾与华夏文明》 张新斌、张顺朝主编,穆朝庆、李树裕、唐金培、乔书起副主编,河南人民出版社2009年出版,44.3万字。该书为2006年"颛顼帝喾与华夏文明学术研讨会"、2008年"第二届颛顼帝喾与华夏文明研讨会"两次会议的论文集,共收录王震中、王俊义、朱绍侯、许顺湛、郑光、王贵民、何光岳、沈长云、陈昌远、高广仁等专家,马世之、程有为、任崇岳、李绍连、张新斌、穆朝庆、唐金培、陈习刚、陈建魁、李龙、田冰、徐春燕、王建华等作者的论文与资料62篇。该书对研究五帝文化和上古文明具有重要的学术价值。

《鹿邑与中华李姓之根》　　张新斌、夏学良主编,李立新、李建华、陈大明、李龙副主编,河南人民出版社2010年出版,42万字。该书是2009年"中国鹿邑李姓之根高层论坛"的论文集,共收录何光岳、袁义达、谢钧祥、李吉、杨东晨、王泉根、朱绍侯等专家,张新斌、李立新、任崇岳、陈建魁、唐金培、李玲玲、陈习刚、李乔、李龙、李晓燕等作者的论文和资料42篇。该书对李姓寻根具有重要的参考价值。

《云台山与竹林七贤》　　张新斌、徐学智主编,薛文忠、李晓燕副主编,河南人民出版社2011年出版,46万字。该书为2010年11月在修武举办的"中国云台山第三届竹林七贤文化研讨会"的论文集,汇集了刘满仓、徐公持、曹旭、刘强、赵剑敏等专家,张新斌、唐金培、李龙、王建华、李晓燕等作者的论文与资料共44篇。该书是云台山与竹林七贤研究的阶段性成果。

《比干文化研究》　　林宪斋主编,张新斌、范崇梅、陈建魁、刘万奎副主编,河南人民出版社2012年出版,32万字。该书汇集了王震中、杭侃、袁义达、王泉根、王大良、林伟功等专家,张新斌、陈建魁、任崇岳、李龙、张玉霞、唐金培、李玲玲等作者的论文和资料共38篇。该书对研究比干文化与林姓源流具有重要的参考价值。

《武王伐纣·宁氏源流——获嘉历史文化论丛》　　张新斌、刘兴儒主编,王星光、杨世利、刘传强、李玲玲、张宝云、宋福浩副主编,河南人民出版社2012年出版,52万字。该书是2005年"中国获嘉宁氏文化研讨会"、2008年"中国获嘉第二届宁氏文化研讨会"及2011年"中国获嘉周武王与牧野大战学术研讨会"的论文集,汇集了殷玮璋、王宇信、孟世凯、郑光、王震中、袁义达、许顺湛、徐义华、陈昌远、何光岳、刘庆、王大良等国内专家,马世之、郑杰祥、任崇岳、程有为、张新斌、李立新、陈建魁、杨世利、李晓燕、唐金培、王建华、李玲玲等作者的论文和资料共68篇。该书对研究武王伐纣与牧野大战、宁氏文化源流与寻根具有重要的参考价值。

《葛天氏与上古文明》 张新斌、杨智钦主编,陈建魁、朱保春副主编,河南人民出版社2013年出版,23万字。该书为2012年12月举行的"葛天氏与上古文明学术研讨会"的论文集,共汇集曹定云、宫长为、葛荣晋、葛英会、朱彦民、杨东晨、王永宽、葛培岭等专家及张新斌、任崇岳、陈习刚、李乔、穆朝庆、李玲玲、唐金培、陈建魁等作者提供的论文与资料39篇,为国内首部葛天氏与上古文明的研究成果。

《黄帝与中华姓氏》 张新斌、刘五一主编,岳建华执行主编,刘如江、李立新副主编,河南人民出版社2013年出版,35.6万字。该书为2013年4月在新郑举行的"黄帝与中华姓氏学术研讨会"的论文集,收录了朱士光、宫长为、任大援、徐义华、袁义达、王泉根等国内知名专家,以及郑杰祥、李绍连、马世之、程有为、任崇岳、张新斌、卫绍生、李立新、陈建魁、李乔、穆朝庆、陈习刚、张玉霞、李玲玲等作者的论文共59篇,集中反映了学术界对黄帝与中华姓氏方面的最新研究成果。

《卢氏历史文化研究》 张新斌、彭修身主编,李立新、梁信志、吴金钟、陈建魁、李玲玲副主编,河南人民出版社2015年出版,32万字。该书为2013年"中国卢氏历史文化研讨会"的论文集,共汇集袁义达、徐义华、何光岳、常耀华等专家,马世之、任崇岳、张新斌、李立新、陈建魁、李龙、张玉霞、陈习刚、唐金培等作者的论文与资料39篇,是对卢氏县历史文化研究成果的最新盘点。

《登封与大禹文化》 张新斌、王青山主编,常松木、陈建魁、蒲延中、李玲玲副主编,大象出版社2016年出版,50.4万字。该书为2014年"登封与大禹故里学术座谈会"、2015年"中国登封大禹文化研讨会"两次会议的论文集,收录李伯谦、周昆叔、曹定云、彭邦本、杜勇、葛志毅、葛英会、印群、杨育彬、马世之、郑杰祥、杨东晨、蔡运章、谭继和、李玉洁、周书灿、刘俊男、王永宽、程有为、方燕明、张新斌、李立新、蔡全法、王星光、陈立柱、靳怀堾、高江涛等专家与学者的论文和资料共69篇,集中反映了学术界最新的大禹文化研究成果。

《共工氏与中华龚姓》 张新斌、龚家亮、张建军主编,尚建军、龚立座、李玲玲、郭兰玉、金葵、龚华荣、龚振京、龚钦宇副主编,大象出版社2016年出版,36.2万字。该书为2015年"共工氏与中华龚姓文化研讨会"的论文集,收录张广志、王震中、曹定云、彭邦本、袁义达、王大良、张新斌、马世之、任崇岳、杨晓国、程有为、江林昌、杨东晨、李玉洁、朱彦民、张淑一、袁广阔、周书灿、魏建震、王星光、刘俊男、袁延胜、李乔、杜学霞、李慧萍等专家学者的论文与资料共53篇。该书为国内首部共工氏与中华龚姓的论文专集。

《炎黄文化与社会主义核心价值观——第三届中部六省炎黄文化论坛文集》 张新斌、王保军主编,岳建华、李龙执行主编,河南人民出版社2016年出版,54.4万字。该书收录"第三届中部六省炎黄文化论坛"的交流论文和相关会议文件共64篇。其中有徐光春同志的《我对炎黄文化与社会主义核心价值观的初步认识》及刘庆柱、任大援、陈昌远、杨育彬、王玉德、荣开明等专家的论文,河南省社会科学院张新斌、唐金培、李龙、张玉霞、马世之、程有为、卫绍生等作者的论文也收录其中。

《柏皇氏与中华柏姓》 张新斌、张宗杰、张二军主编,吴双全、张玉霞、袁贺明、杨华平、柏振云、谢改成、胡秀云副主编,大象出版社2017年出版,35.7万字。该书为"柏皇氏与中华柏姓文化研讨会"的论文集,收录有王震中、曹定云、袁义达、马世之、杨东晨、任崇岳、张新斌、李玉洁、徐日辉、周书灿、李乔、袁延胜等专家学者的论文及资料46篇,是国内首部研讨上古柏皇氏的专集。

《任崇岳学术文集》 任崇岳著,大象出版社2017年出版,为"中原学术文库·文集"的一种。文集选编了作者任崇岳进入河南省社会科学院后在《民族研究》《学术月刊》《史学月刊》《中州学刊》等学术期刊公开发表的有关宋史、元史、地方史及考证类的论文40余篇,具有较高的学术研究价值和收藏价值。

《马世之学术文集》 马世之著,大象出版社2017年出版,为"中原学术文库·文集"的一种。文集分为古城古国研究、文明起源研究、伏羲文化研究、炎黄文化研究、颛顼文化研究、楚文化研究和姓氏文化研究七个部分，收录了《试论我国古城形制的基本模式》《中国古代都城规划中的"象天"问题》《试论城的出现及其防御职能》等文章。

《程有为学术文集》　程有为著，大象出版社 2017 年出版，为"中原学术文库·文集"的一种。作者程有为从事中国古代史、河南地方史与中原文化研究 30 多年，发表论文 100 多篇，从中选出 40 多篇结为一集，分为古史求索、制度探研、人物考论、思想评析、中原文化研究、文化互动述论六组。书首有自序，概要介绍作者从事学术研究的历程；书末附有作者科研成果目录。

三、资料整理、汇编

《大梁守城记笺证》　刘益安著，中州书画社 1982 年出版，8.9 万字。《大梁守城记》是周在浚记叙明末李自成农民起义军三次围攻开封的始末。此书既保存了明末农民战争珍贵的历史资料，也有不少疏漏遗误。刘益安根据《明史》诸书记载这一事件的零散材料，对该书所记诸事的异同做了许多订正工作。

《梁启超年谱长编》　赵丰田等著，上海人民出版社 1983 年出版。这是在赵丰田的主持下，由申松欣、李国俊将丁文江、赵丰田于 20 世纪 30 年代的旧作《梁任公先生年谱长编》（油印本）进行校勘、修订、补辑而成的巨著，不仅详尽地记录了梁启超这个重要历史人物的思想言行，还为研究晚清至民国前期的政治、思想、文化、教育及对外关系诸问题提供了珍贵的第一手资料。该书对于近代史和梁启超研究有着重要的参考价值，荣获 1991 年河南省社会科学优秀论著一等奖。

《鸡肋篇》　萧鲁阳整理，中华书局 1983 年出版。《鸡肋篇》系宋庄绰撰,是宋人史料笔记中较为重要的一种,内容翔实,有较高的史料价值。本次整理为国务院古籍整理小组出版规划项目。以涵芬楼本为底本,校以影元抄本和傅校本、文澜阁补抄本、琳琅丛书本,并参校了一些诗文集,同时为全书300余条内容逐条拟定标题。书后附有研究文章《庄绰生平资料参辨》,在其家世、历官、南渡路线、著述等方面有新的见解。

《吕坤年谱》 郑涵著,中州古籍出版社1985年出版,11万字。吕坤是明末反道学的唯物主义思想家,此前未见吕坤的传记或年谱行世。作者经多方搜集资料,首撰此年谱,对吕坤的言行著述、治学论道、交游酬答、出处进退、居官临行、学术思想、政治思想等方面援引翔实的资料,逐年详细记述其生平事迹,对于吕坤和明史研究有重要参考价值。

《梁启超著述年谱》 李国俊编,复旦大学出版社1986年出版,19.8万字。梁启超是中国近代著名的政治活动家和思想家,一生著述甚多。作者花费多年心血,广泛搜集,编成本谱。书中共著录梁启超著述2111目,其中未见《饮冰室合集》的1004目。此书对于梁启超的研究颇有助益。

《宋东京考》 单远慕整理,中华书局1988年出版,21万字。该书是清代周城撰写的一部记载北宋都城开封史事的著作,具有重要学术价值。作者在整理过程中,查阅了数百种古籍,对原书做了标点和校勘精审等大量工作,订正了原书中的不少讹误,在古籍整理著作中具有较高的学术水平。该书获1991年河南省社会科学优秀成果二等奖。

《木兰文献大观》 苏丽湘主编,河南人民出版社1993年出版。自《木兰辞》问世以来,千余年间关于木兰这一艺术形象及其原型的研究资料十分零散,该书共收集各种著录资料227篇,进行系统校勘、诠释、研究。书末附有《木兰文献未收篇目索引》。这是迄今最完备的一部木兰文献,对于整理木兰文化遗产、丰富木兰文献宝库、促进木兰研究有着重要影响。该书获河南省图书馆学会1991—1995年度优秀成果二等奖。

《河南省大事记》　王天奖主编,中州古籍出版社1993年出版,66万字。该书在王天奖的主持下,由陈建魁、王天奖、庞守信、王全营、冯文纲等人分工撰稿而成。书中记述了夏朝至中华人民共和国成立这4000年来河南地区发生的历史大事,包括政治、经济、军事、文化、外交等各个方面,资料翔实,记事简明,实为一部工具书。书后附有《各地、市县地名沿革》《1786年至新中国成立前全省人口统计》《各县进士人数统计》《各县历代主要名人》等10多个表格。

《河南通鉴》　程有为、王天奖、鲁德政主编,王珍、任崇岳、庞守信、冯文纲、耿瑞玲、杨航军等撰稿,中州古籍出版社2001年出版,近400万字。该书是一部河南地区的编年体通史,上起远古,下迄20世纪末,以时为经,以事为纬,以事系人,以朝代分期,每期前有概述,提纲挈领阐述当时河南地区的社会状况和特点。该书可使读者对有史以来的河南历史有系统全面的了解,又可起到资政育人的作用。

《中原文化大典·大事记》　程有为主编,王宗虞、任崇岳、张佐良等撰稿,中州古籍出版社2008年出版,30万字。该书为河南省实施的大型文化工程《中原文化大典》"一论、八典、一记"中的一种,记述了中原地区有史以来文化方面的重大事件,是整个中原文化的纵向大事编年记录。该书上起史前传说时期,下迄清末,展示了中原文化的发展演进状况和辉煌成就,可使读者对中原文化的发展历程和整体风貌有全面系统的了解。

《台北知府陈星聚资料汇编》　李乔编,河南人民出版社2017年出版,分上、下两编,共116万字。该书上编为《淡新档案》,是从近两万件《淡新档案》中辑录出来的与陈星聚有关的档案资料,依据资料主题,分别归入财税、商业、钱财、行政、外交、家族、救济、乡治、司法、刑事、军事、教育、番政、交通、建设等相关类目;下编为《淡新档案》以外的陈星聚资料,包括地方志、奏议、公牍、实录、文集、档案等方面的资料。

历史与考古研究所承担国家社会科学基金项目一览表

项目负责人	项目编号	项目类别	项目名称	立项时间
骆宝善			袁世凯研究	1987 年
单远慕			千唐志斋藏志研究	1989 年
王天奖	91BZS040	一般项目	红枪会研究	1991 年
马世之	96BZS020	一般项目	中原古国研究	1996 年
任崇岳	99BMZ012	一般项目	中原地区历史上的民族融合与同化	1999 年
张新斌	99BZS018	一般项目	济水与早期河、济关系研究	1999 年
程有为	99BZS016	一般项目	黄河中下游水利史研究	1999 年
魏天安	02BZS010	一般项目	宋代官营经济史	2002 年
蔡万进	02BYY035	一般项目	河南出土文字资料的整理与研究	2002 年
李立新	03BZJ002	一般项目	商代宗教的原始记录——甲骨文中所见祭名研究	2003 年
任崇岳	05BMZ017	一般项目	中国北方游牧民族源流考	2005 年
齐航福	05CYY009	青年项目	殷墟花园庄东地甲骨刻辞的语言学研究	2005 年
张新斌	08BZS046	一般项目	黄淮的历史变迁与两大流域文化的互动	2008 年
徐春燕	09CJL007	青年项目	明清时期中原城镇的发展研究	2009 年
田冰	10CZS039	青年项目	古代黄河中下游地区生态环境变迁与城镇兴衰研究	2010 年
王建华	11CZS046	青年项目	古史传说时代中原地区的生态环境与文明形态研究	2011 年
穆朝庆	11BZS023	一般项目	宋代户籍管理与社会阶层互动研究	2011 年
章秀霞	11FZS017	后期资助项目	殷墟花园庄东地甲骨卜辞与殷礼研究	2011 年
魏淑民	13CZS025	青年项目	清前期省级司法职能与地方行政、君臣关系互动研究	2013 年
徐春燕	17BZS136	一般项目	清代北方地区的城乡关系研究	2017 年
唐金培	18FDJ002	后期资助项目	新民主主义革命时期党的作风建设	2018 年

第二节
主要学术活动

为了加强同全国历史与考古学研究机构及大专院校的协作与学术交流,历史与考古研究所除派出人员到外地进修、参加学术讨论会外,还先后发起和主办了五次全国性的学术讨论会,增进了学术交流,也提高了河南省社会科学院历史与考古研究所的知名度。通过人员出国考察、接待外国学者,加强了国际交流与协作。

一、学术研讨会

以历史与考古研究所为主召开的学术研讨会有数十次,其中比较重要的有:

1982年10月21日至27日,由宋史研究会和河南省社会科学院历史研究所等共同发起并主办的"宋史研究会1982年年会"在郑州举行。来自全国各地的专家、学者70余人出席了会议。会议收到学术论文77篇。宋史研究会会长邓广铭作了学术报告。代表们对两宋的政治、经济、军事、典章制度、思想文化、民族关系等方面进行了认真的探讨,涉及的问题内容广泛而深入。这次年会讨论的主要问题有:对两宋社会经济发展的评价问题,关于宋太祖先南后北方针的评价问题,关于北宋初年宋与西夏战争性质问题,关于司马光的政治态度问题,关于《资治通鉴》的评价问题。另外,会议还对宋代的典章制度如科举考试、学校教育、官制等问题进行了探讨。这次会议是河南省社会科学院建院初期举办的全国性学术讨论会之一,增进了河南省社会科学院科研人员同全国学术界的交流,提高了河南省社会科学院历史研究所的知名度,推动了历史研究所宋史研究的开展。

1983年10月13日至17日,由河南省社会科学院历史研究所主办的"中南地区辛亥革命研究会1983年学术年会"在郑州举行。会议围绕辛亥革命时期的社会思潮这一主题,对什么叫社会思潮、社会思潮包括哪些方面的内容、怎样区分进步思潮和反动思潮的源流、它与社会经济和阶级之间的关系、辛亥革命时期爱国主义的特征、无政府主义在辛亥革命前后有无进步作用、辛亥革命的研究如何为社会主义建设服务等问题进行了深入讨论。

1984年10月7日至13日,由中国社会科学院历史研究所和河南省社会科学院历史研究所等单位联合发起和组织的"全国商史学术讨论会"在安阳举行。会议主要目的是纪念安阳殷墟发现甲骨文85周年及殷墟科学发掘56周年,并通过这次讨论会加强商史研究和促进史学的发展。来自全国各地的知名专家学者夏鼐、胡厚宣、张政烺、金景芳等70多人出席了会议。这是中华人民共和国成立以来举行的规模最大的一次商史讨论会。会议讨论的主要问题有偃师商城的始筑年代和性质问题、商代的社会性质问题、朝歌在晚商的地位问题等,另外对商代的军队、官制、商业、货币等问题进行了探讨。这次会议反映了当时商史研究的最新水平。

1984年11月3日至9日,由《中国近代文化史丛书》编委会、河南省社会科学院历史研究所和河南省历史学会联合举办的"中国近代文化史学术讨论会"在郑州举行。这是中华人民共和国成立以来举行的第一次近代文化史学术讨论会。出席会议的有来自全国各地的专家学者70余人,著名历史学家刘大年、蔡尚思、李侃等参加了会议。与会代表围绕中国近代文化史研究的对象、任务、方法及中国近代文化的特点、地位和历史作用进行了讨论。代表们普遍认为,这次会议主题明确,通过对中国近代文化不同侧面的探讨,提高了认识和研究信心。会议互通了信息,交流了情报,对进一步组织研究力量、选择研究课题起到了推动作用。

1993年8月12日至16日,由中国殷商文化学会、河南省社会科学院历史研究所、郑州市社会科学联合会等六个单位共同发起主办的"郑州商城暨殷商文明国际研讨会"在郑州举行。出席会议的有来自全国各地的学者,以及美国、日本、瑞士、加拿大等国的学者共70余人,收到论文88篇。历史学家田昌五、考古学家邹衡、台湾学者李震等出席了会议。会议主要就郑州商城是否汤之亳都这一问题展开了讨论。会议期间,由李绍连、王宗虞等发起,征集胡厚宣、田昌五、邹衡、安金槐等几十名学者共同倡议把郑州列为八大古都之一。

1998年5月27日,"河南省社会科学院历史研究所建所40周年座谈会"在郑州召开,山东、河北等省历史研究所及河南省高校等单位专家学者与会,副省长张涛到会祝贺。会后举行了"《河南通史》研讨会"。

1998年9月24日至25日,河南省社会科学院与沁阳市委、市政府联合举办的"沁阳市李商隐墓修复揭碑仪式暨学术讨论会"在李商隐故里沁阳市召开。河南省委宣传部秘书长王世民,河南省社会科学院副院长张锐,焦作、沁阳等地的有关领导,以及来自首都师范大学、中央民族大学、郑州大学、河南大学、信阳师范学院、河南省社会科学院、河南省旅游局、河南博物院、河南省文物考古研究所、河南省古代建筑保护研究所、新乡市委党校与新闻出版单位的专家学者等90多人参加了大会。会议期间,大家实地考察了李商隐祖籍、祖茔雍店遗址，参加了李商隐墓修复揭碑仪式，并参观了有关历史文物古迹。廖仲安、李佩伦、何均地、孙克强、葛景春、许顺湛、郝本性、马世之、谢钧祥、任常中等近20位专家学者在会上宣读论文或发言。大家对李商隐的祖籍、祖茔、故里、墓地、后裔及李商隐的诗歌在文学史上的地位与社会影响等一系列问题进行了广泛深入的探讨。雍店遗址被发现和认同、李商隐的祖籍在沁阳再次得到确认、李商隐墓在沁阳城东被初步认定，是这次大会取得的三项成果。此次会议是对20世纪90年代以来有关李商隐祖籍、祖茔、墓址等问题研究的一次总结，也是河南省社会科学院的专家学者与地方联合进行历史文化遗产开发的成功范例，受到工社会媒体和学术界的广泛关注。张锐副院长在大会上所作的"以科学的态度对待历史文化研究"的发言中提出了"坚持历史唯物主义的科学态度""坚持百家争鸣的方针，发扬学术民主""认真研究，厚积薄发，开掘要深，立论要慎"的研究名人里籍的三项原则，对指导研究名人里籍等相关问题具有重要的指导意义。

1999年6月29日，由河南省社会科学院、安阳市文化局联合主办，安阳市文物工作队和河南省社会科学院考古研究所、历史研究所共同承办的"河南省纪念甲骨文发现100周年学术座谈会"在郑州召开。来自北京大学，中国社会科学院考古研究所、历史研究所和河南省内高校，文博、科研、新闻出版等单位专家学者100余人参加了会议。王宇信、杨升南、安金槐、许顺湛、高敏、朱绍侯、李民、曹定云、宋豫秦、杨焕成、杨宝顺、王蕴智、蔡运章等近20位专家发言。与会专家回顾总结了甲骨学百年产生发展的历程和百年来河南学者对甲骨学研究的贡献，并就甲骨文的发现对研究传统文化遗产的意义、甲骨文在中华文明进程中的独特价值与作用、甲骨文考释与商史研究、甲骨文与中国文字的起源和发展、河南学人与甲骨文研究等议题进行了学术座谈。

1999年9月10日至11日，由河南省社会科学院考古研究所与许由与许氏文化研究会联合主办的"许由、许国与许氏文化国际学术研讨会"在河南登封召开。来自中国社会科学院、中国科学院、中国历史博物馆、河南省社会科学院、河南博物院、河南省文物考古研究所、河南省古代建筑保护研究所、郾城县许慎纪念馆、河北大学、河南大学、郑州大学等单位的专家学者,以及来自马来西亚、泰国和国内各地的许氏宗亲近200人与会。会议期间,与会专家实地考察了箕山许由墓、许由庙、许由寨、洗耳泉、饮牛坑等有关许由的历史文物遗迹。近20位专家学者就以下问题进行了广泛深入的探讨:历史上确有许由其人,因不受尧的禅让隐居箕山而闻名于世;他是千古隐士的鼻祖,其所生活的时代相当于新石器时代晚期;许由曾为尧舜时代的一方诸侯,他率领的许部落活动于今颍水流域的登封、许昌、禹州、汝州、长葛、鄢陵一带,这一地区同时也正是西周初年许国的疆域范围;许由和许国有着极深的渊源关系;许由和伯夷为同一人,许地、许国、许姓之许皆源于许由,许由是许姓的始祖;登封市北依中岳嵩山,箕山、熊山绵延于南,颍河横贯东西,阻山带水,居天下之中,为夏都阳城之所在,是华夏文明的重要发祥地,许由正是阳城槐里即今登封箕山人;登封箕山是许由的故里,也因此成为许姓祖居地,箕山不仅有着秀美独特的自然景观,更有以许由遗迹为中心的人文景观,作为重要的文物旅游资源应加以认真保护,并积极宣传和开发利用。

2000年11月14日至16日,由中国古都学会、河南省社会科学院、鹤壁市人民政府主办,河南省社会科学院考古研究所,黄河文化研究会,鹤壁市文化局、文物局共同承办的"中国·鹤壁赵都与赵文化学术研讨会"在鹤壁市召开。河南省人大副主任袁祖亮、中国古都学会会长朱士光到会并发表讲话,著名学者李学勤向大会发了贺信。共有100余名专家学者出席了此次会议。与会专家重点对鹤壁赵都、赵文化与鹤壁考古两个专题进行了充分论证。大家一致认为,赵都中牟在鹤壁,史有明文,在学术界已成定论。目前已发现许多重要的考古线索,主管部门要进一步加强对赵都中牟城的考古考察工作,将其列为重要的课题进行联合攻关,使鹤壁赵都问题得到圆满解决。

2001年2月，河南省社会科学院历史研究所以河南省社会科学院姓氏文化研究中心的名义，与新郑市政府联合举办"'陈氏三宰相'学术研讨会"，来自台湾、香港和其他省市的专家学者、陈姓宗亲近百人出席了此次会议。程有为所长主持了学术研讨。

2001年10月24日，由河南省社会科学院、河南省墨子学会联合主办的"《中原墨学研究》首发式暨学术研讨会"在郑州召开，河南省委副书记王全书向会议发来贺信。来自复旦大学、郑州大学、河南大学、河南省社会科学院、河南博物院、河南省地方史志办公室、河南省古代建筑保护研究所及墨子故里所在地平顶山市和鲁山县的各级领导和专家共40余人参加了会议。河南省墨子学会副会长、考古研究所所长萧鲁阳对《中原墨学研究》的编辑、学术价值、特色等进行了介绍。与会专家学者对墨子的里籍、河南省墨学研究及开发利用等问题进行了深入研讨。

2002年6月25日，在河南省固始县人民政府二楼会议室里，来自河南省社会科学院考古研究所的专家、副所长张新斌及随行的青年科研人员李龙、王建华与固始县党政机关及有关部门的负责人一起，围绕固始县寻根资源的开发及可持续发展这个核心议题，进行了热烈而卓有成效的座谈。座谈会由固始县政协副主席陈文学主持。首先，陈文学致欢迎词，河南省社会科学院考古研究所副所长张新斌作了引导式发言，接着就有关部门应该提供的线索及资料作了几点提示。张新斌的简短发言结束后，县四大班子各部门有关同志纷纷踊跃发言，提供了许多宝贵的材料与线索。座谈会的最后，张新斌作了总结发言，他指出，利用好固始的姓氏文化资源既是挑战也是机遇，因此首先应搞好基础研究，收集与唐代两次移民活动有关的文物、传说、谱牒资料，搞清楚固始现有姓氏与唐代移民的关系，总结近年来闽台及海内外华人与固始的交流情况。最后，就利用固始姓氏文化资源问题，张新斌提出了几项建议。

2002年9月9日，由黄河文化研究会、河南省社会科学院考古研究所、新乡市旅游局、新乡市文物局、卫辉市文物旅游局、卫辉市太公古文化研究会、卫辉市太公泉镇政府等单位主办的"中国卫辉首届太公文化节暨姜太公诞辰3166周年纪念大会"在卫辉市举行。来自省市有关方面的领导、专家、记者，省内外姜太公后裔的代表，当地群众数千人出席了大会。研讨会上，与会专家学者就姜太公故里、姜太公的历史地位、姜太公故里资源的开发等问题进行了热烈的讨论，并确定太公为"谋圣"。

2003年10月10日至11日，由河南省中原姓氏历史文化研究会、河南省社会科学院考古研究所、固始县政协主办，固始县台湾事务办公室、固始县机关事务管理局协办，固始县委统战部、固始县发展计划委员会、陈集乡人民政府承办的"固始与闽台寻根暨固始寻根旅游资源开发研讨会"在固始举行。河南省中原姓氏历史文化研究会，郑州大学历史与考古系，河南省社会科学院考古研究所、文学研究所及固始县有关单位的专家和领导40多人参加了会议，共收到论文18篇。河南省社会科学院考古研究所所长张新斌首先作会议主题发言"固始与客家寻根"，他认为，"光州固始"是历史上南迁移民浓缩在谱牒中的根系中原的传承符号，"光州固始"是客家先民南迁最早的一个中转站，是今天客家人中原的寻根地。他还从三个角度强调了固始寻根资源的重要性。会议期间，专家们还对安阳山大山奶奶庙旧址、陈氏将军祠、番国故城进行了实地考察。

2004年5月15日至17日，由商丘市政府与河南省社会科学院联合举办的"中国·商丘与商业起源研讨会"在河南商丘召开，来自河南省内外学术单位的80余位历史、考古、经济、伦理等专家学者出席了会议，共收到学术论文64篇。与会专家经过深入的探讨和实地考察，对商业的起源、王亥的历史地位、商丘的重要地位、商业文化的内涵等问题达成了共识。

2004年11月4日至6日，由中国元史研究会、中国实学研究会、河南省社会科学院和焦作市中站区人民政府共同主办，河南省社会科学院考古研究所和焦作市中站区区委宣传部具体承办的"中国首届许衡学术研讨会"在焦作市中站区举行。国家文物局、河南省人大、河南省政协、河南省文物局、河南省社会科学院和河南省社会科学界联合会、焦作市和中站区四大班子的领导，以及来自中国社会科学院、中国科学院、南开大学、南京大学、北京大学、中国人民大学、北京师范大学、中共中央党校、上海交通大学、中华书局、国家图书馆、华南师范大学、暨南大学、武汉大学、安徽大学、陕西师范大学、河北师范大学、郑州大学、河南大学、河北经贸大学、内蒙古大学、内蒙古社会科学院、河南省社会科学院、河南省委党校、河南博物院、中州古籍出版社等12个省、市、自治区27所高校、科研单位的专家学者和各方面代表150余人参加了会议。本次会议是中华人民共和国成立以来第一次有关许衡研究的高规格的研讨会，使人们对许衡这位杰出的历史人物有了进一步的认识。会议收到论文50多篇，内容涉及许衡的家世里籍、政治思想、学术成就、教育实践、天文学贡献及其医学、文学造诣等方面的问题。

2005年5月28日，由河南省社会科学院历史研究所、科研处联合主办的"朱芳圃与甲骨学殷商史研究学术座谈会"在河南省社会科学院召开。来自河南大学、郑州大学、安阳师范学院和河南省社会科学院历史研究所、考古研究所等单位的20余名专家学者参加了会议。河南省社会科学院副院长赵保佑到会并讲话。朱芳圃先生是享誉海内外的著名甲骨学者，1895年生，湖南醴陵人，1928年毕业于清华大学研究院，曾师从国学大师王国维和著名学者梁启超，并先后在中山大学、河南大学、湖南大学、东北大学、开封师范学院等高校任教授，1958年调入河南省历史研究所任研究员，直至1973年9月病逝。朱先生学识广博、功底深厚，其研究涉及古文字（甲骨文、金文等）、音韵、训诂、历史和考古等诸多领域，尤其是在甲骨学殷商史研究方面成就卓著，为学术界所称道。座谈会上，与会者就朱芳圃先生的学术成就、贡献、学术人格及商代分封制度、新出花园庄东地甲骨研究、新世纪甲骨学学科发展方向等进行了座谈和交流。此外,座谈会上,陈智勇博士就利用甲骨卜辞材料研究先秦时期的海洋文化及身体文化、李雪山教授就目前安阳师范学院所进行的建立大型甲骨文资料库等情况作了介绍,郑慧生教授向与会的年轻后学介绍了研习甲骨文的方法和心得。座谈会达到了预期目的,取得了圆满成功。

2005年12月10日至11日,由黄河文化研究会、河南省中原姓氏历史文化研究会、政协获嘉县委员会主办,河南省社会科学院考古研究所、河南省炎黄文化研究会姓氏旅游专业委员会和获嘉县宁邑历史文化研究会承办的"中国·获嘉宁氏文化研讨会"在河南省获嘉县举行。来自中国社会科学院、中国科学院、中国青年政治学院、湖南省社会科学院、河南省社会科学院、河南博物院、河南大学、郑州大学、河南教育学院、河南省古代建筑保护研究所、河南省社会科学界联合会、郑州市文化局、周口市社会科学界联合会、河南省炎黄文化研究会、河南省中原姓氏历史文化研究会、黄河文化研究会等单位的专家学者50余人参加了会议,其中包括当今中国最知名的姓氏研究专家"南何北袁"在内的省内外知名文史研究专家。经过两天的热烈讨论,与会专家学者就以下问题达成共识:宁氏是中华民族的一个著名姓氏,获嘉一带应该是早期宁地与宁邑所在地,亦即中华宁氏祖根地;建议获嘉县进一步加强与中华宁氏宗亲联谊会的联系,加大对宁氏文化的研究力度,并在适当时机召开海内外宁氏宗亲寻根联谊大会,邀请宁氏宗亲到获嘉寻根创业,通过双向交流进一步扩大获嘉县的改革开放力度;获嘉县的历史文化资源以商周文化和秦汉文化为特色,以同盟山武王庙为龙头,武王庙下不仅有龙山文化、商文化遗址,而且其规模巨大,在全国同类古迹中极为罕见。获嘉县要抓住河南省委省政府实施文化强省战略的机遇,对本地的历史文化资源进行全面整合与强力开发,做大做强获嘉县的文化产业,使获嘉的经济文化发展再上新台阶。

2006年4月1日至3日,由河南省中原姓氏历史文化研究会及刘氏文化研究会、永城市委统战部、河南省社会科学院考古研究所主办的"永城与汉刘文化研讨会"在河南省永城市举行,来自河南省社会科学院、郑州大学、河南大学、河南博物院、河南省地方史志办公室、河南省教育学院等省会科研院校的专家学者,商丘市、永城市的文史研究者,永城市四大班子领导及相关人员共 50 余人与会,会议共收到论文 25 篇,内容涉及永城与汉代历史、刘邦及汉代刘姓、梁国的历史与文化、永城与汉刘文化的保护利用等各个方面。在研讨会上,学者们分别从各自的研究领域对永城与汉刘文化的各个方面进行了全面系统、深入细致的探讨,集以往之大成,发前人所未发。

2006 年 6 月 12 日至 13 日,由河南省政府外事侨务办公室和河南省社会科学院联合主办的"河南省寻根文化发展战略研讨会"在郑州召开。来自全省各地长期从事姓氏研究和寻根联谊活动的研究者和组织者、河南省社会科学院相关专家、18 个省辖市和 5 个县级市外事侨务办公室主任、河南省直有关部门领导,以及省内外多家新闻媒体的记者共 100 余人参加了此次会议。这次研讨会对河南省的寻根历史和现状作了回顾和总结,对寻根活动中出现的问题、经验教训予以剖析和检讨,对寻根文化和寻根经济的未来发展、战略思路予以研讨和规划,为河南省委省政府打造文化强省提供了智力支持。

2006 年 6 月 16 日至 17 日,由韩国中国古中世史学会主办,庆北大学承办的"简牍所见中国古代史"国际学术研讨会在位于韩国大邱市的庆北大学召开。这是新组建的韩国中国古中世史学会召开的第一届国际性学术会议,也是韩国学界以中国简牍资料为主题的首次大会。韩国中国古中世史学会成员、研究生和中国、日本学者 30 余人参加。河南省社会科学院历史研究所所长蔡万进应邀参加了此次会议,并作了题为"《奏谳书》与汉代奏谳制度"的学术报告。

2006 年 11 月 5 日至 6 日,由河南省社会科学院主办,邓州市人民政府承办的"河南省首届范仲淹文化节"在邓州市隆重举行。来自 15 个省、市、自治区的高校、科研院所、文博史志单位及范仲淹研究会、范姓宗亲会等 120 多位专家学者,对范仲淹的思想、学术、文学、科技建树,家世、交游、历史地位及范仲淹文化资源开发等问题,进行了专题研讨。

2007年10月22日至25日,由全国政协港澳台侨委员会、政协河南省委员会、中国河洛文化研究会主办,河南省社会科学院等单位承办的"第六届河洛文化国际研讨会"在安阳举行。全国政协副主席罗豪才,河南省政协主席王全书、副主席陈义初等领导到会。来自国内21个省、市、自治区与台湾、香港地区,以及美国、韩国、日本等国家的学者共260余人出席了此次研讨会。本届会议的中心议题是"河洛文化与殷商文明",与会的专家学者围绕这一议题,就河洛文化的内涵与传承、河洛文化与客家文化、河洛文化与闽台文化、殷商文明在中华传统文化中的地位与影响、《周易》的精义与现代化等问题进行了深入的交流和探讨。

2007年12月17日,"中国商丘·华商之都"城市品牌定位研讨论证会在商丘召开。会议由商丘市市委、市人民政府主办,中国城市竞争力研究会、河南省社会科学院历史与考古研究所、香港世界遗产研究院、世界城市合作组织中国委员会、亚太人文与生态价值评估中心协办。出席会议的有中国国际品牌协会、中国殷商文化研究会、中国城市竞争力研究会、世界城市合作组织中国委员会、香港世界遗产研究院、香港中国城市研究院、中国社会科学院、河南省社会科学院、北京大学、清华大学、郑州大学、河南大学、河南博物院等学术机构、高校的多位专家学者,商丘市政府领导、社会科学团体代表,以及《人民日报》、《河南日报》、《中国城市杂志》、《商丘日报》、商丘电视台等媒体的记者。与会专家学者就"华商之都"城市品牌的历史文化内涵和解读、城市品牌的定位、城市品牌的规划和建设三个方面进行了详细全面的论证,并制定通过了研讨会的论证报告,对商丘打造"华商之都"城市品牌的意义和发展前景给予了肯定和高度评价。最后,河南省社会科学院历史与考古研究所所长张新斌向所有参会人员宣读了《"中国商丘·华商之都"城市品牌定位研讨论证会纪要》，与会专家对商丘"三商之源"的重要历史地位、"中国商丘·华商之都"城市品牌的定位和方向、"中国商丘·华商之都"城市品牌定位对商丘未来发展的重要性等问题达成了共识。

2007年12月25日，"范仲淹民本思想研讨会"在邓州市召开，来自中国范仲淹研究会、北京大学、河南省社会科学院、邓州市范仲淹研究会等机构和院校的80余名专家学者及范学研究爱好者参加了本次会议。会议由河南省社会科学院研究员、河南省范仲淹研究会副会长任崇岳主持。研讨会围绕范仲淹民本思想的形成过程、主要内容、历史价值和时代意义进行了系统而深入的探讨。

2008年3月28日至30日，"中国·获嘉第二届宁氏文化研讨会暨首届全球宁氏寻根祭祖大典"活动在河南省获嘉县召开。会议由河南省社会科学院历史与考古研究所，获嘉县政府、政协及中华宁氏宗亲联谊会共同主办，由华夏姓氏源流研究中心、黄河文化研究会、河南省中原姓氏历史文化研究会、获嘉县宁邑历史文化研究会提供学术支持。中国社会科学院历史研究所、中国科学院遗传与发育生物学研究所、河南省社会科学院、郑州大学、河南教育学院、河南省地方史志编纂委员会、河南省社会科学界联合会、河南省外事侨务办公室等单位的专家学者与领导，来自30个省、市、自治区和香港、澳门、台湾地区，以及来自马来西亚、英国、加拿大、美国等国家的宁氏宗亲共300余人出席了会议。在3月29日的研讨会上，与会专家与宁氏文化研究者通过热烈的讨论和研究，对宁姓的地位、祖地、始祖及宁氏文化的进一步研究开发等问题达成共识，研讨会取得圆满成功。3月30日上午，来自海内外各地的宁氏宗亲齐聚位于史庄镇东北李村的季亹墓，进行大型祭祖拜谒活动。祭祖完毕后，宁氏宗亲与与会专家又参观了齐州故城、同盟山武王庙等历史遗迹，圆满结束了此次活动。

2008年4月21日至23日，由黄河文化研究会和内黄县颛顼帝喾与华夏文明研究会主办,河南省社会科学院历史与考古研究所和内黄县旅游局承办的"第二届颛顼帝喾与华夏文明研讨会"在河南省内黄县召开。河南省社会科学院党委书记林宪斋、河南省社会科学院副院长赵保佑等领导和来自北京、天津、河北、湖南、湖北、安徽及河南省的近50位专家学者出席了会议。学术研讨会由河南省社会科学院历史与考古研究所所长张新斌主持。中国先秦史学会副会长、河北师范大学教授沈长云,中华伏羲文化研究会副会长、中国科学院遗传与发育生物学研究所研究员袁义达,河南历史学会副会长、河南省社会科学院研究员程有为,中华伏羲文化研究会副会长、湖南省社会科学院研究员何光岳,河南大学教授陈昌远等30多位专家学者都先后作了专题发言,就颛顼、帝喾二帝文化与华夏文明,颛顼、帝喾与"五帝"传说,颛顼、帝喾与中华姓氏,颛顼、帝喾二帝的历史功绩,颛顼、帝喾陵文化资源的开发利用等问题进行了研讨。闭幕式上,河南省社会科学院历史与考古研究所副所长李立新从颛顼帝喾与华夏文明、颛顼帝喾与中华姓氏、内黄文化资源整合与开发等几个层面归纳总结了与会专家学者阐述的主要学术观点。河南省社会科学院历史与考古研究所副所长穆朝庆宣读了《第二届颛顼帝喾与华夏文明研讨会会议纪要》。会议建议,内黄县应进一步加大对颛顼、帝喾研究和开发的力度,积极采取相关有效措施,进一步构建好中华民族共有的精神家园。会议纪要得到与会领导和专家学者的一致同意并举手表决通过。

2008年5月17日至18日,"黄河文化研究会2008年年会暨黄河文化高层论坛"在武陟召开。这次会议由黄河文化研究会、河南省社会科学院与武陟县人民政府联合主办,会集了来自中国社会科学院、中国科学院、水利部减灾中心、北京大学、浙江工商大学、河南大学、郑州大学、河南科技大学、河南省社会科学院、河南博物院、河南省文学院、河南教育学院、河南财经学院、洛阳师范学院、郑州师范高等专科学校等高校和科研单位及文物、旅游、黄委系统的80多名专家学者,收到60多篇颇具分量的学术论文。5月17日下午,会议在嘉应观正式举行。首先进行的是黄河文化研究会换届大会。会议由黄河文化研究会秘书长张新斌主持,大会宣读了中国太平洋学会的贺信,以及著名考古专家许顺湛的贺词。武陟县委常委、宣传部长宋彬代表武陟县委发表了热情洋溢的欢迎辞。河南省社会科学院院长张锐、河南省社科联主席王耀分别致辞。黄河文化研究会副会长马世之作了题为"前进中的黄河文化研究会"的工作报告,黄河文化研究会副秘书长李立新作了关于黄河文化研究会修改章程及换届情况的报告,并经大会通过了修改后的章程。河南省社会科学院历史与考古研究所副所长穆朝庆宣读了黄河文化研究会新一届理事会组成人员建议名单,并经大会代表鼓掌通过,袁祖亮当选会长,张锐当选执行会长,赵保佑当选常务副会长,牛玉国、孙广举、孙英民、范涛、骆向新、张新斌、马文章、王星光、牛建强、杜宇当选副会长,张新斌当选秘书长,李立新、张瑞当选副秘书长,大会还为特邀常务理事与资深专家代表颁发了证书。5 月 17 日下午与 5 月 18 日上午分别在嘉应观与武陟宾馆举行了"黄河文化高层论坛"与"黄河文化研究会 2008 年年会"。论坛邀请著名专家周昆叔、宋豫秦作主题演讲。中国科学院地质与地球物理研究所研究员周昆叔的演讲题目是"河水、黄河之辨"。周先生说,中国古代的四渎都湮没在历史长河中,而今,黄河的中下游即河水夺济水后,二水合流了。所以,今天黄河中下游,即古之河、济二水。北京大学环境科学与工程学院教授宋豫秦的演讲题目是"黄河'功能性断流'之断想"。他认为,黄河水资源在上、中、下游之间的不合理占用和农业耗水量过大是导致黄河资源性缺水的主要原因,建立合理的水资源管理制度、加快调整农业产业结构、强力发展节水型农业等是缓解黄河功能性断流的战略重点,应尽快构建"黄河学"研究体系。这次论坛与年会最重要的成果是与会代表签署了《黄河文化高层论坛武陟宣言》,其内容有启动黄河自然、历史双遗产申遗工程,推动并恢复公祭黄河盛典,统筹黄河上、中、下游的关系,统筹黄河研究部门、管理部门、沿黄市县、开发实体的关系,统筹黄河研究、保护、开发、利用的关系,打造沿黄大旅游黄金带等。

2008年7月13日下午,由黄河文化研究会、河南省社会科学院历史与考古研究所联合主办的"洛阳龙潭大峡谷景区文化展示研讨会"在河南省新安县龙潭大峡谷景区举行。会议由黄河文化研究会副会长兼秘书长、河南社会科学院历史与考古研究所所长张新斌主持,来自河南省社会科学院,河南省文学院,郑州大学,河南大学,河南博物院,河南财经学院,河南省书法家协会,河南科技大学,中州大学,汉魏洛阳故城文物管理所,洛阳行政学院,洛阳历史文物考古研究所,新安县委、县政府、县旅游领导小组等单位的专家学者、领导与相关工作人员出席了会议。与会专家就大峡谷的资源开发及营销宣传等问题展开了真诚而热烈的讨论。张新斌最后作总结发言。他说,新安发展已经进入关键期,也是资源整合的关键时期,不要把洛阳龙潭大峡谷做成包罗万象的东西,在资源有机整合、包装和推广方面要有"大新安"的概念。新安景区的总体推广和伏牛山、栾川、新县的金字招牌相比,具有后发优势。新安区位优势在于地处洛阳大古都旁边,又与小浪底水利枢纽工程相依为邻,新安快速发展的时机已经到来。

2008年8月10日,由黄河文化研究会主办的"《黄河文化》发行60期暨河南省文化建设座谈会"在郑州召开,来自水利部黄河水利委员会、河南大学、郑州大学、河南省委党校、河南博物院、河南省文物考古研究所、河南省古代建筑保护研究所、郑州市文物考古研究院、河南省社会科学院、河南省文物局、河南省旅游局、河南黄河河务局、郑州市文化局、郑州市商城遗址保护管理处、辉县市文物局等单位的有关领导和专家学者共30余人出席了会议。会议由黄河文化研究会副会长、郑州大学历史学院王星光主持。黄河文化研究会副秘书长、河南省社会科学院历史与考古研究所副所长李立新宣读黄河文化研究会聘任顾问和资深专家的决定,河南博物院许顺湛,水利部黄河水利委员会原总工程师、教授级高工胡一三被聘为顾问。河南省社会科学院程有为,河南省文物考古研究所杨肇清、曹桂岑，河南黄河河务局原局长、教授级高工王谓泾，河南大学历史文化学院陈昌远等被聘为资深专家。黄河文化研究会副会长兼秘书长、河南省社会科学院历史与考古研究所所长、《黄河文化》主编张新斌作主题发言，他回顾了《黄河文化》发行17年来的历程，并把《黄河文化》的发展分为三个阶段：1992—1998年为第一阶段为初创时期，发行了第1期至第17期。这一阶段由马世之先生独立支撑，为刊物的发展作出了巨大的贡献，使《黄河文化》具有了较强的可读性和学术性。1998—2003年为第二阶段，为高潮时期，发行了第18期至第40期，其中，1999年、2000年改为双月刊，后因经费问题又恢复为季刊。这一阶段，《黄河文化》的定位开始明确，即学术性、信息性、资料性。在此期间，《黄河文化》得到了诸如洛阳市文物钻探办公室、郑州市文物考古研究所等兄弟单位的大力支持。2004—2008年为第三阶段，为发展时期，发行了第41期至第60期。这一阶段，《黄河文化》定位为黄河文化研究会会刊和河南省社会科学院历史与考古研究所所刊。总的来说，经过10多年的发展，《黄河文化》形成了如下特色：1.河南大型主题文化实录，主要指专号，如甲骨文发现100周年、李商隐文化专号等；2.河南文化专题深入研究实录，如黄氏文化、三国文化等；3.重要栏目和小专题，如牧野文化专栏、郑州建城3600周年专栏等；4.转载名家文章，如于光远、张文彬先生的文章等；5.记录大量的信息，对中原文化的开发过程纪要、侧记，如老子研究、墨子研究、姜太公研究等会议、综述性文章；6.固定专栏、专访、书评、封底的寻根纪事等。张新斌最后谈到今后《黄河文化》的发展方向，主要有三点：一是刊物要长期发展下去，定位要准确；二是河南文化的开发由小规模转向大手笔；三是学术研究的不断深化和可持续发展。河南省社会科学院马世之作为《黄河文化》的创始人，详细地回顾了《黄河文化》初创时期的艰难，并对早期给予刊物支持的许顺湛先生表示衷心的感谢，还介绍了《黄河文化》创刊号的主要内容。河南博物院许顺湛作为文化界、考古界的元老人物，也是《黄河文化》创刊的见证人,他认为《黄河文化》为河南省的文化建设摇旗呐喊,为地方服务,方向很正确,值得肯定。

2008年10月20日至22日,由河南海外联谊会、河南省人民政府台湾事务办公室、河南省归国华侨联合会、中国河洛文化研究会、信阳市人民政府主办,黄河文化研究会、河南省中原姓氏历史文化研究会、河南省社会科学院历史与考古研究所协办,信阳市人民政府台湾事务办公室、信阳市归国华侨联合会、固始县人民政府承办的"固始与闽台渊源关系研讨会"在河南省固始县召开。全国政协、民革中央委员会、国务院台湾事务办公室、全国台联、中国侨联、海峡两岸关系协会、中共河南省委、河南省政协,以及信阳市、固始县等有关方面的领导出席了会议。第十届全国政协副主席罗豪才,河南省委书记、省人大常委会主任徐光春向会议发来了贺信。新加坡、菲律宾、缅甸、加拿大、澳大利亚的专家学者,以及北京、天津、江西、福建、河北、广东、海南、河南、香港和台湾的宗亲会、学术界、企业界、新闻界代表共300余人出席了本次会议。会议共收到论文70余篇,30余位学者作了大会发言。大会交流围绕4个主题来进行,分别是固始与闽台文化研究、固始与闽台人物研究、固始与闽台姓氏研究、固始寻根资源开发与研究。

2009年9月12日,由河南省社会科学院主办的"河南省姓氏祖地与名人里籍研究认定中心成立大会暨《中华姓氏河南寻根》首发式"在郑州召开。来自中国科学院、河南博物院、河南省文物考古研究所、河南省社会科学院、郑州大学、河南省中原姓氏历史文化研究会等从事有关姓氏、文物考古、历史文化等方面研究的知名专家,省直有关部门的代表,各地的姓氏研究会会长,固始、荥阳、温县、卫辉、潢川、鹿邑、获嘉、偃师等重要姓氏祖地的代表,以及新华社、《河南日报》《大河报》、河南电视台、河南文化产业网等新闻界的人士近百人参加了此次成立大会。河南省第九届政协副主席陈义初、河南省侨联主席董锦燕、河南省文物局局长陈爱兰、河南省台湾事务办公室副主任王庆春、河南省政协办公厅副巡视员张铁成、河南省外宣办副主任李文良,以及河南省社会科学院院长张锐、研究员赵保佑出席会议并在主席台就座。会议由河南省社会科学院研究员赵保佑主持。张锐首先致辞,赵保佑宣读了河南省姓氏祖地与名人里籍研究认定中心成立批准文件及组成人员名单,陈义初、张锐共同为中心揭牌。河南省社会科学院历史与考古研究所副所长、河南省姓氏祖地与名人里籍研究认定中心副主任兼秘书长李立新宣读了《河南省姓氏祖地与名人里籍研究认定工作条例》。河南省社会科学院历史与考古研究所所长、河南省姓氏祖地与名人里籍研究认定中心执行主任、《中华姓氏河南寻根》执行副主编张新斌介绍了《中华姓氏河南寻根》的编辑出版事宜。河南省姓氏祖地与名人里籍研究认定中心副主任、河南省社会科学院历史与考古研究所副所长苏丽湘宣读了中心聘任首批顾问与研究认定专家名单。大会为首批研究认定专家代表袁义达、刘翔南、曹桂岑、张得水、任崇岳等颁发了聘书。陈义初为大会作了精彩的发言,指出《中华姓氏河南寻根》的出版十分及时、十分必要,但是其下一步还有修正的空间,比如出繁体字版以更加适合海外读者的阅读习惯,名称改定以更适合海外的要求,单姓单本出版以更好地扩大发行的范围。他认为认定中心的成立为寻根的规范化打下了较好的基础,因此希望中心成立后能在这一方面开创新的局面。

2010年2月26日至27日,由中国先秦史学会、河南省社会科学院、鹤壁市人民政府、鹤壁市政协共同主办,浚县人民政府、浚县政协承办的"全国首届子贡文化高峰论坛"在子贡故里、国家历史文化名城浚县成功举办。河南省社会科学院院长张锐、副院长刘道兴出席,历史与考古研究所7位科研人员参会。来自全国各地的专家学者及子贡后裔40余位齐聚大伾山脚下,共提交论文30余篇,就加强子贡文化研究的现实意义及儒商文化的当代价值等方面的问题进行了深入交流与探讨。论坛闭幕式上,由中国先秦史学会副秘书长杜勇宣读建议案,主要拟定了四点建议:一是成立子贡文化研究会,并以其为平台策划选题,推出成果;二是重视与子贡有关的文化建设,并尽快行动起来;三是加大宣传推介力度,通过各种媒介让更多的人了解子贡及其故里;四是举办国际子贡文化节,提升品位,推动中华儒商寻根活动。

2010年4月13日至14日,由河南省社会科学院、河南省姓氏祖地与名人里籍研究认定中心主办,方城县人民政府承办的"中华曾姓祖根地在方城研究认定会"在方城县举行。来自中国科学院、中国国家博物馆、北京大学、北京师范大学、南开大学、湖南省社会科学院、郑州大学、河南大学、河南博物院、河南省社会科学院等单位的专家学者,以及方城县各相关部门近50人参加了会议。研究认定会由河南省社会科学院正院级干部、河南省姓氏祖地与名人里籍研究认定中心主任赵保佑主持。他指出,认定中心是经河南省政府批准成立的权威性认定组织,已建立了一支开放式的专家队伍,将根据认定内容,定期在全国范围内聘任历史、考古、姓氏等方面的专家参与论证,力求使中心的认定结果具有权威性。随后,河南省社会科学院院长张锐等领导向宋豫秦等8位认定专家颁发了聘书。方城县文史专家贺金锋代表县政府作了"中华曾姓祖根地在河南方城"的主题报告,共分方城县概况,方城县历史简介,古文献中记载的缯国、缯关与缯丘,当代专家学者论曾国与方城,古缯国考古发现,曾姓宗亲寻根大事记,方城曾姓故里开发建设情况和结语8个部分。河南省社会科学院历史与考古研究所所长、河南省姓氏祖地与名人里籍研究认定中心执行主任张新斌就本次研究认定会组织召开的相关背景作了简单的介绍,他认为曾姓祖根地的认定时机已经成熟,并希望各位专家畅所欲言、认真论证。北京大学古代文明研究中心副秘书长、博士生导师宋豫秦,郑州大学历史学院李友谋,中国国家博物馆李维明,郑州大学历史学院陈旭,中国科学院遗传与生物发育研究所袁义达等与会专家对相关问题提出了自己的独到见解。最后,河南省社会科学院历史与考古研究所副所长、河南省姓氏祖地与名人里籍研究认定中心副主任穆朝庆宣读了会议纪要,主要内容有:曲烈所封之缯是最早的曾国，位于方城境内；缯国因缯关而得名；方城八里桥夏文化遗址是中心聚落遗址，系方国中心所在地，这为夏时缯国在方城的观点提供了重要依据；清代以来许多学者和辞书中均认为曾国在方城。

2011年8月24日至25日，由中国先秦史学会、黄河文化研究会、获嘉县政府主办，河南省社会科学院历史与考古研究所、郑州大学历史学院、获嘉县古宁邑历史文化研究会等单位承办的"首届周武王与牧野之战学术研讨会"在河南省获嘉县举行，来自国内的专家学者50余人参加了研讨会，与会代表对牧野之战中《牧誓》考辨与牧野之战、武王伐纣与盟誓文化、周武王历史地位与评价等方面的学术问题展开深入研讨，展现了当时商周史研究的最新理论成果。会议收到学术论文45篇。会议围绕"周武王与牧野大战"的问题，对牧野大战的时间、地望、进军路线，战后的善后工作，牧野大战的性质和历史意义及与牧野大战相关问题，在进一步深化已有研究成果的基础之上，发掘研究史料，扩大研究视野，拓展研究领域，从而得出研究新论，展现了当时学术界对这一相关问题研究的前沿性与创新性。这次会议是在夏商周断代工程结束后，学术界对武王伐纣问题的一场专题研讨，对于进一步推动先秦史的深入研究，并以大历史的角度观察和研究商周史，具有重要的学术意义。尽管会议取得了较大的成绩，但与会专家认为，牧野大战的时间、地望，武王的进军路线等问题仍有继续深入研究的余地。与牧野大战紧密相关的《泰誓》研究的缺失是本次研讨会的一个缺憾。《泰誓》曾被清人阎若璩定为伪作，这一结论几成定论，后人对《泰誓》的研究也远不及《牧誓》，但《泰誓》又是解决武王伐纣相关问题的关键，要解决牧野大战的诸多问题，《泰誓》是绝对绕不过去的关键问题。《泰誓》研究的缺位表明牧野大战乃至夏商史的研究仍需突破传统史学条条框框的限制，也表明深化与扩展牧野大战的研究，要走的路还很漫长，尚需学界付出更大的努力。

2011年11月8日，由中国河洛文化研究会、《两岸关系》杂志社、河南省台湾事务办公室、河南省社会科学院主办,河南省社会科学院历史与考古研究所、固始县人民政府承办的"2011年固始与闽台渊源关系研讨会",作为"第三届中原根亲文化节"的一项重要活动提前一天举行。研讨会开幕式由中共固始县委统战部部长谷兴亚主持。固始县县长曲尚英、河南省台湾事务办公室主任宋丽萍、漳州市人民政府副秘书长王丽芳、《两岸关系》杂志社编辑部主任李启龙、河南省社会科学院党委书记林宪斋等先后致辞。林宪斋在致辞中指出,挖掘固始根亲文化资源、研讨固始与闽台渊源关系是一件十分有意义的事情。在相当长一段时间里,河南省社会科学院一直关注并致力于固始与闽台渊源关系研究,形成了一批常年从事这项研究的团队。2008年至2011年,河南省社会科学院历史与考古研究所等单位与固始县紧密合作,已经连续成功组织了三次"固始与闽台渊源关系研讨会",在固始与闽台渊源关系研究方面取得了比较丰硕的成果,并公开出版了三部论文集和多部专著,在海内外产生了较大的影响。在研讨会开幕式上,还举行了河南省对台交流基地的授牌仪式。在两个阶段的研讨会上,专家学者畅所欲言,就自己关注的学术问题发表了看法。河南省社会科学院历史与考古研究所所长张新斌作了题为"中原寻根中的'信阳现象'解读——中原寻根三十年关节点的认知与思考"的大会发言。他在发言中回顾总结了改革开放以来固始与闽台渊源关系研究的发展脉络及其重要成就。河南省社会科学院资深专家任崇岳和杨世利在这一阶段分别作了题为"也谈《龙湖集》的真伪及注释"和"宋代祖籍'光州固始'之闽人事迹考"的大会发言。河南省社会科学院陈建魁、李乔、唐金培、李龙、李晓燕分别作了题为"光州固始移民集散地的形成""闽台民间信仰中的'光州固始'印迹""欧潭生'三探'和固始与闽台渊源关系研究""中原陈氏入闽迁台考""生态文化视角下的固始移民"的大会发言。11月9日上午,由政协河南省委员会、中华全国归国华侨联合会、中华全国台湾同胞联谊会联合主办,信阳市人民政府、河南省归国华侨联合会、河南省台湾事务办公室和固始县人民政府共同承办,河南省社会科学院历史与考古研究所等单位协办的"第三届中原(固始)根亲文化节"在"唐人故里,闽台祖地"固始县华夏根亲文化园广场开幕。来自美国、南非、马来西亚等13个国家,我国台湾、香港、澳门地区和福建、浙江等20多个省、市的1000余人出席了开幕式。河南省社会科学院党委书记林宪斋,河南省社会科学院历史与考古研究所所长张新斌、副所长穆朝庆,河南省社会科学院办公室副主任万银峰,以及任崇岳、陈建魁、李乔、唐金培、杨世利、李龙、李晓燕等应邀出席开幕式。开幕式由中共固始县委书记焦豫汝主持,固始县县长曲尚英致欢迎辞。中国台湾侨联总会理事长简汉生、河南省政协副主席邓永俭、信阳市市长郭瑞民在开幕式上先后致辞。林宪斋和台盟中央常务副主席汪毅夫,海峡两岸关系协会副会长王富卿,中国侨联副主席、秘书长乔卫,中华全国归国华侨联合会副会长胡有清,河南省政协副主席邓永俭,第九届河南省政协副主席、中国河洛文化研究会常务副会长陈义初,台湾侨联总会理事长简汉生,河南省台湾事务办公室主任宋丽萍等领导向中原南迁先民纪念碑敬献了花篮。

2011年12月6日,由河南省社会科学院历史与考古研究所与河南省方城县人民政府联合主办的"中华曾姓始祖曲烈画像研究论证会"在方城县中华古缯国文化苑举行,河南省社会科学院副院长谷建全、历史与考古研究所所长张新斌、原考古研究所所长马世之、原文学研究所所长王永宽、河洛文化研究中心副主任陈建魁及河南博物院、郑州大学、河南省艺术研究院、河南省美术家协会等单位从事历史、考古、文物、经济、艺术和绘画研究的10余位专家学者,以及方城县政府各相关部门出席了论证会。论证会由张新斌与方城县副县长夏天骏主持。通过大家的研讨,专家们就以下问题达成共识:1.古人画像没有现成的形象可资参考,所以曲烈画像只能根据其生平事迹、所处时代及主要成就,依照历代传统像法的模式造型进行创作。2.按照曾姓家谱记载,曲烈作为缯国始封君,开疆拓土,在南北交通要道今河南方城创立缯国;曲烈善于治国,还有许多发明创造,所以曲烈画像应突出其威武之相与睿智之貌。3.今人所绘古人画像服饰多以汉服为表现模式,画像服饰在衣纹线条处理上应以简约笔法,纹饰可采用夏商时期出土的器物纹饰龙纹、回纹、雷乳纹和蚕纹。蚕纹似"曾"字象形,暗示曾侯发明丝织品缯、曲烈为曾姓始祖的历史事实。4.今方城八里桥缯国故城出土的石斧,是曾侯地位和权力的象征,画像中应有所体现。5.从总体上来说,画师所作画像创作手法熟练,艺术特色较为突出,在一定程度上表现出了曲烈生平事迹及所处时代的文化内涵。6.画像稿作者将参考大家的意见再作进一步的修改,使画像更加完美、更加理想。

2012年6月27日下午,由首届中国(孟津)壬辰年黄河祈福大典组委会主办,黄河文化研究会、河南省文化产业发展研究院、河南省社会科学院历史与考古研究所承办的"祈福黄河与华夏历史文明传承高峰论坛"在黄河小浪底航空度假村举行。来自中国社会科学院、中国科学院、国家水利部、中华书局、山西省社会科学院、甘肃省社会科学院、河南省社会科学院、北京大学、山东大学、郑州大学、河南大学、河南博物院、河南省委党校、河南河务局及洛阳等地的20多名专家学者相聚一堂,紧紧围绕"尊道贵德,传承创新黄河文明"这一主题,分别从祈福黄河的理论依据与历史渊源、黄河文化与华夏历史文明传承创新、华夏历史文明传承创新的思路对策等几个方面进行了深入探讨。研讨会先后由黄河文化研究会副会长兼秘书长、河南省社会科学院历史与考古研究所所长张新斌和黄河文化研究会副会长、郑州大学教授王星光主持。

2012年10月26日下午,河南省社会科学院与台盟中央、中国河洛文化研究会、《两岸关系》杂志社、河南省台湾事务办公室等单位主办,信阳市台湾事务办公室、信阳市根亲文化研究会、信阳师范学院历史文化学院协办,河南省社会科学院历史与考古研究所与固始县人民政府承办的"第五届固始与闽台渊源关系研讨会"在"唐人故里,闽台祖地"固始县召开。来自台湾、北京、福建、广东、江西、湖南、湖北、河南等地的专家学者和相关媒体记者50多人出席了研讨会。研讨会共收到论文30多篇。与会专家学者紧紧围绕固始与闽台渊源关系及根亲文化资源开发利用等问题进行了比较深入的研讨。河南省社会科学院正院级干部赵保佑出席研讨会并致辞。研讨会开幕式由中共固始县委常委、统战部部长谷兴亚主持。固始县政协主席、党组书记林中原，河南省社会科学院正院级干部赵保佑，河南省台湾事务办公室主任宋丽萍等先后致辞。赵保佑在致辞中简要回顾了河南省社会科学院自2008年以来连续5次与相关单位联合举办"固始与闽台渊源关系研讨会"的大致经过，并高度评价了近年来固始县在根亲文化资源挖掘与根亲经济发展等方面所取得的辉煌成就。学术研讨由河南省社会科学院历史与考古研究所所长张新斌主持。台湾文化艺术界联合会理事主席陆炳文、福建省社会科学院台湾研究中心副主任陈榕三、台湾大学历史系教授赵雅书、河南省社会科学院原历史研究所所长程有为、台东大学音乐系副教授盛胜芳等先后在大会上发言。研讨会闭幕式由《两岸关系》杂志社总编汪舟主持，信阳师范学院历史文化学院院长尹全海作了学术总结，第九届河南省政协副主席、中国河洛文化研究会常务副会长陈义初作了重要讲话。他在讲话中首先谈了固始根亲文化研究与根亲经济发展等方面的可喜变化；然后谈了"稳中求进"、近10年中国经济的发展模式、重启改革才是中国经济的出路、企业要有核心竞争力等有关中国经济方面的几个问题；最后，他建议固始要抓住机遇，乘势而上，进一步加强固始与闽台等地宗亲的联系，在经济社会发展中实现互利互惠、合作共赢。

  2012年11月30日至12月2日，由中国先秦史学会，黄河文化研究会，中共长葛市委、市政府主办，河南省社会科学院历史与考古研究所、中共长葛市委宣传部共同承办的"葛天氏与上古文明学术研讨会"分别在郑州和长葛举行。来自中国社会科学院、北京大学、中国人民大学、南开大学、天津师范大学、苏州大学、郑州大学、河南大学、中原工学院、许昌学院、安徽省社会科学院、河南省社会科学院等单位的专家学者，新华社、中新社、《光明日报》、《河南日报》、河南电视台、《大河报》及许昌、长葛等媒体的记者与地方各界代表共100余人参加了此次会议。与会专家围绕葛天氏的传说与葛姓源流、葛天氏乐舞与葛天氏文明、葛天氏族属与葛国地望、葛天氏文化传承与长葛文化资源保护利用等几个专题进行了广泛而深入的研究和探讨。大家一致认为，长葛地处中原腹地，历史悠久，文化厚重。作为葛天氏部落活动的核心区域，这里不仅自古就有丰富多彩的葛天氏传说，而且有葛天氏及其部落活动的遗址遗迹，长葛作为葛天氏故里有着较为扎实的学术依据。

2013年4月17日至18日，由河南省姓氏祖地与名人里籍研究认定中心主办、淮滨县人民政府承办的"淮滨为中华蒋姓祖根地研讨认定会"，河南省社会科学院历史与考古研究所和淮滨中华蒋氏祖根文化研究会共同主办的"第二届海峡两岸蒋氏文化论坛"在信阳市淮滨县举行。来自中国社会科学院、北京师范大学、南开大学、中国青年政治学院、陕西历史博物馆、河南省社会科学院、郑州大学、河南大学、信阳师范学院等单位的专家学者，以及淮滨县各相关部门领导、海峡两岸的蒋氏宗亲出席了会议。4月17日上午，与会专家考察了期思古城遗址、蒋氏万寿园及中国淮河博物馆。下午，"淮滨为中华蒋姓祖根地研讨认定会"在淮滨县行政新区会议中心会议室举行。淮滨县副县长喻艳红作了"淮滨为中华蒋姓祖根地"的主题报告，介绍了淮滨县概况、蒋姓起源、淮滨的期思与古蒋国、中华蒋姓文化研究和淮滨的寻根活动，得出了蒋国的始封地就在今天河南省淮滨县期思镇境内，期思故城前身最早为蒋国故都，以国为姓的中华蒋姓祖根地就在淮滨的结论。专家们紧紧围绕河南淮滨与蒋姓和蒋国的关系这一主题，对蒋国初封于何时何地、期思城的置废与归属、蒋姓的迁徙与发展及蒋姓历史文化的传承等相关议题进行了广泛而深入的研讨，形成并通过了会议纪要。河南省社会科学院历史与考古研究所副所长穆朝庆宣读了会议纪要，县委常委鲁泽建代表淮滨县政府致答谢词。4月18日上午，"第二届海峡两岸蒋氏文化论坛"在淮滨县行政新区会议中心礼堂举行，与会专家及淮滨县各相关部门、海峡两岸的蒋氏宗亲出席了会议。河南省社会科学院正院级干部赵保佑代表河南省姓氏祖地与名人里籍研究认定中心宣读淮滨为中华蒋姓祖根地认定文件并授牌，淮滨县副县长喻艳红领牌。专家演讲阶段由张新斌主持，中国社会科学院历史研究所副所长王震中演讲的题目是"西周蒋国与周王朝复合制国家形态"，认为蒋国最辉煌的时期是西周，它是西周文明的一个组成部分。北京师范大学文学院教授王泉根演讲的题目是"蒋姓姓氏文化的历史表达"，深入探讨了蒋氏文化的悠久历史。中国社会科学院近代史研究所副所长、中国孙中山研究会副会长汪朝光演讲的题目是"蒋介石研究的新进展与新趋向——以抗战时期的蒋介石研究为例"，重点梳理了学界对于20世纪上半叶中国历史不可或缺的关键人物蒋介石研究的新进展。信阳师范学院历史文化学院院长尹全海演讲的题目是"同心守护中华蒋姓精神家园"，从守护蒋氏遗产、赓续蒋氏文脉、光大蒋氏文化等方面，探讨了如何守护中华蒋姓的共同家园问题。近年来，河南省社会科学院历史与考古研究所尤其是所长张新斌对淮滨古蒋国及蒋氏历史文化进行了持续的研究，连续多年积极参与指导淮滨县的"中华蒋氏淮滨寻根文化节"活动，并出版了专著《中华蒋姓淮滨寻根》，使"中华蒋氏根在河南淮滨"渐成学界和天下蒋氏共识。2012年12月，淮滨县人民政府正式提出认证"淮滨为中华蒋姓祖根地"的要求。2013年3月，赵保佑专程带队再次到淮滨考察指导，遂促成了此次在淮滨进行的研讨认定会和蒋氏文化论坛。

2013年7月19日至21日，由河南省社会科学院历史与考古研究所、河南省卢氏县卢氏文化研究会共同主办的2013年"中国·卢氏历史文化研讨会"在卢氏县召开。来自中国科学院，中国社会科学院，北京师范大学，北京第二外国语大学，甘肃省社会科学院，苏州大学，河南大学，郑州大学，河南省社会科学院，河南省地方史志办公室，河南教育学院，周口师范学院，三门峡市社会科学界联合会、卫生局、党史地方史志办公室，邓州市文化局等多家高校和研究机构,以及《中国文物报》《中州学刊》《中原文化研究》《寻根》《三门峡职业技术学院学报》《炎黄天地》等学术刊物共 60 余位专家代表参加了此次会议,共收到论文 32 篇。与会专家学者在四场大会研讨中,围绕卢姓源流与卢氏县、尊卢氏与卢氏、卢氏古国与卢姓、卢氏古国与卢氏县、秦博士卢敖、卢氏历史文化资源开发利用、菩提达摩与卢氏县等主题进行了全面深入的研讨。研讨会闭幕式由陈建魁主持,李立新宣读了会议纪要:尊卢氏为上古伏羲氏族群重要的氏族和氏族首领,在上古文化中作出了重大贡献;尊卢氏的后裔繁衍发展为卢戎,在夏、商、周时代于今卢氏县一带建立卢氏古国,追根溯源,河南卢氏县应为中华卢姓最早的起源地;秦博士卢敖是卢氏县重要的历史文化资源之一;卢氏县抓住机遇,充分利用尊卢氏、卢氏古国、卢姓祖地、卢敖隐居地等特有的历史文化资源,把卢氏县建成河南根亲文化的承载地之一。张新斌作了会议的学术总结,对本次研讨会进行了精彩概括,认为此次研讨会在五个方面推动了卢氏历史文化研究的全面开展,并对古史研究中的最大公约数(最大结合点)提出了四点思考。

2013 年 9 月 3 日,河南省社会科学院举行"纪念胡思庸教授逝世二十周年暨学术思想研讨会"。来自郑州大学、河南大学、河南师范大学、河南省社会科学院的专家学者及胡思庸教授的亲属等近 50 人聚会,深切缅怀这位中国近代史研究的"中州大儒"与河南省社会科学院的老院长(1983—1993)。研讨会由河南省社会科学院党委书记林宪斋主持。院长喻新安致辞,他概述了胡思庸教授在中国近代思想文化史研究、河南地方史研究及省委决策咨询等方面崇高的学术成就,介绍了胡思庸教授文不虚发的严谨文风,清正廉洁、坚持原则、鼓励创新的领导作风。河南大学副校长关学增在讲话中指出,胡思庸教授不仅是中国近代史研究的中州大儒,也是大家永远的老师和治学为人的楷模。河南大学历史文化学院院长苗书梅具体介绍了 2013 年 11 月初河南大学即将举行的胡思庸先生逝世二十周年纪念活动的筹备情况,包括修订再版

《胡思庸文集》、举行学术研讨会及会议文章择优结集出版等。河南省社会科学院原院长、书记舒新辅,受曾经和胡思庸教授共事7年的张凤昌老书记的委托,深情讲述了他们之间及领导班子和谐相处、通力合作、相识相知的过程,不仅重现了胡思庸教授的学者本色,更彰显了他公道正派、清正廉洁、忍辱负重的领导风范。河南省社会科学院原院长张锐深情回忆了在河南大学历史系就读期间胡思庸教授严谨、亲切的师长形象,对于后来两度在老师工作过的河南省社会科学院任职表示荣幸,并以"高山仰止,景行行止,虽不能至,心向往之"表达了对其治学为人的景仰之情。河南省社会科学院原纪委书记杨海中主要从四个方面深切缅怀了老院长胡思庸教授的事迹,包括坚定党的领导,模范遵守党的纪律;生活中艰苦朴素,工作中讲求效率;恪守学术道德,杜绝跟风行动;鼓励学术创新,积极奖掖后学。河南省社会科学院历史与考古研究所所长张新斌结合自身多年历史研究的心得体会,阐发了对胡思庸教授"治学为人做领导"风格的认识。他认为,胡思庸教授治学指导思想立意高远,坚持以马克思主义的世界观、方法论为指导并且兼备高屋建瓴的中西哲学比较视野;整体思路脉络清晰,始终秉持自觉建立中国近代思想史体系的宏观意识;紧抓学界前沿和特色问题,考证确凿翔实,这些对当下的基础理论研究及地方特色研究、应用对策研究均有重要的启发意义。河南省社会科学院历史与考古研究所副所长穆朝庆曾先后在河南大学与河南省社会科学院读书、工作,回忆讲述了不少胡思庸教授指导读书写作、培养青年才俊、职称评审只唯实不唯上等事迹。最后,林宪斋总结指出,河南省社会科学院纪念缅怀胡思庸教授逝世二十周年的活动,是全院党的群众路线教育实践活动的重要内容,对于纠正"四风"、深化领导班子建设具有巨大的正能量,对提高全院科研、管理等各项工作水平具有重要的启发意义。

2013年9月25日至27日,"第五届中原(固始)根亲文化节"和"第六届固始与闽台渊源关系研讨会"在"唐人故里,闽台祖地"固始县召开。河南省社会科学院正院级干部赵保佑率历史与考古研究所、中原文化研究所相关科研人员参加了此次会议。9月26日上午，由政协河南省委员会主办，信阳市人民政府、河南省归国华侨联合会、河南省台湾事务办公室、固始县人民政府承办的"第五届中原(固始)根亲文化节"在固始县委礼堂开幕。全国台联会长汪毅夫，河南省政协副主席邓永俭，第九届河南省政协副主席、河洛文化研究会常务副会长陈义初，台湾中华侨联总会理事长简汉生，农工党中央联络委主任黄泰康，信阳市人民政府市长乔新江，河南省社会科学院正院级干部赵保佑，以及来自美国、韩国、马来西亚等国家，我国香港、澳门、台湾地区及福建、浙江等10余个省、市的学者、宗亲代表、新闻记者共300余人参加了开幕式。26日下午，由中国河洛文化研究会、《两岸关系》杂志社、河南省台湾事务办公室、河南省社会科学院主办，河南省台湾同胞联谊会、信阳市台湾事务办公室、信阳市根亲文化研究会、信阳师范学院历史文化学院协办，固始县人民政府、河南省社会科学院历史与考古研究所承办的"第六届固始与闽台渊源关系研讨会暨固始与闽台论坛"召开。河南省社会科学院正院级干部赵保佑，历史与考古研究所所长张新斌，河南省河洛文化研究中心副主任陈建魁，中原文化研究所李乔及历史与考古研究所张佐良、张玉霞等应邀出席。河洛文化研究会常务副会长陈义初主持研讨会。厦门大学人文与艺术学部主任陈支平、福建省委党校副校长刘大可、台湾中华侨联总会副秘书长廖俊杰等分别作了题为"历史与文化的双重认识与跨越""闽西客家地区的闽王信仰""唐代固始移民对台湾的影响"的演讲。张新斌作了根亲文化方面的主题演讲。陈义初在学术总结讲话中指出，本届研讨会进一步明确了豫、闽、台三地渊源关系及文化传承，突出了新的历史条件下三地合作发展的依存度及其重大意义。河南省社会科学院历史与考古研究所多年来立足河南实际，深入开展姓氏文化、河洛文化等有地方特色的基础理论与应用对策研究，积极为地方历史文化资源的保护利用出谋划策。自2008年起，河南省社会科学院历史与考古研究所作为主要承办单位,与相关单位联合成功召开了六届"固始与闽台渊源关系研讨会",有力地推动了学术界对豫闽台文化的研究,在海内外产生了较大的影响。

2014年8月24日至26日,由中国屈原学会、黄河文化研究会、河南省社会科学院历史与考古研究所、商丘市柘城文化研究会联合主办的"中国炎帝朱襄氏与柘城文化发展研讨会"在商丘柘城举行。来自中国政法大学、中央民族大学、北京语言大学、吉林大学、天津师范大学、郑州大学、淮阴师范学院、河南省社会科学院、陕西历史博物馆、河南省姓氏文化研究会等单位的专家学者,河南省、商丘市、柘城县有关领导,地方文化工作者,新闻媒体记者共50余人参加了研讨会。河南省社会科学院党委书记魏一明率历史与考古研究所张新斌、韩宇宏、李龙、郭杰一行5人与会。25日上午,开幕式由柘城县委副书记任重庆主持,县委书记、县长梁辉致欢迎辞。河南省社会科学院党委书记魏一明作重要讲话,介绍了河南省社会科学院的基本院情及黄河文化研究会的丰硕研究成果。历史与考古研究所所长张新斌作了"再论朱襄氏"的主题发言,提出朱襄氏是袭伏羲、炎帝之号的历史悠久的部族领袖,为中华人文始祖之一。朱襄氏发明五弦元瑟,开礼乐文明之先河;调节阴阳,促进百物生长,提升原始农耕文明;创六书,奠定中国文字之基石。朱襄氏故里和陵墓在柘城,"朱襄之地"柘城为中华朱姓的寻根圣地。25日下午到26日上午,研讨会开展了学术发言与讨论,专家学者围绕朱襄氏与上古文明、朱襄氏与朱姓等姓氏起源、柘城历史名人、历史考古,以及柘城文化品牌的打造与产业开发等相关议题进行了深入而热烈的探讨,并提出了科学可行的建议。26日上午,与会专家通过了《中国炎帝朱襄氏与柘城文化发展研讨会纪要》:1.朱襄氏为上古时期重要的部族首领,柘城是华夏历史文明重要的发祥地。"朱襄之地"柘城为中华朱姓的寻根圣地。2.柘城炎帝朱襄氏文化资源在全国罕见,具有独有性。3.十八大以来,以习近平总书记为核心的党中央提出了文化强国的历史使命,国务院关于河南"华夏历史文明传承创新区"的定位,更加突出了河南的历史责任与时代担当。围绕弘扬优秀传统文化,发展文化产业,与会的专家学者提出了以下建议:1.充分认识炎帝朱襄氏的历史意义和现实价值,加大宣传力度,打造炎帝朱襄氏文化品牌,将炎帝朱襄氏作为柘城的文化名片。2.全面对柘城历史文化资源进行普查、调研和研究,做好柘城历史文化资源开发与文化产业发展的整体规划。3.加强研究、保护、开发以朱襄氏为代表的始祖人文资源与朱姓等姓氏文化资源,举办炎帝朱襄氏祭祖、寻根活动,建设炎帝朱襄氏文化园,开发相关的民俗文化资源。4.加大传统特产资源、少数民族资源及民间艺术文化等开发力度,结合农、矿等其他资源,搞好文化创意,突出柘城地方特色,使柘城文化的发展再上一个新台阶。

2014年12月6日,由中国河洛文化研究会、河南省社会科学院、河南省政协港澳台侨和外事委员会主办,河南省河洛文化研究中心、河南省社会科学院历史与考古研究所、河南省社会科学院中原文化研究所、《中原文化研究》杂志社承办,以"深化河洛文化研究"为主题的"河洛文化研究高层论坛(2014)"在郑州召开。中国河洛文化研究会顾问、中共河南省委原书记徐光春,中国河洛文化研究会顾问、河南省政协原主席王全书,中国河洛文化研究会常务副会长、河南省政协副主席邓永俭,中国河洛文化研究会常务副会长陈义初,中国河洛文化研究会秘书长、河南省政协港澳台侨和外事委员会主任陶振江,河南省社会科学院院长喻新安,河南省社会科学院党委书记魏一明等出席研讨会。来自中国社会科学院、河南省社会科学院、洛阳市社会科学界联合会、北京大学、郑州大学、河南大学、河南师范大学、信阳师范学院、洛阳师范学院、洛阳理工学院、河南科技大学、安阳师范学院、三门峡职业技术学院等单位的领导、学者和嘉宾100人与会。本次高层论坛是在河洛文化研究经历了10年快速发展后召开的,具有承上启下、继往开来的意义。专家学者们围绕新时期河洛文化研究的历史使命、当前河洛文化研究中存在的问题与进一步深化研究的建议、河洛学、洛阳城市文化研究、河洛文化研究的当代价值、河洛文化的传承与创新等问题展开了讨论,气氛热烈,成果丰硕。参会的专家学者取得四点重要共识:一是探寻河洛文化的当代价值,促进当前我国的社会主义现代化建设事业;二是运用好学术研究平台,让河洛文化研究在服务新世纪的新任务中发挥更大作用;三是在深化河洛文化独特性研究的基础上,全面加强河洛文化本质属性的研究;四是把河洛文化研究与华夏历史文明传承创新区建设结合起来,多渠道拓展合作交流与活动空间,进一步提升河洛文化在海外的影响力。

2015年7月2日至3日,由中华炎黄文化研究会、河南省炎黄文化研究会、西平县炎黄文化研究会联合主办,河南省社会科学院历史与考古研究所承办的"柏皇氏与中华柏姓文化研讨会"在河南省驻马店西平县召开。中华炎黄文化研究会副会长、中国社会科学院学部委员王震中,河南省炎黄文化研究会会长常有功,河南省炎黄文化研究会常务副会长张锐,河南省社会科学院正院级干部赵保佑等领导出席会议并致辞。来自中国社会科学院、中国科学院、陕西历史博物馆、苏州大学、浙江工商大学、中国航空救生研究所、河南大学、郑州大学、郑州师范学院、河南省地方史志办公室、河南省社会科学院等多家高校和科研机构的专家学者及柏姓后裔、新闻媒体记者等近百人参加了此次研讨会。与会专家结合自己对柏皇氏、柏姓的了解,围绕柏皇氏与柏国、柏姓的关系这一主题,对柏皇氏的身份、地位、所处时代与活动地域,三皇五帝时期的柏姓先祖,历史上柏姓的各个源头,柏国的存亡时间、活动地域及其与西平的关系,柏姓历史名人,柏皇氏文化的历史地位与现实意义等相关议题进行了广泛深入的研讨。会议达成以下共识:1.柏皇氏是伏羲族系的重要氏族和氏族首领,其存续时间较长,地位极其尊崇。柏皇氏以柏树作为氏族的图腾,处于游牧社会和定居农业早期阶段,活动的中心地域在以今河南西平为中心的豫中一带。2.中华柏姓是柏皇氏之后。3.柏国是见于《春秋》《左传》的春秋时方国。柏国故地在今河南西平。4.无论是柏皇氏的主要活动地域,还是柏国的主要范围,其地望均在今河南省西平县一带,因此西平是中华柏姓的寻根谒祖圣地。

2015年7月11日至12日,由中国先秦史学会、河南省炎黄文化研究会、黄河文化研究会主办,河南省社会科学院历史与考古研究所、中国大禹文化研究中心承办的"2015中国登封大禹文化研讨会"在河南登封召开。来自北京、上海、天津、重庆、河北、辽宁、陕西、四川、浙江、江苏、安徽、湖北、河南共13个省、市的高等院校、科研机构、文物考古等部门的专家学者及各主办单位领导等共90余人出席了会议。与会代表对大禹故里祖家庄、启母阙、阳城出土文物陈列处等与大禹相关的文化遗存进行了专程考察,并围绕禹都阳城与大禹故里、大禹的重要贡献、大禹文化与夏文化、大禹与嵩山、大禹治水与华夏文明的形成和国家的建立、大禹精神、大禹文化资源的开发等相关议题进行了热烈的讨论与交流,在大禹治水与大禹的历史贡献、登封与大禹的重要关系、夏文化与大禹文化研究的重要性等三个方面形成了重要共识。大禹是上古时期的治水英雄,是中国文明的开启者,是中国国家的创建者,大禹精神值得传承和发扬。大禹的治水活动有力地推动了早期科学技术的发展,开启了以地域为行政区划的新纪元。大禹是中华民族从局部发展到全面发展以至多民族大融合、大统一形成为中华民族命运共同体的奠基者。大禹与登封之间有着非常密切的关系。登封所在的中岳嵩山,在华夏文明的孕育过程中具有特殊地位。禹都阳城在登封,不仅在传世文献中有明确记载,更有登封告成镇发现的东周阳城遗址和龙山晚期小城、大城作为考古学上扎实的实物证据。中国先秦史学会在登封正式设立"夏禹文化研究中心",对促进夏文化与大禹文化研究的不断深化与拓展有重要意义。大禹文化遗存遍布全国各地,各有所依,各有所本,均为历史留下的重要遗产。彼此之间要加强联系,互相支持,共同承载传承大禹文化的历史使命,为华夏历史文明的传承创新作出更大贡献。

2015年9月19日至20日,"纪念清儒孙奇逢诞辰430周年暨《中华思想通史·封建编·清代卷》学术研讨会"在河南辉县召开。此次研讨会由中国社会科学院历史研究所清史研究室、河南省社会科学院历史与考古研究所、兼山堂文物保护理事会主办。中国社会科学院历史研究所所长卜宪群、河南省社会科学院党委书记魏一明、新乡市副市长李瑞霞、《中华思想通史》编委会办公室主任助理周群等出席研讨会并致辞。来自中国社会科学院、故宫博物院、河南省社会科学院、复旦大学、安徽大学、安徽师范大学、中南民族大学、聊城大学、井冈山大学、河北师范大学、河南大学、河南师范大学等单位的50余位专家学者,围绕孙奇逢学术思想及其当代意义、清代思想史及明清学术的演进等议题,进行了深入研讨和阐释。闭幕式由河南省社会科学院历史与考古研究所所长张新斌主持。中国社会科学院历史研究所清史研究室主任林存阳在会议总结中认为,与会专家学者对孙奇逢学术思想、夏峰学派和夏峰文化等的研究和看法,不仅具有深度,而且颇有新意,这对深化和开拓孙奇逢学术思想及相关问题的研究,无疑将起到积极的推动作用。专家学者们对《中华思想通史·封建编·清代卷》文献资料的发掘、整理和撰写,也提出了非常宝贵的思路和建议,具有重要的启发意义。兼山堂文物保护理事会会长孙敬洲回顾了近年来对夏峰遗迹的保护和宣传工作,表示将成立一个民间研究夏峰之学的学社——兼山学社,以系统整理夏峰文献,扩大宣传,使兼山堂更好地发展下去。张新斌在讲话中指出,这次会议是学术界第一次举办孙奇逢研讨会,相信这次研讨会的召开必将推动孙奇逢学术研究跨上一个新的台阶。

2015年11月14日至15日,由中国先秦史学会、中华炎黄文化研究会姓氏文化工作委员会、河南省炎黄文化研究会、黄河文化研究会主办,河南省社会科学院历史与考古研究所、中华龚氏文史研究会、辉县市共城文化研究会承办的"共工氏与中华龚姓文化研讨会"在河南辉县举行。来自12个省、市的20余家高校和科研机构的专家学者,以及来自全国各地的龚姓宗亲、新闻媒体记者等百余位嘉宾与会。在两天的会期内,与会专家围绕共工氏的历史文化,共工氏与龚姓,共工、龚姓与辉县关系等议题,展开了交流与讨论,在观点上产生了激烈的碰撞与争锋,形成了此次会议的最大亮点。综观此次会议,有以下三个特点:第一,高规格。此次会议由国家级学会主办,是国内学术界首次围绕共工氏和龚姓进行专题研讨的一次高端研讨活动;第二,高水平。此次会议来自全国各地多家高校和科研机构的专家学者中,包括了历史学、考古学、历史地理、科技史、古文字、民俗学等多个不同学科,是一次综合性的高水平会议;第三,成果丰硕。此次会议上,与会专家学者从不同的角度,不同的学科出发,论证自己的观点,有争议有共识,汇集了目前有关共工氏研究的最新成果和完整资料,对古代文明起源研究及先秦史研究都有着重要意义。

2015年12月5日,由河南省社会科学院主办的"区域专门史研究的学术价值与当代意义座谈会"在郑州召开,会议由副院长丁同民主持,党委书记魏一明致辞,院长张占仓作会议总结。来自北京市社会科学院、河南省政协、郑州大学、河南大学、河南师范大学、信阳师范学院、洛阳师范学院、南阳师范学院、安阳师范学院、河南省社会科学院的专家学者,以及新闻媒体记者等近50位嘉宾参加了会议。魏一明在致辞中指出,河南省社会科学院作为河南省哲学社会科学研究的最高学术机构和社会科学综合研究中心,是河南省委省政府的思想库和智囊团。河南省社会科学院以应用对策研究和有地方特色的基础理论研究为立足点,积极为河南省委省政府和地方经济社会发展服务。作为河南省哲学社会科学研究的专门机构,河南省社会科学院发挥人才优势,吸纳省内外相关专家学者,开展区域专门史研究,实施"河南专门史"大型学术文化工程,将进一步夯实河南历史文化研究基础,拓展中原文化研究领域,提高河南历史文化在全国的学术影响力。河南省社会科学院首席研究员、历史与考古研究所所长张新斌作了题为"'河南专门史'大型学术文化工程总体构想"的会议主题报告。他认为,区域专门史是深化整体史研究的重要途径,是史学研究自身发展的必然趋势,也是史学与当代区域经济社会发展相结合的最佳路径。加强区域专门史研究,有利于开拓史学研究新格局,有利于加深对人类文明史的整体认识,有利于促进中华民族优秀传统文化的历史传承与创新发展,具有重要的学术价值和当代意义。在对我国区域专门史研究进行回顾与分析后,他指出,目前河南区域史研究还不够全面、系统和深入,与河南历史文化大省的地位很不相称,特别是专门史方面和先进省、市相比仍有较大差距,亟须开展"河南专门史"这样的大型学术文化工程。他从指导思想、总体目标、基本原则、研究方法、内容与框架、组织实施、经费统筹等方面,具体阐释了编纂河南专门史的总体构想。作为北京市哲学社会科学"十一五"规划重点项目、北京市社会科学院重大课题成果《北京专史集成》的主编,北京市社会科学院历史研究所所长王岗在会上作重点发言,详细介绍了《北京专史集成》编写中的成功经验。座谈会上,专家们围绕区域专门史研究的学术价值、当代意义及河南专门史的编纂等议题,进行了深入研讨和热烈讨论。专家们一致认为,目前省级行政区区域通史纂修高潮已过,编写区域专门史恰逢其时。在新形势下,史学研究的进展和突破,有待于区域专门史研究的深入和创新。撰写河南专门史,是全省学术界的大事。大家就河南专门史的内容、体例、研究方法等方面,提出了许多宝贵的意见和建议,具有重要参考价值。河南省社会科学院院长张占仓用"基础""创新""支持"三个关键词对会议进行了总结。他指出,河南省社会科学院要抓住国家繁荣发展社会科学的历史机遇,发挥河南省历史文化资源优势,发挥河南省社会科学院的学科优势和人才优势,开展"河南专门史"大型学术文化工程。为此,要建设好历史学特色学科,开展好区域专门史研究,搞好科研团队建设。他对完成这项工程充满信心,表示将举全院之力,积极争取国家、省相关方面的政策和资金支持,确保此项工程的顺利实施。此次座谈会标志着由河南省社会科学院组织的"河南专门史"大型学术文化工程正式启动。预计到2026年,将分三批完成一套共100本4000万字左右的河南专门史。这对于推进华夏历史文明传承创新区建设,实现中原崛起与河南振兴,继承和弘扬中华民族优秀传统文化,都具有非常重要的意义。

2016年5月28日至29日,由中国魏晋南北朝史学会、中华炎黄文化研究会姓氏文化工作委员会、河南省炎黄文化研究会、黄河文化研究会主办,河南省社会科学院历史与考古研究所、华夏茹氏研究会承办的"柔然与中华茹姓文化研讨会"在河南郑州举行。来自中国社会科学院、中国科学院、中国青年政治学院、陕西师范大学、陕西历史博物馆、新疆社会科学院、内蒙古社会科学院、华夏出版社、河南省地方史志办公室、郑州大学、河南财政金融学院、河南科技大学、南阳师范学院、许昌学院、河南省社会科学院等单位的专家学者和茹姓宗亲共140多人出席会议。中国社会科学院学部委员、民族学与人类学研究所原所长杜荣坤,中国民族史学会会长、中国社会科学院民族学与人类学研究所研究员罗贤佑,中国魏晋南北朝史学会原会长、陕西师范大学历史文化学院教授周伟洲,中国魏晋南北朝史学会副会长、陕西师范大学中国西部边疆研究院院长王欣,中华伏羲文化研究会副会长、中国科学院遗传与发育研究所研究员袁义达,中华伏羲文化研究会副会长、陕西历史博物馆研究馆员杨东晨,中华炎黄文化研究会姓氏文化工作委员会副会长、中国青年政治学院教授王大良等民族史、魏晋南北朝史与姓氏研究专家到会,并作重点发言。大家从历史学、民族学、语言学、姓氏学等不同的视角对柔然的历史、柔然与中华民族的形成、柔然文化与中华茹姓的起源等问题进行了深入而广泛的研讨。本次研讨会是国内学术界首次对柔然历史、柔然与茹姓进行的专题研讨活动,因到会专家级别高,所交流的成果涉及柔然历史的多个方面,具有较强的学术性,必将对柔然历史研讨的深化具有学术意义。

2016年8月2日至4日,由河南省历史学会、河南省社会科学院联合主办,河南省社会科学院历史与考古研究所、中国先秦史学会夏禹文化研究中心承办的"河南省历史学会2016年年会暨大禹文化研讨会"在登封举行。河南省副省长张广智专程看望与会全体代表。他在致辞中表示,河南史学界要认真学习习总书记"5·17"讲话精神,要立足河南实际,在华夏历史文明传承创新区建设中贡献力量。河南省委原常委、郑州市委原书记、省人大原副主任王文超也给会议发来贺词。河南省社会科学院党委书记魏一明、院长张占仓、副院长袁凯声、郑州大学副校长、河南省历史学会会长张倩红,河南大学副校长张宝明,登封市政协主席孟永瑞、登封市委常委宣传部部长王超、登封市副市长杨国强,河南省炎黄文化研究会会长常有功、常务副会长兼秘书长李秀奇等领导出席了会议。河南省历史学会副会长李振宏、姜建设、张新斌、苗书梅、王记录出席会议并主持相关讨论。会议收到论文106篇。来自郑州大学、河南大学、河南师范大学等单位的史学界的专家学者160余人参加了会议。《中原文化研究》杂志社社长、研究员闫德亮,河南省社会科学院历史与考古研究所张新斌、唐金培、陈建魁、李龙、王建华、李玲玲、张玉霞、魏淑民、徐春燕、张佐良、杨世利等参与筹备或出席会议。本次年会分大禹文化研究、中国古代史研究(一)、中国古代史研究(二)、中国近现代史和世界史研究五组讨论。专家学者围绕大禹治水与大禹故里、习总书记"5·17"讲话与历史研究、河南历史文化与"一带一路"建设、历史文化与华夏历史文明传承创新、甲骨文研究、宋文化研究、世界史热点问题等展开热烈深入的研讨交流。4日上午,年会首先进行了大会发言。李振宏的"互联网时代的史学研究形态"、张宝明的"历史的'用'和'不用'"、张新斌的"河南史学研究要与河南历史对接"、徐海亮的"龙山时期黄河下游灾害实质与大禹治水文化"、张倩红的"'一带一路'倡议在国际社会的认知与反应"等发言获得了与会专家学者的高度评价。年会还进行了换届工作,选出了河南省历史学会第九届理事会。郑州大学副校长张倩红连任会长,李义凡、张宝明、李振宏、姜建设、张新斌、苗书梅、王记录为副会长,苗书梅兼任秘书长,河南省社会科学院党委书记魏一明,河南大学教授朱绍侯、阎照祥分别当选为河南省历史学会顾问,河南省社会科学院历史与考古研究所副所长唐金培、陈建魁分别当选为副秘书长、常务理事,李龙、田冰、魏淑民、杨世利、陈习刚、张佐良、闫德亮等为理事。最后张新斌在闭幕式上用"百花齐放、一枝独秀、鲜花怒放、植根沃土、新陈代谢"为本次年会作了精彩的学术总结,本次年会圆满闭幕。

2016年11月12日至13日,由中国先秦史学会主办,河南省社会科学院历史与考古研究所、辉县市共城文化研究会承办的中国先秦史学会辉县工作会议在共国故城所在地辉县召开。来自北京、河南、河北、山西、陕西、四川、湖北、重庆、上海、山东等10省(市)的21个中国先秦史学会分支机构的专家学者共80余人齐聚苏门山麓,回顾总结近年工作,畅谈今后发展思路。此次工作会议旨在加强中国先秦史学会各个分支机构之间的研究和工作交流,为中国先秦史学会今后的工作指明方向。中国先秦史学会辉县工作会议是中国先秦史学会的首次工作会议,中国先秦史学会会长、中国社会科学院研究员宋镇豪,中国先秦史学会副会长兼秘书长、中国社会科学院研究员宫长为,中国先秦史学会副会长、四川大学教授彭邦本,天津师范大学教授杜勇,陕西师范大学教授王晖,河南省社会科学院历史与考古研究所所长张新斌等学会领导出席了会议。此外,河南省社会科学院党委书记魏一明、院长张占仓、副院长袁凯声,新乡市市委常委、宣传部部长丁同民,辉县市市委常委、组织部部长王慧敏,辉县市副市长邓智敏等省市县领导对此次会议高度重视,均出席会议并致辞。中国先秦史学会辉县工作会议共设有以下议程:开幕式、中国先秦史学会共工氏文化研究中心揭牌仪式、专家培训、工作交流及闭幕式等。其中,专家培训议程中,张占仓、宫长为、王晖、杜勇、张新斌等专家围绕河南省情、中华人文始祖研究与开发、甲骨文研究及其进展、西周金文与西周史、《清华简》与古史寻证、姓氏文化研究与开发等学术研究热点进行了精辟的讲解。专家的观点独到而新颖,极大地拓展了参会者的研究视野,引起了强烈共鸣。

2017年4月26日,由河南省姓氏祖地与名人里籍研究认定中心主办,河南省濮阳县人民政府承办的"濮阳县为中华张姓祖根地研究认定会"在华夏龙都濮阳举行。来自中国社会科学院、北京大学、中国青年政治学院、天津师范大学、郑州大学、河南省社会科学院、河南省文物局等单位的专家及濮阳县相关人员共20余人与会。研究认定会由河南省社会科学院历史与考古研究所所长、河南省姓氏祖地与名人里籍研究认定中心执行主任张新斌主持。濮阳县副县长杨艳红致辞。河南省社会科学院党委书记、河南省人大常委会委员魏一明到会并讲话。在听取了濮阳县人大常委会副主任张宏江所作的关于"濮阳县为中华张姓祖根地"的主题报告的基础上，由中国社会科学院历史研究所副所长、中国殷商文化学会会长王震中，天津师范大学教授、中国先秦史学会副会长杜勇，中国青年政治学院科研处处长、中华炎黄文化研究会姓氏文化工作委员会执行会长王大良，河南省文物局原副巡视员、河南省文物考古学会会长孙英民，郑州大学历史学院党委书记、河南省姓氏文化研究会副会长安国楼，北京大学历史文化研究所原所长、中华炎黄文化研究会常务副会长兼秘书长张希清的代表刘精忠，河南省社会科学院文学研究所副所长、河南省姓氏文化研究会秘书长李立新，河南省社会科学院河洛文化研究中心副主任、河南省姓氏文化研究会副秘书长李乔等文史、考古和姓氏文化专家组成的评议组，围绕这一主题进行了认真而深入的研讨。大家一致认为，挥是中华张姓的共同始祖；挥为黄帝之孙，颛顼时任弓正之职；挥的重要活动地在今河南濮阳县；张姓起源于濮阳得到张姓族人的认同。由此，与会专家作出以下认定：黄帝之孙、颛顼弓正挥是中华张姓得姓始祖；河南省濮阳县为中华张姓祖根地。最后，由李乔宣读会议纪要，濮阳县委常委、宣传部部长田建引致答谢辞，会议圆满闭幕。

2017年7月16日，由河南省社会科学院、漯河市台湾事务办公室主办，临颍县政协承办的"海峡两岸纪念陈星聚诞辰200周年研讨会"在河南临颍隆重举行。河南省政协副主席史济春、河南省政协原副主席陈义初、河南省社会科学院党委书记魏一明、河南省台湾事务办公室主任薛云伟、河南省政协港澳台侨和外事委员会副主任赵国新、漯河市政协主席吕岩、国务院台湾事务办公室海峡两岸关系研究中心综合室主任赵奕山等领导，与来自台湾中华河洛暨开漳圣王文化研究会、台湾中华海峡两岸文化资产交流促进会、河南省社会科学院、郑州大学、河南大学、龙岩学院等单位的学者，以及陈星聚的后人等100余人参加了会议。会议由临颍县县委书记陈红阳主持，史济春作了重要讲话。魏一明代表主办单位致辞。魏一明介绍说，河南省社会科学院是河南省哲学社会科学研究的最高学术机构，拥有一批学有专长的研究人员，近些年来积极与相关地方合作，在对台文化交流方面作了许多工作。研讨会通过对陈星聚生平事迹、治台思想等方面的深入研究，对台湾史及中原文化与闽台关系研究发挥了推动作用，对河南与台湾文化交流、促进两岸人员往来、增进两岸同胞的感情、增强中华民族凝聚力产生了积极作用，为台海关系的和平发展，为实现中华民族伟大复兴的中国梦起到了积极的促进作用。在为期一天的研讨会上，海峡两岸学者围绕陈星聚生平事迹、陈星聚治台功绩、陈星聚与台北府城建设、陈星聚的教化思想与实践、陈星聚的涉外思想与实践、陈星聚的爱国思想与实践、陈星聚研究的资料收集与整理等内容展开了热烈讨论。专家们一致认为，陈星聚是名副其实的台湾建设的先驱者，厥功至伟，其不畏强敌、誓死保卫国家、维护祖国统一的高尚民族气节和爱国主义精神尤其令人钦佩。河南省社会科学院原纪委书记杨海中，文学研究所原所长、王永宽，历史研究所研究员任崇岳，河洛文化研究中心副主任、研究员李乔出席研讨会，并作大会发言。李乔编辑出版的《台北知府陈星聚资料汇编》作为会议资料分发给了与会专家学者，受到较高的评价。研讨会期间，与会学者参观了陈星聚纪念馆，并举行了陈星聚诞辰200周年祭拜活动。

2017年9月25日至27日，由河南省社会科学院、洛阳市社会科学界联合会、河南科技大学、洛阳师范学院、洛阳理工学院、河南省华夏历史文明传承创新基金会共同主办,河南省社会科学院历史与考古研究所、洛阳市社会科学院、河南省社会科学院洛阳分院、洛阳师范学院河洛文化研究中心、河南科技大学人文学院共同承办的"洛阳学国际学术研讨会"在千年古都洛阳召开。此次研讨会共收到学术论文100篇,来自日本、韩国、英国等国家的专家学者和来自北京、陕西、湖北、江苏、辽宁、山东、内蒙古自治区等省、市、自治区的数十家高校、科研机构、文博单位和新闻媒体的180余人相聚一堂,共话洛阳学发展。洛阳作为千年古都,历史文化底蕴深厚,在中国及世界文化史上均占据重要地位。日本京都即是仿照洛阳城建设而成,洛阳对日本文化有深刻的影响。2010年11月在日本东京召开了"洛阳学国际研讨会",说明洛阳学已在国际学术界得到共识。随后,在中国和韩国也举行了类似的学术活动。日本明治大学气贺泽保规教授认为,新出现的洛阳学研究,或许能为中国史研究提供一个新的方向。由于洛阳在中国历史发展中的特殊地位,洛阳学作为一门地方学,又有别于一般的地方学。洛阳学植根于洛阳厚重的历史文化中,同时又与时俱进,不断为洛阳发展服务,具有鲜明的时代特色。河南省社会科学院一直关注洛阳学的发展,自2014年以来持续推动洛阳学研究,启动院级重大课题洛阳学专题研究工作,并在《中州学刊》发表了一组关于洛阳学研究的重要文章,在学界产生了积极反响。此次,河南省社会科学院联合驻洛高校召开"洛阳学国际学术研讨会",是经过充分酝酿、积极准备的,得到了海内外学术界的积极响应。大家就共同关注的洛阳学相关议题,如洛阳历史文化、洛阳学建立的可能性与必要性、洛阳学研究现状、洛阳学的内涵与外延、洛阳学建立的基本根据与基本原则、洛阳学的研究对象、洛阳学的学科属性、洛阳学的基本内容、洛阳学的发展思路与方法、洛阳学的特征、洛阳学的应用等方面均进行了深入探讨,对构筑全国重要的文化高地建设,对推动深化洛阳学研究及洛阳国际文化旅游名城建设,均具有重要的理论和现实意义。

2018年8月9日至10日,由河南省姓氏祖地与名人里籍研究认定中心主办,登封市人民政府、河南省社会科学院历史与考古研究所承办的"登封市为大禹故里故都研究认定会"在登封市召开。来自中国社会科学院、北京大学、清华大学、北京师范大学、南开大学、四川大学、天津师范大学、郑州大学、河南大学、河南省社会科学院等单位的历史、考古和文物等方面的专家对登封申请大禹故里、故都的依据和可能性、多地大禹文化研究现象、登封大禹文化研究的发展方向等问题各抒己见,畅所欲言,提出了许多颇有见地的观点和建议。经过研讨,与会专家达成以下共识:第一,众多文献记载大禹在登封一带活动,登封流传有大禹出生的神话传说,并有大量与大禹出生相关的遗迹,登封启母阙铭文,这些都是大禹故里在登封的有力证明;第二,史籍中"禹都阳城""禹居阳城""禹避阳城"的记载,以及王城岗遗址为"禹都阳城"提供了考古学佐证。因此,河南省登封市为大禹故里、故都所在地。

二、国际学术交流

1991年5月20日至6月20日,河南省社会科学院历史研究所研究员耿瑞玲赴加拿大参加"国际妇女与发展研究会"(The Summer Instiute On Gender-and Development Present Women and Development: An Openleture Sevies May – June, 1991)。该研究会由加拿大国际发展研究中心主持,由圣玛利大学与达豪西大学联合承办,地点在加拿大新斯科舍省的省会哈利法克斯市。会议有四个内容:讨论"妇女与发展";介绍当代世界妇女运动的主要和最新理论;妇女研究中的方法讨论;特殊论题的提出。耿瑞玲作为中国唯一一名代表,提交的论文是《中国妇女在人口控制中的作用》。

1990年5月,河南省社会科学院历史研究所张瑛应加拿大驻中国使馆之邀,作为访问学者赴加拿大,研究加拿大的华侨问题,后留加拿大攻读博士学位。

1990年6月6日,美国布法罗纽约州立大学历史系副教授戴福士到河南省社会科学院访问,就明末清初河南省东北部地区的文化、政治、社会和经济等问题与历史研究所、考古研究所、文学研究所的有关学者进行了学术交流。

美国新泽西州州立大学历史系教授吴应光,自1986年到1993年,先后四次到河南考察,由河南省社会科学院历史研究所王全营等陪同并介绍情况。吴应光在大量占有资料的基础上,于1994年在美国哥伦比亚大学出版社出版了《动员群众》一书,该书以翔实的史料评述了1929年商城起义的背景、发动及其影响,被美国同行誉为研究中国革命史的里程碑。吴应光与王全营合著的论文《逆境中发动农民——豫南秋收起义》(约合汉字3万字),发表于美国出版的《民国》杂志1994年第11期,该论文也受到美国同行的好评。

2007年10月4日至7日,河南省社会科学院历史与考古研究所副研究员陈习刚应邀赴德国参加"中国与德国葡萄酒文化研究"国际研讨会。此次国际研讨会主要由德国研究联合会(DFG)、莱茵兰普法尔茨州教育部、美因兹大学跨学科研究中心赞助,在德国美因兹大学应用语言学与文化学学院(FASK)举行,来自中国、德国、美国、英国、意大利等国家科研院所、高等学府、葡萄酒企业的20多位学者、专家与会。陈习刚所作大会报告的题目是"关于中国古代葡萄酒历史文化的记载及其研究",对两宋以前葡萄和葡萄酒的历史文化发展作了全面、系统、深入的探讨。

下 编
热点综论

第一章 先秦历史考古研究

第一节
河南新石器考古的回顾与展望

　　河南是中华文明起源的核心区域,史前文化丰富多彩。自1921年安特生在渑池县仰韶村遗址进行考古发掘以来,经几代考古工作者的不懈努力,中原地区已发现几千处新石器时代遗址,并有数百处遗址经过了规模不等的试掘或发掘,获得了丰富的实物资料,取得了一大批重要的研究成果,使我们对中原地区主要考古学文化的面貌与特征、分期与编年、谱系与关系、经济结构与社会形态等一系列问题,都有了不同程度的认识和了解;同时,我们也注意到因工作不平衡或开展不够,有些资料还发现较少,很多问题还不太明了或知之甚少,亟待进一步开展工作,加强研究,予以解决。回顾河南新石器考古将近百年的历史,笔者不揣浅陋,拟对过去的工作进行简单回顾,并对未来一段时期面临的工作任务提出一些不成熟的看法。不妥之处,敬请各位专家、同人不吝教正。

一、河南新石器考古的回顾

众所周知,河南的新石器考古工作可以追溯到安特生在河南渑池仰韶村遗址的发掘工作,至今已有近百年的发展历程。根据不同时期的工作状况、主要收获及研究重点,大体上可以分为四个阶段:

第一阶段:河南新石器考古的发端(1921—1949 年)。

河南新石器考古几乎与中国现代考古学同步,发端于 1921 年瑞典地质学家安特生主持的渑池县仰韶村遗址发掘,在河南考古史乃至中国考古史中占有举足轻重的地位。1918 年 12 月 8 日,安特生在调查脊椎动物化石时第一次到达河南省渑池县仰韶村,在这里他采集到了一批化石标本。[1] 1920 年冬,他委托当时地质调查所所长刘长山复查了仰韶村,并于次年 1 月带回北平 600 余件磨制石器。安特生对此欢欣鼓舞,由此推断仰韶村可能有一个很大的新石器时代遗址。[2] 1921 年 4 月,安特生再度来到仰韶村,经过详细的调查和地层断面观察之后,确信仰韶村存在丰富的史前遗存,有着精美花纹的彩陶尤其令人瞩目。[3] 同年对仰韶村遗址进行了首次正式发掘,揭开了河南新石器考古的序幕,取得了较为丰硕的考古材料。在仰韶村发掘期间,安特生等人还在河南渑池县调查发掘了杨河村、不招寨、西庄村和荥阳的秦王寨、池沟寨、牛口峪等遗址。安特生根据所得考古材料写成了论文《中华远古之文化》,并

---

[1] 安特生:《中国史前考古学研究》,陈星灿:《中国史前考古学史研究(1895—1949)》,北京:生活·读书·新知三联书店,1997 年,第 89 页。
[2] 安特生:《黄土的儿女》,陈星灿:《中国史前考古学史研究(1895—1949)》,北京:生活·读书·新知三联书店,1997 年,第 89 页。
[3] 安特生著,袁复礼译:《中华远古之文化》,《地质汇报》第五号,北京:地质调查所印行,1923 年,第 11—12 页。

首次命名了仰韶文化。[1] 安特生因考古而与中国河南结缘,被称为"中国考古学的创世纪的拓荒者"[2]。

河南新石器考古不仅吸引了外国学者的目光,也为我国早期考古学家所关注。实际上,在安阳殷墟发掘过程中,我国学者主持的河南新石器考古工作也在逐步展开。1929年秋,李济在安阳小屯殷商堆积层中发现一块新石器时代带彩陶片,引起了我国学者的注意。[3] 随后我国学者调查了殷墟周边的安阳小屯、后冈、高井台子、同乐寨、浚县大赉店、辛村、刘庄等处。其中最主要、最重大的收获当属1931年梁思永于安阳后冈遗址发现的仰韶、龙山和小屯三叠层堆积,其不仅首次从地层学上解决了悬而未决困扰人们的仰韶、龙山、殷商三期文化遗存间的年代序列及龙山时代遗存与殷商遗存间的文化继承关系,而且也正式确立了后冈一期、二期文化在仰韶、龙山时期考古学文化中的地位,标志着我国现代考古学理论基石之一的地层学的逐渐成熟。在1932年至1935年发掘的安阳侯家庄高井台子、同乐寨、浚县大赉店、刘庄等遗址中,均发现了与后冈遗址相类似的仰韶、龙山、殷商文化中两期或三期遗存间的叠压层次,进一步确立了三者至少在豫北地区的年代关系。[4] 其余的新石器调查试掘工作还有1934年石璋如在后冈首次发现了龙山文化时期的夯土城墙。[5] 1936年10月,河南省古迹研究会李景聃、韩维周在永城发现造律台、黑孤堆、曹桥等多处龙山文化遗址。[6]

这一时期,河南新石器考古的学术研究方面也取得了一定成果。李济在

---

[1] 陈星灿:《中国史前考古学史研究(1895—1949)》,北京:生活·读书·新知三联书店,1997年,第89页。
[2] 张静河:《安特生在华北的考古活动》,《世界汉学》1998年第1期。
[3] 李济:《小屯与仰韶》,《安阳发掘报告》第二册,1930年,第136页。
[4] 吴金鼎:《摘记小屯迤西三处之小发掘》,《安阳发掘报告》第四册;刘耀:《河南浚县大赉店史前遗址》,《田野考古报告》第一册。
[5] 石璋如:《河南安阳后冈的殷墓》,《历史语言研究所集刊》第十三本,1948年。
[6] 李景聃:《豫东商邱永城调查及造律台、黑孤堆、曹桥三处小发掘》,《中国考古学报》1947年第2期。

《小屯与仰韶》一文中比较充分地论证了仰韶文化及其与小屯的关系,认为仰韶文化与小屯文化之间存在一定的传承关系,但二者关系还比较疏远。[1] 梁思永在《小屯龙山与仰韶》一文中论述了小屯、龙山与仰韶之间的关系,认为龙山与仰韶系东、西两支各自独立的文化,只是侵入本区的时间先后不同,而小屯与龙山之间则存在着疏远的承继关系。[2] 梁思永在另一篇文章中,对包括豫北在内的龙山文化的面貌及特征进行了分析,注意到了各遗存间的地域差异,初步划分出山东沿海、豫北和杭州湾三个区域,并明确指出后冈二层应是"殷文化的直接前躯"。[3] 另外尹达、吴金鼎、徐中舒等人都撰文对河南新石器文化进行了研究与解读。

第二阶段:河南新石器考古的初步发展阶段(1950—1976年)。

中华人民共和国成立初期,百废待兴,专业人才匮乏,除中国科学院考古研究所外,各省专业人才主要处在筹备力量、参加专业培训阶段;1966年至1976年的"文革"时期,考古工作基本上处于停滞状态;只有1950年至1965年约15年间属于此期考古工作发展的黄金时段。这一时期,主要是配合基建进行考古发掘。1956年以前黄河水库考古队在三门峡地区发现了新石器遗址近100处,[4]加上河南其他区域调查发现的新石器时代文化遗址100余处,合计有近200处。同时随着调查的深入,新石器田野考古发掘工作逐步有序开展和推进。

1951年4月,夏鼐率中国科学院考古研究所河南调查团,会同河南省文物管理委员会,包括安志敏、王仲殊、马得志等人在郑州一带调查了白庄、青台、点军台、敖顶(陈沟)、秦王寨、牛口峪、池沟寨等几处史前遗址,并对点军

---

[1] 李济:《小屯与仰韶》,《安阳发掘报告》第二册,1930年,第137页。
[2] 梁思永:《小屯、龙山与仰韶》,《梁思永考古论文集》,北京:科学出版社,1959年,第91—96页。
[3] 梁思永:《龙山文化——中国文明的史前期之一》,《梁思永考古论文集》,北京:科学出版社,1959年,第145—152页。
[4] 安志敏:《黄河三门峡水库考古调查简报》,《考古通讯》1956年第5期。

台和青台遗址进行了发掘。① 1951年5月,夏鼐、安志敏等又对河南省渑池县仰韶村遗址进行了试掘,这次发掘证明了仰韶村遗址包含有仰韶文化和龙山文化的文化因素甚至是文化层,纠正了安特生对仰韶村遗存的错误认识。② 1951年,为配合河南治淮工程中的禹县(今禹州市)白沙水库和泌阳板桥水库的兴建,河南省文物管理委员会成立了白沙水库和板桥水库两个文物工作组,分别由蒋若是、安金槐负责,韩维周为业务指导,分赴两个水库工地进行配合发掘与清理工作。这是中华人民共和国成立后河南省文物部门最早进行的考古发掘工作。对禹县白沙水库仰韶文化遗址的考古发掘取得了较大的成果。③ 1956年,由中国科学院和中华人民共和国文化部联合组成的黄河水库考古工作队在河南陕县发掘了庙底沟和三里桥遗址④,这是中华人民共和国成立以来在河南首次发掘的新石器时期的大型遗址,先后发现了被命名为仰韶文化庙底沟类型、庙底沟二期和龙山文化三里桥类型的遗存。庙底沟二期文化的发现是20世纪五六十年代河南乃至全国新石器考古的重要收获,它承袭仰韶文化发展而来,成为河南地区介于仰韶文化与龙山文化之间的一种过渡期文化,而河南的龙山文化则是在庙底沟二期文化基础上发展而来。这一发现解决了仰韶文化与龙山文化的过渡环节,填补了中国古代文明起源的空缺。1958年,中国科学院考古研究所安阳发掘队在河南安阳发掘后冈、大司空遗址,结合1949年以前的发掘与调查,发现二者仰韶文化面貌有很大的差异。报告中提出将豫北地区的仰韶文化划分为两个类型,即"后冈类型"和"大司空类型"。⑤ 1959—1960年,北京大学考古实习队在邹衡、严文明、夏超雄、李仰松等人的带领下对洛阳王湾遗址进行了两次发掘。该遗址可以划分

---

① 中国科学院考古研究所河南调查团:《河南成皋广武区考古纪略》,《科学通报》1951年第7期。
② 中国科学院考古研究所河南调查团:《河南渑池的史前遗址》,《科学通报》1951年第9期。
③ 安金槐:《河南省文物研究所四十年发展历程的回顾》,《华夏考古》1992年第3期。
④ 中国科学院考古研究所:《庙底沟与三里桥》,北京:科学出版社,1959年,第1页。
⑤ 中国科学院考古研究所安阳发掘队:《1958—1959年殷墟发掘简报》,《考古》1961年第2期。

为三个阶段,即王湾一期、王湾二期、王湾三期。其中王湾一期文化在下层,属于仰韶文化。王湾三期文化属于"河南龙山文化",二期则介于一期与三期之间,具有过渡性质。[①] 1965年,河南省文物局文物工作队发掘淅川黄楝树(龙山岗)遗址,发现在仰韶文化层上面叠压着丰富的屈家岭文化层。这在河南考古发掘中第一次从地层上确立了这两种文化的发展序列。[②] 1971—1974年,河南省博物馆等单位对淅川下王岗遗址进行了发掘,新石器时代文化遗存从下到上初步分为五期,共发现仰韶、屈家岭、龙山文化等文化层。[③] 1972—1975年,郑州市博物馆等单位对大河村遗址进行了7次发掘,新石器时代遗存可分为六期,前四期为仰韶文化,后两期为龙山文化。[④] 在地层学和类型学上,这既是对中华人民共和国成立以后考古学方法实践的一次大检阅,也为河南地区仰韶文化断代研究树立了一个典型的分期标尺。

除以上重要遗址外,河南新石器考古还发现了大量仰韶、龙山、屈家岭、大汶口文化的遗址。仰韶文化遗址如1957年发掘了渑池县西河庵村仰韶文化遗址[⑤],郑州后庄王遗址出土有仰韶文化的房基、灰坑和大批瓮棺葬[⑥],1958年发掘陕县七里铺[⑦]、鲁山邱公城[⑧]等。龙山文化遗址如安阳大寒南冈遗址[⑨]、20世纪70年代发掘的汤阴白营遗址[⑩]、郑州牛砦[⑪]、郑州旭旮王[⑫]等。屈家岭文

[①] 中国科学院考古研究所洛阳发掘队:《1959年豫西六县调查简报》,《考古》1961年第1期。
[②] 长江流域规划办公室考古队河南分队:《河南淅川黄楝树遗址发掘报告》,《华夏考古》1990年第3期。
[③] 河南省文物研究所等:《淅川下王岗》,北京:文物出版社,1989年,第134—149页。
[④] 郑州市博物馆:《郑州大河村遗址发掘报告》,《考古学报》1979年第3期。
[⑤] 河南省文化局文物工作队:《河南渑池西河庵村新石器时代遗址发掘简报》,《考古》1965年第10期。
[⑥] 河南省文物研究所:《郑州后庄王遗址的发掘》,《华夏考古》1988年第1期。
[⑦] 黄河水库考古队河南分队:《河南陕县七里铺第一、二区发掘概要》,《考古》1959年第4期。
[⑧] 河南省文化局文物工作队:《河南鲁山邱公城古遗址的发掘》,《考古》1962年第11期。
[⑨] 中国科学院考古研究所安阳发掘队:《安阳洹河几个遗址的试掘》,《考古》1965年第7期。
[⑩] 安阳地区文物管理委员会:《河南汤阴白营龙山文化遗址》,《考古》1980年第3期。
[⑪] 安金槐等:《郑州牛砦龙山文化遗址发掘报告》,《考古学报》1958年第4期。
[⑫] 《郑州旭旮王村遗址发掘报告》,《考古学报》1958年第3期。

化遗址如 1966 年发掘的淅川埠口、李家庄、雷嘴、桐柏庙等,以及泌阳三所楼①、唐河寨茨岗②、信阳阳山③、社旗茅草寺④、镇平赵湾⑤、南召二郎岗⑥和淅川下集⑦诸遗址的发掘中都包含有屈家岭文化的遗存。大汶口文化如 20 世纪 50 年代在郑州荥阳点军台遗址⑧、郑州林山寨遗址⑨、信阳阳山遗址⑩的考古发掘中有所发现,而首次发现的成组大汶口文化遗物则是 1962 年中国科学院考古研究所洛阳发掘队在发掘偃师滑国古城墓葬之内出土的,20 世纪 70 年代在驻马店、平顶山、郑州等地均发现含有大汶口文化因素的遗址,1976 年平顶山地区发现类似大汶口文化的墓葬。⑪

这一时期,河南新石器考古的学术研究方面取得了较为丰硕的成果,对新石器文化分期、分类型及社会性质作了较为详尽的探讨。一是逐步认清了仰韶文化、龙山文化的文化内涵,并对仰韶文化、龙山文化进行了分期。1959 年夏鼐发表《关于考古学上文化的定名问题》⑫一文,就什么是考古学文化,划分考古学文化的标准,考古学文化定名条件、时机及如何定名等问题发表了卓有见地的见解。仰韶文化的基本面貌得以初步认识:豫西及邻近地区仰韶文化早于龙山文化,并存在着过渡性的庙底沟二期文化,王湾遗址发现了从仰韶早

---

① 河南省文化局文物工作队:《河南泌阳板桥新石器时代遗址的调查和试掘》,《考古》1965 年第 9 期。
② 河南省文化局文物工作队:《河南唐河寨茨岗新石器时代遗址》,《考古》1963 年第 12 期。
③ 河南省文化局文物工作队信阳发掘小组:《河南信阳市阳山新石器时代遗址试掘记》,《文物参考资料》1955 年第 8 期。
④ 河南省文化局文物工作队:《河南唐河茅草寺新石器时代遗址》,《考古》1965 年第 1 期。
⑤ 河南省文化局文物工作队:《河南镇平赵湾新石器时代遗址的发掘》,《考古》1962 年第 1 期。
⑥ 河南省文化局文物工作队:《河南南召二郎岗新石器时代遗址》,《文物》1959 年第 7 期。
⑦ 汤文兴:《淅川下集新石器时代遗址发掘报告》,《中原文物》1989 年第 1 期。
⑧ 中国科学院考古研究所河南调查团:《河南成皋广武区考古纪略》,《科学通报》1951 年第 7 期。
⑨ 河南省文化局文物工作队:《郑州西郊仰韶文化遗址发掘简报》,《考古通讯》1958 年第 2 期。
⑩ 河南省文化局文物工作队信阳发掘小组:《河南信阳市阳山新石器时代遗址试掘记》,《文物参考资料》1955 年第 8 期。
⑪ 张脱:《河南平顶山市发现一座大汶口类型墓葬》,《考古》1977 年第 5 期。
⑫ 夏鼐:《关于考古学上文化的定名问题》,《考古》1959 年第 4 期。

期到龙山晚期的多时期文化堆积,仰韶向龙山的过渡更加清晰;至1963年,重新认识了仰韶村遗存,得知这里存在着仰韶、龙山两大阶段的遗存,澄清了以往关于该遗址内涵的模糊认识。① 总的来说,庙底沟、三里桥、王湾、大河村遗址的发掘,各遗址清晰的地层关系使河南地区史前仰韶文化到龙山文化各自历程有了较细的分期。二是对仰韶文化划分了不同的文化类型。安志敏、石兴邦等首次把仰韶文化区分为半坡类型和庙底沟类型之后,考古学界出现了对仰韶文化划分类型和分期的研究热潮。苏秉琦、张忠培、严文明等对仰韶文化都提出了自己的分型依据。苏秉琦在《关于仰韶文化的若干问题》中认为:"仰韶文化在其长期发展过程中必然会形成的阶段性的差异性,是两类不同性质的问题。我们对仰韶文化的文化类型和年代分期两个问题的研究应该加以区分,而不应该把它们混为一谈。"② 三是初步探讨了仰韶文化的社会性质。关于仰韶文化的社会性质,1960年,许顺湛率先提出了"仰韶社会父系说"③,成为"仰韶文化父系说"的首倡者。四是初步厘清了仰韶与龙山文化的关系问题。此一时期关于龙山文化的分类和来源等问题讨论也比较热烈。安志敏提出河南龙山文化的概念,并将其分为豫东、豫北、豫西三区,认为龙山文化是继仰韶文化之后的一个发展阶段,其分布范围基本上在黄河流域,周围的若干文化则可视为它的变体。④ 杨子范、王思礼等人认为中原地区的龙山文化和山东地区的龙山文化可能是两支独立发生和发展的不同文化体系。⑤ 许顺湛较早提出中原龙山文化源自仰韶文化。⑥ 总之,这一时期考古工作者在河南

---

① 严文明:《从王湾看仰韶村》,《仰韶文化研究》,北京:文物出版社,1989年,第113页。
② 苏秉琦:《关于仰韶文化的若干问题》,《苏秉琦考古学论述选集》,北京:文物出版社,1984年,第158页。
③ 许顺湛:《关于中原新石器时代文化几个问题》,《文物》1960年第5期。
④ 安志敏:《中国新石器时代的物质文化》,《文物参考资料》1956年第8期;安志敏:《试论黄河流域新石器时代文化》,《考古》1959年第10期。
⑤ 杨子范、王思礼:《试谈龙山文化》,《考古》1963年第7期。
⑥ 许顺湛:《关于中原新石器时代文化几个问题》,《文物》1960年第5期。

新石器时代考古方面基本解决了两个重要问题：一是发现了新石器时代早于仰韶时期的文化；二是基本搞清楚了河南龙山文化与仰韶文化的承袭关系，同时开始对河南境内的仰韶文化、河南龙山文化进行类型划分、区系的尝试，为以后的河南新石器考古与研究工作奠定了良好的基础。

第三阶段：河南新石器考古的振兴阶段(1977—1991年)。

"文化大革命"以后，河南新石器考古快速走上正轨并进入蓬勃发展的振兴阶段。中国社会科学院考古研究所及河南省省级考古机构逐步恢复田野考古及研究工作，各地市也相继建立了文物保护研究机构，专业队伍迅速发展壮大，以文物普查为先导、配合基建发掘与研究的考古工作全面展开。

田野考古方面，裴李岗文化遗址被大量发现，影响巨大。1977—1979年发掘新郑裴李岗遗址[1]，并命名了裴李岗文化。1977年、1978年发掘莪沟北岗遗址，发现了丰富的裴李岗文化遗存。[2] 其后发现的重要遗址有长葛石固遗址[3]、沙窝李遗址[4]、舞阳贾湖遗址[5]、郏县水泉遗址、大岗遗址[6]等几十处之多。其中长葛石固遗址的发掘首次发现了仰韶文化叠压裴李岗文化的层位关系；舞阳贾湖遗址所出的骨笛、炭化水稻和契刻符号等为世人所关注，大岗遗址可能是属于从裴李岗文化向仰韶文化过渡时期的遗存。裴李岗文化的发现，使中原新石器考古获得突破，从而填补了中原早、中时期新石器文化的一段空白，把河南地区新石器文化的年代从6000年前的仰韶文化推前至七八千年前的裴李岗文化，也为仰韶文化的来源研究提供了新的线索，在中华民族的史前史上增添了新的篇章。1975—1981年发掘登封王城岗遗址，发现裴李岗、仰

---

[1] 开封地区文物管理委员会等：《裴李岗遗址一九七八年发掘简报》，《考古》1979年第3期。
[2] 河南省博物馆等：《河南密县莪沟北岗新石器时代遗址发掘报告》，《河南文博通讯》1979年第3期。
[3] 河南省文物研究所：《长葛石固遗址发掘报告》，《华夏考古》1987年第1期。
[4] 薛文灿：《沙窝李新石器时代遗址调查》，《中原文物》1982年第2期。
[5] 河南省文物考古研究所：《舞阳贾湖》，北京：科学出版社，1999年，第112页。
[6] 张居中：《河南舞阳大岗细石器地点发掘报告》，《人类学学报》1996年第2期。

韶、龙山文化等遗存[1]，尤其是王城岗龙山城址的发现与发掘影响显著。1977年11月18—22日，由国家文物局牵头的"河南登封告成遗址发掘现场会"在河南省登封县（今登封市）王城岗遗址所在地召开，标志着我国考古学春天的来临。1978年，在对临汝阎村遗址进行调查的过程中发现的仰韶文化时期的鹳鱼石斧缸，既在我国美术史上记下了光辉的一笔，也为探索当时氏族部落组织及其相互关系提供了新资料。[2]

20世纪80年代以后，随着国家基本建设的大规模铺开，河南新石器时代考古与其他各时代考古工作一样有了更显著的发展。1980年再次发掘点军台遗址，出土了较丰富的仰韶、龙山文化遗存。1980年、1981年第三次发掘仰韶村遗址，弄清了它的文化内涵和层位关系。1981年发掘荥阳青台遗址，发现大批仰韶文化遗存。1983年发掘信阳南山嘴遗址，发现有约属仰韶、龙山文化的遗存。1984年在周口市烟草公司清理典型的大汶口文化墓葬4座。1986年、1987年发掘汝州北刘庄遗址，发现仰韶、龙山文化遗存。1987年发掘濮阳西水坡遗址，主要为仰韶文化遗存，其中发现三组罕见的用蚌壳摆砌的龙、虎等图案，引起学术界的高度关注。1987年开始发掘鹿邑栾台遗址，发现较丰富的大汶口、龙山文化遗存。1989年、1990年杞县鹿台岗遗址发掘发现少量仰韶文化遗物和丰富的龙山文化遗存。1991年发掘罗山李上湾擂台子遗址，发现以屈家岭文化因素为主的遗存。[3] 这一时期发现的龙山时期的遗址最多，保守估计达上千处，其中重要遗址如郑州站马屯、荥阳点军台、登封王城岗、临汝煤山、汝州李楼、郾城郝家台、辉县孟庄，有些还发现了龙山时期的城址，如登封王城岗、郾城郝家台、辉县孟庄等。中国科学院考古研究所、河南省文物工作队、洛阳市文物工作队都分别对豫东与豫西的伊河、洛河、汝河等

---

[1] 河南省文物研究所等：《登封王城岗与阳城》，北京：文物出版社，1982年。
[2] 临汝县文化馆：《临汝阎村新石器时代遗址调查》，《中原文物》1981年第1期。
[3] 魏兴涛：《新中国成立以来河南新石器时代考古发现与研究》，《华夏考古》2012年第2期。

流域进行了大规模的考古调查，大量龙山文化遗址被调查出来，龙山时期遗址的发现达到了顶峰。

这一时期，河南新石器考古的学术研究方面取得了丰硕的成果，基本上系统构架了河南地区新石器时期的文化谱系，主要集中在裴李岗、仰韶、龙山文化源流相互关系、分期与分区系及不同阶段的社会性质。

一是裴李岗文化的研究，包括裴李岗文化的命名、类型、源流、社会性质等各方面。裴李岗文化的命名主要有磁山文化[1]、裴李岗文化[2]、磁山·裴李岗文化[3]、分别称为磁山文化与裴李岗文化[4]等。目前学术界认为分别称为磁山文化与裴李岗文化比较合适，而裴李岗文化与周边磁山文化、老官台文化的互动关系，学者们也有不同程度的讨论。裴李岗文化的类型有几种不同意见：裴李岗类型和翟庄类型[5]、裴李岗类型和中山寨类型[6]、裴李岗类型和贾湖类型[7]等。以裴李岗文化为中心的嵩山南麓同期遗址与以贾湖为中心的淮河流域同期遗址显然文化面貌差异较大，可分为两个不同的文化类型。裴李岗文化的社会性质，学术界一般都认为处于母系氏族社会，但对所处阶段也有不同见解。对裴李岗文化源流的探索，许顺湛、赵世纲等人认为应该到中原地区的旧石器遗存中寻找，尽管二者之间还有缺环。关于裴李岗文化的发展去向，学术界大多认同其为仰韶文化所继承的观点，也有部分学者认为裴李岗文化与东方的青莲岗文化或大汶口文化也有渊源关系。许顺湛认为"在大汶口文化中

---

[1] 严文明：《黄河流域新石器时代早期文化的新发现》，《考古》1979年第1期。持相似观点的还有唐云明、魏京武等人。
[2] 许顺湛：《论裴李岗文化》，《河南文博通讯》1981年第1期。持相似观点的还有陈旭、李有谋等人。
[3] 夏鼐：《三十年来中国考古学》，《考古》1979年第5期。持相似观点的还有李绍连等人。
[4] 安志敏：《裴李岗、磁山和仰韶——试论中原新石器文化渊源及发展》，《考古》1979年第4期。持相似观点的还有杨肇清等人。
[5] 赵世纲：《裴李岗文化的几个问题》，《史前研究》1985年第2期。
[6] 郑乃武：《略谈裴李岗文化的类型及其与仰韶文化的关系》，《中国考古学研究》编委会编：《中国考古学研究》，北京：文物出版社，1986年，第1—9页。
[7] 张居中：《试论贾湖类型的特征及与周围文化的关系》，《文物》1989年第1期。

能够看到裴李岗文化的影子,在裴李岗文化中能够找到某些器物的渊源"[①]。张居中认为大汶口文化在形成过程中曾受到贾湖类型的一定影响。[②]

二是仰韶文化的研究,主要集中在文化类型与社会性质的研究上。文化类型研究方面,1981年,苏秉琦发表《关于考古学文化的区系类型问题》一文,率先提出中国考古学的区系类型学说,引起全国新石器文化区系类型研究的高潮。河南地区仰韶文化类型研究不一而足,有"阎村类型"[③]、"后冈类型"、"大司空类型"[④]、"大河村类型"[⑤]、"秦王寨类型"[⑥]、"下王岗类型"[⑦]等。鉴于仰韶文化的复杂性,一些学者开始将其分解为多个文化。有人认为"仰韶文化"只能用以涵盖豫西、晋南和关中东部地区,主张将河南和陕西的仰韶文化分别命名为"大河村文化"和"半坡文化"。[⑧] 更有影响的则是将仰韶文化的主要类型改为文化,如以"半坡文化""庙底沟文化""秦王寨文化"替代原称的"半坡类型""庙底沟类型""秦王寨类型"等。[⑨] 仰韶文化分期的成果主要有:研究者中有的把仰韶文化分为四区四期八个类型[⑩];有的将其分为三期四段八个类型,并明确主张将以半坡、庙底沟和西王村遗址为代表的遗存分别作为仰韶文化早、中、晚三期[⑪]等。社会性质研究方面的成果有:1979年许顺湛发表《再论仰韶文化社会性质》[⑫]一文,重申"仰韶文化父系说"的观点。用第一

---

① 许顺湛:《论裴李岗文化》,《河南文博通讯》1981年第1期。
② 张居中:《试论贾湖类型的特征及与周围文化的关系》,《文物》1989年第1期。
③ 严文明:《略论仰韶文化的起源和发展阶段》,《仰韶文化研究》,北京:文物出版社,1989年,第122页;袁广阔:《阎村类型研究》,《考古学报》1996年第3期。
④ 唐云明:《试谈豫北、冀南仰韶文化的类型与分期》,《考古》1977年第4期;杨锡璋:《仰韶文化后冈类型和大司空村类型的相对年代》,《考古》1977年第4期。
⑤ 张居中:《仰韶文化时代刍议》,《论仰韶文化》,《中原文物》1986年特刊。
⑥ 孙祖初:《秦王寨文化研究》,《华夏考古》1991年第3期。
⑦ 杨育彬:《关于河南地区仰韶文化的两个问题》,《论仰韶文化》,《中原文物》1986年特刊。
⑧ 丁清贤:《关于"仰韶文化"的问题》,《史前研究》1985第3期。
⑨ 张忠培:《研究考古学文化需要探索的几个问题》,《文物考古论集》,北京:文物出版社,1986年。
⑩ 石兴邦:《中国大百科全书》(考古学卷)"仰韶文化"条,北京:中国大百科全书出版社,1986年。
⑪ 巩启明:《陕西新石器时代考古工作与研究》,《考古与文物》1988年第5、6期。
⑫ 许顺湛:《再论仰韶文化社会性质》,《学术研究集刊》1979年第1期。

个支持许顺湛理论的黄崇岳的话来讲,"许顺湛同志又东山再起"了。由于考古材料的不断充实,学术争鸣的气氛越来越浓,所以这场重新开始的论战大大不同于20世纪60年代初期,持"仰韶文化父系说"者日渐增多。黄崇岳、吴汝祚、刘式今、王仁湘、巩启明等纷纷著文,从不同角度论证仰韶文化已进入父系氏族社会,或仰韶文化中、晚期不同的区域已进入父系氏族社会。总体来说,这一阶段仰韶文化社会性质的讨论取得了一些成果,但有人认为"在一些文章中既存在着使用考古资料不够慎重的问题,也存在着空泛议论的缺点。看来关于仰韶文化性质的讨论有待更深入认真的分析研究,有待更多的资料发现,才能使之得到更有说服力、更有坚实科学依据的结论"①。另外,学者们还对仰韶社会的葬俗等问题进行了研究。

三是龙山文化的研究,主要集中在河南龙山文化的分期与类型上。关于河南龙山文化的分期,学者一般将之分为早、中、晚三期,并认为龙山文化晚期后段已经进入夏文化时期。而对庙底沟二期似乎有了不同的解读。"人们认识到庙底沟二期文化不是仰韶文化向龙山文化的过渡期,原来认识的具有过渡特点的陶器,实为仰韶文化西王村三期文化遗存,它早于庙底沟二期文化。庙底沟二期文化是龙山文化早期遗存,是由仰韶文化西王村类型发展来的。"②河南龙山文化的类型有较多的划分,各有所据而区域互相重叠。诸如"王湾类型""王油坊类型""后冈二期文化""下王岗类型",而事实上这些不同类型又与同一文化中所划分的不同类型千差万别。对此,严文明曾作过全面的论述,并第一次明确地把郑州以西的以嵩山为中心的豫西地区龙山文化时期的遗存命名为"王湾三期文化"③。河南龙山文化是一个相当复杂的文化共同体,其文化内部也存在着若干不同的文化类型,这已经逐渐成为学界的共识。

---

① 中国社会科学院考古研究所编著:《新中国的考古发现和研究》,北京:文物出版社,1984年,第68页。
② 卜工:《庙底沟二期文化的几个问题》,《文物》1990年第2期。
③ 严文明:《龙山文化和龙山时代》,《文物》1981年第6期。

另外,20世纪80年代初,张光直到北京大学等地演讲,促使我国考古学者更加关注外国尤其是西方的考古学理论发展,聚落考古方法逐渐引入国内并产生很大影响。80年代以来,聚落考古受到普遍重视。一是保存较好的新石器时代村落遗址继续有所发现,类型也渐趋复杂化,通过聚落的形态结构来探讨当时的社会形态和社会组织结构的工作有所进展;二是陆续发现了一大批龙山时代的城址,贾湖裴李岗文化遗址及龙山聚落与城址都有较多的发现。严文明等人对聚落考古及其理论进行了初步的探索,如他在1981年发表《姜寨早期的村落布局》一文之后,1987年又写出了《仰韶房屋和聚落形态研究》一文,1989年再写出《中国新石器时代聚落形态的考察》一文,这是一组由点至线到面的递进式的聚落考古学研究。张忠培、王妙发等人也在聚落考古领域进行了较为细致的研究与探讨。

第四阶段:河南新石器考古的兴盛阶段(1992年至今)。

1992年河南新石器考古进入一个全新时期,以俞伟超为首的渑池班村遗址考古发掘,预示着多学科、包容性与开放性兼具的考古时代到来。一方面是社会科技的进步,尤其是环境科技、生物科技、航拍科技、地理测绘科技、数字科技等发展,为多学科、多手段考古提供了可能;另一方面是社会基本建设的要求使得考古工作更加繁重,而专业队伍的壮大开始适应这一要求;社会大众文化素质提高,加大了对考古学的关注度,公众考古逐渐成为趋势,为河南考古尤其是新石器考古提供了良好的条件,河南新石器考古进入兴盛阶段。

田野考古方面。这一时期配合基建和文物普查工作,发现和发掘了大量的文化遗址,其中不乏在全国有影响的文化遗址。1993年发掘汝州洪山庙遗址,出土一座仰韶文化大型瓮棺合葬墓。[①] 1991—1996年间多次发掘邓州八里岗遗址,发现仰韶文化、屈家岭文化和石家河文化遗存,其中仰韶中期成组

---

① 河南省文物考古研究所:《汝州洪山庙》,郑州:中州古籍出版社,1995年。

分布的房址保存完好,十分难得。① 在20世纪90年代,为配合黄河小浪底水库建设工程,发掘了一大批古文化遗址,如1992—1996年发掘渑池班村遗址,由10余家单位组成联合考古队,对遗存进行考古、古环境、古动物、古植物、体质人类学、文化人类学及物理、化学等多学科综合研究,发现裴李岗文化、仰韶文化、庙底沟二期文化等多时期遗存,开创了我国考古工作中由多单位联合、多学科参加的发掘与研究工作的新模式。② 1992年驻马店杨庄遗址发掘③,对其中古生态环境进行充分挖掘与研究。1992—1995年发掘郑州西山遗址,发现迄今所见唯一的仰韶文化城址。④ 1994年发掘伊川伊阙城遗址,发现仰韶晚期随葬玉器的大型墓葬⑤等。进入21世纪,河南新石器时代考古工作继续得到更大的发展。其中最具代表性的工作是在先前遗址调查特别是一些区域开展拉网式调查⑥的基础上,灵宝铸鼎原周围聚落考古研究课题正式启动,此后这里又成为"中华文明探源工程"的重点研究项目,持续开展多年,重点于2000—2011年对西坡遗址先后进行了7次发掘,取得了以发现仰韶中期大型房址、墓地为代表的重要成果。⑦ 2006—2008年发掘新郑唐户遗址,发现丰富的裴李岗、仰韶、龙山时期文化遗存,其中大面积揭露了裴李岗文化聚落遗迹,是迄今发掘面积最大的和发现房址最多的该文化遗址。⑧ 2006—2009年,结合全国第三次文物普查,以灵宝市为重点对三门峡市辖区新石器时代遗址进

---

① 北京大学考古学系等:《河南邓州八里岗遗址的调查与试掘》,《华夏考古》1994年第2期。
② 蒋迎春:《班村遗址发掘获重大成果》,《中国文物报》1993年2月21日。
③ 北京大学考古系:《驻马店杨庄:中全新世淮河上游的文化遗存与环境信息》,北京:科学出版社,1998年。
④ 国家文物局考古领队培训班:《郑州西山仰韶时代城址的发掘》,《文物》1999年第7期。
⑤ 洛阳市第二文物工作队:《河南伊川县伊阙城遗址仰韶文化遗存发掘简报》,《考古》1997年第12期。
⑥ 中国社会科学院考古研究所河南一队等:《河南灵宝市北阳平遗址调查》,《考古》1999年第12期。
⑦ 中国社会科学院考古研究所河南一队等:《河南灵宝市西坡遗址试掘简报》,《考古》2001年第11期;《河南灵宝市西坡遗址2006年发现的仰韶文化中期大型墓葬》,《考古》2007年第2期。
⑧ 河南省文物管理局南水北调文物保护办公室等:《河南新郑市唐户遗址裴李岗文化遗存发掘简报》,《考古》2008年第5期。

行较全面的调查,取得了丰硕成果。① 2008—2011 年发掘淅川龙山岗(原称黄楝树)遗址,发现丰富的仰韶文化、屈家岭文化、石家河文化遗存。② 2009 年、2010 年发掘新密李家沟遗址,发现旧石器时代晚期、新石器时代早期和中期遗存的三叠层,其中新石器早期遗存命名为李家沟文化,是确认的河南这一时期第一支考古学文化。③ 2014—2015 年洛阳班沟遗址发掘,文化系列比较完整,对洛阳地区新石器时代文化的发展序列及不同文化的分布、分期与年代对探索当时的地理状况、气候环境等问题提供了考古学依据。④

这一阶段,河南新石器考古研究呈现项目化、多学科联合攻关的趋势,在进一步完善河南新石器文化谱系的基础上,研究成果逐渐注重聚落形态、文明起源、环境和生业经济等方面的研究,目标提升到复原或重建历史的高度。⑤ 新石器文化谱系更加完善,找到了比裴李岗文化更早的新石器时期文化新密李家沟文化,其可能是河南新石器早期文化的重要一支,被誉为学术界期待已久的重要考古发现。⑥ 裴李岗文化研究主要集中在文化类型、分期、聚落等方面。裴李岗文化类型主要出现了裴李岗贾湖和花窝类型⑦,裴李岗、贾湖和中山寨类型⑧,裴李岗、贾湖和瓦窑嘴类型⑨等划分方案。关于裴李岗文化分期,有许多发掘报告对各自的遗址进行了分期,有的是在类型下进行分期,具备条

---

① 河南省文物考古研究所等:《河南灵宝市晓坞遗址仰韶文化遗存的试掘》,《考古》2011 年第 12 期。
② 梁法伟:《淅川龙山岗遗址》,《河南省文物考古研究所文物考古年报》(2008,2009,2010,2011)。
③ 北京大学考古文博学院等:《河南新密市李家沟遗址发掘简报》,《考古》2011 年第 4 期。
④ 任广等:《孟津县班沟新石器时代遗址》,《中国考古学年鉴》(2015),北京:中国社会科学出版社,2016 年,第 217—218 页。
⑤ 赵辉:《考古学关于中国文明起源问题的研究》,《古代文明》(第二辑),北京:文物出版社,2003 年。
⑥ 赵辉:《二〇〇九年全国十大考古新发现点评》,《中国文物报》2010 年 6 月 11 日。
⑦ 李友谋:《裴李岗文化》,北京:文物出版社,2003 年。
⑧ 杨肇清:《裴李岗文化》,《河南考古四十年》,郑州:河南人民出版社,1994 年。
⑨ 赵春青:《裴李岗文化研究》,《中国考古学研究的世纪回顾》新石器时代考古卷,北京:科学出版社,2008 年。

件的类型各分为三期①,也有不少对于整个文化的综合性分期,有人分为四期②等。裴李岗文化的聚落形态和社会研究方面也已有一些研究成果。有学者认为贾湖遗址聚落布局属内向式、封闭式结构③;有学者认为裴李岗文化已经出现中心聚落④。此外,学者们还对裴李岗文化的居民生存环境、社会发展阶段、精神思想、人口、稻作农业的起源、石器功能、与古史传说的对应关系等进行了专门研究。仰韶文化研究依旧是新石器考古研究的重点。文化类型方面又有了新的提法,如用"西阴文化"代替"庙底沟文化"⑤"大司空文化"⑥等。分期、谱系方面有了新认识,如由于晋南和关中一些年代较早的仰韶遗存的发现,半坡类型与庙底沟类型的关系、后者的来源等问题被重提,两类型平行说重新抬头。有学者提出了晋南或晋南、豫西是后者发源地的看法⑦,或认为两类型是同祖同源并行发展的关系⑧,还对仰韶文化分布格局的演变作出总体性的归纳论述⑨。仰韶文化聚落考古与文明探源成就显著,聚落考古意图明显、技术方法明确的田野考古工作主要发生在这一阶段,灵宝铸鼎原周围聚落考古研究课题正式启动,尤其是以西坡遗址仰韶中期聚落发掘为代表取得重要成果。多学科参加的考古发掘兴起,具有代表性的是1991—1996年班村遗址的发掘,其是我国较早开展的由众多学科合作进行的考古发掘工作。河南龙山文化研究又取得了新进展,尤其是聚落研究取得了新突破,如发现了新密

---

① 杨肇清:《裴李岗文化》,《河南考古四十年》,郑州:河南人民出版社,1994年。
② 曹桂岑:《裴李岗文化是中原地区新石器早期文化》,《论裴李岗文化》,北京:科学出版社,2010年。
③ 河南省文物考古研究所:《舞阳贾湖》,北京:科学出版社,1999年。
④ 蔡全法等:《裴李岗文化聚落形态分析》,《论裴李岗文化》,北京:科学出版社,2010年。
⑤ 山西省考古研究所:《西阴村史前遗存第二次发掘》,《三晋考古》(二),太原:山西人民出版社,1996年。
⑥ 张忠培:《仰韶时代——史前社会的繁荣与向文明时代的转变》,《故宫博物院院刊》1996年第1期。
⑦ 田建文等:《晋南地区新石器时期考古学文化的新认识》,《文物季刊》1992年第2期。发表过相似观点的有余西云、赵春青、戴向明等人。
⑧ 阎毓民:《零口遗址初探》,《远望集》,西安:陕西人民美术出版社,1998年。
⑨ 戴向明:《黄河流域新石器时代文化格局之演变》,《考古学报》1998年第4期。

古城寨城址、新密新砦城址、温县徐堡龙山城址、平顶山蒲城店龙山城址等。相应地出现了一批研究著作，如严文明的《聚落考古与史前社会研究》，对聚落考古学的发源、性质、研究内容等进行了全面的阐述，形成了体系式的聚落考古学研究；刘莉的《中国新石器时代黄河中下游酋邦社会的发展——龙山文化聚落形态研究》《龙山文化的酋邦与聚落形态》两书都对河南龙山聚落运用酋邦理论进行了深入的研究分析。魏兴涛、栾丰实、董琦等对龙山城址进行了具体细致的研究。聚落研究与文明探源工程紧密结合，由北京大学考古文博学院和河南省文物考古研究所共同承担的"中华文明探源工程预研究——登封王城岗遗址周围龙山文化遗址的调查"专题研究自2002年展开，取得了丰硕成果。另外此一阶段有些学者还对河南境内的大汶口文化、屈家岭文化等相关问题作过比较详细的研究。

二、河南新石器考古面临的问题与任务

河南新石器考古经历了近百年的发展，取得了丰硕的成果。但在发展的过程中，也出现了不少问题，有些问题还没有搞清楚或者说知之甚少，可以说这些问题是未来一段时间河南乃至全国新石器考古学界必须下力气研究的课题，也是未来新石器考古中必须面对的任务。

（一）考古学文化本身的内涵与时空框架问题

从目前来看，河南地区新石器文化早、中、晚各时段文化遗址都有发现，尤其是中、晚期遗址数量众多，但考古学文化的内涵、早、中、晚各阶段文化的衔接与过渡等诸多问题依旧没有解决。

新石器文化早期，目前在许昌灵井、舞阳大岗、新密李家沟等遗址中，均发现了比裴李岗文化早的距今1万年左右的细石器文化或新石器早期文化，但

三者文化面貌差距较大,与裴李岗文化之间虽然有上下的叠压文化层,但显然中间还缺少一定的过渡环节。最接近的李家沟文化,其源头与分布范围尚不清楚。裴李岗文化与磁山文化、老官台文化独立发展虽然成为共识,但在边远地区文化内涵如何界定,依旧无法形成一致意见,三者的相互关系是研究的重要课题。目前仰韶文化依旧是新石器考古研究的重点。自20世纪五六十年代开始对仰韶文化进行分期和分类型研究以来,学术界始终没有完全就二者达成一致意见,分期、分类型提法众多,各类型早晚关系也有争论。如2011年11、12月在渑池召开的"仰韶文化发现90周年纪念大会暨国际学术研讨会"和西安召开的"聚落与社会——以庙底沟时期考古新发现为中心学术研讨会"上,仍有许多学者就仰韶文化时空框架进行讨论。而半坡类型与庙底沟类型的关系问题,是于20世纪50年代就已提出、之后曾热烈讨论、到90年代被重提、似乎已经解决实则并未得到真正解决或完全解决的老问题,成为这两次会议尤其是后一会议上争论最为激烈、分歧颇为明显的焦点之一。另外,近年西坡遗址的发掘使我们对于豫西仰韶中期的中心聚落有了基本认识,注重聚落考古方法,加强聚落和社会探讨应是未来仰韶文化研究的主要方面之一。长期以来仰韶文化都是科技考古的试验田和主舞台,班村遗址发掘取得的丰硕成果昭示着多学科联合攻关、运用高科技手段进行新时代考古工作是未来的发展趋势。而同样的问题,在研究龙山文化的内涵、源流与分期等相关课题时也一样存在。

(二)文化区、系、类型问题

新石器时期,河南地区作为一个独立的文化区域,主要由仰韶、龙山这一庞大的文化区系支撑而成,但这并不等于说在这一区域内同一文化便会清一色地一致或没有差异。因为任何事物都不是孤立存在的,作为某一特定的族的共同体,除按自身的生产、生活方式和文化传统生活之外,还无时无刻不与所处时空范围内变化着的外界环境和社会组织发生着这样或那样的关系,附属于这一共同体的物质文化,自然也会因所处时空范围、自然环境和交往关系的不同或变化而出现一定的地域特点或个体差异,因长期因袭,有的还可形成一个亚区或更小的文化区域,有时由于受某种外来势力的侵扰或因其他特殊原因,文化区的范围乃至文化面貌也会发生显著变化。凡此种种,都是值得探索的课题。如豫南的驻马店杨庄遗址下层由于长江中游地区的石家河文化渗透而成为主体,中层为具有豫南地方色彩的河南龙山中晚期文化,二者彼此消长与传承的关系十分复杂;豫北的后冈一期、大司空文化及豫中的大河村文化多有交织,王湾与秦王寨类型如何定性与区分等。区、系、类型划分各依掌握的材料与研究角度,划分过于繁杂、混乱而重复,学术界尚没有大致可认可的划分区、系、类型的统一标准,已经脱离了苏秉琦发表《关于考古学文化的区系类型问题》提出区、系的初衷。另外,各文化之间的源流谱系或相互关系也是值得探索的问题之一。裴李岗文化的源流及其与周边文化的互动、河南地区仰韶文化的去向问题、河南龙山文化的源流等问题,学术界尚未达成共识,李家沟文化等新石器早期文化与裴李岗文化之间的缺环尚需要探索,所有这些问题还有很大的研究空间。

(三)社会形态与文明起源问题

对于新石器时代的社会组织结构和发展阶段,过去曾进行过热烈的讨论,意见分歧很大。关于仰韶时期属母系氏族社会繁荣期、龙山时代属父系氏族社会、晚期进入军事民主制阶段的认识,一度曾占据主导地位,自许顺湛提出"仰韶文化父系说"以来则受到冲击。但仰韶文化覆盖范围广,持续上千年,不同时段、不同区域的具体情况显然不会保持同步或一致。从人类学知识可推测,各区域甚至具体到各不同的遗址,其社会性质是否一样尚未可知,需要在具体的新石器考古工作过程中作细致的研究和分析。关于文明起源问题也是近些年讨论的热点，河南有关这方面的材料较多，因此，诸如文明要素的出现与发展、文明中心的形成及时间、文明的模式与特点等，都是我们应当探求的课题。过去总是将文字、城址、青铜器等作为判断文明因素的重要标准，但在实际的新石器考古工作中分析，纯粹以这些标准来判断不同区域的新石器文化的社会发展，显然过于机械化。河南新石器时代文明进程在不同区域显然不是同步的，不同区域文化特色、文化交流的影响都各有不同，豫南豫北、豫东豫西不能一概而论。

（四）自然地理及生态环境问题

土地、山川、河流、气候、物产等地理、生态环境是人类赖以生存的基础条件，对文化的形成、经济的发展、社会的进步有着不容低估的制约作用，对其加以研究，有助于我们对考古学文化分布范围、文化交流、经济结构、风俗习惯、氏族制度及文明起源等政治、经济、文化现象加深认识。对此，过去曾进行过一些尝试，如舞阳贾湖遗址孢子花粉的分析，对探索农业起源的条件提供了依据；大河村遗址动植物遗骸的鉴定分析，既勾画出了6000年前左右郑州周围的自然景观，又使我们对当时人们的生活资料来源有了更深的了解。但这种研究还远远不够，还应继续采用航拍、数字测定、遥感、生物科技等多学科手段，加强这方面的工作，以期复原古代地理生态面貌，促进历史科学研究。

（五）新石器考古学文化经济发展问题研究

自20世纪八九十年代聚落考古兴起，对各个时期的新石器聚落研究逐渐细化，对聚落中经济发展研究有了加强，但还不够普及与细化。至于其他文化有关方面的研究则更少。诸如各文化生产工具的种类及用途分工、用法及改进，农业及其他生产技术的出现、发展程度与提高，各经济类型在不同文化或时期中的地位和作用，农作物的品种、出现时间及传播，生产力及经济发展水平对社会形态变化、发展的影响等，都还需要进行很好的探索与研究。

(六)文化艺术与宗教问题

这一领域，可以说是河南新石器考古研究的薄弱环节，但又关系到新石器时代社会性质等诸多研究领域。文化艺术如裴李岗文化的猪、羊等写实性的陶塑与骨笛等音乐器物、仰韶文化彩陶花纹、龙山文化的薄胎技术与陶塑等。相信今后还会发现更多新石器文化的精美器物造型和装饰品，都需要对其进行认真的分析和探讨，揭示其文化、艺术和思想内涵。宗教祭祀如裴李岗文化随葬品中的龟甲等，西水坡仰韶文化遗址的三组蚌砌龙虎图案、杞县鹿台岗龙山文化的祭祀遗址，后冈二期文化被砍杀剥皮的头盖骨、王城岗龙山文化遗址等人牲奠基遗迹及各文化的丧葬习俗等，均与人们的崇拜意识、宗教信仰等精神生活存在着密切的联系，以前虽进行过一些探讨，但认识并不一致，将来也还会有更多新的材料面世，都需要进行深入研究。

三、河南新石器考古工作的近期展望

根据以上课题及任务，对今后考古工作的开展，暂提出以下几点不成熟的看法和意见：

1.查漏补缺与专题考察相结合，继续开展考古调查工作。

前者主要是为了进一步摸清河南地区现存遗址的底数，因为随着自然和人为的损毁，保存下来的遗址越来越少，只有将底数搞清才便于保护和利用，才会给科学研究工作提供较为完整的资料；后者主要是为了了解各考古学文化的分布状况，特别是不同时期、不同地域各聚落遗址的分布规律及特点，以期对当时的氏族、部落、村社组织、相互关系及其与地理生态环境的联系等问题有所认识。此外，还要有目的地开展旧石器与新石器过渡时期遗址的考古探索,新石器时代早期遗址、早期城址及大型仪礼场所的调查,探索新石器时代早期文化及早期文明的起源问题。

2.配合基建与课题研究相结合,认真搞好考古发掘工作。

围绕经济建设、配合基建工程进行抢救性发掘,虽然在工作时间、深度及研究课题等方面具有很大的被动性和局限性,但从另一角度来看也有比较有利的方面,一是工作经费便于落实,二是往往还会取得意想不到的收获。因此,我们应当牢牢把握住每一次机会,并在发掘中注意及时发现课题,科学认真地搞好每一项工作。选择课题,开展主动性发掘也是非常必要的。选择课题要有计划、有目标、分主次,并根据新的情况及时修改。目前,应该将一些薄弱环节或模糊问题作为首选课题,如庙底沟文化阶段遗存的内涵、特点及其与后冈一期文化、大司空文化间的关系,大司空文化的整体面貌、分期及其向后冈二期文化的过渡,龙山时代早段遗存的内涵,龙山时代晚段即典型后冈二期文化与先商文化的关系等。同时或稍后,还要将一些难点或热点问题作为主攻目标,如旧石器向新石器文化的过渡,新石器时代早期文化的全貌、编年及其与中期文化的衔接,原始农业及早期文明的起源等。发掘工作要注意点面结合,对于重点遗址,要有蚂蚁啃骨头的精神,从一点一滴做起,尽量多获取资料和信息,将问题搞深搞透,避免蜻蜓点水,不求甚解;同时,还要注意面上工作,对于同类遗址有选择地辅以小规模试掘,以便相互比较、相互印证,避免盲人摸象,力求符合实际,以点代面。发掘工作中还要注意实物资料和信息资料的获取,除器物、人骨及动植物标本外,还要注意采集木炭、烧土块甚至不同地层中的土样等实物资料,有的今天可能还显示不出多少研究价值,但明天可能就是非常重要的研究资料;对于各种遗迹或现象,要做好详细记录,谨防对一些常见现象熟视无睹,白白放过,同时要注意哪些偶然发现的哪怕是非常微小的现象或细节,因为这些现象很可能就是我们研究某个关键问题的重要信息资料。

3.突出重点,加大中原地区史前聚落与城址的考古研究的力度。

山东大学同美国耶鲁大学和芝加哥自然历史博物馆合作,运用"区域系统调查"方法,对日照两城地区进行了考古调查,取得了丰硕的成果。在河南的伊河、洛河流域,洹河流域,类似的聚落考古调查亦取得了较好的成果。我们应该加大工作力度,同有关单位协作,采用现代科学手段,开展多学科、多角度、多层面的综合研究工作,进一步发起与推动更多类似"中华文明探源工程"的项目,争取国家层面对河南考古尤其是新石器考古工作的支持,以窥视中原地区聚落与史前城址分布状况,乃至聚落之间互动的关系,进一步确定中心聚落的布局和文化内涵,勾勒聚落群形成、发展和消亡的历史轨迹。这样,我们就可以进而从宏观和微观的结合上、从静态和动态上整体考察当时社会经济形态、社会组织结构和社会文化背景。

4.基础方法与现代科技手段相结合,不断扩大考古研究领域,提高研究工作水平。

班村遗址发掘是河南新石器考古史上的标志性事件,河南新石器考古工作既要熟练运用地层学、类型学及实物资料对比分析等基础方法,对考古学文化的面貌、性质、分期、生产力水平、经济状况、文化生活、社会结构等问题进行广泛、深入的研究,又要综合利用数理统计、物理探测、碳-14年代测定法及灰像、孢子花粉、微量元素、DNA分析等现代科学技术,对考古学遗存的埋藏情况、绝对年代、农作物品种、生态环境、遗传基因等进行认真的科学检测和分析,不断扩大考古研究领域,提高科研工作水平,以期全面揭示古代社会政治制度、经济结构、物质文化、精神生活及体质人类学、古代民族学、生态环境学等方面的情况。

5.立足中原地区与多方协作相结合,促进河南考古工作均衡、快速发展。

河南作为中华文明起源的核心区域,史前文化兼容并蓄,与周边文化频繁交流互动。河南新石器考古工作应立足本地,充分发挥自身优势,以搞好本地工作为主。既要搞好新石器文化时期各个不同类型文化的考古工作,进一步厘清史前文化的谱系框架,同时又要兼顾史前文化跨区域交流与影响,要有跳出河南看史前文化的观念。为了避免工作开展不平衡,还应加强与燕赵、海岱、长江中下游乃至关中地区新石器考古工作的联系,最好能有一个统一规划,既有长远发展方向,又有近期主攻目标,对于某些重点课题,必要时还可开展跨省联合,统一行动。此外,还要借助各科研机构、大专院校的人才和技术优势,多方协作,联合攻关,促进河南地区新石器考古工作均衡、快速发展。

6.资料报道与综合研究相结合,加快科研工作步伐。

对于考古资料,要及时整理,尽快予以报道,以便较早发挥其利用价值;材料公布应全面、翔实,尽可能向人们提供完整的资料,以便利用时能够准确把握。此外,还要加强综合研究工作,一方面以报纸杂志为阵地对有关问题进行讨论,公布科研成果;另一方面还要适当组织不同形式、不同范围及不同课题的学术座谈会或研讨会,对有关学术问题进行广泛、深入的讨论和交流,以加快该地区新石器时代考古研究工作的步伐,促进问题的解决。

总之,河南省新石器考古经过近百年的发展历程,各个阶段皆取得了丰硕的成果,为我国考古事业尤其是新石器考古作出了巨大的贡献。当然,我们在肯定成绩的同时,还要清醒认识到工作中的薄弱环节和当前及未来一段时间面临的主要工作任务,从而抓好未来新石器考古工作的主要方面,唯有如此,河南的新石器时代考古研究才能取得新的更大的发展。(李龙)

第二节
中原文明起源研究的回顾与思考

1928年安阳殷墟的发掘揭开了用考古资料探讨中国早期文明的序幕。大规模系统探索中国文明起源主要是中华人民共和国成立以后展开的。时至今日,在探讨中国文明起源的过程中,中原地区是一个绕不开的区域,中原文明起源是必须重视的主要课题。多年来的中原文明起源研究成果在21世纪初的两次总结性的会议中得以全面展现。第一个会议是2001年8月20日至23日在郑州举行的"《中原文物》百期纪念暨中原文明学术研讨会"。与会代表们围绕着中原文明起源问题、文明起源与形成研究的方法论问题、中原文明的地位问题及仰韶文化、新砦期文化等,进行了热烈的讨论和学术交流,讨论与交流可分为以下两个方面:一是关于中国古代文明和中原文明的起源与形成。关于中原文明在华夏文明形成中的地位和作用,代表们普遍认为,中原地区在华夏文明起源与形成中的核心地位是不可动摇的,但在一些具体的问题上,还要作具体的分析和研究。在关于文明社会标志的讨论中,代表们普遍认为,文明起源与文明社会形成是完全不同的概念,文明起源中的"文明",就是指文明因素的起源;文明形成中的"文明",应是指文明时代的形成。个别文明因素的出现不能与文明画等号。所谓的文明形成的三个或四个标志,并不一定适合中国的实际,中国应该有自己的文明标准。关于中原文明领先及中心地位形成的原因,大多认为与优越的地理位置、发达的农业经济、悠久的文化、高度发展的礼乐制度、洪水、战争、强权或王权有关。二是中原古史与考古学文化研究,主要包括五帝的问题、新石器时代文化问题、夏商文化问题[1]等三个问题。第二个会议是 2005 年 11 月 23 日至 25 日,由河南博物院联合中国社会科学院古代文明研究中心、河南省文物考古研究所共同举办的"文明探源——考古与历史的整合"学术研讨会。与会代表讨论的主要议题有:中原地区文明化进程及各种文明化现象与特点的探索,中原地区与其周边地区文化交流及对文明起源的作用,古代中原地区自然环境及其演变对文明起源的作用,中国文明起源的模式、机制和动力的探索,古史传说中有关五帝时代史迹的探索及对五帝时代的认识,如何进一步深入开展中国文明起源的研究等。本次会议的成果集中体现在六个方面:一是文明探源中考古与历史的整合问题,二是对《史记·五帝本纪》等文献记载的态度问题,三是对五帝族属、活动地域及与考古学文化对应的研究,四是对中原地区文明化进程的讨论,五是中原与周边地区文化交流及对文明起源的作用,六是中国文明起源的模式、机制和动力的探索。这次学术会议反映了当时中国学术界关于我国文明起源研究的状况,虽然在考古与历史的整合及其他问题上还存在不少分歧,但在一定程度上代表了之后我国文明起源研究的趋势和方向,这无疑对中华文明起源问题的探索具有非常积极的意义。[2]

以这两次会议的召开为标志,在之前和之后相当长的一段时间内,中原文明起源研究在以下几个方面取得了长足的进步和发展,我们对这些方面的研

---

[1] 张得水:《〈中原文物〉百期纪念暨中原文明学术研讨会综述》,《中原文物》2001 年第 6 期。
[2] 张得水:《"文明探源——考古与历史的整合"学术研讨会综述》,《中原文物》2006 年第 1 期。

究进行梳理和总结,以期对未来中原文明起源研究有所启示。

一、中原文明在中国古代文明中的核心地位

关于这个问题,学术界讨论相当热烈,有学者认为中国文明起源于中原地区,也有学者认为中国文明在不同的地区是独立起源和发展的,还有学者认为虽然中国古代文明起源于不同的地域,但在其发展过程中,中原文明以其独特的优势而最终一脉相承地发展下来,在不同地域文明之间的交融发展过程中居于主导地位。时至今日,大多数学者都认同了中原文明在中国古代文明起源中居于主导和核心地位的观点,并且分析了形成这种局面的原因。

杨育彬、孙广清两位学者认为,河南位居"天下之中",历来被称为中原。旧石器时代文化南来北往、东播西传,都需经过中原沃野。中原新石器时代文化是中国古代文明的重要源头。夏、商、周三代文明,中原独领风骚,居于全国中枢地位。两汉、魏晋至唐宋文明,中原在全国的地位依然举足轻重。这些都展示了中原文明在中国古代文明中无可替代的历史地位。[①] 曹兵武认为,从三代到唐宋,国家人口、政治与文化中心基本上没有远离从西安至开封、以中岳嵩山为中心的黄河中下游一带。这种历史格局的形成,有一个发生发展的长期过程,其中庙底沟文化和二里头文化是史前时期最重要的两次奠基性文化整合和提升运动,它们使得中原地区在相对独立的几个早期区域性文化传统的相互作用中脱颖而出,并影响到中国早期文明的天道观、人文观及国家与意识形态结构。[②] 陈昌远教授认为,中国文明出现的标志是国家的出现,根据历史文献的记载,禹都阳城、商都尸乡沟、成周郑鄩均建在河洛地区。而夏、

[①] 杨育彬、孙广清:《从考古发现谈中原文明在中国古代文明中的地位》,《中原文物》2002年第6期。
[②] 曹兵武:《辐与辏:史前中原文化优势的确立——兼论早期中国与华夏文明观的形成》,《中原文化研究》2015年第6期。

商、周三代先后在此建都都不是偶然的,通过分析河洛地区从旧石器时代、新石器时代为华夏文明出现奠定基础的农业,以及河洛一带优越的自然地理条件,证明河洛地区在黄河流域中具有独特的地理位置,是四面八方交会的"土中",是中心、核心。而华夏文明的起源过程中只能有一个中心、一个核心,所以河洛地区是华夏文明的策源地,是中国远古文明的中心区。东北、东南等地区的原始文化生产力水平虽然也很高,但进入阶级社会的时间较晚,它们是在中原地区商周文化的影响下才不同程度地进入阶级社会的。[1] 张得水从河洛地区古生态环境、旱地农业的最早起源之地及文明起源过程几个方面,探讨了河洛文化在中华文明发展中的地位和作用。他认为河洛地区得天独厚的地理位置、气候、地质构造、土壤等因素,为古代人类的居住和繁衍生息提供了绝好的条件,同时也决定了河洛地区在新石器时代最早发展为农业经济。河洛地区在裴李岗文化、仰韶文化、龙山文化等新石器时代文化的连续发展中,形成了农耕文化的中心区域,并走上以农业起步到定居生活逐渐发展养殖业和手工业的文明起源之路。到龙山文化晚期,河洛地区出现了文明的曙光,主要表现在城堡的出现、文字的发明、青铜铸造等各个方面,使之首先进入了文明时代。随着中国古代文明区域的不断扩大,河洛地区成为中国古代文明核心和"三代之居"。[2] 魏继印认为,新石器时代晚期到夏商时期是中国古代文明形成的关键时期,大体经历了由无中心向以中原为中心转变的"多源一统"的过程。究其原因当有多种,气候变化是其中的一个重要方面。由于各地区的地理、环境和气候特点的不同,它们对气候变化的反应也不尽相同。干旱和半干旱地区在气候暖湿的时期发展较快,而湿润地区则在气候干冷的时期适宜发展。位于干旱地区的文明在长期干冷的气候条件下衰落了,位于湿润地区的文明在极端暖湿的气候时期中断了,唯有中原地区位于半干旱半湿润地区,适

---

[1] 陈昌远:《河洛地区——华夏文明的策源地》,《史学月刊》1994年第1期。
[2] 张得水:《河洛地区的文明起源》,《中原文物》1995年第3期。

应极端气候的能力较强,不仅在暖湿时期发展较快,而且在干冷时期仍能持续发展,最终成为全国文明的中心。① 王建华认为,中原特有的地理位置和自然环境,为中原文明的发展奠定了坚实的基础。中原文明特有的务实性、包容性、延续性、世俗性等特点,使得中原文明能够将自己的以礼乐为代表的礼制文化传播给周边文化,且改变了周边文化的思想观念和意识形态,从而稳固了中原文化在华夏文明中的核心地位。② 张锴生认为,中原古代文明的起源过程可分为两个阶段:第一阶段,中原文明因素起源、积累,文化水平与周边地区大体相同;第二阶段,中原文明初步形成并成为中国文明中心。中原成为文明中心有两个基本原因:一是优越的地理环境,二是深厚的文化积淀。还有三个要素,即战争、洪水和强权。③ 王子今认为,以河洛地方为主要基地的中原文化优势对于华夏文明奠基有着特殊意义,这一地区在先秦时期已成为国家的政治、经济、交通中心地区。虽然全国经济重心在六朝之后实现了向东南方向的转移,王朝行政中心后来移居华北,进入近代以来,沿海地区又获得了优先发展的条件,然而中原地区丰厚的文明基础长久地发挥着历史作用。即使在中原地区并不作为全国行政中心的时代,其地位依然显要。④ 徐昭峰认为,中原地区独特的地理位置,使得东西、南北文化在此交汇、碰撞,不同族群在此交流、融合。优越的地理位置和适中的气候,使得多元性农业经济在中原地区并存发展。中原地处黄河中游,这既使其免遭史前洪水的极大破坏,又将其推向治理史前洪水组织中枢的位置。正是中原地区独特的地理位置形成的诸多有利因素,决定了中原地区的先民最早走向文明,建立国家。⑤

---

① 魏继印:《论气候变迁与中原文明中心地位的形成》,《中原文物》2011 年第 5 期。
② 王建华:《论中原文明在华夏文明中的核心地位》,《黄河科技大学学报》2007 年第 2 期。
③ 张锴生:《略论中原古代文明的中心地位》,《中原文物》2001 年第 6 期。
④ 王子今:《上古中原文明领先优势及其复兴的历史合理性》,《黄河文明与可持续发展》2013 年第 2 期。
⑤ 徐昭峰:《夏国家兴起于中原地区的地理因素探析》,《古代文明》2010 年第 3 期。

有的学者从中原文化内部发展变化的过程和展现的特质来解释中原文明核心地位的形成过程。范毓周认为,在中国文明形成多元一体的格局中,中原文化具有中心地位和主导作用。在龙山时代后期,中原龙山文化已经构成当时中国境内诸文化的核心,成为推动中国境内各种文化交汇激荡的摇篮,直接推动了中国文明的形成进程。中国历史传说中的史前重大战争都来自中原地区部族的发展与扩张,这从另一方面反映了中原文化可能是通过战争形成了它强大的发展态势和中心地位,从而直接确立了中原文化在中国文明形成进程中的中心地位,使中原文化成为推动中国文明形成进程的主导力量。城邑、文字、青铜器等中国文明形成的主要标志,最早出现于中原地区的文化演进过程中,成为中国文明形成进程的重要标志。龙山时代晚期发生的洪水侵袭及"大禹治水"的历史事件,不仅解决了当时面临的水灾问题,而且加速了各部族间的联盟与融合,强化了中原集团的领导地位。历史上最早建立的夏、商、周三代王朝均以这里为中心腹地,由此也可知中原文化直接推动了中国文明的最后形成。[1] 李友东认为,目前学术界在如何解释中华文明从"起源"时多源、到走向"形成"时以中原为核心这一历史现象时,仍然存在分歧。之所以在东方会出现以中原为核心的文明形成道路,是与中原地区从微观到宏观的大协作式生产方式,在经济、政治和文化方面的资源优势,以及不以掠夺而以求得安定为主要目的的对周边族群策略分不开的,这形成了中原地区对周边地区的"内吸外抚"效应。为了与沃勒斯坦"世界体系论"中的"中心—半边缘—边缘"相区分,在不十分严格的情况下,可以借用"五服"来形容这一文明核心的形成过程。[2]

---

[1] 范毓周:《中原文化在中国文明形成进程中的地位与作用》,《郑州大学学报(哲学社会科学版)》2006年第2期。

[2] 李友东:《中原文明核心区形成初探》,《史学月刊》2005年第6期。

二、起源模式与文明化进程

文明的起源与形成不是一蹴而就的,而是一个阶段性的过程,在一个动态的过程中。从横向角度来说,中原文明的起源模式和其他地域独立起源和发展的文明有什么不同,中原文明起源进程有什么自己独特的特点,也是历年来学者孜孜不倦进行探索的热点问题。

马世之从中原远古文化、中原地区农耕文化、原始手工业和中原地区是夏商周文明的发祥地等角度出发,探讨了中原地区的古代文化与文明问题。他认为,从遥远的旧石器时代起,就有人类活动于黄河流域的中原地区,经过中石器时代以沙苑和灵井为代表的细石器文化,发展到裴李岗文化时期,已经形成以农业为基础的聚落遗址,"仰韶文化和龙山文化的农业经济日益巩固,聚落扩大,分布广泛,形成中原文化的主体"。同周围地区相比,中原远古文化是异常丰富多彩的,中原地区是我国北方农耕文化的摇篮。当它进入"河谷文化"时期后,中原地区的社会经济有了巨大发展,并最终进入了文明时代。我国的夏商王朝所创造的夏商文明,最早都发生在中原地区。河南龙山文化煤山类型和二里头文化一、二期,作为阶级压迫工具的国家已经出现,夏部族已步入文明时代。河南偃师二里头、郑州二里岗和安阳小屯的遗址则反映出商代早、中、晚三期的文化面貌。在中原远古文化的基础上,我国大步跨入文明时代,并对亚洲和世界文明史产生了极其深远的影响。[1] 吴耀利认为,在夏王国的起源中,没有受到任何外来的或内部的暴力干涉,是直接从氏族社会中产生的。同古雅典国家的起源一样,夏王国的起源也是国家起源的另一种最纯粹、最典型的形式。[2] 王震中认为,国家的出现可以作为文明社会到来的标

---

[1] 马世之:《试论中原地区的古代文化与文明》,《中州学刊》1983 年第 4 期。
[2] 吴耀利:《从考古与历史的整合看中原文明起源的方式》,《中原文物》2006 年 2 期。

志,从国家形态的演进反观文明化的进程,则应是从社会意义、社会层面对文明化进程加以考察的可行路径。循此路径,丰富的考古资料可以说明,我国中原地区经历了从中心聚落形态到邦国形态、从邦国形态到王国形态、从王国形态到帝国形态这样非常典型、完整的国家形态演进阶段,从而使得其文明化的进程也是几个阶段地率先递进,并获得了连续、完善的发展。① 杨肇清认为,中原地区文明的起源及形成,经过漫长而艰辛的历程,其起源可追溯到仰韶文化庙底沟类型时期,形成于河南龙山文化时期,到河南龙山文化晚期和二里头文化时期已经发展壮大,一度成为古代中国的政治、经济、文化中心,在中国文明史上书写了绚丽的篇章。② 叶万松认为,中国中原地区在五帝时期,即仰韶文化中期至龙山文化中期,开始进入文明时代,因为国家的出现是认定当时社会进入文明时代的标准。在这个历史时期,贫富分化、社会分层、阶级对立、矛盾激化,是国家产生的社会基础;画野分州、巡守四方、任土作贡、设朝立市,是国家行使主权的具体表现;始创礼制、允执厥中、修身治国、平均天下(即"中和"施政理念),是国家实施管理职能的指导思想;习用干戈、以征不享、监于万国、诸侯(即当时出现的联盟国家)咸服,是当时社会政治组织的最高形式。学术界提出的文明三要素,即金属冶铸技术、文字、宫殿建筑与城市,在仰韶文化时期的中原地区已经相继出现。中原地区仰韶文化时期发达的农业经济,以及在母系氏族制度向父系氏族制度过渡时期,即前仰韶文化与仰韶文化交替时期出现的个体婚制(一夫一妻制家庭)、奴隶制、私有财富,构成了中原地区中国文明社会的"史前的基础";仰韶文化早期中原地区开始进入父系氏族社会,处于文明时代的孕育期;仰韶文化中期(黄帝时期)中原地区开始普遍进入父系氏族社会,意味着"文明社会的细胞形态"——一夫一妻制家庭取代氏族制度获得

---

① 王震中:《从中原地区国家形态的演进看其文明化进程》,《东岳论丛》2005 年第 3 期。
② 杨肇清:《略论中原地区文明的起源及形成》,《华夏考古》2002 年第 2 期。

最后的胜利,亦即标志着文明时代的开始。① 李绍连认为,淅川下王岗遗址中仰韶文化、屈家岭文化、河南龙山文化、二里头文化、西周文化等六个时期九个文化发展阶段的遗存,与其他同类遗址相比,具有比较清晰的传承性和连续性,使文明起源过程的考察具有较多的真实性和可靠性。通过原始社会生产力发展过程、文明产生的各种社会条件考察文明起源的历史过程,可以看出淅川下王岗文化遗存,由于社会生产力的发展,在仰韶文化二期到河南龙山文化这段长达2000余年的历史时期内,逐渐出现了父系个体小家庭、私有制、阶级、阶级斗争,它们的产生和发展必然导致氏族社会制度的瓦解和文明社会——奴隶制的产生。在中原广大地区从仰韶文化到河南龙山文化的文化遗存中,下王岗遗址各种文化发展过程具有代表性,反映出相应的社会发展规律性。又因下王岗遗址位于黄河、长江两大河流流域之间,它既以黄河流域文化为主体,又受到长江流域文化的影响而具有长江文化的某些因素,因此,下王岗文化遗存所反映出的文明产生过程,对研究两河流域文明的起源具有重要价值。所谓以文明三要素(金属器、文字、城市)为标准去衡量文明起源的时限,具有很大的局限性。② 杨肇清认为河南龙山文化是在继承仰韶文化和吸收周围地区其他各种文化的基础上发展壮大起来的。尤其到了河南龙山文化中晚期,各种社会活动都达到了相当高的水平。多种多样、造型规整、制作精致、数量繁多、便于使用的生产工具的出土,证明当时的农业和手工业是相当发达的,有迹象表明有的手工业部门已经从农业中脱离出来,出现了独立的手工业工场。数量较多的家畜骨骼的出土,说明家畜饲养在当时也占有重要地位。青铜的冶炼和铸造技术的掌握,标志着社会开始迈入青铜时代。水井的开凿、文字的出现、城市的建立,既是社会进步和发展的表现,又是社会迈入文明的标志。龙山文化中、晚期墓葬情况的

---

① 叶万松:《史前五帝时期中原地区开始进入文明时代》,《黄河科技大学学报》2016年第4期。
② 李绍连:《试从淅川下王岗文化遗存考察文明起源的历史过程》,《中原文物》1995年第2期。

巨大变化,反映出当时的贫富不均情况相当严重,阶级差别和阶级压迫暴露得十分充分。因此,河南龙山文化时期是中原地区的社会大变革时期,至迟在其中期中原地区已出现了阶级,稍后建立了城邦国家,在抗击外来侵扰和与大自然作斗争的过程中,又联合周围小国或各氏族,建立起较统一的国家。这个国家的地望与古文献记载的夏代活动中心地区相吻合,且年代也相近。可以说,河南龙山文化晚期建立的较为统一的国家可能是夏王朝的初期阶段,中原地区国家起源于河南龙山文化时期,晚期已建立统一的地域较大的国家。[1]

从考古学材料中探寻社会发展形态是学者们努力的又一个方向。方酉生、赵连生认为,我国文明的起源不是单一的,应是多元的。与文明起源有关的地区,以黄河流域中下游、长江流域中下游、东北的辽河流域和南方的珠江流域等为主,而以中原为我国最早进入文明时期的地区。龙山文化中、晚期中原地区已进入文明时代的主要依据是登封王城岗遗址晚期出土的陶器底部的文字和在王城岗遗址、平粮台遗址发现的城址。郑州牛砦遗址、登封王城岗遗址、淮阳平粮台遗址、临汝煤山遗址等出现的金属器,煤山遗址、邯郸涧沟遗址、汤阴白营遗址、襄汾陶寺遗址等发现的水井,永城王油坊、临汝煤山、淮阳平粮台、汤阴白营、安阳后冈、八里庄等遗址出现的打夯技术及墓葬和奠基,占卜、水渠、轮制陶器技术的发明等现象,都是社会生产力发展到一定阶段的产物,是人类从野蛮跨入文明阶段的主要标志之一,或者说这些现象与文明起源有着密切联系。中原地区文明的起源始于比二里头文化还要早的河南龙山文化晚期,即夏王朝早期。[2] 董琦认为,龙山文化时期的社会发展阶段处于过渡形态:一方面,这个时期与以三代为代表的青铜时代有着质的差别,仍属于新石器时代,即氏族社会末期;另一方面,这个时期又与以三代为代表的青铜时代有着千丝万缕的密切衔接关系,在中国历史的长链中处于连接两个时代的

---

[1] 杨肇清:《试论中原地区国家的起源》,《华夏考古》1993年第1期。
[2] 方酉生、赵连生:《试论中原地区文明的起源》,《史学月刊》1989年第2期。

关键环节。龙山文化时期已进入部落联合体阶段,社会出现了"分层"(rank)现象,其社会形态,或曰部落联盟,或曰部落方国,或曰酋邦,或曰史前国家,它恰似一只仍包裹在氏族社会卵壳中的即将成形的雏鸡。相对而言,二里头文化时期的社会形态,恰似一只破壳而出的雄鸡,尽管带着氏族社会的浓厚气息,却迎来了文明社会的黎明。[①] 叶万松认为,在前仰韶文化时期出现了母权制向父权制的过渡,出现了私有财富,为氏族制度的瓦解打开了第一个缺口;在仰韶文化时期,出现了铜器、文字、宫室礼仪建筑、城址等文明要素,出现了我国最早的古国;在龙山文化时期出现了奴隶制国家。在整个新石器时代,中原文化以其发达的农业经济和居"天下之中"的地域优势,不仅使中原地区成为中国文明的起源地,而且还使中原地区唯一顺利地完成文明起源的全部历史过程,成为中国第一个奴隶制国家的诞生地。[②] 郑杰祥认为,夏王朝是我国历史上出现的第一个国家政权,建立在农业经济基础之上的、世袭制的、政权和族权牢固结合的、相对统一的中央王权,是夏王朝国家政权形成的四个显著标志,也是我国正式进入古代文明时代的开端。[③] 庞小霞、高江涛认为,从仰韶文化中期至二里头文化时期,中原地区作为一个农业经济区,随着农业的发展,在不同时期其前进历程是有着阶段性特点的。这些阶段性特点与中原文明化的进程有着一定的关系。[④] 吴耀利认为,综观全国各地新石器时代文化的发展,中原地区以它强大的文化根基,在文明起源和形成过程中始终走在前面。中原地区文明的起源是相当早的,在龙山时代晚期,中原地区已进入文明时代。[⑤] 张得水认为,文明国家在中原地区找到了突破口,中原地区之所以能够率先进入文明时代,是因为具有如下特点:一是深厚的农业经济基础;二是

[①] 董琦:《虞夏时期的社会发展阶段》,《中原文物》1996年第3期。
[②] 叶万松:《中国文明起源"原生型"辩正》,《中原文物》2011年第2期。
[③] 郑杰祥:《中原地区古代国家的起源和形成特点的探讨》,《中原文物》2006年第4期。
[④] 庞小霞、高江涛:《中原地区文明化进程中农业经济考察》,《农业考古》2006年第4期。
[⑤] 吴耀利:《中原文明的起源与形成》,《中原文物》2001年第4期。

以血缘为纽带的稳固的氏族组织;三是高度发展的礼制;四是广纳百川,吸收周边各地区先进文化因素;五是集中出现城市、青铜器、文字等文明因素;六是新石器文化发展自成序列,连续发展。[1] 中原地区的文明化进程,同时也是中原与周边地区文化融合的过程,文化的融合是贯穿于中原地区文明进程的主旋律。河南古玉文化从不发达到繁荣,是接受来自东方、南方和北方玉文化影响的结果,这从一个侧面反映了中原地区在文明化进程中受到周边地区先进文化因素的影响,也是中原文明赖以形成和发展的动力之一。[2] 马世之认为,仰韶文化时期,还没有进入文明时代,从大量考古发掘资料获知,龙山文化时期,黄河流域地区的农业比较发达,出现许多带有军事防御性质的城堡,以及能够辨认的陶文和甲骨文,铜器冶铸技术达到了较高的水平。种种迹象表明,至迟到龙山文化后期,社会发生重要变革,可能进入了文明时代。在黄河流域三大文化区域中,中原地区文化的发展一直处于领先地位。约从新石器时代早期起,人们冲破山河的险阻,开始进行广泛而持续的文化交流。中原地区特别是其中以伊洛-郑州为主的地带,成为各个历史文化区域频繁接触的场所,更是它们进行文化角逐的中心。这一文化地理优势,当是使伊洛-郑州地区最早迈入文明门槛而成为东方古代文明发源地的重要原因之一。[3]

三、具体遗址的个案研究

以考古学为切入点的中原文明起源研究离不开对具体遗址的解剖和微观分析。在这方面,许多考古工作者做了大量的工作,有一线发掘者对自己所发

---

[1] 张得水:《中原文明形成过程中的几个特点》,《华夏考古》2002年第4期。
[2] 张得水:《周边地区对中原文明化进程的影响——从河南古玉文化的起源与发展谈起》,《东岳论丛》2006年第3期。
[3] 马世之:《黄河流域文明起源问题初探》,《中州学刊》1989年第4期。

掘的典型遗址的细致入微的分析,也有不同的学者对同一遗址从不同的角度所进行的研究。这些研究成果都为中原文明起源的研究奠定了坚实的基础。可以说,没有具体的考古发现,文明起源研究只能是无源之水、无本之木,只有把文明起源的理论和大量的考古新发现及其研究结合起来,文明起源研究才能够获得新的突破。

毫无疑问,二里头遗址是中原文明起源研究中的重点。王迅认为,在夏、商、周这个中国古代文明形成并初步发展的时期,各考古学文化在发展中交流,在演进中传承。二里头文化的大量文化传统、文明因素被商文化继承,商文化因而有了更高的起点,以后的周文化则是二里头文化的间接受惠者。在文化的发展、交流、传承中,中原地区先进文化的凝聚力进一步加强,民族与文明的兼容性和影响力得到进一步的发扬,文明中心的地位更加巩固。[1] 郑光认为,二里头遗址的发现是中国考古学和历史学上的重大事件。经过20多年的发掘,它的宏大气魄、丰富而灿烂的文化遗存,为人们打开了新的眼界,逐渐拨开了因古史记载不详和过去某些学者对古史的大翻案所造成的迷雾,显露出比安阳殷墟更古的文明光辉。它为认识我国三代及其以前的历史提供了极为重要的资料,不愧为国内外享有盛名的古文化遗址。[2]

龙山文化,特别是其晚期遗存的发现和研究是文明起源研究的另一个重点。蔡全法认为,新密古城寨龙山文化城址,是中原地区最大、保存较好的一处新石器时代晚期城址。城内宫殿、廊庑建筑基址和其他遗迹遗物的发现,揭示了龙山时代的政治、经济生活状况,土木建筑技术及意识形态等方面的情况,也是最早揭示夏、商城市文明重要本质的例证。这一发现为探索夏文化、研究我国文明起源与国家形成提供了重要的依据。[3] 袁广阔对孟庄龙山文化

---

[1] 王迅:《二里头文化与中国古代文明》,《考古与文物》1997年第3期。
[2] 郑光:《二里头遗址与中国古代史》,《北京社会科学》1987年第1期。
[3] 蔡全法:《古城寨龙山城址与中原文明的形成》,《中原文物》2002年第6期。

遗存的内涵与特征、年代与分期、与周邻同时期文化的关系、渊源和族属等问题进行了全面研究，把孟庄龙山文化分为三期六段，认为早期年代约为公元前2800年至公元前2500年，中期为公元前2400年至公元前2300年，晚期为公元前2300年至公元前2100年。孟庄龙山文化遗存同周边的龙山文化类型既有联系又无法归入任何一个类型，其自身特征突出，建议将其另立一个类型即孟庄类型。孟庄龙山文化来源于太行山东麓的仰韶文化"大司空类型"，而这一类型的分布区域内，共工氏的传说或记录最多。共工氏经历的时间相当久远，绝不可能是一个人，而应是一个氏族或部族的名称。现有的考古材料表明，从仰韶文化"大司空类型"到龙山文化"孟庄类型"是一脉相承的，它与共工氏这一氏族存在一定的联系。[1]

把古史传说与考古发现结合起来进行研究，也是中原文明起源研究的一个重要方面。1999年10月16日至22日，"中国灵宝黄帝铸鼎原与中华文明起源学术研讨会"在河南灵宝召开。"中国灵宝黄帝铸鼎原与中华文明起源学术研讨会"是专题研究黄帝文化的一次盛会，它把炎黄文化的研究推上一个新台阶。会议希望灵宝市以此为契机，加大宣传和开发力度，实行多学科联合攻关，文物考古单位开展更加深入的调查，并尽快选择重要遗址进行考古发掘。"夏商周断代工程"的研究成果只能把中国文明史提前到距今4100年前后，距5000年文明古国的历史还有一段距离，要解决这一问题，从历史角度来说必须研究五帝时代，从考古角度来说必须发掘庙底沟类型仰韶文化遗址，唯有它能与黄帝时代大体对应。这样不仅可以有更加充分的实物资料向世人展示，而且还有可能揭开中华文明起源之谜，从而进一步增强中华民族的凝聚力，为重新构架中国古代文明史提供更加可靠的证据。[2] 许永生认为，位于豫西三门峡灵宝市阳平镇的黄帝铸鼎原，从1978年至2005年的23年间，前后

---

[1] 袁广阔：《孟在龙山文化遗存研究》，《考古》2000年第3期。
[2] 《黄帝铸鼎原与中华文明起源学术研讨会在灵宝举行》，《中原文物》1999年第4期。

经过四次考古调查和发掘,获得了丰富的考古资料。结合历史文献记载,参照地名学、民俗学材料,充分证明该处是中华文明发祥地之一。[①] 马世之对五帝时代的城址与中原早期文明的关系进行了研究,认为中国历史上的五帝时代,大体上相当于仰韶文化晚期和龙山文化时代。考古发现的郑州西山、濮阳高村、襄汾陶寺、辉县孟庄、新密古城寨和登封王城岗诸城址,均属五帝时代的古城,从其功能、性质考察,当时社会已经进入中原早期文明时代。[②] 徐日辉认为,中原是中华民族发源地之一和中华文明最重要的发展地区,其中以太皞伏羲氏与龙文化最为突出。太皞伏羲氏是不同部落在中原融合的结果,而龙作为中华民族的标志,同样是在河南濮阳"龙"的基础上最终形成的。因此,我们关注中原地区历史与文化的意义是显而易见的。[③]

此外,对特殊类型的遗存研究,也从一个方面推动了文明起源研究的进展。贾兵强通过对先秦时期河南水井遗存的研究,认为无论是从历史文献记载,还是从考古发现,伴随着原始农业生产的发展而产生的先秦河南水井,为中原农业生产的发展提供了可靠的保障。利用井水灌溉,不仅大大增加了农作物的产量,还促进了社会经济的发展;不仅使手工业与农业分离,而且还使手工业内部如铸铜、制陶、琢玉(石)、制骨以至木工建筑等出现专业分工;同时,也为城市的出现和国家的形成创造了条件。先秦河南水井用于原始的农业灌溉是文明社会的一种表现和重要特征,它促进了中原原始农业文明的发展,在古代中原农业社会文明变迁中起到了重要作用。[④]

---

① 许永生:《黄帝铸鼎原与中华文明起源》,《三门峡职业技术学院学报》2003年第4期。
② 马世之:《五帝时代的城址与中原早期文明》,《中州学刊》2006年第3期。
③ 徐日辉:《太皞伏羲氏与中原文明》,《河南科技大学学报(社会科学版)》2006年第6期。
④ 贾兵强:《河南先秦水井与中原农业文明变迁》,《华北水利水电学院学报(社会科学版)》2012年第1期。

四、综合性研究与理论方法探索

理论方法探索是文明起源研究的一个非常重要的方面，多年来学者们孜孜以求，在文明起源标志、文明起源阶段论、文明形成机制等方面取得了丰硕的成果。张忠培在"《中原文物》百期纪念暨中原文明学术研讨会"上的讲话中对文明起源与形成研究进行了回顾与梳理，他认为，文明起源研究要坚持实事求是的学风，坚持科学的整合。中国文明起源与形成的探索，说到底，是对考古学遗存进行社会学的研究，在这一研究中，考古学者无疑应担负主要责任。既是探索，就不应当预设标准和预制帽子。张忠培还谈了自己关于中国古代文明起源与形成的一些认识，诸如赞成苏秉琦关于文明起源与形成的多元论；文明社会的起源与形成，是劳动分工和社会分化发展到一定程度的产物；宗教的发展和王权的确立，是形成文明社会的直接前提；中国古代文明发展的第二阶段，便是龙山时代；中国古代文明发展的第三、第四阶段，便是夏、商和西周。[①] 这些观点可以作为中原文明起源研究的指导性意见加以借鉴。李伯谦在"《中原文物》百期纪念暨中原文明学术研讨会"上的发言中介绍了"夏商周断代工程"在中国古文明研究上的突破性进展，"夏商周断代工程"经过5年来200多位专家学者的共同努力，取得了许多突破性进展和标志性成果。集中到一点，就是提出了夏商周年表。这个年表，是由考古、历史、天文、科技测年等不同学科的专家学者做出的一系列成果作为支撑的：一是普遍认识到二里头文化就是夏文化；二是认识到二里头文化还不是最早的夏文化；三是夏商的分界，涉及郑州商城和偃师商城的问题，即郑州商城和偃师商城基本同时或者略有先后，这就是说郑州商城和偃师商城都应该是划分夏商文化的界标；四是对小双

---

① 张忠培：《关于中国文明起源与形成研究的几个问题》，《中原文物》2002年第5期。

桥遗址和郑州商城关系的认识；五是发现了洹北商城；六是邢台东先贤一期遗存的发现；七是关于商周分界的界标的确定；八是北京房山琉璃河遗址H108"成周"卜甲的发现和丰镐、琉璃河、天马—曲村西周文化分期及北赵晋侯墓地排序研究取得重大进展；九是根据商王武丁五次月食卜辞的排序研究成果，运用天文回推计算方法，得出武丁在位年为公元前1250年至公元前1192年，根据甲骨文周祭祀谱研究成果，推定出商末三王即文丁、帝乙、帝辛的年代；十是运用考古类型学的方法，把西周时期铭文中年、月、日、月相四要素俱全的青铜器进行排队，并与天文学研究成果相结合，排出了西周金文的历谱，根据金文历谱，武王开始之年也在公元前1046年。基于以上成果，"夏商周断代工程"为中原古文明的研究打下了良好的基础。李伯谦还对如何进一步开展中原古文明研究提出了几点思考。[1] 方燕明认为，由国家支持的多学科综合研究中国历史与古代文化的重大科研项目"中华文明探源工程预研究"等相关项目中的考古研究课题相继在中原地区开展，中原地区相关的考古发现和研究已指明中华文明探源研究的基础、目标、收获和研究的走向。在深入探讨中原地区的文明形成与早期发展过程中的社会结构与精神文化的基础上，进而将研究范围扩大到黄河上游和下游、长江、辽河流域等参与中国文明化进程的其他地区，探讨其社会结构演变所表现出的文明化过程及其在这个过程中社会精神文化的发展与变化，梳理出各地区文明进程中社会结构与精神文化的多元化特征。[2] 李绍连认为，"文明"源于"野蛮"，把城市、文字和金属器作为文明三要素或加上礼仪性建筑作为文明四要素是欠妥的，至少是片面的，必须把私有制、阶级和国家政权作为文明本质特征，也作为文明的标志。中国文明不是自商代始，中国文明的起源

---

[1] 李伯谦：《以夏商周断代工程成果为起点深入探讨中原古文明——在〈中原文物〉百期纪念暨中原文明学术研讨会上的发言》，《中原文物》2001年第6期。
[2] 方燕明：《中华文明探源工程中中原地区的考古发现与研究》，《郑州大学学报（哲学社会科学版）》2008年第4期。

应更早。中国文明的起源过程必须到原始社会后期去探索。无论是中国还是世界上其他文明古国的历史都证明,文明起源是多元论而不是一元论。[①] 缪雅娟认为,我国新石器时代末期,在诸多考古学文化竞相走向文明的过程中,以夏部族为代表的中原王朝文明的首先形成,应和历史上记载的洪水问题密切相关。中国文明在其形成的最后阶段,社会矛盾冲突的最高表现形式为族群矛盾的不可调和,究其原因,当和中国文明的本质特征即血缘关系的长期存在及在中国文明形成中发挥的重要作用有关,如果不能正确认识中国文明这一显著特征,就不能从本质上揭示中国文明形成道路的独特性。[②]

上面简要回顾了历年来中原文明起源研究所取得的主要成就,从中可以看到,对许多问题的提出和解决,基本上得到了大多数学者的认可:龙山晚期文化与二里头文化是夏文化,新砦期文化填补了河南龙山文化晚期和二里头文化之间的缺环,龙山文化晚期进入文明时代,中原文明在"满天星斗"式起源和发展的华夏文明中居于重要地位。质疑如上观点的声音越来越少,这些都是我们取得的重要成果。然而,回顾过去,我们觉得在许多有关文明起源研究的问题上,时至今日仍有深入研究的必要。

第一,相对于大量的考古新发现,我们的理论研究仍然滞后。对于文明起源的三要素(或四要素),有学者认为就应当是判定是否进入文明社会的标尺,也有学者认为文明起源不应预设标准,而应当根据实际情况灵活掌握。这两种针锋相对的观点谁也说服不了谁,这就对文明起源研究的进展形成了极大的障碍。对于同一批材料,有的学者根据文明要素判定其尚未进入文明社会的门槛,而有的学者则不套用文明要素,根据自己对于文明的理解,认为其已经进入文明社会,这样就造成了极大的困惑。究其原因,还在于我们对文明起源理论的研究重视不够,学界也没有形成对于这一问题的成熟的讨论机制,

---

① 李绍连:《"文明"源于"野蛮"——论中国文明的起源》,《中州学刊》1988年第2期。
② 缪雅娟:《关于中国文明形成的思考》,《中原文物》2004年第1期。

各方观点基本上都是在自说自话,没有形成良好的互动氛围。对于国外文明起源理论的借鉴和本土化做得都还不够。这恐怕是未来文明起源研究的一个需要着重努力的方向。

第二,文明起源是一个过程,若以文明起源诸要素论,所有的文明要素不可能在同一个时间节点出现。现在有一个倾向,都愿意把文明起源的时间往前提,甚至有人认为仰韶时代已经进入了文明社会,其理由是已经出现了贫富分化和阶级分层,这是一种不实事求是的表现,完全忽略了文明的起源和演进是一个动态的过程这一基本常识。用文明起源的要素来共同判定是否进入文明社会并不是条条框框的堆砌,只有综合具备文字、青铜器、大型宫殿建筑等要素,才能够支撑起一个文明社会(国家)。所以,在今后的研究中,对早期考古学文化是否进入文明社会的判定,当慎之又慎。

第三,考古与历史的整合是文明起源研究的重要方法,在实际的运用过程中要防止生搬硬套。对于某一支具体的考古学文化归属于文献记载的某一族团或者把考古学文化与古史传说的结合研究要持谨慎态度。没有过硬的证据链条,我们还是不要轻易把考古遗存和传说神迹互相印证,以免混淆视听,造成不必要的麻烦。只有在扎实的理论研究的基础上,逻辑严密的历史与考古的整合才能真正推动文明起源研究向前发展,其结论才能够经受得住时间的考验。

第四,中原文明起源研究是在中国文明起源研究的大背景下进行的,如何准确定位中原文明,搞清楚中原文明和华夏大地上其他地域文明之间的关系,深入探索中原文明演进过程中的特征,应该成为我们未来努力的方向。毫无疑问,在北宋以前,中原文明一直引领华夏文明的风尚,这其中的原因探析,仍然是值得深入研究的一个课题。也有少数学者认为,在中国文明起源的过程中,中原文明并非主流,其他地区比中原文明发达和先进的文明不在少数。对于这些不同的观点,在未来的研究中也都有必要加以深入探讨。(王建华)

第三节
"禹都阳城"的发现与研究

禹都之所在,根据文献记载共有阳城、平阳、安邑、晋阳四说。平阳、安邑、晋阳三说皆出自晋人皇甫谧《帝王世纪》,其时代较晚;禹都阳城说则为先秦文献如《古本竹书纪年》《世本》等所共述。关于"禹都阳城"的地望,自汉代以来,历代学者作了不少考证研究,有颍川阳城、阳翟、浚仪、泽州诸说。其中阳翟与浚仪说亦系晋人皇甫谧所创,泽州说出于南宋的罗泌,时代较晚。近人又有河南濮阳、平舆,山西冀城、河东、临汾等诸说。颍川阳城说,诸如《史记·夏本纪》集解引汉刘熙曰、《孟子·万章上》赵岐注、《国语·周语上》韦昭注及《水经注》等文献均有记载,不仅时代较早,而且证据较多,也得到金景芳、严耕望等史学家的论证支持。登封王城岗遗址的考古调查和发掘,一直以来都受到学界的热切关注,小城、大城的相继发现使得"禹都阳城"颍川说即"禹都阳城"在今河南登封的观点得到越来越多学者的支持。

一、"禹都阳城"的文献依据

（一）"禹都阳城"颍川即今河南登封说的文献依据

传世文献中关于"禹都阳城"的记载众多。最早把禹与阳城联系起来的是孟子。《孟子·万章上》云："昔者，舜荐禹于天，十有七年，舜崩，三年之丧毕，禹避舜之子于阳城，天下之民从之，若尧崩之后不从尧之子而从舜也。"这里说的是"禹避舜之子于阳城"。明确记载"禹都阳城"的是《孟子》之后的战国文献《古本竹书纪年》和《世本》。《礼记·缁衣》正义云："《世本》及《汲冢古文》并云禹都阳城。"《史记·封禅书》正义引《世本》载："夏禹都阳城，避商君也。"《汉书·地理志上》注引臣瓒曰："《世本》禹都阳城，《汲冢古文》亦云居之。"

其他时代相同或者略晚的文献还指出了"禹都阳城"的地望。如：《国语·周语上》载："昔夏之兴也，融降于崇山。"韦昭注："崇，崇高山也。夏居阳城，崇高所近。"《史记·夏本纪》集解："禹居阳城，今颍川阳城是也。"《史记·周本纪》集解引韦昭注："禹都阳城，伊洛所近也。"《孟子·万章上》载："禹避舜之子于阳城。"赵岐注："阳城在嵩山下。"《太平御览》卷三十九嵩山条下也引韦昭注曰："崇、嵩字古通用，夏都阳城，嵩山在焉。"《水经注·颍水》："颍水出颍川阳城县西北少室山，……其水东南迳阳城西，石溜萦委，溯者五涉，故亦谓之五渡水。东南流入颍水。颍水迳其县故城南。昔舜禅禹，禹避商均，伯益避启，并于此也。亦周公以土圭测日景处。……县南对箕山。"上述提到的"夏居阳城""夏都阳城"和"禹都阳城""禹居阳城"，实际上都是"禹都阳城"的意思。"禹都阳城"的地望是在嵩山下，靠近伊洛。

"禹都阳城"之"阳城"究竟在何处？嵩山周围是我国古代夏部族活动的主要地域，文献中也曾把夏部族的首领鲧和禹分别称为"崇伯鲧"和"崇禹"。

文献记载说明阳城在嵩山脚下，具体在嵩山脚下的什么地方呢？战国阳城或许可为"禹都阳城"所在提供线索。

战国阳城地理位置险要，向为九州之险地。阳城是春秋时郑国和战国时韩国的一座著名军事重镇，多个著名战事就发生在这里，文献多有记载。如《史记·郑世家》："郑君乙立……十一年，韩伐郑，取阳城。"《史记·韩世家》有："文侯二年伐郑，取阳城。"《史记·六国年表》也有韩文侯二年（前385）"伐郑，取阳城"。阳城之名经历汉、魏、晋、南北朝至隋没有变化，直到唐万岁登封元年（696），才因为"将有事嵩山，改为告成县"。战国阳城所在，文献多有记载，如《史记·夏本纪》正义："《括地志》云：'阳城县在箕山北十三里。'又恐'箕'字误，本是'嵩'字，而字相似。其阳城县在嵩山南二十三里。"《汉书·地理志》载阳城在颍川郡。顾祖禹《读史方舆纪要·登封县》曰："（登封）古阳城也。"记载最为详尽的是《水经注·颍水》，前文已有记述。

登封阳城遗址位于登封告成镇的颍河与五渡河交汇处，南面为颍河，隔河与箕山相望，北倚与中岳嵩山相连的告成，西傍五渡河，溯五渡河而上可通轘辕关直达洛阳腹地，顺颍河下行出石羊关可直通豫东平原。因"禹居阳城"的记载而成为探索夏文化的注目点，更因其左近王城岗龙山时代城址的发现地及其与夏都阳城的关系而使这一地区倍受瞩目。城内出土的战国时期的陶豆盘和豆柄上，印有"阳城仓器"的方形戳记，在城外的铸铁遗址中，出土了带有阳城戳记的陶量，从而确认这座城址就是屡见于记载的春秋战国时期的"阳城"故址。①

"禹都阳城"在今河南登封，近代以来也得到金景芳、严耕望等众多史学家的论证支持。金景芳认为："崇山即今嵩山，在河南省登封县（今登封市）境内，阳城应是今登封县告成镇古名，阳翟则是与登封相连的河南禹县（今禹

---

① 河南省文物研究所、中国历史博物馆考古部：《登封王城岗与阳城》，北京：文物出版社，1992年。

州），几地毗邻，夹颍水而连属，其为鲧、禹所在的崇部落的所在地和发祥地，确然无疑。"①严耕望认为："古代史家传述夏代活动涉及地理范畴者颇多。……今以《汲冢古文》为中心，参取《左传》《世本》与《史记》诸书，作简要述记，以见其地理中心之所在。禹居阳城，在今河南登封东南告成镇。"②张光直赞同严耕望关于禹居阳城在河南登封告成镇的论述："夏王亦屡次迁都，依严耕望的综合叙述：禹居阳城，在今河南登封东南告成镇。"③范文澜在其《中国通史》中也说："禹父鲧居地在崇。崇就是嵩。禹原住阳城［河南登封县（今登封市）］，在河南西部。"④

（二）"禹都阳城"的其他说法

关于"禹都阳城"的地望，除了颍川阳城即今登封，文献记载中还有浚仪、泽州等观点。近人又有河南濮阳、平舆，山西翼城、河东、临汾等诸说。

浚仪即今河南开封，这一说法的文献依据为《太平御览》卷一百五十五："《世本》又言夏后居阳城，本在大梁之南，于战国大梁魏都，今陈留浚仪是也。"陈留浚仪即在今开封市境内。这种说法也见《世本》宋衷注、张澍稡《世本集补注》。

泽州即今山西晋城这一说法的文献依据为《路史》卷十二注："乃泽之阳城。尧舜皆都河东北，不居河南。""泽之阳城"说阳城属于泽州（今山西晋城），所指汉代濩泽县，唐以后改名阳城县，唐代以前并无阳城的名字。有学者认为阳城地望河南登封说和山西泽州说的证据都比较充分，应该是存在着

---

① 金景芳：《中国奴隶社会史》，上海：上海人民出版社，1983年，第29页。
② 严耕望：《夏代都居与二里头文化》，原载《大陆杂志》卷61，1980年第5期，郑杰祥编：《夏文化论集》（下），北京：文物出版社，2002年。
③ 张光直：《夏商周三代都制与三代文化异同》，原载"中央研究院"历史语言研究所集刊第55本第1分册，1984年，《中国青铜时代》（二集），北京：生活·读书·新知三联书店，1990年。
④ 范文澜：《中国通史》第一册，北京：人民出版社，1978年。

两个阳城的可能性,或者说"新阳城"与"旧阳城"之分。"夏族酋邦一直在豫西地区活动,禹时其居地称作阳城,即旧阳城。随着夏族势力向晋南的扩张,夏禹及部分夏族成员定居晋南以后,必定要建立城池,也命名作'阳城',即新阳城。而这时的登封阳城并未废弃,两个阳城一起共存相当长的时间。"①

河南濮阳说的论据主要有:第一,古代濮阳(在今濮阳以南)有阳城之称,先秦古籍《战国策》可为之佐证。第二,此阳城所在与文献所记夏后氏兴起的崇山(今山东鄄城东南)相近,这也可以通过包括《墨子》《山海经》在内的较早文献得出结论。第三,大禹治水的区域主要在古河济一带的兖州,这是包括徐旭生在内的古史专家皆承认的史实。第四,濮阳又称作帝丘,为帝颛顼所居,而据诸多先秦古籍,鲧、禹及夏后氏系颛顼氏族的后裔。第五,夏初的夏后相居住在古濮阳,此在《左传》等书中有明确的记载,这是有关夏初诸王居住地的最早的文献记载。由颛顼到禹再到夏后相皆居住在古濮阳,这不是偶然的。第六,夏后氏的其他一些同姓及姻亲氏族皆居于以古濮阳为中心的古河济地区及其附近。第七,除濮阳龙山古城的发现外,考古发现的龙山时期濮阳一带的聚落群也能提供濮阳作为夏初都邑的证据。② 不过王朝辉以古洪水为视角,从古洪水分布的地域、文献中大禹治水的记载、古河济地貌与洪水的关系、筑城与洪水的关系等多方面驳斥了沈长云的观点,论证了"禹都阳城"濮阳说难以成立。③

平舆说认为楚地的汝南平舆阳城系禹都阳城。文献依据是班固《汉书·地理志》记述有颍川、汝南两座阳城,而汝南平舆阳城为禹都。④

山西翼城说认为阳城故名唐城。《左传》定公四年载:"分唐叔……命以

---

① 李民、张国硕:《夏商周三族源流探索》,郑州:河南人民出版社,1998年,第74—75页。
② 沈长云:《禹都阳城即濮阳说》,《中国史研究》1997年第2期;沈长云:《夏族兴起于古河济之间的考古学考察》,《历史研究》2007年第6期。
③ 王朝辉:《以古洪水为视角论"禹都阳城"非濮阳所在》,《洛阳考古》2016年第1期。
④ 张耀征、张留坡:《禹都阳城新考》,《天中学刊》2011年第6期。

唐诰而封于夏虚。"服虔曰:"大夏在汾浍之间。"《尚书·地说》:"唐氏在大夏之墟。"《史记·晋世家》正义引《括地志》:"故唐城在绛州翼城县西二十里,即尧裔子所封。"唐人以古唐在翼城,此阳城当是唐叔所封之唐城。近人丁山说:"成汤卜辞金文均作成唐,易声字古或作唐例之,阳城故名当曰唐城。……唐城在翼城西者较确。"①阳城故名唐城,本在浍河流域,古唐城即今山西翼城。

持河东说的学者认为:"传说上的禹都阳城是否就在河南登封,清代学者陈逢衡于其所著《竹书纪年集证》中早就提出了异议。他说尧舜皆都河东,禹不应在河南。所以,他主张禹所居之阳城应当也在河东地区。""这个说法是不能忽视的……夏代初期建都的'阳城'所在地,旧有河南登封与山西河东两说。我们赞成后说。"②李宗俊认为,禹都阳城在河东的秦汉夏阳即今韩城,并从文献记载的禹都阳城、大禹事迹的地望均在河东、考古调查表明韩城一带夏文化遗址分布密集、当地保留着禹都阳城及其他大禹传说等几个方面进行了论证。③

临汾说认为,《今本竹书纪年》载尧舜禹即位皆居翼(即平阳),以翼为都。历史上的平阳,即今山西临汾地区襄汾一带。1958年发现的陶寺文化遗址,正处于塔儿山(大崇)与汾河之间,与古平阳地望大致相合。陶寺文化早期(前25世纪—前24世纪)应为唐尧(舜)文化,陶寺文化晚期(前23世纪—前19世纪)应为夏文化(包括先夏时期)。总之,陶寺文化遗址,与尧舜禹时代的地域、年代、社会情况大致相符,绝非偶然。④

上述几种说法,虽各有所据,但是相对于登封说,论据都显得薄弱,也鲜有

---

① 丁山:《由三代都邑论其民族文化》,《中央研究院历史语言研究所集刊》第五本第一分册。
② 王玉哲:《夏文化研究中的几个问题》,中国先秦史学会:《夏史论丛》,济南:齐鲁书社,1985年。
③ 李宗俊:《秦汉夏阳为禹都阳城论》,《陕西师范大学学报(哲学社会科学版)》2015年第1期。
④ 黄石林:《陶寺遗址乃尧至禹都论》,《文物世界》2001年第6期。

支持者。"禹都阳城"在河南登封仍是文献记载中论据最为充分的观点。

二、王城岗城址小城的发现及"禹都阳城"的讨论

（一）王城岗小城的基本情况

王城岗遗址早在1954年春的文物普查时就已发现，当时命名为"八方龙山文化遗址"，并于1963年被公布为河南省第一批文物保护单位。1959年，为了填补考古学上夏文化的空白，徐旭生团队也曾到告成镇一带作过"夏墟"调查。[①] 1975年，为探索夏文化，河南省博物馆文物工作队（河南省文物考古研究院前身）在王城岗及其周围一带进行了考古调查，1976年春进行了钻探和试掘，1977年春在王城岗遗址发现龙山文化城址夯土遗存这一重要线索，其后直至1981年开展了大规模的考古发掘工作，最终确认了两座东西并列的小型城堡。[②] 1992年出版了《登封王城岗与阳城》考古报告，系统发表了1975年至1981年的全部考古发掘资料。[③]

小城位于王城岗上，东西两城并列，东城的西墙就是西城的东墙。东城因五渡河河道西移被冲毁，仅存东南角，包括南城墙的西段和西城墙的南段。现存南墙残长约30米，西墙南段残长约65米，残留的城墙墙体仅剩城墙的基础槽及槽内的一部分夯土。东墙、北墙及南墙东段、西墙北段就连基槽也均已无存。[④] 西城保存较好，东墙即是东城西墙，北段已不存，北墙的东段也已无存，此外，南墙、西墙和北墙的西段基槽及其夯土都还有保留。在南墙与东墙之间

---

① 徐旭生：《1959年夏豫西调查"夏墟"的初步报告》，《考古》1959年第11期。
② 河南省文物研究所、中国历史博物馆考古部：《登封王城岗遗址的发掘》，《文物》1983年第3期。
③ 河南省文物研究所、中国历史博物馆考古部：《登封王城岗与阳城》，北京：文物出版社，1992年，第2—5页。
④ 河南省文物研究所、中国历史博物馆考古部：《登封王城岗与阳城》，北京：文物出版社，1992年，第28—30页。

有长约9.5米的缺口,似为城门设施,南墙长82.4米,西墙长92米,北墙残长29米。西墙与南墙、北墙均约垂直相交。西城约为边长90多米的正方形,城内面积近10000平方米。西城内的中西部和东北部,发现多处王城岗龙山文化二期的夯土基址遗存,残存一些埋有人骨或兽骨的奠基坑、夯土坑及夯土残片。下面叠压着王城岗龙山文化一期遗存,上面被王城岗龙山文化三期及更晚的遗迹打破。[1]

(二)围绕王城岗小城性质的讨论

王城岗小城的发现引起了学界热切关注,国家文物局专门召开名为"河南登封告成遗址发掘现场会"的讨论会。以安金槐先生为首的一派主张王城岗古城很可能是夏初禹都之阳城,另外不少人则以城堡面积太小为主要理由对"禹都阳城"说提出质疑。夏鼐先生出席了这次会议,他在会议闭幕讲话中对王城岗龙山文化城址的性质未作明确的表态,但对东周阳城则认为"没有问题",而且认为"它的发现为寻找禹都提供了旁证和线索"[2]。之后,学者们就王城岗城址的规模、性质展开观点对立的讨论,一些学者如安金槐等认为是禹都阳城;一些学者如杨宝成等则认为城的规模太小,不是禹都阳城;一些学者如马世之认为是夏部族建国之前的建筑,董琦则认为是夏部族首领所建城。这一时期,限于资料,学者对很多问题未能充分展开探讨,尚不能形成确定的结论,基本就是两种意见:一种意见认为王城岗城址是夏代初期的重要城址,并进一步认为它是夏代阳城的可能性极大;另一种意见认为从其规模和性质来分析,王城岗遗址只是一座筑有防御设施的一般的聚落遗址,认为它是夏王

---

[1] 河南省文物研究所、中国历史博物馆考古部:《登封王城岗与阳城》,北京:文物出版社,1992年,第35—41页。
[2] 夏鼐:《谈谈探讨夏文化的几个问题——在"登封告成遗址发掘现场会"闭幕仪式上的讲话》,《河南文博通讯》1978年第1期。

朝政治、经济、文化中心的都城是缺乏说服力的。

安金槐最早提出王城岗城址是"禹都阳城",其理由主要有四点:首先,王城岗城址的文化内涵属于豫西文化类型,豫西龙山文化中期与晚期文化遗存有可能属于夏代文化范畴,因此这座城址可能属于夏代城址。其次,王城岗城址的年代距今 4200—4300 年,大体上是在夏代纪年的早期或接近早期。再次,王城岗城址的地理位置基本和有关文献记载夏代早期阳城的地望相吻合。王城岗的名字由来已久,王都所在地才称王城。最后,登封告成镇一带发现的东周到汉代时期阳城遗址,也是确定夏代阳城遗址位置的重要凭证。"至于有人认为这座城址的西城范围较小,城内面积不足 1 万平方米,不会是夏代的城址,更不会是夏代的阳城遗址,我们则认为王城岗西城的面积虽然不大,但它是东西并列的两个城,东城已被五渡河冲毁,其面积大小已不可知。但从五渡河河床由东向西变迁了几百米来看,东城原来的面积很可能比西城大些。若以文献记载与这一新发现的城址结合起来予以研究,我们认为登封王城岗龙山文化中、晚期城址,很有可能是夏代的阳城遗址。"[1]孙作云认为王城岗古城址是"禹都阳城",其依据有三个方面:鲧、禹、启的传说,都集中在这一带,文献记载鲧活动在嵩山一带;由告成镇南的箕山也可以推知"禹都阳城"就在这一带;战国时代的《古本竹书纪年》和《世本》所说的"禹都阳城",就在他们的阳城附近。因此,"在这战国时代的阳城以西、今五渡河西岸约 150 米的王城岗所发掘的古城墙基槽遗址,就可能是'禹都阳城'。不但可能是禹所都的城,也可能就是鲧所修的城"[2]。

随后出版的考古报告也认为王城岗小城很可能是夏代"禹都阳城"或"禹

---

[1] 安金槐:《近年来河南夏商文化考古的新收获》,《文物》1983 年第 3 期;安金槐:《试论登封王城岗龙山文化城址与夏代阳城》,《中国考古学会第四次年会论文集》,北京:文物出版社,1985 年;安金槐:《河南夏商考古综述》,《华夏考古》1987 年第 1 期。

[2] 孙作云:《关于夏初史》,《河南文博通讯》1979 年第 1 期。

居阳城"的阳城遗址。"王城岗龙山文化二期东西相连的两座城址的发现和城址内龙山文化二期许多重要遗迹与遗物的发现,对探索夏代文化是一个重大突破。这两座龙山文化二期城址的位置和文献记载的夏代阳城的地望十分吻合。我们初步认为王城岗的两座龙山文化城址有可能就是夏代城址,而且很有可能就是夏代的阳城城址。"又说:"王城岗发现的相当于夏代时期的龙山文化中晚期城址,就很可能是夏代'禹都阳城'或'禹居阳城'的阳城遗址。"[1]

杨宝成[2]、许顺湛[3]等分别撰文针对报告中推测的论据逐一讨论,进而对此推测提出质疑。贾峨[4]随后又撰文逐条批驳了杨宝成的行文依据,并认为夏鼐先生的观点非常中肯。马世之[5]、董琦[6]、郑杰祥[7]等学者认为王城岗小城不大可能是阳城,但可以认为是夏部族建国之前的建筑或夏部族首领所建城。

李伯谦、严文明、李先登等很多学者支持王城岗城址是"禹都阳城"的推测。李伯谦认为:文献上说"禹居阳城",没有说过"禹筑阳城",筑城在前,居城在后。王城岗"这座城堡在同时代出现的城堡中的确不能算大,但其所处的地理位置十分重要。因为这正是先秦古籍中'禹居阳城'的所在地,而且恰恰就在其东不远处发现了战国时期的阳城城址,……我们不能排除禹受舜禅之前阳城已经存在的可能。如果允许作这种推测,那么将王城岗古城使用期的晚期遗存作为最早的夏文化,便不无道理"[8]。严文明认为:"王城岗城址至

---

[1] 河南省文物研究所、中国历史博物馆考古部:《登封王城岗与阳城》,北京:文物出版社,1992年。
[2] 杨宝成:《登封王城岗与"禹都阳城"》,《文物》1984年第2期。
[3] 许顺湛:《登封王城岗小城堡质疑》,《中州学刊》1984年第4期。
[4] 贾峨:《关于登封王城岗遗址几个问题的探讨》,《文物》1984年第11期。
[5] 马世之:《河南淮阳平粮台龙山文化古城址试析——兼论登封王城岗非夏都阳城》,《史前研究》1984年第2期;马世之:《王城岗遗址的再探讨》,《中原文物》1995年第3期。
[6] 董琦:《王城岗城堡遗址分析》,《文物》1984年第11期;董琦:《王城岗城堡遗址再分析》,《中国历史文物》2002年第3期。
[7] 郑杰祥:《关于王城岗城堡的性质问题》,《中州学刊》1986年第2期。
[8] 李伯谦:《关于早期夏文化——从夏商周王朝更迭与考古学文化变迁的关系谈起》,《中原文物》2000年第1期。

少有30万平方米,不算太大。旁边的东周城址出土有多个'阳城仓器'戳印的陶器残片,所以发掘者认为王城岗就是传说中'禹居阳城'的那个地方。果真如此,则王湾文化的晚期当已进入夏的纪年。"①李先登认为:"根据颍川阳城说,结合王城岗城址的地理位置与考古发现,提出王城岗城址可能是禹都阳城之所在。"②又认为:"王城岗城址可能是'禹都阳城'所在,城址虽小,但具备了城垣与宫殿,其所以小,可能与当时忙于治水有关,即'禹卑宫室而尽力乎沟洫'(《论语·泰伯》)。"③京浦④、方酉生⑤、裴明相⑥等学者从王城岗的地望、建造和毁弃年代诸方面论证,都认为王城岗城址为"禹都阳城"是有一定道理的。

三、王城岗城址大城的发现及"禹都阳城"的再讨论

(一)王城岗大城的基本情况

2002—2005年,北京大学考古文博学院和河南省文物考古研究所共同承担的国家"十五"重点科技攻关项目"中华文明探源工程预研究——登封王城岗城址及周围地区遗址聚落形态研究"专题组,重新在王城岗遗址展开大规模的考古工作,发现了王城岗龙山城址的大城和城壕。⑦

大城位于王城岗遗址中部,由夯土城墙和城壕组成,城墙外5—10米处环

---

① 严文明:《重建早期中国的历史》,中华人民共和国科学技术部、国家文物局编:《早期中国——中华文明起源》,北京:文物出版社,2009年。
② 李先登:《偃师尸乡沟商城与登封王城岗》,《史学月刊》1985年第3期。
③ 李先登:《夏文化与中国古代文明起源》,《中原文物》2001年第3期。
④ 京浦:《禹居阳城与王城岗遗址》,《文物》1984年第2期。
⑤ 方酉生:《论登封告成王城岗遗址为禹都阳城说——兼与"禹都阳城即濮阳说"一文商榷》,《考古与文物》2001年第4期。
⑥ 裴明相:《试论王城岗城堡和平粮台古城》,《华夏考古》1996年第2期。
⑦ 方燕明:《河南登封王城岗遗址发现龙山晚期大型城址》,《中国文物报》2005年1月28日第1版;北京大学考古文博学院、河南省文物考古研究所:《登封王城岗考古发现与研究》,郑州:大象出版社,2007年,第64—73页。

绕着城壕。城址西北部保存较好，东南部被毁严重。保存较好的北城墙夯土残长350米、残高0—1.2米，复原长度600米；西城墙复原长580米。北城壕向东通往五渡河，保存完整，长620米，剖面大体呈斗形，口宽约10米，底宽约7米，残深2.4—5米；西城壕向南似通往颍河，残长130余米，复原长600米，宽约10米，残深1.5—2米。大城平面为长方形，复原面积为34.8万平方米，是目前河南境内发现的较大的龙山文化城址之一。城址内发现河南龙山文化晚期的祭祀坑、玉石琮和白陶器等，中部偏北还钻探发现了几处大面积夯土基址。大城城墙夯土上被河南龙山文化晚期层所叠压，其自身又压在河南龙山文化晚期层上；城壕开口于河南龙山文化晚期层下，在城壕中发现有河南龙山文化晚期的堆积。因此，大城和城壕的年代初步推定为河南龙山文化晚期。[①]

（二）"禹都阳城"的再讨论

王城岗大城发现后，在论证小城与大城关系的基础上，王城岗为"禹都阳城"的观点有了进一步发展，即王城岗小城有可能为"鲧作城"，而王城岗大城有可能是"禹都阳城"。发掘者认为王城岗小城为鲧所筑，王城岗大城为禹居阳城；有的学者如马世之推测小城大约是鲧作之城和禹所避居的阳城，大城则应为夏建国后禹所都的阳城。有学者如董琦则对"禹都阳城"的新观点提出质疑；还有学者如程平山认为王城岗遗址与"禹都阳城"无关，大城应为"鲧都阳城"。

关于王城岗小城与大城的关系，方燕明指出："以前我们面对1992年出版的《登封王城岗与阳城》考古报告中丰富的王城岗小城使用期即王城岗龙山文化第二期遗存时，对同样丰富的王城岗龙山文化第三、四期遗存不甚理

---

① 方燕明：《河南登封王城岗遗址发现龙山晚期大型城址》，《中国文物报》2005年1月28日第1版；北京大学考古文博学院、河南省文物考古研究所：《登封王城岗考古发现与研究》，郑州：大象出版社，2007年，第64—73页。

解。因为当时我们认为王城岗龙山文化第三、四期遗存已是小城废弃以后的堆积,为何与王城岗龙山文化第二期即小城使用期的遗存同样丰富?当我们发现王城岗大城并确定其年代是王城岗龙山文化第三期时,方理解王城岗龙山文化第二、三、四期遗存之所以同样丰富,其原因当是这一时期有两座城即小城和大城存在并使用过。"在这种认识的基础上,关于王城岗城址大城的性质问题,他认为:"在王城岗遗址新发现的大城,是目前河南境内发现的最大的河南龙山文化晚期城址,与其共存的祭祀坑、玉石琮和白陶器等重要遗存都说明王城岗遗址应为嵩山东南麓、颍河上中游重要的中心聚落之一。联系到历史上夏的鲧、禹、启的传说多集中在这一带,我们认为:王城岗小城有可能为'鲧作城',而王城岗大城有可能即是'禹都阳城'。"①之后出版的发掘报告持相同观点。②

这种观点得到了李伯谦的支持:"过去安金槐先生推测王城岗遗址可能即文献上所说'禹都阳城',因小城的面积过小,只有1万平方米而难以得到大家的认同,如今大城面积不仅超过小城几十倍,年代也比小城要晚,从而大大增加了其为'禹都阳城'说的分量,……以王城岗龙山晚期大城始建开始至二里头文化四期二里头遗址作为夏王朝晚期都邑废弃为止,以伊洛平原为中心的河南龙山文化和二里头文化俱为夏王朝时期的夏文化便成了有大量考古材料佐证、有碳-14年代测年结果支持、考古材料和文献材料能相互印证的科学结论。"③

---

① 方燕明:《登封王城岗城址的年代及相关问题探讨》,《考古》2006年第9期。此外,方燕明在《登封王城岗遗址聚落形态再考察》(《中原文物》2007年第5期)、《对〈三析王城岗城堡遗址〉相关问题的讨论》(《中国历史文物》2010年第5期)两文中均持相同看法。
② 北京大学考古文博学院、河南省文物考古研究所:《河南登封市王城岗遗址2002、2004年发掘简报》,《考古》2006年第9期;北京大学考古文博学院、河南省文物考古研究所:《登封王城岗考古发现与研究》,郑州:大象出版社,2007年。
③ 李伯谦:《考古学文化的族属问题》,北京大学考古文博学院:《考古学研究》(七),北京:科学出版社,2008年。

马世之、杨肇清虽然也认为大城是"禹都阳城",但观点稍有不同。马世之认为:"王城岗城址的始建年代稍早于禹,可能是禹父夏鲧之城,后来成为'禹都阳城'。"[①]"结合文献记载与有关历史传说,王城岗龙山文化晚期小城与大城均称'阳城',小城大约是鲧作之城和禹所避居的阳城,大城则应为夏建国后禹所都的阳城。"[②]杨肇清则认为大城和小城是同时期的建筑,小城是大城的一部分,推测小城原是大城内的宗庙建筑遗迹,小城内的奠基坑就是祭祀坑的遗存,王城岗的古城址应是禹居阳城或"禹都阳城"的遗存。[③] 周书灿[④]、陈隆文[⑤]、张兆兴[⑥]等也先后撰文支持"禹都阳城"在今登封王城岗。

董琦先后撰文两篇对王城岗大城为"禹都阳城"的观点提出质疑。他认为发掘报告将残长 130 米的西城壕复原为长 600 米,证据不足,城址的复原面积 34.8 万平方米便也不足为信,且大城缺乏连续使用的考古学证据,在王湾三期文化晚期后段已废弃,时间上与"禹都阳城"也不能相合。考古发掘资料很难说是对"禹都阳城"之说的有力支持。王城岗城堡是"禹都阳城"的一种推测,有待于进一步的论证。不过,暂时不知道王城岗城堡是"禹都阳城"还是什么城,丝毫不影响它在中国文明发展史上的地位和分量。王城岗城堡的发现,对中国古代文明起源的研究,将继续产生极大的推动作用。[⑦] 程平山也认为王城岗遗址与"禹都阳城"无关,从时代、地域与规模分析,认为王城岗大城应为"鲧都阳城"[⑧],实际上,禹都平阳,不都阳城,认为禹都平阳是陶寺遗址。[⑨]

---

① 马世之:《五帝时代的城址与中原早期文明》,《中州学刊》2006 年第 3 期。
② 马世之:《登封王城岗城址与禹都阳城》,《中原文物》2008 年第 2 期。
③ 杨肇清:《略论登封王城岗遗址大城与小城的关系及其性质》,《中原文物》2005 年第 2 期。
④ 周书灿:《走出夏史研究的误区——评沈长云的夏史研究》,《社会科学评论》2008 年第 2 期。
⑤ 陈隆文:《夏族起源、活动区域与禹都阳城探索》,《殷都学刊》2010 年第 4 期。
⑥ 张兆兴:《"禹都阳城"文献资料考索》,《郑州航空管理学院学报》2009 年第 2 期。
⑦ 董琦:《三析王城岗城堡遗址》,《中国历史文物》2010 年第 2 期;董琦:《四析王城岗城堡遗址》,《中国历史文物》2010 年第 5 期。
⑧ 程平山:《登封王城岗遗址性质分析》,《考古与文物》2009 年第 5 期。
⑨ 程平山:《论陶寺古城的发展阶段与性质》,《江汉考古》2005 年第 3 期。

四、"禹都阳城"研讨新进展

由中国先秦史学会、河南省炎黄文化研究会、黄河文化研究会主办,先后于2014年在登封召开了"登封与大禹故里学术座谈会",2015年召开了"2015中国登封大禹文化研讨会",收到讨论"禹都阳城"的论文十数篇,是近年来相关成果的集中展现。会议通过的《"2015中国登封大禹文化研讨会"宣言》再次确认:"登封所在的中岳嵩山,在华夏文明的孕育过程中,具有特殊的地位。《世本》《史记》《国语》《古本竹书纪年》等传世文献,有'夏兴于崇(嵩)山''禹都阳城'的记载,《水经注》《括地志》《大清一统志》等也确定阳城在今登封。在登封告成镇,不但发现了东周时的阳城遗址,也发现了龙山晚期的小城堡,以及围绕小城而兴建的大城,为最终确定'禹都阳城'提供了扎实的实物证据。'禹都阳城'在登封,为学术界主流观点。"①

曹定云认为王城岗遗址的大规模发掘,取得了极为丰硕的成果。新发现的大城面积可以与"禹都阳城"相匹配,遗址的年代与文献中推定的夏之始年基本相符,遗址的内涵极为丰富,出现了青铜容器残片、文字等人类社会进入"文明"阶段的重要标志,可证王城岗遗址应是文献记载中的"禹都阳城";并进一步指出"王城岗遗址不仅是夏代的第一座都城,也是整个中华历史上的第一个都城","它开创了中华历史的新时代,也开启了中华'国都'的先河"。② 杨育彬支持王城岗遗址发掘报告中的观点,认为小城可能是"鲧作城",大城可能是"禹都阳城",并进一步指出:"当大城作为禹都阳城之时,小

---

① 张新斌、王青山:《登封与大禹文化》,郑州:大象出版社,2016年,第595页。
② 曹定云:《论中华历史第一都——禹都阳城》,张新斌、王青山:《登封与大禹文化》,郑州:大象出版社,2016年,第10—11页。

城很可能就是大城的宫城或宗庙社稷之所在。"[1]重申了登封王城岗"禹都阳城"的确定,在寻找早期夏文化的过程中里程碑式的重要意义。方燕明认为在"禹都阳城"王城岗城址的选址、设计、施工技术等筑城特征方面,都能搜寻到若干可能与大禹治水相关的痕迹,可以从王城岗小城的筑城特征寻找到一些鲧使用堙塞法治水方式的遗留,可以从"禹都阳城"王城岗大城的筑城特征发现夏禹使用疏导法治水方式的遗存,"都是从考古学的角度证明中国古史中大禹治水的可信"[2]。杜勇[3]、马世之[4]、郑杰祥、陈隆文[5]、王向辉[6]等也都从不同角度阐述了"禹都阳城"在今登封王城岗的观点。

综上所述,"禹都阳城"的说法有比较可靠的文献依据,"禹都阳城"在河南登封也得到了较多文献的印证,王城岗城址的考古发现引起了人们对于其性质的热切讨论,多数学者认为王城岗城址就是"禹都阳城"之所在。(张玉霞)

---

[1] 杨育彬:《关于"禹都阳城"几个问题的学术思考》,张新斌、王青山:《登封与大禹文化》,郑州:大象出版社,2016年,第35页。
[2] 方燕明:《禹都阳城与大禹治水的考古学观察》,张新斌、王青山:《登封与大禹文化》,郑州:大象出版社,2016年,第69页。
[3] 杜勇、孔华:《禹都阳城辨疑》,张新斌、王青山:《登封与大禹文化》,郑州:大象出版社,2016年。
[4] 马世之:《从石纽到阳城——大禹故里故都浅析》,张新斌、王青山:《登封与大禹文化》,郑州:大象出版社,2016年。
[5] 陈隆文:《崇山与禹都阳城地望》,张新斌、王青山:《登封与大禹文化》,郑州:大象出版社,2016年。
[6] 王向辉:《"禹都阳城"的文化学的几点考察》,张新斌、王青山:《登封与大禹文化》,郑州:大象出版社,2016年。

第四节
新世纪大禹文化研究述评

　　大禹是上古时期重要的族群首领、夏王朝的开创者,他治理洪水,协和万民,划定九州,统一疆域,在人类文明的发展进程中起到过重要作用。文献中关于大禹的记载早在西周金文中就已经出现,春秋战国时期,有关大禹的记载开始逐渐增多,涉及大禹的生平、功绩等,并且在诸子百家的注解下,被赋予更多的政治内涵和道德内涵。秦汉以后,随着儒家政治理念统治地位的确立,大禹作为儒家推崇和标榜的上古圣王被统治阶级推上先圣之位。此后,关于大禹的记载不绝于书,并且大禹传说和大禹信仰流传的区域也越来越广泛,大禹成为整个华夏民族的人文始祖之一,被历代敬仰。大禹的治水功绩、治国功绩及高尚的道德情操从古至今都深受世人敬仰和崇拜,是中华民族优秀传统文化的重要代表内容。

一、21世纪之前的大禹文化研究状况概述

由于大禹深受历代统治者推崇,所以后世多有附会之说以追求名人效应或寻求正统地位或血缘联系,秦汉以后大禹传说流传于多地与此不无关系。文献中对大禹故里、墓葬、都城、治水区域等都有多种不同记载,分歧不断,争论古已有之,并且持续不断。

文献中对大禹的记载既有诸多神话传说的虚构成分,又有上古帝王的史实因素,但古代史学家和经学家多是把大禹作为帝王来研究和考证,并不怀疑大禹的真实性。20世纪初,随着西方学术思想尤其是神话学研究传入,开始有学者从神话学的角度来研究中国上古史。尤其是20世纪20年代,以顾颉刚为代表的"古史辨派"学者对大禹的真实身份提出质疑,有关大禹的传说遂成为人们研究的焦点。顾颉刚主编的《古史辨》将当时的相关争论整理出版,将这一问题上升到一个史学、文学乃至哲学界共同关注的热点。[1]

20世纪20年代至70年代,学术界对大禹的研究都是基于"古史辨派"的质疑,或赞成或辩驳,以"古史辨派"学者的讨论为核心和基础,对大禹传说从古史研究和神话研究两个角度进行研究探讨,对大禹传说中的神话因素和史实因素都作出了有意义的推论。这一阶段为大禹传说的当代研究奠定了重要基础,尤其是"古史辨派"学者遵照"层累的历史观"思路对大禹传说的相关材料进行了时间顺序的排列和梳理,为进一步研究提供了材料和方法论的指引。[2]

---

[1] 孙国江:《20世纪以来大禹传说研究综述》,《长春师范学院学报(人文社会科学版)》2010年第6期。
[2] 孙国江:《20世纪以来大禹传说研究综述》,《长春师范学院学报(人文社会科学版)》2010年第6期。

20世纪80年代至20世纪末,大禹研究再次成为学术界的热点,研究方法也从历史学、神话学扩展到考古学、民族学乃至文化人类学等诸多领域。从地域上来看,大陆、台湾地区,甚至境外的日本、韩国、东亚地区有关大禹的研究都开始逐渐升温,相关的学术交流和学术活动日渐增多。这一阶段,新的研究方法激发了新的思路,学者从传统历史学的角度对大禹进行各种实证研究,从神话学的角度分析大禹传说中的神话因素和其中蕴含的史实因素,从民族学、人类学的角度分析大禹的世系、支系及族群迁播社会关系等。新的角度带来新的思路、观点和见解,极大地扩展了大禹文化的研究空间。

二、20世纪大禹文化研究的现状及特点

进入21世纪,文化的发展繁荣成为国家软实力和影响力的重要内涵,优秀传统文化的传承和弘扬也随之引起重视,作为我国优秀传统文化代表的大禹文化,再一次掀起了新的高潮,与以往相比,不仅在研究内容上更加深入和细化,研究方法更趋综合,而且在研究地域覆盖面上更加广泛,尤其是大禹文化的传承和开发更是进入了新阶段。

(一)学术关注日渐增高

21世纪以来,大禹文化研究的学术关注度比以往可以说是呈直线上升的态势,在学术论文和学术专著的数量、学术研讨会的召开、研究者的分布区域等方面,都是以前的研究状态不能比的。

首先从学术论文的发文量来看,中国知网期刊硕博论文数据库的统计数据显示,从20世纪90年代开始,有关大禹文化研究的学术论文开始逐年增加,1990年至1999年,与大禹文化相关的学术论文近80篇,平均每年8篇左右,分布并不平均,1995年发文数量最多,有近30篇,其他年份多的不超过10

篇,少的仅有1篇,但每年都有并未中断。这种情况进入21世纪后有了极大的改变。自2000年起,对于大禹文化研究的学术论文迅速增加,2000年至2017年,发文总量有700篇左右,其中学术性的研究论文660篇,具体分布情况如下:

年份	2000	2001	2002	2003	2004	2005	2006	2007	2008
数量	16	14	47	24	14	18	35	57	52
年份	2009	2010	2011	2012	2013	2014	2015	2016	2017
数量	46	50	45	28	29	44	41	55	44

发文作者涉及的高校和科研机构如下:四川大学、苏州大学、陕西师范大学、华东师范大学、北京大学、浙江越秀外国语学院、西南民族大学、蚌埠学院、郑州大学、复旦大学、山东大学、中国社会科学院考古研究所、绍兴文理学院、山西师范大学、安徽大学、华中师范大学、西华大学、天津师范大学、西北师范大学、曲阜师范大学、南京大学、西南科技大学、四川省阿坝师范高等专科学校、四川师范大学、四川省社会科学院、西北大学、上海大学、河南大学、山东省文物考古研究所、中国先秦史学会、南开大学、四川省人民政府、兰州大学、北京师范大学、中国社会科学院文学研究所、青海师范大学、西南大学、中国人民大学、扬州大学。地域遍布四川、江苏、浙江、陕西、湖北、安徽、河南、山东、甘肃、青海、上海、北京、天津等省市。

其次从学术专著来看,20世纪有关大禹文化研究的学术专著比较少,多是关于大禹传说、地方大禹旅游资源、大禹资料汇编、大禹研讨会论文集等方面的书籍。地方传说或旅游资源介绍类的如四川省北川县人民政府外事侨务旅游办公室编的《大禹故里》,绍兴市文物管理处编的《大禹与绍兴》,沈建中编的"绍兴大禹文化丛书"之《大禹颂》,阿坝州地方志编的《大禹史话》等;资料汇编类如钟利戡、王清贵辑编的《大禹史料汇集》,祝世德编的《大禹志》等;学术论文集类有四川省大禹研究会编著的《大禹研究文集》,陈瑞苗主编的

《大禹论:95大禹学术讨论会论文集》，四川省大禹研究会编的《大禹及夏文化研究》等。纯学术研究的专著少之又少，比较重要的学术研究专著仅有陈瑞苗、周幼涛主编的《大禹研究》。但近十几年来，这种局面出现了很大的改观，除了大禹传说、地方大禹旅游资源、大禹资料汇编、大禹研讨会论文集等，对大禹文化进行全面专业研究的学术专著大量出现，作者以高校和研究机构的专业研究者为主，也有个别民间研究团体的研究者，大禹文化研究出现了新局面和新高潮，甚至"大禹学"被作为一门学科提上了研究日程。

  21世纪有关大禹文化研究的重要学术专著主要如下：徐金瑞主编的《宁阳大禹》，2011年由山东人民出版社出版。全书在结构上主要分为禹之考、禹之说、禹之歌、禹之文四部分，以翔实的史料、严谨的考据，论证了"宁阳县是大禹出生地，汶河流域是大禹治水的起源地和主要区域"，旨在讴歌大禹治水业绩，发扬大禹优秀品德。刘训华等主编的《大禹文化学概论》，2012年由武汉大学出版社出版。该书集结国内各大学具有历史学、地理学、文化学等诸多学科背景的研究人员，从全国性的视域角度，为大禹文化构建了一个基本的研究体系，并提出了"大禹学"的概念，认为大禹作为历史人物，以其为中心的研究可称为"大禹学"。在研究内容方面本书涵盖广泛，详细叙述了包括大禹治水研究，大禹立国与早期文化研究，大禹本人的活动历史研究，历代对大禹的祭祀、评论与研究及现今与大禹相关的研究，如精神研究、文学研究、后裔研究、遗迹研究、文化传播研究等。江群编著的《中华文明探源文集：酷说大禹》，2013年由安徽文艺出版社出版。该书用现代思维、现代视野和现代表达方式，混合历史典籍、神话传说和现代考古三种原材料，塑造中华子孙共同的祖先大禹；写法上运用史学、文学、行政学等多学科知识，采取评传、史论、传奇、诗剧等多种文章体裁，以通俗新潮的表达解读大禹、研究大禹。刘家思主编的《大禹与中国传统文化研究》（第一辑），2017年由安徽文艺出版社出版。该书是一部传统文化学术研究专著，论述了远古时代的历史人物大禹与中国传统文化的关系,从鲧禹神话与中国历史、大禹史实与民间传说、神话性与民俗性研究、大禹形象与考证、大禹精神与中国传统文化等方面进行了深入研究,兼具史料性和学术性、地域性和文化性,对研究中国传统文化和绍兴地域文化具有重要的学术价值。此外还有惠翔宇、张伦敦、陶佳玮、胡彦双编著的《史源、神话与文化重构:大禹生成史的学术与文献考察》及刘训华主编的《大禹文化学概论》,周幼涛主编的《中国禹学》,李永鑫主编的《大禹研究概览》,周幼涛、李永鑫主编的《大禹学研究概览》,徐素芝、邵春生主编的《大禹与齐鲁文化研究》,冯广宏著的《西羌大禹治水丰功史》,姒元翼、姒承家著的《大禹世家》,龚明主编的《大禹故里》,沈建中编著的《大禹陵志》,谢兴鹏著的《九州方圆话大禹》,李德书著的《大禹研究文稿》,钱茂竹主编的《大禹三宗谱》,重庆市南岸区政协主编出版的《大禹文化专辑》,周幼涛主编的《绍兴大禹陵》,张丙灿编的《大禹王——禹王大帝》,常松木、刘白雪主编的《大禹与嵩山》,常松木著的《登封与大禹故里研究》,蔡克仁编著的《大禹家世与生平》,保利艺术博物馆编的《燹公盨——大禹治水与为政以德》等。这些学术专著有对大禹生平、世系、身份、形象的研究,有对大禹各类史迹的详细考证,有对大禹文化的整体研究,不仅有历史学的考察,更结合考古学、民族学、人类学、社会学等不同的学科对大禹文化进行了全面深入的研究考证,在研究深度和广度上远超从前。

在学术论文集方面,21世纪以来,由于各地加大了对大禹文化的研究力度,大范围、高级别的学术研讨会时有召开,因此,学术论文集的出版数量也远超从前,比较重要的有:中国先秦史学会、禹城市人民政府编的《禹城与大禹文化文集》,中国文联出版社2007年出版,这是"全国首届禹城大禹文化学术研讨会"的论文集汇编,收集了当时的会议论文64篇。周幼涛主编的《大禹文化研究论文选编》,浙江越秀外国语学院2008年出版。王建华主编的《海峡两岸大禹文化研究》,中国社会科学出版社2010年出版,收录了"2008年海峡大禹文化研讨会"来自海峡两岸学者的论文 35 篇,内容涉及大禹治水神话、大禹与越文化、大禹与台湾之关系、大禹精神与现代社会建设等诸多领域,论文主题鲜明、视野开阔、富有新见。常松木主编的《禹里禹都研究文集》,河南文艺出版社 2014 年出版。张新斌、王青山主编的《登封与大禹文化》,大象出版社 2016 年出版,收录了 2014 年在河南登封举行的"登封与大禹故里座谈会"和 2015 年举行的"2015 中国登封大禹文化研讨会"两次研讨会的论文,是近年来国内大禹文化研究的综合性重要成果。绍兴市社会科学界联合会、绍兴市社会科学院主编的《弘扬大禹精神传承大禹文化:"大禹与中国传统文化"国际学术研讨会论文集》,中国文史出版社 2016 年出版。这些学术论文集对大禹文化的研究相对集中和全面,往往涉及大禹文化研究的各个方面,均是某一阶段全国乃至海外大禹文化研究成果的集成,保存了大量的相关研究资料。

在资料汇编方面,21 世纪以来,有关大禹的资料整理更加全面,主要有:郭水林编著的《走近大禹》,中州古籍出版社 2005 年出版。王绍义主编的《大禹文化资料荟萃》,蚌埠市涂山大禹文化研究会、蚌埠市博物馆编印,2012 年出版。周幼涛、何海翔主编的《大禹文化学资料选编》第一辑,吉林大学出版社 2013 年出版。这些资料汇编类著作的出版,对有关大禹的各类文献资料和各地民间传说中流传的大禹传说,都进行了分门别类的整理和汇集,为大禹文化研究提供了重要的参考材料。由河南登封的夏禹文化研究中心与中国大禹文化研究中心、登封市大禹文化研究会主办的《中国大禹文化》期刊,自 2012 年创刊以来,共计编印 21 期,该期刊寄发给大禹文化专家和大禹后裔后,受到了大家的好评。该期刊保存了大量当地和全国大禹文化的研究资料,收录了众多学术论文。

最后,从各类学术活动来看,21 世纪随着大禹文化研究力度的加强,各地的相关学术活动大量增加,河南、四川、浙江、安徽、山东等地均曾多次举办大禹文化学术研讨会,广邀国内外学者参会,极大地推动了大禹文化的深入研究,使大禹文化在国内外的影响迅速扩大。

山东举办的与大禹相关的研讨会主要有:2002年4月与2007年9月,山东禹城与中国先秦史学会先后联合举办"全国首届禹城大禹文化学术研讨会"和"全国第二届禹城大禹文化学术研讨会",会议收到论文110多篇;2008年5月举办"2008中国禹城首届大禹文化节";2012年6月,国家水利部、中国科学院地理研究所、中国生态学学会联合举办"中国大禹水生态文明新城建设研讨会"。河南举办的与大禹相关的大型学术研讨会主要有:2014年举办"登封与大禹故里学术座谈会";2015年7月,河南省历史与考古研究所、河南省炎黄文化研究会、中国大禹文化研究中心共同举办"中国登封大禹文化研讨会",共收到论文60多篇;2016年8月11日至12日,河南省社会科学院历史与考古研究所、河南历史学会联合举办"2016河南历史学会年会暨大禹文化研讨会",100多位专家学者与会,共提交30多篇夏禹文化论文;2017年举办"大禹国际研讨会"。四川也曾多次举办大型学术研讨会,依托北川县委、县政府及中国先秦史学会、四川省社会科学院、四川省大禹研究会、四川省历史学会等平台,先后联合举办"全国禹羌文化学术研讨会""禹羌文化论坛"等大型学术研讨会7次,邀请国内知名专家学者1000余人次参加了学术研讨活动。浙江绍兴因大禹陵的存在,大力开发大禹文化资源,也曾先后于2008年举办"2008中国绍兴海峡两岸大禹文化研讨会"、2013年4月举办"第二届大禹文化国际学术研讨会"等。这些大型学术研讨会的召开,使当地的大禹文化成为城市发展的知名文化品牌,不仅扩大了城市的文化影响力,也进一步促进了当地和全国大禹文化研究的深入开展。

从上述21世纪大禹文化的学术成果和学术活动来看,大禹文化已经成为学术界的热点,引起了广泛关注。

(二)研究内容愈加细化

随着大禹文化学术关注度和社会关注度的日渐增加,学者对大禹文化的研究在内容上愈加详细。对此,下面以表格的方式对中国知网期刊硕博论文数据库中自 2000 年至 2017 年所发表的与大禹文化相关的学术论文,从内容上作分类整理,以便对大禹文化不同内容的研究状况有直观认知。

有关大禹具体史迹考证的文章统计表

年份\数量	文章总量	治水、作用和影响	会盟、战争、治国	出生、故里、世系	婚姻	身份、形象	都城、疆域、相关地理考	葬地、陵墓、庙堂	支系、族群迁徙、文化传播
2000	9	1	1	2	2	2		1	
2001	14	5		1		1	2	5	
2002	33	21	1	3		1	2	3	2
2003	13	3	1	2	1	3		1	2
2004	10	5	1			2	2		
2005	12	6	1	2		1		1	1
2006	17	6		4				2	5
2007	30	7		11	2	2	2	1	5
2008	32	9	3	8	4	2	2		4
2009	25	15	4			2	3		1
2010	22	6	1	3		8	3		1
2011	22	12	2			2	3	2	1
2012	15	9		3		1		1	
2013	13	7	1	1			1	2	1
2014	25	14	2	2		2		3	2
2015	21	11	1	1	1	2	4	1	
2016	26	13	2	5		2	3		

续表

数量＼年份	文章总量	治水、作用和影响	会盟、战争、治国	出生、故里、世系	婚姻	身份、形象	都城、疆域、相关地理考	葬地、陵墓、庙堂	支系、族群迁徙、文化传播
2017	21	7	3	2	2	3	2	2	
合计	360	157	24	50	14	36	27	26	26

大禹文化综合研究的文章统计表

数量＼年份	文章总量	整体研究	文献资料	祭祀、信仰、宗教	精神功绩影响	现代价值和传承、旅游开发	地域性研究	研究综述、会议综述	学科建设
2000	7	1		1			3	2	
2001	0								
2002	14	1		2	7	1	2	1	
2003	11	6	1			3		1	
2004	4	2	1			1			
2005	3					2	1		
2006	18	1	2	1	3	5	6		
2007	27	2	2	2	3	9	9		
2008	20	2	1	1	1	3	9	2	1
2009	21	3	1	2	2	7	6		
2010	28	3	2	1	5	10	4	3	
2011	23	5	3	4	2	7		2	
2012	13	2	1	1	2	5	1	1	
2013	16	2	3		1	8			
2014	19	7	1	1	4	6			
2015	20	2	3	2	4	3	4	2	
2016	29	5	3	2	4	10	1	3	1
2017	23	5	2	2	4	10			
合计	296	49	26	22	42	90	46	19	2

从上述这两个表中的内容可以看出学界对大禹文化关注点的差异。对大禹史迹的具体考证中,大禹治水关注度最高,研究者最多,因为大禹治水是大禹最重要的功绩,与早期国家的产生、文明的起源、当时的社会环境和社会发展阶段、不同族群间的关系、当时的生产技术与地理环境等都密切相关,而且大禹精神也主要是来自大禹治水的内涵,所以,大禹治水是学术界最为关注的热点问题。其次是故里、出生、世系等内容,因为文献记载的差异,大禹故里自古便有多种说法,导致今人对此也一直争论不休,至今仍难以达成一致。争议虽然存在,但今人已经开始逐渐从文化认同的角度看待这些故里、出生争论,更注重文化的传承。其他如婚姻、治国、支系、文化迁播、都城疆域、陵墓庙堂等内容相对研究比较平均,都有学者涉及。

在大禹文化的综合研究方面,涉及最多的是大禹文化的现代传承、现代价值和开发利用,这与大禹文化研究的目的是相符合的,大禹文化研究不仅要研究考证具体的史实内容,更重要的是传承和开发利用,让优秀的传统文化在现实社会中充分发挥作用。其次是对大禹传说、大禹文化的整体研究,不同省市的大禹文化资源研究,大禹精神及影响等方面,这都涉及大禹文化的现代价值和传承问题,所以必然是学术界的热点。

从大禹文化研究内容的分布来看,21世纪大禹文化研究更注重的是大禹文化的现代价值和现代传承,这与当前弘扬优秀传统文化的时代需求是一致的,可以说学术研究与时代需求是相辅相成的。

(三)研究方法趋向综合

21世纪的大禹文化研究已经不仅仅是历史学的范畴,而发展成为多学科的综合研究。考古学、环境学、气象学、社会学、人类学等都是大禹文化研究的常用方法。其中仅大禹治水的内容就涉及环境学、地理学、气象学等多学科综合研究与历史文献和考古资料的结合,大禹治水涉及上古时期的环境、水文、气候、河流分布等,只有多学科综合研究才能使大禹时代的真实面貌更接近现实。另外在大禹文化研究中,东西方的比较研究越来越多,李华、文胜伟的《从"大禹治水"和"诺亚方舟"看东西方文化的差异》一文,通过对中国的神话传说"大禹治水"和西方神话"诺亚方舟"的比较分析,揭示了不同国度的神话传说所折射出的东西方在世界观、伦理道德、文化方面的不同特征。采用比较研究的方法对大禹文化进行研究和探讨,是大禹文化深入研究的重要表现。

(四)地域涵盖更加广阔

21世纪大禹文化研究涉及的地域越来越广泛,除了四川、浙江、河南等20世纪就对大禹文化开始研究的省市,山东、安徽、青海、山西、陕西、湖北、湖南等省市由于新的考古资料的发掘或新的古文字材料面世,也纷纷开始整合本地的大禹文化资源,甚至以大禹文化作为自己的城市文化品牌,深入研究,全面开发。从2000年至今对大禹文化进行研究和开发的省市涉及15个省和25个县市,此外,台湾地区也有对大禹的信仰和研究;境外的日本、韩国等地,都长期存在大禹信仰及对大禹文化的研究和传承。

目前,研究大禹文化的省市从地域分布上来看,以中西部省市最多,包括陕西的韩城,山西的运城、临汾、芮城,河南的登封、禹州、郑州、嵩县,青海的民和,甘肃,宁夏;东部地区主要是山东的禹城、高密、宁阳、东明、德州、泰州、日照;中南地区包括湖北的武汉,湖南的衡阳;东南地区包括安徽的蚌埠、怀远、巢湖,江苏的南京,浙江的杭州、绍兴,福建的漳州;西南地区包括四川的汶川、北川、成都、达州、阿坝,重庆;北部地区有吉林的集安。这些县市或流传有丰富的大禹传说,或有与大禹相关的考古遗址或历史遗迹,所以均以大禹文化为自己的重要文化资源,进行深入发掘和研究。

从大禹文化资源的内容来看,涉及大禹故里研究的有河南、四川、青海、山东、吉林等省;涉及大禹都城研究的有山西、陕西、河南、山东等省;涉及大禹庙堂陵墓研究的有浙江、安徽、陕西、湖北、福建、湖南、四川、青海等省;涉及大禹会涂山娶涂山的地理考证的有河南嵩县、安徽蚌埠、安徽巢湖、重庆等;涉及大禹文化整体研究和文化旅游开发的有山西、河南、安徽、湖北、四川、浙江、青海、山东、宁夏等省。

从大禹文化研究的活跃程度来看,相关学术研究成果和学术活动比较多的省份是河南、四川、山东、安徽、浙江等,这几个省份均多次举行了大禹文化研讨会,有进行大禹文化研究的专业或民间机构和一批专业研究人员。

(五)研究形式日趋多样

目前对大禹文化的研究,在形式上也日趋多样化,呈现出民间与专业研究结构相结合、研究基地和研究中心的集中研究、口述史与资料库的结合等趋势。

大禹文化的研究一直以来并不是高校和科研机构等专职研究者的专属,更多的是来自民间的传承和研究。由于大禹传说遍布全国多地,所以民间研究者对大禹传说进行整理的非常多,许多地方成立有大禹文化研究机构,自发进行相关研究工作和资料的整理工作。如安徽蚌埠市涂山大禹文化研究会、中国先秦史学会禹羌文化研究基地、四川省社会科学院禹羌文化研究所、四川大禹研究会、北川羌族自治县禹羌文化研究中心、河南登封市大禹文化研究会、禹城市大禹文化研究会、全国首届羽山大禹文化研究会(连云港)、山东德州大禹文化研究院等。这些机构多为民间性质,有一些依托高校和研究机构,积聚了大量大禹文化的爱好者,做了许多基础研究工作。

除了这些民间学术组织的自发研究,近10年来,大禹文化研究更加注重研究力量的整合,开始依托专业研究机构和全国性的学术平台,扩大大禹文化影响力,增强大禹文化研究力量,建立了多个有关大禹文化研究的研究中心和研究基地,广泛吸纳专业研究者和民间研究者,共同加强大禹文化研究。现在依托中国先秦史学会而成立大禹文化研究基地或中心的省份主要有三个,即四川、山东、河南。四川北川2007年成立了中国先秦史学会禹羌文化研究基地,该研究基地自成立以来,在中国先秦史学会的大力指导下,在北川县委、县人民政府的积极支持下,坚持开展学术活动,为繁荣禹羌文化、弘扬民族精神、促进地方经济和社会进步作出了应有的贡献。山东的研究中心位于禹城,2008年5月在举办"2008中国禹城首届大禹文化节"期间,隆重举行了中国先秦史学会禹城大禹文化研究中心揭牌仪式。河南的研究中心为中国先秦史学会夏禹文化研究中心,位于登封。该研究中心自2015年7月成立以来,在学会的指导下,按照"以史为据、深度挖掘、依托优势、创新发展"的工作思路,联系嵩山地区丰富的华夏文化遗迹、遗存实际,乘着中华文化复兴和河南省人民政府、郑州市人民政府大力支持登封市建设华夏历史文明传承创新区先行先试的东风,纵向探索、横向联合,使夏禹文化研究呈现出了新局面。另外还有一些专业研究机构,如河海大学成立有大禹学院;2018年3月,四川省社会科学重点研究基地大禹研究中心在四川省社会科学院揭牌成立。这类依托科研机构成立的研究中心或基地,有效整合了科研机构的专业研究人员和地方研究人员的科研力量,使科研人员、研究能力有了一定的保障,有助于大禹文化研究正规、全面、深入、持续地开展。

此外,在研究形式上,大禹文化研究还注重将口述史即民间传说资料的收集和文献资料数据库建设相结合,全面完善和健全大禹文化研究的基础资料,使传统研究方式和高效的现代数据库技术有效结合。

(六)传承方式灵活多变

由于大禹传说分布于全国多个省市,目前在传承和弘扬优秀传统文化、发展文化旅游的时代背景下,各地都在深入挖掘自己的优秀传统文化资源,因此,大禹文化的研究和传承开发也随之成为多地的热点文化资源。大禹文化资源在各地的开发传承主要有以下三种形式:第一种是对本地大禹文化资源进行学术研究和考证,如论证大禹故里、大禹治水区域、大禹会盟地、大禹娶妻地、大禹葬地陵墓等与本地的关系,申请大禹故里、大禹文化之乡等称号,或建立大禹文化研究中心和研究基地,对大禹文化资源进行深入挖掘和研究,并以此为契机传承发展大禹文化,提高地域的文化影响力;第二种是以本地流传的大禹传说为基础,发展相关的旅游资源,建立大禹文化产业园、大禹文化旅游区,积极发展文化旅游产业;第三种是依托当地的大禹庙、陵墓等古建筑,举行大型的大禹节会或大禹祭祀活动,以此发展文化旅游产业,传承大禹精神和大禹文化。这三种方式多是互相结合同时发展的,并不是仅有单一的传承发展模式。

如河南主打大禹故里、禹都阳城等文化品牌,2007年申报大禹文化之乡,多次召开大规模的国际学术研讨会,邀请国内外专家论证,充分挖掘本地的大禹文化资源,打造自己的文化品牌和文化特色。与此同时,登封在大禹文化资源研究的基础上,建立大禹文化产业园,将大禹文化融入产业发展,以文化带动经济。另外,登封还依托境内的禹王庙,举办大型的庙会祭拜活动,至今已举办了七届"中国大禹文化之乡艺术节暨祭祀禹王大典"活动,吸引了全国各地的大禹后裔前来祭拜。登封的大禹文化传承开发采取了多种形式相结合,影响力迅速扩大。四川也以大禹故里为核心,申报大禹文化之乡,建设城市文化品牌,同时积极发展文化旅游业,建设大禹文化旅游区。安徽由于禹会村遗址的发掘,大禹文化研究和开发迅速升温,除举办大型学术研讨会论证本地的大禹文化遗迹,加强学术研究,发掘文化资源外,还建立了大禹文化生态旅游示范区、大禹文化产业园、怀远大禹文化广场等,积极发展文化旅游产业。山东禹城召开多次学术研讨会,并且将大禹文化融入城市建设,打响大禹文化品牌,如以禹命名城区街道、公共场所和建筑、房产、养殖、服务业、文化公司等企事业单位以及农副产品等,拥有140余家(种)冠以大禹名称或与之相关的字意。武汉是在本地流传的大禹传说基础上,积极发展文化旅游业,修建了大禹神话园、大禹文化博物馆等,以文化旅游业的发展传承和弘扬大禹文化。青海则以喇家遗址为契机,打造大禹故里、治水地,打造大禹文化旅游目的地。宁夏建立大禹文化园,以文化旅游发展为主。浙江绍兴则以当地的会稽山大禹陵为依托,多次召开国际学术研讨会,深入发掘大禹文化资源,并将大禹文化作为城市品牌,融入城市建设。同时,从 1995 年起,每年都举办全国性的公祭大禹陵典礼,吸引海内外华人前往拜祭。如台湾夏氏宗亲会多次赴大陆考察,1995 年起,每年组团到浙江绍兴参加公祭大禹陵活动,参加大禹研讨会,交流学术论文,促进了海峡两岸的文化交流和学术研究。

三、大禹文化研究现状述评

从上述 21 世纪大禹文化研究的现状来看,大禹文化作为中华优秀传统文化的代表,已成为学术界的研究热点,学术关注度日渐增高,学术研究成果大量出现,甚至已经具备成为一级学科的基础。但综观整个研究现状,还存在一些需要引起重视的问题。

首先,在学术研究上,研究主题分布不均,存在重复性研究。如事迹考证方面主要集中于治水研究,其他研究则相对较弱,这就导致有的研究者从传统的研究视角和方法出发,进行梳理式的材料整理、重复性的主题研究、宽泛性的历史考察等,难以有新的突破。面对这种状况,应从材料入手:一是注重新的材料的发掘和研究。自 20 世纪 90 年代以来,考古学界发现了大量与大禹传说相关的先秦文献,如"遂公铭文"、上博楚简《子羔》《容成氏》以及郭店楚简《唐虞之道》等。在今后的研究中应将这些出土文献与传世文献加以对比分析,在文献研究中寻找新的突破。另外还要注重新的考古学材料与文献材料的结合,以新材料激发新的学术视角和观点。二是注重材料收集的全面性,传世文献材料和民间材料要有机结合,合理甄别使用。有关大禹文化的材料,包含三个方面：一是传世文献资料，二是后世的仙话、宗教典籍、方志、笔记中所记载的大禹传说内容，三是流传于民间的故事、家谱、地方志。对这三个方面的材料都应给予足够的重视，进行多方面、多层次、多途径的摸底和搜集，并且学科范围不能局限于文史哲，还要对自然科学方面的文献有所重视，因为大禹治水的内容涉及水利史、科技史等方面，它们都属于自然科学的范畴。只有在全面占有各方资料的基础上，才能在大禹文化研究上有所进展和突破。

其次，在研究机构上，目前虽然依托科研机构和高校建立了诸多研究中心和基地，但其中大部分并不是专业的研究机构，专业研究人员并不固定，持续性研究也不够。对此，有学者提出应该把"大禹学"作为一门学科来建设，才能保证大禹研究的全面普及和发展。目前的当务之急，是要加强研究的持续性，建立专业的研究队伍，形成一批大禹研究的学者群。要加强各地大禹文化研究的学术交流和学术对话，激发学术思想的碰撞，强化学术研究的规范意识，增强研究者强烈参与研究的主体意识，从而更为有效地带动整个研究更好、更快地发展。

最后，在大禹文化的传承开发上，文献记载的抵牾造成了流传千年的故里之争、都城之争、葬地之争等，时至今日仍然争论不休。所以在传承和开发大禹文化资源中也出现了争论，如河南、四川、青海、山东都要打造故里，河南、山东、陕西、山西还有都城之争等。这就要求各地在传承开发大禹文化方面一定要有自己的地域特色，避免重复和雷同。不必过于纠结故里之争或都城、葬地之争，应该从文化传承的角度，突出自己大禹文化资源中的独特内涵，这样才能更有吸引力和影响力。（李玲玲）

第五节
花东甲骨研究的回顾与综述

作为继1936年YH127坑甲骨、1973年小屯南地甲骨之后殷墟甲骨文的第三次重大发现,殷墟花园庄东地甲骨(本文简称花东甲骨)从20世纪90年代初刚开始发现时就受到了学术界的极大关注。由于这批甲骨属性明确,属非王性质,其占卜主体为"子",但又与原子组卜辞的占卜主体不是同一人,加之它材料完整,内容丰富,来源清晰,因此花东甲骨研究迅速成为了近二三十年来甲骨学殷商史研究领域的一大热点和先秦史研究领域的一大亮点。花东甲骨的发掘与刊布,对甲骨学、殷商史、上古汉语等方面的研究工作都有极大的推动作用。

曾有学者对花东甲骨相关的阶段性研究成果进行了归纳和总结。如刘源的《殷墟花园庄东地甲骨文研究概况》一文以《殷墟花园庄东地甲骨》一书的出版为界,将2005年之前花东甲骨文的研究分为两个阶段,将重点放在了讨论当时学界研究中尚存争论的重要问题上,如花东甲骨的时代、子的身份、丁是何人、祭祀等[1];柏雪、杨怀源的《近十年来殷墟花园庄东地甲骨文研究综述》一文对2003年之后近十年的花东甲骨研究情况进行了梳理,其梳理的范围主要包括"校勘、补遗、缀合、文字释读、H3刻辞的语言学研究、占卜主体'子'的身份地位、'丁'的身份及H3卜辞的时代、祭祀等方面"[2]。其后,花东甲骨的研究仍在持续深入,其不同的阶段性研究成果亦有需要补充之处,本文拟在其基础上,结合自己的一些研读体会,对花东甲骨的研究情况作一全面回顾和补充,对这一研究热点的出现背景、不同研究时期及其特点、学界关注点和研究内容等方面作一系统概述和讨论,并对仍存分歧的问题及有关研究方法作些思考。

一、出现背景

1991年秋,因安阳市要修建殷墟博物苑至鞍钢大道的公路,中国社会科学院考古研究所安阳工作队前往配合钻探。据发掘《简报》[3],钻探过程中发现了62座殷代墓葬、3座房基和2个灰坑,2个灰坑中有1个是甲骨坑,地点位于花园庄东。工作队清理这批殷代墓葬时,又在花园庄南地一座墓葬墓口之上的灰层中发现了三片刻辞卜骨。为弄清甲骨出土的地层关系和周围遗迹情况,工作队便在花园庄东地和南地出土甲骨的地点进行了发掘。

花园庄南地的发掘地点在花园庄南五百余米处,主要在出土刻辞卜骨的M99西、南、东三面各开一个探方,发掘面积近70平方米。发掘的三个探方,地层关系比较简单,出土陶片多小片,无法复原,出土甲骨亦很少,有卜骨35

---

[1] 刘源:《殷墟花园庄东地甲骨文研究概况》,《历史研究》2005年第2期。
[2] 柏雪、杨怀源:《近十年来殷墟花园庄东地甲骨文研究综述》,《成都师范学院学报》2015年第6期。
[3] 中国社会科学院考古研究所安阳工作队:《1991年安阳花园庄东地、南地发掘简报》,《考古》1993年第6期。本文简称《简报》。

片、卜甲2片,多小片,刻辞者仅5片,均卜骨,且其中3片可判为习刻,字数不多,另有1片上只有一"吉"字,字数最多的1片上有9字,为三月戊午日贞卜祷生之辞,未见占卜主体。对花园庄南地和东地的此次发掘中,最大的收获来自花园庄东地。

花园庄东地的发掘地点在花园庄村东一百多米、北距殷墟博物苑四百余米、东距安阳河(洹河)近百米处,开了两个探方,编号分别为91花东T4、T5,发掘面积共46平方米。发掘的两个探方,地层关系相对复杂,出土陶器也相对完整,有些具有分期意义,如鬲、簋等。出土甲骨无疑是这次发掘中最令人惊喜的收获。1991年10月20日,在编号为91花东T4的探方中部偏北第3层下,发现了H3。由于H3的北部被H2打破,所以考古人员首先清理了H2,发掘至距地表深1.8米处时才完毕,H3坑口全部显现出来,在发掘H3时,至H3坑口以下1.7米(距地表深2.9米)处时,发现了甲骨堆积层,且绝大多数为龟卜甲。这些卜甲久埋地下,易碎裂,清理起来比较困难,极其耗时,加之修路工程工期紧迫,考古人员将整个甲骨坑套进特制大木箱内运回安阳考古工作站院子内,继续进行清理工作。1992年6月1日,这坑甲骨清理至坑底,全部揭取完毕。①

之后,对甲骨的去土锈、粘对、缀合、墨拓等技术性整理工作,亦耗费了很长时间,至1998年完成。同年秋,开始对这批甲骨进行正式整理,从卜甲的种属鉴定,到对卜甲的临摹、照相,作甲骨释文、索引等,直至2002年12月,整理与编纂工作才全部完成。② 2003年12月,这批甲骨资料得以全部刊行面世,其最终整理成果《花东》一书由云南人民出版社正式出版。

---

① 参见《简报》。
② 中国社会科学院考古研究所编著:《殷墟花园庄东地甲骨》,昆明:云南人民出版社,2003年,第11—12页。本文简称《花东》。据该书前言,花东H3坑最后整理出甲骨1583片,其中有刻辞者689片,以大块和完整卜甲居多。

这一过程中,早在 1993 年 6 月《简报》公布 4 版有字卜甲时,就已经引起了学界的极大关注,开启了花东甲骨的研究进程,也拉开了甲骨学殷商史领域一个新的研究高潮的序幕。1999 年 7 月,花东甲骨整理者刘一曼、曹定云两先生的部分研究成果《选释》[①]一文又公布 23 版有字甲骨,使花东甲骨研究迈入了一个新的阶段。至 2003 年 12 月,随着《花东》一书出版,全部资料刊行于世,花东甲骨研究进入高潮阶段,并迅速成为甲骨学殷商史乃至先秦史领域的一个研究热点。

二、不同研究时期及其特点

到目前为止,有关花东甲骨的研究成果已达到 250 篇左右,其研究过程则可以分为三个时期,每个时期所出现的研究成果亦各有侧重。

第一时期,自 1993 年《简报》中公布 4 版花东有字卜甲到 1999 年刘一曼、曹定云《选释》一文再次公布了 23 版有字甲骨,学界开始对其中的若干问题发表意见。

这一时期发表的成果除《简报》外,还有十余篇论文。如刘一曼的《殷墟安阳花园庄东地甲骨坑发掘记》《安阳殷墟甲骨出土地及其相关问题》《近十年来殷墟考古的主要收获》《殷墟甲骨文的三次重大发现》《殷墟花园庄东地

---

① 刘一曼、曹定云:《殷墟花园庄东地甲骨卜辞选释与初步研究》,《考古学报》1999 年第 3 期。本文简称《选释》。

甲骨坑的发现及主要收获》①，杨锡璋、刘一曼的《殷墟的发现与研究·补记》一文中第476—477页部分、《1980年以来殷墟发掘以来的主要收获》、《殷墟考古七十年的主要收获》②，以及李学勤的《花园庄东地卜辞的"子"》③和刘一曼、曹定云的《选释》等。

可以看出，这一时期的成果主要来自花东甲骨的发掘与整理者，以专门介绍或初步研究性的论文居多，也有对殷墟卜辞中常见的"子"的身份问题的初步讨论。尤其是《选释》和《花园庄东地卜辞的"子"》两文，前者对花东甲骨卜辞的字体、文例、出现的祭祀对象、祭名等问题进行了讨论，并考察了花东甲骨的时代和其"子"的身份地位，而后者亦对花东"子"进行了推定。

第二时期，自1999年《选释》一文公布23版花东有字甲骨以后，到2003年年底《花东》一书出版，花东有字甲骨材料得以全部刊布，这一时期参与到花东甲骨研究队伍中的学者及其成果有了明显增加，讨论的内容和范围不断扩大。

这一时期发表的成果有近三十篇论文，除继续讨论花东甲骨卜辞中有关祭祀、"子"的身份、文例、字体等问题外，讨论的范围还扩大至其中所反映的气象、时称、特殊字例、句型、行款等，以及对其中字词、地名的考释，甚至对这

---

① 刘一曼：《殷墟安阳花园庄东地甲骨坑发掘记》，《文物天地》1993年第5期；增补后收入《最新中国考古大发现——中国最近20年32次考古新发现》，济南：山东画报出版社，2002年，第38—42页"甲骨文的第三次大发现——殷墟花园庄东地窖藏甲骨问世的经过"。刘一曼：《安阳殷墟甲骨出土地及其相关问题》，《考古》1997年第5期。刘一曼：《近十年来殷墟考古的主要收获》，台湾《故宫文物月刊》第188期，1998年11月。刘一曼：《殷墟甲骨文的三次重大发现》，《中国书法》1999年第1期。刘一曼：《殷墟花园庄东地甲骨坑的发现及主要收获》，台湾师范大学国文学系、"中央研究院"历史语言研究所编：《甲骨文发现一百周年学术研讨会论文集》，台北：文史哲出版社有限公司，1998年，第203—219页。

② 中国社科院考古所：《殷墟的发现与研究·补记》，北京：科学出版社，1994年，第476—477页。杨锡璋、刘一曼：《1980年以来殷墟发掘以来的主要收获》，中国社科院考古所编：《中国商文化国际学术讨论会论文集》，北京：中国大百科全书出版社，1998年，第178—179页。杨锡璋、刘一曼：《殷墟考古七十年的主要收获》，《中原文物》1999年第2期。

③ 李学勤：《花园庄东地卜辞的"子"》，《河南博物院落成及河南博物馆建馆70周年纪念论文集》，郑州：中州古籍出版社，1998年。

批龟甲本身和甲骨埋藏状况的一些研究。例如李学勤的《释花园庄两版卜雨腹甲》，黄天树的《殷墟甲骨文所见夜间时称考》《殷代的日界》，朱歧祥的《论子组卜辞的一些特殊字例》《释读几版子组卜辞——由花园庄甲骨的特殊行款说起》，宋镇豪的《殷商计时法补论——关于殷商日界》，冯时的《读契札记》第一则"亡司"解，饶宗颐的《殷代地理疑义举例——古史地域的一些问题和初步诠释》，郑杰祥的《殷墟新出卜辞中若干地名考释》，叶祥奎、刘一曼的《河南安阳殷墟花园庄东地出土的龟甲研究》，蒋玉斌的《甲骨文献整理（两种）》等①。

2003年12月《花东》一书的出版，更使甲骨学和殷商史的研究工作得以全方位、多角度地进一步深化，该书前言既是这一时期的一项重要研究成果，也是整理者对花东甲骨的发掘、整理过程所进行的一次全面介绍。

第三时期，自2003年年底《花东》一书出版以来至今，花东甲骨的研究队伍得到空前壮大，研究热情也是空前高涨，研究内容则是全方位展开，其研究成果呈现井喷式增长，迅速掀起了甲骨学和殷商史甚至是先秦史领域的一股

---

① 李学勤：《释花园庄两版卜雨腹甲》，《夏商周年代学札记》，沈阳：辽宁大学出版社，1999年，第240—244页。黄天树：《殷墟甲骨文所见夜间时称考》，"第二届中国古典文学国际研讨会——纪念闻一多先生一百周年诞辰"论文，台湾清华大学国文系，1999年10月；后收入朱晓海主编《新古典新义》，台北：台湾学生书局，2001年；又收入《黄天树古文字论集》，北京：学苑出版社，2006年，第178—193页。黄天树：《殷代的日界》，饶宗颐主编：《华学》第四辑，北京：紫禁城出版社，2000年，第17—25页；后收入《纪念殷墟甲骨文发现一百周年国际学术研讨会论文集》，北京：社会科学文献出版社，2003年，第599—610页；又收入《黄天树古文字论集》，北京：学苑出版社，2006年，第165—177页。朱歧祥：《论子组卜辞的一些特殊字例》，《第五届中国训诂学全国学术研讨会论文集》，台中：逢甲大学，2000年，第47—58页。朱歧祥：《释读几版子组卜辞——由花园庄甲骨的特殊行款说起》，《中国文字》新二十七期，台北：艺文印书馆，2001年，第33—46页。宋镇豪：《殷商计时法补论——关于殷商日界》，"中国古代文明的起源及早期发展国际学术研讨会"论文，2001年8月；又《中国文字》新二十七期，台北：艺文印书馆，2001年，第17—31页。冯时：《读契札记》（第一则"亡司"解），《纪念殷墟甲骨文发现一百周年国际学术研讨会论文集》，北京：社会科学文献出版社，2003年，第201—204页。饶宗颐：《殷代地理疑义举例——古史地域的一些问题和初步诠释》，《九州》第三辑，北京：商务印书馆，2003年，第52—65页。郑杰祥：《殷墟新出卜辞中若干地名考释》，《中州学刊》2003年第5期。叶祥奎、刘一曼：《河南安阳殷墟花园庄东地出土的龟甲研究》，《考古》2001年第8期。蒋玉斌：《甲骨文献整理（两种）》，《古籍整理研究学刊》2003年第3期。

研究热潮。

这一时期涌现的研究成果有二百余篇,学界围绕花东甲骨的研究工作得以全面展开,并进一步深化和细化。除继续对花东"子"的身份、所处时代、祭祀现象及花东甲骨卜辞本身的字体、文例、特殊字例、句型、行款等问题作热烈讨论,对其中更多的字词、地名进行考释外,这一时期学界关注和探讨的范围也空前扩大,包括《花东》一书的编纂体例、释文中存在的问题、"丁"的身份、花东中的人物关系及有关殷商时期的疾病、风俗礼制、学校教育、田猎、马匹的使用、殷周关系等,亦有不少从语言学角度对这批甲骨卜辞加以探索的成果①。

三、学界关注点和研究内容

从花东甲骨的研究情况来看,学界对它的讨论是全方位、多角度的,内容非常广泛,涉及了甲骨学殷商史很多方面的研究课题,但综合而言,其关注重点或讨论的内容主要有以下十三个方面:

(一)花东甲骨的属种问题

花东甲骨出土后,叶祥奎教授对其中最大宗的1558件卜甲进行了生物学观察和研究,认为它们属于龟科花龟属花龟种和龟科乌龟属乌龟种,归前者的标本较多,后者较少。现生乌龟和中国花龟在我国有广泛分布,尤其是前者,但据现今记录,河南只产乌龟而无花龟,不知殷商时是否曾产花龟。但不管怎样,花东出土的这一千多件龟甲,绝不会都产自安阳本地,大部分应是从外地进贡来的,这也与花东卜甲甲桥刻辞中常记有某人多少是一致的。②

---

① 详见下文"学界关注点和研究内容"。
② 叶祥奎、刘一曼:《河南安阳殷墟花园庄东地出土的龟甲研究》,《考古》2001年第8期。

对花东甲骨的生物学考察,尤其是对其龟甲来源的研究,有助于我们探讨殷商时期商王室与周边方国的关系问题。

(二)《花东》一书的编纂体例

《花东》一书出版之后,它的编纂体例为学界所称道。该书是大型甲骨著录书中体例最为完善的一部甲骨文著作,整理者不惧烦琐,采用了三位一体,即通过彩照、拓本和摹本相结合的著录方式对甲骨资料加以刊布,其中拓本和摹本是左右对照,彩照亦有局部放大版,并制作了各种检索表等。所有这些都最大限度地反映出了其中的各种信息,极大地方便了学界的利用。整理者还作出释文,记录了每片甲骨的相关数据,是其重要的研究成果。具体而言,《花东》全书共六大巨册,第一册包括"前言""甲骨顺序号""图版号目录表""刻辞卜骨统计表""刻辞背甲统计表""卜甲反面文字统计表""卜甲缀合统计表""图版凡例"及"拓本、摹本图版"的第1—130号等,第二册和第三册分别包括"拓本、摹本图版"的第131—297号、第298—464号,第四册和第五册分别包括花东甲骨的"彩色照片图版"第1—273号、第274—546号,第六册则包括"释文凡例""殷墟花园庄东地甲骨释文""殷墟花园庄东地甲骨钻凿形态研究""引书目录及简称""所引凡例""部首""字形检字表""字词索引表""笔画检字表"及"附录"等。

正是《花东》一书完善的编纂体例,为学界全面深入地探讨花东甲骨提供了客观条件。该书出版后,学者都有比较中肯的评价,如黄天树的《体例最完善的大型甲骨文新著——〈殷墟花园庄东地甲骨〉》、葛英会的《大型甲骨学研究专著——〈殷墟花园庄东地甲骨〉》、王宇信的《代表当代甲骨学研究水平的著录书——读〈殷墟花园庄东地甲骨〉》、张永山的《甲骨著录新模式——读

〈殷墟花园庄东地甲骨〉》[1]等文。

(三)花东甲骨资料基础整理工作的继续

《花东》一书出版后,其完善的编纂体例和通过彩照、拓本、摹本相结合的著录方式,以及各种检索表的制作等,受到了学界的极高赞誉。但白玉微瑕,学者也陆续对其释文、摹本、索引表、缀合等进行了继续的校读整理工作,或编纂新的花东甲骨工具书。如朱歧祥的《〈殷墟花园庄东地甲骨释文〉正补》,姚萱的《殷墟花园庄东地甲骨卜辞的初步研究》,赵伟的《〈殷墟花园庄东地甲骨·释文〉校勘》,齐航福的《〈殷墟花园庄东地甲骨·释文〉求疵》《〈殷墟花园庄东地甲骨·释文〉求疵(二)》,洪飏的《〈殷墟花园庄东地甲骨释文〉校议》,蒋玉斌的《殷墟子卜辞的整理与研究》之附录二收录的相关缀合,莫伯峰的《花东子卜辞和历组卜辞新缀四组》,齐航福、章秀霞的《殷墟花园庄东地甲骨刻辞类纂》,洪飏主编的《殷墟花园庄东地甲骨文类纂》等[2]。

这些基础整理工作的继续,使花东甲骨资料得以更为完善地展现,也为相关研究工作提供了更加准确和完备的资料。

---

[1] 黄天树:《体例最完善的大型甲骨文新著——〈殷墟花园庄东地甲骨〉》,《中国文物报》2004年4月14日。葛英会:《大型甲骨学研究专著——〈殷墟花园庄东地甲骨〉》,《文物》2004年第9期。王宇信:《代表当代甲骨学研究水平的著录书——读〈殷墟花园庄东地甲骨〉》,《中国图书评论》2004年第6期。张永山:《甲骨著录新模式——读〈殷墟花园庄东地甲骨〉》,《考古》2004年第12期。

[2] 朱歧祥:《〈殷墟花园庄东地甲骨释文〉正补》,"第五届国际汉语语法研讨会"论文,2004年。姚萱:《殷墟花园庄东地甲骨卜辞的初步研究》,北京:线装书局,2006年。赵伟:《〈殷墟花园庄东地甲骨·释文〉校勘》,郑州大学硕士学位论文,2007年。齐航福:《〈殷墟花园庄东地甲骨·释文〉求疵》,《中州学刊》2006年第2期。齐航福:《〈殷墟花园庄东地甲骨·释文〉求疵(二)》,《考古与文物》2007年增刊。洪飏:《〈殷墟花园庄东地甲骨释文〉校议》,《古籍整理研究学刊》2008年第3期。莫伯峰:《花东子卜辞和历组卜辞新缀四组》,《故宫博物院院刊》2011年第1期。齐航福、章秀霞编著:《殷墟花园庄东地甲骨刻辞类纂》,北京:线装书局,2011年。洪飏:《殷墟花园庄东地甲骨文类纂》,福州:福建人民出版社,2016年。

(四)花东"子"的身份问题

花东中频频出现的"子",是这批花东甲骨卜辞的占卜主体,但该"子"又非原子组卜辞中的"子"。那么,花东之"子"究竟是谁?其身份地位如何?这引起了学界的极大兴趣,也是学者们关注的重点问题之一。目前关于该"子"的身份问题主要有以下几种说法:

第一,朝中大臣说。1998年,李学勤在《花园庄东地卜辞的"子"》一文中把花东"子"推定为朝中大臣,其内涵比爵称的"子"更为广泛,并将花东"子"与YH127坑甲骨文中的"子"加以比较,认为二者不是同一人。李学勤文中还指出花东甲骨文再次证明了非王卜辞存在的事实。2004年8月,李锐的《清华大学简帛讲读班第三十四次研讨会综述》[①]一文中曾提到李学勤的意见,认为:"'子'是贵族称谓,通过深入的研究,有可能推出'子'为何人或可能的范围,他有可能是皋或望乘。"

第二,羌甲(沃甲)之后说。此说以刘一曼、曹定云为代表。1999年,两人在《选释》一文中提出,H3卜辞中的"子"不仅是一位族长,还可能是沃甲之后这一支的宗子,而且又是朝中一位重臣。此"子"在武丁时代是一位权倾朝野的人物,其地位远在目前所见其他非王卜辞主人之上。后在《论殷墟花园庄东地甲骨卜辞的"子"》[②]一文和《花东》前言中均维持了这一看法。2004年3月,曹定云在《殷墟花园庄东地甲骨——殷代早期的珍贵史料》[③]一文中再次

---

① 李锐:《清华大学简帛讲读班第三十四次研讨会综述》,"孔子2000网站"2004年8月22日,http://www.confucius2000.com/qhjb/qhjbjdb34cythzs.htm。
② 刘一曼、曹定云:《论殷墟花园庄东地甲骨卜辞的"子"》,王宇信、宋镇豪主编:《纪念甲骨文发现一百周年国际学术研讨会论文集》,北京:社会科学文献出版社,2003年,第439—447页;该会议1999年8月在安阳召开。
③ 曹定云:《殷墟花园庄东地甲骨——殷代早期的珍贵史料》,《中国教育报》2004年3月5日。

提出花东主人是沃甲之后的说法。赵诚在《羌甲探索》①一文中似乎同意此说，并对花东"子"不祭祀父辈的原因进行了解释，认为是阳甲传位给盘庚而引起南庚一系不满之故。

此说的主要依据是：该"子"所祭远祖先公仅有上甲、大乙、大甲和小甲四位，且祭祀的次数较少，但祭祀近祖的次数多，较为频繁，尤其特别重视对祖乙、祖甲的祭祀，而祖乙之下名甲者只有羌甲一人，故推定花东"子"很可能就是祖乙之子羌甲的后人。对此，刘源在《花园庄卜辞中有关祭祀的两个问题》②一文中提出了不同看法，认为花东中的诸祖不一定都能容纳到先王系统中，诸妣也是存在疑问的，因商人惯用日名，所以花东甲骨卜辞中的诸祖诸妣也许属于该"子"自己的一套祭祀系统。即使能够与先王对应，也未必都是局限在直系范围内。花东中祖甲、祖乙同旬受祭时，祖甲必排在祖乙的前一日，这种现象与将祖甲看作羌甲相矛盾。而且祖甲、祖乙、妣庚三者的排列顺序也是不支持祖甲为羌甲之说的。朱凤瀚、杨升南等人在其文中也都注意到了这种现象的存在。葛英会也注意到了这一矛盾，但认为"花园庄祭祀卜辞……应当是一种不同于宗庙常祭的特殊祭礼"。

第三，武丁太子孝己说。此说以杨升南为代表，韩江苏从之。杨升南在《殷墟花东 H3 卜辞"子"的主人是武丁太子孝己》③一文中提出此说，文中将花东卜辞中不祭父辈的原因解释为因该"子"之父是武丁，未死故不祭，并指出祖乙和祖甲为小乙和阳甲。加之花东"子"经济实力强，与丁、妇好往来密切，因此提出他是武丁太子孝己之说，妇好应是他的生母。

---

① 赵诚：《羌甲探索》，《辑芬集——张政烺先生九十华诞纪念文集》，北京：社会科学文献出版社，2002 年，第 165—174 页。
② 刘源：《花园庄卜辞中有关祭祀的两个问题》，《辑芬集——张政烺先生九十华诞纪念文集》，北京：社会科学文献出版社，2002 年，第 175—179 页。
③ 杨升南：《殷墟花东 H3 卜辞"子"的主人是武丁太子孝己》，王宇信、宋镇豪、孟宪武主编：《2004 年安阳殷商文明国际学术研讨会论文集》，北京：社会科学文献出版社，2004 年，第 204—210 页。

第四，花东"子"是武丁较远亲的从父或从兄弟辈，其行辈不低于时王武丁。此说以朱凤瀚为代表。朱凤瀚在《读安阳殷墟花园庄东出土的非王卜辞》①一文中认为，花东"子"并非武丁之子，但该家族在王族贵族中的地位甚高，规模较大，实力较强，是刚从王族分化出来另立族氏的时王之子所难以达到的。

第五，花东"子"是武丁亲子但并非孝己，可能是"子狄"。姚萱通过分析花东卜辞的称谓系统，提出花东卜辞中的"祖乙"为"小乙"、"祖甲"即"阳甲"的看法，并结合花东卜辞中"子"与武丁的亲密关系，考释认定花东"子"是时王武丁的子辈，而且当是亲子，应与祖庚、祖甲同辈，但不是孝己。或许有可能就是宾组卜辞中出现的"子狄"②。

第六，花东"子"是武丁子辈，但不宜确指。2006年，林沄在《花东子卜辞所见人物研究》一文中曾指出："花东子卜辞中的'子'的身份，不少研究者通过祭祀对象的综合研究，认为应该是武丁的子辈，我是同意的。但一定要确指为孝己或子狄，则均感论据不足。"③

第七，花东"子"是武丁时代一位管理内务的大臣。《中国历史文物》2007年第1期刊发了沈建华的《从花园庄东地卜辞看"子"的身份》一文，文中通过对"花东子族的居地与宗庙""花东子组宗族的组织与结构""花东子族的马政"的讨论分析，认为花东"子"可以被看作"隶属王室大宗分立下的一个宗主，并在王朝中担负马政职务的大臣"，他分管着向王室提供交通工具，并负

---

① 朱凤瀚：《读安阳殷墟花园庄东出土的非王卜辞》，王宇信、宋镇豪、孟宪武主编：《2004年安阳殷商文明国际学术研讨会论文集》，北京：社会科学文献出版社，2004年，第211—219页；又收入《商周家族形态研究》（增订本），天津：天津古籍出版社，2004年，第598—612页。
② 姚萱：《试论花东子卜辞的"子"当为武丁之子》，《故宫博物院院刊》2005年第6期。姚萱：《殷墟花园庄东地甲骨卜辞的初步研究》第三章，北京：线装书局，2006年。
③ 林沄：《花东子卜辞所见人物研究》，"第一届古文字与古代史学术讨论会"论文，2006年9月；该文后收入陈昭荣主编：《古文字与古代史》第一辑，台北："中央研究院"历史语言研究所，2007年，第13—34页。

责马的纳贡选善和驯养管理等工作。

我们认为,李学勤提出的思路是可行的,即通过深入的研究,有可能推出"子"为何人或可能的范围。由于花东"子"可以祭祀早期的上甲、大乙、大甲、小甲等先王,这一点学界是没有分歧的,因此花东"子"的身份是先王之后应该没问题。他在武丁朝中任要职,具有其他非王卜辞主人所无法达到的重要地位。但根据现有材料,若将其认定为武丁的子辈这个范围大概是可行的,如果要进一步指认具体是哪位武丁之子的话,我们认为则如林沄先生所说,均感论据不足。

(五)关于"丁"的身份问题

花东甲骨卜辞中,常常出现一位人物"丁",其地位在花东"子"和妇好之上,对他的身份的考察,是学界关注的焦点之一。

包括花东整理者在内的许多学者都认为"丁"的地位极高,在"子"和妇好之上,朱凤瀚也曾提出,"丁"在商王朝内担任重要职务,是"子"、妇好、沚㦰等的上一级贵族。

最早明确提出花东甲骨卜辞中的"丁"即为时王武丁的是陈剑。2004年,他在《说花园庄东地甲骨卜辞的"丁"——附:释"速"》[①]一文中将花东卜辞中的"丁唯子令伯㦰伐邵""丁唯好令比伯㦰伐邵""丁自正邵"等辞例与历组中的"王正刀方""王比沚㦰伐召方"等辞例联系起来,认为花东中的"邵""伯㦰"即历组卜辞中的"召方"和"沚㦰",故推定花东中的"丁"就是历组中的"王",即武丁。

同年稍后,李学勤发表《关于花园庄东地卜辞所谓"丁"的一点看法》[②]一文,文中认为花东卜辞中的所谓"丁"字实为"璧"的象形初文,在旧有子组卜

---

① 陈剑:《说花园庄东地甲骨卜辞的"丁"——附:释"速"》,《故宫博物院院刊》2004年第4期。
② 李学勤:《关于花园庄东地卜辞所谓"丁"的一点看法》,《故宫博物院院刊》2004年第5期。

辞与花东卜辞里读为"辟"，义为"君"。"辟"是对商王的称谓。

2005年，裘锡圭在《"花东子卜辞"和"子组卜辞"中指称武丁的"丁"可能应该读为"帝"》[①]一文中提出，"丁"应该读作"帝"，与"嫡庶"的"嫡"有着非常密切的关系，是一种强调直系继承的宗族长地位比较崇高的尊称。同年，朱歧祥的《由语词系联论花东甲骨的丁即武丁》[②]一文也从语词系联的角度论证了花东甲骨中的"丁"就是武丁。

但葛英会、阎志两人认为，若将"丁"看作人名，则"死日"说将不再有立足之地，他主张那些被认为是人名的"丁"实应为天干日名[③]。

张永山在《也谈花东卜辞中的"丁"》[④]一文中则提出，花东中的"丁"既有作人名者，亦有作天干日名者。

虽然从辞例本身来看，有一些"丁"解释为人名或解释为天干日名似乎都能说得过去，但目前来看，花东中的"丁"大多是指武丁，这种说法还是得到了学界更多的认同。

（六）花东甲骨的时代问题

学界虽然大多认为花东甲骨属于武丁时期，但若再具体而言，是武丁早期、中期偏早还是武丁晚期等，则存在分歧，也有主张花东卜辞主要是小乙时代者。

第一，武丁早期说。《花东》前言中根据出土花东甲骨的H3坑的时代属

[①] 裘锡圭：《"花东子卜辞"和"子组卜辞"中指称武丁的"丁"可能应该读为"帝"》，《黄盛璋先生八秩华诞纪念文集》，北京：中国教育文化出版社，2005年；又收入《裘锡圭学术文集·甲骨文卷》，上海：复旦大学出版社，2012年，第516—522页。
[②] 朱歧祥：《由语词系联论花东甲骨的丁即武丁》，《殷都学刊》2005年第2期。
[③] 葛英会：《殷墟花园庄东地甲骨卜用丁日的卜辞》，北京大学震旦古代文明研究中心编：《古代文明研究通讯》第22期，2004年。阎志：《殷墟花园庄东地甲骨卜用丁日的卜辞》，《故宫博物院院刊》2005年第1期。
[④] 张永山：《也谈花东卜辞中的"丁"》，《古文字研究》第26辑，北京：中华书局，2006年，第19—22页。

于殷墟文化一期晚段(即武丁早期),以及花东甲骨卜辞中有属于武丁早中期的人物如子䴏、妇好等的活动记载,故将花东甲骨的时代最终定为武丁早期。

第二,小乙至武丁早期说。作为花东甲骨的整理者,曹定云后来在其文中改变观点,主张 H3 卜辞的主体是武丁即位以前的卜辞,花东甲骨的时代上限早到小乙时期,时代下限最迟在武丁早期[①]。但刘一曼仍坚持原来的说法。

第三,武丁晚期说。陈剑在其文《说花园庄东地甲骨卜辞的"丁"——附:释"速"》中据伐邵方卜辞的系联,认为历组卜辞属武丁晚期,故花东甲骨卜辞的时代恐也是在武丁晚期,最多可推断上限及于武丁中期。黄天树在其《简论"花东子类"卜辞的时代》[②]一文中亦持晚期说的观点。

第四,武丁早期至中期偏早段。朱凤瀚据考古地层和人物妇好、丁、沚或等亦见于师、宾、历一、原子组等卜辞中,以及甲骨学上分期和考古学上殷墟文化分期的粗细之别,最终将花东甲骨的时代定为武丁早期至中期偏早段。

第五,武丁中期偏晚或武丁晚叶前期说。杨升南的《妇好墓中"司母辛"铜器的作者与花东 H3 甲骨时代》[③]一文中认为,花东甲骨的时代应在武丁中期偏晚或武丁晚叶前期。

第六,还有学者提出,花东甲骨卜辞的时代应处于武丁早期向中期过渡的阶段,相当于师组卜辞与武丁时期宾组卜辞的交叉阶段[④]。

(七)"子"的日常活动情况

花东甲骨卜辞中所反映的"子"的日常活动主要包括向丁、妇好进行贡

---

① 曹定云:《殷墟花东 H3 卜辞中的"王"是小乙》,《古文字研究》第 26 辑,北京:中华书局,2006 年;曹定云:《三论殷墟花东 H3 卜辞中占卜主体"子"》,《殷都学刊》2009 年第 1 期。
② 黄天树:《简论"花东子类"卜辞的时代》,原载《古文字研究》第 26 辑,后收入《黄天树古文字论集》,北京:学苑出版社,2006 年。
③ 杨升南:《妇好墓中"司母辛"铜器的作者与花东 H3 甲骨时代》,《甲骨文与殷商史》新二辑,上海:上海古籍出版社,2011 年,第 77—83 页。
④ 韩江苏:《殷墟花东 H3 卜辞时代再探讨》,《故宫博物院刊》2008 年第 4 期。

献,接受丁、妇好的赏赐,主持家族的祭祀,接受学校教育,常因患疾而行禳祓之祭,做梦等。宋镇豪在这方面用力颇多,如他利用花东甲骨资料对商代的医疗保健、疾病、教育等情况进行了考察,可参其《商代的疾患医疗与卫生保健》《从新出甲骨金文考述晚商射礼》《从甲骨文考述商代的学校教育》《甲骨文中的梦与占梦》[1]等文。

(八) 花东甲骨卜辞中的祭祀现象

花东甲骨卜辞中祭祀材料十分丰富,信息量大,学界相关研究也较多,探讨的问题大致包括祭祀对象、祭品系统、祭祀时辰等。对花东甲骨卜辞中祭祀对象的研究成果极多,在推测花东甲骨中"子"的身份、"丁"的身份、所处时代等系列问题时,都会涉及花东甲骨中的祭祀对象问题。我们认为,在推测他们与先王或王配的对应关系时,朱凤瀚的看法应该予以充分考虑,他说:"严格地说,鉴于对受祭先人采用日名制在商人贵族家族中被普遍使用的情况,'非王卜辞'所祭祖妣等先人之日名与辈分相合的先王及王配日名相合,是否即必是先王与王配,这显然是不能肯定的。而且,即使确是先王与王配,也可能并非仅有一种安排。如无其他可参照的证据,与特定的先王及其配偶的联系似应谨慎。"[2]刘源也提出类似的看法,认为花东卜辞中,"上甲、大乙、大甲等先王以外的诸祖诸妣不属于王室系统……H3卜辞有自己一套祭祀系统"[3],

---

[1] 宋镇豪:《商代的疾患医疗与卫生保健》,《历史研究》2004年第2期。宋镇豪:《从新出甲骨金文考述晚商射礼》,《中国历史文物》2006年第1期。宋镇豪:《从甲骨文考述商代的学校教育》,《2004年安阳殷商文明国际学术研讨会论文集》,北京:社会科学文献出版社,2004年,第220—230页。宋镇豪:《甲骨文中的梦与占梦》,《第十六届中国文字学国际学术研讨会论文集》,高雄:高雄师范大学国文,2005年,第363—380页。

[2] 朱凤瀚:《读安阳殷墟花园庄东出土的非王卜辞》,王宇信、宋镇豪、孟宪武主编:《2004年安阳殷商文明国际学术研讨会论文集》,北京:社会科学文献出版社,2004年,第211—219页;又收入《商周家族形态研究》(增订本),天津:天津古籍出版社,2004年,第598—612页。

[3] 刘源:《花园庄卜辞中有关祭祀的两个问题》,《辑芬集——张政烺先生九十华诞纪念文集》,北京:社会科学文献出版社,2002年,第175—179页。

"即使能够与先王对应,也未必都是局限在直系范围内。花东中祖甲祖乙同旬受祭时,祖甲必排在祖乙的前一日,这种现象与将祖甲看作羌甲相矛盾"①。

另外,新近出版的《花东子卜辞与殷礼研究》一书中,对花东甲骨卜辞中的祭祀对象、祭品系统乃至祭祀时辰等进行了系统的归纳和总结②。

(九)人物关系,尤其是子、丁、妇好之间的关系

对于花东甲骨卜辞中反映的人物关系,特别是子、丁、妇好之间的关系,学界尤为关注,这方面代表性的研究成果主要有魏慈德的《论同见于花东卜辞与王卜辞中的人物》、常耀华的《花东H3卜辞中的"子"——花园庄东地卜辞人物通考之一》、林沄的《花东子卜辞所见人物研究》、朱凤瀚的《殷墟花园庄东地甲骨卜辞中的人物关系再探讨》③等文。对人物关系的研究,对于探讨其所处时代、殷商社会性质、甲骨卜辞属性等都有重要的意义。

(十)花东甲骨反映出的礼制信息

殷礼研究是我国古礼研究的一项重要内容,以往的殷礼研究多是依据王卜辞中的材料,而花东甲骨卜辞作为非王卜辞,无疑为我们提供了一个从其他殷商贵族而非商王的角度来考察殷礼问题的独特视角。花东材料刊布后,李学勤较早地注意到了其中反映的礼制信息,如他的《从两条〈花东〉卜辞看殷

---

① 刘源:《殷墟花园庄东地甲骨文研究概况》,《历史研究》2005年第2期。
② 章秀霞等:《花东子卜辞与殷礼研究》,北京:中华书局,2017年,第193—255页。
③ 魏慈德:《论同见于花东卜辞与王卜辞中的人物》,《第十六届中国文字学国际学术研讨会论文集》,高雄:高雄师范大学国文系,2005年,第67—74页;又刊于《故宫博物院院刊》2005年第6期。常耀华:《花东H3卜辞中的"子"——花园庄东地卜辞人物通考之一》,台湾东海大学中文系编:《甲骨学国际学术研讨会论文集》,2005年,第289—330页。林沄:《花东子卜辞所见人物研究》,陈昭荣主编:《古文字与古代史》第一辑,台北:"中央研究院"历史语言研究所,2007年,第13—34页。朱凤瀚:《殷墟花园庄东地甲骨卜辞中的人物关系再探讨》,李宗焜主编:《古文字与古代史》第三辑,台北:"中央研究院"历史语言研究所,2012年,第55—78页。

礼》①一文,通过将《花东》480和363两版上的两条卜辞与《殷契萃编》1000和1965年陕西长安大原村发现的商青铜器始尊的铭文(拓本见《殷周金文集成》6000)相对比,认为尽管它们时代相距甚远(花东为武丁时期,《殷契萃编》1000属无名组偏晚的王卜辞,应在康丁前后,始尊年代更晚,其形制纹饰应属商末),但其中反映的有关贵族劳王的礼仪却几乎全部相同。文中还指出,从礼制角度研究甲骨卜辞,是进一步发展甲骨学的重要方向。将花东甲骨卜辞与殷礼研究相联系的还有宋镇豪的《从花园庄东地甲骨文考述晚商射礼》、刘源的《商周祭祖礼研究》第135—142页、韩江苏的《从殷墟花东H3卜辞排谱看商代学射礼》、杨州的《从花园庄东地甲骨文看殷代的玉礼》、章秀霞等的《花东子卜辞与殷礼研究》②等。

(十一) 花东甲骨卜辞的文例

甲骨文例包括两部分,即记事刻辞文例和占卜刻辞(即卜辞)文例。因记事刻辞数量较少,因此我们通常所说的甲骨文例实际上主要是指卜辞文例。具体而言,卜辞文例包括卜辞的行文方式、位置、顺序、分布特点、行款走向等,也包括甲骨文字体的书写契刻习惯、刻辞的辞例结构方式等。作为新出材料,花东甲骨卜辞一个最突出的特点就是其文例形式的多样化,这种多样化是以前所不曾见到的。这方面的研究成果主要有刘一曼、曹定云的《花东》前言、刘源的《试论殷墟花园庄东地卜辞的行款》、张桂光的《花园庄东地卜甲刻辞行款略说》、朱歧祥的《释读几版子组卜辞——由花园庄甲骨的特殊行款说

---

① 李学勤:《从两条〈花东〉卜辞看殷礼》,《吉林师范大学学报》2004年第3期。
② 宋镇豪:《从花园庄东地甲骨文考述晚商射礼》,台湾东海大学中文系编:《甲骨学国际学术研讨会论文集》,2005年,第73—91页;后又刊于《中国历史文物》2006年第1期。刘源:《商周祭祖礼研究》,北京:商务印书馆,2004年,第135—142页。韩江苏:《从殷墟花东H3卜辞排谱看商代学射礼》,《中国历史文物》2009年第6期。杨州:《从花园庄东地甲骨文看殷代的玉礼》,《中原文物》2009年第3期。章秀霞等:《花东子卜辞与殷礼研究》,北京:中华书局,2017年。

起》、章秀霞的《花东卜辞行款走向与卜兆组合式的整理与研究》①等文中对花东行款问题进行的探讨。还有花东甲骨卜辞"前辞多样化",整理者在《花东》前言中曾举出十六种,姚萱后来在其博士论文中补充六种,齐航福在其《〈殷墟花园庄东地甲骨·释文〉求疵(二)》②文中又补充了三种,因此花东甲骨卜辞中的前辞形式共计应有二十五种。另外,花东甲骨卜辞中的字形结构特征较为明显,比如表示母猪之意的"豖"字,既有象形写法,腹部有一弧笔以示怀有猪崽,又有从豕从匕的形声写法等。另外,2014年出版的孙亚冰的《殷墟花园庄东地甲骨文例研究》是一部专门研究花东甲骨文例的专著,值得学界关注③。

甲骨文例研究不但可以为通读甲骨文提供一条必要的途径,对考释文字具有验证和启示之作用,还可以纠正以前考释的谬误,有助于甲骨卜辞的整理和研究,甚至对于后世文字中相同现象的研究都有非常正面的帮助。

(十二)疑难字词的考释

花东甲骨中有不少以前我们从未见到过的商代文字,可称之为"新见字",也有一些"异体字",可称之为"新见字形"。花东整理者、黄天树、姚萱、魏慈德、李静、齐航福等都曾有过探讨。据齐航福的《殷墟花园庄东地甲骨刻辞的语言学研究》一书中第二章"殷墟花园庄东地甲骨刻辞的文字整理"进行

---

① 刘一曼、曹定云:《花东》前言,昆明:云南人民出版社,2003年。刘源:《试论殷墟花园庄东地卜辞的行款》,《故宫博物院院刊》2005年第1期。张桂光:《花园庄东地卜甲刻辞行款略说》,台湾东海大学中文系编:《甲骨学国际学术研讨会论文集》,2005年,第61—71页。朱歧祥:《释读几版子组卜辞——由花园庄甲骨的特殊行款说起》,《中国文字》新二十七期,台北:艺文印书馆,2001年,第33—46页。章秀霞:《花东卜辞行款走向与卜兆组合式的整理与研究》,《纪念王懿荣发现甲骨文110周年国际学术研讨会论文集》,北京:社会科学文献出版社,2009年,第174—192页。
② 姚萱:《殷墟花园庄东地甲骨卜辞的初步研究》,北京:线装书局,2006年,第60—62页。齐航福:《〈殷墟花园庄东地甲骨·释文〉求疵(二)》,《考古与文物》2007年增刊。
③ 孙亚冰:《殷墟花园庄东地甲骨文例研究》,上海:上海古籍出版社,2014年。

详细统计的结果，花东甲骨刻辞中的新见字约有 103 个，而花东甲骨刻辞出土以前我们虽曾见到过，但这次出土的却是与它们字形结构不一样的"异体字"，即新见字形有 51 个①，再加上一些难以理解的字和词等。因此，对花东甲骨中疑难字词的考释，也是学界用力颇多的一项重要工作。

这方面的考释成果有时兵的《花园庄东地甲骨卜辞考释三则》、姚萱的《殷墟花园庄东地甲骨卜辞考释(三篇)》、蔡哲茂的《花东卜辞"不黿"释义》和《花东卜辞"白屯"释义》、罗立方的《殷墟花园庄东地甲骨卜辞考释三则》、刘一曼的《殷墟花园庄东地甲骨卜辞考释数则》、方稚松的《释殷墟花园庄东地甲骨中的瓒、祼及相关诸字》、何景成的《释〈花东〉卜辞中的"索"》和《释"花东"卜辞的"所"》、王晖的《花园卜辞✿字音义与古戈头名称考》②等。此不一一列举。

（十三）花东甲骨刻辞的语言学研究

《花东》出版后，学者对花东甲骨刻辞的语言学考察，主要集中在语法和词汇两方面。这方面的研究成果主要有：2005 年，齐航福主持的国家社会科学基金项目"殷墟花园庄东地甲骨刻辞的语言学研究"，其后来发表的研究成果有《花东卜辞中所见非祭祀动词双宾语研究》《花东卜辞中的祭祀动词双宾

---

① 齐航福主持的国家社科基金项目"殷墟花园庄东地甲骨刻辞的语言学研究"2011 年结项成果。
② 时兵:《花园庄东地甲骨卜辞考释三则》,《东南文化》2005 年 2 期。姚萱:《殷墟花园庄东地甲骨卜辞考释(三篇)》,《古汉语研究》2006 年第 2 期。蔡哲茂:《花东卜辞"不黿"释义》,《纪念王懿荣发现甲骨文 110 周年国际学术研讨会论文集》,北京:社会科学文献出版社,2009 年,第 152—155 页。蔡哲茂:《花东卜辞"白屯"释义》,中国社会科学院历史研究所先秦史研究室网站 2006 年 5 月 20 日。罗立方:《殷墟花园庄东地甲骨卜辞考释三则》,《古文字研究》第 26 辑,北京:中华书局,2006 年,第 46—48 页。刘一曼:《殷墟花园庄东地甲骨卜辞考释数则》,《考古学集刊》第 16 辑,北京:科学出版社,2006 年。方稚松:《释殷墟花园庄东地甲骨中的瓒、祼及相关诸字》,《中原文物》2007 年第 1 期。何景成:《释〈花东〉卜辞中的"索"》,《中国历史文物》2008 年第 1 期。何景成:《释"花东"卜辞的"所"》,《古文字研究》第 27 辑,北京:中华书局,2008 年,第 122—127 页。王晖:《花园卜辞✿字音义与古戈头名称考》,《纪念王懿荣发现甲骨文 110 周年国际学术研讨会论文集》,北京:社会科学文献出版社,2009 年,第 148—151 页。

语句试析》《花东卜辞中的宾语前置句试析》等文。2006年黄天树的《〈殷墟花园庄东地甲骨〉中所见虚词的搭配和对举》,2007年洪飚的《花园庄东地甲骨的否定副词》、李冬鸽的《花园庄东地甲骨卜辞所见之动词同义词》,2014年邓统湘的《〈花园庄东地甲骨〉介词结构位置的异序并存分析》及《〈殷墟花园庄东地甲骨〉句型研究》《〈殷墟花园庄东地甲骨〉非祭祀动词双宾语句型研究》《〈殷墟花园庄东地甲骨〉祭祀动词双宾语和三宾语句型研究》等文,都是这方面的研究成果。

四、关于花东甲骨研究的一些思考

从花东甲骨材料开始公布之日,学界就以极高的热情投入到了它的研究工作中,并取得了丰硕的成果,亦在很多方面基本上形成了共识。但不可否认的是,目前为止,对于一些重要研究课题,如花东甲骨的具体时代、花东"子"的具体身份、特殊祭祀现象的解释、一些疑难字词的理解等,学者间尚未达成一致意见。

在对花东甲骨探讨的过程中,我们认为在研究方法上还需要在微观层面上进行更为细腻的爬梳整理,结合其他组类的甲骨卜辞,通过更加细致的排谱工作,对花东"子"的日常活动进行复原,以期有新的信息发现。另外,还应思考的是,由于商人惯用日名,那么非王卜辞中的祖妣称谓能否与王卜辞中的祖妣称谓进行直接对应?这是从理论上需要解决的问题。由于传世文献中相关记载的缺失,目前学者对这一问题有不同的理解,而通过甲骨卜辞的排谱来复原当时人物的活动轨迹和日常生活状况,对此问题的解决应是极其有益的。

(章秀霞)

第二章 中古学术前沿研究

第一节
隋唐大运河研究的回顾与展望

隋炀帝大业元年(605),开凿隋代大运河。以洛阳为中心,南至余杭(今杭州),北至涿郡(今北京)。全程包括通济渠、永济渠、邗沟(今江淮运河)和江南河四段运河,连接海河、黄河、淮河、长江和钱塘江五大水系,连通京、津、冀、鲁、豫、皖、苏、浙等8省、市,全长2500多公里,为我国古代纵贯南北漕运交通、经济文化交流的大动脉。

关于隋唐大运河的研究,成果丰硕,有关文章数千篇,专题著作百余部,涉及的论著更不计其数。涉及这方面研究的综述成果有胡戟、张弓、李斌城等的《二十世纪唐研究》,隋唐大运河有关研究情况散见于其经济卷第四章"财政"中第四节"漕运",经济卷第八章"交通运输"中第一、二、三节等,概述了20世纪重要的研究成果。[1] 郑孝芬的《中国大运河文化研究综述》一文从大运河历史、运河区域社会变迁、运河区域民俗、大运河文化遗产保护与开发等方面,简

---

[1] 胡戟、张弓、李斌城等:《二十世纪唐研究》,北京:中国社会科学出版社,2002年,第401—402、499—504页。

要介绍了1984年至2012年间有关大运河的研究成果,其中大多涉及隋唐大运河。[①]

本文在以上基础上,大致从隋唐大运河历史研究、隋唐大运河区域社会变迁研究、隋唐大运河区域文化研究、隋唐大运河文化遗产保护与开发研究、隋唐大运河研究不足与思考等方面,对隋唐大运河研究情况作一概述,重点在概述2013年以来隋唐大运河研究进展情况。因研究成果丰硕,概述挂一漏万,错误在所难免,祈请批评指正。

一、隋唐大运河历史研究

对运河全面、系统研究的专题史著作中,隋唐大运河史是其中重要的组成部分,如史念海所著《中国的运河》[②]、岳国芳所著《中国大运河》[③]等。《中国的运河》以文献记载结合田野考察资料,全面探索了大运河的历史面貌。

姚汉源的《京杭运河史》系统而详细地阐述了京杭运河从兴建到发展直至衰败的历程,是隋唐大运河研究的重要成果之一。全书包括八编:第一编绪论,概述京杭运河历史发展概况;第二编开凿简史,阐述元代以前各段运道开凿情况;第三编元代开通京杭运河全线;第四编明代京杭运河;第五编清代早中期的运河,阐述京杭运河兴盛时期运河经营状况及运河所起的作用;第六编运河的衰落,揭示了清后期运河衰败的过程;第七编运河工程及漕运管理述略,主要介绍元明清三代运河的工程措施及管理制度;第八编人物及文献,介绍元明清三代对运河建设有贡献的人物及关于运河的论著(附近代文献)。

---

① 郑孝芬:《中国大运河文化研究综述》,《淮阴工学院学报》2012年第6期。
② 史念海:《中国的运河》,西安:陕西人民出版社,1988年。
③ 岳国芳:《中国大运河》,济南:山东友谊书社,1989年。

另有附录一《浙东运河史考略》上下篇和附录二《京杭运河纵剖面图》。[1]

安作璋主编的《中国运河文化史》内容分六编,按历史阶段论述,涉及运河的方方面面,包括运河的开凿,运河区域社会经济的发展和城市的兴起,运河区域经济文化的繁荣如运河区域的学术文化、科学技术、宗教民俗及南北与中外文化大交流等,是大运河历史文化研究领域较为全面详赡的一部著作。第一编为早期运河与运河文化,第二编为隋唐时期的运河与运河文化,第三编为宋元时期的运河与运河文化,第四编为明代运河与运河文化,第五编为清代运河与运河文化,第六编为民国时期的运河与运河文化。[2]

区域运河史的研究有姚汉源的《京杭运河史》附录一《浙东运河史考略》。

(一)隋唐大运河概念、特征等

1.隋唐大运河名实

隋朝所开通的南北大运河,是由通济渠、邗沟、永济渠和江南河这四段运河组成。大运河本来是对隋唐大运河(或称南北大运河、京杭大运河)的一种简称或泛称,"隋代大运河,因'隋代开凿,唐代享用',故又称之为隋唐大运河,距今已有1400多年的历史"[3],因其通达南北,又称"南北大运河";又因其南北开通是在隋朝,到唐朝运河航运繁荣兴盛,遂又称"隋唐大运河";又运河北至北京南达杭州,以其南达北至之地的标示,近人指称之为"京杭大运河"。

顾建国、范新阳考察了大运河称谓的历史演变,指出大运河最初是南宋人对隋唐运河江南河段的指称,至于对隋唐运河段的具体指称时,两宋人主要是以行政区划或某个地点作为划分运河段落的标准,如扬州运河、吴江运河等;

---

[1] 姚汉源:《京杭运河史》,北京:中国水利水电出版社,1998年。
[2] 安作璋:《中国运河文化史》,济南:山东教育出版社,2001年。
[3] 朱瑞增:《隋唐大运河郑州荥泽枢纽申遗与保护利用研究》,《华北水利水电学院学报(社会科学版)》2011年第5期。

宋元以后,又以地理的相对方位来指称大运河段,如里运河、始见于元代的北运河、始见于明代的南北运河、明清时期的中运河、明清两朝所指有异的南运河;隋唐大运河的各段,又有不同的名称。① 我们从名称变化上,可以增进对隋唐大运河的河道变迁的了解,但元之后与之前的大运河的河道是不同的,元之前的南北大运河是隋唐大运河,元之后的南北大运河实际上是京杭大运河,文中未作具体说明。

郑孝芬的《中国大运河文化研究综述》从申遗角度认为大运河包括京杭大运河、隋唐大运河及浙东运河,地跨北京等8个省、市。② 这是将隋唐大运河、京杭大运河、浙东运河区别看待。

2.隋唐大运河内涵、特征

舒乙的《隋唐大运河的六大功劳》一文认为,隋唐大运河和京杭大运河是我国运河中的两大系统,隋唐大运河是根据历史特征而命名,京杭大运河是根据地理特征而命名,二者时间不同、地理方位不同。③ 任紫钰《隋唐大运河:地下的辉煌》一文指出,与京杭大运河相比,隋唐大运河有两大特点:一是历史更加悠久;二是多年废弃不用,一半埋入地下。④

(二)隋唐大运河河道变迁

隋唐大运河的开凿情况,傅崇兰的《中国运河传》⑤和《运河史话》⑥两书有具体概述。如《运河史话》具体介绍了从先秦至明清时代各个朝代开凿运河的情况。

---

① 顾建国、范新阳:《"大运河"称谓的历时性考察》,《社会科学战线》2010年第2期。
② 郑孝芬:《中国大运河文化研究综述》,《淮阴工学院学报》2012年第6期。
③ 舒乙:《隋唐大运河的六大功劳》,《商丘日报》2009年2月3日。
④ 任紫钰:《隋唐大运河:地下的辉煌》,《瞭望》2008年第3期。
⑤ 傅崇兰:《中国运河传》,太原:山西人民出版社,2005年。
⑥ 傅崇兰:《运河史话》,北京:社会科学文献出版社,2011年。

潘镛的《隋唐大运河考查记》一文对隋唐运河的现状作了调查,指出在东南系统运河中江南运河是最为完善的;其次是邗沟,基本上还可以通航;通济渠(即汴渠)最残破,甚至是无遗址可寻的。[①]

隋唐大运河河道情况,任紫钰的《隋唐大运河:地下的辉煌》一文指出主要有两种:一种是地上。在地上的河段又包括两种情况,其一在继续使用,继续使用的河段则包括并入了后来的京杭大运河,主要是一头一尾;其二被废弃了,如永济渠的上中段。另一种是埋在地下,大体在下半段。[②]

根据大运河在各个时期开挖的规模、航运和繁荣的程度不同,朱晗等将大运河的建设过程划分为三个阶段:隋前中国大运河体系的初步形成阶段;隋唐至北宋大运河得以进一步完善和发展阶段,也可说是大运河繁荣的一个阶段;元、明、清中国大运河实现南北直航和再次繁荣的阶段。[③]

朱瑞增的《隋唐大运河郑州荥泽枢纽申遗与保护利用研究》一文考证指出,郑州荥泽枢纽曾以京、须、索、郑四水在此汇流,成为汴河源,是我国古代古薮泽历代开河要冲、隋唐大运河南北水陆交通枢纽、漕运商旅转输集散中心,"在我国水利航运交通漕运史上,作为隋唐大运河不可或缺组成部分的重要转输枢纽,而具有重要的战略地位"。此枢纽今尚存重要文化遗址有隋唐大运河通济渠(古鸿沟、汴河)故道、河口、漕运码头、输场、驿站、城堡、村落等。其中,郑州市黄河花园口枢纽工程(惠济区南裏头十八孔闸岗李水库)为原隋唐大运河郑州荥泽枢纽漕运码头(荥泽汴口)遗址;索须河、贾鲁河约30公里河段与枯河(旃然河)约20公里河段,为原隋唐大运河郑州荥泽枢纽通济渠(古鸿沟、汴河)故道;沿枢纽故道两岸,还集中分布有牛口峪、秦王寨、青台、

---

① 潘镛:《隋唐大运河考查记》,《文献》1986年第2期。
② 任紫钰:《隋唐大运河:地下的辉煌》,《瞭望》2008年第3期。
③ 朱晗、赵荣、郗同笛:《基于文化线路视野的大运河线性文化遗产保护研究——以安徽段隋唐大运河为例》,《人文地理》2013年第3期。

大河村仰韶文化遗址、桃花峪、西山黄帝古城、荥阳故城、汉代冶铁遗址、小双桥遗址、东岳天齐庙、祥云寺、康王码头和荥泽八景等30余处沿河古迹遗址。[1]

相关文章有李倩等的《运河淮安段的修筑及其演进》、郑清森的《隋唐运河商丘段的历史沿革、考古发现及历史风貌》、郭涛的《明代治河的总结——读〈明代河工史研究〉》、孙果清的《潘季驯与〈河防一览图〉》、木子的《淮北柳孜运河遗址发掘报告》、李永强的《隋唐大运河洛阳段相关问题》、朱鉴秋的《江苏境内古代运河的变迁》、王怀瑞的《南旺湖考略》、卞师军的《试析明清运河之水柜湖田的成因》等。

（三）隋唐大运河运河工程、设施

高荣盛的《宋代江苏境内漕运工程考述》一文指出，宋代江苏境内围绕运河整治、水源供给及坝闸制度的改进等的河工工程取得很重要的成果，尤其是复式船闸的创建，在中国航运史上具有划时代意义，在世界航运工程史上也是一项重要创举。

徐海亮的《隋唐大运河、洛汭与洛口仓研究中需解读的几个问题》一文提出要从洛口、洛河的地理形势与隋末农民战争围绕洛口仓的军事角度以及北宋引洛清汴工程等方面探讨隋唐大运河洛口仓遗址所在。[2]

北宋引洛清汴工程在运河史上有着重要的影响。北宋时期，隋唐大运河演变成汴渠。汴河引黄，汴口和渠系时常淤积，黄河水量季节变化很大，影响航运，汴河需要经常疏浚清理，调节水量。引洛清汴是一著名运河水源工程，

---

[1] 朱瑞增：《隋唐大运河郑州荥泽枢纽申遗与保护利用研究》，《华北水利水电学院学报（社会科学版）》2011年第5期。
[2] 徐海亮：《隋唐大运河、洛汭与洛口仓研究中需解读的几个问题》，《华北水利水电学院学报（社会科学版）》2012年第5期。

尽管因为时间短暂,朝廷两派意见不一,反复开闭,徽钦时似湮,金未经营,后来黄河扫荡,没有留下痕迹。但是整个工程采用了一系列先进技术,如利用索水等小河上的山区陂塘水库补充水源,修建透水堆石坝——玲珑坝以渗取黄河水补充水源,在旧洛河口修建溢流坝——水溢等,有着重要的研究价值和发掘意义。

(四)隋唐大运河交通与漕运

运河交通方面,有张廷皓的《京杭运河水运、水利工程及其遗址特性讨论》、荀德麟的《苏北的大运河与邮驿线路》[1]、鲍彦邦的《明代漕船的修造及船料的派征》[2]等文。日本学者松浦章的《清代大运河之帆船航运》以清代的档案史料为中心,探讨了大运河上漕船行驶的情况。[3]

漕运是运河的核心功能。主要论文有高荣盛的《唐代江淮漕运的历史考察》、耿戈军的《漕运史话》、秦明君的《唐代的运河漕运》。

相关的还有李德楠的《从海洋走向运河:明代漕运方式的嬗变》[4]、刘岳的《消逝的帆樯——明清时代的漕运与漕船生活断片》[5]、李想的《明代漕军的私货贸易活动及其影响》[6]、袁飞的《略论嘉庆朝漕运治理的困境》等文。

仓储是漕运的重要组成部分。郑民德的《明代德州运河水次仓研究》一文探讨了卫运河畔的德州的兴衰与漕运兴废的相互关系。相关的还有郑民德的《略论明代宦官对运河沿线仓储与钞关的危害》、魏林的《明钞关的设置与管理制度》[7]、赵冕的《略论唐宋时期的运河管理》等文。

---

[1] 荀德麟:《苏北的大运河与邮驿线路》,《淮阴工学院学报》2011年第6期。
[2] 鲍彦邦:《明代漕船的修造及船料的派征》,《中国社会经济史研究》1986年第1期。
[3] [日]松浦章:《清代大运河之帆船航运》,《淮阴工学院学报》2010年第6期。
[4] 李德楠:《从海洋走向运河:明代漕运方式的嬗变》,《聊城大学学报》2012年第1期。
[5] 刘岳:《消逝的帆樯——明清时代的漕运与漕船生活断片》,《紫禁城》2005年第4期。
[6] 李想:《明代漕军的私货贸易活动及其影响》,《淮阴工学院学报》2011年第2期。
[7] 魏林:《明钞关的设置与管理制度》,《郑州大学学报》1986年第1期。

另外,吕聃的《明代大运河南茶北运及其对沿岸茶文化影响初探》一文论及南茶北运。①

(五)隋唐大运河的历史地位和现实意义

任紫钰的《隋唐大运河:地下的辉煌》一文分析了隋唐大运河六方面的作用:一是沟通了中国大地的东西南北,实现了中国历史上第一次真正的融会贯通和大一统;二是诞生了几十座沿河的繁荣城市;三是隋代大运河造就了扬州(含杭州)、西安(含洛阳、开封)、北京(含天津)这样三大世界都市,扬州是大运河的起点,西安是中点,北京是终点;四是把中原文化带到了北方,带到了南方,也把北方草原游牧文化、南方鱼米桑茶水乡文化带到了中原,实现了中华文化的多元化、互补化和共繁化;五是几大水系的贯通促进了民族之间的融合、交流及中外的国际交流;六是隋炀帝大运河迎来了唐代的贞观盛世,奠定了唐文化在世界上崛起的基础。②后来,他又进一步进行了总结,指出隋唐大运河是中国古代南北交通的大动脉,在中国历史上产生过巨大的作用:隋唐大运河不仅促进了南北经济、文化的交流,带动了沿岸城镇的发展,还具有政治、军事功能,加强了中央政权对地方的统治,巩固了国家的统一;留存至今的隋唐大运河沿线的文化遗产,还在现在的水利资源开发、运河旅游、历史文化研究等方面发挥着相当大的作用,既是我们认识大运河的重要资料,也是需要我们科学保护和永续传承的文化景观和遗产。③

---

① 吕聃:《明代大运河南茶北运及其对沿岸茶文化影响初探》,《农业考古》2010年第5期。
② 任紫钰:《隋唐大运河:地下的辉煌》,《瞭望》2008年第3期。
③ 任紫钰:《浅谈隋唐大运河的历史价值和现实意义》,《中国文化遗产》2016年第5期。

二、隋唐大运河区域社会变迁研究

傅崇兰著的《中国运河城市发展史》是我国第一部系统论述运河城市史的专著[1], 杨正泰著有《一部中国运河城市史专著——〈中国运河城市发展史〉》的书评[2]。

王明德、何一民的《从黄河时代到运河时代：中国古都变迁研究》一书探讨了都城文明变迁的经济动因及与经济重心的关系，提出了黄河时代与运河时代的概念，从宏观和整体上揭示了中国都城文明的时空转换过程。荀德麟有《运河之都的形成及其嬗替》一文。马俊亚的《集团利益与国运衰变——明清漕粮河运及其社会生态后果》一文探讨了自明成祖时代起，明清朝廷漕粮弃海运、行河运的影响与危害。[3]

论述隋唐大运河局部区域或沿线重要城市经济社会文化深刻变化的文章不计其数。专著有王云的《明清时期山东运河区域社会变迁》。论文如阮仪三等的《运河踏察——大运河江苏、山东段历史城镇遗产调研初探》，任艳、李静兰的《试论郑州地区早期运河对荥阳故城的影响》[4]，薛长顺的《发展运河经济繁荣商业文化——从扬州的发展探讨运河经济与商业文化的关系》，王玲真的《京杭大运河与镇江城市文明的兴起和发展》，朱士光的《论历史时期淮安在运河水运中的地位与作用》[5]，尹钧科的《从漕运与北京的关系看淮安城

---

[1] 傅崇兰：《中国运河城市发展史》，成都：四川人民出版社，1985年。
[2] 杨正泰：《一部中国运河城市史专著——〈中国运河城市发展史〉》，《中国社会科学》1987年第1期。
[3] 马俊亚：《集团利益与国运衰变——明清漕粮河运及其社会生态后果》，《南京大学学报》2008年第1期。
[4] 任艳、李静兰：《试论郑州地区早期运河对荥阳故城的影响》，《中共郑州市委党校学报》2012年第2期。
[5] 朱士光：《论历史时期淮安在运河水运中的地位与作用》，《淮阴师范学院学报》2009年第3期。

的历史地位》,王元林的《明清淮安商品流通地理初探》,姜晓云的《淮安与"南船北马"》,廖声丰的《鸦片战争前的淮安关及其商品流通》,林纯业的《明代漕运与天津商业城市的兴起》[1],李俊丽的《明清漕运对运河沿岸城市的影响——以天津地区为例》,钱建国的《试论明清时期嘉兴湖州运河沿岸市镇经济的发展及其性质》,李正爱的《京杭大运河与临清城市的人文转变》,宋立永的《运河的治理与清代苏北社会的变化》等。

三、隋唐大运河区域文化研究

安作璋的《中国运河文化史》一书中,文化方面内容占有较大分量。[2] 李泉、王云的《山东运河文化研究》一书考察、探讨了山东运河区域宋代以后文献资料所载文化古迹。[3] 吕聊的《明代大运河南茶北运及其对沿岸茶文化影响初探》一文探讨了南茶北运对运河沿岸茶文化的影响。[4]

文学艺术方面,有马征的《从〈金瓶梅〉看大运河文化的特色与局限》[5]、陈东有的《再论运河经济文化与〈金瓶梅〉》[6]、钱伟芳等的《从淮剧文化浅透大运河文化之大众性层面——以淮安为例》[7]等文。王志军的《京杭大运河地区民俗文化与民歌〈茉莉花〉艺术风格的流变》一文阐述了《茉莉花》沿京杭大运河流域嬗变的原因、特征及形态。还有孙焕英的《京剧及其票友的"运河脉"》、郭芳的《关于音乐类非物质文化遗产"丁丁腔"的保护》[8]、谢君的《大运

---

[1] 林纯业:《明代漕运与天津商业城市的兴起》,《天津社会科学》1984年第5期。
[2] 安作璋:《中国运河文化史》,济南:山东教育出版社,2001年。
[3] 李泉、王云:《山东运河文化研究》,济南:齐鲁书社,2006年。
[4] 吕聊:《明代大运河南茶北运及其对沿岸茶文化影响初探》,《农业考古》2010年第5期。
[5] 马征:《从〈金瓶梅〉看大运河文化的特色与局限》,《社会科学辑刊》1992年第1期。
[6] 陈东有:《再论运河经济文化与〈金瓶梅〉》,《南昌大学学报(人文社会科学版)》1991年第2期。
[7] 钱伟芳、王腾坛、赵树宇等:《从淮剧文化浅透大运河文化之大众性层面——以淮安为例》,《才智》2011年第4期。
[8] 郭芳:《关于音乐类非物质文化遗产"丁丁腔"的保护》,《大舞台》2012年第4期。

河与明清通俗小说刊刻中心的转移》①等文。

民风民俗方面，有李菁的《大运河——唐代饮茶之风的北渐之路》②、王滨的《略论明清时期山东运河城市社会风气的改变》③、王云的《运河改变的齐鲁民风》④等文。李红微的《微山湖上的船帮》一文论及大运河区域的船民风俗。

王元林的《京杭大运河镇水神兽类民俗信仰及其遗迹调查》一文指出"天妃"信仰遗迹遍布运河沿线各地，曾是大运河上船民求生存的精神支柱。相关的还有王元林、褚福楼探讨明清时期四大王信仰的《国家祭祀视野下的金龙四大王信仰》一文。

思想、宗教方面，有王瑞平的《论明清时期大运河上涌动的思想浪潮》⑤等文。荀德麟的《五教汇聚的清江大闸口》一文揭示了淮安市区清江大闸口的五教汇聚情况。⑥ 李倩的《大运河与江苏的天主教传播》一文探讨了大运河与天主教在江苏境内的传播关系问题。⑦

四、隋唐大运河文化遗产保护与开发

（一）隋唐大运河遗产概念、性质、特征等

朱晗等的《基于文化线路视野的大运河线性文化遗产保护研究——以安徽段隋唐大运河为例》一文认为大运河遗产有以下几大特征：一是整体性，二

---

① 谢君：《大运河与明清通俗小说刊刻中心的转移》，《湖南人文科技学院学报》2012年第2期。
② 李菁：《大运河——唐代饮茶之风的北渐之路》，《中国社会经济史研究》2003年第3期。
③ 王滨：《略论明清时期山东运河城市社会风气的改变》，《大众文艺》2008年第9期。
④ 王云：《运河改变的齐鲁民风》，《走向世界》2012年第16期。
⑤ 王瑞平：《论明清时期大运河上涌动的思想浪潮》，《聊城大学学报》2010年第1期。
⑥ 荀德麟：《五教汇聚的清江大闸口》，《江苏地方志》2012年第4期。
⑦ 李倩：《大运河与江苏的天主教传播》，《建筑与文化》2011年第12期。

是体系性,三是活态性。[1] 关于大运河遗产的性质问题,学者一般从文化线路理论出发,认为隋唐大运河遗产是线性文化遗产。[2] 朱晗等认为大运河遗产的价值主要体现在文化价值、政治功能、经济价值、教育功能等方面。[3]

相关文章还有陈国民的《对大运河文化遗产两种分类方法的看法》[4],王健的《大运河文化遗产的分层保护与发展》[5],单霁翔的《关注新型文化遗产——文化线路遗产的保护》,张笑楠的《突出普遍价值评估与遗产构成分析方法研究——以大运河为例》[6],汤晔峥的《论大运河遗产价值的制度特性》,王元、艾冬梅的《从中国大运河历史看大运河遗产突出的普遍价值》[7],谭徐明等的《京杭大运河遗产的特性与核心构成》[8],俞孔坚等的《中国大运河工业遗产廊道构建:设想及原理》,俞孔坚、奚雪松的《发生学视角下的大运河遗产廊道构成》[9],王建波、阮仪三的《作为文化线路的京杭大运河水路遗产体系研究》等。

(二)隋唐大运河遗产的调查、保护

有关这一方面的论文有张廷皓的《京杭运河水运、水利工程及其遗址特

---

[1] 朱晗、赵荣、郗同笛:《基于文化线路视野的大运河线性文化遗产保护研究——以安徽段隋唐大运河为例》,《人文地理》2013年第3期。
[2] 相关文章有单霁翔:《大型线性文化遗产保护初论:突破与压力》,《南方文物》2006年第3期;单霁翔:《"活态遗产":大运河保护创新论》,《中国名城》2008年第2期;顾风、孟瑶、谢青桐:《中国大运河与欧美运河遗产的比较研究》,《中国名城》2008年第2期;阮仪三、丁援:《价值评估、文化线路和大运河保护》,《中国名城》2008年第3期;王晶:《隋唐大运河线性文化遗产特点及保护方式初探——以安徽段大运河为例》,《东南文化》2010年第1期。
[3] 朱晗、赵荣、郗同笛:《基于文化线路视野的大运河线性文化遗产保护研究——以安徽段隋唐大运河为例》,《人文地理》2013年第3期。
[4] 陈国民:《对大运河文化遗产两种分类方法的看法》,《中国名城》2010年第1期。
[5] 王健:《大运河文化遗产的分层保护与发展》,《淮阴工学院学报》2008年第2期。
[6] 张笑楠:《突出普遍价值评估与遗产构成分析方法研究——以大运河为例》,《文物保护与考古科学》2009年第2期。
[7] 王元、艾冬梅:《从中国大运河历史看大运河遗产突出的普遍价值》,《中国名城》2010年第9期。
[8] 谭徐明、于冰、王英华:《京杭大运河遗产的特性与核心构成》,《水利学报》2009年第10期。
[9] 俞孔坚、奚雪松:《发生学视角下的大运河遗产廊道构成》,《地理科学进展》2010年第8期。

性讨论》、中国文化遗产研究院大运河淮安段遗产本体调查方法研究课题组的《大运河清口枢纽工程遗产调查与研究》[1]、李倩等的《淮安运河文化遗产现状调查和价值评估》[2]等。

任紫钰提出隋唐大运河的"申遗"任务应分解为在运河经过的省市里分段绘出大运河的准确平面走向图和立体落差图,选点来实挖考古,通过考古发掘断定年代及繁荣程度等目标,分历史时期考证、清污、走访,强调原真性,保护为主,建设遗址博物馆,加大古运河沿岸非物质文化遗产的挖掘、保护、利用等13个工作要点。[3]朱晗等以安徽段大运河为例,在概述安徽段大运河情况的基础上,认为第一要搞好资源调查,摸清家底;第二从整体上编制保护规划;第三注重运河遗产的真实性和原真性;第四建立统一协调的管理机制;第五做好展示和阐释;第六鼓励沿线社区公众参与遗产保护等。[4]

朱瑞增的《隋唐大运河郑州荥泽枢纽申遗与保护利用研究》一文提出加强隋唐大运河郑州荥泽枢纽申遗工作,规划建设"大运河荥泽枢纽文化生态风景区""大运河荥泽枢纽文化生态自然风景区(大运河枢纽滨河公园)"和一批具有世界级文化品位的"文化城镇和农村社区"。[5]

相关文章还有陈文锦的《大运河申遗与文物保护理念的更新》,李德楠的《文化线路视野下的大运河文化遗产保护》,李伟、俞孔坚、李迪华的《遗产廊道与大运河整体保护的理论框架》,单霁翔的《"活态遗产":大运河保护创新

---

[1] 中国文化遗产研究院大运河淮安段遗产本体调查方法研究课题组:《大运河清口枢纽工程遗产调查与研究》,《文物》2012年第8期。
[2] 李倩、程杰、徐业龙:《淮安运河文化遗产现状调查和价值评估》,《淮阴师范学院学报》2010年第5期。
[3] 任紫钰:《隋唐大运河:地下的辉煌》,《瞭望》2008年第3期。
[4] 朱晗、赵荣、郗桐笛:《基于文化线路视野的大运河线性文化遗产保护研究——以安徽段隋唐大运河为例》,《人文地理》2013年第3期。
[5] 朱瑞增:《隋唐大运河郑州荥泽枢纽申遗与保护利用研究》,《华北水利水电学院学报(社会科学版)》2011年第5期。

论》[1]，姚迪的《巨系统文化遗产保护的探究及现实困境的思索——以大运河保护规划为例》，毛锋等的《大运河历史文化环境保护支持系统》，王元、朱光亚的《试论申遗背景下中国大运河遗产保护管理对策》，俞孔坚等的《论大运河区域生态基础设施战略和实施途径》[2]，阮仪三、丁援的《价值评估、文化线路和大运河保护》[3]等。

运河区域局部研究开发的文章有谭徐明、王英华《大运河遗产保护规划编制过程中的认知与研究——以大运河山东德州段为例》，魏羽力等的《大运河聚落的遗产要素与价值评估——以扬州段为例》，王晶的《隋唐大运河线性文化遗产特点及保护方式初探——以安徽段大运河为例》，阮仪三等的《运河踏察——大运河江苏、山东段历史城镇遗产调研初探》，刘继刚的《关于河南大运河故道保护的几点建议》，周文竹的《从航运视角思考大运河文化遗产的综合价值保护——以无锡段为例》等。

另外还有李孝聪的《古地图史料与大运河历史文化遗产保护》[4]，周文生等的《空间信息技术在大运河保护规划中的应用探讨》，毛锋的《空间信息技术在线形文化遗产保护中的应用研究——以京杭大运河为例》[5]，李强等的《京杭大运河保护地理信息系统建设研究》[6]，于丽君等的《基于SPOTS影像的京杭大运河自动提取研究》[7]，杨冬冬等的《空间结构定量分析的京杭大运河遗产保护研究》，奚雪松等的《历史舆图与现代空间信息技术在大运河遗产

---

[1] 单霁翔：《"活态遗产"：大运河保护创新论》，《中国名城》2008年第2期。
[2] 俞孔坚、李迪华、李伟：《论大运河区域生态基础设施战略和实施途径》，《地理科学进展》2004年第23(1)期。
[3] 阮仪三、丁援：《价值评估、文化线路和大运河保护》，《中国名城》2008年第1期。
[4] 李孝聪：《古地图史料与大运河历史文化遗产保护》，《中国名城》2008年第2期。
[5] 毛锋：《空间信息技术在线形文化遗产保护中的应用研究——以京杭大运河为例》，《中国名城》2009年第5期。
[6] 李强、毛锋、周文生：《京杭大运河保护地理信息系统建设研究》，《地理信息世界》2009年第3期。
[7] 于丽君、聂跃平：《基于SPOTS影像的京杭大运河自动提取研究》，《遥感技术与应用》2008年第2期。

判别中的运用——以大运河明清清口枢纽为例》①,朱媛的《我国大运河"申遗"的国际法思考》②,张磊的《论京杭大运河"申遗"的法律认识及其保护》等文。

(三)隋唐大运河文化遗产开发

关于这一方面的文章主要有刘怀玉、陈景春的《江苏大运河文化产业带的特色及其实现路径》③,李永乐等的《申遗视野下运河非物质文化遗产价值及其旅游开发——以大运河江苏段为例》,金明德的《关于建设常州运河旅游风光带的对策研究》,王春的《关于围绕运河旅游资源谋划扬州旅游业发展之浅见》④,刘大群的《大运河线性文化遗产的旅游开发——以邢台运河旅游开发为例》等。

五、隋唐大运河研究不足与思考

郭引强的《洛阳:隋唐大运河的中心》一文指出大运河洛阳段沿线资源调查和研究多为零星的,缺乏系统性,应该加强运河资源调查和整理。⑤ 郑孝芬指出大运河文化研究的不足主要有两方面:一是宏观性、综合性研究不足;二是研究不平衡,"存在着地区差异、冷热不均、深浅有别、物质与非物质不均衡、重史料梳理轻实地考察等问题",并以江苏省大运河文化研究为例作了说

---

① 奚雪松、秦建明、俞孔坚:《历史舆图与现代空间信息技术在大运河遗产判别中的运用——以大运河明清清口枢纽为例》,《地域研究与开发》2010年第5期。
② 朱媛:《我国大运河"申遗"的国际法思考》,《法学杂志》2012年第3期。
③ 刘怀玉、陈景春:《江苏大运河文化产业带的特色及其实现路径》,《扬州大学学报(人文社会科学版)》2010年第3期。
④ 王春:《关于围绕运河旅游资源谋划扬州旅游业发展之浅见》,《经济师》2012年第1期。
⑤ 郭引强:《洛阳:隋唐大运河的中心》,《中国名城》2008年第S1期。

明。针对不足,她建议:一要加强大运河文化的基础研究;二要结合大运河的"申遗",将基础研究和应用研究结合起来;三要比较、借鉴相关国际经验。①

郭引强的《洛阳:隋唐大运河的中心》一文指出大运河洛阳段现存众多的文物遗迹,缺乏有效的保护措施和管理手段,部分重要文物遗迹面临灭失的危险。② 要加强运河资源调查和整理,强化文物遗迹的保护和管理。(陈习刚)

---

① 郑孝芬:《中国大运河文化研究综述》,《淮阴工学院学报》2012 年第 6 期。
② 郭引强:《洛阳:隋唐大运河的中心》,《中国名城》2008 年第 S1 期。

第二节
宋代理学研究的回顾与展望

　　河南是华夏文明的发祥地,中原文化是中华文化的根源和主干。在学术思想方面河南曾长期领跑于全国,出现了老子、庄子、韩非子、何晏、王弼、阮籍、郭象、范缜、韩愈、邵雍、程颢、程颐、许衡、王廷相、吕坤、孙奇逢等一大批思想大家。影响中国近千年的理学就起源于宋代的河南。今天,我们要传承弘扬中华优秀传统文化,构建中国特色哲学社会科学,就一定要重视思想史、哲学史研究,尤其是对宋代理学的研究。河南在这方面有义务和责任走在前面,要做真学问、大学问,要继续出思想大家,唯有如此,才能更好地完成华夏历史文明传承创新区建设和构建全国重要的文化高地这两项历史任务。

　　理学作为中国封建社会后期的正统意识形态一直延续到新文化运动时期,其对中国社会影响的广度和深度是其他任何思想所无法比拟的。中国要实现现代化转型,批判地继承传统文化,理学是绕不过去的巨大思想文化存在。"五四"以后,理学就是学者研究、争鸣的热点问题。1949年以后,作为封建社会正统意识形态的理学受到严厉批判。1980年以后的10年间,虽然肯定理学的观点在学术界逐渐出现,但总体上还是以否定的观点占主流。1990年以后,社会上出现了"国学热"。党的十八大以来,中央提出要大力传承和弘扬中华优秀传统文化,并把文化自信与道路自信、理论自信、制度自信并列,合称"四个自信",理学研究的春天到来了。

弘扬优秀传统文化不是复古,更不能以理学取代马克思主义的地位。弘扬优秀传统文化不能停留在书斋中、学院里,必须服务于现实,解决现实问题,以中华民族的伟大复兴为目标。那么理学与马克思主义的关系如何处理?理学与西方哲学的关系如何处理?这些都是要严肃回答的问题。回答这些问题,必须对以往的理学研究进行回顾和总结。理学研究是学术热点问题,研究成果很多,本文不拟对以往的研究进行面面俱到的总结。学术研究的重大创新总是伴随着研究范式的革命,在理学研究方面同样如此。所以,本文以研究范式的转变为线索对以往的理学研究进行总结与回顾,并对未来理学研究范式的确立进行展望,不当之处,敬请方家批评指正。

一、以唯物史观为指导的理学研究

1949年以后的理学研究强调以唯物史观为指导,唯物主义与唯心主义的对立一度成为理学研究的一条主线。侯外庐主编的《中国思想通史》第四卷就是这种研究范式的代表。"二程"和朱熹的思想是宋代理学中的主流派别,侯外庐认为程朱的理学思想属于唯心主义,因而对其作了否定的评价。比如在书中指出,在理学的形成过程中,"伴随着新旧党的政治斗争,同时也发生了唯物主义和唯心主义的两条路线的斗争。唯物主义的代表者以新党王安石为首,唯心主义的代表者以旧党司马光、二程等为首"[①]。侯外庐认为,"二程

[①] 侯外庐主编:《中国思想通史》第四卷上,北京:人民出版社,2011年,第444页。

的理学是'接着'禅学、华严宗的唯心主义,并且进一步把封建的法律虚构提高到哲学体系中来,因而和他们的政治立场相应,是极端反动的"[1],因而哲学是有党性的,是一定阶级利益通过政治法律的折射。与此相对,"王安石的'新学'代表了带有非品级性的色彩的庶族集团,而与那些坚持古旧等级身份的豪族地主(如司马光的《论阶级》一文即为代表)展开了学术的斗争"[2]。褒王贬程,观点鲜明。

朱熹是宋代理学的集大成者,侯外庐对其思想作了完全否定的评价,认为朱熹的学术思想是钦定的经院哲学,是僧侣主义说教,"是中国封建主义时代的权威原理的代数学",是为封建制度作理论辩护的。"朱熹的哲学是彻头彻尾的唯心主义,不是理气二元论,更不是'企图调和当时的唯心论和唯物论'"[3],"封建等级性是贯彻在朱熹哲学中的一条黑线,不管是他的自然观还是社会观,道德论还是人性论,其最后归宿都是要证明这种'等级差别',在他的整个体系的每一部分上都满打着封建统治阶级的烙印"[4]。以陈亮、叶适为代表的事功学派曾与朱熹展开论争,因而得到了侯外庐的肯定,"陈亮的哲学思想具有一种好的经验论的因素,紧密地接近于唯物主义","他的思想在当时具有反对占统治地位的思辨哲学的进步作用"[5]。同样,叶适"以其合事功与义理为一的进步理论和那些高谈义理、空言性命的正统派道学先生们展开斗争"[6],"哲学史批判不仅是叶适唯物主义思想体系有机的一环,并且也是他反对道学正统派思想斗争的主要方面",他对哲学史的批判,"处处从反对道学正统派的斗争任务出发,处处以唯物主义为取舍是非的标准"[7]。另一位理

---

[1] 侯外庐主编:《中国思想通史》第四卷上,北京:人民出版社,2011年,第523页。
[2] 侯外庐主编:《中国思想通史》第四卷上,北京:人民出版社,2011年,第401页。
[3] 侯外庐主编:《中国思想通史》第四卷下,北京:人民出版社,2011年,第14页。
[4] 侯外庐主编:《中国思想通史》第四卷下,北京:人民出版社,2011年,第27页。
[5] 侯外庐主编:《中国思想通史》第四卷下,北京:人民出版社,2011年,第111页。
[6] 侯外庐主编:《中国思想通史》第四卷下,北京:人民出版社,2011年,第153页。
[7] 侯外庐主编:《中国思想通史》第四卷下,北京:人民出版社,2011年,第169页。

学家陆九渊也与朱熹发生过激烈争论,但侯外庐认为陆九渊的思想是主观唯心主义,因而这种争论意义不大。侯外庐指出,"陈、叶对朱的斗争无疑地具有唯物主义与唯心主义两条路线斗争的性质"[①],"朱、陆之争只是属于某些范畴方面的思辨哲学内部的枝节的争论,而朱、陈之间则是两条路线的理论斗争"[②]。侯外庐认定程朱一派理学思想属于唯心主义,所以不可能有任何积极意义,"近人好谈唯心主义者的合理因素,也爱发现唯物主义者局限性之下的唯心因素,这种客观主义的形而上学方法论,必然会泯灭哲学上的两条路线的斗争"[③]。对一分为二看待理学的做法表示不以为然。

唯物史观认为经济基础决定上层建筑,社会存在决定社会意识,但这种决定是间接的而不是直接的,在二者之间还有很多环节需要去发现,另一方面社会意识形态也具有相对的独立性,并不是经济基础与政治制度的附属品。《中国思想通史》第四卷把程朱理学直接化约为封建制度影子的做法,实际上是取消了思想意识的独立性和存在价值。另外唯物主义与唯心主义两种哲学派别对立的范式,是从西方哲学史中概括出来的,不加分析地把西方哲学史研究范式套用到中国哲学史研究中是削足适履的做法。唯物史观是科学,只有以唯物史观为指导研究理学,才能写出科学的理学史。《中国思想通史》第四卷首次把唯物史观引入中国思想史研究领域,开辟了科学地研究中国思想史的崭新道路,功不可没。但如何正确地应用唯物史观,显然需要一个探索过程,不可能一蹴而就。

1980年以后,由侯外庐、邱汉生、张岂之主编的《宋明理学史》出版,该书仍然坚持以唯物史观研究理学,但对理学的评价有了改变,不再提豪族地主与庶族地主的对立,也不再提唯物主义与唯心主义两条路线的斗争。比如在为

---

① 侯外庐主编:《中国思想通史》第四卷下,北京:人民出版社,2011年,第113页。
② 侯外庐主编:《中国思想通史》第四卷下,北京:人民出版社,2011年,第130页。
③ 侯外庐主编:《中国思想通史》第四卷下,北京:人民出版社,2011年,第122页。

朱、陈之争和朱、陆之争定性时,认为"朱与陈、朱与叶辩论的性质,是属于理学与功利之学的争论,它不同于朱、陆之间只是在理学内部的分歧"①。《中国思想通史》第四卷对在唯心主义思想中找合理因素的做法进行了批评,而《宋明理学史》对程朱理学却不再一概否定,而是提出要有持平的论断,既不能崇为"国粹",又不能一棍子打死,"用历史唯物主义的立场、观点、方法,批判地总结前人的思想学术业绩,必然要排除主观的随意的论断,不宜菲薄,也毋庸偏爱"②。因此该书认为理学还是有值得后人汲取的有价值的思想成果的,主要表现在理学有其独特的范畴、命题和问题,这些范畴、命题和问题"虽是从古老的经典中抽出来的,但是赋予了那个时代的内容与含义。它们是进一步发展了的唯心主义思想体系,不同于往昔","理学家把这些范畴、命题和问题,分析论究到精深微密,辨析毫芒",理学"探究的学术理论的广度和深度,是前所未有的"③。对程朱理学的学术意义表示肯定。但在理学的政治影响方面依然持否定评价,"理学的实质,是把封建社会的等级秩序、道德规范归源于某种神秘的精神力量的安排和创造,用一个非人格化的、精神性的'天理'来论证封建等级秩序和道德规范的合理性与永恒性"④,"宋明理学是封建社会后期的统治思想,为强化封建社会后期的统治服务。从政治作用来说,理学是思想史上的浊流"⑤。在评价朱、陈之辩时指出,"虽然朱熹也有过反对投降派秦桧的言论,但他这种兀然端坐、拱手无为的做人方法,实是坐等亡国,这与秦桧比较起来,只不过是五十步与百步之遥","陈亮以天下为己任,认为儒者应当过问天下国家之事,与朱熹主张终身以'涵养''积累'的'醇儒'思想

---

① 侯外庐等主编:《宋明理学史》上卷,北京:人民出版社,1997年,第426页。
② 侯外庐等主编:《宋明理学史》上卷,北京:人民出版社,1997年,第19页。
③ 侯外庐等主编:《宋明理学史》上卷,北京:人民出版社,1997年,第20页。
④ 侯外庐等主编:《宋明理学史》上卷,北京:人民出版社,1997年,第104页。
⑤ 侯外庐等主编:《宋明理学史》上卷,北京:人民出版社,1997年,第21页。

对立"①。依然持褒陈贬朱的鲜明立场。

《宋明理学史》对理学的评价显然比《中国思想通史》第四卷更加客观,值得肯定。但这里面存在一个矛盾,那就是逻辑与历史的不统一,即认为程朱理学在中国哲学史上是一个进步,但在政治作用方面却是思想史上的浊流。学以致用是中国学术的优良传统,作为正统意识形态的理学如果在政治上的作用是消极的,那么它在理论上的创新又有什么意义呢?

与《宋明理学史》持相近观点的著作还有漆侠的《宋学的发展和演变》一书。漆侠也是自觉以马克思主义为指导思想研究理学的。漆侠总的观点是否定以程朱为主流的理学,肯定包括王安石新学和陈亮、叶适事功学派在内的宋学,认为"宋学可以包蕴理学,而理学则仅仅是宋学的一个支派"②。漆侠认为宋学的特点是不单从理论上探索经学,而且"重实际、讲实用、务实效"③,宋学强大的生命力在于把学术探索同社会实践结合起来,把"内圣外王之道"这一最高理想通过社会实践付诸现实,而理学则"仅限于'道德性命'之类的空谈"④。"宋学之向理学的演变,亦即从务实、从与社会现实结合,向尚空谈、与社会现实脱节的演变,也是宋代社会经济演变的结果。"⑤以理论与实践是否能够相结合为标准来评价理学思想,这本身没有问题,问题在于以程朱为主流的理学是否真的是只崇尚空谈而脱离了实践。笔者认为,事实并非如此,程朱的理论其实是非常注重实践的,程朱理学成为正统意识形态绝不是偶然的,这个问题要放在后面再详细谈。

冯友兰和张岱年早年都是以西方哲学理论为指导研究理学的,1949年以后接受了唯物史观。当1980年以后,哲学史界的主流不再提唯物论与唯心论

---

① 侯外庐等主编:《宋明理学史》上卷,北京:人民出版社,1997年,第442页。
② 漆侠:《宋学的发展和演变》,石家庄:河北人民出版社,2002年,第5页。
③ 漆侠:《宋学的发展和演变》,石家庄:河北人民出版社,2002年,第11页。
④ 漆侠:《宋学的发展和演变》,石家庄:河北人民出版社,2002年,第7页。
⑤ 漆侠:《宋学的发展和演变》,石家庄:河北人民出版社,2002年,第47页。

的对立时,冯、张二先生依然坚持以唯物史观为指导研究哲学史。在《中国哲学史新编》上卷的自序中,冯友兰说希望"用马克思主义的立场、观点和方法重写一部《中国哲学史》"。在理学的性质方面,冯友兰认为把道学(冯友兰把理学称为道学)和唯心主义等同起来,未免太笼统,太简单化,"宋明道学是一个时代的思潮,其中有唯心主义的派别,也有唯物主义的派别,不可一概而论","宋明道学中的三派,气学是唯物主义,理学和心学是唯心主义"[1]。张岱年在《中国哲学大纲》的再版序言中认为,在中国哲学史中"确实有两种基本倾向即两条路线的对立斗争",程、朱一派主张"以理为本",可称为客观唯心论;陆、王主张"以心为本",属于主观唯心论;张载、王廷相主张"以气为本",属于唯物论。[2] 从侯外庐《中国思想通史》第四卷把理学整体认定为唯心主义而予以全盘否定,到冯友兰、张岱年对理学各派别进行具体的分析,对理学的认识更深化了。

关于理学的评价,冯友兰认为,"道学对于中国的封建社会起了巩固的作用。但在当时的世界中,封建还是进步的社会制度。中国就是以它的封建文化领导东亚各国,影响欧洲国家。就全世界范围看,对于中国这一段光荣历史,道学也是有贡献的"[3]。冯友兰对理学的这个评价,比侯外庐关于理学在政治作用方面是思想史上的浊流的评价要更客观、更符合实际。关于唯物主义与唯心主义的评价,张岱年认为,"前几年有些人把哲学上两条路线的斗争简单化,片面强调所谓两军对战,限于穿凿附会,也是错误的",应该纠正,"但是,如果纠正了简单化的错误,转而强调唯心论的高明,低估唯物论的价值,以为历史上唯有唯心论者阵容整齐,浩浩荡荡,而唯物论者则是冷落零散,无足轻重,那就又回到过去哲学史家的旧路上去了。应知,哲学史研究的任务在于

---

[1] 冯友兰:《中国哲学史新编》上卷,北京:人民出版社,2007年,第210页。
[2] 张岱年:《中国哲学大纲》,北京:商务印书馆,2015年,第2、4页。
[3] 冯友兰:《中国哲学史新编》上卷,北京:人民出版社,2007年,第28页。

阐扬真理,不能对正确与谬误等量齐观,更不能对那些基本观点错误的哲学思想加以渲染"①。笔者完全赞同"哲学史研究的任务在于阐扬真理,不能对正确与谬误等量齐观",渲染唯心主义也不可取,但程朱的"唯心主义"思想是否就一定比张载的"唯物主义"思想价值更低呢?程朱的思想是否和张载的思想是对立的呢?这些问题都是值得进一步研究的。

1980年以后,以唯物主义与唯心主义对立为线索的理学研究已经不是理学研究的主流了。这种带有明显机械唯物主义和教条主义色彩的研究日益受到反思和批评。但是必须对这种研究范式做出客观的分析和评价,不能采取简单否定的态度。这种研究范式最大的问题在于否定了作为中国封建社会后期正统意识形态的程朱理学,否定了理学,就等于否定了宋、元、明、清4个王朝近千年的历史。理学作为封建社会的意识形态当然有其时代的、阶级的局限性,但理学同时也包含有时代精神的精华,也是民族精神的一种体现,正如上述冯友兰对理学的评价那样。所以,全盘否定理学的错误观点并非唯物史观本身的问题,而是学者不能正确应用唯物史观的问题。1980年以后,哲学史界的主流强调理学研究的内在理路,理学作为哲学的本质得到了充分强调,但理学的实践品质却被严重忽视了,出现了理论与实践相脱节的现象,所以仅从形式上看确实出现了如张岱年所批评的那样"又回到过去哲学史家的旧路上去了"的情况。

二、以哲学史范式为主导的理学研究

1980年以后的理学研究回归到了以哲学史研究为取向的范式,之所以说"回归",是因为"五四"以后的理学研究本来就是哲学史研究取向的,只是

---

① 张岱年:《中国哲学大纲》,北京:商务印书馆,2015年,第4—5页。

1949年以后这个研究范式被打断了。正如陈来在《宋明理学》中所指出的,"中国的儒学研究和对'儒学'的理解,在内容上是以注重'思想'为主流,在方法上是以'哲学'的取径为主导的。甚至可以说,中国的儒学研究是'哲学史的研究'主导的,而不是'思想史的研究'主导的"[1]。所谓"哲学"取径的研究方法,指的是注重理学的哲学性与思辨性,注重理学的形而上层面,也就是围绕理学的核心范畴"道体、性体、心体、有无、动静"展开分析讨论,"更加注重思想家的精神追求、价值理想、哲学思考、人生体验"[2]。所谓思想史研究取向指的是更加注重理学的形而下层面,注重理学的经济基础、阶级属性、政治作用、实践层面等,侯外庐等主编的《中国思想通史》第四卷就属于这个范式的研究。

回归哲学史范式后,理学的哲学层面的研究得到了极大的发展,理学所蕴含的价值理念得到了高扬,理学的思辨性也得到了充分发掘和彰显。但代价是理学的形而上理念层面与形而下实践层面被割裂了。陈来认为,"到目前为止,中国的新儒学研究以哲学史研究为主流,对社会历史的大叙述不感兴趣;但随着哲学思想研究的成熟和中国史研究的进步,未来的新儒学研究可能会在思想史的研究方面进一步发展"[3]。这样就把理学的哲学层面研究与思想史研究对立起来了,而理学的这两个层面本来是一个不可分割的整体。事实上,并非只有把理学的价值、理念层面研究充分了,才能研究理学的实践层面,而是离开了实践层面的支撑,理学的价值理念就被悬空了。理学作为封建社会后期的主流意识形态影响广泛而深远,刻意回避社会历史的大叙述必然背离历史真实。

那么理学的哲学取向的研究范式为什么会出现这种偏差?这主要与学者

---

[1] 陈来:《宋明理学》,上海:华东师范大学出版社,2003年,第3页。
[2] 陈来:《宋明理学》,上海:华东师范大学出版社,2003年,第6页。
[3] 陈来:《宋明理学》,上海:华东师范大学出版社,2003年,第10页。

对哲学概念的理解有关。我国传统学术中没有哲学这个概念,作为学科的哲学是从西方传入中国的,所以"五四"以来对中国哲学史的研究基本上是以西方哲学的观点和方法为标准进行的。张岱年在《中国哲学大纲》的自序中指出,"本书所谓中国哲学,专指中国系的一般哲学","而一切特殊哲学,如历史哲学、政治哲学等思想,皆不在本书范围之内","如此区别哲学与非哲学,实在是以西洋哲学为标准,在现代知识情形下,这是不得不然的"[①]。按照内容,张岱年把中国哲学分为"宇宙论或天道论、人生论或人道论、致知论或方法论、修养论、政治论五部分",其中宇宙论、人生论、致知论三部分属于一般哲学,"正相当于西洋所谓哲学","修养论与政治论可以说是特殊哲学,不在一般哲学范围之内"[②]。按照这个标准,《中国哲学大纲》的写作分宇宙论、人生论、致知论三个部分。可见在中国学者看来,西方哲学是一般哲学,是真正的哲学,而真正的哲学是研究世界的形而上层面的,"哲学是研讨宇宙人生之究竟原理及认识此种原理的方法之学问"[③],一切具体的哲学比如历史观、政治哲学、人生修养论等形而下的内容是不在哲学研究范围之内的。

冯友兰同样以西方哲学概念为标准。他在《贞元六书·新理学》中指出:"哲学或最哲学底哲学,所有之观念,命题,推论,多系形式底,逻辑底,其中并无,或甚少,实际底内容,故不能与科学中之命题,有同等之实用底效力。"[④]"哲学,或最哲学底哲学,不以科学为根据,所以亦不随科学中理论之改变而失其存在之价值。……凡以科学理论为出发点或根据之哲学,皆不久即失其存在之价值。……独其形上学,即哲学中之最哲学底部分,则永久有其存在之价值。"[⑤]也就是说真正的哲学理论是绝对真理,有永恒的价值,之所以有永恒

[①] 张岱年:《中国哲学大纲》,北京:商务印书馆,2015年,第18、19页。
[②] 张岱年:《中国哲学大纲》,北京:商务印书馆,2015年,第23、24页。
[③] 张岱年:《中国哲学大纲》,北京:商务印书馆,2015年,第21页。
[④] 冯友兰:《贞元六书》,北京:中华书局,2014年,第20页。
[⑤] 冯友兰:《贞元六书》,北京:中华书局,2014年,第22页。

的价值,是因为哲学对应的形而上本体世界与形而下的现实世界是脱离的,科学研究的是形而下的现实世界。冯友兰正是按照这种哲学理论研究理学的。针对人们批评理学玄虚、空谈性命、没有实际用处,他认为理学的毛病不是过于玄虚,而是"还不够玄虚",自己的新理学是"接着"宋明理学讲的,是继承了中国哲学中最好的传统,又经过现代新逻辑学的洗礼而建立的形上学,"它不着实际,可以说是'空'底。但其空只是其形上学的内容空,并不是其形上学以为人生或世界是空底"[1]。这样,冯友兰就把哲学与现实的人生或世界分成了两截,哲学的范畴是空洞的、抽象的、没有任何实际内容,尽管它并不否定现实的世界,但与现实世界是完全脱离的。这样的哲学有什么用呢?冯友兰认为哲学没有实用价值,"哲学是可以使人得到最高境界底学问,不是使人增加对于实际底知识及才能底学问",凭借对理学、新理学中几个主要观念的理解,"可使人知天、事天、乐天,以至于同天"[2],使人达到天地境界,成为圣人。冯友兰对理学的这种理解背离了中国哲学传统,使理学沦为一种神秘主义的体验。中国哲学讲究的是"下学而上达",形而上的"道"是由形而下的"学"提升而来,道在形式上是空的、不可理解的,因而必须与学结合起来才有意义。道与学在中国哲学中本来就是统一的,朱熹讲的"即物而穷理"就是这个道理,但冯友兰认为哲学"属于为道,不是属于为学"[3],并且批评朱熹"把'为学'和'为道'混为一谈"[4]。把哲学定义为"为道",必然导致道与学的分离和对理学理解的偏差,而这恰恰是由以西方哲学的观点和方法研究理学所造成的。

张立文的《朱熹思想研究》《宋明理学研究》等著作也属于哲学史研究范

---

[1] 冯友兰:《贞元六书》,北京:中华书局,2014年,第914页。
[2] 冯友兰:《贞元六书》,北京:中华书局,2014年,第926页。
[3] 冯友兰:《贞元六书》,北京:中华书局,2014年,第924页。
[4] 冯友兰:《中国哲学史新编》下卷,北京:人民出版社,2007年,第168页。

式。张立文反对以西方哲学的观点和方法研究中国哲学史,提出"要学会根据中国哲学的特色,运用中国哲学逻辑结构论的方法,来整理中国哲学史古籍,剖析哲学思想体系,寻求哲学思想发展规律"[1]。依照这种方法论,张立文分析归纳出了朱熹的哲学逻辑结构图式"理—气—物—理"[2],并"从经济、政治而至教育思想,从哲学、自然科学、美学、史学、伦理以及历史观"[3]诸方面对朱熹思想作了探讨。他认为,"'理学'从本质上说,是一种理性思维,是哲学的理论思维形态"[4],"宋明理学融自然、社会、人生为一体,熔政治、哲学、伦理、人性、教育等于一炉,继承改造、利用发挥了以往哲学的几乎所有范畴,并提出了一些新的范畴,对这些范畴不仅进行综合的研究,亦进行细密的辨析","从哲学逻辑结构的庞大和探讨问题的深入,理论思维水平的提高和论证的细密,都超越前代"[5]。张立文的理学研究用力甚勤,对理学范畴的分析也可谓达到了"牛毛茧丝,无不辨晰"的程度。但其中存在一个问题,即把理学的哲学思想与经济、政治、教育、伦理、史学等思想分离开了,没有用理学的哲学逻辑结构统领其他诸方面的思想。在对理学的评价方面,张立文虽然认为理学中体现出了"求理、求实、主体、忧患、力行、道德、兼容等活生生的学术精神"[6],但并没有指出这些精神与理学的哲学逻辑结构有什么内在的必然联系。在理学的政治作用方面,他认为"理学制约和桎梏了社会经济的发展,它排斥和阻碍了接受外来的新的科学技术知识及成就,它扼杀和阻挠自身资本主义的萌芽和发展,从而成为社会前进的惰力",理学"逐渐转化为束缚人民思想的绳索","起着延续宗法君主专制主义寿命的作用"[7]。从这些评价可以

---

[1] 张立文:《朱熹思想研究》,北京:中国社会科学出版社,2001年,第5页。
[2] 张立文:《朱熹思想研究》,北京:中国社会科学出版社,2001年,第139页。
[3] 张立文:《朱熹思想研究》,北京:中国社会科学出版社,2001年,第7页。
[4] 张立文:《宋明理学研究》,北京:人民出版社,2002年,第620页。
[5] 张立文:《宋明理学研究》,北京:人民出版社,2002年,第630页。
[6] 张立文:《宋明理学研究》,北京:人民出版社,2002年,第91页。
[7] 张立文:《宋明理学研究》,北京:人民出版社,2002年,第640、641页。

看出来，张立文的研究虽然属于哲学史研究范式，但与侯外庐等先生主编《宋明理学史》得出的结论却高度相似，都是肯定理学的哲学思想，否定理学的政治作用。原因在于这两种研究虽然不属于同一种范式，但对哲学的理解却是相同的，即认为哲学与其他领域是割裂的而不是统一的。《宋明理学史》指出："'性与天道'是理学讨论的中心内容，这是哲学问题，同时也涉及政治、道德、教育、宗教等许多领域。"[①] 由此可见西方哲学对中国影响之深，以致两种不同范式的理学研究，对哲学定义的理解竟然都是西方式的。

  陈来的理学研究是高度自觉的哲学史研究范式。陈来非常注重理学的内在研究，"即力图深入和平实地理解历史上的儒家思想家他们自己最重视的问题、议题、课题是什么，把他们的讨论用现代的哲学语言还原出来，在现代哲学的视野中加以分析和把握"[②]，"而不是从西方哲学的问题意识或社会变革的要求出发去决定研究的方向和问题"[③]。他认为应该更加注重对"思想"本身的细致研究，注重思想家的价值追求，"注重儒家作为经典诠释的传统，注重儒家作为德性伦理的传统，注重儒家与社群伦理、全球伦理的关系，并谋求在这些研究的基础上与西方哲学家、神学家展开对话"[④]。在这种思想指导下，陈来的理学研究主要围绕"理气、心性、格物、致知、主敬、主静、涵养、知行、已发未发、道心人心、天理人欲、天命之性气质之性"[⑤]等基本概念展开。可以看出，陈来虽然反对以西方哲学的问题意识研究理学，但围绕理学基本范畴而展开的研究内容却正是理学的形而上层面，也就是说他所采用的哲学定义还是西方的哲学定义。然而这样的理学研究会出现一些问题，正如陈来所指出的，理学讨论问题是通过概念范畴来表达的，而理学的核心概念比如理、

---

① 侯外庐等主编：《宋明理学史》上卷，北京：人民出版社，1997年，第1页。
② 陈来：《宋明理学》，上海：华东师范大学出版社，2003年，第6页。
③ 陈来：《宋明理学》，上海：华东师范大学出版社，2003年，第4页。
④ 陈来：《宋明理学》，上海：华东师范大学出版社，2003年，第6页。
⑤ 陈来：《宋明理学》，上海：华东师范大学出版社，2003年，第12页。

气、心、性又很容易引起理解上的混乱,"这不仅因为不同思想家的用法有所不同,同一思想家也常在不同意义上使用同一概念",而理学家在使用这些概念时,"并不预先说明其使用的特定立场"[①]。笔者认为,之所以会产生理学概念理解上的混乱,根本原因在于使用了西方的哲学定义。中国哲学范畴的含义是与自然、社会、人生等方面的具体问题不能分离的,要把理学范畴的含义辨析清楚,必须把理学的范畴与现实中的具体问题结合起来阐释。如果离开现实问题把理学的范畴做形而上的阐释,势必会把自然规律、社会规律和人的思维规律混淆起来。

在理学的政治作用方面,陈来批评了"五四"以来对理学的政治批判,指出:"如果我们不能了解宋明理学'存天理去人欲'的本来意义何所指,更对康德为代表的强调理性主体的义务论伦理学一无所知,文化的启蒙与批判就永远只能停止在宣传意义之上。"[②]"理学不应被视为封建社会后期没落的意识形态或封建社会走下坡路的观念体现,而是摆脱了中世纪精神的亚近代的文化表现,它正是配合、适应了社会变迁的近世化而产生的整个文化转向的一部分,并应在'近世化'范畴下得到积极的肯定与理解。"[③]笔者认为,"五四"以后理学确实被污名化了,为理学正名是必须进行的工作,但理学的伦理思想与康德的伦理思想形似而实不同,以康德解读朱子会误读朱子。理学作为封建社会后期的正统意识形态,这是客观事实,承认这个事实无损于理学对中国的巨大正面价值。"近世化"理论只是学术界的一家之言,即使"近世化"理论不成立,也不会否定理学所蕴含的永恒价值。

笔者对哲学史范式的理学研究主要是指出其存在的问题,认为在这种范式下对哲学的理解是西方式的形而上学本体论,认为这种研究背离了中国哲

---

① 陈来:《宋明理学》,上海:华东师范大学出版社,2003年,第12、13页。
② 陈来:《宋明理学》,上海:华东师范大学出版社,2003年,第1页。
③ 陈来:《宋明理学》,上海:华东师范大学出版社,2003年,第14页。

学传统,因而没有把理学的真正价值和意义充分展示出来。这样做只有一个目的,那就是确立理学研究的新范式,以便更好地诠释理学,弘扬中华优秀传统文化。笔者无意于而且也不可能完全否定哲学史范式的理学研究。中国本来没有哲学这个学科,以西方哲学的观点和方法研究理学,把理学中含混不清的范畴条分缕析搞清楚了,这就为建立中国特色、中国风格、中国气派的理学研究奠定了基础。

三、确立中国特色的理学研究

回顾以往的理学研究范式,以唯物史观为指导的理学研究和哲学史范式的理学研究各有优缺点。以唯物史观为指导的理学研究,其优点是重视理学的实践层面,从而表彰王安石、陈亮、叶适等事功学派或理学中的"气学",缺点是贬斥以程朱为代表的理学主流派为空谈心性。哲学史范式的理学研究,其优点是重视理学的价值理想层面,对理学主流派别的思想范畴进行了条分缕析,缺点是把理学的价值层面与实践层面割裂开来,使理学思想成了难以理解的概念发展史。

以唯物史观为指导研究理学,这种方法本身是正确的,问题在于以往的研究没有把唯物史观与理学的实际情况结合起来,而是把西方哲学史上唯物主义与唯心主义的对立当作了哲学发展的普遍规律搬到了理学研究中来。西方哲学史上有唯物论与唯心论之争,是因为西方哲学把物质与精神对立了起来,片面强调其中一方是世界的本原而否定另一方。马克思主义哲学是唯物主义,认为世界统一于物质,而不是统一于精神。同时马克思主义又认为物质是永恒运动的,并且是有规律地永恒运动,而人是可以通过实践能动地认识规律、运用规律以改变世界的。所以,马克思主义不仅是唯物的,而且是辩证的,辩证唯物主义要求把物质与精神统一起来而不是割裂开来。把唯物主义与唯心主义的对立作为主线来研究理学,实际上是犯了机械主义的错误,即片面夸大物质的决定作用,而忽视人的主观能动性,归根结底依然是把物质与精神对立了起来。哲学史范式的理学研究,其对哲学的理解是西方的形而上学本体论,把本体与现象、理性与经验做了截然分割,认为理学的核心范畴"性与天道"相当于西方的理性本体。这实际上是把精神与物质分割开来,片面强调精神、理性,这种研究背离了理学的实际,因而同样不能正确认识理学。

这两种范式的理学研究,其共同之处是把物质与精神对立了起来,不同之处在于各自强调其中一方而贬低另一方,结果是都不能正确解读理学。那么如何才能正确地诠释宋代理学呢?答案很明确,那就是以马克思主义哲学为指导,确立中国特色、中国风格、中国气派的理学研究。马克思主义是科学的理论,它深刻揭示了自然界、人类社会、人类思维发展的普遍规律,它揭示了事物的本质、内在联系及发展规律,是人们观察世界、分析问题的有力的思想武器,为哲学社会科学研究提供了基本的世界观、方法论。马克思主义之所以能够迅速被中国人民接受,除了因为它是科学的理论,还因为中国传统哲学与马克思主义哲学在理论结构上有相同之处。一方面,马克思主义传入中国后与中国传统文化结合起来实现了中国化,另一方面中国传统文化因为有马克思主义的指导也得以实现了现代化,也就是说马克思主义的中国化与中国传统文化的现代化是统一的。因此,以马克思主义哲学为指导研究宋代理学,一方面可以使理学实现现代化,从而焕发出生命力,另一方面可以丰富、发展马克思主义理论,实现马克思主义的进一步中国化。这当然是一个非常大的课题,非一篇文章所能够论证清楚,也非一人之力可以完成这个任务,这里只能提纲挈领地谈一些粗浅的看法以作展望,希望有更多同人加入这个伟大的事业。

笔者认为中国传统哲学与马克思主义哲学在理论结构上有相同之处,最根本的一点就在于二者都把物质与精神、本体与现象统一起来而不是对立起来。西方哲学史上唯物主义与唯心主义的对立,前提是把物质与精神对立起来,片面强调其中的一点为世界的本原。马克思主义哲学认为世界统一于物质,人的思维通过实践可以认识物质的运动规律,并利用规律来改造物质世界,物质与精神统一于实践活动,因而马克思主义是辩证唯物主义而不是旧的机械唯物主义,是对以往哲学史中唯物主义与唯心主义对立的一种扬弃和超越。同样宋代理学也是把物质与精神统一起来而不是对立起来,理与气、太极与阴阳、道与器是统一的而不是对立的,理学各派别对这些核心范畴有争论,但这些争论是在承认本体与现象统一的前提下进行的,因而这些争论不是唯物主义与唯心主义之争。比如,张岱年指出:"中国哲学家都承认本根不离事物。西洋哲学中常认为本根在现象背后,现象现而不实,本根实而不现,现象与本体是对立的两世界。""中国哲人决不认为本根实而不现,事物现而不实,而以为事物亦实,本根亦现;于现象即见本根,于本根即含现象。""在中国哲学,本根与事物的关系,不是背后的实在与表面的假象之关系,而是源流根枝之关系。关于本根与事物之为源流根枝的关系,宋明道学中言之颇详。""本根是一,分为万有。一即含万,万总为一。一本而万殊,万殊而一本。一所以贯乎万,万无不本于一。"①把本体与现象统一起来是中国哲学的主流观点,理学继承并弘扬了这个传统。在本根究竟是什么这个问题上,理学内部有争论。张载认为应该以气为本,程颐认为应该以理为本,"伊川以理为究竟根本,气则其次;与张横渠以气为究竟根本理为其次者正相反"②。在理与气孰为根本上张载与程颐有分歧,但二人都不认为理与气是对立的,所以二人的争论不是唯物主义与唯心主义之争。朱熹作为理学的集大成者继承发展了程颐的理本论,认为"理为本","理在先气在后",但也并不把理与气对立起来,而是认为"理未尝离乎气","朱子谓理只是个净洁空阔的世界,非谓有一理世界与事物之具体世界对立,不过说只理无气不能造作万物而一物无有而已,朱子未尝言

---

① 张岱年:《中国哲学大纲》,北京:商务印书馆,2015 年,第 77 页。
② 张岱年:《中国哲学大纲》,北京:商务印书馆,2015 年,第 132 页。

理为一独立的世界"①,所以不能认为朱熹的思想是唯心主义。

理学各派虽有争论,但各派之间并无不可逾越之鸿沟,而是有着共同的理论预设,是对立统一的整体。正如张岱年指出,各派其实是"相生互转"的关系,"北宋时,张子提出一种显明的气论。然张子亦认为气之变化有其必然的理则,于是二程子以为此必然的理则乃是气之根本,遂成立唯理论。唯理论至朱晦庵而完成。但唯理论虽以理为最根本的,然亦讲气,故又可称理气论,以为理气合而后有心,理在于心而非即心。朱子同时的陆象山,则持一种极端的唯理论,只言理而不言气,以为理即是心,心即是理,遂为主观唯心论之开端"②。理学内部有不同派别的争论恰恰是理学有生命力的表现,各派是互补的关系,而不是绝对对立、相互否定的关系,"诸家之说,各有不同,非好为异也。补偏救弊,立言固各以其时;殊途同归,辙迹原无须强合"③。理学各派的争论不是西方唯物主义与唯心主义对立的关系。那么张岱年为什么仍然用了西方的概念,认为张载的唯气论属于唯物论,朱熹的理气论属于客观唯心论,陆九渊的心学属于主观唯心论呢？原因在于,在当时的中国学术界,哲学就是特指西方哲学,中国没有自己的哲学标准,所以研究理学必须用西方的哲学观点和方法,不合适也得用,不然就没有办法开展研究。正如上文所引张岱年观点:"如此区别哲学与非哲学,实在是以西洋哲学为标准,在现代知识情形下,这是不得不然的。"用西方哲学范畴为标准研究理学,把本体与现象对立的哲学范畴套用在本体与现象统一的理学思想上,必然会歪曲、误解理学思想。如何解决这个问题呢？当然是以马克思主义哲学为指导确立中国特色的理学研究。辩证唯物主义主张把本体与现象统一起来,这正与理学的思想相符合,可以正确地诠释理学,建立中国自己的哲学标准。

---

① 张岱年:《中国哲学大纲》,北京:商务印书馆,2015年,第136页。
② 张岱年:《中国哲学大纲》,北京:商务印书馆,2015年,第174页。
③ 吕思勉:《理学纲要》,长春:吉林出版集团股份有限公司,2016年,第2页。

上文提到,以唯物史观为指导的理学研究范式批评理学家空谈心性、脱离实践,而哲学史研究范式视研究理学的形而上层面为当然,批评理学的思想史研究取向为社会历史的大叙述,貌似对立的两种研究范式却都把理学思想中的本体与现象割裂开来。其实,理学的基本概念诸如理、气、心、性等形而上的范畴都是有着具体的社会现实内容的,绝不是如冯友兰所主张的理学的概念是空的,也不是如侯外庐所批评的"'理'是最高的毫无具体内涵的抽象"①。理学不是脱离实际空谈心性,而是有着强烈的实践品质的,正如吕思勉所指出:"理学特色在于躬行实践,非如寻常所谓哲学者,但厌好奇之心,驰玄远之想而已。"②这要从中国哲学的系统性问题说起,冯友兰指出,"中国古代哲学家们比较少作正式的哲学论著。从古代流传下来的哲学史资料,大多是为别的目的而写的东西,或者是别人所记录的他们的言语,可以说是东鳞西爪。因此就使人有一种印象,认为中国古代哲学家的思想没有系统。如果是就形式上的系统而言,这种情况是有的,也是相当普遍的。但是形式上的系统不等于实质上的系统","就形式上看,一部《论语》是没有形式上的系统的。但这并不等于孔子的思想没有实质上的系统"③。冯友兰认为中国哲学没有形式上的系统而有实质上的系统,这个观点非常正确。但是他没说为什么中国哲学没有形式上的系统,笔者认为这正是中国哲学具有实践品格的一个具体表现。中国哲学从不空谈本体,而是结合具体问题来谈本体,既从形而下的具体问题出发去体认形而上的道,又以形而上的道为指导去解决形而下的问题。《论语》是这样,理学的入门书《近思录》同样如此。朱熹与吕祖谦编的《近思录》共十四卷,各卷分别是:卷一道体,卷二为学大要,卷三格物穷理,卷四存养,卷五改过迁善、克己复礼,卷六齐家之道,卷七出处进退辞受之义,卷八治国平天

---

① 侯外庐主编:《中国思想通史》第四卷下,北京:人民出版社,2011年,第8页。
② 吕思勉:《理学纲要》,长春:吉林出版集团股份有限公司,2016年,第2页。
③ 冯友兰:《中国哲学史新编》上卷,北京:人民出版社,2007年,第34、35页。

下之道,卷九制度,卷十处事之方,卷十一教学之道,卷十二改过及人心疵病,卷十三异端之学,卷十四圣贤气象。十四卷中唯有卷一道体讲的是"阴阳变化性命之说",也就是形而上的本体,其余十三卷都是结合具体问题讲哲学道理。吕祖谦特别指出,学者当从第二卷学起,"讲学之方、日用躬行之实,具有科级。循是而进,自卑升高,自近及远,庶几不失纂集之旨。若乃厌卑近而骛高远,躐等陵节,流于空疏,迄无所依据,则岂所谓'近思'者耶"[1]?也就是说,学道要循序渐进,从切身日用处下功夫,不可"厌卑近而骛高远",空谈性命,要在"下学"上下功夫,一步一个脚印,最终才能"学达性天",真正懂得阴阳变化性命之理,达到圣贤的境界。因此,那种认为理学就是空谈性命的观点,其实是在批判伪道学,真正的道学恰恰是反对空谈性命,非常注重实践和实学的。

笔者认为理学思想从不把世界的本体与现象割裂开来,而是统一起来看待。如果以西方哲学观点研究理学,必然不能正确解释这一理论观点,只有以马克思主义哲学研究理学,才能正确诠释这一观点。下面举一个例子说明之。上面提到张立文指出朱熹哲学思想的逻辑结构是"理—气—物—理",这个结构的后半段是从"物"到"理","物"是形而下的现象层面,"理"是形而上的本体层面,那么物是怎么上升到理的层面的呢?朱熹提出了格物致知、即物穷理的方法论,"所谓致知在格物者,言欲致吾之知,在即物而穷其理也。盖人心之灵,莫不有知,而天下之物,莫不有理。惟于理有未穷,故其知有不尽也。是以《大学》始教,必使学者即凡天下之物,莫不因其已知之理而益穷之,以求至乎其极。至于用力之久,而一旦豁然贯通焉,则众物之表里精粗无不到,而吾心之全体大用无不明矣"。冯友兰以西方形而上学本体论的哲学观点解读这段话,觉得解释不通。他认为这段话在"豁然贯通"以前讲的是"即物而穷理",说的是增进知识;而后半段讲的是"吾心之全体大用无不明矣",说的是

---

[1] 朱熹、吕祖谦编:《近思录》,郑州:中州古籍出版社,2008年,第452页。

提高精神境界。增进知识是"为学",提高人的精神境界是"为道",这是把两回事混为一回事,把"为学"与"为道"混为一谈,讲不通。[①] 笔者认为之所以讲不通,不是因为这一段话本身不通,而是冯友兰用的理论工具不适合,所以未能正确解读这段话。按照马克思主义哲学的观点看,朱熹这段话主要探讨人的认识如何才能达到"豁然贯通"悟道的境界。这里面至少包含两层意思:一是对事物的认识如何从感性阶段上升到理性阶段,二是人如何通过"格物"提高自己的道德境界。朱熹所说的格物其实就是对事物的探索和研究,从感性的已知出发探索理性的未知,探索到一定程度,就会产生认识上的飞跃,因而会有豁然贯通悟道的感觉。朱熹限于当时理论概念的贫乏,没有办法解释清楚,因而表达得比较含混。格物本质上是一种认识世界、改造世界的实践活动,认识事物总是从个别和感性出发,这种认识"仅是片面的和表面的东西,这种反映是不完全的,是没有反映事物本质的。要完全地反映整个的事物,反映事物的本质,反映事物的内部规律性,就必须经过思考作用,将丰富的感觉材料加以去粗取精、去伪存真、由此及彼、由表及里的改造制作工夫,造成概念和理论的系统,就必须从感性认识跃进到理性认识"[②]。程颐对格物有一个解释,"须是今日格一件,明日又格一件,积习既多,然后脱然自有贯通处",朱熹的格"天下之物","至于用力之久,而一旦豁然贯通焉,则众物之表里精粗无不到",正是对程颐思想的继承和发展。程朱的认识论不正符合马克思主义以实践为基础、从感性飞跃到理性的辩证唯物主义认识论吗?当然程朱的认识论是建立在农业社会基础之上的,与马克思主义认识论有着发展阶段的根本不同。

另一方面,关于人如何通过"格物"提高自己的道德境界。按照西方哲学观点,知识与道德是两个独立的领域,学习知识与提高道德水平之间没有必然

---

① 冯友兰:《中国哲学史新编》下卷,北京:人民出版社,2007年,第168页。
② 毛泽东:《毛泽东选集》第一卷,北京:人民出版社,1991年,第291页。

联系,这正是冯友兰所持的观点。冯友兰认为要提高自身的道德修养,达到"明明德"的目标,必须做到《中庸》所指示的"尽其性","他要先尽他自己的性,能够尽他自己的性,才能尽人之性",然后才能"尽物之性",进而"赞天地之化育","与天地参矣"。他指出:"人如果理解'与天地参',不是出于逻辑推论,而是出于直觉,不是一种知识,而是一种精神境界,那就是'豁然贯通'了。"[1]接着,冯友兰批评朱熹把"格物"解释为"即物穷理"是犯了方向性的错误,导致"明明德"不是从自己本身做起,而是从外物做起了。[2] 必须指出,冯友兰这里对朱熹"格物"的解释是错误的。因为《中庸》从尽其性讲起,并没有讲如何才能做到尽其性,朱熹讲格物正是探讨如何尽其性的方法。格物讲的是道德修养的过程,尽其性是修养的成果,不能肯定结果却否定过程。冯友兰错误的根源在于使用了西方知识与道德割裂的哲学观。而中国哲学向来是把知识与道德统一起来的,中国哲人以"闻道""行道"为目标,理学又称为"道学",常把"尊德性"与"道问学"并称。马克思主义哲学认为真理与价值是统一的,这其实就是坚持知识与道德的统一。知识是对客观世界发展规律的正确认识,道德是对人的行为做出的正确规范,二者统一于认识客观世界改造客观世界、认识主观世界改造主观世界的实践活动。人生活在自然和社会中,人的行为就必须合乎自然发展规律和人类社会的发展规律,要合乎这两种规律,就必须积极参加认识和改造客观世界、主观世界的实践活动。也只有在社会实践即朱熹所说"格物"中,才能认识自然规律即"尽物之性",认识社会规律即"尽人之性",这样才能改造自然即"赞天地之化育",人就可以顶天立地与天地并立即"与天地参"了,这就是"吾心之全体大用无不明"的精神境界。所以要提升人的精神境界,必须参加社会实践即"格物",而不能仅仅出于直觉,理解"与天地参"的境界。

---

[1] 冯友兰:《中国哲学史新编》下卷,北京:人民出版社,2007年,第170页。
[2] 冯友兰:《中国哲学史新编》下卷,北京:人民出版社,2007年,第171页。

以上就是笔者对以马克思主义哲学为指导诠释理学,确立中国特色、中国风格、中国气派的理学研究的一些初步想法,限于篇幅,只能略举几个例子以作说明。这种研究范式既传承弘扬了中国哲学的优良传统,又吸收了西方哲学研究范式的有益成果,还有马克思主义哲学的正确指引,可谓前景光明,意义深远,希望有更多的学术界同人加入其中,共襄中华传统文化复兴、马克思主义中国化之盛事。(杨世利)

第三章 环境生态变迁研究

第一节
淮河文化与黄淮关系问题研究述论

淮河是中国古代王朝中心地区的一条重要河流,其重要地位可以说与黄河相差无几,在《水经注》等古代典籍中多有提及。淮河因自然原因和人文原因,与黄河相互勾连,形成了独特的河道,并对中华文明的形成产生了独特的影响。数十年来,学界对淮河文化与黄淮关系问题进行了大量的研究,有的观点已逐渐为学界所接受。笔者亦就此问题谈谈自己的见解,以就教于学界同人。

一、淮河的基本概念与区域特征

淮河作为"四渎"之一,自古为学人所关注,历代文人的研究、解读使得淮河文化更加丰富多彩;而淮河的区域划分也因时、因人而异,出现了黄淮、江淮等不同的区域称谓。

(一)淮河之淮

甲骨文与金文均有"淮"字,《禹贡》篇中也提到"淮"。淮水之称,见于《诗经》;淮水系统的汝水,见于甲骨文;颍水,见于《左传》;泗水,见于《禹贡》;睢水之佳殽,在《说文》中有解释。淮称淮河,则始于南朝宋时[1]。从字形看,"淮"为"水"和"隹"二个象形字组合而成,因为居住在北水旁的氏族,是一个"有影响的强大的氏族,是以短尾巴鸟为图腾"[2]的氏族,《水经注·淮水》引《春秋说题》云:"淮者,均其势也。"《汉书·地理志》颜师古云:"均,平也。"反映了淮水是一个流量均衡的水系。我国现有河流,"以'江'为通名的河流约 800 条,以'水'为通名的河流 400 条,以'川'为通名的河流则只有约 200 条"[3]。但在古代,"南江北河""大江小河"的现象较为普遍,在称江、称河之前,大的河流,以"水"称之,如长江为"江水"、黄河为"河水"、淮河为"淮水"、济渎为"济水",类似的说法极为普遍,因此,淮河在称"淮河"之前,"淮水"为通称,"淮渎"则表特征,表明这是一条独流入海的大河。

(二)淮河流域与淮河区域

淮河流域,并不等同于淮河区域,一般来说将其分为黄淮和江淮两个区域。[4] 实际上,江淮地区,着重点在"江","不过,把淮河以南地区划入长江文化的空间范围,似乎比笼统讲'淮河流域'属于长江文化区,要客观一些"。实际上在《左传》中,便有"沟通江、淮"的说法,但这时却更多讲的是淮河与长江

---

[1] 崔恒升:《"淮河"名称考》,《中国历史地理论丛》1999 年第 2 期。
[2] 史华:《古老而有趣的淮字》,《治淮》1984 年第 6 期。
[3] 张伟兵、万金红:《我国河流通名分布的文化背景》,《河海大学学报(哲学社会科学版)》2009 年第 1 期。
[4] 王义民、高军波、颜俊:《论淮河流域城镇体系空间结构的演变》,《信阳师范学院学报(自然科学版)》2013 年第 2 期。

两大水系，同时也道明两者间的沟通是十分悠久的事情了。《史记》有"江淮之间"和"江淮间"，《汉书》也有"江淮之间"，反映这里不仅是讲两条水系。"这些文献中的'江淮之间''江淮间'，是指长江与淮河之间的地区。'江淮'已经具有界域的含义，江与淮用以表明这个地区的地理界限。"[1]因此，淮河区域分为黄淮区域与江淮区域，不仅是历史形成的，也与特定的地理环境密不可分。淮河流域具有"开放性的地理特点"，这种开放性不仅导致这里成为中国历史上战争最频繁的地区，也导致了交通格局的变化不定，由此成为移民的南北大通道，区域内聚力不强而形成多元格局的存在使得这里始终没有形成一个较为完整的区划体系。所以淮河流域，也因淮河的界标意义，而成为两大区域，并可从中寻找到黄河与淮河逐渐融合分化的文化特征。实际上，学界已经注意到，随着历史的发展与经济、交通的演变，淮河区域的碎片化越来越严重，因此在研究时一定要关注这一现象。也就是说，学界在将淮河作为一个区域考察时，虽然强调这种"简化"具有较强的可操作性，但却忽视了区域内"动态时空的考察"的"复杂性"。从现代区域发展来看，淮河流域整体性治理，却正需要从整体性考虑其治理，这是一个从自然到人文社会的相互依存的统一体，而这种统一体，与前述的"黄淮"与"江淮"之分，显然还是有矛盾的。

除了黄淮与江淮，还有"淮海"的说法。一种说法认为，"淮海"的概念始见于《淮海乱离志》，该书讲的是南朝梁末时的侯景之乱。自此开始，"淮海"成为一个地域概念，"原是泛指长江中下游，主要还是指江南；宋以后，'淮海'也还泛指长江中下游，但主要指江北；明清两代，'淮海'为苏北里下河一带；近代，'淮海区'则更向北移动，即洪泽湖及其以北的徐淮地区"[2]。而在《禹贡》中，有"淮、海惟扬州"的说法，也就是江与淮之交的地区，即为古代的徐州地区，范围西至古代的济水流域，东到达大海，北起自泰山，南到淮河流域，是

---

[1] 张崇旺：《略论"江淮文化"》，《文化学刊》2008年第6期。
[2] 张传藻：《古籍中"淮海"地域的变迁》，《苏州大学学报》1983年第1期。

一个比较完整的地理单元,应该包括现今苏北、鲁南、皖北、豫东在内的区域。我认为,所谓淮海地区,着重点在"淮"与"海",淮海与淮河流域最大的区别,在于淮河流域包括淮河南北的黄淮与江淮地区,淮海则主要集中在淮河以北的黄淮地区,严格来讲黄淮地区是不包括淮河以东滨海的河流,即主要属于苏北滨海的河流地区。我认为淮海也有广义与狭义之分。狭义的淮海,主要系指苏北的淮河历史上的以东地区,现实中的以北地区,与淮与海关联的区域。广义的淮海,则是今淮河以北、黄河以南的苏北、鲁南、皖北、豫东的平原区,实际上也是我们研究的文化承载区,与一般意义上的黄淮地区基本一致。但从严格意义上讲,黄淮主要在古今黄淮交织的区域,而滨海河流所在地区,又不属于黄淮地区,也就是说,淮海地区稍大于黄淮地区;就一般意义而言,两者基本一致。

(三)淮夷活动区

淮夷为先秦时的东方族群,夷族比较复杂,有东夷、淮夷、徐夷、舒夷等九夷。而在苏鲁豫皖四省邻境地区,新石器时代文化遗存面貌较有特色,或者与徐夷、淮夷有关[①]。而单纯的淮夷的活动区域,主要集中在以苏北、淮阴与盐城之间为中心的区域,但从淮海区或黄淮区而言,早期族群应该有淮夷、徐夷、舒夷及其他嬴姓族群,相关的细化研究,也是专门研究的重点。

二、淮河文化的特点

淮河文化的研究是学界的热点,从20世纪80年代中期,在河南信阳师范学院召开的"首届淮河文化研讨会"上,便提出了淮河文化的概念,同时期在

---

① 苏秉琦:《中国文明起源新探》,北京:生活·读书·新知三联书店,1999年,第75—76页。

安徽也有类似概念的提出；直到21世纪初，学界在使用这一概念上仍十分谨慎，所使用的称谓，如"淮学""淮河流域历史文化""淮文化""淮系文化""淮河流域文化"等，可谓五花八门，反映了学界认知上的差异。不过，经过对淮河文化的不断研讨，从比例上看，对"淮河文化"这一称谓的认识与取舍更趋向一致。

（一）淮河文化的概念

在讨论"淮河文化"这一概念时，我们还是要提与之近似的概念，这就是"安徽淮河地缘文化"，在淮河流域，安徽地区具有特殊性及对此文化的研究的执着性。高时阔特别注意到了淮河流域整体文化的差异性，围绕安徽地区北部的文化共性，并针对以特定地缘关系为纽带而形成的社会群体间共有的文化现象，提出了"淮河地缘文化"这一概念，他认为这一文化实际上就是"沿淮文化"或狭义的"淮河人文化"，是南方文化与北方文化之间的过渡文化带。[①] 他甚至还将这种文化的范围，明确界定为包括阜南、颍上、凤台、霍邱、寿县、淮南，以及怀远、凤阳、五河和蚌埠地区。可以说，这种界定有其内在的合理性，但与大的淮河区域文化，还是有认知切入点上的明显差异。

关于淮河文化，李良玉认为，要从整个文明史和对整个历史影响力的大角度来研究以淮河文化为代表的江河文化，如国家权力、人与自然的关系等，都属于这种大角度，而淮河文化并不是一成不变的，应将其定义为一个需要仔细推敲、不断完善的概念。要知道，所谓文化，一定是人的文化，不可能是物的文化。物是文化的产物，它背后的活的东西一定是人。所以，我们讲淮河文化，不是讲淮河，而是讲生活在淮河边的人们，以及他们的生活、经济、生存方式和价值理念。[②] 陈立柱、洪永平在较早的论述中，也认识到对淮河文化概念认识

---

① 高时阔：《分野与交融——安徽淮河地缘文化解读》，《淮南师范学院学报》2003年第6期。
② 李良玉：《淮河文化的内涵及其技术层面的研究》，《安徽史学》2006年第1期。

的重要性,并提出了淮河文化可以成立的几个依据,如在自然地理方面可以自成相对独立的地理单元,早期新石器时代文化有自身的特点,历史时期自身的发展也有特点,现代的社会发展有鲜明特色等[①]。在这一篇文章中,虽然没有直接给出淮河文化的概念,但在其后的另一篇文章中认为,淮河文化是历史上生活在淮河两岸的人们所创造的物质文化和精神文化之和。淮河连接南北,贯穿东西,地势平坦宽阔,是各民族交流融合的重要区域。夷、夏交融,道、儒各派繁衍融合,形成了反省和融通、重视和合、富于总结、尚德轻智的文化精神,这种精神以做人、活世、养生为要,构成中国历史文化的基本层面,影响中国社会、历史与生活各方面;比较其他文化,淮河文化有更多平原文化的特点,广博有余,专门不足,文人干才多,训诂考据等专门之才少,俗尚整体性感情式的"以道观之";宋以后历史趋向尚智重生,事功经济为世所重,而淮河流域的生态环境大多遭到破坏,精英文化颓萎,民俗文化粗犷,整个社会逐渐贫困化,未能实现文化转型,这也预示了近代以来中国历史文化命运之多舛;今日世界多民族国家和谐共存的要求,为追求贯通、和谐的古代淮河文化的重生提供了机缘与可能。[②] 这一段较长的淮河文化概念,实则包括了内涵和特征,作者为了说服学界,进行了较多的归纳与梳理。但是,学界在对淮河文化概念进行界定时,尽管明显存在着分歧,但还是从简而述。陈琳、陈丽丽则认为,淮河文化以流域范围为依据,南到大别山和皖山余脉,北起黄河南堤和沂蒙山,西边包括伏牛山、桐柏山,东面到达黄海。淮河的主干道和支流流经的区域均可称为淮河文化。[③] 田青刚则特别强调,淮河文化的存在是不需要争论的,但是淮河流域由于在历史上没有形成独立而统一的政治单元,我们对淮河文化的地理边界无法界清。事实上淮河文化在地域上可能并不包括整个淮河流域,淮

---

① 陈立柱、洪永平:《浅谈"淮河文化"概念》,《学术界》2006年第4期。
② 陈立柱、洪永平:《淮河文化概念之界说》,《安徽史学》2008年第3期。
③ 陈琳、陈丽丽:《淮河文化的成因与特色》,《江苏地方志》2007年第1期。

干流,古称"淮上",具有鲜明的淮河地域文化特色,是淮河文化的生成区和核心地区,其大致包括淮河干流两岸不超过200公里范围内的地区。"淮河文化圈"由核心区与淮河流域的其他地区共同构成。在核心区外的地区为淮河文化与其他文化的交叉区,应为淮河文化的影响区。淮河文化是淮河本地的地域文化与各种南北地域文化交融并适应淮河特殊气候环境的产物。淮河文化是淮河流域诞生的独具特色的区域文化。淮河流域特殊的自然生态环境对淮河文化的形成产生了很大的影响。从淮河文化的形成阶段来说,新石器时代是萌芽期,春秋战国是定型期;从文化成分上来说,淮河文化明显受周边文化的影响,可以说是一种多元文化。先秦时期,淮河流域的东夷人创造了早期的淮河文化,苗蛮、东夷、华夏等早期族群的互动,对淮河文化的形成起到了有力的推动作用。淮河文化的概念、内涵的讨论,还会持续下去,但淮河文化的提法已得到学界的广泛响应,这是不争之事实。

(二)淮河文化的发展阶段

陈立柱、洪永平将淮河流域的历史文化一分为二,即"宋以前的繁荣昌盛时期,宋以后的衰微败落时期"[①]。但沈葵、洪永平认为:"淮河文化源于先秦,兴盛于东汉三国,衰落于明。"[②]田青刚则明确将淮河文化的形成过程划分为几个阶段:新石器时代是萌芽阶段,夏商至西周是初步形成阶段,春秋战国时期是定型阶段,魏晋南北朝时期是成熟阶段。[③] 但是,有的分期则过于宽泛,如传说时期至1840年为古代时期,1840年至1949年为近代时期,1949年以来为现代时期。这样分期的意义,"在于探索文化演化的时代性、传承性和相对稳定性,从中探讨文化与政治、文化与经济、文化与社会变迁的关系以及在

---

① 陈立柱、洪永平:《浅谈"淮河文化"概念》,《学术界》2006年第4期。
② 沈葵、洪永平:《皖江文化的学术定位与发展契机》,《安徽师范大学学报》2009年第3期。
③ 田青刚:《族群活动与淮河文化的形成》,《贵州民族研究》2010年第4期。

多大程度上影响当下的关系。同时也便于研究者对淮河流域文化研究时根据自己的条件和喜好作时段上的选择"[1]。但由于过于笼统,反而淡化了淮河文化的丰富内涵与阶段特征,使人们对长达数千年的文化的发展脉落无从梳理、无从归纳、无法提炼。

淮河文化的特点与特征。淮河文化是有别于黄河文化与长江文化的。高时阔用了"分野"与"交融"两词对淮河文化的特点进行概括。所谓"分野",就是南北文化的分界,并以村落文化、饮食文化、语言文化、戏曲文化比较这种"分野"。可以说,历史上,淮河曾是不同的政治实体或者行政单元的天然南北界线。上古时期,徐、扬二州的分界是淮河,西周时期,扬、青二州于淮河分界;三国时期,吴、魏两国的国界线为淮河;南北朝时,南方宋、齐等四代王朝与北方众多小国划河(淮河)而治;隋朝时期,河南诸郡依淮河分界;唐朝,淮南道在淮河分界;宋元时期,京东二路的分界是淮河,宋金以淮河为界对峙分治;明、清到近现代,淮河更成为省内重要的二、三级行政区界线。[2] 从历代政区的划分可以看出淮河的"分野"意义。所谓"融合",就是对南北文化的兼收并蓄,在村落文化、花鼓灯艺术、饮食、戏曲和语言等方面,体现了这种"融合"。黄河、长江两大文化区在形成过程中,不断向外辐射与扩充,二者之间形成了既相互冲撞、对抗,又相互影响、补充的关系,淮河由于特殊的地理位置,正好处于两大文化区之间,可以说是南北两大文化板块的边缘交会地带,自然成为南北文化冲撞、对抗及交流、融合、渗透、补充的前沿地区。[3] 朱延庆也注意到淮河文化的"交融","淮河流域的自然风光,既有南方的秀丽,也有北方的壮观,或有两者的交融"[4]。邵小妹则认为淮河地域文化源于"吴楚文化",而又

---

[1] 曹天生、朱光耀主编:《淮河文化导论》,合肥:合肥工业大学出版社,2011年,第22页。
[2] 高时阔:《分野与交融——安徽淮河地缘文化解读》,《淮南师范学院学报》2003年第6期。
[3] 高时阔:《分野与交融——安徽淮河地缘文化解读》,《淮南师范学院学报》2003年第6期。
[4] 朱延庆:《淮河文化漫谈》,《江苏政协》2003年第2期。

别于"吴楚文化",它具有兼容性和多样性两个特征,是在吴楚文化的基础上,和中原文化、游牧文化大融合之后形成的一种独具特色的地域文化。①陈琳、陈丽丽特别注意到淮河所具有的"南北分界线"、黄河与长江之间的"过渡地带"及南北"融而不阴的中间地带"的特征,南米北面、南秀北刚等方面分野,均在这里融合。②朱洪在对安徽境内的淮河文化、皖江文化与徽州文化进行比较研究时,强调从时段看,淮河文化是中古文化,徽州文化是明清文化,安庆文化是近现代文化;从价值取向看,淮河文化尚武重义,徽州文化崇理重信,皖江文化重智兴学。淮河文化具有尚武重义等中古文化、平原文化的地域文化特征,具体体现为在社会风俗上,居民大多性格豪放仗义,"饮食习惯上,喜辣好酒。多饮高度酒,食生姜、辣椒,吃小麦、玉米、高粱等平原作物。其歌调如淮北梆子等,豪放、粗犷,且多武戏,正同其乡风民俗"③。

淮河人文精神。高时阔将淮河人文精神归纳为"难以割舍的故土情结""并蓄的文化内涵""倚重水土的农本意识"④。陈立柱、洪永平则总结为"不尚竞争、安贫乐道、民风粗悍、轻死易斗、重农轻商、重道德而轻技艺,则知情不是而质朴有余,等等"⑤。这里实际上是讲出了淮河人的本质特征,有好有坏,有优有劣,分析到位。

三、淮河文化研究的重要领域

淮河文化研究有许多专门问题,从自然的河道变迁到历史文化再到生态文明,可以梳理的专题很多,但我们认为淮河文化无论是自然领域还是人文领

---

① 邵小妹:《论淮河地域文化的特点和发展》,《黄梅戏艺术》2007 年第 2 期。
② 陈琳、陈丽丽:《淮河文化的成因与特色》,《江苏地方志》2007 年第 1 期。
③ 朱洪:《皖江文化的特点——与淮河文化、徽州文化比较》,《学术界》2008 年第 5 期。
④ 高时阔:《分野与交融——安徽淮河地缘文化解读》,《淮南师范学院学报》2003 年第 6 期。
⑤ 陈立柱、洪永平:《浅谈"淮河文化"概念》,《学术界》2006 年第 4 期。

域,都与黄河文化勾连在一起,研究淮河文化,就必须梳理黄淮关系问题,主要体现在以下几个方面。

(一)汴水问题研究

汴水为黄淮勾连的重要水系,为人工与自然河道相结合的水道,唐宋时重要性凸显。潘镛认为,隋代的通济渠为唐宋时的汴河,这条河由今郑州西北广武山的板渚,引黄河水,至盱眙以北,注入淮河。据考证,通济渠源于《禹贡》的灉水,春秋称邲水,秦汉称鸿沟,其后叫蒗宕渠或称汴渠,隋唐时期通济渠是南北大运河的一部分,沟通南北钱塘江、长江、淮河、黄河、海河等自然水系,以洛阳为中心,流经浙江、江苏、安徽、河南、山东、河北六省,成为南北交通的关键一环。北宋时汴河承袭了隋唐通济渠,但以开封为中心分为三支:一支为五丈河,即广济河,历曹州、济州郓城,东通齐鲁;一支为汴河主道通济渠,由河阴受黄河水历东京、陈留、宋州,下通江淮;还有一支由东京东南下惠民河即蔡水,合闵河、洧水、潩水由陈州下达寿春,后入淮河。南宋以后发生较大变化。刘希为也对通济渠与汴水进行考辨,他认为沟通黄河、淮河的通济渠为隋唐大帝国的经济命脉。隋朝通济渠利用了汴水故道,其流向为由广武山的板渚引黄河水,东流经今中牟县北、开封市东,杞、睢二县北,民权县南,商丘北,安徽砀山县东、萧县南,在徐州北与泗水相会,经邳县,在淮阴西北入淮;唐开元以后,改走"汴河新线",即从商丘东南行,取直路走蕲水故道,走永城、宿州和虹县入淮,也叫"广济新渠"[①]。朱玉龙专门讨论了汴河对安徽淮北的影响,他注意到《宋史》记载汴河有19次大的水患,汴河勾连淮北地区的旧有河道,形成了水上网路,北宋之后,其作用下降,但对黄河南泛起到了阻遏作用[②]。周一慈提出的汴河行经路线有所不同,他认为汴河由板渚引黄河水,经花园口北入

---

① 刘希为:《隋开通济渠与汴水改流考辨》,《徐州师范学院学报(哲学社会科学版)》1985年第4期。
② 朱玉龙:《汴河对安徽淮北地区的影响》,《安徽史学》1985年第2期。

中牟,在开封折而东南,经陈留镇南、雍丘(今杞县)北、睢县老城北、宁陵城北,至宋城(今商丘睢阳区)东南,行蕲水故道,经虞城之谷熟集南、沙岗店南,夏邑县之济阳集南、会亭集,永城夫阳集南、永城南城壕、二十里铺东流入安徽境,经宿县、灵璧、泗县流入江苏境,经泗洪至盱眙对岸流注淮河[①]。这条水路,与由汇泗而南下入淮的水道,显然是有区别的。马正林对唐宋汴河有专门论述,他认为隋的通济渠,唐改称广济渠,但一般均称汴河。由板渚引黄东流,经开封后,又经陈留、雍丘、襄邑(今睢县)、宁陵、宋城、谷熟、永城、监涣(今永城东南),经埇桥(今宿州)、虹县(今泗县)至泗州(今盱眙的洪泽湖中)入淮,这是依照《来南集》的记述,也是前述多位研究者的文章中所提到的唐宋汴河水道,与商丘向东到徐州后汇泗南下的水道,还是有区别的,由商丘自东南,利用了蕲水、睢水等水系的优势,自然方便[②]。可以说,在20世纪80年代中期,汴河的研究形成了一个高潮。

21世纪以来,也有不少有关汴河方面的研究。井德武专门有《汴水考》一文。他认为,春秋前期荥阳城旁有一条东南向西北流的河,这是最早的濉河。战国时,由板渚到大梁形成的人工水道,秦时称为鸿沟,民间称为"狼荡渠",也称为"汴水"。鸿沟的上半段为渠水,即浚仪渠。南北朝汲水改称汴水。北魏时汴水由汴口向东经荥泽、浚仪、陈留、商丘、砀山、萧县,直抵徐州,汇入泗水后,又南流入淮。自隋朝开始,修建了通济渠,其河道自板渚,至浚仪,沿汴河由开封转向东南,经陈留、杞县、睢阳、永城、灵璧、泗洪,而后入淮。此河虽也称汴河,但它与隋以前的汴河还是不一样的,此河又称运粮河,到金朝时,因为是宋金界河而逐渐湮废[③]。井红波、杨钰侠考察了唐代汴河,认为唐代有一个以汴河为主干的区域性网状水运系统,主要水道有:汴泗道,经徐州汇泗入

[①] 周一慈:《历史上的汴河》,《治淮》1986年第2期。
[②] 马正林:《论唐宋汴河》,《陕西师范大学学报》1986年第3期。
[③] 井德武:《汴水考》,《教坛文汇》2000年第1—2期。

淮;淮颍道,由陈入淮;淮涡道,为逆水而上,由涡水转蔡水,抵达济州;西北诸渠;淮河水系。汴河为唐朝的漕运命脉和内陆的交通干线,在当时的水运体系中具有不可替代性①。井红波、杨钰侠在另一篇文章中,对唐宋汴河变迁进行研究。他们认为隋代开挖的通济渠,自板渚引黄向东,经中牟、浚仪、商丘、永城,又向安徽宿州、灵璧、虹县、泗州入淮河。经历过唐代中后期的衰落、北宋的兴盛与金元的湮废,其变迁与泥沙侵袭、黄河改道、人为决口有关,对环境生态有较大的影响。②

(二)黄河泛淮问题研究

黄河与淮河的关系,有黄河泛淮、黄河夺淮等说法。张汝翼对黄河泛淮进行了研究,提出黄河泛淮有短期泛淮和长期泛淮两种,短期泛淮始于西汉,北宋则有四次较大的泛淮事件,基本上都是向东泛入巨野泽,再夺泗入淮。长期夺淮则始自南宋建炎二年(1128),后至1855年,铜瓦厢决口后,黄河逐步北流,夺淮历史长达700余年。1938年亦为黄河人为夺淮的典型事件③。徐成则专门对金元之后黄淮关系进行研究,他认为金代为长期夺淮之始,时间为1128年,趋势为黄河河道逐渐南摆并最终入淮;元代为全面夺淮,贾鲁治河使得黄河趋向东南,由泗入淮。明代则黄淮关系复杂化,"保漕"成为治河的最高指导原则,"护陵"也成为最大的政治要求。清代黄淮关系进一步恶化及崩溃④。吴海涛对黄河泛淮对淮北的影响进行了研究。他认为黄河泛淮以分流漫流的形式侵袭淮北平原,并形成了泗河、汴河、濉河、涡河、颍河共五条泛道。

---

① 井红波、杨钰侠:《古代中国运河的交通运输地位——以唐代汴河为中心的考察》,《淮北师范大学学报(哲学社会科学版)》2011年第2期。
② 井红波、杨钰侠:《唐宋汴河的变迁及其对生态环境的影响》,《河南科技大学学报(社会科学版)》2012年第3期。
③ 张汝翼:《黄河泛淮初探》,《地域研究与开发》1987年第3期。
④ 徐成:《论金元之后黄淮关系的发展演变》,《贵州文史丛刊》2009年第4期。

这种侵夺造成了生产条件的恶化、水利设施的毁废、民力资财的劫难,自然灾害的加剧使整个区域遭到严重破坏[①]。查一民专门对清前期陈定斋所提出的"黄淮合流有害无利论"进行研究,他认为黄河夺淮是违反"天地之常"的不正常现象,也并非历史的必然,而是为了通漕保运,逼河南行而造成的人为局面,黄河夺淮,黄强淮弱,抬高了下游河道,使洪涝灾害日趋严重,其灾害甚至影响到中上游及其周边地区[②]。

黄河夺淮对苏北地区造成了较大的影响。房晓军专门探讨了黄河夺淮对淮阳的影响。他认为,黄河夺淮后,尤其是明代黄河治理并形成相对固定的河道后,淮阳作为黄、淮、运交汇地点,成为河道淤塞最严重的地区,也是水患极易发生地段[③]。孟尔君专门对苏北的海岸线变迁进行了研究,他认为泛淮始于西汉文帝时期,北宋时有四次较大的泛淮活动,但因时间较短,堵合及时,对苏北的海岸线影响不大,变迁缓慢。自1128年至1855年,黄河大规模南泛,长期夺淮,使新的黄河口不断向外延伸,海岸线迅速外延,不断形成新的滨海平原,而自1855年以后,又不断遭到侵蚀,相当一部分陆地重为沧海[④]。蒋慕东、章新芳对黄河"夺泗入淮"的问题进行了研究。他们认为,黄河"夺泗入淮",尤其是明嘉靖到清咸丰年间,苏北河流大部已成悬河,"有雨则涝,无雨则旱",不但使原有河系发生变迁,洪泽湖等加速形成,海岸线东移,尤其是自1400年至1900年的500年间,发生较大水灾350次,较大旱灾280次,城池湮废,水利设施遭到破坏,土壤环境发生较明显变化[⑤]。卢勇、王思明、郭华则对明清黄淮造陆与苏北灾害关系进行研究。他们认为,从1128年至1855年,黄淮合流共造陆有1万平方公里,海岸线向前推进了90公里,这一方面提高了

---

① 吴海涛:《历史时期泛淮对淮北地区社会经济发展的影响》,《中国历史地理论丛》2002年第1期。
② 查一民:《陈定斋论黄河夺淮之害》,《农业考古》1986年第2期。
③ 房晓军:《黄河夺淮及其对淮阳的影响》,《淮阳师专学报》1996年第3期。
④ 孟尔君:《历史时期黄河泛淮对江苏海岸线变迁的影响》,《中国历史地理论丛》2000年第4期。
⑤ 蒋慕东、章新芳:《黄河"夺泗入淮"对苏北的影响》,《淮阳师范学院学报》2006年第2期。

河湖决溢的概率,导致水灾频发;另一方面,海水倒灌,引发沿海潮灾明显增加;同时土壤严重盐碱化,使古代的富饶之地成为近代的贫瘠之乡[①]。凌申则对黄河夺淮与苏北农垦的关系作了专门研究。他认为,1128 年至 1855 年间,黄河夺淮后,形成了丰富的土地资源,盐业衰微,农垦兴起,迁移族众,为农垦提供了丰富的人力资源。黄河北流后,"废灶兴垦"活动兴起,农业条件极大改善。[②]

(三)淮河与南北地理分界线问题研究

南北分界线与淮河秦岭相关,但是,唐代所认可的南北分界线在哪儿呢?张伟然、周鹏认为南北地理分界线有自然环境、政治疆域和文化观念三层含义。在历代行政体系中,州县二级建制之上还有道,淮河为河南道与淮南道的边界,也是行政建制上的南北分界线。在地理上,唐代人以为淮河"长"和"深",从政治地理和历史地理角度,南北分界线应在淮河,但从自然地理和历史地理角度,南北分界线可以达到长江[③]。不过中国的南方与北方,不仅是地理概念,也是气候概念,中国的南方与北方都是以淮河为界的。[④] 盛险峰则认为,从气候上淮河是古代南北方分界的重要自然地理标识,但早期的南方与北方分属中国的南北,分界线明显偏北。因民族融合等因素,在东周时地理格局也有明显变化。在经济类型上,北方为旱作农业,南方为水作农业,旱作农业强调精耕细作,界线也在淮河。在九州之分中,淮河作为徐州与扬州的分界,泗渎中,淮以北河为大,淮以南江为大,淮河的导水与独流特征十分明显。尤其在分裂对峙时期,魏晋南北朝、五代十国、宋金三个时期均以淮河为界,一旦

---

① 卢勇、王思明、郭华:《明清时期黄淮造陆与苏北灾害关系研究》,《南京农业大学学报(社会科学版)》2007 年第 2 期。
② 凌申:《历史时期黄河夺淮与苏北沿海的农垦》,《安徽农业科学》2009 年第 15 期。
③ 张伟然、周鹏:《唐代的南北地理分界线及相关问题》,《中国历史地理论丛》2005 年第 2 期。
④ 谭庄:《中国南北以淮河为界》,《读书》2007 年第 6 期。

这种均势最终被打破,分裂局面将被统一取代。①

关于淮河作为南北政治分界线的时间,于薇认为,这种分界线形成很早,延续时间很长。西周早期,王朝以南阳为中心控制汉水流域,而淮夷集中在淮河下游北岸的苏北地区。西周中期,汉淮流域全面开发,华夏与淮河以北的淮夷的融合进一步加强。西周晚期,淮汉区域雏形始现。春秋以后,淮汉区域得到确立与巩固,这一区域的形成,使淮河这条气候过渡带发展成为政治分界线成为可能。②

(四)区域生态变迁与灾害研究

开封是淮河流域的重要城市,是黄淮交流的重要节点。李润田、丁圣彦、李志恒专门讨论了黄河对开封城市发展的影响。在战国时代,大型引黄水利工程鸿沟水系的开凿,使开封(大梁)成为水上交通枢纽;隋通济渠的修竣,使开封成为中原的政治、经济与文化中心;北宋时的惠民河、汴河、五丈河、金水河等"四河漕运",使开封成为全国最为繁华的经济都会。黄河南泛后,自1194年至1887年的近700年间,黄河在开封附近泛滥达110多次,开封城曾7次被黄河水淹没,发生大旱近30次,大水18次。这不仅淤塞了河道,湮灭了湖泊,衰落了市镇,也使开封周边的区域生态环境系统受到了严重破坏。③关于宋都开封水系与环境变迁,李相楠认为,开封中心地位的形成,与临近黄河的优势密不可分,北宋时汴京水运与惠民河、汴河、五丈河、金水河等"汴京四渠"分不开,尤其是其前身为通济渠的汴河,上承黄河,下接淮河,沟通长江,使开封成为集散地,成为辐射全国的真正贸易中心。自金初黄河南泛,水

---

① 盛险峰:《论淮河在中国古代南北的分界地位》,《古代文明》2008年第1期。
② 于薇:《淮汉政治区域的形成与淮河作为南北政治分界线的起源》,《古代文明》2010年第1期。
③ 李润田、丁圣彦、李志恒:《黄河影响下开封城市的历史演变》,《地域研究与开发》2006年第6期。

患成为开封地区的最大问题,河网破碎,开封地位一落千丈①。明代开封洪水灾害最为严重,王长燕、赵景波、郁耀闯认为,在明代自1368年至1643年的276年间,开封"共发生轻度水灾7次,平均每39.44年发生一次,中度水灾54次,平均每5.11年发生一次;大水灾28次,平均每9.86年发生一次;特大水灾8次,平均每34.5年发生一次"。其主要灾害为中度水灾和大水灾,主要类型为河决型水灾,水灾发生的频率性和严重性与黄河逼近有极大关系,尤以1390年、1450年、1480年、1490年、1520年、1540年、1550年为水灾极端频发年份,1380年、1410年、1480年、1500年、1580年则为水灾极端严重年份②。开封北方水城地脉的历史变迁,反映了开封城市与水的关系密不可分,李亚卿认为,开封历经了多个水系阶段,其中战国时的鸿沟体系,与汴、濉、涣、涡四水的勾连,与淮水形成大的水系。隋代开始的以洛阳为中心的运河体系,由洛到郑,形成了对开封有较大影响的通济渠建设。宋代以开封为中心的运河体系,在开封形成了汴河、蔡河、五丈河和金水河的四水汇通格局。宋代以后,河道淤塞,虽有疏浚,但体系破碎,开封的水运中心地位一落千丈,但开封作为水城的基础还是存在的。③

商丘,也是黄淮区域的重要城市,历史上黄河水灾对其生态环境影响也较大。李正华认为,自915年至1855年,这900余年间主要在黄河夺淮的阶段,发生在商丘地区的水患见于文献者达36次,其中宋代有5次,河决、溢,在下邑、谷熟、宁陵、宋城、归德等地;元代4次,河决、大溢、泛滥,在归德、蒲儿口、睢州等地;明代17次,河决、冲、溢,在归德、夏邑、宋城、虞城、商丘等地;清代10次,河决、溢,在虞城、夏邑、睢州、兰阳、祥符等④。曹隆恭则对商丘地区水

---

① 李相楠:《宋都开封的兴衰与黄河生态环境变迁》,《宜春学院学报》2013年第2期。
② 王长燕、赵景波、郁耀闯:《明代开封地区洪水灾害规律研究》,《华中师范大学学报(自然科学版)》2008年第3期。
③ 李亚卿:《开封北方水城地脉的历史变迁与水城建设定位》,《开封大学学报》2008年第3期。
④ 李正华:《商丘地区黄河水患史料辑要》,《黄淮学刊》1989年第3期。

灾规律进行研究,自隋代开始,即598年至1985年的1387年间,商丘共发生水灾220次,平均每6.3年发生一次。其中,水灾周期有逐渐缩短的趋势,发生连年水灾的次数越来越多,年限越来越长,河决次数越来越多。其治水排涝的经验,包括筑堤、护堤、堵塞决口、开挖河渠、疏浚沟渠等[1]。李东坡则对商丘附近黄河迁徙进行了研究,西汉武帝瓠子决口、王莽时黄河决口均波及商丘,但自南宋至明,即1180年至1546年的近400年间,黄河下游分成数股入淮,相互迭为主次,下游干流逐渐南摆到商丘一带。自金大宝年间开始,黄河主流均由泗入淮,所分三支均流经今商丘境内。元朝时,黄河所流经黄淮平原,形成多支泛道,亦都与商丘有关,在该地泛滥达11次之多。明朝时,黄河改道更加频繁,主流称为"大黄河",还有经归德、徐州的"小黄河",其后更分有多个泛道,商丘受害最为严重。自1546年至1854年的300多年间,黄河下游河道经商丘单股汇淮入海,黄河干流大部保持在今"废黄河"一线,万历年间才有汴入泗、泗入淮的固定河道,即"淤黄河",这300年间黄河在商丘决溢有8次。1855年以后,黄河北流后,商丘所受黄河洪灾较少,但所留下的沙丘盐碱地,极大改变了当地的生态环境,使商丘的经济文化水平受到了较大的影响[2]。在与商丘相关的水灾中对睢县的影响最具典型意义。陈隆文认为,自金代以后,睢县北靠黄河,明清以来,黄河泛滥多被其害,共经历两次迁徙,共有三城,分为古城、旧城、新城。古城为早期的襄邑城,北宋时废弃;旧城在今睢县城区以北,自宋代开始,旧城多次遭水冲毁;明崇祯年间,改迁新城,即今县城,旧城即成今城湖,张弓河在明嘉靖年间为涡河,为黄河支流[3]。

苏皖地区也是黄淮区域的重要组成部分。有关安徽的古代城镇发展,沈葵、彦雨有专门研究,他们认为,安徽城镇尽管起源很早,却没有出现过全国性

---

[1] 曹隆恭:《商丘地区的水灾规律及其治水的历史经验》,《中国农史》1990年第3期。
[2] 李东坡:《黄河在商丘的迁徙及其影响》,《商丘职业技术学院学报》2004年第4期。
[3] 陈隆文:《黄河水患与历代睢县城址的变迁》,《三门峡职业技术学院学报》2012年第3期。

的中心城市,也没有出现一个稳定的、作为区域市场中心的城市,寿春(今寿县)虽然具备了这样的条件,从东周到宋代有这样的影响,但宋以后便衰落了。寿春的兴盛,与"入海乘淮"的交通条件有关,其衰落也与河道淤塞改道有关[1]。寿春位于东肥河入淮之处,因地势低洼,易遭水患,因此寿春拥有强大的城墙和护城河的防洪工程系统,20世纪80年代其城墙保存完整,高2.5丈,护城河宽20余丈[2]。阜阳位于淮河以北,黄淮之间,有大水水系近百条,亓龙认为,阜阳文化有黄淮文化的融会、老庄文化的积淀、名人文化的效应、村野文化的铺垫、军旅文化的影响、琼浆玉液的熏陶、多元文化的融合,因此阜阳文化在皖北地区具有典型性[3]。苏北地区也是受黄河夺淮影响最大的地区之一,谢新杰等对当代苏北沿黄地区聚黄的格局特征进行了研究,认为苏北地区的地形地貌格局是历史上黄河多次夺淮入海以后自然环境影响的结果:一是沿故黄河地区聚落分布有明显的地域差异。徐宿地区乡村聚落分布稀疏,村村分离明显,但规模大而呈团簇状分布;淮安地区处于南北过渡区域,聚落分布较密集,村村分离较明显,规模相对大而呈团状分布;盐城地区乡村聚落分布密集,沿河呈条带状分布,规模小。二是沿故黄河地区乡村聚落可以划分为阜涟-条带状聚落高密度分布区、丰沛睢-团簇状聚落均匀分布区、铜窟-团状聚落稀疏分布区、淮安-过渡性聚落中密度分布区四种地域类型[4]。徐州是受黄河改道影响最大的地区之一,黄河夺淮的最后南流时期在清代前期,胡梦飞认为,据统计,明代270年间徐州发生水灾120次;清代268年间,徐州发生水灾203次,顺治至嘉庆时的黄河水灾117次,黄河决口的水灾占其中的45次。黄河决口的地点明隆庆时主要集中在丰沛地区,隆庆前后下移到徐邳地区,但

---

[1] 沈葵、彦雨:《安徽古代城镇发展的特点》,《学术界》1988年第6期。
[2] 郑连第:《寿州古城——淮河古水利考察散记》,《中国水利》1984年第2期。
[3] 亓龙:《阜阳文化摭谈》,《阜阳师范学院学报(社会科学版)》2002年第2期。
[4] 谢新杰、马晓冬、韩宝平、赖清华:《苏北沿故黄河地区乡村聚落的格局特征与类型划分》,《国土与自然资源研究》2011年第5期。

清代时黄河水灾主要发生于邳州、宿迁、睢宁、沛县等地,发生在徐州铜山、丰县、萧县、砀山等地的次数要少一些,这与徐州西北高、东南低的地势有关[①]。

诚然,淮河文化还有许多问题值得研究。几十年来,在某些领域也已形成较多成果,笔者仅仅选择其中最主要的领域作些微述论,为深入研究抛砖引玉,希翼引起学界的注意。(张新斌)

---

① 胡梦飞:《清代顺治至嘉庆年间徐州地区黄河水灾成因与特点初探》,《黄河科技大学学报》2011年第1期。

第二节
20世纪90年代以来黄河中下游地区生态环境变迁与城镇兴衰研究综述

黄河及其支流孕育了华夏早期的城市,滋养了中国有数千年历史的都城,在我国城镇发展历史上具有十分重要的地位。因此,有关黄河和黄河中下游地区城镇的研究备受青睐,特别是20世纪90年代以后,研究黄河及以古都为主的黄河中下游地区城镇的成果更多,相关研究成果概述如下。

一、黄河及其流域内生态环境变迁研究概述

从传说中的大禹治水到1855年黄河在铜瓦厢改道北流的历史长河中,黄河及其支流在不同历史时期发生着或大或小的变化,尤其是黄河下游河道变迁最为明显,述及黄河变迁的论著颇丰,有专门书写黄河变迁及其治理的著作,其代表作有岑仲勉的《黄河变迁史》、邹逸麟的《千古黄河》、黄河水利委员会编写的《黄河水利史述要》、史念海的《黄河流域诸河流的演变与治理》、程

有为的《黄河中下游水利史》等;也有从宏观角度书写黄河变迁及治理的著作,其代表作有郑肇经的《中国水利史》,姚汉源的《中国水利史纲要》,武汉水力电力学院、水利水电科学研究院、《中国水利史稿》编写组编写的《中国水利史稿》及台湾学者沈百先、章光彩的《中华水利史》等;还有从与黄河关系密切的河流角度书写黄河的著作,其代表作有张新斌等著的《济水与河济文明》、韩昭庆的《黄淮关系及其演变过程研究》等;以论文形式书写一定历史时期黄河变迁及其治理和与运河关系的更是层出不穷,其代表作有谭其骧的《〈山经〉河水下游及其支流考》《何以黄河在东汉以后会出现一个长期安流的局面》等。以上论著运用不同方法,从不同角度对黄河及其支流,以及与黄河关系密切的河流进行了广泛而深入的研讨,重点对黄河的变迁及其治理作了勾勒和描述,其侧重点各有不同。

岑仲勉的《黄河变迁史》[①]一书重在研究黄河变迁,尤其是元代以前,详古略今,认为明代尤其是清代还有许多书本可供参考,涉明以前的事则清代的黄河书刊大率遵循胡渭的说法,有再行讨论之必要。就前代可能的条件下,对其治河方法进行介绍兼有评价。邹逸麟的《千古黄河》[②]一书是论述黄河的专著,内容详细,见解独到。该书从不同线索出发对黄河进行综述。首先阐明黄河流域的自然环境,包括地势、流水特性等,并阐述了黄河流域在中国的历史地位,是中华文明的发源地,是中国古代的政治中心,是10世纪之前的经济、文化中心。其次简述黄河是一条善淤、善决、善徙的河流,且黄河流域的生态环境也是不断变化的。人类社会早期,黄河中下游地区的气温、降水、植被、土壤等条件都适宜人们生存繁衍和劳动作息。但经过两三千年的人类活动,生态环境渐趋恶化,森林草原植被遭到严重破坏,大面积的地表裸露造成严重的土壤侵蚀,水土大量流失,耕地锐减,土地沙化贫瘠,气候干旱,黄河淤积决溢

---

① 岑仲勉:《黄河变迁史》,北京:人民出版社,1957年。
② 邹逸麟:《千古黄河》,上海:上海远东出版社,2012年。

等。该书分析的这些内容都与人类活动有直接关系,特别是黄河的危害,人类不得不为自己的破坏行为买单。两千年来,人们与黄河相斗相依,不断进行治理,治黄水平大大前进,对今天综合治理具有重要的借鉴意义。该书对黄河的研究较为系统,对我们了解黄河的历史大有裨益。1984年水利部黄河水利委员会组织编写的《黄河水利史述要》[1]是一部系统书写历代治黄经验教训的著述,全书分为十章。第一章阐述了黄河流域的自然环境,因泥沙多而善决,河道变迁无常,沿河流域灾害严重,治河成为历代政府施政的重要内容。后面九章论述了先秦到清代的黄河治理。该书阐述了不同历史时期的黄河治理,还详细解读了历代治河成功和失败的原因及黄河河道变迁的过程,更重要的是,该书以正史中纪、传、志及明清实录等为依据,按朝代顺序编制了各个朝代黄河决溢统计表,对于今后的治黄工作和学术研究颇有裨益。史念海的《黄河流域诸河流的演变与治理》[2]一书也是主要探讨黄河及其支流的演变与治理的。该书对历史上黄河中下游地区,特别是黄土高原地区的生态环境变迁,包括黄土高原的特殊地貌与黄河干支流的河流状况、森林资源等内容,以及黄土高原演变过程中定性和定量变化的情况加以阐述,以便尽可能复原历史时期黄河流域的地理景观并探索其演变过程中一些规律性的东西,且分析了黄河及其支流的治理情况,为今后的治黄治土和改善人类生存环境提供了历史借鉴。程有为的《黄河中下游地区水利史》一书有三方面的创新:一是把水利纳入人类与大自然中去考察,从人口、资源、环境、经济、社会这一新视野,研究水旱等自然灾害的发生、水患的治理和水利的开发,把洪水和泥沙作为重要的资源看待,着力探讨人与自然的关系是否和谐、生态环境是否平衡良好,从而在水利理论方面形成一些不同于前人的新认识;二是坚持"厚今薄古"的原则,时代越往后,内容越详细。以前的水利史著作,大多只写到中华人民共和国成

---

[1] 水利部黄河水利委员会编写组:《黄河水利史述要》,北京:水利电力出版社,1984年。
[2] 史念海:《黄河流域诸河流的演变与治理》,西安:陕西人民出版社,1999年。

立前,本书不仅填写了中华人民共和国建立后黄河水利史的这段空白,而且把20世纪的100年特别是中华人民共和国建立后的50年作为研究和记述的重点,着力阐述人民治黄的成就,并总结其经验教训;三是注意吸收20世纪末一些新的重要的研究成果和最新的考古学成果。

郑肇经及其《中国水利史》[①]一书阐释了我国主要河流大江的发展轨迹,以及各省的水利灌溉事业。黄河是其中的重要部分,特别论述了历史时期黄河的六次大徙,让人们清楚了解了黄河的改道和不同时期的流路。该书还专辟一章阐述运河,使我们了解历史上不同时期与黄河有关联的运道概况,以及南北水上交通的变迁。该书涉及的水利灌溉包括黄河中下游地区,也可以从中窥探历史上不同时期对黄河及其支流的利用概况。姚汉源的《中国水利史纲要》[②]一书所论虽然包括全国不同地域的水利,但主要阐释了夏商周三代至民国时期黄河流域水利事业的发展轨迹,以黄河中下游地区为主。夏商周三代是水利事业的起步时期。秦至东汉末年,水利事业迅速发展,位于黄河中游的关中和洛阳是当时的政治中心,农田水利事业的发展促使这两个区域农业经济得到开发。东汉末年至隋立国,北方政权更迭频繁,人口大量减少,黄河流域水利事业相对衰退,主要工程是防洪治河。隋唐时期,经济繁荣,水利遍布南北,黄河流域之恢复超过西汉,运河的开凿更胜前代。唐后期及五代十国,政治不稳,北方再次衰落,黄河灾害日益严重。北宋立国,黄河流域水利事业有所恢复,倾全力治黄而成效不大,稍胜于放任自流。南宋至明嘉靖末的四百余年,北方农业衰落,水利长期失修。黄河南流夺淮,政治动乱时漫流中原差不多有一百年;治理无术,只逼水南流又三百余年,洪水灾害遍及黄淮平原。政治中心北移后,粮食仍仰赖江南,由于政治中心和经济中心联系和平衡的需要,元代开京杭运河,明代复修,成为南北交通的大动脉。四百年间北方水利

---

① 郑肇经:《中国水利史》,上海:上海书店,1984年。
② 姚汉源:《中国水利史纲要》,北京:水利电力出版社,1987年。

成就首为京杭运河的开通,明清水利方针以保京杭运河漕运为主,不能一年断漕,治黄治淮等防洪工程受治运左右。金占据北方而不兴水利,元明统一而财富来自江南,亦不急于兴修北方农田水利。明隆庆元年(1567)至民国时期,是全国农田水利、江河防洪、航运维修等水利工程普遍开展到衰落的时期,经营虽勤而成绩并不突出,以至逐步衰落不振,虽近代以来引进西方水利科学技术而见诸实施,而有补于国计民生者不多。该书针对黄河地区的水利事业,自古论至今,分析了历史上不同时期水利事业的特点。古代黄河流域的水利事业一般与黄河关系甚大,该书也涉及治河内容。沈百先、彰光彩等编著的《中华水利史》[①]一书论述了中国河川的概况及水利方面的知识,包括各代的水利事业、水利测量与水利实验、水利教育、水利学术与制作,以及水利行政与水利经费等问题。其中涉及黄河中下游地区的河川及水利事业,详细阐明了各河川的流域、水文、河道与水患情况,对历史时期黄河中下游地区的防洪、灌溉及水运也有精辟论述,对我们研究黄河中下游地区的生态环境及城市发展有相当的借鉴作用。

黄河是一条善淤善决的河流,或改道,或迁徙,或治理,在中国古代与其邻近的其他河流总是发生着这样那样的关系,例如黄河与济水、黄河与淮河等。正因为黄河与济水的关系密切,被学界认为"研究济水,不可能不研究黄河,因为二者关系太为密切;研究黄河,又不能不研究济水,因为只有这样,对黄河的研究才可能深入"。张新斌等著的《济水与河济文明》[②]一书即是研究黄河与济水关系的代表作,主要探讨济水与黄河之关系及其创造的文明。该书通过厘清历史上济水水道的经行地点,并对"济水重源""截河而南"及"溢而为泉"等与济水相关的难点问题做了更为深入的剖析,从地质时期黄河发育的历史谈到黄河作为海洋水系的形成,寻找其间黄河泛滥与温顺的深层原因。

---

① 沈百先、彰光彩等编著:《中华水利史》,台北:台湾商务印书馆,1979年。
② 张新斌等:《济水与河济文明》,郑州:河南人民出版社,2007年。

黄河与淮河也有着千丝万缕的联系,曾长期夺淮。韩昭庆的《黄淮关系及其演变过程研究——黄河长期夺淮期间淮北平原湖泊、水系的变迁和背景》①一书重点阐释了黄河长期夺淮的始端,使人们更加正确地认识黄河夺淮的时间与夺淮问题。黄河下游的变迁及其对淮河水系的影响也是该书描绘的重要章节,详细总结了历代黄河决溢的次数与地点,为我们研究黄河决溢改道问题提供有力借鉴。作者认为元明清三代是黄河变迁的主要时期,三代黄河变迁又都对涡河、颍河产生巨大影响,从而影响该区域的社会发展。该书在最后一章专门论述了黄河、淮北平原湖泊、水系与人类活动的关系,并对其关系进行了反思。淮北平原湖泊、水系变迁的主动力是长期驻足淮北平原的黄河的水沙条件,人类活动则从某种程度上起到制约这些变迁的方向及进程的作用。这对我们研究黄河中下游地区的生态环境与城镇发展具有重要借鉴意义。中国历史上,与黄河联系紧密的还有运河。史念海的《中国的运河》②一书主要运用历史地理学的方法探索历史上各条运河的沿革,试图说明事物变化的缘由及其过程和影响,其中多条运河位于黄河中下游地区,与黄河关系密切,这些运河的开凿和维护对黄河沿河城市和居民产生深远影响。

此外,有关黄河中下游变迁等问题的独立成篇的文章也有不少,散见于各类期刊中,如《历史地理》《黄河史论丛》等。例如谭其骧的几篇文章:《〈山经〉河水下游及其支流考》③一文强调了《山海经》一书是研究黄河的重要史料,从中可以明晰黄河下游及支流的问题。《西汉以前的黄河下游河道》④一文对黄河曾经决徙过几次、决在哪里、徙从何道等学界莫衷一是的问题做了科

---

① 韩昭庆:《黄淮关系及其演变过程研究——黄河长期夺淮期间淮北平原湖泊、水系的变迁和背景》,上海:复旦大学出版社,1999年。
② 史念海:《中国的运河》,西安:陕西人民出版社,1987年。
③ 谭其骧:《〈山经〉河水下游及其支流考》,《黄河史论丛》,上海:复旦大学出版社,1986年,第1—16页。
④ 谭其骧:《西汉以前的黄河下游河道》,《黄河史论丛》,上海:复旦大学出版社,1986年,第1—16页。

学的解释,特别是对西汉以前黄河下游河道改过几次的问题,更是否定了原来权威的一次说和无改道说,根据下游平原有无城邑而提出多次改道说。可见城邑与黄河关系之密切,这对我们研究黄河中下游地区的生态环境与城镇发展有一定的借鉴作用。《何以黄河在东汉以后会出现一个长期安流的局面》[①]一文分析了黄河在东汉以后长期安流的原因,否定了以往学者一致认为的"王景治河工程技术措施深合乎治导之原理"的观点,提出了黄河中游的土地合理利用是消弭下游水害的决定性因素,并加以科学论证。论据充分,极具说服力,为研究河决河安提供了一个新的思考角度。

二、黄河中下游地区城镇研究概述

黄河中下游地区的城镇在繁华大都市的引领下,其发展水平在宋代以前居于全国前列,在我国城镇发展历史上具有十分重要的地位。自 20 世纪 80 年代以来,研究以古都为主的黄河中下游地区城镇的成果颇多,相关研究成果概述如下。

1983 年秋西安成立古都学会,举行了学术研讨会,与会者提交了很多论文,选辑其中的一部分,于 1985 年 4 月出版了第一辑《中国古都研究》。中国古都学会规定,今后每年举行一次学术研讨会。尽管个别年份因各种原因没有举办学术研讨会,但并没有影响古都研究的进程,至今已经出版二十多辑《中国古都研究》,且相继成立了古都学分会,大大推进了古都研究的广度和深度。尤其黄河中下游地区的古都西安、洛阳、郑州、开封和洛阳所在的微区域及其本身都是研究的重要内容,前人研究成果都是最重要的参考资料。

[①] 谭其骧:《何以黄河在东汉以后会出现一个长期安流的局面》,《黄河史论丛》,上海:复旦大学出版社,1986 年。

城市地理学作为人文地理学的一个分支，自20世纪80年代以来有较大发展，与此同时，历史城市地理受到前所未有的关注。其代表性著作有侯仁之的《历史地理学的理论与实践》、李孝聪的《历史城市地理》、马正林的《中国城市历史地理》等；从历史学角度研究中国城市发展的通史性著作以何一民的《中国城市史纲》为代表；从多学科角度研究中国城市史的著作以傅崇兰的《中国城市发展史》《中国运河城市发展史》为代表；从城镇体系角度研究中国城市的著作以顾朝林的《中国城镇体系——历史·现状·展望》为代表；能够给中国城市史研究以指导的现代城市地理学著作以徐学强、周一星、宁越敏等编著的《城市地理学》为代表；回顾中国城市史的研究成果，不得不提的还有一部外国巨著——美国施坚雅主编的《中华帝国晚期的城市》，其理论也有重要参考价值。研究黄河中下游地区城镇的论文既有对单一城市的考察，也有总体考察，诸如邹逸麟的《论定陶的兴衰与古代水运交通的变迁》，侯仁之的《邯郸城址的演变和城市兴衰的地理背景》，李润田的《黄河对开封城市历史发展的影响》，赵明奇的《徐州城叠城的特点和成因》，日本学者加藤繁的《黄河地方的都市特别是它们的城郭问题》，日本学者须藤贤的《大运河沿岸都市的形态》，王兴亚的《对明清时期北方五省商业镇市之研究》，陈彦光、刘继生的《豫北地区城镇规模分布的分形研究》，陈代光的《从万胜镇的衰落看黄河对豫东南平原城镇的影响》，等等。其他城市研究成果涉及黄河中下游地区城镇的不胜枚举，诸如许檀、邓亦兵、王兴亚、徐春燕等人的论著。

侯仁之是历史城市地理学的理论奠基者，其代表作《历史地理学的理论与实践》[1]一书选取北京、淄博、邯郸、承德、榆林等历史上有区域代表性的城市，对其历史地理的论述，为城市历史地理学研究指明了方向，明确了该学科要研究的性质、任务、内容，并且给出了科学的研究方法。该书还特别考察了

---

[1] 侯仁之：《历史地理学的理论与实践》，上海：上海人民出版社，1979年。

毛乌素沙漠与乌兰布沙漠的变迁,认为其是自然环境和人为因素共同作用的结果,有助于生态环境的研究。李孝聪极度赞同侯仁之的理论方法,在自己的著作《历史城市地理》[①]中就运用了这套理论。该书界定了城市的概念和城市的含义,以现代地理学的城市界定为理论基础,既把历史上的城市放在一定的区域里研究城市分布和城市间的相互关系,即城市体系,也把城市当作一个区域,研究其内部空间结构,并且指出历史城市地理的研究内容,其中的地区开发和城市兴衰是研究关注的核心内容。该书阐释了从新石器时代晚期、青铜器时代早期一直到19世纪的城市发展轨迹,有助于我们了解中国古代不同时期城市特点,无疑对研究城市史的后来者提供了科学的理论方法和丰富的内容。尽管我国历史城市地理学出现时间不长,无论在理论、方法上,还是在队伍建设上都是任重道远,但是在这方面取得一定造诣的学者也有不少。马正林就是其中的佼佼者,其代表作《中国城市历史地理》[②]即是运用历史地理学方法研究城市史的专著,该书最为重要的一点是指出了历史学所研究的城市与城市历史地理学是有严格区别的。历史学所研究的城市着重于城市兴起、发展、演变的历史过程,城市历史地理学则着重于城市兴起、发展、演变的地理空间,二者既有联系,又有区别,不能混为一谈。徐学强、周一星、宁越敏等编著的《城市地理学》[③]一书从区域角度看城市影响区域内的核心作用、城市和城镇的概念、城市产生和发展的区域基础(区域自然地理条件和区域经济地理条件)等。

上述著作主要侧重于论述历史城市地理学的理论与方法,从其他角度阐述中国城市发展的代表性著作也不在少数。何一民的《中国城市史纲》[④]一书

---

① 葛剑雄主编,李孝聪著:《历史城市地理》,济南:山东教育出版社,2007年。
② 马正林编著:《中国城市历史地理》,济南:山东教育出版社,1999年。
③ 徐学强、周一星、宁越敏编著:《城市地理学》,北京:高等教育出版社,2003年。
④ 何一民:《中国城市史纲》,成都:四川大学出版社,1994年。

从历史学角度梳理了自先秦至1949年的中国城市发展概况,并总结归纳出各时期城市发展的特点。先秦城市是在生产力水平极低和物质财富、精神财富很不丰裕的条件下产生的,因而很不完善。但随着奴隶制向封建制过渡,封建经济兴起,为秦以后中国城市的大发展奠定了物质基础。秦汉大统一的中央集权制国家的建立,以郡县治所为中心的城市数量不断增多,规模不断扩大,尤其是都城的高度发展,使中国城市跻身于世界城市发展的前列。三国两晋南北朝时期,是中国封建社会大动荡、大分裂时期。在长达400年的时间里,内战不已,城市的发展受到严重影响,尤其是黄河流域地区的城市破坏严重,如长安、洛阳、徐州等历史文化名城均遭到毁灭性的破坏,北方城市开始走向衰落。隋的统一事业的完成,为唐朝经济文化飞跃发展奠定了政治基础,中国封建社会发展至鼎盛,城市发展也进入一个新阶段。宋代城市发展出现了历史性的巨大转折,同期辽金夏少数民族地区兴起的城市也颇具特色。元代虽然充满了矛盾和危机,但在城市发展方面却对后世影响颇大。明清两代是中国封建社会的晚期,封建专制主义中央集权达到登峰造极的地步,传统的农业、手工业也达到封建社会最高水平,从而促进了市场的繁荣和工业城镇的兴起,也导致了资本主义萌芽的产生,城市社会也发生了若干变化。1840年鸦片战争后,城市经历了一个曲折的畸形发展过程,开埠通商,一批沿海沿江城市出现现代化趋势。随着国内资本主义的兴起和清王朝的改革,部分内地大中城市也出现了现代化趋势。民国时期军阀混战,社会动荡不安,城市发展受到严重制约。该书是我国第一部具有通史性的中国城市史专著,提出的若干深入研究城市史的意向很有学术参考价值。傅崇兰等人合著的《中国城市发展史》[1]一书从城市发生、成长、空间分布、功能制度、经济与社会发展、内部格局、建筑形态、文化特征等方面综合系统地研究城市发展,把城市史视为城市

---

[1] 傅崇兰、白晨曦、曹文明等著:《中国城市发展史》,北京:社会科学文献出版社,2009年。

学基础分支进行研究,既有深度又有广度,在内容和方法上都有许多创新和突破。该书的精髓是人与自然和谐统一的"天人合一"的哲学思想,对人类认识人与自然关系有很大贡献,同时在城市史的结构框架上也有创新,打破了一般城市史书的体系,构建了几个既独立又有机联系的架构。其中的中国城市史与中华文明、中国城市演变史对黄河中下游城镇研究有很大的借鉴意义。中国城市史与中华文明概述了中国城市史在世界城市史上的地位,中国城市历史演变的地理、经济、社会、文化背景,对影响中国城市形成、发展的几个重大因素的探讨和中国城市史研究的理论和方法等。中国城市演变史主要围绕都城的发展演变来展开,对黄河中下游地区的古都西安、洛阳、开封、安阳都城时代都展开了论述,主要从都城所在区域的区域水环境、都城的衰落、都城工商业等方面进行阐释。该书中的一些理论和方法给我们提供较好的借鉴,特别是强调人与自然和谐的思想,对我们研究生态环境与城市发展大有裨益。顾朝林的《中国城镇体系——历史·现状·展望》[1]一书是国内第一部比较系统全面研究中国城镇体系产生、发育、发展的科学论著,对我国城市地理、城市规划、城市经济和城市史研究都具有一定的理论实践意义。该书从中国城镇的历史、现状、展望出发,以城镇体系为研究对象,对城市的起源、城镇体系的产生与发展、现代城镇体系的组织结构等进行了全面系统的探讨,其中中国城镇体系的架构很值得借鉴。

回顾中国城市史的研究成果,不得不提的还有一部巨著——施坚雅主编的《中华帝国晚期的城市》[2]。该书集多位学者的心血,采用包括人类学、历史学、社会学、人口学等多学科的理论方法研究,论述城市,影响城市的建立和扩展的形式与发展的诸种因素,城市与城市、城市与乡村间的联系及城市内部的社会结构。该书不仅提供了较为丰富的城市史方面的资料、知识,而且提供了

---

[1] 顾朝林:《中国城镇体系——历史·现状·展望》,北京:商务印书馆,1996年。
[2] [美]施坚雅主编:《中华帝国晚期的城市》,北京:中华书局,2000年。

研究城市史的一些理论与方法，对研究中国古代城镇有极大益处。

城市是地域范畴，是一定区域的城市，历史城市地理也属于区域史研究的范围，能够给予区域城镇研究指导的，当属李孝聪先生的专著《中国区域历史地理》，[1]按照西北地区(甘、宁、青、新)、西南地区(川、渝、滇、黔、藏)、中原地区(陕、晋、冀、鲁、豫)、长江中下游地区(鄂、湘、赣、皖、苏)、东南沿海地区(浙、闽、台)、岭南地区(粤、桂、琼)、东北地区(辽、吉、黑)、北亚内蒙古地区八大区域及其省份，分别阐述区域自然条件与人类活动的互动关系。其中的中原地区对区域内各省的自然区划与政区、水陆交通、该区域内的都城和其他城市的空间分布给予地理环境分析，认为中原地区成为历史上的帝都之薮归因于地理位置居中，从自然环境和历史人文要素两个方面分析了黄淮海平原城市分布的地带性。

城市地理学的著作丰富多彩，论文更是如雨后春笋般涌现，既有对单一城市考察的，也有总体考察的。邹逸麟的《论定陶的兴衰与古代中原水运交通的变迁》一文收在《椿庐史地论稿》[2]中。该文着重阐述定陶在中国古代社会中的兴衰变迁。春秋战国时期，定陶发展繁荣，是因为地处古代中原富庶地区的中心，并依托济水成为水运交通的枢纽。秦汉以后，定陶逐渐衰落，以至唐初县制撤废，主要原因是济水逐渐干涸，至隋初新开通济渠分水口改在广武山南，济水成了无源之水，本已十分淤浅的济水成为枯河。至此，有"天下之中"第一流都会之称的定陶逐渐衰落。宋时定陶再度兴起，金元以后再趋衰落，主要原因是宋代济水水源得到一定程度解决，但又未彻底解决，因此无法达到之前的繁荣并再次衰落。该文充分说明了城市的兴衰与水运的关系密切。李润田等的《黄河影响下对开封城市的历史演变》一文将战国时魏国开凿的鸿沟、隋唐时的通济渠和永济渠、北宋的汴河等人工河道都视为黄河的支流，论述了

---

[1] 李孝聪：《中国区域历史地理》，北京：北京大学出版社，2004年。
[2] 邹逸麟：《椿庐史地论稿》，天津：天津古籍出版社，2005年，第126—137页。

黄河及其支流在不同历史时期对开封城市发展的影响,尤其是自战国至北宋开封城不断向上发展的时期及开封城逐渐衰落的金元明清时期。赵明奇的《徐州城叠城的特点和成因》[①]一文参考大量考古资料,通过对徐州城市历史变迁过程的论述及区域灾害史料的分析,总结了徐州城叠城的历史缘由,认为徐州城叠城具有严整重合的显著特点。

三、黄河中下游地区生态环境变迁与城镇兴衰研究

古代黄河流域生态环境变迁与城镇兴衰问题也引起学者关注,主要集中在商都殷墟、古长安和开封的研究,探讨了古都与生态环境之间相互制约、相互依存的关系。李民的《殷墟的生态环境与盘庚迁殷》[②]一文探讨了民族的生存与所处的生态环境的关系。文章以盘庚迁殷为例,探索人类活动与生态环境之间的关系,认为盘庚迁殷的重要原因是生态环境受到人为因素的影响太大,以致退化到人类无法生产生活,迫使盘庚迁往生态环境优越的殷地。郭睿姬认为动物的生长与当时所在地的地貌、土壤、水源、气候、植被等自然条件所形成的群落关系极为密切,在其《殷墟的自然环境及其与人类的关系试探》[③]一文中运用殷墟考古出土的大量动物遗骸的相关资料,论述了殷墟的自然环境及其与人类社会的关系。长安城因其历史上的辉煌,成为学者最为关注的都城之一。史念海的《黄土高原的演变及其对汉唐长安城的影响》[④]一文首先清楚描述了黄土高原的地理位置及所处的自然环境,交代了汉唐时期黄土高原的人口状况、农业发展、河流与森林植被状况。这些因素的变化导致了黄土

---

① 赵明奇:《徐州城叠城的特点和成因》,《中国历史地理论丛》2000年第2期。
② 李民:《殷墟的生态环境与盘庚迁殷》,《历史研究》1991年第1期。
③ 郭睿姬:《殷墟的自然环境及其与人类的关系试探》,《中州学刊》1998年第2期。
④ 史念海:《黄土高原的演变及其对汉唐长安城的影响》,《中国历史地理论丛》1998年4月增刊。

高原的变化，进而导致了汉长安城至萧关之间路程的切断。关于长安城与生态环境的关系的研究成果丰富，朱士光的两篇论文研究得较为透彻。《汉唐长安城的兴衰对黄土高原地区社会经济发展与生态环境变迁的影响》[①]一文探讨了汉唐长安城建立在黄土高原的原因及两代长安城的兴衰对黄土高原地区社会经济发展与生态环境变迁的影响。之所以建都于此，主要是因为地理条件优越。都城的兴衰与该国之国势兴衰同步同向且相互影响，且与邻近区域之社会经济发展及生态环境变迁也相互影响。朱士光的另一篇论文《西汉关中地区生态环境特征及其与都城长安相互影响之关系》[②]也是谈论生态环境与城市发展间的相互关系的，主要阐释了西汉时期长安作为都城很大方面是因为关中地区生态环境的良好：植被充足，水量丰沛，平原沃野。又因长安是都城，统治者采取措施大力改善关中地区的生态环境：强本弱末，兴修水利，发展漕运，提倡畜牧业，培植和豢养珍奇动植物等。该文阐明了生态环境与城市发展相互影响之关系。李健超的《汉唐长安城地下水的污染与黄土地带国都的生态环境嬗变》[③]一文论述了汉唐长安城的地理环境及地下水污染的过程与规律，从中可以窥探长安城生态环境的逐渐恶化。国外学者对此也有论文出现，鹤间和幸的《汉长安城的自然景观》[④]一文从历史学的角度出发研究自然环境。作者实地考察了长安城及其周边的区域，详细阐述了该区域的水利和自然环境，且附有汉长安城及其周边的考察项目，有助于我们了解前人的研究成果。妹尾达彦的《唐代长安城与关中平原的生态环境变迁》[⑤]一文探讨

---

① 朱士光：《汉唐长安城的兴衰对黄土高原地区社会经济发展与生态环境变迁的影响》，《中国历史地理论丛》1998年4月增刊。
② 朱士光：《西汉关中地区生态环境特征及其与都城长安相互影响之关系》，《中国历史地理论丛》1999年12月增刊。
③ 李建超：《汉唐长安城地下水的污染与黄土地带国都的生态环境嬗变》，《中国历史地理论丛》1998年4月增刊。
④ [日]鹤间和幸：《汉长安城的自然景观》，《中国历史地理论丛》1998年4月增刊。
⑤ [日]妹尾达彦：《唐代长安城与关中平原的生态环境变迁》，《中国历史地理论丛》1998年4月增刊。

了黄土高原的生态环境与都城的历史之间的关系,特别是主要分析唐代关中平原与长安城的关联。首先论述了中国国都变迁的形式及关中平原的文化地位,其次整理了关中平原的生态环境史,最后明确阐述了唐长安城的居住环境。内容详细,参考了很多研究生态环境与城市之间关系方面的专家的论著,对我们助益匪浅。开封也是著名的古都,又因该城中轴线未曾变动,城摞城的奇观也成为学者竞相研究之目标。程遂营的《唐宋开封生态环境研究》[①]是探讨城市生态环境的专著。该书以唐宋时期的开封城为研究对象,论证了生态环境与城市发展和生态环境与社会发展之间的关系。绝大多数论著认为社会的发展促进城市的发展,却很少论及社会的发展、城市的发展于生态环境产生何种后果。该书明确指出开封城的发展对生态环境也有破坏作用,生态环境的恶化又反过来影响城市的发展和繁荣。此外,邹逸麟的《历史时期黄河流域的环境变迁与城市兴衰》一文从宏观角度考察了黄河流域城市兴衰的一般历史地理过程。

综上所述,学者们在古代黄河流域生态环境变迁与城镇兴衰方面的研究已达到相当的广度和深度,为我们继续深入研究提供了许多有价值的启示和参考。但是,在以往的研究中,学者们多侧重古都与黄河流域生态环境变迁关系的研究,对古代中小城镇与生态环境变迁关系的研究深度不够,关注点多集中在黄河及其支流水患对某一城镇的影响,对于黄河中下游地区生态环境变迁、城镇兴衰特别是二者关系的研究尚不够系统、全面。具体而言有三个方面:一是如何在自然环境演变与社会变迁两个方面和相互关系上展开研究;二是如何把人口变化与土地垦殖、畜牧业发展、森林变迁、黄河水系开发作为城镇发展与环境变迁的"中介",展现人与自然关系演变的历程。三是如何开展地图、文字叙述、表格相结合的研究方法,多途径表达思想观点。总之,古代黄

---

① 程遂营:《唐宋开封生态环境研究》,北京:中国社会科学出版社,2002年。

河中下游地区生态环境变迁与城镇兴衰深入研究拓展的领域还很大,我们应该借鉴海内外学者的相关研究成果及其他学科知识,更好地为黄河中下游地区生态环境建设和城镇发展提供理论指导。(田冰)

第四章 地方历史热点研究

第一节
明清时期河南城镇研究综述

明清时期是我国南北区域经济非均衡发展的重要时期,同时也是城镇建设空前繁荣的历史阶段,对后世影响深远。明清时期河南城镇发展较之南方,尤其是经济发达的江南地区,无论是数量规模,还是城市繁华度都相形见绌,但是全国商业网络的形成及区域经济的进步,还是为这里带来了前所未有的发展机遇,城镇建设取得了不可忽视的巨大成就,特别是商业城镇的迅速发展,更是成为这个时期经济进步的亮点。

城镇是相对于农村而言的。在现代地理学中,城市和城镇是两个不同的概念,城市(city)指经国家批准设立的有市建制的城镇,不够设市条件的建制镇称为镇(town),市和镇总称为城镇或者市镇,在非严格情况下两者可以混称。[1] 我国古代没有"市建制"的概念,因此古代的城镇与现代地理学意义上的城市和城镇有着很大不同。我国居民人口分为城镇人口和农村人口两种,

---

[1] 周一星:《城市地理学》,北京:商务印书馆,1995年,第32页。

根据1955年国务院相关规定,县及县以上机关所在地,或常住人口在2000人以上、10万人以下,其中非农业人口占50%以上的居民点都是城镇。有的学者直接把2000这个数值引入古代史学研究领域,如赵冈、陈钟毅在《中国经济制度史论》(新星出版社,2006年)中就未将2000人以下的市镇列入研究范畴。但是台湾学者刘石吉认为清代城镇人口规模与现代相差较大,对将2000人设为标准界定提出质疑。① 罗兹曼根据自己的理解将2000人的标准进行了调整,把晚清城市按照人口分出等级,其中最低一级为500人。② 施坚雅则更为灵活,不同时间段所使用的城镇人口标准不尽相同。③ 鉴于学者们对清代城镇人口划分标准众说纷纭的现实,李伯重又提出了模糊人口规模的看法。④ 顾朝林在《中国城镇体系——历史·现状·展望》(商务印书馆,1992年),刘景纯在《清代黄土高原地区城镇地理研究》(中华书局,2005年)及邓玉娜在《清代河南的城镇化发展》(《中国经济史研究》2005年第3期)中都将城镇的外延扩大,不仅包括古代行政建制中的府、州、县,还包括方志中所提及的市镇、市集、集镇等,这就使得城镇的概念更加宽泛。从以上介绍中不难看出以人口数量界定城镇并将之引入历史学研究的做法,无论是界定本身还是在执行标准上学者们都存在很大的争议。

关于明清城镇的研究可以追溯到20世纪30年代,代表成果有全汉昇的《中国庙市之史的考察》(《食货》1934年第1卷第2期),日本学者加藤繁的《清代村镇的定期市》(王兴瑞译,《食货》1937年第5卷第1期),庄泽宣、潘

---

① 刘石吉与曹树基的观点相近。具体见曹树基:《中国移民史》第六卷,福州:福建人民出版社,1997年,第585—588页。
② Gilbert Rozman: *Urban Networks in Ch'ing China and Tokugawa Japan*, Princeton University Press, 1973, p.102.
③ G.William Skinner: "Regional Urbanization in Nineteenth Century China", *The City in Late Imperial China*, Stanford University Press, 1977.
④ Bozhong Li(李伯重): *Agricultural Development in Jiangnan, 1620-1850*, Macmillan Press(England) and St. Martin's Co.(USA), 1998, pp.171-172.

凤韶、邱璧光的《集的研究》(《中山文化教育馆季刊》1936年第3卷第2期)等，虽然相对来说，这个时期成果数量有限且研究深度稍嫌薄弱，但是开创了这个领域的先河，筚路蓝缕之功可谓大矣。此后，一直到20世纪80年代之前，学者们陆续对明清城镇经济给予关注，代表学者有傅衣凌、刘石吉、施坚雅（美国）等，这些学者较之前辈"开始自觉确立学术规范，注重史料爬梳和理性思考，研究视野较之以前更加宏阔，研究层次更为深入，尤其在研究的理论框架方面取得了重大突破"[1]，明清城镇研究开始臻于成熟。80年代之后一直到现在，城镇研究逐渐繁荣，不但研究队伍愈加庞大，相关成果也如雨后春笋，层出不穷。学者们除了注重城镇经济的宏观研究，也把目光投向了区域史的中观和微观领域，此外，还借鉴国外先进理论和多学科交叉研究方法，力图在研究中寻求体现吉尔兹（Clifford Geertz）所倡导的"地方性知识"理念，将区域社会史作为一种方法论，较为自觉地给予研究对象以"整体史"关怀。[2] 代表人物有李伯重、樊树志、梁淼泰、陈学文、罗一星、包伟民、钟文典、张海英、任放及美国学者罗·威廉，日本学者森正夫、川胜守等。

  河南地处中原，虽然不具备海陆运输的优势，但是天下之中的地理位置，加之内陆水运和陆运的便利，使得明清时期这里的城镇在持续发展的同时还形成了许多极具特色的商品集散地和销售市场。在明清城镇史研究的早期，学者们将区域研究的目光集中在了大都市（如直隶、南京）、沿海城市（如天津、佛山）和经济较为发达的江南和珠江三角洲地区，中原城镇研究所受关注程度不高，专门的中原城镇史研究论著在20世纪80年代才陆续出现。不过近年来，随着古代城镇研究的日趋成熟和深入，关于明清中原城镇史方面的研究佳作频出，成果逐年丰富。

---

[1] 任放：《明清长江中游市镇经济研究》，武汉：武汉大学出版社，2003年，第2页。
[2] 赵世瑜：《明清时期裕州的市镇兴替和移民社会》，《大河上下：10世纪以来的北方城乡和民众生活》，太原：山西人民出版社，2010年，第14页。

迄今为止,关于明清时期河南城镇史的研究大致可分为以下三个阶段:

第一个阶段(1949年至20世纪80年代初期),代表学者是傅衣凌、黄以柱两位先生。傅衣凌是我国著名的明清经济史研究专家,1958年发表《明清时代的武安商人考略》(《学术论坛》1958年第1期)一文,开始对明清河南商帮和商品经济发展进行探讨。1982年撰写并发表《明代开封城市性质的剖析:〈如梦录〉读后记》(《福建文博》1982年第1期)一文,通过对开封人口结构、商铺种类等的分析,认为开封是与苏杭城市类型相对应的典型的亚洲消费型城市,虽然城市工商业有所发展,但是因为作为贵族地主的附庸,其封建性要超过商业性,没有成为独立的斗争力量的可能。1984年又在长期研究基础上发表题为《明代经济史上的山东与河南》(《社会科学战线》1984年第3期)的文章,从明代山东、河南两省的农业和手工业发展入手展开讨论,认为商品生产的发展使得农村市场成为人民生活中必不可少的东西,伴随着近距离农村市场扩大为远距离城镇贸易,许多城镇也由此得到发展,就经济水平而言,虽然不能和江南比肩,还不具备成为独立经济圈的能力,但是也取得了较大成就。黄以柱长期致力于河南城镇历史地理的研究,1978—1980年发表《河南省历史地理的初步研究》(铅印稿)一文,系统地对中原城镇不同时期的发展条件、经济水平及规律演变进行分析,同年在日本东京举行的"第24届国际地理学大会历史地理学术讨论会"上宣读,引起了国际学者的注意。此外,一些学者在进行宏观研究时对中原也有所涉及,比如加藤繁在写作《清代村镇的定期市》时就对河南的集市认真考察。总体来说,这一阶段对于中原城镇的研究还处于起步阶段,相关论述屈指可数,除了对于城镇的宏观论述,微观也几乎局限于开封这一全省最大的城市。值得一提的是,傅衣凌在其《明代经济史上的山东与河南》一文中注意到明代中国经济发展的区域不平衡性特点并提出经济史需要分区域研究的观点,继而建议学者在江南和沿海地区研究已经取得一定成绩之后,应该将视野扩大到北方地区,此提议与施坚雅认为

"工业化前期,以中国作为整体的全国城市化实际上毫无意义,要重新又系统地阐述这一问题,就必须从各区域出发"[①]的观点不谋而合,对后来学术发展影响重大且意义深远,其实直到现在城镇经济的分区研究仍然是学术界的主旋律。

第二个阶段(20世纪80年代后期至20世纪末),代表学者是邓亦兵、王兴亚等。邓亦兵是我国著名的经济史研究专家,清代中原的市镇研究是其早期的关注点。1986年至1988年三年间,她先后发表了《清前期开封城经济初探》(《史学月刊》1986年第2期)、《清代南阳府名镇的经济性质》(《中州学刊》1986年第4期)、《清代孟县经济的演变》(《经济经纬》1987年第4期)和《清代的朱仙镇和周家口》(《中州学刊》1988年第2期)系列文章,从微观上对河南首府开封及社旗、北舞渡、孟县、朱仙镇、周家口等商业名镇的商品发展和经济性质进行了探讨。她对清代中原城镇的研究有着承前启后之功,既回应了1984年傅衣凌提出的要深入对华北区域经济研究的呼吁,同时在其努力和引导下,中原城镇研究开始步入一个新的阶段。王兴亚致力于对河南庙会、集市的研究,陆续发表了《明清河南庙会研究(一)》(王兴亚、马怀云合作,《天中学刊》1995年第1期)、《明清河南庙会研究(二)》(王兴亚、马怀云合作,《天中学刊》1995年第2期)、《清代河南集市的发展》(《南都学坛》1996年第1期)、《清代河南集市贸易及其作用》(《河南大学学报(社会科学版)》1997年第2期)等文,并出版了《明清时期的市集、庙会和会馆》一书,深入而细致地探讨了河南集市、庙会和会馆,奠定了明清河南城乡商品经济研究的基础。同时期发表的论文和著作还有姜守鹏的《明清北方市场研究》(东北师范大学出版社,1996年),蒋正华的《略论明清河南集镇与江南市镇之异同》(《中州学刊》1994年第3期),李纪轩、王瑞平的《略论清代河南村镇的定期

---

① 转引自定宜庄:《有关近年中国明清与近代城市史研究的几个问题》,[日]中村圭尔、辛德勇编:《中日古代城市研究》,北京:中国社会科学出版社,2004年。

集市》(《中州学刊》1996年第4期),以及韩大成在《明代城市研究》(人民出版社,1991年)一书中专门用了一节篇幅对开封这个消费型城市从组织结构、规模和性质进行讨论。总体来说,这一时期参与中原城镇研究的学者数量不多,一枝独秀的现象依然存在,不过成果虽然称不上丰富,但是较之以前有了显著增加,选题也更为广泛,既有集市、庙会、会馆及历史地理环境变迁等方面的宏观论述,也有对开封及其他商业市镇的微观研究,学者们不仅立足于微观城镇发展,还有意识地进行区域比较。需要提及的是王兴亚在其研究中不仅对于史书方志中的资料爬梳剔抉,还大量吸收了实地调研成果,特别是对于会馆碑刻的整理和运用,不仅增加了论文及著作的研究深度,对这些资料的批量公布也为后来学者大开方便之门。

第三个阶段(2000年至今),中原城镇的研究进入百花齐放的时期,学者们不仅在研究方法上吸收和借鉴了中西方的成功经验,在研究深度和视域上也有了很大突破,代表学者有许檀、邓玉娜、张民服、程峰、江凌等。从研究内容上这一时期的成果大致可以分为三类:

第一类是关于中原城镇发展的宏观研究。王兴亚的《对明清时期北方五省商业镇市之研究》(《许昌师专学报》2000年第1期)一文认为镇市是城市与乡村集市之间的纽带,北方五省镇市崛起于明中叶,清代乾隆、嘉庆年间达于鼎盛,这些镇市主要分布在水陆交通要道上,在商品流通过程中形成商业市场、集贸市场和手工业市场,其中以集贸市场居多。这种格局为沟通城乡商品流通、互通有无,促进北方经济的发展起着不可忽视的作用。青年学者邓玉娜对中原城镇的发展探讨始于2003年,她的论文《清代河南的粮食贸易及其对城镇化的影响》(陕西师范大学硕士学位论文,2003年4月)选定"清代河南粮食贸易及其对城镇化的影响"为研究对象,以清代河南的粮食贸易为切入点和文章的主体,分析了粮食运销的市场与渠道、贸易的方式与规模及相关的影响因素,并且结合清代河南城镇整体发展水平,探究粮食贸易对城镇化的影响作用及局限性。此后又陆续发表了《清代河南集镇的发展特征》(《陕西师范大学学报(哲学社会科学版)》2005年第4期)、《清代河南的城镇化发展》(《中国经济史研究》2005年第3期)、《清代河南集镇的集期》(《清史研究》2005年第3期)、《清代河南集镇的空间分布——基于距县里程方面的分析》(《中国社会经济史研究》2006年第1期)等一批高质量的论文,对河南的集镇集期、空间分布、发展特征及城镇化发展等问题进行了探讨,2008年又在前期研究基础上将资料进行整理,以康乾时期为节点,完成《清代河南集镇的发展——集镇经济视角下清代社会》(收录于陈桦主编:《多元视野下的"康乾盛世"》,黄山书社,2008年)一文。她的研究很好地将历史学、经济学、地理学、统计学、比较学等多种方法合而为一,在大大提升文章理论水平的同时也开阔了中原城镇研究的视域,对其他学者有着重要的启示作用。张民服长期致力于明清河南经济史研究,其《明代中原商路与商品经济》(《史学月刊》2004年第11期)一文对中原商业城镇的兴盛原因、发展水平等多有探讨。此外田冰的《试论明清时期河南城镇发展的特点》(《中州学刊》2006年第1期),王丽杰的《论明清时期的河南市镇》(《和田师范专科学校学报》2005年第6期),洛平安、李芳菊的《明清时期古商道在河南的分布与中小城镇的形成》(《安阳师范学院学报》2007年第1期),谭经龙的《通江连海:明清时期中原城镇与水运网络的兴衰研究》(中国海洋大学硕士学位论文,2008年6月),全丽娟的《清代河南商品经济发展的区域差异》(陕西师范大学硕士学位论文,2008年)等文章或学位论文从人文地理环境对城镇的影响、明清时期河南城镇经济发展特点及其原因多方面进行论述。徐春燕在诸位学者研究的基础上,对河南城镇的职能结构、城镇分布和城镇规模等进行探讨,先后发表了《明清时期河南城镇职能结构及其特点分析》(《黄河科技大学学报》2014年第2期)、《明代河南的城镇分布及其城镇化发展》(谷建全主编:《文史哲论丛》,社会科学出版社,2014年)和《明清时期河南城市规模及其相关性研究》(《黄河科技大学学报》2016年第6期)等论文,并出版《明清时期中原城镇发展研究》(社会科学文献出版社,2017年)一书,将河南城镇研究进一步推向深入。

第二类是关于中原城镇发展的微观研究。这里的微观研究是与前面提到的宏观研究相对的,是对河南境内一个或多个府、州、县、镇等的区域研究。许檀在20世纪八九十年代就开始致力于明清时期北方城镇,尤其是山东城镇的研究,进入21世纪后,开始将重点放在城乡市场网络和河南商业重镇研究方面,并发表了一系列在国内外有着广泛影响的论文,如《明清时期城乡市场网络体系的形成及意义》(《中国社会科学》2000年第3期)、《清代中叶的洛阳商业——以山陕会馆碑刻资料为中心的考察》(《天津师范大学学报(社会科学版)》2003年第4期)、《清代河南社旗镇的商业——基于山陕会馆碑刻资料的考察》(《历史研究》2004年第2期)、《清代河南的北舞渡镇——以山陕会馆碑刻资料为中心的考察》(《清史研究》2004年第1期)、《清代河南朱仙镇的商业——以山陕会馆碑刻资料为中心的考察》(《史学月刊》2005年第6期)、《明清时期的开封商业》(《中国史研究》2006年第1期)、《明清商业城市研究感言:理论、资料与个案》(《清华大学学报(哲学社会科学版)》2007年第5期)、《清代河南西部的商业重镇荆紫关——以山陕会馆碑刻资料为中心的考察》(《天津师范大学学报(社会科学版)》2009年第5期)、《明代河南清化镇的商业规模——隆庆五年〈创建金龙大王神祠记〉及相关碑文研究》(《天津师范大学学报(社会科学版)》2014年第3期)、《明清时期豫北的商业重镇清化——以碑刻资料为中心的考察》(许檀、吴志远《史学月刊》2014年第6期)等。许檀对中原地方城镇史料的大量掌握及借助会馆碑刻资料对地方城镇经济水平细致大胆的统计和推测不仅为城镇经济史研究探索出了一条新的途径,也将河南城镇史研究推向了一个新高度,她是近年来中原城镇经济史研究方面最为杰出的学者。程峰长期工作生活在焦作,对于这里历史掌故和风土人情的了解有着别人不可比拟的优势,几年来独著或与人合作发表了《怀庆商帮与武安商帮的商帮意识——从会馆的建立谈起》(程峰、杨玉东《焦作大学学报》2011年第2期)、《明清时期河南清化镇的商业——基于清化镇金龙四大王庙碑刻资料为中心的考察》(程峰、任勤《焦作师范高等专科学校学报》2012年第4期)、《清代怀庆府的手工业》(程峰、任勤《焦作师范高等专科学校学报》2014年第2期)、《清代怀庆府城镇经济的发展》(程峰《新乡学院学报》2014年第7期)等文章,对推动怀庆府城镇经济研究做出了不可忽视的贡献。江凌和徐少华两位学者对南阳盆地的城镇做了深入调查,先后合作发表了《明清时期南阳盆地的交通与城镇经济发展》(《长江流域资源与环境》2001年第3期)、《明清时期南阳盆地城镇体系形成的人文地理基础》(《南都学坛》2003年第6期),后来江凌又独自署名发表了《明清时期南阳盆地城镇体系的等级规模结构》(《南都学坛》2006年第6期)等文章,利用历史地理学的方法全面系统地探讨了南阳盆地的城镇体系和经济发展。此外还有彭学宝的《明清周家口城镇经济初探》(《商丘师范学院学报》2000年第6期)、杜鹤的《清代南阳府城镇的发展历程》(《南都学刊》2011年第2期)、牛建强的《明代开封城市生活的若干侧面——源自诗章的构拟》(《中州学刊》2004年第6期)、王飞的《明清时期贾鲁河对豫东经济影响的研究——以周家口为例》(《华北水利水电学院学报》2006年第3期)、裴占超的《明清南阳市镇经济初探》(《中州今古》2004年第6期)、王琳的《清代河南北舞渡的金融业》(《陕西师范大学学报》2012年第3期)、李俊峰的《清代前期嵩县市镇经济的发展及其原因分析》(《洛阳理工学院学报(社会科学版)》2008年第3期)、曹兰的《明代开封消费市场初探》(《河南纺织高等专科学校学报》2007年第3期)等大量论文及李伟敏的《明清时期开封城市发展研究》(河南大学硕士学位论文,2002年5月)、仝利娟的《清代河南商品经济发展的区域差异》(陕西师范大学硕士学位论文,2008年6月)、程敬磊的《清代豫东地区城镇地理初探》(2012年郑州大学硕士学位论文)等研究生学位论文等。不仅如此,赵世瑜在

《明清时期裕州的市镇兴替与移民社会》(《大河上下：10世纪以来的北方城乡与民众生活》,山西出版社,2010年)一文中运用社会人类学方法对裕州的社会变迁展开探讨,为我们了解移民社会背景下中原城镇的变迁开辟了新的思路。

第三类是中原城镇与其他省份的区域比较研究。区域比较是区域研究的前沿,也是今后城镇史研究的重要方向,但是截至目前成果并不多,只有刘景纯在《清代黄土高原地区城镇地理研究》(中华书局,2005年)一书中在论述黄土高原地区城镇的时空变迁和结构特征及功能特征时对不同区域的城镇分布与主要功能进行了分析比较。作者认为整个黄土高原属州县城,距府城的平均距离差异不大,豫西北地区(包括河南府部分地区以及陕州直隶州)的城镇特色与晋西南类似。曹树基在《中国人口史》(葛剑雄主编,曹树基著,复旦大学出版社,2000年)第4卷"明时期"和第5卷"清时期"中分别对明清两代各省城市人口进行了比较研究。程民生在《中国北方经济史》(人民出版社,2004年)一书中对古代北京、河南、河北、山西等地区的城镇经济多有所论述和比较。成一农在《古代城市形态研究方法新探》(社会科学文献出版社,2009年)一书中对不同省份的城市规模和城市行政级别的相关性进行对比,从而得出清代不存在城市行政等级制约城市规模的制度,也不存在城市行政等级决定城市规模的现象,城市规模与城市行政等级之间的相关性并不强的结论。

总体说来,20世纪80年代以来学术界对于中原城镇的研究既取得了不错的成绩,同时也存在着一定的不足,需要在以后研究中予以重视并加以改进。第一是成果数量虽然逐年增长,但是总量不多,特别是与江南及一些沿海地区相比相形见绌,精品力作更是少之又少,这就需要我们在今后的研究中不但要加强人才队伍建设也要进一步完善学科建设,利用人才引入和课题引导等多种方式加强对中原城镇的系统化研究。第二是跨学科研究有待完善。目前城市史的研究已经远远超出史学范畴,"涉及社会学、人口学、人类学(尤其是近年从人类学发展出的一个分支即都市人类学)及经济学、生态学乃至心理学等社会科学与自然科学多个领域",[1]然而对于中原城镇的研究却停留在历史、地理、人口、经济等有限领域,社会、生态、心理等领域还较少或无人涉足,亟须我们关注。第三是区域对比研究需要加强。目前对于中原地区城镇的研究绝大多数成果还停留在就中原而谈中原的阶段,涉及地域比较的非常少,但是正如学者唐力行所说:"区域经济文化特征与变迁规律,只有在区域比较中才能凸显出来。"[2]因此要了解和把握中原城镇的发展特征和文化特性必须以区域比较为抓手,不但要加强中原内部小范围的对比研究,还要重视中原同其他周边及江南和沿海等地区大区域的比较,这样才有助于研究进一步深入。(徐春燕)

---

[1] 定宜庄:《有关近年中国明清与近代城市史研究的几个问题》,[日]中村圭尔、辛德勇编:《中日古代城市研究》,北京:中国社会科学出版社,2004年,第246页。
[2] 唐力行:《从区域史研究走向区域比较研究》,《上海师范大学学报(哲学社会科学版)》2008年第1期。

第二节
孙奇逢研究的回顾与展望

明清鼎革,清人入主中原,明遗民产生了"中原陆沉""以夷灭夏"的强烈文化危机感。以孙奇逢为代表的理学名儒,在此"元灯一线"之际,广收门徒,著述明道,为民族文化存续和社会重建奠定了坚实基础。孙奇逢(1585—1675),字启泰,号钟元。原籍直隶容城县北城村,晚年移居河南辉县夏峰村,学者尊称"夏峰先生"。曾坚辞明清两朝征聘13次,世称"孙征君"。孙奇逢一生崇尚节义,潜心学术,倡扬主敬躬行,主张经世致用,声誉极高,"天下望之如泰山乔岳"[①]。孙奇逢思想是17世纪珍贵的精神遗产,也是时代精神的重要体现,值得我们认真学习和深入研究。然而,长期以来,孙奇逢研究并没有受到应有的重视。这与孙奇逢重要的学术地位和历史贡献是极不相称的。

---

① 汤斌:《汤子遗书》卷3《星聚堂记》,范志亭、范哲辑校:《汤斌集》,郑州:中州古籍出版社,2003年,第147页。

本文力图通过对孙奇逢研究的回顾与展望[①]，推动孙奇逢相关研究的进一步发展。

一、概况

（一）阶段分期

孙奇逢一生弟子众多，私淑者更是代不乏人。从康熙年间开始，孙奇逢年谱、传记、评述类文献就不断问世。在孙奇逢自撰《岁寒居年谱》《日谱》《游谱》的基础上，魏一鳌、汤斌等编订《征君孙先生年谱》，方苞修订《孙夏峰先生年谱》；魏裔介、江藩等为孙奇逢作传；黄宗羲的《明儒学案》列孙奇逢学案。上述文献，多是清人在传统意义上对孙奇逢相关史料的文献整理。真正具有现代学术意义的孙奇逢研究，始于民国初年。张锦枝认为，孙奇逢"思想的研究大致只有三个阶段，即 1900—1949 年、1978—2000 年和 2000 年至今"[②]。王记录指出："百余年来孙奇逢及夏峰北学的研究大致经历了三个阶段，民国时期，徐世昌、谢国桢、嵇文甫等人极力表彰孙奇逢学术，对孙奇逢的学行及夏峰北学进行了初步研究和梳理。其中尤以嵇文甫的研究持续时间最长。改革开放后，李之鉴、陈祖武、张显清等人深入研究孙奇逢的生平、哲学思想、治学特点、学术精神及夏峰学派与其他学派的学术关联，把孙奇逢研究向前推进一步。21 世纪以来，一向比较冷落的孙奇逢及夏峰学派的研究出现了繁荣，一

---

① 目前学界关于孙奇逢研究的综述类文献主要有：王永灿：《近十余年来孙奇逢哲学思想研究综述》，《社科纵横（新理论版）》2009 年第 1 期；张锦枝：《20 世纪以来孙奇逢理学思想研究综述》，《统宗会源——孙奇逢理学思想研究》附录二，武汉大学博士学位论文，2011 年；王记录：《百余年来孙奇逢及夏峰北学研究的回顾与前瞻》，中国社会科学院历史研究所清史研究室：《清史论丛》2016 年第 1 辑，北京：社会科学文献出版社，2016 年；吴强：《孙奇逢后学思想研究综述》，《小品文选刊》2017 年第 12 期；等等。
② 张锦枝：《20 世纪以来孙奇逢理学思想研究综述》，《统宗会源——孙奇逢理学思想研究》，武汉大学博士学位论文，2011 年。

批青年学子选择研究孙奇逢,把孙奇逢研究推向高潮,相关研究领域得到拓展,问题得以深化。"①这一分期,比较全面地概括了孙奇逢研究的基本历程和主要特征。

(二)著作论文

1. 史料性著作

黄舒昺的《中州名贤集》②,选文均以孙奇逢为首。徐世昌的《大清畿辅先哲传·师儒传》③、李敏修的《中州先哲传·儒林传》④,均将孙奇逢列为首传。徐世昌的《清儒学案》⑤、杨向奎的《清儒学案新编》⑥,均首列夏峰学案。

2. 研究性专著

(1)谢国桢的《孙夏峰李二曲学谱》⑦。该书是民国时期研究孙奇逢的第一部专著。谢国桢为"清初三大儒"之北方二大儒孙奇逢、李颙特撰此书,仿李绂《陆子学谱》之例、阮元《国史儒林文苑传》之法而少变其意,分传纂、学述、著述考、学侣考、鹿江村学述等五部分。此书对孙奇逢的生平、学旨、著作、学友等进行了较为全面的阐述。

(2)段忱彦的《孙夏峰(奇逢)学术思想》⑧。该书是系统研究夏峰学术思想的开山之作。段忱彦从思想渊源、学术取向、体认天理、慎独工夫、始终一贯等方面,比较系统地论述了孙奇逢的学术思想。

---

① 王记录:《百余年来孙奇逢及夏峰北学研究的回顾与前瞻》,中国社会科学院历史研究所清史研究室,《清史论丛》2016年第1辑,北京:社会科学文献出版社,2016年,第149页。
② 黄舒昺:《中州名贤集》,南京:江苏广陵古籍刻印社,1990年。
③ 徐世昌:《大清畿辅先哲传》,北京:北京古籍出版社,1993年。
④ 李敏修:《中州先哲传》,经川图书馆校刊,民国24年。
⑤ 徐世昌著,陈祖武点校:《清儒学案》,石家庄:河北人民出版社,2008年。
⑥ 杨向奎:《清儒学案新编》第1卷,济南:齐鲁书社,1985年。
⑦ 谢国桢:《孙夏峰李二曲学谱》,上海:商务印书馆,1934年。
⑧ 段忱彦:《孙夏峰(奇逢)学术思想》,香港:崇文书店,1971年。此书为作者《清初大儒孙夏峰之学术思想》(《新北辰》1937年第3卷第8期)之单行本,另附汤斌等编《孙夏峰先生年谱》。

(3)张显清的《孙奇逢评传》[1]。该书是改革开放后研究孙奇逢的首部"小册子"[2],作者对孙奇逢的生平行迹、学术思想等进行了全面而精练的阐释。

(4)李之鉴的《孙奇逢哲学思想新探》[3]。该书是目前最全面、最系统的孙奇逢研究专著。李之鉴在点校《孙奇逢哲学著作选》的基础上,历时八载,四易其稿,对孙奇逢的世界观、历史观、政治观、道德伦理观、人生哲学、民族气节等都作了新的评价,名副其实为"新探","有着较高的学术价值"[4]。

3.论文

截至2018年3月28日,"超星发现"题名为"孙奇逢"的期刊、报纸、学位论文、会议论文的文献,共检索到191篇[5]。其中,期刊150篇、报纸19篇、学位论文16篇、会议论文6篇。据"超星发现"学术辅助分析系统显示:

(1)学术发展趋势。2015年以前,题名为"孙奇逢"的论文年度发表数量整体波动不大,2016年激增至19篇,其中17篇是2015年"纪念清儒孙奇逢诞辰430周年暨《中华思想通史·封建编·清代卷》学术研讨会"的相关会议论文。

(2)期刊文献学科分布。哲学、宗教类64篇,文化、科学、教育类35篇,历史、地理类29篇,社会科学总论类14篇,文学类6篇,政治、法律类2篇。

(3)关键词分布。主要为理学、明末清初、圣人、对立统一、道统、学术思想、太极、王阳明、实践意义、程朱理学、版本、哲学思想、阴阳、乾坤、明清之际等。

---

[1] 张显清:《孙奇逢评传》,《孙奇逢集》中册,郑州:中州古籍出版社,2003年。
[2] 此书作于1985年,时值孙奇逢诞生400周年、逝世310周年,见张显清:《孙奇逢评传》,《孙奇逢集》中册,郑州:中州古籍出版社,2003年,第1105页。
[3] 李之鉴:《孙奇逢哲学思想新探》,开封:河南大学出版社,1993年。
[4] 衷尔钜:《孙奇逢哲学思想新探》序,李之鉴:《孙奇逢哲学思想新探》,开封:河南大学出版社,1993年。
[5] 此系题名为"孙奇逢"文献的大致数量。因收录文献时间、类型及检索条件所限,其计量分析结果仅供参考。

(4) 作者分布。发表3篇以上相关论文的有李之鉴、张枫林、王坚、张显清、李春燕、张佐良、孔定芳、王永灿等。李之鉴从20世纪中期开始发表研究孙奇逢思想的学术论文，目前在论文的数量和质量上，堪称研究孙奇逢的第一人。

(5) 作者机构分布。主要为河南师范大学、河南大学、河北师范大学、武汉大学、河北大学、山东大学、中国社会科学院、河南省社会科学院、复旦大学、新乡学院等。作为地方历史名人，孙奇逢研究受到河南师范大学、河南大学、河北师范大学等相关研究者的关注，而毗邻夏峰的河南师范大学，有以李之鉴等人为代表的专业研究团队，已然成为研究孙奇逢思想的学术重镇。

值得注意的是，自1989年香港大学陈振和完成硕士学位论文《孙奇逢研究》以来，共有13篇硕士学位论文、3篇博士学位论文关注孙奇逢研究。其中张枫林、张锦枝的硕士、博士学位论文均是如此。这些学位论文的学科专业主要集中在中国哲学和中国古代史。

（三）人员组织

综观目前孙奇逢的研究人员的基本情况，从职业身份来看，主要为专业研究者、文史爱好者和研究生等；从专业背景来看，主要为哲学、历史学、教育学、社会学、文学等；从分布地域来看，主要有河南、河北、山东、北京、上海、湖北等。2017年1月18日，在原兼山堂文物保护协会的基础上，孙敬洲等人在河南省辉县市注册成立了专门从事孙奇逢研究的夏峰学会，标志着孙奇逢研究进入了新阶段。夏峰学会组建有"夏峰学会暨兼山堂文物保护协会"学术交流微信群，每日共同研读孙奇逢《日谱》，已坚持三年有余，对成员了解孙奇逢的人生阅历、思想变迁、交游，以及发现研究线索、提高自身传统文化素养等方面，具有积极的推动作用。

（四）学术会议

2015年9月19日至21日，由中国社会科学院历史研究所清史研究室、河南省社会科学院历史与考古研究所、辉县市兼山堂文物保护理事会主办的"纪念清儒孙奇逢诞辰430周年暨《中华思想通史·封建编·清代卷》学术研讨会"在辉县市成功召开。来自全国高校与科研机构的40余名专家学者，围绕孙奇逢的学术思想及社会影响、文献研究与历史地位、清代思想史与明清学术演进等议题，进行了深入研讨和阐释。这是第一次全国性的孙奇逢研究学术会议，扩大了相关研究的社会影响，具有里程碑意义。

二、主要领域

（一）文献整理

孙奇逢著述颇丰，生前已多有刊刻。自康熙中期开始，后人结集续刊《孙征君五种》《夏峰先生集》《夏峰遗书》《孙夏峰全集》《畿辅丛书·孙子遗书》等。民国时期，王云五主编的《丛书集成》重排了《夏峰先生集》等。此后，山东友谊出版社、广陵古籍出版社、齐鲁书社、北京燕山出版社、中州古籍出版社及台湾文海出版社、广文书局等影印了《孙奇逢先生笔记》《理学宗传》《中州人物考》《畿辅人物考》《书经近指》《读易大旨》等。21世纪以来，学界开始重视编辑整理孙奇逢著作。2003年，中州古籍出版社推出了张显清主编的点校本《孙奇逢集》。该书"共收入孙奇逢著作十一部""基本收全了现存的孙氏著作，只有《新安县志》等少数未予收入。这个集子，慎选版本，标点分段，校雠勘对，简体横排，按类分册，印刷考究，比之清代选本，不仅更加完整、准确、合理,而且便于阅读、使用和收藏"①。2004年,中华书局出版了朱茂汉点校的《夏峰先生集》。2015年,凤凰出版社推出了万红点校的《理学宗传》。这些点校本的问世,对推动孙奇逢思想的研究与普及意义重大。

(二)学术思想

1.理学思想

孙奇逢的学术取向,历来众说纷纭。清人方苞认为:"奇逢始与鹿善继讲学,以象山、阳明为宗,及晚年,乃更和通朱子之说。"②现代研究者主要有四种观点:一是恪守陆王。王茂认为,孙奇逢是"传北方王学一脉者"③。李之鉴称孙奇逢"始终恪守陆王心学路线不贰"④。二是回归程朱。王秉伦认为,孙奇逢理学思想的发展有两个主要阶段:"青年时代,由崇尚程朱说而转向喜爱王阳明心学","中年以后直至晚年再次转向了致力于程朱理学","最看重的仍然是二程和朱熹的思想学说"⑤。三是非朱非王。杨向奎称:"夏峰之学实亦以朱注王,但结果则非朱非王。"⑥四是融合程朱。张显清认为,孙奇逢"起初以王守仁为宗,以后转向和通朱熹,融程朱陆王为一体,兼收并蓄,一以贯之"⑦。陈祖武则称,"夏峰之学,早年由朱子学起步。中年受同乡学长鹿善继影响,朝夕潜心《传习录》,成为阳明学笃信者。晚而钦仰刘蕺山学行,遂以修正王学,合朱、王于一堂为归宿"⑧。杨朝亮同持此论,并从三个阶段对孙奇逢

---

① 张显清:《孙奇逢集》点校说明,《孙奇逢集》上册,郑州:中州古籍出版社,2003年。
② 方苞:《孙征君传》,钱仪吉纂,靳斯标点:《碑传集》卷127,北京:中华书局,1993年,第3751页。
③ 王茂等著:《清代哲学》,合肥:安徽人民出版社,1992年,第448页。
④ 李之鉴:《孙奇逢哲学思想新探》自序,开封:河南大学出版社,1993年。
⑤ 卢广森、卢连章主编:《洛学及其中州后学》,开封:河南大学出版社,1995年,第298—299页。
⑥ 杨向奎:《清儒学案新编》,济南:齐鲁书社,1985年,第2页。
⑦ 张显清:《孙奇逢评传》,《孙奇逢集》中册,郑州:中州古籍出版社,2003年,第1189页。
⑧ 陈祖武:《蕺山南学与夏峰北学》,《中国社会科学院研究生院学报》1998年第5期。

的一生及其学术取向作了详细阐释①。上述观点,同中有异,异中有同。但大多数学者都认识到,陆王心学在孙奇逢学术思想中占据重要地位,其学术取向经历过数次转变。大千世界,万事万物都在不断变化之中,学人之学术思想亦应作如是观。

明末清初理学思想多以调和朱陆为指归。谢国桢认为:"夏峰之调和程朱,惟欲其各是其是以取其长而已。非徒作混同无当之论也。"②"夏峰之学,本欲由修养而应之于事功,盖取材于程朱陆王之中,而欲更进一步,成一家之学说。"③张克伟指出:"以孙奇逢为代表的北学,在遵循陆、王涂辙的同时,兼采程、朱,期相资为用,求同存异,融会贯通,终身以调和朱、王学说为其思想指归。"④史革新认为,孙奇逢"出于王学营垒而调和程、朱"⑤。张锦枝将孙奇逢理学思想归结为"统宗会源",认为夏峰"对于前代理学的整体梳理,并归结到儒学的宗统中","充分吸取儒学各渠道的养分,形成自己的河流,使古今、内外、上下同流"⑥。

主张经世致用是孙奇逢学术思想的重要特征。谢国桢认为孙奇逢"能以学而应之于事,经世致用,开清初学以致用之风,力祛晚明空谈心性之弊"⑦。嵇文甫指出,"陆王学说中含有实用主义成分,孕育着清初经世致用的学风",而夏峰之学"专务躬行实践,不讲玄妙,不立崖岸,宽和平易,悃愊无华,和一般道学家好为高论而孤僻迂拘不近人情者,大异其趣"⑧。张显清将孙奇逢的

---

① 杨朝亮:《北学重镇孙奇逢学术取向再审视》,中国社会科学院历史研究所清史研究室:《清史论丛》2016 年第 1 辑,北京:社会科学文献出版社,2016 年,第 131 页。
② 谢国桢:《孙夏峰李二曲学谱》,上海:商务印书馆,1934 年,第 12 页。
③ 谢国桢:《孙夏峰李二曲学谱》,上海:商务印书馆,1934 年,第 14 页。
④ 张克伟:《清初王学北派硕儒孙奇逢遗著综考》,台北《书目季刊》第 44 卷第 4 期,2011 年,第 106 页。
⑤ 龚书铎主编,史革新著:《清代理学史》,广州:广东教育出版社,2007 年,第 118 页。
⑥ 张锦枝:《统宗会源——孙奇逢理学思想研究》,武汉大学博士学位论文,2011 年。
⑦ 谢国桢:《孙夏峰李二曲学谱》,上海:商务印书馆,1934 年,第 6 页。
⑧ 嵇文甫:《孙夏峰学派的后劲——马平泉的学术》,《学原》1948 年第 1 卷第 10 期。

学术思想概括为"'朱(熹)王(守仁)合一',以实补虚","躬行实践,实学实用",认为这些主张"都是实学思潮的一部分"[①]。孙聚友则认为,孙奇逢的学术思想特点在于宗本阳明心学,折中朱、王之说,归本孔子之道;提倡体认天理,注重躬行践履学以致用,"开辟了清初崇实致用的一代学风"[②]。林存阳指出,"孙奇逢于合会朱王的学术转变过程中,寻觅到一条独具特色的归宿,亦即'躬行实践'为学路向","主要表现便是对礼的践履"[③]。史革新提出,孙奇逢学术思想以陆王心学为宗,主张经世致用,躬行实践[④]。卢子震、赵春霞认为,"孙奇逢统一心学理学的支点与法宝就是躬行实践","躬行实践乃是孙奇逢实学方法论的根基所在"[⑤]。赵春霞、程飞等对孙奇逢实学思想进行了客观评价,认为孙奇逢的实学思想是对宋明理学尤其是王学中的实学成分的继承和发扬,对清初实学思潮的形成和发展起了重大的推动作用,在中国儒学发展史上有着不可忽视的地位,但未能突破理学限制,没有形成完整的体系[⑥]。

作为深受儒家传统影响的士人,孙奇逢的思想不可避免地具有其历史局限性。邱汉生认为:"孙奇逢处身明末清初学术混沌之会,其思想没有启蒙思想的明朗,而乃以理学大师总结理学,缺乏新的思想新的工具,本身也就呈现陷于混沌而不能自拔的状态。"[⑦]张显清从认识论高度指出,孙奇逢"终究未能摆脱旧理学体系的束缚,尤其是对朱熹学说的落后性更缺乏足够的认识,因此他的思想也就不能不带有时代的局限性"[⑧]。同时,许多学者也指出孙奇逢思想具有一定的社会进步性。杨向奎认为,"夏峰没有,也不可能找到理学的新

---

① 张显清:《孙奇逢的"以实补虚"论》,《中州学刊》1986年第6期。
② 孙聚友:《论孙奇逢学术思想》,《齐鲁学刊》2000年第1期。
③ 林存阳:《清初三礼学》,北京:社会科学文献出版社,2002年,第96页。
④ 史革新:《孙奇逢理学思想综论》,《郑州大学学报》2007年第4期。
⑤ 卢子震、赵春霞:《孙奇逢的实学方法论》,《河北学刊》2004年第4期。
⑥ 赵春霞:《孙奇逢的实学思想》,河北大学硕士学位论文,2001年;程飞:《孙奇逢实学思想研究》,湖北大学硕士学位论文,2011年。
⑦ 邱汉生:《孙奇逢的理学思想》,《中国哲学史研究》1986年第1期。
⑧ 张显清:《孙奇逢的"以实补虚"论》,《中州学刊》1986年第6期。

出路,但他是一位有作为的思想家,他欲合朱王于一堂,以礼代理,合顿渐为一。在当变的时候他在变,虽然他没有走出唯心主义的理学范围,但他为后来的学者开辟了道路"[1]。李之鉴则予以高度评价,认为孙奇逢"沿着宋明道学尤其陆王学派的思维路数发展,把主观唯心主义推进到雏鸡破壳的程度"[2]。史革新也认为,孙奇逢"使程朱与陆王相辅相成,竞相成长,颇有辩证法思想"[3]。

2.教育思想

孙奇逢是著名的教育家,其教育思想和方法至今仍有借鉴意义。张显清考察了孙奇逢的教育实践,认为孙奇逢能"把教学与研究有机地结合起来",其教育思想和方法主要表现为"有教无类,不分贵贱;因人施教,不主一端;授田筑舍,边读边耕;接触实际,采访风情","教育对象、方法、途径具有多样化、大众化、普及性、实用性的特点"[4]。王秉伦将孙奇逢教学活动分为早年和晚年两个阶段,认为孙奇逢在教育思想方面,继承了孔子"有教无类"的优良传统,还能"因人训造,谆谆诱迪"[5]。瀚青比较系统地探讨了孙奇逢的教育思想,认为孙奇逢主张"学为圣人"的教育目的,重视"智愚习成"的教育作用,提出"本诸天"的教育内容,运用诱掖磨炼的教学方法,注重对学习方法的研究等,至今仍有借鉴意义[6]。吴宣德从教育学的角度提出,"心"在"孙奇逢的教育思想体系中,它实际构成了教育的心理学与认识论基础",认为"从理论上讲,孙奇逢教育思想的理论强度不及宋元明三代的诸多理学家","无疑显示当时的理学教育思想已渐趋衰落"[7]。

---

[1] 杨向奎:《清儒学案新编》,济南:齐鲁书社,1985年,第10页。
[2] 李之鉴:《孙奇逢哲学思想新探》自序,开封:河南大学出版社,1993年,第17页。
[3] 史革新:《孙奇逢理学思想综论》,《郑州大学学报》2007年第4期。
[4] 张显清:《杰出教育家孙奇逢述论》,《清史研究》1993年第2期。
[5] 卢广森、卢连章主编:《洛学及其中州后学》,开封:河南大学出版社,1995年,第303页。
[6] 瀚青:《论孙奇逢的教育思想》,《河北师范大学学报(教育科学版)》1999年第4期。
[7] 刘虹主编:《中国教育通史·清代卷》,北京:北京师范大学出版社,2013年,第87—100页。

孙奇逢对家庭道德教育非常重视。任德新提出，孙奇逢家庭道德教育思想主要体现在《孝友堂家规》《孝友堂家训》中。"孙奇逢家庭道德教育的根本目标，是将子弟培育成贤人、君子、好人，而不是贵人、官吏"，"所采取的不行不知讨论总结和树立典型的德教方法，今天也有借鉴意义"。同时，他也指出，"孙奇逢家训纲常名教思想十分浓厚"，"宣扬了一些封建糟粕，这是必须摒弃的"①。

3.社会思想

在清初社会重建之际，孙奇逢的经世致用思想主要表现为"以儒家纲常重建当时的社会伦理道德秩序"，主张"倡扬和躬行儒家伦理道德，以重塑社会风尚"。针对清初社会伦理道德严重失范问题，孙奇逢从家庭、家教和家风入手，"提出了立家规家训以教诫子弟，修家乘家谱以讲明仁孝的主张"②。其经世致用思想也体现在重视"理财"上。张显清注意到孙奇逢将"理财"视为一门治国平天下的实际学问，"自己虽然终生穷困，但却盼望国家昌盛，民俗富有"。这种历史观"当然还不可能是历史唯物主义的"，但"注意到了人们的物质生活和物质生产对社会的重要影响，是难能可贵的"③。士人治生，历来是一个备受关注的社会问题，对于清初遗民来说更是如此。张佐良从思想史和社会史相结合的角度出发，认为孙奇逢"治生亦学者事""学者以治生为本"的治生思想，是对我国传统治生思想的继承和发展，具有鲜明的时代特色和实学特征④。李莹莹以孙奇逢为女性撰写的碑志、祭文和传记为研究材料，梳理了孙奇逢的妇女观，认为"孙氏妇女观中既有进步的一面也有保守的一面，但

---

① 任德新:《孙奇逢的家庭道德教育思想初探》,《南京化工大学学报(哲学社会科学版)》2001年第4期。
② 张佐良:《孙奇逢与清初社会伦理秩序重建》,《中州学刊》2015年第10期。
③ 张显清:《孙奇逢的"以实补虚"论》,《中州学刊》1986年第6期。
④ 张佐良:《论孙奇逢的治生思想》,《黄河科技大学学报》2017年第4期。

就他生活的时代而言,其妇女观还是较为进步的"[1]。

(三) 著述

孙奇逢一生"著述宏富,计一百六十余卷"[2]。谢国桢对孙奇逢的16部著作考订著述缘起,汇集前人评论,并断以己意,"以见夏峰学术之大要"[3]。张克伟则对孙奇逢的35种著作进行了"宏观考述,以见奇逢著作流传之梗概及其在清初学术界之崇高地位"[4]。

《理学宗传》自结撰后,备受推崇。汤斌称,《理学宗传》一书,"其大意在明天人之归,严儒释之辨,盖五经四书之后,吾儒传心之要典也。八十年中躬行心得,悉见于此"[5]。丘陶常指出,"这部书不但是宋明六百余年来的理学史,而且足以代表先生的学术思想"[6]。邱汉生认为,该书全面论述了宋明理学史,是有开创意义的,孙奇逢的学术史眼光应该肯定,但在历史发展线索勾勒、理学基本特征、学术史眼界、义例等方面亦有欠缺[7]。王茂认为《理学宗传》反映了孙奇逢"以王学继朱为正统""尊陆王而不遗程朱"的学派异同观及学术立场[8]。王俊才指出,孙奇逢撰《理学宗传》,"坚持以公正的态度作平实的评价","为理学研究开了个好头,具有开创性意义"[9]。张枫林认为,《理学宗传》的编纂有四个特点:一是"以天为本"的学统论,二是"循环前进"的学术

---

[1] 李莹莹:《从碑志、祭文和传记看孙奇逢的妇女观》,《河南科技学院学报(社会科学版)》2015年第9期。
[2] 张克伟:《清初王学北派硕儒孙奇逢遗著综考》,台北《书目季刊》第44卷第4期,2011年,第108页。
[3] 谢国桢:《孙夏峰李二曲学谱》,上海:商务印书馆,1934年,第18页。
[4] 参见张克伟:《清初王学北派硕儒孙奇逢遗著综考》,台北《书目季刊》第44卷第4期,2011年,第108—153页。
[5] 汤斌:《理学宗传序》,张显清主编:《孙奇逢集》中册,郑州:中州古籍出版社,2003年,第1299页。
[6] 丘陶常:《孙夏峰生平及其思想》,《文教》1947年第1卷第1期。
[7] 邱汉生:《孙奇逢的理学思想》,《中国哲学史研究》1986年第1期。
[8] 王茂等著:《清代哲学》,合肥:安徽人民出版社,1992年,第447页。
[9] 王俊才:《试论孙奇逢的理学思想》,《河北学刊》1995年第5期。

史观,三是"下学上达"的写作目的,四是"主辅内外相成"的体例①。此外,还有学者分析了《理学宗传》的性质、政治理念、道德论、道统观等问题②。

《读易大旨》是孙奇逢重要的《易》学著作。邱汉生认为,《读易大旨》反映了孙奇逢的理学观点,"有些观点,比较好,并不迂腐,还有一点民主思想",其易学思想,"集中为否泰、剥复、革鼎,相环无穷的变化循环论",《读易大旨》的观点"是明显的客观唯心主义"③。李之鉴对孙奇逢《读易大旨》作了比较深入的分析,认为《读易大旨》对朱熹《易》学思想的继承和发展,代表了孙奇逢《易》学思想的最高成就,"已把《易》学推进到纯理性认识世界的高度,这应该予以历史的肯定"④。汪学群指出,孙奇逢治《易》思想重视明理、天地自然、人事,是清初义理《易》的开山人物⑤。

孙奇逢的其他一些重要著作,也逐渐受到学界更多的关注。智天成在点校《中州人物考》过程中,对该书的编纂目的、依据资料、编辑人员、分类、分卷、版本等进行了全面考察,认为《中州人物考》"可以说是集明代中州人物之大成",虽然是"封建史书性质的人物传记","有不少问题",但"还是具有参考价值的","是一部较为珍贵的人物传记古籍"⑥。谷建以孙奇逢所撰《日谱》及自撰年谱的相关资料为基础,考察了《四书近指》的著作缘由、成书过程及刊刻情况,指出其初刻于康熙二年八月,与《晚年批定〈四书近指〉》合刻于

---

① 张枫林:《孙奇逢〈理学宗传〉的编纂特点》,《南阳师范学院学报》2011年第5期。
② 张锦枝:《论孙奇逢〈理学宗传〉的性质》,《武汉大学学报(人文科学版)》2009年第6期;宋宜林:《孙奇逢研究历史地位、理学思想、学术史建树》,山西大学硕士学位论文,2005年;姜金顺《试论孙奇逢〈理学宗传〉的政治理念》,《齐鲁学刊》2014年第2期;张枫林:《孙奇逢〈理学宗传〉研究》,河南大学硕士学位论文,2007年;桂涛:《从〈诸儒语录〉到〈理学宗传〉——试论孙奇逢〈理学宗传〉之成书过程》,《理论界》2013年第3期;王佳《孙奇逢〈理学宗传〉的道统观:关于阳明心学道统地位的证说》,湖南大学硕士学位论文,2013年。
③ 邱汉生:《孙奇逢的理学思想》,《中国哲学史研究》1986年第1期。
④ 李之鉴:《孙奇逢光大朱熹〈易〉学思想精华的几个方面》,《洛阳大学学报》2001年第3期。
⑤ 汪学群:《清初易学》,北京:商务印书馆,2004年,第30—72页。
⑥ 智天成:《孙奇逢与〈中州人物考〉》,《河南大学学报(哲学社会科学版)》1987年第1期。

同治三年。①杨爱姣以《四书近指》为依据,分析了孙奇逢的"四书"学思想,认为"立仁心,合人我"是孙氏"四书"学思想的基点,其注解带有时代烙印②。杨佳鑫分析了《畿辅人物考》的编纂和版本情况,认为该书"有着较高的参考价值",在体裁选择、编纂体例、史论等方面,充分体现出了孙奇逢的实用意识、经世致用观念等实学思想③。赵振考察了《孝友堂家规》的内容与结构、版本与流传情况,认为"孙奇逢辑录前人的《家规六则》与自撰的《家规十八则》一直是构成不同版本《家规》的基本内容,并且这些不同版本的《家规》相互补充,相互发明,从而产生了积极的社会影响,促使孙氏一门形成了耕读立家、孝友传家的良好家风"④。

(四)交游

交游对学人学术思想的形成具有重要影响。孙奇逢一生颇重师友相益之谊。徐世昌主编的《大清畿辅先哲传》《清儒学案》均列有与孙奇逢交游密切的门人、友朋传记。谢国桢的《孙夏峰李二曲学谱》中"学侣考"一节中记载孙奇逢知友、弟子多人,并专为其知友鹿善继作一学述。李春燕对孙奇逢与魏一鳌、汤斌、耿介、费密等弟子的交游进行了考察,认为这种交游推动了北方学术的发展⑤。马洪良认为,"与孙奇逢交游三十载,魏一鳌为孙奇逢夏峰之学的传播做出了极大的贡献,其师友之道作为一段佳话广为流传"⑥。此外,学界

---

① 谷建:《孙奇逢〈四书近指〉编纂与刊刻考略》,《儒家典籍与思想研究》,北京:北京大学出版社,2009年,第366—374页。
② 杨爱姣:《孙奇逢四书学思想研究》,陕西师范大学硕士学位论文,2013年。
③ 杨佳鑫:《孙奇逢〈畿辅人物考〉的史料价值与实学思想》,《北京社会科学》2014年第12期。
④ 赵振:《孙奇逢〈孝友堂家规〉源流考》,《历史文献研究》总第32辑,上海:华东师范大学出版社,2013年,第99页。
⑤ 李春燕:《孙奇逢交游研究》,河南大学硕士学位论文,2016年。
⑥ 马洪良:《孙奇逢与魏一鳌交游考》,《河南科技学院学报(社会科学版)》2017年第1期。

还对孙奇逢与颜元、傅山、费密等学人的交游进行了比较深入的研究[1]。

(五)历史地位与贡献

作为明末清初著名的思想家和教育家,孙奇逢被称为"清初三大儒"[2]"清初六大儒"[3]之一,而"气魄独大,北方学者奉为泰山北斗"[4]。申涵光谓其"始于豪杰,终以圣贤"[5]。这既是对孙奇逢人生历程的经典总结,也"在一定程度上反映了孙奇逢在清初知识界的崇高地位"[6]。梁启超认为,"夏峰是一位有肝胆有气骨有才略的人。晚年加以学养,越发形成他的人格之尊严,所以感化力极大,屹然成为北学重镇"[7]。谢国桢从学术传衍的角度指出,孙奇逢为"北学之宗","北方学风率多渊源于夏峰,故言北方之学者,要当首屈夏峰焉"[8]。杨向奎认为,孙奇逢是明清之际具有英雄气概学者中的佼佼者,"虽不是反清复明的英雄,却是开眼界、大心胸的好汉"[9]!张佐良认为,孙奇逢的历史贡献"大者有三:一是在明清易代之际,始终恪守遗民身份,显示和维护了崇高的民族气节与尊严;二是在满汉政治文化冲突中,致力于儒学正统重建,赓续和弘扬了中华民族优秀的传统与文化;三是在清初社会重建历史进程中,始终高擎理学大旗,引领和推动了社会伦理秩序的恢复与重建"[10]。

---

[1] 嵇文甫:《颜习斋与孙夏峰学派》,《郑州大学学报》1962年第1期;李之鉴:《从孙奇逢到颜习斋》,《黄淮学刊(哲学社会科学版)》1997年第1期;李之鉴:《傅山和孙奇逢》,《周口师专学报》1997年第4期;陈祖武:《蕺山南学与夏峰北学》,《中国社会科学院研究生院学报》1998年第5期;王坚:《孙奇逢与颜元、费密学术关系之探讨——以对知行合一的探索为中心》,《河南科技学院学报(社会科学版)》2016年第11期。
[2] 仝祖望撰,朱铸禹汇校集注:《全祖望集汇校集注》,上海:上海古籍出版社,2000年,第237页。
[3] 段忱彦:《清初大儒孙夏峰之学术思想》,《新北辰》1937年第3卷第8期。
[4] 徐世昌著,陈祖武点校:《清儒学案》,石家庄:河北人民出版社,2008年,第1页。
[5] 申涵煜、申涵盼辑:《申凫盟先生年谱》,北京:中华书局,1991年,第16页。
[6] 高翔:《清初理学与政治》,《在历史的深处》,北京:中国社会科学出版社,2012年,第210页。
[7] 梁启超:《中国近三百年学术史》,北京:东方出版社,1996年,第47页。
[8] 谢国桢:《孙夏峰李二曲学谱》,上海:商务印书馆,1934年,第1—2页。
[9] 杨向奎:《清儒学案新编》,济南:齐鲁书社,1985年,第10—11页。
[10] 张佐良:《孙奇逢与清初社会伦理秩序重建》,《中州学刊》2015年第10期。

（六）夏峰后学及夏峰学派

徐世昌主编《大清畿辅先哲传》，特设《夏峰弟子传》，收录畿辅104位门人。其《清儒学案》之《夏峰学案》，附录孙奇逢家学、弟子、交游、从游、私淑6类18人，另列其他著名弟子及交游学案，初步揭示了夏峰后学的传衍情况。

夏峰后学及夏峰学派的现代性学术研究，发轫于民国时期。1934年，谢国桢著《孙夏峰李二曲学谱》，分析了夏峰后学传衍情况，认为"夏峰之学，在畿辅者则为双峰，在河南者则为苏门，成为二大支"[①]。张锦枝则认为，孙奇逢"弟子中承继者大致可分为三支：一支以申涵光、殷岳为代表，学说多能持平朱陆两家，同调之人有夏峰挚友张沐；一支以赵御众、耿极为代表，为平民之士，主王学，讲求心之本体；一支以汤斌、耿介为代表，多为清廷重臣，主程朱官学，与夏峰相与问学者魏裔介、魏象枢等亦是汤、耿交游。三支中以汤斌、耿介等影响最大"，而清中晚期的河南学者"马时芳、李棠阶、倭仁都可谓夏峰后学"[②]。王坚认为，"中州夏峰北学，是以河南为中心、以孙奇逢为开山、以'中州十先生'为领军的理学团体"，经历了极盛时代、式微时代、复兴时代、转型时代等四个发展期[③]。夏峰学派的学术特征，王俊才将其概括为：学术宗旨是以"慎独为宗，以体认天理为要，以日用伦常为实际"；治学反对立门户、树宗派，尤其反对朱、王水火、纷争不休的鄙习；培养目标是穷则励行、达则经世的人才；培养方针是强调道德修养，注重心理训练。"夏峰学派经孙奇逢二十余年的苦心经营，其在民间士林学界的影响显赫一时。它是明清之际理学正统流派中极有力的一支，与当时南方的桴亭学派共享秋色。"[④]王坚则认为，中州

[①] 谢国桢：《孙夏峰李二曲学谱》，上海：商务印书馆，1934年，第56页。
[②] 张锦枝：《统宗会源——孙奇逢理学思想研究》，武汉大学博士学位论文，2011年。
[③] 王坚：《中州夏峰北学浅论》，《中原文化研究》2013年第6期。
[④] 王俊才：《试论孙奇逢的理学思想》，《河北学刊》1995年第5期。

夏峰北学具有"有主峰可指,有大脉络可寻;长于教化,短于实务;注重团体优势,与清代皇权主义建构积极互动;注重道德践履,但更注重礼理合一,兼容并包"等特点①。此外,王坚还对夏峰后学薛凤祚、许三礼等人的学术思想特点作了深入剖析②,并认为"从师承上看,费密是孙奇逢学生,颜元则可看作孙奇逢再传,他们之间存在着继承分化的学术关系"③。

夏峰学派对清初学术变迁产生过重要影响。对孙奇逢极为尊崇的嵇文甫认为,"夏峰之学更直接和颜习斋有关系,可以作为从陆王到颜李的桥梁"④。陈祖武则进一步指出,"河北大儒颜元及其弟子李塨,正是发展了孙奇逢'躬行实践'的学术主张,以讲求实习、实行、实用的'习行经济'之学,把他所开创的北学进行根本改造,演变为异军突起的颜李学派"⑤。其《蕺山南学与夏峰北学》考察了刘宗周对孙奇逢的学术影响、蕺山南学北传与夏峰北学南传的学术交流,进而"从一个侧面窥见明清间学术演进的脉络"⑥。

综上所述,学界关于孙奇逢的研究已经取得了许多重要成果,但同时也存在一些问题。一是学术史回顾不够,重复性研究甚至重复性错误不少。如孙奇逢出生于明万历十二年十二月十四日(1585年1月14日),不少学者误作万历十二年(1584)。二是研究方法单一,往往偏重于哲学史、思想史、学术史、文献学等专门学科研究,跨学科研究意识不足,影响到研究的广度与深度。三是过度"偏爱式"及"神圣化"研究,干扰了学术研究的客观性,影响到研究

---

① 王坚:《中州夏峰北学浅论》,《中原文化研究》2013年第6期;王坚、雷戈:《论夏峰北学》,《辽宁大学学报(哲学社会科学版)》,2009年第3—4期;王坚、颜秉新:《论夏峰北学——及对清代北学的历史考察》,《理论月刊》2009年第10期;王坚:《无声的北方——夏峰北学及其历史命运》,华中师范大学硕士学位论文,2006年。
② 王坚:《"本之于天"与"主于实用":论薛凤祚的思想转向及其价值》,《清华大学学报(哲学社会科学版)》2014年第1期。
③ 王坚:《孙奇逢与颜元、费密学术关系之探讨——以对知行合一的探索为中心》,《河南科技学院学报(社会科学版)》2016年第11期。
④ 嵇文甫:《孙夏峰学派的后劲——马平泉的学术》,《学原》1948年第1卷第10期。
⑤ 陈祖武:《清初学术思辨录》,北京:中国社会科学出版社,1992年,第183页。
⑥ 陈祖武:《蕺山南学与夏峰北学》,《中国社会科学院研究生院学报》1998年第5期。

结论的正确性。对历史人物研究而言,"研究者往往被被研究者所征服"的现象,需要引起足够的重视。

三、研究展望

早在1986年,张显清就针对孙奇逢研究状况指出,"目前,对于这样一位在思想史上曾产生过重要影响的爱国学者的研究还是很不够的"①。现在的情况虽然有所改观,但与孙奇逢重要的学术地位、历史贡献,以及其他清初名儒相比,依然还是很不够的。展望未来,孙奇逢研究需要在以下四个方面大力推进。

(一) 整理文献

文献是历史研究的基础。整理孙奇逢文集,是推进孙奇逢研究的奠基性工作。由张显清任主编、16位同志分任点校的《孙奇逢集》,为"孙氏著述最全面的一次结集",但"该整理本存在的问题较多,编排混乱,今人古人著述混编,点校说明与实际编录不尽一致,翻检极为不便;点校错误较多,很多地方不忍卒读"②。类似错误在其他孙奇逢整理著作中,也不同程度地有所存在。目前,鉴于孙奇逢著作整理有诸多不尽如人意之处,河南大学、河南师范大学的一些学者正在进行《孙奇逢全集》和《日谱》等著述的点校整理,夏峰学会也拟重编兼山堂版《夏峰先生集》。整理有关孙奇逢的文献,需要研究者具备极为扎实的基本功,沉心静气,不求速成,方能无愧于前贤,虽任重道远,但必将嘉惠学林,值得热切期待。

---

① 张显清:《孙奇逢的"以实补虚"论》,《中州学刊》1986年第6期。
② 王记录:《百余年来孙奇逢及夏峰北学研究的回顾与前瞻》,中国社会科学院历史研究所清史研究室:《清史论丛》2016年第1辑,北京:社会科学文献出版社,2016年,第157页。

(二)慎重考辨

民国学者的学术研究多有开创之功。是时无所依傍,学人肯从文献出发,下"死"功夫、"硬"功夫,加之西方治学方法影响,研究成果多能令人耳目一新,时有振聋发聩之效。后之学人急功近利之风日炽,臆想之论蜂出并作,虽炫人耳目,实多无稽之谈。研究者对待文献一般有三种态度:一是忠于史料,让古人自己说话;二是论从史出,自己帮古人说话;三是无视史实,自说自话。其态度不同、境界不同,研究结论之可信度,自然等而下之。运用史料的理想境界,是灵活组合原文,连贯表达古人思想。这是建立在忠于史料、正确理解史料基础之上的,需要较高的学术素养。对于史料的总结与提升,则应是点睛之笔,力求少而精,而非信马由缰,离题万里,不知所云。史学研究,重在求真、求实、经世。研究历史,不在于自己说什么,自由发挥到什么程度,而在于自己是否尊重古人,是否真正理解古人。孙奇逢研究,必须立足文献,慎重考辨,以拨开历史迷雾、清除思想迷团。《夏峰歌》的作者是谁[1],孙奇逢是否曾在百泉书院讲学[2],中州八先生是否均为夏峰后学[3]等此类问题,都需要研究者立足史料,辨伪存真,以严谨审慎的态度,"大胆的假设,小心的求证"[4],还历史以

---

[1] 《夏峰歌》补刻于道光年间重刊的《三贤文集·容城孙钟元先生文集》卷4(《夏峰歌》夹在康熙初刻版的第44、45页之间,页码标为又44、又又44)。诸多学人、孙氏族人一直将《夏峰歌》视为孙奇逢所作。据林存阳考证,《夏峰歌》作者为孙奇逢好友杨天放,在定稿过程中,二人"很有可能进行过商酌"(《〈夏峰歌〉流传小考——兼谈孙奇逢的立身为学旨趣》,中国社会科学院历史研究所清史研究室:《清史论丛》2016年第1辑,北京:社会科学文献出版社,2016年,第104页)。
[2] 孙奇逢讲学百泉书院之说,长期以来在学界几成定论。张佐良的《孙奇逢讲学百泉书院子虚乌有考》(《河南科技学院学报(社会科学版)》2016年第11期)一文从孙奇逢的遗民心态、力辟讲学、师法孔子及清初书院政策、孙奇逢在百泉的主要活动等方面进行了考察,并系统梳理了相关文献,认为孙奇逢讲学百泉书院之说纯属子虚乌有,实系以讹传讹,应予更正。
[3] 有学者将"中州八先生"均归为夏峰后学。张锦枝认为:"早期的夏峰后学主要是中州八先生中夏峰自己和张伯行以外的汤斌、耿介、张沐、窦克勤、冉觐祖和李来章六人。"(《统宗会源——孙奇逢理学思想研究》,武汉大学博士学位论文,2011年)严格来说,冉觐祖也不属于夏峰后学。此问题与夏峰学派研究关系重大,直指立论之基,尤须重视。
[4] 胡适:《胡适集》,广州:花城出版社,2013年,第342页。

本来面目。

（三）拓展领域

　　王朝鼎革、社会动荡之际，往往是思想、学派兴盛之时。苦难生活令学人深入思考，社会失控为学派提供生发空间。生活在明末清初的孙奇逢，一生学术思想的形成和演变，无不与动荡艰难的社会生活密切相关。从社会史的角度看，孙奇逢是一个思想阅历极为丰富的学人；从思想史角度看，他无疑是当时北方理学、明清学术转型的关键人物。研究孙奇逢，要想真正了解孙奇逢的学术思想和社会历史作用，就必须在明清鼎革的社会大背景下，遵循社会史、思想史、学术史等相结合的研究路径与方法。段忱彦的《清初大儒孙夏峰之学术思想》作于1937年，具有抗战时期文化救国思想的显著特征，是思想史、学术史与社会史研究相结合的典范。"夫理学者，必贯有真道德，真节义，真文章，而著有真事功，方不愧为理学之名。"①真理学必有真事功。非如此者，不为假道学，即为真腐儒。孙奇逢是清初北学正宗，其思想的广度与深度，决定了相关研究必须是长时段、全方位、深层次、跨学科、多元化的综合性研究。

（四）加强合作

　　目前，研究孙奇逢思想、弘扬夏峰文化，整体上还处于起步阶段，仍有大量的具体工作要做。这就需要加强河南与河北等地的区域合作，加强地方文史爱好者与专业研究者的合作，加强全国乃至国际间学者的合作。孙奇逢思想丰富，内涵深刻，理论精华契合时代发展需要，值得深入研究与提炼。以夏峰学会为依托，定期召开孙奇逢国际学术研讨会，聚焦夏峰北学，发挥集聚效应，将有助于推动中华优秀传统文化的创新与发展。（张佐良）

---

① 《容城孙氏族谱全集·孙尚容序》，容城孙氏家藏抄本。

第三节
改革开放以来康百万庄园（家族）开发利用、社会传播与学术研究述评

2018年是中国改革开放四十周年。自党的十一届三中全会以后，党和国家的工作重心逐渐从以阶级斗争为中心转向社会主义现代化建设，在改革开放持续深化、经济实力不断增强的基础上，日益重视中华优秀传统文化的传承创新，并且创造性地提出文化自信，指出文化自信是更基础、更广泛、更深厚的自信。四十年的发展变迁，自然可以从不同领域、不同对象映射。就河南历史文化而言，国家重点文物保护单位、豫商文化家园——巩义康百万庄园（家族）开发利用、社会传播与学术研究的递嬗变迁，也是改革开放以来国家经济社会变迁的一个缩影和镜像。

康百万家族，是明清以来豫商中最具代表性的商业家族。该家族纵跨明清两代及民国时期，富裕十二代，历经四百多年辉煌。鼎盛时期，富甲豫、鲁、

陕三省，船行洛、黄、运、泾、渭、沂六河①，土地多达十八万亩，两次悬挂"良田千顷"金字招牌，成为中原一大富豪，民谚称其"头枕泾阳、西安，脚踏临沂、济南；马跑千里不吃别家草，人行千里尽是康家田"。1900年八国联军攻占北京期间，康家曾为慈禧太后、光绪皇帝在黑石关修建行宫、架设浮桥、铺设御道，还向清廷奉献百万银两，被慈禧太后赐封"康百万"，从此民间早已流传的"康百万"誉称因金口玉言而名扬天下。当时民间百姓还将康百万与巨富沈万三、阮子兰并称为"三大活财神"，印成年画广泛张贴。日本经济学界称其"家运隆盛，可谓极矣"！

今天的康百万庄园就是保留下来的康百万家族的部分故居及庭院，是十七八世纪华北黄土高原封建堡垒式建筑的代表。庄园依照"天人合一，师法自然"的传统文化观选址，靠山筑窑洞，临街建楼房，濒河设码头，据险垒寨墙，从而形成一个各成系统、功能齐全、布局演进、等级森严，集农、工、商于一体的大型地主庄园。庄园共计十九个部分，占地240余亩，目前保留下来的主要有住宅区、栈房区、作坊区、南大院及祠堂区等十个部分，包括33个庭院、53座楼房、73孔窑洞、97间平房，建筑面积64300平方米，整体规模相当于山西乔家大院的19倍，与四川刘文彩庄园、山东牟二黑庄园并称"全国三大庄园"，并且在时间跨度、占地规模上都居于首位，名闻天下，声震中原。② 其石雕、木雕和砖雕，被誉为中原艺术的奇葩，成为中原地区民居的典型代表。抗日战争爆发前，其南大院、方五丈、丁字窑等已是声名远播的景点，民国元老于右任、河南民政厅厅长张钫等曾多次到庄园题辞、挂匾。解放战争期间，曾作为"第二野战军女子大学"总校旧址。中华人民共和国成立后，庄园大部分建

---

① 康百万庄园主宅内有一副"耜耕三省当思创业艰难，船行六河须防不世风浪"的对联，既描绘了家族事业的胜景，又提醒人们须有居安思危的忧患意识。参见毛葛编著：《巩义三庄园》，北京：清华大学出版社，2013年，第14页。

② 康百万庄园文史编纂委员会：《康百万庄园》，香港：香港国际出版社，第19页。张民服、戴庞海主编：《豫商发展史》，郑州：河南人民出版社，2007年，第343页。

筑分给了贫苦农民,或被机关、学校等单位占用。1963年,被河南省人民政府公布为第一批文物保护单位。20世纪六七十年代,庄园主宅区曾作为阶级教育展览馆使用,直至1978年。2001年成为国家重点文物保护单位。

一、改革开放以来康百万庄园的时空发展史

1979年6月,河南人民出版社出版了一本作者署名为文众的图书《罪恶世家康百万》。一本薄薄的小册子,却是20世纪70年代末期历史的特殊见证。虽已粉碎"四人帮"两三年时间,然社会尚未从"两个凡是"的束缚中完全解放出来。党的十一届三中全会已经召开半年有余,中央决定停止使用"以阶级斗争为纲"的口号,思想解放的大幕已然徐徐拉开,但是意识形态和社会舆论显然还没有从阶级斗争的禁锢中完全解放出来。《罪恶世家康百万》站在阶级批判的角度,深入揭批康百万家族的罪恶发家史及其种种剥削行径,控诉康百万家族的发家史就是无数贫下中农的血泪史,康百万庄园是封建大地主、大恶霸、大豪绅世代盘踞的魔窟,并且最后明确指出祸国殃民的"四人帮"妄图篡党夺权,他们代表的正是康百万这样的大地主、大恶霸、大豪绅的利益。[①] 其立场和行文,与2000年以后众多小说、论著热切探寻其昌盛十二代四百余年之财富密码、文化基因实在是冰火两重天!

其后八九十年代,虽然庄园文物保护所成立(1986年,改为康百万庄园管理处),并成为郑州市中小学爱国主义教育基地(1996年),却少见关于康百万庄园的记载,且数量屈指可数。80年代仅有两篇文章(1984年),系从民居和石雕艺术角度探讨庄园建筑。[②] 虽然数量甚少,值得注意的是转向对庄园建

[①] 以上内容散见于《罪恶世家康百万》,郑州:河南人民出版社,1979年,第3、4、6、74页。
[②] 刘金钟:《康百万庄园简介》,《村镇建设》1984年第3期。崔耕:《民间石雕艺术的一束鲜花——巩县康百万地主庄园石雕介绍》,《中原文物》1984年第2期。

筑自然属性的关注，显然已经摆脱了社会属性方面阶级批判对象的境遇。90年代仅有的两篇报道是关于消防安全问题的，指出庄园建筑皆为砖木结构，耐火等级极低，并且各个建筑间距极小，大多连成一片，入口只有一个类似城门洞大小的狭小深洞，一旦发生意外消防车根本无法进入。①

21世纪初期，康百万家族及其庄园尚未进入学界和公众的关注视野。2001年4月《中国旅游报》刊发了一篇名为《"康百万庄园"何时拂去尘封》的文章，为"恢宏的清代庄园建筑、尘封的历史风俗画卷"冷落状态颇感遗憾。虽然当年6月庄园成为国家重点文物保护单位，却仍是门庭冷落、游人无几，当年门票收入仅为45万元，而性质类似的山西乔家大院当年门票收入多达800余万元。2003年直达庄园的公交车开通，进一步方便了参观游览，但报道显示仍在冷落之中，而同年乔家大院的旅游收入已经突破1000万元。2007年，庄园所在地巩义市斥资10亿大力发展文化旅游，康百万庄园获投1亿元，据此对栈房区、南大院、作坊区、戏台及主宅区东寨墙等进行修复，并完成了原康店镇政府、康店镇初中、康店镇供销社等机关单位及100余户居民的拆迁，开放面积比原来扩大6倍，实现了从普通生活大院游览到全景庄园文化体验的跨越，游客数量和旅游收入每年均以30%的速度递增。2009年，借鉴山西乔家大院因拍摄电影《大红灯笼高高挂》及同名电视剧《乔家大院》而蜚声中外、游客如织的经验，庄园投资拍摄电视剧《康百万》，虽然延请河南著名作家、茅盾文学奖得主李佩甫撰写剧本，然而由于种种原因，并未达到比肩《乔家大院》《大宅门》的收视效果。同年，由于此前几年的累积效应，庄园开始出现小长假游客如潮的情况，"五一"期间接待游客3.17万人次。2010年，庄园纳入郑州市社会科学普及教育基地，郑西高铁开通带热包括康百万庄园在内

---

① 王晖：《巩义康百万庄园存在严重火灾隐患》，《公安月刊》1996年第10期。肖辉：《火魔在"康百万庄园"徘徊》，《河南消防》1996年第9期。

的巩义文化旅游,并与山东牟氏庄园合作成立旅游同盟。[①]

二、康百万庄园（家族）的社会传播史

改革开放四十年来,中国经济社会发展不断转型,河南省委、省政府对豫商文化的大力倡导扶持、党和国家高度重视优秀传统文化尤其是提倡优良家风家训,对于康百万家族四百年兴衰的发展史及其恢宏庄园的社会传播,经历了从对其财富密码的热切渴求到探寻留余家训等文化基因的历史跨越。

文学影视是社会传播速度最快、范围最广的渠道,而且时间要早于学术研究。2002年古野[②]出版小说《神州甲富康百万》(作家出版社),十年后中原农民出版社又推出了侯发山[③]的小说《康百万传奇》。前后两位作者均是巩义本地人,并曾担任巩义文联主席、作协主席,熟悉巩义风土人情,对康百万家族跌宕起伏的传奇故事更为熟稔。成也萧何败也萧何,本土性使得两部小说并未产生重要的全国性影响,康百万庄园的热度并未随之跟进。影视传播方面,2006年中央电视台《探索与发现》栏目拍摄了社教片《康百万》,并在中央电视台第一、四、七、十频道播出,围绕康大勇、康应魁等关键人物,真实、直观地再现了康百万家族的兴衰史,探究了以康百万家族为代表的豫商文化,纪录片形式的传播进一步扩大了豫商文化及康百万庄园(家族)的社会影响。

[①] 以上内容综合以下文章:李万卿:《"康百万庄园"何时拂去尘封》,《中国旅游报》2001年04月18日A03版;李志香、陈冰:《春风何时度"康家"》,《中州今古》2004年第1期;李现锋:《公交车通康店了》,《人大建设》2003年第3期;成燕:《巧打"清明出游牌"巩义众多景区引来如潮游客》,《郑州日报》2009年4月8日第009版;成燕:《郑西高铁带热巩义文化游》,《郑州日报》2010年2月26日第006版;成燕:《康百万和牟氏庄园跨省合作》,《郑州日报》2010年9月21日第006版;孙志刚:《康百万庄园入选社会科学普及教育基地》,《郑州日报》2010年11月04日第007版。

[②] 古野,本名张鑫琦,河南省巩义市人,中国作家协会会员、郑州市作家协会副主席,曾任巩义市文联主席、文化局副局长。

[③] 侯发山,河南省巩义市人,河南省作家协会会员,巩义市作家协会主席。

康百万庄园(家族)社会传播的基础性资料主要源于康百万庄园本身。2002年,庄园文史编纂委员会出版了"康百万庄园系列丛书",包括《康百万庄园》《康百万庄园匾额楹联大观》等书,尤其是前者以图文并茂的形式,展示了康百万庄园的规模与建筑艺术,介绍了康百万家族的兴衰历史和商业经营特点,成为后来学术研究和社会传播参考的基本资料。庄园文物保护所(管理处)2007年出版了《走进康百万庄园》一书,从庄园建筑、文物精粹与人物故事等方面进一步介绍了康百万庄园,后来又陆续出版了《康百万庄园馆藏珍品十六屏》(2011年)、《河洛康家楹联集锦》(内部资料)等书。

真正让康百万进入学术研究和大众视野的转折点是政府力量的介入——河南省委、省政府对豫商及豫商文化的大力支持和倡导。中原地区自古以来是我国商人、商业和商文化的重要发源地。除了春秋战国时期范蠡、吕不韦等商业精英,汉唐时代的洛阳、北宋的都城汴京,不仅是全国的政治、文化中心,也是当时世界上最大、最繁荣的商业都市。2004年以来,谋求中原崛起、河南振兴的河南省委、省政府及省政协发现了新豫商群体的力量,进行调查研究后致力于推动全国各地成立河南商会,2006年组织创办了首届豫商大会,2008年成立河南省豫商联合会[1],康百万庄园作为明清豫商典型代表也于园外竖立了"豫商文化家园"的石碑。与此相应,豫商文化研究随之展开推进,相关协会、高校成立了豫商文化研究所(中心)并且出版了相关图书刊物。2007年,河南省政协组织出版了400万字的"豫商发展史与豫商案例研究"系列图

---

[1] 河南省豫商联合会成立于2008年1月27日,是由河南工商企业及有关团体、各地河南商会(企业联合会)及热心和支持豫商发展的知名人士自愿发起成立的非营利性社会团体。原河南省委书记徐光春、河南省政协主席王全书、河南省副省长史济春为名誉会长,陈义初任会长。

书(12本),为全国第一套系统研究地域商帮文化的丛书。① 其中,《康百万庄园兴盛四百年的奥秘》一书专门聚焦明清以来的豫商典范——康百万家族,全书基于商业视角,剖析了康百万家族的发家之道(包括以"留余"为核心的经营哲学、明确而持久的经营战略、务实高效的人事管理制度等),阐释了其家族历经400年而兴盛不衰的奥秘(包括精细浓郁的家族文化、尊师重教的良好传统、绝对严格的家法管理等),并且进行了民国时期三大"活财神"、当代中国三大地主庄园的比较研究,最后附有商科视野下康百万基业长青的国际比较。② 此书资料丰富、内容通俗易懂,大大促进了康百万庄园(家族)的社会传播,也是后来学术研究尤其是社会传播经常引用的基本资料。值得注意的是,此书出版方仍是河南人民出版社,从1979年到2007年前后相隔不到30年,关注的视角和行文语气已是天壤之别。

让康百万庄园(家族)名声大噪的还有一场康家后人与一本书的官司。2004年,巩义本地人康靖③和报社编辑贺宝石整理编写了《康百万家族与庄园》一书并由大连出版社出版,次年被康家后人以"侵犯先祖名义"告上法庭。该书经过八年时间搜集资料,记录了康百万家族近三百年间从开拓创业到兴旺发达,并由盛转衰的发展历程,重点记述了康大勇、康应魁等重点人物的生活轨迹,展示了诸多康百万家族鲜为人知的珍贵资料。康家后人认为书中关

---

① 陈义初主编:"豫商发展史与豫商案例研究"丛书(12本),郑州:河南人民出版社,2007年。丛书纵贯古今分析刻画了豫商的发展脉络,包括《豫商发展史》《古代豫商列传》《近代豫商列传》《唐宋行会研究》《康百万庄园兴盛四百年的奥秘》《怀商的历史与文化》《当代豫商管理创新》《当代豫商创业传奇》《当代固始商人的崛起》《河南优秀企业家群体研究》《河南集体经济企业家研究》等。陈义初,浙江镇海人,曾任郑州市委副书记、市长,河南省政协副主席,河南省豫商联合会首任会长。
② 孙学敏、周修亭:《康百万庄园兴盛四百年的奥秘》引言,郑州:河南人民出版社,2007年。
③ 康靖,巩义本地人,非康家后裔,曾任中学教师多年,住在康百万庄园附近,从祖父一代就与康家渊源深厚。三爷给康鸿猷做饭,爷爷在康家船队上做柜先(会计),光绪年间客死船上;奶奶给康家做衣服,干到临死前一年。父亲从小给康家当长工,三伯是康家在郑州德化街开办的花行的经理,当时叫"大相公"。参见张少春:《康百万"打官司"》,《东方今报》2006年4月11日。

于康家第十八世、十九世等"二十八杆枪"普遍吸食大烟、好逸恶劳导致家族败落的说法不实,认为康家败落是战乱等时局所致,该书侵犯了康氏先祖尤其是祖父的名誉权,从而将两位作者和出版社告上法庭。2005年底远在新疆乌鲁木齐的法律工作者康明亮(书中第202—206页十八世"穷相"康庭光之孙)首先发难,要求对方停止侵害、赔礼道歉、恢复其先人名誉、消除影响,次年2月书中涉及的其他康家十八世后裔(辑五、小六等人)的子女也提起诉讼。历经两年多时间,双方达成和解协议,销毁余书不再重印,双方互不追究。2006年4月,《东方今报》"非常档案"栏目曾以《"康百万"打官司》为题独家报道此事,一本书、一位80岁老教师及一个家族的恩怨引起社会强烈反响,也大大提升了康百万庄园(家族)的社会知名度。[①]

21世纪以来,社会上对康百万庄园(家族)的关注传播可以大致分为前后两个阶段,以2011年为界限。前期伴随河南对豫商的推介、各级政府发展经济的急切愿望及个人对财富的渴求,人们更多探究其延续十二代、四百余年长盛不衰的财富密码。后期伴随十七届六中全会首次将"文化命题"作为中央全会的议题并审议通过《中共中央关于深化文化体制改革推动社会主义文化大发展大繁荣若干重大问题的决定》,尤其是十八大以后对优秀传统文化高度重视,创造性提出文化自信并印发《关于实施中华优秀传统文化传承发展工程的意见》,公众的关注点逐渐从财富密码转向其家规家训尤其是"留余"家训。康百万家族第十五代传人康道平曾专门制作"留余匾",上刻南宋名士

[①] 对于康家后人与《康百万家族与庄园》一书作者的官司,可以从宏观时局和家族发展一般规律两个方面看待。社会环境是康家衰亡的根本内因,清末太平天国、捻军起义造成社会时局不靖,清廷对此的围剿政策直接促成康家"大河沉船",这是康家从盛而衰的重要转折点,八国联军侵华期间虽然接驾慈禧太后让"康百万"名扬天下,却使走下坡路的康家雪上加霜,最后十八世康庭兰力挽狂澜的失败也是时局的产物。家族发展普遍规律方面,先祖披荆斩棘、筚路蓝缕艰苦创业而积累庞大家业,经过数代传承,生于安逸环境的后世子孙往往不思进取、好逸恶劳走上败家之路,正所谓"富不过三代",也是古往今来一个大家族发展的普遍轨迹。康百万家族能够创造富裕十二代、兴盛四百年的财富神话已经殊属不易,然而终究不能脱离这样一个基本规律。

王伯大(又称留耕道人)的《四留铭》——"留有余,不尽之巧以还造化;留有余,不尽之禄以还朝廷;留有余,不尽之财以还百姓;留有余,不尽之福以还子孙",以此教育子孙举善事、知进退,不可穷尽一切利益,而应临事让人一步,临财放宽一分,保持人与社会、自然关系的和谐。不仅如此,2017年4月,中央纪委监察部网站和客户端推出"中国传统中的家规"之《河南巩义康百万庄园:以德兴商四百年,留余治家十三代》一文,并拍摄了专题片《留余治家康百万》,在社会上引发了广泛的"留余"热,四面八方的游客慕名到康百万庄园,探访康百万家族"留余"家风,寻找治家奥秘。此外,康百万庄园里还有诸多楹联和匾额,如"心术不可得罪于天地,言行要留好样与子孙""友以义交情可久,财从道取利方长""处世无他莫若为善,传家有道还是读书""德泽齐鲁""义赒仁里""克慎厥猷"等,皆是康家修身齐家的名片,记载了这个家族对子孙后世的诸多提醒和告诫,值得后人省思效法。

三、康百万庄园(家族)的学术研究史

(一)建筑学及其周边学科研究

这一方面的研究多以庄园建筑及其内部装饰雕刻艺术为研究对象,相关论文及报道最多。在知网以"康百万"为主题搜到的直接研究或间接涉及的194篇论文、报道中,涉及建筑学及其周边学科者有50余篇,作者多系建筑学(古建)专业及相关的装饰、园林专业,选题涉及建筑空间、建筑形态、建筑特征、营建技术、雕刻艺术、装饰艺术、室内陈设、匾额楹联、建筑文化、民居文化、防御功能、庄园空间、景观设计、建筑艺术等方面。而且在关于康百万的10篇高被引文献中,9篇涉及建筑学及其周边研究。关注最早的是2005年《中华

文化遗产》的图文介绍，摄影者是一位比利时友人戴斯克维·克里斯多弗。[①] 特别值得注意的一篇文献是2006年河南大学土木建筑学院左满常的《试析康百万庄园建筑的文化内涵》，指出庄园建筑既是物质文化的重要组成部分，又具有精神方面的文化内涵，包括天人合一的整体观念、崇尚和谐的思想、唯变所适的辩证思想及崇尚儒学的思想观念，文章表明了自然科学研究领域对人文属性的关注和渗透。[②] 有意思的是，其硕士研究生渠滔的学位论文也是关于康百万庄园建筑研究的，而且渠滔也是目前关于康百万庄园研究中刊发论文最多的一位。[③]

总而言之，建筑学及其周边学科研究康百万庄园虽然受到社会环境的影响较小，然而其能否成为研究热点及相应的论著数量却和经济形势、社会潮流息息相关。这一点也能够充分解释为何整个20世纪八九十年代研究关注康百万庄园建筑（消防）的文章只有四篇，却在河南省委、省政府大力倡导豫商文化后，康百万庄园逐渐成为研究中原民居的典范且研究成果数量呈现井喷之势。

（二）豫商研究

虽然历史上河南是我国商人、商业和商文化的重要发源地，然而以往并没有豫商这个提法，"豫商"一词是2004年以后河南省委、省政府基于历史渊源大力倡导扶持的产物。十余年来，豫商研究仍处于起步阶段，相关研究机构和相关期刊较少。目前，豫商研究初步形成了四个中心，即河南省豫商联合会、河南省豫商经济文化交流协会、郑州大学豫商研究中心及河南牧业经济学院

---

① 赵海星、张毅海：《康百万庄园——中原古代民居的典范之作》，《中华文化遗产》2005年第1期。
② 左满常、董志华：《试析康百万庄园建筑的文化内涵》，《河南大学学报（社会科学版）》2006年第3期。
③ 参见渠滔的《巩义康百万庄园研究》，2007年河南大学土木建筑学院硕士学位论文等五篇论文及中国知网的统计。

豫商文化研究所。其中,河南省豫商联合会在其官方网站豫商网上开辟了豫商研究专栏,并创办了《新豫商》杂志。郑州大学豫商研究中心是由郑州大学和河南省豫商联合会于2008年联合创办的一个专门服务豫商的教学和科研机构,主要以郑州大学商学院为依托,针对豫商和豫企进行商业培训。河南牧业经济学院(当时为河南商业高等专科学校)2010年成立豫商文化研究专家委员会(现豫商文化研究所),由学校企业发展研究所牵头组织力量开展豫商文化研究。从研究领域看,目前豫商研究主要集中在豫商发展史、古代豫商人物研究、唐宋行会制度研究、怀商研究、康百万庄园及家族研究、近代豫商人物研究、当代豫商人物研究及豫企研究等方面。[1]

著作方面,如前所述由陈义初主编、郑州大学商学院组织撰写的"豫商发展史与豫商案例研究丛书"是豫商研究的集大成者,也是全国第一套系统研究地域商帮文化的丛书,纵向分析刻画了豫商的发展脉络及其典型案例。其中,《豫商发展史》一书由郑州大学历史学院张民服教授与戴庞海教授主编,对由夏商至民国的豫商发展脉络作了系统梳理,总结出豫商精神和经营之道,并将康百万家族作为明清以来豫商的典型代表。而《康百万庄园兴盛四百年的奥秘》一书更是专门探究其家族递嬗尤其是聚焦其兴盛四百年的商业密码,是第一部关于康百万家族兴衰的研究性专著,也是后来学术研究和社会传播援引较高的一部基础性研究著作。

论文方面,2006年张占仓基于康百万家族等典型代表,归纳概括了豫商四大特点,即历史悠久、底蕴深厚、稳扎稳打和官本位思想根深蒂固。[2] 2010年,刘斐又以康百万家族为例,归纳概括出豫商和晋商、徽商在经营思想、经营方式、经营地域、文化理念、财富使用等方面存在着的诸多差异。[3] 2013年,王

---

[1] 庞卫东:《豫商研究现状述评》,《河南商业高等专科学校学报》2011年第4期。
[2] 张占仓:《豫商的四大特点》,《科学时报》2006年第8期。
[3] 刘斐:《豫商精神与晋商、徽商之比较》,《读书》2010年09期。

国栋的《康氏家族文化与豫商文化之比较》一文认为,康百万家族不仅传承了豫商文化义利并举、居安思危、强烈的社会责任感及重土安命等特征,而且区别于豫商文化的尚儒又尚道、目光远大、诗书传家等特色。①

高树印则侧重从古豫商精神到新豫商文化的现代转换,概括了古豫商目光远大、社会责任感强、骄傲从商等精神,认为虽然现在新豫商与浙商、苏商、粤商、闽商相比经济实力差别较大,但是随着中原崛起会有一批又一批拥有雄厚经济实力的新豫商出现,并可与全国甚至全世界商人争雄。②《康氏家族基业长青的现代解读》一文通过总结康家基业长青的策略如坚持耕读传家、留余中庸、诚信经营、审时度势、热心公益等,认为其对当下民营企业的传承发展也有重要启示意义。③ 与此相关,李静雯的《康百万庄园对现代豫商的启示》一文着重剖析了康百万家族侧重本地战略、拓宽经营领域,坚定诚信经营理念、关注国家大政方针、注重子孙教育、积极承担社会责任等方面对现代豫商的启示。④

(三)历史文化类研究

如果说建筑学及其周边学科侧重自然属性重点研究康百万庄园建筑及其装饰雕刻艺术,那么历史文化类则更加聚焦社会属性探析康百万家族从创业、兴盛到衰落的发展史,核心人物的活动轨迹及其两者与明清时局的关联,并且与上述豫商研究有所交叉,因为对康百万庄园(家族)的关注是放在豫商从夏商到当代一以贯之的发展脉络之下的,换言之,康百万家族作为明清以来的豫商典范,是豫商发展史的一个重点节点,而且人文学科对康百万家族的重视直

---

① 王国栋:《康氏家族文化与豫商文化之比较》,《黑龙江史志》2014年第7期。
② 高树印:《从古豫商精神看新豫商文化》,《协商论坛》2007年第8期。
③ 史振厚:《康氏家族基业长青的现代解读》,《河南商业高等专科学校学报》2013年第3期。
④ 李静雯:《康百万庄园对现代豫商的启示》,《河南牧业经济学院学报(社会科学版)》2016年第5期。

接源于2004年以后河南省委、省政府对豫商精神、豫商文化的大力倡导和扶持。因此,广义而言,"豫商发展史与豫商案例研究"丛书中与康百万家族密切相关的《豫商发展史》《康百万庄园兴盛四百年的奥秘》等书也属于历史文化类成果,而且相较之下《豫商发展史》的阐发史料更为严谨、翔实,并且将康百万家族发展史置于明清两代宏观时局之下。此外,前述康百万庄园文史编纂委员会和文物保护所(管理处)出版的系列图书《康百万庄园》《走进康百万庄园》等,同时侧重康百万庄园建筑的历史和康百万家族的历史,是更广泛意义上的历史文化类基础文献。

严格意义上的历史文化类研究论文数量并不多,而且缺乏大家参与。总结其研究现状,除了总结剖析康百万家族自身的发展阶段、重大事件[1],也将视野扩大到革命史领域,并且逐渐关注康百万家族的读书文化、礼文化和庙会文化等。如林万成从康百万庄园曾是1949年2月创建的第二野战军女子大学(简称女大)总校旧址切入,指出这是当时国内战争形势、庄园地理优势和庄园内部空间综合作用的结果。[2] 曾作为女大总校旧址的历史,一定程度上促成了"文革"期间庄园的妥善保护及日后成为省级、国家级重点保护文物。赵晓红通过图文并茂的形式展示了康百万庄园收藏的楠木盒端砚、莲叶玉石笔洗等四件文房用具,聚焦其家族高度重视子孙教育的读书文化,这也和庄园楹联"处事无他莫若为善,传家有道还是读书"彼此呼应。[3] 郭长华则侧重康百万庄园的礼文化及其现代价值,认为庄园建筑承载着大量礼文化元素,通过房屋布局、院落命名、楹联匾额、雕刻绘画等诸多形式,向人们传递着尊老敬长、尊师重教、和睦兴家、立身处世等礼文化信息,努力做好其现代转化,对构

---

[1] 参见相关历史学硕士论文:胡丝佳:《清代豫商康百万》,郑州大学历史学院2012年硕士学位论文;周岩:《明清河南巩义康百万家族盛衰研究》,延安大学2014年硕士学位论文;等等。
[2] 林万成:《"第二野战军女子大学"总校旧址——康百万庄园》,《中原文物》2015年第2期。
[3] 赵晓红:《康百万庄园读书文化》,《东方收藏》2014年第10期。

建和谐社会、优化社会风尚、加速社会主义现代化建设进程具有积极的借鉴价值。① 孟凡杰则以康百万庄园新春祈福文化庙会为中心介绍了独具特色的庙会文化，包括非遗文化展演活动、民间文艺汇演活动、地方传统豫剧演出、"祈福迎新"系列活动等。②

基于以上论著，日后历史文化类研究还存有不少需要继续深化的问题。首先，深化康百万家族的史实考证与理论分析。基础性的史实考证如康家发展史中的重要事件"康朱联姻"究竟是发生于十世康复吉身上还是十一世康惠身上的问题，对此，康百万庄园文史编纂委员会出版的《康百万庄园》一书注明是十一世康惠③，《豫商发展史》《康百万庄园兴盛四百年的奥秘》和相关学位论文持同样观点。④ 而《康百万家族与庄园》和《走进康百万庄园》两本书均认为发生在十世康复吉身上。⑤ 在目前看到的家谱中，也并未标注朱氏，只写明康复吉配王氏、康惠配李氏⑥，对此需要继续结合族谱和口述访谈进一步坐实。理论分析性问题，涉及康百万家族与河洛文化的关系问题，如康氏始祖康守信兄弟七人同时从山西迁至河南不同府县，为什么只有巩义康氏一支能够绵延四百余年、成就财富传奇且天下皆知呢？面对同样的天时、地利因素及宏观人文环境，为什么唯独康店的康氏家族能够在当地脱颖而出？其次，需要

---

① 郭长华：《康百万庄园的礼文化及其现代价值》，《河南牧业经济学院学报》2017年第3期。
② 孟凡杰：《康百万庄园庙会文化研究》，《东方收藏》2017年第3期。
③ 康百万庄园文史编纂委员会：《康百万庄园》，香港：香港国际出版社，2002年，第19页。陈义初主编：《豫商发展史》，郑州：河南人民出版社，2007年，第51页。
④ 陈义初主编：《豫商发展史》，郑州：河南人民出版社，2007年，第345页。胡丝佳：《清代豫商康百万》，郑州大学历史学院2012年硕士学位论文，第12页。周岩：《明清河南巩义康百万家族盛衰研究》，延安大学2014年硕士学位论文。
⑤ 王振和、李春晓编著：《走进康百万庄园》，北京：学苑出版社，2007年，第104页。贺宝石、康靖：《康百万家族与庄园》，大连：大连出版社，2004年，第17—18页。
⑥ 康百万庄园文史编纂委员会：《康百万庄园》，香港：香港国际出版社，2002年，第19页。陈义初主编：《豫商发展史》，郑州：河南人民出版社，2007年，第64—65页；王振和、李春晓编著：《走进康百万庄园》，北京：学苑出版社，2007年，第104页。贺宝石、康靖：《康百万家族与庄园》，大连：大连出版社，2004年，第106—107页。

进一步开拓思路,进行明清以来河南大家族之间的综合比较研究。将巩义康百万家族和项城袁氏家族、安阳马丕瑶家族作比较研究,包括先祖渊源、发展道路、兴衰转折、庄园特点、家风家训等。以上这些方面,也正是即将完成的"河南专门史"丛书之《河南家族史》相关章节重点关注阐发的问题。

(四)旅游开发类研究

关于康百万庄园旅游开发类的论文,在数量上仅次于建筑学及其周边学科,选题多集中于庄园旅游产品设计、景区人力资源开发、庄园与周边乡村互动关系等领域。[①] 关于庄园旅游产品的设计方面,提出进行创意开发,采用"情景式体验"创新设计旅游产品的理念;关于人力资源开发方面,重视具有CIS设计的旅游形象策划,设计有独特创意的旅游宣传口号,利用影视营销进行形象宣传;关于庄园与周边乡村互动方面,建议建立一体化区域旅游合作优势,实行联合宣传促销。对照近年来康百万庄园的实践,可以看出与上述思路多有呼应:推出实景剧《慈禧驾临康百万庄园》,生动再现慈禧太后、光绪皇帝驾临庄园盛况,并设置观众体验互动环节,是"情景式体验"旅游产品的积极尝试。重要节假日巩义重要景点整体营销,持康百万庄园门票的游客参观杜甫故里、杜甫陵园可享受门票五折优惠,而且此前2010年庄园已和山东的牟二黑庄园建立战略合作同盟以相互推介。

在相关研究中,康百万庄园与周边乡村互动关系值得特别关注。康百万庄园作为康氏宗族文化遗址,其保护和运营都对周边乡村的影响巨大。一方面,庄园所在地村民基于同宗同祖的血缘和地缘关系,对康百万家族历史钟爱有加。另一方面,庄园作为国家级旅游景区的建设和运营,又在一定程度上与

---

① 王佩佩:《康百万庄园文化旅游产品开发创意研究》,《天中学刊》2014年第5期;李娇:《巩义市康百万庄园景区人力资源开发问题研究》,郑州大学2013年硕士学位论文;崔真园:《康百万庄园与周边乡村互动关系研究》,《经济研究导刊》2010年第18期。

村民利益发生了深刻冲突。在村民看来,他们几乎未从康百万庄园的发展获取任何利益,该庄园每年的旅游收入均由巩义市文物局上交国家财政,与庄园所在的康店镇康南村不存在利益分成。双方的互动关系勾勒出了乡村旅游景区建设的尴尬处境,需要有关方面尽快作出协调,促进康百万庄园与其周边乡村互惠互利、和谐共进。[①]

2018年以来中央相继印发《中共中央、国务院关于实施乡村振兴战略的意见》《国务院办公厅关于促进全域旅游发展的指导意见》,提出构建农村一、二、三产业融合发展体系,发展乡村共享经济,倡导将一定区域作为完整旅游目的地,以旅游业为优势产业,统一规划布局、优化公共服务、推进产业融合、加强综合管理、实施系统营销,有利于不断提升旅游业现代化、集约化、品质化、国际化水平,更好满足旅游消费需求。[②] 这也应该是康百万庄园及其所在地巩义市文化旅游发展的着力点。

克罗齐说,一切历史都是当代史。[③] 一滴水可以折射太阳的光辉。康百万家族从罪恶世家到豫商典范、家训榜样,冰火两重天,其间其自身开发、社会传播、学术研究无一不反映出时代的种种烙印。其社会传播经历了财富密码到文化基因的递嬗,其学术研究经历了从庄园自然属性到社会属性的演变,而且自然属性的研究也逐渐侧重文化内涵的阐发。以上种种,既折射了改革开放以来中国不断向上成长的历程,也一再提醒我们历史研究的本质属性是求真求实。同一个对象、同一批史料,可以无情鞭挞,也可以热情讴歌,历史是否真的是"任人打扮的小姑娘"呢?作为一门科学,历史学在谋求服务现实、经世致用时,更应秉持求真求实的主旨和冷静客观的态度。(魏淑民)

---

① 崔真园:《康百万庄园与周边乡村互动关系研究》,《经济研究导刊》2010年第18期。
② 《国务院办公厅关于促进全域旅游发展的指导意见》(国办发〔2018〕15号),发布日期为2018年3月22日。
③ [意]克罗齐著,傅任敢译:《历史学的理论和实际》,北京:商务印书馆,1993年,第2—15页,英译本原文为"All history is contemporary history"。

第四节
河南农业史研究的回顾与反思

农业是中华文明演进的基础,它的出现已有上万年历史,是人类社会由攫取经济到生产经济转向的标志。河南居九州之中,处黄河中下游,气候温和,土壤肥沃,是中华农耕文明的重要发祥地之一。河南农业在中国农业发展史上占有重要位置,历史与实践证明:中原农业于斯起源,原始农业于斯发展,传统农业于斯兴盛,现代农业于斯腾飞,可以说河南农业史是中华农业发展史的缩影。加强对河南农业史的研究,既是对传统农业生产经验传承与创新的过程,也是提升地区农业史理论与实践的过程。

河南农业史研究始于20世纪初,中华人民共和国成立后逐渐兴起,80年代发展较快,21世纪以来更是发展迅猛,直至当下仍是研究领域的热点之一。河南农业史研究过程中,在文献资料编纂、农业考古、作物种植、农业科技、农业教育、农业经济与农业商品化、现代农业等诸多方面都取得了许多综合性与分述性研究成果。在社会发展到新时代的今天,不忘本来才有未来,适时对农业史研究进行总结与回顾、反思其中存在的问题是很有必要的。

一、河南农业史研究资料搜集与整理

农业文献资料的搜集、整理与编纂是进行相关系统性研究的基础,河南农业史研究亦不例外。

《河南省志·农业志》一书是对河南农业资料的全面整理,对农业自然条件、农业分区、土地制度变革与农业体制改革、粮食作物、经济作物、园艺作物、作物增产方法、农业机具、国营农场、引进外资、管理机构等方面的资料作了详细梳理[1];《河南通志》中也有专门篇章涉及农业生产,是研究农业历史的重要文献。农书是农业研究的综合性载体,中原地区作为传统农业生产较为兴盛的地区之一,在这里也出现了大量农书,如被誉为"详而不芜,简而有要,于农家之中最为善本"[2]的《农桑辑要》,该书对北魏以来黄河流域旱作农业生产技术进行了系统的总结。重要农业生产单元的资料整理是农业史研究的重要组成部分,如河南省国营黄泛区农场在中华人民共和国成立初期对恢复与发展河南农业作出了重要贡献,针对此,《黄泛区农场志》和《黄泛区农场志大事记》相继问世,成为研究黄泛区农场的重要文献。农业灾害尤其是气象灾害是农业史研究中的一个重要方面,《中国气象灾害大典·河南卷》《河南省历代旱涝等水文气候资料》《河南省西汉以来历代灾情史料》《河南省气象志》等书对河南的气象状况有详细记载,是研究河南气象灾害的基础材料。同时,由气象条件恶化引起的水旱灾荒也属农业史研究的内容,其中对河南影响最为深刻的要数黄河灾害,与此方面有关的文献资料颇为丰富,如《黄河志》(卷一至卷十一)、《黄河年鉴》、《河南省志·黄河志》等,这些都是研究黄河的重要文献。河南历代各地方志中的地理、田赋、食货、物产、赋役、天文等原始文献

---

[1] 河南省地方史志编纂委员会:《河南省志·农业志》,郑州:河南人民出版社,1993年。
[2] 〔清〕永瑢等:《四库全书总目》,北京:中华书局,1965年,第853页。

是河南农业史研究的重要资料来源,《中国地方志集成·河南府县志辑》(70册)和《河南历代方志集成·省志卷》(275册)就收录了大量地方志资料,如民国《禹县志》记载"种地不上肥,只落瞎胡混",民国《洛宁县志》记载"夏秋旱蝗相继,麦禾俱无"等。河南省和各地方志编纂委员会及其他机构新近整理的具有区域特征的地方史料亦是农业史研究的重要基础。如:《百年记忆——河南文史资料大系》一套书是对河南珍贵文史资料的全面总结与汇编,其中经济卷、科技卷、社会生活卷等对河南农业研究有莫大的裨益;[1]《郑州经济史料选编》一书对有关郑州经济史的多种原始资料进行了搜集与整理,并著有"文选"一类以观史料全貌。[2] 近年来,河南农业年鉴、河南粮食年鉴等统计类信息逐渐健全,它们用数据记录着河南农业的发展近况;此外,涉及河南农业的其他具体方面,如农田水利、农业政策、农业教育、农业经济、作物种植、人口、田赋等方面及近代以来的政府调查、统计资料和各地的文史资料更是数不胜数。但遗憾的是这些资料极其分散,并没有专门著作进行整理。

另外,全国性农业资料汇编中涉及河南农业史的亦不在少数。《中国近代农业史资料》一书以时间为纲,对1840年至1937年间涉及农业发展状况的诸多原始资料进行搜集、整理,河南农业发展史是其中的重要组成部分。[3]《中国近代农业生产及贸易统计资料》一书对1949年以后30余年各地的人口、耕地、各类作物、副产品、牲畜及市场、贸易等方面进行了详细统计,其中,河南各个作物的种植面积、产量均有所涉及。[4]《明清农业史资料(1368—1911)》一书对明清时期500余年间的农业史资料进行耙梳,涉及农业史研究的各个方面,同时依据广泛的资料来源,分地区进行汇总,是研究这一时期农

---

[1] 毛德富:《百年记忆——河南文史资料大系》(20册),郑州:中州古籍出版社,2004年。
[2] 郑州市地方志编纂委员会:《郑州经济史料选编》,郑州:中州古籍出版社,1992年。
[3] 章有义:《中国近代农业史资料》,北京:生活·读书·新知三联书店,1957年。
[4] 许道夫:《中国近代农业生产及贸易统计资料》,上海:上海人民出版社,1983年。

业史的必备工具书,其中不少方面涉及了河南农业的发展状况。①《清代奏折汇编——农业·环境》一书梳理了从 1736 年到 1911 年间有关农业、土地使用、环境变化等方面的奏折,是研究清代农业史的重要史料汇编,其中有许多涉及河南农业的资料。②《中国农业自然灾害史料集》一书对各个历史时期农业气象灾害、生物灾害、环境灾害及有关饥、荒、赈灾等方面的史料进行整理,是研究农业灾害的基础史料汇编。③《中国历代户口、田地、田赋统计》一书对户口、田地、田赋进行了相关考证与梳理。④

二、河南农业史综合性研究

河南自古以来一直是中国农业发展的核心区域,农史资源十分丰富,是社会各界关注与研究的热点,因此,在河南农业史研究方面涌现出了诸多有分量的综合性论著。《河南农业发展史》是有关河南农业史研究的第一部综合性著作,对河南的农业资源、古代时期农业、近代时期农业、中华人民共和国时期农业、21 世纪新时期农业发展途径等都作出了全面论述,时间跨度大、内容全面,是对河南数千年农业发展状况的综合概括。⑤《河南通史》(四卷本)一书虽是研究河南历史的通史性著述,但关于河南农业史的论述是其中的重要内容,从原始农耕社会开始,直至现代农业,各个历史时期的农业发展状况都有所涉及。⑥《河南经济简史》《河南经济通史》两书是有关河南经济史的重要著

---

① 陈树平:《明清农业史资料(1368—1911)》(3 册),北京:社会科学文献出版社,2013 年。
② 中国科学院地理科学与资源研究所、中国第一历史档案馆:《清代奏折汇编——农业·环境》,北京:商务印书馆,2005 年。
③ 张波等:《中国农业自然灾害史料集》,西安:陕西科学技术出版社,1994 年。
④ 梁方仲:《中国历代户口、田地、田赋统计》,上海:上海人民出版社,1982 年。
⑤ 胡廷积:《河南农业发展史》,北京:中国农业出版社,2005 年。
⑥ 程有为、王天奖:《河南通史》(四卷本),郑州:河南人民出版社,2005 年。

作,在部门经济论述中,农业经济占很大篇幅,囊括了各个时期河南的地理环境、人口、耕地及具体农业经济,并对相关问题列有专门章节。①《中原文化大典》是一部百科全书式的著作,其中的科学技术典、文物典、人物典、著述典等都涉及了河南农业发展过程中的技术、农具、农书、作物、农业思想等。②此外,《河南农业策论》一书对当代河南农业的发展作出论述,并认为下一步需着力于结构调整、农业产业化经营、土地流转、农业生态旅游、农业生态观光园等方面的理论研究及实践。③

古代河南社会是一个以农耕为主的社会,农业的各个方面都处于全国前列。对当时河南各个历史时期的农业研究,如先秦、汉代、唐代、北宋、清代等都取得了重要成果。商代时中原地区农业生产环境湿润,有利于农业生产,加之当时社会普遍重视农业,人们进行协作劳动,农业的各个方面都有了较大发展。④汉代时期河南郡是这一时期农业发展最先进的地区之一,且东汉时期农业发展的各个方面都明显超过了西汉。⑤唐代河南地区的农业从整体上来说经历了"恢复—发展—破坏—再恢复"阶段,在农田水利建设、粮食作物、经济作物及其他副业生产等方面有一定进步,并非有学者认为的停滞抑或倒退状态。⑥北宋时期河南的农业恢复、发展较快,主要是由政府的垦荒政策、人口移民、水利建设、水稻的推广种植等因素推动,⑦同时,这一时期包括河南在内的黄河中下游地区的农业发展表现出了明显的地域性特征。元朝时黄河中下游地区的农业生产在耕地面积、粮食生产、经济作物种植、农田灌溉等方面

---

① 程民生:《河南经济简史》,北京:中国社会科学出版社,2005年;程民生主编:《河南经济通史》,郑州:河南大学出版社,2012年。
② 中原文化大典编纂委员会:《中原文化大典》,郑州:中州古籍出版社,2008年。
③ 白选杰:《河南农业策论》,成都:西南交通大学出版社,2012年。
④ 李军涛:《商代中原地区农业研究》,郑州大学博士学位论文,2016年。
⑤ 李峰:《汉代河南郡农业状况初论》,《河南科技大学学报(社会科学版)》2008年第2期。
⑥ 赵航:《唐代河南地区农业研究》,上海师范大学硕士学位论文,2005年。
⑦ 魏天安、李晓荣:《北宋时期河南的农业开发》,《中州学刊》2001年第4期。

有一定的恢复,但却是十分有限的。① 清代中原地区的农业在作物种类与种植、耕种技术、农作物商品化等方面均出现了新的动向,是农业发展史上的重要阶段。②

近代,在自然条件恶化、外敌入侵、政府腐败及各种灾害频仍的"合力"作用下,河南农业发展表现出滞后的特征,但这个滞后是相对的。③ 黄正林聚焦南京国民政府前十年时期,对河南农政机关、农业技术变革、粮食作物增长、经济作物种植与农业商品化等内容进行了详细阐述,得出此时农业是在缓慢发展的结论,反驳了"停滞论者"和"发展论者"的偏颇观点。④

中华人民共和国成立后,尤其是改革开放以来,河南农业生产力水平不断提升,现代农业发展突飞猛进,但其中也存在一些问题。刘道兴等以改革开放30年为界限,全面回顾了改革开放30年来河南农业的发展历程,全面总结了其中的经验与教训,为河南农业发展提供了对策与建议。⑤ 李文琦对转变河南农业发展方式的条件、路径、政策建议及发展方向都进行了相关研究,对促进河南现代农业发展方式转变有一定意义。⑥ 张占仓等认为河南农业面临国际、国内的新形势,针对其中存在的农业资源被破坏等难题,要采取多种措施,促进可持续发展。⑦ 吴玉督等对河南各地区的农业结构进行了数据分析,最终对全省农业种植结构进行了合理规划,探索出一条适合河南发展的道路。⑧ 总之,当代河南农业发展瓶颈主要表现在农业的结构、制度及要素缺乏科学安

---

① 王兴亚:《关于元朝前期黄河中下游地区的农业问题》,《郑州大学学报》1963年第4期。
② 李华欧:《清代中原地区农业经济与社会发展研究》,郑州大学博士学位论文,2016年。
③ 王鑫宏:《河南近代农业发展滞后原因探析》,《安徽农业科学》2011年第32期。
④ 黄正林:《制度创新、技术变革与农业发展——以1927~1937年河南为中心的研究》,《史学月刊》2010年第5期。
⑤ 刘道兴、吴海峰、陈明星:《改革开放以来河南农业的历史性巨变》,《中州学刊》2008年第6期。
⑥ 李文琦:《河南粮食核心区转变农业发展方式的路径研究》,河南工业大学硕士学位论文,2016年。
⑦ 张占仓、杨文新:《河南农业发展形势与可持续发展对策》,《地域研究与开发》2001年第4期。
⑧ 吴玉督、任俊琦:《河南农业结构变动模式的实证分析》,《中州学刊》2007年第2期。

排上,要解决这一问题,应该从农业结构与农业制度上入手,而后者是治本之策。

农业供给侧结构性改革与"一带一路"作为国家战略与倡议相继被提出,相关研究也成为热点,河南农业研究与其相结合出现了一些重要成果。如针对前者,刘新民根据河南农业供给侧改革中的实践,发现其中存在的问题与难题,提出今后一段时期要全面推进农业改革,大力增强农业供给质量和效率,促进河南现代农业发展。[1] 针对后者,雷瑛认为河南作为农业大省,要以"一带一路"为发展契机,农业企业要把中亚国家作为合作重点,制定统筹规划,加强政府及中介机构在农业发展中的带动作用。[2]

河南农业综合性研究中还出现了针对某一地区而展开区域性研究的成果。如万明远以信阳地区为重点,论述明清时期该地区农业人口、土地垦殖、水稻等农作物的种植及水利开发。[3] 申红星对明、清两个时期豫北地区农业发展及其对当时社会各方面产生的影响进行了综合阐述。[4]

三、河南农业史分述性研究

河南农业史是一个复杂的有机体,荦荦大者,可从以下八个方面进行阐述:

(一)农业考古研究

农业考古属考古学范畴,是考古学的一个分支,主要是利用考古发掘出土

---

[1] 刘新民:《河南省农业供给侧结构性改革若干思考》(上、下),《农业·农村·农民(B版)》2016年第11、12期。
[2] 雷瑛:《积极推动河南农业融入"一带一路"战略》,《河南日报》2015年9月9日。
[3] 万明远:《明清时期信阳地区农业开发研究》,西北师范大学硕士学位论文,2014年。
[4] 申红星:《明代豫北地区农业的发展与影响》,《农业考古》2011年第1期;《清代豫北地区农业的发展及其社会影响》,《农业考古》2010年第1期。

的相关农业实物,考察农业发展历程,探赜其中规律,为中国现代农业发展提供有益借鉴。

河南是农业大省和考古大省,农业考古取得了许多成果。农业考古研究的一个重要方面是围绕各个考古遗址展开,主要是以考古发现的各类标本为依据,利用现代理论与科技进行相关研究,以此说明各个时期的农业发展状况。如王星光以李家沟遗址为中心,说明其与中原农业起源的关系问题,认为在该遗址发现的诸多动物标本及石器、陶器,均表明"原始农业"已经孕育产生。[1] 武欣以河南大赉店遗址为中心,说明大赉店遗址在龙山文化时期主要经营以粟、黍为主要作物类型的旱作农业,此外,豆、麦和稻也均有出土。[2] 付巧妹等以河南淅川沟湾遗址出土的人骨为分析对象,探索此地的农业发展方式和人们的生活方式,并指出"稻作农业和粟作农业对先民食物贡献基本相当"。[3] 姜钦华等以邓州八里岗遗址出土的堆积物为分析对象,发现了稻作农业的植硅石证据,认为随着文化的不断发展,稻作农业的强度也随之不断提升。[4] 许天申以裴李岗文化时期为中心,以考古发掘的农业生产工具为依据,着重分析它们的用途,并介绍了这一时期栽培的农作物及畜牧业的发展,这一研究为探索中国农业起源的相关问题提供了帮助。[5] 此外,还有关于河南仰韶村文化遗址、中原龙山时代等与农业发展有关的研究成果。

农业考古研究的另一个重要方面就是综合运用考古资料分析农业发展,而不局限于考古遗址。如李中轩等利用二里头、新砦等遗址的环境指标,分析

---

[1] 王星光:《李家沟遗址与中原农业的起源》,《中国农史》2013年第6期。
[2] 武欣:《河南大赉店遗址龙山时期植物遗存分析》,山东大学硕士学位论文,2016年。
[3] 付巧妹、靳松安、胡耀武等:《河南淅川沟湾遗址农业发展方式和先民食物结构变化》,《科学通报》2010年第7期。
[4] 姜钦华、张江凯:《河南邓州八里岗遗址史前稻作农业的植硅石证据》,《北京大学学报(自然科学版)》1998年第1期。
[5] 许天申:《论裴李岗文化时期的原始农业——河南古代农业研究之一》,《中原文物》1998年第3期。

豫西地区的史前农业生产环境,分别说明了不同历史时期农业发展的不同进程。[1] 李友谋综合运用考古发掘资料,论述了新石器时代早期、中期、晚期的中原农业进程,认为中原地区发达的文明与原始农业的发展密切相关。[2] 方酉生以磁山·裴李岗文化时期、仰韶文化时期、龙山文化时期的考古资料为对象,研究中原地区的原始农业发展状况。[3]

(二)农业科技研究

农业科技研究包括农业技术研究和农业科学研究两个方面,主要是对历史时期各项农业技术措施进行历史考察,汲取其中的有益成分,用以指导现代农业。

系统性研究。《中国农业科技史》以时间为线索,从先秦至明清,对各个时期的农业科技进行了综合研究,是研究这一领域的基础之作。[4]《中原科学技术史》中有关农业技术的研究占一定比例,从石器时代开始,到中华人民共和国成立前夕,对农业耕作技术、农具、农业思想等方面都有一定的阐述。李向东等对不同时期河南农业技术的发展进行论述,涉及自然和社会环境、农业结构、农具演变、农业思想、畜牧业发展等方面,揭示了其中的发展规律与运行轨迹,突出了河南农业技术的重要地位。[5]

农具的研究。随着农业生产力的逐渐提高,不同时期中原地区农具造型也不断演变,深入阐释农具造型变化的内在合理性与重要性,探究其中的基本

---

[1] 李中轩、吴国玺:《豫西地区的史前农业生产环境概况》,《信阳师范学院学报(自然科学版)》2013年第3期。
[2] 李友谋:《中原地区原始农业发展状况及其意义》,《农业考古》1998年第3期。
[3] 方酉生:《从考古材料看我国中原地区原始社会的农业生产》,《农业考古》1984年第1期。
[4] 张芳、王思明:《中国农业科技史》,北京:中国农业科学技术出版社,2011年。
[5] 李向东、郭天财、高旺盛:《河南农业技术发展史探讨》,《河南农业大学学报》2006年第1期。

特征与规律是开展这项研究的重要使命。[1] 如研究在黄河中下游地区考古发现的石铲、石磨盘和石磨棒等作物生产和加工工具，可对该地区人们的基本生计进行综合判断，由此推断此区域进入了"高级阶段的狩猎采集经济"。[2] 还有的学者以中原地区传统典型木质农耕器具为研究对象，同时选取其中的典型器具，从设计学的角度进行深入研究，论述器具的种类、演进过程、功能与形式、结构设计及对现今的启示意义，这是不同学科交叉研究的范例。[3]

传统农业技术研究。学者主要是对不同时段的传统农业技术，如耕作技术、种植技术、农业科技改良等方面进行研究。如王大宾对秦汉时期中原地区的农耕技术水平进行相关阐述，主要论及传统农业耕作技术体系和精耕细作耕作技术体系的实现方式，并以两河区域、梁宋区域等为例，说明农耕技术在不同区域的表现。[4] 包艳杰则是对3世纪至12世纪间河南的种植技术，如麦、粟、稻、豆等作物的种植技术及主要蔬菜种植技术、桑麻种植技术进行研究，其中人口流动、农具更新等对农作物生产技术发展起到了极大的推动作用。[5] 李军强对1931年至1937年间河南农业科技改良进行了系统研究，包括农事实验与逐渐推广、改良盐碱地、新式农具的使用、病虫害的综合防治、肥料的使用等方面，这些技术改良提高了粮食产量和人民生活质量。[6]

农田水利研究。农田水利是农业发展的重要保证，其重要性毋庸赘言，从沃特福格(Wittfogel)在其著述中将东方社会定义为"水利社会"[7]就可见一斑。

---

[1] 潘景果：《论中原农具造型演变的研究》，江南大学硕士学位论文，2009年。
[2] 钱益汇、李昱龙：《距今15000—9000年黄河中下游地区的谷物生产与加工工具》，《首都师范大学学报(社会科学版)》2012年第6期。
[3] 娄婧婧：《中原地区传统典型木质农耕器具研究》，中南林业科技大学硕士学位论文，2013年。
[4] 王大宾：《秦汉时期中原地区环境的变迁与农耕技术的选择》，郑州大学硕士学位论文，2010年。
[5] 包艳杰：《三至十二世纪河南农作物种植技术研究》，南京农业大学博士学位论文，2014年。
[6] 李军强：《1931—1937年河南农业科技改良研究》，河南大学硕士学位论文，2012年。
[7] Karl A. Wittfogel, *Oriental Despotism: A Comparative Study of Total Power*, New Haven: Yale University Press, 1957.

《黄河中下游地区水利史》对各个历史时期黄河中下游地区的水患、水利工程建设、灌溉系统等与农业有关的方面都有所论述,是对该地区农田水利技术的全面总结。[①] 河南古代农田水利历史久远,水利工程主要有井、渠、陂塘三种,每种工程对农田都有独特的灌溉作用,有力地保障了农业发展。先秦时期河南水井的出现与农业文明滥觞之间关系紧密,并在很大程度上推进了该地区的文明进程。李国勇主要介绍了明清时期河南农田水利灌溉的基本方式,着重对渠灌与井灌两种形式进行了详细论述。[②] 赵建新、马雪芹、常全旺则是对明清时期怀庆府、豫北地区、豫西地区的农田水利事业进行了区域化研究,突出其地域性。[③] 侯普慧、李艳红、张艾平三人的研究在时间上相关联,分别以1927—1937年、1938—1947年、1949—1965年为界限,论述河南农田水利建设,对各个时期内的水利建设进行了详细研究。[④] 还有研究者以新农村建设时期的小型农田水利建设为着眼点,分析了当前存在的尴尬状态,即"政府管不到、集体管不好、农民管不了",并针对这个难题,提出要探索新的管理模式,进行依法管理。[⑤] 还有一些成果是针对个别水利设施开展的研究,如济源的五龙口水利设施、安阳的万金渠、西峡的别公堰、武陟的人民胜利渠等。

现代农业技术研究。现代农业技术是现代农业发展的重要支撑,因此有关现代农业技术研究的成果较多。刘定平以农业信息化为侧重点,论述其与河南农业发展的关系,认为农业信息化应牢固树立农业的战略地位,发展农村

[①] 程有为:《黄河中下游地区水利史》,郑州:河南人民出版社,2007年。
[②] 李国勇:《明清时期河南农田灌溉述论》,《安徽农业科学》2010年第11期。
[③] 赵建新:《明清时期怀庆府的农田水利研究》,陕西师范大学硕士学位论文,2014年;马雪芹:《明清时期豫北地区的农田水利事业》,《古今农业》2000年第3期;常全旺:《清代豫西地区农田水利建设及其管理》,陕西师范大学硕士学位论文,2011年。
[④] 侯普慧:《1927~1937年河南农田水利事业研究》,河南大学硕士学位论文,2007年;李艳红:《试论1938—1947年河南农田水利建设》,《学理论》2011年第1期;张艾平:《1949—1965年河南农田水利析》,河南大学硕士学位论文,2007年。
[⑤] 牛婷婷:《新农村建设时期小型农田水利的现状与思考——以河南信阳农村为例》,《毛泽东邓小平理论研究》2013年第2期。

信息网络,促进农业信息技术研究和开发。① 张国富等研究了农业技术创新体系的重要价值,阐述了在建设农业创新体系过程中要遵循的基本原则、应有观念和能力、应突破的瓶颈及应出台的政策,最终阐述了技术创新体系的新框架。② 张伟则认为农业科技成果转化率制约着农业的进一步发展,河南也面临着同样问题,欲解决这一难题,就要继续完善相关政策、优化转化环境和完善相关体制机制。③

(三)农业教育研究

农业教育起源于古代,是农业生产劳动的产物,从神农"始教耕稼"和后稷"教民稼穑"始,农业教育逐渐产生并发展演变,"西学东渐"时西方农业科学技术传入中国,具有现代意义的农业学校教育逐渐出现。河南创办农业学校、进行专门农业教育的时间较早,清末时即创办了中等农业学堂和蚕桑学堂,而高等农业教育则是在1906年创办,后逐渐演变为今天的各级农业学校和农业研究机构,如河南农业大学、河南农业职业学院及各地的农业科学院等。

此方面的研究成果主要以清末之后的农业教育为主。如范豪志、袁慧都是以清末时期的蚕桑教育为剖面,研究其时的农业教育系统,总结了农业教育取得的成绩及其对社会的影响,并对农业教育所起到的促进丝织业和农村经济发展的作用进行了相关论述,同时这一研究也为河南近现代农业教育提供了有益借鉴。④ 农业教育家郭须静(1895—1934)致力于农业教育事业,注重

---

① 刘定平:《信息技术与河南农业发展研究》,《河南社会科学》2005年第4期。
② 张国富、李艳花:《河南农业科技创新体系构建的对策研究》,《河南农业大学学报》2007年第6期。
③ 张伟:《河南农业科技成果转化的问题与对策探析》,《农业科技管理》2013年第5期。
④ 范豪志:《清末民初河南农业教育研究(1902—1919)——以蚕桑学堂(校)为例》,河南师范大学硕士学位论文,2012年;袁慧:《清末河南蚕桑教育与丝织业发展研究(1904—1911)》,河南师范大学硕士学位论文,2016年。

理论与实践并重,为河南农业教育作出了巨大贡献,尤其是他在园艺技术方面的贡献值得称颂。① 河南现代农业的发展急需懂技术、会经营的新职业农民,同时,国家和地方都明确规定培育现代农民的要求。因此构建日臻成熟的农业职业教育体系是当务之急,也是发展河南现代农业的人才保障。②

农业教育的发展尤其要与国家战略相衔接。粮食生产核心区、中原经济区、乡村振兴战略等一系列顶层设计都对河南新型农业教育提出了更高要求。在此基础上,根据河南地域特色,培育新型职业农民,是促进河南现代农业飞跃式发展的必然之举。

(四)农业生态环境研究

农业生态环境研究包括自然生态环境和社会生态环境,前者主要是农业地理、自然灾害及应对,后者主要是社会条件、社会灾害及应对。

农业地理研究。农业地理研究主要是研究农业生产与地理环境之间的关系,不同历史时期,农业面临的地理环境会有差异。如随着全新世大暖期的到来,黄河中下游地区出现了难得的温暖湿润的环境,这为农业发展提供了便利条件,尤其是稻作农业。③ 秦汉时期河南农业生产与当时的环境条件紧密相关,自然地理条件为其提供了良好条件,但自然及社会灾害因素则对农业发展表现出了极大的破坏作用。④ 彭辛迪以清代南阳地区为横切面,分析了南阳地区的农业地理特点,指出存在的人地矛盾、作物种植结构、粮食供需平衡及自然灾害对农业发展的不利影响。⑤《明清河南农业地理研究》一书对明清时期河南的人地关系、农作物种植作了全面考察,该著述运用大量数据说明这一

---

① 明山:《河南早期献身农业教育的郭须静》,《河南大学学报(哲学社会科学版)》1984年第6期。
② 张翠翠:《论河南农业职业教育体系与现代农业发展的关系》,《河南农业》2015年第16期。
③ 王星光:《气候变化与黄河中下游地区的早期稻作农业》,《中国农史》2011年第3期。
④ 宗金林:《秦汉时期河南地区农业与环境条件》,郑州大学硕士学位论文,2009年。
⑤ 彭辛迪:《清代南阳地区农业地理研究》,西北师范大学硕士学位论文,2013年。

时期河南农业生产面貌。① 另外,《河南农业地理》一书对1949年以来河南30年间的农业成就及存在的问题进行了全面总结,具体论及了河南农业结构和生产布局,并分七大农业区分述,为河南农业发展指明了方向。

农业灾害及应对研究。农业灾害包括自然灾害与社会灾害,灾害之后出现的灾荒及社会应对也是农业史研究的重要内容。

1.自然灾害。自然灾害发生时,首当其冲的就是农业发展,这是由农业生产条件决定的。水旱灾害是影响河南农业的最大自然灾害,这方面的研究成果颇多,其中有创新性的研究成果之一是陈蕴真以历史文献为基础,对历史时期黄河泛滥的动力与机制进行了综合研究,对4000年来黄河下游泛滥史和中游的农业发展史进行了定量分析。②"丁戊奇荒"是中国近代史上一次影响深远的旱灾,对河南农业造成巨大冲击,相关成果也较多。作物虫害也是影响农业生产的因素之一,吕国强对河南蝗灾进行了专门研究。《河南蝗虫灾害史》一书记载了河南地区蝗灾大事记、蝗虫灾害、蝗虫防治、蝗虫文化、中华人民共和国成立后的治蝗减灾和领导批示等,其以文献资料、地方志为基础,对河南蝗灾进行了全方位剖析。另外,还有一些对当今农业灾害的研究,如王记芳等利用1978—2005年间河南农业灾害资料,分析了28年来的灾害趋势及对农业生产的影响。③

2.社会灾害。社会灾害主要是指社会因素直接或间接对农业造成的影响,如战争等。明末农民战争对河南农业造成了多方面的影响,如人口死亡、劳动力匮乏、农业生产环境遭毁损、农业生产关系的调整等。④ 抗日战争是对河南影响最为深远持久的一次战争,对河南农业造成了不可估量的损失,人

---

① 马雪芹:《明清河南农业地理研究》,台北:台湾洪叶文化事业有限公司,1977年。
② 陈蕴真:《黄河泛滥史:从历史文献分析到计算机模拟》,南京大学博士学位论文,2013年。
③ 王记芳、朱业玉、刘和平:《近28a河南主要农业气象灾害及其影响》,《气象与环境科学》2007年第S1期。
④ 代永峡、樊志民:《明末农民战争对河南农业发展的影响》,《兰台世界》2015年第30期。

口、粮食、农具、生产环境等各方面都发生了重大变化,其中,耕地面积减少了12.6%,粮食年总产量减少了48.2%。①

3.灾害应对。灾害应对即社会各界对灾害作出的反应。如北宋时期黄河中下游地区发生水患后,北宋政府主要采取的措施有赐钱、赐粮、减免赋税等,大力推动农业恢复,安置流民,稳定秩序。②还有学者以河南"丁戊奇荒"和袁保恒为线索,论述袁保恒在救济灾民中的作为,如恤灾民、严吏治、筹钱运粮、发展生产等,对当时社会产生重要影响。③武艳敏对1927年至1937年间河南的社会救灾事业进行了考察,主要是社会各界对灾害作出的应对,呈现出浓厚的河南特色。④

(五)农作物种植结构研究

河南地区是传统农作物稻、粟、麦等的重要栽培区域,这些从已有的考古资料中就可以得到证明,前文中的"农业考古"部分已作出相应说明;明代中后期,原产于美洲大陆的玉米、甘薯、马铃薯、花生、烟草等农作物相继被引入我国,它们以其独特优势(适应性好、产量高等)被迅速推广,河南也成为重要的种植区。

河南传统农作物与相应的耕作制度相协调,"以多熟种植和间、混、套作为主要方式"⑤。史前华北平原地区粮食种植结构的演变轨迹大致是从新石器时代早期以种植粟、黍为主(兼种植稻),到中期以种植粟为主,及至晚期粟

---

① 河南省委党史研究室:《河南省抗日战争时期人口伤亡和财产损失》,北京:中共党史出版社,2014年,第27页。
② 郭志安:《论北宋河患对农业生产的破坏与政府应对——以黄河中下游地区为例》,《中国农史》2009年第1期。
③ 周星星:《河南"丁戊奇荒"与袁保恒赈灾研究》,郑州大学硕士学位论文,2016年。
④ 武艳敏:《民国时期社会救灾研究——以1927—1937年间河南为中心的考察》,北京:中国社会科学出版社,2014年。
⑤ 李向东、郭天财、高旺盛等:《河南传统农业作物起源与耕作制度演变》,《中国农学通报》2006年第8期。

稻并重,大体来看,种植结构是由简单到复杂、由单一到多元。① 由汉到唐的历史过程中,小麦逐步成为黄河中下游广大地区人们的主粮,这一地位的上升与当时的社会和时代背景紧密相关,主要是自然灾害的相对减少、农业技术水平的提高、人口增速加快及商业发展、饮食变化等。② 还有学者把清代河南分为5个农业区,分别研究各个农业区内的农作物种植,考察各区的种植差异,并分析了当时河南种植结构的特点。③ 另外王鑫宏以新的视角,论述了近代河南种植结构与灾荒之间的有机联系,指出种植结构的演变使非粮食作物的种植面积日益增加,河南经济对国际经济的依存度不断提升,从而导致河南在近代社会中灾荒连连,且损失惨重。④

具体而言,每种农作物的种植也有其自身的规律。马雪芹对河南桑麻、棉花、玉米、番薯等作物的种植都进行了相应的历史考察,探寻了其中的种植规律。⑤ 清代河南烟草种植已经形成了稳定的种植区域和种植品种,这对其后河南烟草业也产生了一定的影响。⑥ 明清时期高粱在华北平原快速发展,它的种植面积快速增加,品种增多,究其原因,主要是高粱自身习性、华北平原人口激增、日益增加的拓展耕地需求等因素的共同推动。⑦

(六)农业经济与农业商品化研究

说起农业经济与农业商品化,首先必须要谈的就是农业产量。徐秀丽以

---

① 李秋芳:《史前时期华北平原粮食种植结构之变迁研究》,《华南农业大学学报(社会科学版)》2012年第1期。
② 李爱军:《汉唐之际小麦在黄河中下游区域的发展及原因》,《咸阳师范学院学报》2008年第5期。
③ 李凯学:《清代河南农作物种植结构研究》,郑州大学硕士学位论文,2013年。
④ 王鑫宏:《近代河南农业种植结构变化与灾荒》,《安徽农业科学》2010年第30期。
⑤ 马雪芹:《明清河南桑麻业的兴衰》,《中国农史》2000年第3期;《明清时期河南省部分经济作物的种植与分布》,《史学月刊》2003年第7期;《明清时期河南省棉花的种植与地理分布》,《农业考古》2000年第3期;《明清时期玉米、番薯在河南的栽种与推广》,《古今农业》1999年第1期。
⑥ 张玲:《清代河南烟草的种植与分布》,《赤峰学院学报(科学教育版)》2011年第11期。
⑦ 李秋芳:《明清华北平原高粱种植的崛起及其原因》,《北方论丛》2014年第2期。

冀、鲁、豫三省为研究中心,着重考察三省的近代粮食亩产问题,认为近代粮食单产已经恢复到了清盛世时期,或者略有提高,但是,此时人均粮食占有量和劳动生产率却是极其低下的。[1] 王天奖蠡测了近代河南农业单产,从中可以看出,单产不断降低,农业生产出现衰颓,但这并不是说河南农业无所作为,此时河南农民想方设法进行生产,农业发展还是取得了一定的成绩。[2]

农业经济研究。农业经济是指以种植业和由种植业提供饲料来源的家畜饲养业为主要生产部门的一种经济形式。庞小霞等以仰韶文化时期至二里头文化时期为中心、赵志军以夏商周文明形成时期为中心,对先秦时期中原地区的农业经济作了分析。[3] 明代前期政府推行的一系列重农措施,促进了河南农业经济的恢复与发展,是当时社会经济的重要组成部分。[4] 清代前期河南农业生产虽有发展,但整体来看,还是处于衰颓的状态,农业经济落后。[5] 及至北洋政府时期,河南农业经济出现了新变化,种植结构及商品化程度都与以往有所不同,且农业经济在现代交通运输体系的作用下呈现出新的趋势。[6]

农业商品化研究。随着农业生产率的提升、经济作物的种植及世界市场的形成,农业商品化程度也随之提高,其中明清时期最为突出,研究成果也较多。王苏予认为明清时期在一系列政策的刺激下,河南区域农业得到极大恢复,传统及新进粮食作物、经济作物大量种植,农业商品化得以快速发展。[7] 吴志远对清代河南商品经济进行了全面研究,涉及诸多行业,农业就是其中一

---

[1] 徐秀丽:《中国近代粮食亩产的估计——以华北平原为例》,《近代史研究》1996年第1期。
[2] 王天奖:《从单产看近代河南的农业生产》,《史学月刊》1991年第1期。
[3] 庞小霞、高江涛:《中原地区文明化进程中农业经济考察》,《农业考古》2006年第4期;赵志军:《关于夏商周文明形成时期农业经济特点的一些思考》,《华夏考古》2005年第1期。
[4] 张民服:《明前期中原经济发展探析》,《郑州大学学报(哲学社会科学版)》1998年第2期。
[5] 陈铮:《清代前期河南农业生产述略》,《史学月刊》1990年第2期。
[6] 黄正林:《承前启后:北洋政府时期河南经济的新变化——以农业、工业与市镇经济为中心》,《陕西师范大学学报(哲学社会科学版)》2013年第3期。
[7] 王苏予:《明清时期河南区域商品性农业问题研究》,郑州大学硕士学位论文,2010年。

种。① 马义平、武强将目光移至近代,探讨铁路、水运这两种运输方式对河南农业商品化的影响。② 还有一些研究者则是探究单种农作物的商品化,如棉花、粮食贸易等。

(七)农业人口、土地、税收研究

农业人口、土地、税收是农业史研究的重要组成部分,农业人口提供基本劳动力,土地是基础生产资料,税收是以农业经济为重要征收对象的国家经济基础,对这些方面的研究成果亦不少。

中国作为世界人口大国,农业人口占全国总人口的比例较大,因此对农业人口的专业性的研究著作颇多且不断出现新作,王育民、赵文林和谢淑君、葛剑雄等均有相关著述问世,涉及河南人口的研究成果也不少。其中,王建华对黄河中下游地区史前人口的规模、性别、年龄及人口与社会、环境、资源的关系作了详细研究。③ 明朝时期河南人口变化可以分为初期、中期和末期三个时间段,其人口变化特点为"由快到慢,再由慢到快"。④ 流民也是人口变化的重要方面,流民与区域农业的关系是:一方面促使农业发展,另一方面也对自然环境和社会环境带来压力。⑤ 关于近代以来对河南人口的研究,不得不提王天奖和郑发展,前者对1840年至1949年间河南人口规模及其变化态势作出估测,后者则是对民国时期河南人口数量、密度及增长率、性别与年龄、人口迁

---

① 吴志远:《清代河南商品经济研究》,南开大学博士学位论文,2012年。
② 马义平:《近代铁路与中原地区农业经济发展探析——以1906—1937年间河南农业经济作物种植及贸易为例》,《郑州大学学报(哲学社会科学版)》2010年第2期;武强:《近代河南水运与农业商品化关系略论》,《农业考古》2012年第1期。
③ 王建华:《黄河中下游地区史前人口研究》,山东大学博士学位论文,2005年。
④ 陈娜:《明代河南人口问题探析》,河南大学硕士学位论文,2014年。
⑤ 代永峡:《明代中原地区流民对区域农业发展的影响》,西北农林科技大学硕士学位论文,2015年。

移等方面均有详细论述。[1] 另外,任崇岳的《中原移民简史》也对河南地区各个历史阶段的人口迁徙作了全面介绍,人口流动带来的农业劳动力、耕作技术的转移也为农业发展带来了便利条件。[2]

土地是农业赖以生存的根基,土地面积、土壤状况、土地制度等方面均是研究者关注的范畴。刘文文对明代河南土地开发及数量进行了考证,研究了土地登记制度,并以内乡县为个案,深入剖析了耕地数据重建的可能性。[3] 熊帝兵等对清代河南盐渍化土地进行了研究,认为当时河南最少有46个州县境内分布有盐渍化土地,开封、卫辉和归德三府分布较广。[4] 傅辉以明初至中华人民共和国初期的数据为中心,试图把土地代用资料转化为实际耕地数据,提出一整套方法,提高历史时期土地数据的使用率。[5] 另外,还有一些研究土地与其他农业要素关系的成果,如农业生产中的人地关系、农业土地利用与作物种植等。

税收是国家运作的经济基础,而农业税又是其中的重点,夏代就有了农业税收"贡赋",此后,历代农业税制度日臻完善,河南农业税收体系与全国情况基本一致。明朝时河南田赋征收与支出管理情况较为混乱,造成农业负担较重,加剧了地方的不稳定性,为战争提供了温床[6],而此时河南赋役征收中实行的折亩制度并未有实质性的不同与影响。[7] 还有学者以明朝时怀庆府为例,考证当时"粮重"之说。[8] 1927年至1937年时河南田赋较重,虽然在南京

---

[1] 王天奖:《近代河南人口估测》,《河南大学学报(社会科学版)》1994年第1期;郑发展:《民国时期河南省人口研究》,北京:人民出版社,2013年。
[2] 任崇岳:《中原移民简史》,郑州:河南人民出版社,2006年。
[3] 刘文文:《明代河南土地研究》,河南大学硕士学位论文,2014年。
[4] 熊帝兵、刘亚中:《清代河南盐渍化土地分布初步研究》,《干旱区资源与环境》2012年第6期。
[5] 傅辉:《河南土地数据初步研究——以1368—1953年数据为中心》,《中国历史地理论丛》2005年第1期。
[6] 闫继昕:《明代河南赋役研究》,河南大学硕士学位论文,2014年。
[7] 牛建强、刘文文:《明代河南赋税征收中的折亩研究》,《中州学刊》2015年第1期。
[8] 王兴亚:《明代河南怀庆府粮重考实》,《河南师范大学学报(哲学社会科学版)》1992年第4期。

国民政府的指导下进行了一些改革,但田赋征收的弊端积重难返,成为制约当时"三农"发展的重要因素。① 及至现代,农业税逐渐减轻,近年国家取消农业税,农业税收彻底退出了历史舞台。

(八)现代农业研究

河南作为国家粮食大省及粮食生产核心区,推进现代农业发展是其重要使命,因此,这一方面的研究成果层出不穷,主要分为现代农业研究、农业产业研究及特色农业研究等方面。

现代农业研究。在中央对建设现代农业大力提倡的背景下,现代农业理论、产业体系提升、经营方式、基础设施、农产品市场体系、农业信息化、农业政策等与建设现代农业相关的诸多议题都需要进行系统研究,以对河南现代农业发展提供良好指导。② 河南发展现代农业既有良好的现实基础,如经济、技术、制度等方面,也存在些许隐忧,同时从延津模式、双汇模式等个案中也可以分析出河南现代农业发展的全新思路和内容。③ 在一系列国家战略的实施下,河南现代农业建设出现了新的变化,如以中原经济区建设为背景,"河南农业现代化是中原经济区建设的前提条件、首要原则和重要促进力量",中原经济区建设将有力推进河南现代农业发展。④ 但是,我们也应该看到,河南现代农业在建设中的投入产出呈下降趋势,投入结构未发生根本变化,由此可以判断,"河南农业现代化进程没有根本性变化"⑤。

农业产业研究。农业产业是市场经济在农业经营领域作用的结果。河南是开展农业产业化较早的省份之一,但在发展过程中,出现了龙头企业少、一

---

① 董建新:《1927—1937年河南田赋研究》,河南大学硕士学位论文,2007年。
② 王艳玲、杨德东、张冬平:《现代农业发展研究:以河南省为例》,北京:中国农业出版社,2009年。
③ 裴东鑫:《河南现代农业发展路径研究》,郑州大学硕士学位论文,2006年。
④ 张全红:《论中原经济区建设与河南农业现代化》,《农业经济》2012年第6期。
⑤ 刘旗、张冬平:《河南现代农业发展分析》,《河南农业大学学报》2010年第6期。

体化程度低及趋同发展突出等问题,同时,也有研究者认为在中原经济区建设过程中,资金融通问题也是制约河南农业产业化发展的重要因素。[1] 因此,在今后的发展中必须充分发挥龙头企业的作用。[2] 农业产业集群发展也是现代农业的题中之义,河南农业应在这方面加大作为,依据各地优势,科学部署农业产业集群。其他研究成果也提出了不少建议,如加大政策支持力度、科技创新力度,以"互联网+"为重要平台,多措并举,提升农业产业发展的质与量等。

特色农业研究。特色农业是指各地根据自身优势培育的具有市场、品牌、规模、资金、竞争特色的高效农业,是现代农业未来发展的主流与趋势。河南在建设特色农业方面已经取得了一定成绩,但其中也出现了劳动力素质低、基础设施差等问题,今后必须树立高效农业战略、品牌战略等意识。[3] 在具体的特色农业研究中,主要涉及农业文化休闲产业、生态农业、城郊农业、有机农业等,相关的成果较多,如刘明的《河南农业文化休闲产业发展研究》[4]、赵宏博的《河南省生态农业发展现状与对策研究》[5]、刘霜的《河南城郊农业发展思路研究》[6]、牛连美的《河南省有机农业现状及发展对策研究》[7]等。

四、河南农业史研究的反思

综上可见,河南农业史研究已有百年之久,在这过程中积累了丰硕的学术成果,在理论与实践上均有长足进步,呈现出多维度、多面向、多领域、多学科

---

[1] 张亮:《制约河南农业产业化发展的资金融通问题研究——基于中原经济区建设背景》,河南工业大学硕士学位论文,2013年。
[2] 刘霜:《河南农业产业化现状、问题及对策》,《长江大学学报(社会科学版)》2012年第1期。
[3] 史亚川:《河南特色农业发展问题的研究》,河南师范大学硕士学位论文,2015年。
[4] 刘明:《河南农业文化休闲产业发展研究》,《吉首大学学报(社会科学版)》2016年第S1期。
[5] 赵宏博:《河南省生态农业发展现状与对策研究》,河南农业大学硕士学位论文,2014年。
[6] 刘霜:《河南城郊农业发展思路研究》,郑州大学硕士学位论文,2012年。
[7] 牛连美:《河南省有机农业现状及发展对策研究》,河南农业大学硕士学位论文,2012年。

的发展状态,农业史研究逐渐走向深入,动态发展态势良好。(限于篇幅,以上所列成果难免挂一漏万,其他诸多研究未能提及)但是,我们也需要注意其中存在的问题与不足,大体来说,主要有以下四个方面:

其一,资料搜集、整理与运用力度不够。河南农业史研究领域的专业性资料搜集、整理明显滞后,目前仍停留在局部研究资料或全国性研究资料中的某一部分阶段,河南省农业统计资料汇编等基础性工具书仍是一片空白,并未出版相关著述补齐这一短板;对现有有限的农业史资料的深入挖掘、运用与阐释的力度仍不够,尚需加强。

其二,研究成果厚今薄古现象突出。从已取得的研究成果中不难看出厚今薄古的现象,具体体现在三个"占多数"上:一是在成果数量上,关于近现代农业的研究成果占多数;二是在研究人员的数量及关注领域上,研究近现代农业发展的人员占多数,同时,将关注领域设置在近现代农业发展上的人员占多数;三是在社会各界的支持点上,不论是政府政策、资金等方面的投入,还是学术课题的支持上,近现代农业研究占多数。

其三,微观分析与宏观把握结合不足。河南农业史研究成果中多为分时段、分地域、分类别的微观性研究,这对深入细致地开展地域研究有莫大的裨益;但从整体而言,宏观性的研究著述缺乏,且专业性强的综合性著述更是寥寥无几,微观研究与宏观把握之间结合不足。值得一提的是,河南省社会科学规划项目"河南农业史"已经立项,相信在不久的未来,一本专业性强的农业史研究著述就会问世。

其四,研究视野仍嫌窄狭。河南农业史研究仍集中于传统的研究领域及利用传统理论开展研究,对西方先进的人文社会科学,尤其是农业史研究理论敏锐度不够,没有很好地拓展国际视野,这对河南农业史研究的可持续发展极其不利。

针对河南农业史研究中存在的不足之处,可以从以下四个方面着手改进:

其一,整理基础文献资料,同时实现文献资料数字化。当今社会已经步入数字化时代,农业史研究也应主动适应这一趋势,充分利用"互联网+"和大数据技术的快速、便捷优势,实现农业史研究的现代化。一方面增强整理文献资料的力度,编纂有针对性的农业史资料汇编,使其由附属地位走向独立地位;另一方面实现对农业史资料的数字化处理,以便快速检索,提高效率,南京农业大学中华农业文明研究院"中国农业遗产信息平台"就是很好的范例。[①]

其二,加强农业史研究的理论建设与实践。一是要明确农业史研究的范围,综合来说,其范围主要有四大类:综合农业史,农业科技史,农业经济史、农业机构、农业关系及农业思想史,农村生活史,其中每大类又可分为若干小类;[②]二是要建设农业史研究理论,对古今中外的各种理论作出合理借鉴,形成研究理论范式;三是要运用科学的研究方法与手段,尤其是加强跨学科、跨文化背景的方法与手段的运用,从而得出令人信服的结论,如农业经济史研究就需要大量运用经济学方面的统计与分析方法;四是农业史研究要形成合力,这里所说的合力既是人才力量、资金力量的汇集,同时也包括研究者开放的心态及研究氛围的营造,河南省农业史研究会及各高校、研究机构应发挥相应作用;五是编写内容翔实、全面反映河南农业发展历程的多卷本农业史著述,以此匹配河南作为农业大省的历史地位。

其三,着眼于农业史研究对现代农业的重要价值,增强其时代感。农业史研究的重要价值就是要以史明理、以史资农,"通古今之变",为现代农业发展提供历史借鉴,为"三农"建设提供智力支持,尤其是在实施乡村振兴战略的新时代,农业史研究中的各个分支都显得十分有必要,在农业理论、农业经济、农业科技、农村社会生活等方面的研究均具有极强的时代感与社会关注度,如

---

① 曹玲、常娥、薛春香:《农史研究的新工具——中国农业遗产信息平台的设计与构建》,《中国农史》2006年第1期。
② 王明思:《农史研究:回顾与展望》,《农业考古》2003年第1期。

传统的精耕细作、施有机肥料、天人合一的农耕技术与文化在农业发展面临困难的今天应更凸显其价值。

其四,关注世界科学文化发展动态。在全球化时代的今天,中西方社会研究都取得了极大进步,在农业史研究方面也是如此。河南农业史研究要具有世界视野,关注更大范围内的文化发展动态,拓展研究领域,如加强农业文化遗产的研究与利用,开发农业文化遗产的现代价值;同时,在此过程中,也可以以公众史学为理论指导,吸引公众参与其中,促使不同文化在更高层次上的融合发展。(师永伟)

第五节
袁世凯重新评价问题研究的回顾与反思

作为中国近代史上的一个"棺虽早盖,论迄难定"[①],既举足轻重又颇具争议的特殊人物,袁世凯到底是一个什么样的人,有什么样的胸襟与抱负,有多大的功劳和苦劳,有多深的罪孽与过错,似乎有些诡异和神秘。然而,正是这种诡异和神秘,使袁世凯成为谜一样的人物被关注了近百年,并将继续被关注下去。改革开放以来,袁世凯评价问题迅速成为学界关注的热点,并打破此前对其"骂倒""批臭"的"一边倒"局面。然而,随着学术氛围的不断活跃和研究视野的不断开阔,一些专家学者试图突破传统思维模式的束缚,开始从正面审视和评价袁世凯,似乎大有把过去的全部定论推翻之势。[②] 为此,笔者曾提

---

① 尚小明:《攻击与回应:民初袁世凯三传面世之幕后故事》,《历史教学》2014 年第 2 期。
② 杨天石:《袁世凯集团的崛起》,《文史参考》2011 年第 17 期。

出"重评袁世凯不可矫枉过正"[①]的观点。本文试图对改革开放40年来袁世凯评价问题研究所取得的新进展及出现的新问题进行简要回顾和梳理,并在此基础上对袁世凯重新评价的未来走向提出几点建议。

一、对袁世凯一系列过错有了新的认识和评论

因"戊戌告密""篡夺革命果实""签订'二十一条'""改制洪宪"等历史事件,袁世凯头上一直戴着"告密者""窃国大盗""卖国贼""复辟狂"等帽子。改革开放以来,学界围绕"是否告密""是否窃国""是否卖国""是否帝制自为"等直接影响袁世凯重新评价问题的几个关键环节,进行了比较全面而深入的研究。虽然得出了一些令人信服的结论,但争论依然没有停止。

(一)袁世凯告密是不是导致戊戌政变的直接原因

在袁世凯告密是否直接导致戊戌变法失败这一关系袁世凯评价问题的重要环节上,学界见仁见智,进而成为"聚讼百年仍未能定谳的疑案"[②]。至今仍有不少论者在谈到戊戌政变的时候,"总是把它和袁世凯的告密联系在一起。认为袁世凯于八月初五日请训后,赶回天津,立即向荣禄告密,荣禄随即坐专车进京向慈禧告变,慈禧遂于初六日发动政变"[③]。也有人认为,袁世凯"八月初五日回天津后尚未告密。八月初六晚,听到杨崇伊带来的政变消息,袁世凯以为事情泄露,为保全自己,和盘托出围园劫太后的密谋,致使事态扩大,大批

---

① 唐金培:《应还给历史一个真实的袁世凯——兼评"袁世凯重新评价问题"》,《殷都学刊》2010年第1期;唐金培:《重评袁世凯不可矫枉过正》,《中国社会科学报》2010年9月2日(先后被《学习活页文选》2010年第33期、《红旗文摘》2011年第1期全文转载);唐金培:《深入评价袁世凯不应矫枉过正》,《北京日报·理论周刊·文史》2010年11月15日。
② 郭卫东:《再论戊戌政变中袁世凯的"告密"问题》,《清史研究》2002年第2期。
③ 林克光:《戊戌政变史事考实》,《近代史研究》1987年第1期。

维新派被捕、被革、被逐和六君子被杀"①。郭卫东认为："袁世凯是告密了，但不是在初五日返回天津之后，而是在见到谭嗣同后的初四日(9月19日)，袁告密是造成慈禧提前回宫发动政变的最直接原因。"②虽然在告密的时间上争议较大，但传统观点认为，袁世凯告密是导致戊戌政变的直接原因。

随着戊戌运动史研究的不断深入和相关档案资料的发掘，一些专家学者对袁世凯告密导致戊戌变法失败的观点提出质疑，有的"甚至从根本上否定了袁世凯有出卖维新的行为"③。丁文江、赵丰田在《梁启超年谱长编》中称："六日的政变是不是因为袁项城泄露了密谋才爆发的，还待考证，同时假定是他泄露的话，他在京师泄露的，还是在天津泄露的，或是在两处都泄露了，也不能说一定。"④骆宝善认为："戊戌政变由杨崇伊密折所致，而袁世凯若要向荣禄告密，最早为八月初五日晚22时，距初六日早朝不过七八个小时，根据当时的通信条件和交通条件，根本来不及。"⑤有专家学者根据档案资料"准确地订正出慈禧回宫的时间不是1898年的9月21日，而是19日，从而使20日荣禄得袁世凯密报后'闯园告变'的旧说失去时间和空间的凭借"⑥。有的论者认为，"戊戌政变的爆发非由袁世凯告密所致"，因为维新派的"密谋"不密，"即使袁世凯不去告发，慈禧也很快就会从其他渠道得知，予以先发制人的打击。政变实属必然"⑦。还有的论者根据袁世凯在戊戌政变发生十余年后刊发的《戊戌日记》记载的一些细节得出"戊戌政变的发生与袁世凯的告密没有因果关系"，进而猜测说："梁启超在《谭嗣同传》中说袁世凯告密，也是基于某种个

---

① 戴逸：《戊戌年袁世凯告密真相及袁和维新派的关系》，《清史研究》1999年第1期。
② 郭卫东：《再论戊戌政变中袁世凯的"告密"问题》，《清史研究》2002年第1期。
③ 汤伏祥：《外国人眼中的袁世凯》，广州：广东人民出版社，2008年，第121页。
④ 丁文江、赵丰田：《梁启超年谱长编》，上海：上海人民出版社，1983年，第143页。
⑤ 骆宝善：《袁世凯自首真相辨析》，《学术研究》1994年第2期。
⑥ 郭卫东：《再论戊戌政变中袁世凯的"告密"问题》，《清史研究》2002年第1期。
⑦ 赵立人：《袁世凯告密与戊戌政变关系新证——以谭嗣同被捕时间为中心》，《广东社会科学》2006年第3期。

人感情,并不可信。"①甚至还有论者认为袁世凯告密一事是"误解与误会"。因为光绪皇帝对维新党人策划的"围园劫后"密谋"的确不知情",而维新党人却声称受光绪指使。当光绪皇帝在受到慈禧制裁后就"自然以为是袁世凯宿意构陷,捏造了这个给他带来奇祸的密谋"。②祝曙光在分析袁世凯的《戊戌日记》后明确提出:"袁世凯的告密并不是导致戊戌变法失败的直接原因。""戊戌政变的发生与袁世凯的告密没有因果关系。"③

针对上述否定袁世凯告密导致戊戌变法失败甚至否定袁世凯告密的新观点,一些专家学者立即起来作出回应,提出了不少否定之否定的论据。如眭传厚引用袁世凯在给其家兄袁世勋的家信中"弟被迫辞穷,只得以实情相告""荣相立带弟入颐和园面奏太后"等有关承认他的告密与政变发生有因果关系的原话进行反证,认为:"政变的发生并不仅仅由于袁氏的告密,但其告密应是原因之一。退一步说,即使告密在政变之后,也仍然起了推波助澜、使戊戌变法陷于惨重失败的作用,袁氏仍难辞其咎。"④孙永兴认为,《戊戌日记》的内容不能全信,因为袁世凯为"洗刷当时为后党爪牙的罪行。他自然会竭力否认自己同戊戌政变有任何联系"⑤。赵立人认为:"《戊戌日记》虽有误记,大体属实,与其他资料可互相参证。论者以误读为依据,否认袁世凯告密促成政变,恐非定论。不过,袁世凯告密仅是政变的导火线,而非决定性原因。"⑥林克光认为:"袁的告密虽未能成为戊戌政变的导火线,而且慈禧迟至初八日才获悉,但仍有助于后党弄清维新派的密谋,为其攻击维新派提供了极为重大的

---

① 祝曙光:《袁世凯功过辨》,《探索与争鸣》2004年第1期。
② 刘路生:《戊戌政变袁世凯初四告密说不能成立——兼与郭卫东先生商榷》,《清史研究》2005年第1期。
③ 祝曙光:《袁世凯功过辨》,《探索与争鸣》2004年第1期。
④ 眭传厚:《袁世凯功过谭概——与祝曙光先生商榷》,《台州学院学报》2005年第2期。
⑤ 孙永兴:《也谈袁世凯功过——与祝曙光教授商榷》,《探索与争鸣》2004年第10期。
⑥ 赵立人:《袁世凯告密与戊戌政变关系新证——以谭嗣同被捕时间为中心》,《广东社会科学》2006年第3期。

'罪证',对后党立了'大功'。"①

从维新运动后期袁世凯的矛盾心理和思想变化轨迹来看,袁世凯确实参与过维新变法,并在给光绪皇帝的上书和给翁同龢上的说帖中曾力陈维新变法的重要性和迫切性。可是随着形势的发展变化,在帝党和后党都极力拉拢之能事的过程中,袁世凯经过反复权衡利弊,最终选择了掌握生杀大权的慈禧太后。仅从这一点看,不管袁世凯告密是不是引发慈禧发动政变的导火索,他的选择都与戊戌政变及戊戌变法失败有着割舍不断的联系。

(二)袁世凯是不是窃取了辛亥革命的胜利果实

传统观点认为袁世凯窃取辛亥革命果实是不争的历史事实。比如,陈伯达认为:"以'新建陆军'的力量为体,以两面派的手段为用,袁世凯就是这样一步一步地得到中国的和外国的反动派的扶持,变成了近代中国的第一个窃国大盗。"②齐长立、蔡翔主编的《中国近现代史纲要》指出:"袁世凯在内外反动势力的支持下,窃取了辛亥革命的胜利果实,民主共和的南京临时政府只存在了三个月便夭折了。"③李时岳认为:"辛亥革命时期,袁世凯利用时机篡夺了国家权力的事实,是众所周知的。"④

改革开放后,不少专家学者对上述传统说法提出质疑,并试图得出新的结论。季云飞认为:"在赶跑皇帝斗争中,袁世凯明明出过一份力量,胜利果实的取得多少有他一点功劳,怎么能说他来当临时大总统就叫'篡夺胜利果实'呢?明明是孙中山多次许诺袁世凯,只要他逼清帝退位、宣布共和政见,大总统的职位就让给他,而袁世凯也确实逼走了清帝、宣布了共和政见,且由参议

---

① 林克光:《戊戌政变史事考实》,《近代史研究》1987年第1期。
② 陈伯达:《介绍窃国大盗袁世凯》,张家口:晋察冀日报社,1946年,第7页。
③ 齐长立、蔡翔主编:《中国近现代史纲要》,北京:经济日报出版社,2015年,第59页。
④ 李时岳:《辛亥革命时期袁世凯的窃国阴谋》,《新史学通讯》1956年第9期。

院一致通过当选的,怎么能叫'窃夺政权'呢?"①郭兆才认为:"事实上,袁世凯当上大总统,在程序上完全是合法的。首先不是袁世凯逼孙中山让位,而是南北双方有约在先,孙中山不过践约而已。""其次,孙中山对袁世凯的功绩和才能大加称赞,视袁世凯为当然人选。""再次,这是革命党人的普遍意愿。""在2月14日的第二次总统选举中,袁世凯则全票当选,被誉为'华盛顿第二'。因此,说袁世凯'窃取革命胜利果实'是根本站不住脚的。"②骆宝善、刘路生等人认为:"清王朝和平终结,南北和平统一,辛亥革命宣告和平解决。达到各方面有限度有保留的共同满意、起码可以接受的共识,自然是各方面妥协的结果。"③无论是黎元洪、汪精卫还是黄兴等人都曾有过"以袁之威望,将来大功告成,选举总统,当推首选"④之类的表示。章开沅、林增平的《辛亥革命运动史稿》一书中也有类似的记载,1911年12月2日,各省督政府代表在汉口举行的第一次联合会议上就提出"如袁世凯反正,当公举为临时大总统"⑤。还有学者认为:"辛亥革命成功的最大标志就是清帝退位,推翻君主政体。这些没有袁世凯的配合是不可能的。"⑥有学者甚至明确提出:"根本不存在袁世凯'窃取'政权;袁世凯废清帝,任中华民国临时政府大总统,这完全是当时形势的发展结果,并有利于社会进步,不为'窃权'。"⑦既然"历史选择了袁世凯",他顺势而上,既"用和平手段完成了推翻封建帝制的任务,也使得中国的现代化进程少了一些波折","至于'窃国'之事,还是不要再提为好"。⑧ 有学者进

---

① 季云飞:《论袁世凯在辛亥革命中的作用》,《学术月刊》1989年第4期。
② 郭兆才:《"袁世凯窃国"质疑》,《历史教学》2011年第9期。
③ 骆宝善、刘路生:《袁世凯与辛亥革命》,《史学月刊》2012年第3期。
④ 郭孝成:《议和始末》,中国史学会编:《辛亥革命》第8册,上海:上海人民出版社,2000年,第66页。
⑤ 章开沅、林增平:《辛亥革命运动史稿》,北京:中国人民大学出版社,1988年,第13页。
⑥ 孙俊杰:《袁世凯与辛亥革命的成功》,《郑州大学学报(哲学社会科学版)》2012年第3期。
⑦ 朱钟颐:《评袁世凯"窃取"政权》,《湖南教育学院学报》1994年第6期。
⑧ 吴亮、程健康:《袁世凯窃国新论》,《淮海工学院学报(人文社会科学版)》2015年第1期。

一步指出:"袁世凯在辛亥革命推翻清朝封建帝制的过程中,有着不容抹杀的功绩,至于他出任临时大总统,也是出于南方革命党人的意愿,哪里谈得到'窃'呢?"①"袁世凯在辛亥革命前期的作为,以'勾结列强''窃国'定论是不确切的。他获得权力是地主阶级尤其是资产阶级按照各自的需要与原则主动授予他的。他对列强依靠中有自主,妥协中有斗争。袁世凯成为民国总统是历史合力的结果。"②"清帝退位后,孙中山辞职,南京参议院依法选举袁世凯为中华民国临时大总统,只是兑现政治承诺而已。于孙无所谓让,于袁无所谓夺。"③

针对上述试图摘掉袁世凯"窃取了辛亥革命的胜利果实""窃国大盗""最短命的窃国贼"④等帽子的专家学者提出的新观点,也有另外一些专家学者站出来提出自己的反对意见。比如,侯宜杰认为:"尽管袁世凯的临时大总统不是偷来抢来的,但必须看到,他之一心谋当总统,动机目的不在于为共和制度效劳,而在于为以后背叛共和,帝制自为创造条件,铺平道路。因此,人们完全有理由认为,他当临时大总统是篡夺资产阶级革命的胜利果实,是窃夺资产阶级的政权。"⑤尹全海认为:"袁世凯攘权并非孤立的政治现象。""中国当局势汇成一种力量为袁世凯窃取中华民国大总统创造了'条件'。"⑥何邵波甚至提出:"孙中山让位给袁世凯是'不由自主'的。""袁世凯是不折不扣的'窃国大盗'。""'袁世凯窃取了辛亥革命胜利果实'这一说法不容怀疑。"⑦还有学者针对"'窃国'的帽子老袁戴了一百多年足够了"之类的观点,有针对性地指

---

① 杨津涛:《袁世凯"窃国"误解百年》,《文史大地》2010年第11期。
② 姜新:《重评辛亥革命前期的袁世凯》,《徐州师范学院学报》1992年第4期。
③ 范福潮:《袁世凯当选临时大总统前的南北博弈》,《南方周末》2008年9月25日。
④ 林阔编著:《袁世凯全传:中国最短命的窃国贼》(上、下),北京:中国文史出版社,2001年。
⑤ 侯宜杰:《如何评价袁世凯在辛亥革命中的作用——向季云飞先生请教》,《近代史研究》1992年第6期。
⑥ 尹全海:《袁世凯攘权考论》,《信阳师范学院学报(哲学社会科学版)》1989年第2期。
⑦ 何邵波:《"袁世凯窃取了辛亥革命胜利果实"这一说法不容怀疑》,《齐齐哈尔师范学院学报》1998年第1期。

出:"老袁'窃国'的罪名人赃俱在,盖棺论定,毫不冤枉。看来他这顶帽子还得继续戴下去。"①

在笔者看来,在民国初年那样复杂的国际国内形势下,袁世凯为当总统虽然用了不少心计,但从当时的历史场景来看,袁世凯坐上中华民国临时大总统及后来的中华民国总统位置,的确是实至名归。这与后来的帝制自为明显是两码事。

(三)袁世凯是不是主动接受"二十一条"

改革开放以前的著述和历史教科书大多认为袁世凯为了当皇帝"处处讨好帝国主义""大肆出卖国家民族利益"②。即便是改革开放后的一般正史都认为日本提出"二十一条"要求是为了与袁世凯做政治交换,袁世凯接受"二十一条"是为了在复辟帝制问题等方面得到日本的支持。③

然而,近年有论者认为,所谓袁世凯为当皇帝而接受"二十一条"的结论"根本就不能成立",并对袁世凯在当时的国际国内形势下"不得不以和平手段与日本周旋"的处境深表同情和理解。④ 还有专家学者为袁世凯叫屈:"至于接受'二十一条'成了卖国贼,这大概冤枉了袁世凯。因为袁世凯始终没有跟日本帝国签订'二十一条',并且,袁世凯在对付日本无理要求的'二十一条'上,也作了努力,把'二十一条'通过对外泄密,让列强对日本施压,等等。"⑤在接受"二十一条"与帝制的关系方面,有的论者认为,日置益既没有在递交"二十一条"之前窥破袁世凯的帝制野心,也没有在递交"二十一条"之时

---

① 龙炘成:《袁世凯"窃国"的帽子摘不了》,《文史天地》2011年第2期。
② 侯宜杰:《袁世凯评传》,郑州:河南教育出版社,1986年,第225页。
③ 郭豫明:《中国近代史教程》,上海:华东师范大学出版社,1997年,第325—329页;李新、李宗一:《中华民国史》第2编第1卷下,北京:中华书局,1987年,第556页;张宪文主编:《中华民国史纲》,郑州:河南人民出版社,1985年,第78—81页;等等。
④ 祝曙光:《袁世凯功过辨》,《探索与争鸣》2004年第1期。
⑤ 汤伏祥:《外国人眼中的袁世凯》,广州:广东人民出版社,2008年,第168页。

"以支持帝制相引诱",从而得出袁世凯的这种对日让步是"在痛苦的两难选择中做出的理性抉择,与袁世凯的帝制野心无关"。[1] 即便是在《袁世凯传》中大骂袁世凯的陶菊隐也在这一点上为其辩诬:外界传说袁世凯在与日本人订立"二十一条"时另有密约,实在是没有这回事。[2] 此外,还有的学者从考据学的视角对袁世凯在"二十一条"说帖上所做的朱批一一进行分析,然后得出结论:"袁世凯对于日本的'二十一条'说帖总体上认为不能接受,并进行了相当的抵抗,他寄希望于'西人掣制日本',但由于一战,西方列强无暇东顾,故袁世凯的'以夷制夷'幻想只能破灭,最终还是接受了修正了的'二十一条'。"[3] 还有学者认为:"历史上看,袁世凯本人的政治倾向是反对日本的,其对日本抱有极深的戒心。1915 年在'二十一条'交涉的过程中,袁世凯是据理力争的,虽然日本有利用帝制诱惑袁世凯的企图,但这一方策对袁世凯未能产生效果。'二十一条'的签订不是日袁间幕后进行交易的结果,而是中国积贫积弱以及缺乏有力的国际支持所致。"[4] 还有学者甚至认为,袁世凯在与日本交涉"二十一条"的过程中,既有斗争也有妥协,"在第一次世界大战爆发国际形势对中国特别不利的情况下,以袁世凯为首的中国政府,利用了一切能利用的条件,用尽了一切手段,尽了他们的最大努力,所以对他们绝不能以卖国贼视之"[5]。针对上述观点,一些学者站在坚持传统观点的立场上引经据典进行了相应的驳斥,在此不再赘述。

改革开放以来,学界对袁世凯在"二十一条"交涉期间进行的有限抵制给予比较充分的肯定。有的从档案文献内容角度探讨"二十一条"发生及发展

---

[1] 张国平、吴佩林:《重论中日"二十一条"交涉与袁世凯帝制野心的关系》,《长春师范学院学报》2003 年第 2 期。
[2] 张研:《原来袁世凯》,重庆:重庆出版社,2006 年,第 203 页。
[3] 苏全有:《袁世凯与"二十一条"新论》,《船山学刊》2005 年第 4 期。
[4] 郭玉富、张根生:《也谈中日"二十一条"交涉与袁世凯帝制的关系》,《云南民族大学学报(哲学社会科学版)》2006 年第 6 期。
[5] 张华腾:《袁世凯对日本侵略的抵制与妥协》,《民国研究》2012 年第 2 期。

的轨迹、中外各界的反应、对中日两国乃至世界局势产生的影响,有的甚至明确对"二十一条"被称为不平等条约提出质疑。① 笔者认为,不管袁世凯有没有以接受"二十一条"作为获取日本支持这种动机,也不管袁世凯接受"二十一条"时是出于主动还是被动,袁世凯接受"二十一条"有损国家和民族利益,这是铁的事实。仅从这一点看,袁世凯就逃脱不了与"二十一条"的干系。从这个意义上说,袁世凯卖国的罪名是任凭你怎么洗也洗不掉的,如果一味要坚持洗下去的话只会越洗越黑。

(四)袁世凯有没有帝制自为

袁世凯复辟帝制到底是"帝制自为"还是"受人撮弄",这是关系袁世凯评价问题的一个至关重要的环节。对于袁世凯复辟帝制这件事,历史上几乎是一边倒的。传统观点认为,袁世凯称帝是他自己一手造成的,是咎由自取:"洪宪乃自己造机。""洪宪之举,迹近儿戏,背叛民国,夫复何辞?"②

改革开放以来,有论者试图寻找一些客观理由为其开脱。他们认为,在当时尽管建立了共和国,可是专制主义意识形态并没有也不可能在短时期内消除,在其前后心存帝王情结的人不在少数。袁世凯"之所以称帝并不完全出于他的个人主观愿望,而是有现实基础的",并把袁世凯称帝的原因归结为部分外国使节的怂恿及袁克定等人的蒙蔽等因素上,甚至认为"袁世凯是被人撮弄着坐上皇帝的宝座的"。③ 唐德刚在《晚清七十年》一书中也说袁世凯并没有想帝制自为,甚至说"袁公之不幸,是他原无做皇帝之实,却背了个做皇帝之名"④。阎锡山甚至把促成袁世凯称帝的人分为五类:"一为袁氏长子袁

---

① 张振:《"二十一条"不是条约——评〈中国近代不平等条约选编与介绍〉》,《近代史研究》1999年第3期。
② 王锡彤:《抑斋自述》,开封:河南大学出版社,2001年,第199页。
③ 祝曙光:《袁世凯功过辨》,《探索与争鸣》2004年第1期。
④ 马平安:《袁世凯的正面与侧面》,北京:民主与建设出版社,2015年,第281页。

克定,意在获立太子,膺承大统;一为清朝的旧僚,意在尔公尔侯,谋求子孙荣爵;一为满清的亲臣,意在促袁失败,以作复清之地步;一为副总统黎元洪之羽翼,意在陷袁于不义,冀黎得以继任总统;一为日、英、俄三国,意在促中国于分崩离析,永陷贫弱落后之境地,以保持其在中国之利益与东亚之霸权及瓜分中国的阴谋。"[1]马平安则从"对共和的失望""儿子愚弄""群小包围""列强的欺骗""袁世凯的迷信思想及传子打算"[2]等方面分析了袁世凯产生称帝念头的主要原因。袁世凯在当上中华民国大总统后,为了打破《临时约法》对其权力的掣肘,不仅废弃《临时约法》、暗杀宋教仁、镇压"二次革命",而且接受"二十一条"。其颁布的《大总统选举法》不仅规定大总统能够连选连任,而且连继承人也得由现任总统推荐,就连大总统的推荐办法都是用"嘉禾金简"密藏于"金匮石室",这与封建帝王的做法似乎没有什么明显区别。对此,有学者进一步指出:"我们否定袁世凯,不仅是因为他做了皇帝,更重要的是他为了做皇帝而不择手段。"[3]

袁世凯逆历史潮流,改变国体,帝制自为,落得众叛亲离、身败名裂,这是多种因素整合的结果。在袁世凯的思想深处,总是认为皇帝的龙袍应该比大总统的礼服具有更高的权威,只有坐上龙椅才能博得守旧势力的拥护,才能更有力地对付革命党人,才能赢得更多人的顶礼膜拜。未曾想到这么一来反而作茧自缚,自取灭亡。这不仅使他自己沦为一个千夫所指、万人唾骂的千古罪人,而且使社会进步的脚步一度出现停顿和倒退。

---

[1] 马平安:《袁世凯的正面与侧面》,北京:民主与建设出版社,2015年,第281页。
[2] 马平安:《袁世凯的正面与侧面》,北京:民主与建设出版社,2015年,第281页。
[3] 孙永兴:《也谈袁世凯功过——与祝曙光教授商榷》,《探索与研究》2004年第10期。

二、对相关历史贡献有了新的挖掘和评估

改革开放以前的相当一个时期,因为众所周知的原因,国内学界很少有人提及袁世凯的功劳,即便是对于清末新政时期和辛亥革命初期的袁世凯,也大多将其作为"一个善于投机的封建官僚和野心家加以贬斥"[①]。改革开放以来,学界围绕"出使朝鲜""小站练兵""晚清新政""辛亥革命"等对袁世凯一生所作出的历史贡献进行了比较全面而深入的挖掘,对重新评价袁世凯无疑增加了不少新的历史依据。但毋庸否定的是,学界确实存在对袁世凯的历史功绩无限放大之嫌,对此也有专家学者提出了不同的意见和建议。

(一)出使朝鲜与对大清的宗主国地位的捍卫

出使朝鲜是袁世凯政治生涯的起点。自 1882 年第一次随吴长庆入朝平叛至 1894 年中日甲午战争爆发前夕归国,袁世凯曾在朝鲜先后待了将近 12 年。因其足智多谋、刚毅果断,李鸿章称其"两次勘定朝鲜变乱,厥功甚伟"[②]。特别是他在担任清政府"驻扎朝鲜总理交涉通商事宜"全权代表期间,想方设法保全清政府在朝鲜的"'上国'尊严和属邦体制"[③],极力维护清政府与朝鲜的宗藩关系方面的努力及他表现出的那种驻外使节应有的果敢干练,赢得了朝野的一致好评。[④] 有学者认为:"长期以来,很多关于甲申事件的评论都集中于揭露袁氏在这一事件中'政治的野心'和'强烈的私欲',而对于这次出击所具有的历史影响却一直是讳莫如深。但事实上,如何认识这个问题恰恰是

---

① 祝宪伟:《袁世凯与清末新政》,《河南师范大学学报(哲学社会科学版)》1997 年第 1 期。
② 《清光绪朝中日交涉史料》卷九,北京:故宫博物院文献馆编印,1932 年,第 13 页。
③ 侯宜杰:《袁世凯评传》,郑州:河南教育出版社,1986 年,第 12 页。
④ 唐金培:《应还给历史一个真实的袁世凯——兼评"袁世凯重新评价问题"》,《殷都学刊》2010 年第 1 期。

我们估价袁世凯早期在朝活动不可回避的问题。"①

改革开放后,不少文章和著作都涉及袁世凯出使朝鲜及其历史地位问题。一是几乎所有的袁世凯传记和历史小说无一例外地对袁世凯出使朝鲜期间的经过进行了描绘或介绍。二是一些论文专门就袁世凯出使朝鲜期间的功劳进行了分析。比如,杨涛认为:"袁世凯在朝外交活动的积极作用是不容忽视的。对俄国的遏制是成功的,对日本侵略推迟了十余年,这应作为评价其功绩的标志。袁的功绩和其强烈的个人功名欲是分不开的,但也和他对朝鲜外交问题的深刻认识分不开。"②李晓光认为:"袁世凯是清朝对朝鲜干涉行为的执行者,他忠实地履行了清朝最高统治者的意愿,即防止朝鲜与外来势力联合,加强和维护清朝对朝鲜的宗主国的地位。"③汤伏祥认为:"袁世凯驻节朝鲜期间,为巩固中国在朝鲜的利益,为抵制日本对朝鲜的不断吞噬,可谓尽心尽力。"④也有人认为袁世凯在朝鲜的所作所为"大大伤害了朝鲜民族自尊心,引起宫廷不安,促使其产生更大的离心倾向,严重损害了中朝关系,他在朝鲜已成了邪恶的象征"⑤。有的人还认为,袁世凯的过激行动,直接导致"中朝联盟解体",并最终导致"清政府在甲午战争的惨败"。⑥有的论者甚至认为,虽然袁世凯"在使朝期间参与了一些助朝求强的活动,客观上起到抵制日本侵朝的作用,但由于他极力维护强化清政府与朝鲜的宗藩关系,引起朝鲜政府的不满,致使中朝反目,而日本则从中渔利,最后导致甲午中日战争的爆发"⑦。有专家对此进行了辩护:"这一时期袁世凯所推行的'对朝强制干涉政策'及其

---

① 纪能文:《关于袁世凯在朝鲜活动的历史考察》,《安阳师范学院学报》2001年第1期。
② 杨涛:《袁世凯在朝鲜的外交活动述评》,《新乡师范高等专科学校学报》2007年第4期。
③ 李晓光:《袁世凯对朝经济干涉政策之透视(1885—1894)》,《长春师范学院学报》2009年第9期。
④ 汤伏祥:《外国人眼中的袁世凯》,广州:广东人民出版社,2008年,第163页。
⑤ 侯宜杰:《袁世凯评传》,郑州:河南人民出版社,1986年,第13页。
⑥ 张礼恒:《评甲午战争前清政府的对朝政策》,《安徽史学》1993年第2期。
⑦ 赫坚、朱兴义:《论袁世凯与甲午中日战争》,《长春师院学报(社会科学版)》1999年第1期。

对于中朝宗藩关系的执着维护,对于远东地区的稳定及朝鲜本身的安全都是不无裨益的。"[1]袁世凯"在朝鲜任职(驻朝总理交涉通商大臣)期间,抗拒了俄国,抵制了英、美,提防日本,维护了中国的尊严和朝鲜的独立,受到朝野的一致肯定,这是一种爱国行为"[2]。

(二)新建陆军及军制改革与中国军队的现代化转型

作为北洋政治军事集团之起源,袁世凯小站练兵不仅标志着袁世凯走上权力巅峰的肇始,而且开创了中国陆军近代化的先河。改革开放以来,学界多数人认为,袁世凯不仅通过小站练兵建立了中国第一支近代化陆军,而且在清末力主军事制度改革,积极推广军事教育,开启了中国的军事近代化道路。[3]

关于袁世凯新建陆军与中国军队现代化转型方面,侯宜杰认为,袁世凯新建陆军"是我国军制改革史上的一个重大转折,比起旧有军队,它大大前进了一步,实开我国陆军近代化的先河"[4]。张华腾在对袁世凯的军事思想及小站班底成员的出身、经历、所受教育状况与成员组织结构进行分析后认为,袁世凯在小站练兵所取得的成绩,不仅为北洋集团的崛起提供了干部条件,而且成为中国陆军开始向现代转型的标志。[5] 也有学者认为,新建陆军的创建,虽然是中国军队走向近代化的一个标志,为清末全国军制改革提出了蓝本,成为全国军制改革的先导,在我国近代军事史上占有重要的地位,但"并没有改变中国被凌辱、被瓜分的困境,相反军队的私有化造成了灾难性后果,对此,袁世凯是难辞其咎的"[6]。

---

[1] 纪能文:《关于袁世凯在朝鲜活动的历史考察》,《安阳师范学院学报》2001年第1期。
[2] 陈生玺:《小议袁世凯的功与过》,《沧州师范专科学校学报》2000年第3期。
[3] 杨海岩:《"袁世凯与中国近代化"研究综述》,《巢湖学院学报》2005年第5期。
[4] 侯宜杰:《袁世凯全传》,北京:当代中国出版社,1994年,第54页。
[5] 张华腾:《北洋集团崛起研究(1895—1911)》,复旦大学2005年博士论文,第3页。
[6] 刘琼霞:《新建陆军近代化浅探》,《重庆师专学报》2000年第2期。

关于袁世凯与中国近代军制改革方面,陈桂芝认为,袁世凯与中国近代军制改革有着非常密切的关系,他一手编练和创建的北洋新军"在军制、装备、训练、官兵素质等方面都达到了近代化水平"[①]。詹素平认为:"从中国军队近代化的角度来看,袁世凯编练新军,在军制、兵种、官兵的要求、训练与考核、奖惩、军事教育、军纪等方面,都同以往的军队不同,标志着中国陆军近代化的开始。"[②]吴兆清在对袁世凯的军制、营制、募兵、官制、装备、训练各项改革措施及其成效进行梳理分析后认为:"北洋新军是我国近代化陆军的开始,是以后形成北洋军阀的基础,是袁世凯赖以窃国称帝和北洋军阀夺取政权进行内战的资本,在我国近代军事史上占有重要的地位。""不能将北洋新军的军制改革与北洋新军祸国殃民的罪行混为一谈,不能以北洋新军的罪恶来否定以资本主义军事制度代替封建主义军事制度的进步意义。"[③]李媛、罗庆旺认为:"我们不能否认,1895年袁世凯操练小站新军是中国军队近代化的开端,是向现代化军队迈出的第一步。然后的若干年,他致力于以军队的最高指挥机构、编制体制、装备训练、军事理论研究、军事教育等方面进行一系列改革,使中国封建的、落后的军队产生了质的飞跃,初步具备了现代化军队的主要特征,加快了军队现代化步伐。"[④]

有关袁世凯与军队的其他问题研究也涌现出一些新的成果。[⑤] 比如,有学者认为,袁世凯执政时期对航空事业的贡献推动了中国军事早期现代化的进程。[⑥] 有学者对袁世凯在编练新军时对军人优抚工作等进行了开创性的尝

---

① 陈桂芝:《袁世凯与中国近代军制改革》,《北华大学学报》1997年第4期。
② 詹素平:《袁世凯与中国陆军近代化》,《井冈山师范学院学报》1996年第3期。
③ 吴兆清:《袁世凯练新军改军制及其历史地位》,《历史档案》1987年第1期。
④ 李媛、罗庆旺:《袁世凯对近代军队进行的改革及其评价》,《军事历史研究》1988年第3期。
⑤ 郭常英、王燕:《近五年来袁世凯研究述评》,《中州学刊》2013年第9期。
⑥ 南友锋:《袁世凯与中国航空事业》,《井冈山学院学报(社会科学版)》2008年第4期。

试和探索。① 还有学者对袁世凯与军乐队的创建进行了探讨,认为袁世凯效仿西式军队建立的军乐队,在 20 世纪之初的中国政治舞台上扮演了重要角色。②

袁世凯对中国军队近代化的贡献是有目共睹的,"我们不能不承认他具有一定的军事才能和魄力,不管他的目的是什么,他对军队的改革在近代军事史上占有重要地位,这是客观事实"③。

(三)参与新政与中国政治、经济、教育和社会治理近代化

袁世凯一生在许多方面顺应了时代发展的潮流,自觉或不自觉地做出了许多有利于社会进步的事情,特别是对清末民初的中国早期现代化运动起到了举足轻重的推动作用。除上述通过练新军、改军制,加强了中国的国防力量,促进中国军事现代化外,袁世凯还力废科举、大兴学堂,促进中国教育现代化;力行新政,推进直隶区域现代化;创设巡警制度,推动治安管理现代化;制定发展民族工商业的政策、法规,促使民初经济社会较快发展。④

关于袁世凯与中国政治近代化方面,有学者通过对"体系较为完备""考试录用与任命""甄用甄别相结合""制定了严厉的文官纪律""实施过程的循序渐进""对官吏的惩戒十分严厉""带有浓厚的封建色彩"等特征的概括和总结,认为"在清末中央官制的改革中袁世凯的推动作用是相当明显的""对于进一步深入研究我国近现代文官制度具有积极推动作用"。⑤ 有学者认为:

---

① 任同芹:《袁世凯的军人优抚保障思想及实践》,《兰台世界》2011 年第 7 期;段蕊:《袁世凯"新建陆军"军乐队研究》,南京艺术学院硕士学位论文,2010 年;等等。
② 段蕊:《袁世凯"新建陆军"军乐队研究》,南京艺术学院硕士学位论文,2010 年。
③ 李媛、罗庆旺:《袁世凯对近代军队进行的改革及其评价》,《军事历史研究》1988 年第 3 期。
④ 张华腾:《袁世凯与清末民初中国的早期现代化》,《郑州大学学报(哲学社会科学版)》,2012 年第 3 期。
⑤ 梁严冰:《袁世凯与清末官制改革》,《河南师范大学学报》2004 年第 2 期。

"在清末官制改革的浪潮中,袁世凯极为关键,他在清末官制改革中顺应了历史潮流,对中国地方官制的早期现代化作出了巨大贡献。"[1]有学者认为:"袁世凯政府针对吏治堪忧的实际情况,借鉴西方经验,对文官的等级、任用、考试、惩戒、保障、甄别、恤金、待遇均制定了专门的法律,初步形成了一套文官管理制度,并逐步实行之,成效虽不显著,但对中国政治制度的现代化有积极的推动作用,体现了其行政管理的现代化导向。"[2]此外,还有学者认为,袁世凯虽然屡屡践踏法律并将其当作自己实现和巩固权力的工具,但在这个过程中也注意运用法律对社会进行统治和建设,并在一定程度上推动了中国现代化的进程。[3]

关于袁世凯与中国经济近代化方面,改革开放以来的学界普遍认为,袁世凯推动了中国经济近代化的进程,并对袁世凯发展近代工业的措施、发展对外贸易的措施及其经济思想等方面进行了比较深入的探讨。比如,有学者认为,民国初年,袁世凯先后颁布和实行了诸如保护工商、扶持幼稚的民族工商业、吸引外资、鼓励私人和华侨投资、提倡国货、扩大国货销售市场,以及疏通金融、改革币制等一系列有利于民族工业发展的经济政策,促进了中国经济的近代化进程。[4] 苏全有从"自开通商'特区'""扩大开放范围""大胆引进外资,促进经济腾飞"[5]等方面梳理了袁世凯的对外开放思想及实践。金建认为,民国初年,袁世凯政府在"实业救国"思潮的推动下,也制定了一些发展经济的政策,客观上有利于民族经济发展,暂时缓解了当时的农业、贸易问题,但民国

---

[1] 冯巧霞:《袁世凯与清末地方官制改革初探》,《郑州航空工业管理学院学报(社会科学版)》2016年第2期。
[2] 邓宜武:《论袁世凯政府的文官制度》,《济南大学学报》2002年第1期。
[3] 乔沁钰:《袁世凯的"法律"思想与法律政策》,《法制与社会》2010年第19期。
[4] 苏全有、朱选功:《袁世凯与中国经济近代化:袁氏重农、重工、重商思想研究》,《河南师范大学学报》1994年第4期;常全喜:《袁世凯政府与民初民族资本工业的发展》,《殷都学刊》1995年第1期;晓珍、方晓宏:《浅谈民国初年的经济政策》,《安庆师院社会科学学报》1995年第1期;张步先、苏全有:《袁世凯与清末民初的工业发展》,《山西师大学报(社会科学版)》2002年第3期;等等。
[5] 苏全有:《论袁世凯的对外开放思想》,《河南师范大学学报(哲学社会科学版)》1998年第2期。

初年经济发展中的农业落后、贸易逆差问题仍然很严重,没有从根本上解决。①

关于袁世凯与中国教育近代化的关系的研究方面,田正平、夏益军认为:袁世凯是"研究中国近代教育史不可回避且无法绕过的历史人物。忽视对袁世凯清末民初教育言论和教育活动的研究,不仅难以从整体上把握近代中国教育发展的全貌,而且无法全面认识近代中国教育发展的基本特征和客观规律"②。韩兵、刘霞认为:"袁世凯的教育思想和教育实践对直隶教育近代化产生了重大而深远的影响。首先,他力主废除科举制,为直隶教育近代化扫除了最大障碍;其次,创立新的教育行政管理体制,为直隶教育近代化提供了制度保障;最后,兴办各级各类新式学堂,形成了完备的直隶近代教育体系。"③宋文博认为:"作为新一代改良主义的代表人物,他的教育思想与洋务运动时期的其他人相比,更具有新时代的开拓精神。""他的教育措施,在客观上促进了清末旧式教育向新式教育的转型,并在一定程度上推动了清末留学热潮出现及近代留学教育的发展。"④刘素菊、向勇认为:"袁世凯在清末力主废除科举制度,大力推广新式学堂教育,积极规划学堂管理,是清末教育改革中颇有影响的人物。"⑤

关于袁世凯与社会治理现代化方面,楚双志就袁世凯对清末天津、济南等地的治理现代化进行了比较详细的论述和评价。⑥苏全有认为,袁世凯在天

---

① 金建:《袁世凯与民国初年的经济发展》,《安庆师范学院学报》2003年第3期。
② 田正平、夏益军:《关于开展"袁世凯与清末民初教育"研究的几点设想》,《社会科学战线》2010年第5期。
③ 韩兵、刘霞:《改革与勃兴——兼论袁世凯与直隶教育近代化》,《南昌航空大学学报(社会科学版)》2012年第2期。
④ 宋文博:《清末新政时期袁世凯的教育思想与实践》,《黄河科技大学学报》2014年第3期。
⑤ 刘素菊、向勇:《袁世凯与清末教育改革》,《四川师范大学学报(社会科学版)》2001年第6期。
⑥ 楚双志:《袁世凯与清末天津地方自治》,《洛阳师范学报》2003年第1期;楚双志:《新政期间袁世凯对直隶吏治的整顿》,《北京科技大学学报》2002年第2期。

津成功试办地方自治,开民智、筹设议事会,成立自治会、公议局、会议所,不仅成就大,而且影响深远,直隶也因此替代湖南而成为模范省。张华腾认为:"袁世凯任职山东巡抚期间(1899年12月—1901年11月),开启了山东新政,曾对济南进行了一定程度的治理,这对后来济南城市现代化起了重要作用。"①此外,还有学者初步分析了袁世凯在建立巡警制度②、查禁赌博活动③等方面所取得的成效。

(四)置身辛亥革命与清朝统治的终结

改革开放以前,学界一般将袁世凯就任临时大总统与孙中山辞职、临时政府北迁等作为辛亥革命失败的主要标志,从而长期不能实事求是地肯定袁世凯在辛亥革命中所起的客观历史作用。

骆宝善、刘路生认为:"袁世凯亲手修改清帝退位诏书,南北与清室三方达成共识。辛亥革命进入和平轨道,各派的政治利益得到了最大的满足,国民免遭了战争带来的屠戮与浩劫。这是古老东方政治智慧的结晶。"④张华腾认为,虽然袁世凯武昌起义前后反对并镇压革命、1915年10月公然否定辛亥革命,但在革命的过程中"看到蓬勃发展的革命趋势,认同了革命,参加了革命。袁世凯加入革命队伍,壮大了革命的力量,为推翻清政府,实现辛亥革命的目标作出了贡献"⑤。季云飞认为:"由于近代中国的民族斗争和阶级斗争错综复杂、变化万端,因此,他的思想是复杂多变,他的行动也就不是一贯地反革命。就他一生做的几件大事来看,至少对他的创建近代陆军和置身辛亥革命

---

① 张华腾:《袁世凯与济南城市早期现代化》,《史林》2011年第4期。
② 王飚:《袁世凯与近代巡警制度》,《湖南高等专科学校学报》2001年第5期。
③ 霍晓玲:《袁世凯禁赌活动略论》,《郑州航空工业管理学院学报》2008年第2期。
④ 骆宝善、刘路生:《袁世凯与辛亥革命》,《史学月刊》2012年第3期。
⑤ 张华腾:《袁世凯对辛亥革命的态度及其变化——以民国国庆纪念为重点的考察》,《史学月刊》2013年第5期。

两件事不能一概否定,尤其是置身辛亥革命,其客观积极作用是明显的,在中国近代史上的影响是深远的。那种只强调袁世凯的动机而抹煞其积极的历史作用,不是历史唯物主义的态度。尽管袁世凯置身辛亥革命的动机目的并不是革命的,甚至含有反革命因素,但其所作所为的客观作用,是当时资产阶级革命派和资产阶级立宪派所无法起到的。因此,对于袁世凯置身辛亥革命所起的客观积极作用,我们应理直气壮地、实事求是地给予肯定。"①

有学者认为:"袁世凯既是借革命之力,把皇帝'拉下马'的直接当事人,又是践踏革命,强奸民意,葬送民国的败家子。辛亥革命的成功与失败,咸与他有莫大干系。也就是说,他的'出山'与上台,对革命本身,存在着利与害的两个方面。"②还有学者指出:"在同盟会业已瓦解,孙中山为首的临时政府无法完成推倒清朝,完成南北统一大业之时,袁世凯顺应历史的发展,加速了清朝专制的灭亡,迅速结束了中国两千多年的封建帝制,承认了孙中山的共和政体。""虽然,袁世凯曾为清政府之官吏,且还有种种卑劣行为,但他作出的选择却是顺应历史的发展,客观上有利于民族独立、社会进步。"③

更有甚者,有人将袁世凯的功劳说得比孙中山等人的还大:"在被涂抹和丑化的民国元勋和领袖人物中,第一个就是袁世凯。"其理由为:"一是袁世凯受命于清王朝'危难之时',却不是'伺机而出'的'阴谋家'。""二是袁世凯'养寇'不只是为了'自重'。""三是袁世凯承担起了'终结帝制的使命'。"四是袁世凯"有做人的基本道德"。④ 对此,有学者对这些理由进行了有礼有节的驳斥,认为:"既然方法不可取,事实又站不住,四条理由,没有一条符合历

---

① 季云飞:《论袁世凯在辛亥革命中的作用》,《学术月刊》1989年第4期。
② 钟兴永:《袁世凯与辛亥革命》,《娄底师专学报》1988年第1期。
③ 朱钟颐:《评袁世凯"窃取"政权》,《湖南教育学院学报》1994年第6期。
④ 李新宇:《走近袁世凯(一):是"窃国大盗"还是"共和元勋"——为亚洲第一个民主共和国第一任大总统百年忌辰而作》,《领导者》2016年第1期。

史实际,袁世凯自然也就谈不上什么辛亥革命的'共和元勋'了。"①王杰认为:"辛亥革命的成功虽是由合力推动的,但袁世凯功不可没;而辛亥革命走向失败,则主要是袁世凯一手导演的。"②侯宜杰更是明确指出:"把一些无关的事硬扯在袁世凯身上,以显示其'积极作用',未免有故意为袁评功摆好之嫌。"③

三、对袁世凯重新评价问题的几点反思

对袁世凯这样一个复杂多变的历史关键人物,必须将其放到特定的历史条件下进行全面综合分析,既要突破"好人一切都好,坏人一切都坏"的老框框,又要挖掘新的资料研究,探索新的研究方法,才能得出接近历史真实的评价结论。

(一)必须结合当时的社会实际,不要用今天的标准去苛求古人

改革开放以来,学界对袁世凯功过的认识更加全面,对袁世凯的评价已经由"一概骂倒"逐渐回归到理性分析上来,袁世凯的历史地位和作用也逐渐得到学界的认可。④比如,池昕鸿和刘忆江在各自的著述中都认为:青年袁世凯是纵横捭阖于海东、与列强斗智斗勇、独力支撑危局的"孤胆英雄";中年袁世凯则为继承李鸿章衣钵的"大清之柱石""治世之能臣",并成为后期改良主义运动的领袖;晚年袁世凯的心智为私欲所蒙蔽,帝制自为,玩弄权术,误己误

---

① 曾业英:《袁世凯是辛亥革命的"共和元勋"吗?》,《河北学刊》2017年第3期。
② 王杰:《袁世凯与辛亥革命的失败》,《郑州大学学报》2012年第3期。
③ 侯宜杰:《如何评价袁世凯在辛亥革命中的作用——向季云飞先生请教》,《近代史研究》1992年第6期。
④ 丁健、张华腾:《辛亥革命再思考》,《四川师范大学学报(社会科学版)》2011年第1期。

国,沦为乱世之枭雄。①汤伏祥则"力图把个人和历史、个人和时代背景联系起来,通过个人的活动、经历,呈现历史的脉络,踏寻历史的足迹;通过历史的脉络,探究个人的活动细节,凸显历史事件"。"借助史料,回到历史现场,使我们更接近历史的本来面目。"②王忠和着重从当时的特定历史环境出发,再现了袁世凯在出使朝鲜、戊戌变法、清末新政、辛亥革命、交涉"二十一条"、洪宪帝制等诸多事件中的所作所为,并对其历史地位和作用进行了评价。③

重新评价袁世凯这样错综复杂的历史人物,不仅要坚持科学、理性的治学态度,而且要将其还原到他所处的特定历史背景下加以全面综合考察和分析。然而,至今仍有一些专家学者"沿袭着线性思维的逻辑基点,置丰富的历史记载于不顾,以先入为主的姿态,高举道德的旗帜,对袁世凯进行道义上的而非历史的研究,得出了一批有悖于史实的结论"④。比如,中国在日俄战争中失败的原因主要是当年中国的积贫积弱及清政府东北边疆政策的失误,虽然袁世凯是清政府的核心人物,但是如果将这场战争带来的灾难与屈辱的责任简单地归咎于袁世凯等人身上,显然有失公允。⑤

袁世凯是封建军阀的代表,其阶级属性决定了他的革命性不可能像资产阶级那么高,更不可能像无产阶级那么激进、那么坚决;对中国近代化作用的认识也不可能像我们今天这样深刻,更不可能自觉地将中国的近代化进程深入下去。因此,我们在评价袁世凯的时候绝不能脱离特定的时代背景,必须通观其一生的言行,既要看到其客观效果又要考虑其主观动机。"历史人物和

---

① 池昕鸿:《袁世凯全传》,延吉:延边人民出版社,2003年;刘忆江:《袁世凯评传》,北京:经济日报出版社,2004年。
② 汤伏祥:《袁来如此——袁世凯与晚清三十年》,北京:当代中国出版社,2011年,第206页。
③ 王忠和:《袁世凯全传》,桂林:广西师范大学出版社,2011年。
④ 张礼恒:《历史的选择——袁世凯就任"驻扎朝鲜总理交涉通商事宜"的原因探析》,《东岳论丛》2017年第5期。
⑤ 郭常英、王燕:《近五年来袁世凯研究述评》,《中州学刊》2013年第9期。

历史现象极其复杂,动机与效果之间有一致的,也有不一致的,一致的有好人,也有坏人,好人说好话办好事,坏人说坏话办坏事,现象能够反映本质,人们一望而知。不一致的同样有好人和坏人,好人好心办了坏事,坏人动机恶劣而客观效果可能较好,更有一种人高喊革命是为了破坏革命,现象不一定能够直接反映本质。若只注意客观效果而忽视主观动机,往往会判断错误,将好人看作坏人,坏人看作好人。"[1]

(二)必须坚持一分为二的原则,不要片面肯定或否定一切

在评价历史人物时,既要看到他的历史进步性,也要认识到他的历史局限性。改革开放以来,对袁世凯这样复杂多变的历史人物,绝大多数专家学者都能按照"两点论"的原则和方法进行评价。张研在《原来袁世凯》一书中揭示了袁世凯"充满矛盾的双重人格:他推崇西方文明,却拥有十房妻妾;他倡导教育改革,却相信儒学在控制民众方面的道德力量;他力行维新立宪,却出卖戊戌维新派;他身居大总统之位,却迷恋皇帝宝座"[2]。其他袁世凯传记也大多运用大量历史文献和口述史料,以贴身紧逼的方式触摸历史,并对袁世凯的功过进行全面而系统的分析和评价。[3]

然而,也有一些论者,要么死守传统,"一边骂倒",要么过分夸大袁世凯的历史功绩甚至极尽美化之能事,而对其过错避而不谈。袁世凯虽然出使过朝鲜、编练过新军、参与过晚清新政、参加过推翻清朝统治的辛亥革命,并都有较好的表现,但他也出卖过维新派、镇压过义和团,还做过83天皇帝。要全面认识和客观评价袁世凯的一生功过,必须按照一分为二的原则,对其言行乃至

---

[1] 侯宜杰:《如何评价袁世凯在辛亥革命中的作用——向季云飞先生请教》,《近代史研究》1992年第6期。
[2] 张研:《原来袁世凯》,重庆:重庆出版社,2006年,第218页。
[3] 张社生:《绝版袁世凯》,上海:文汇出版社,2010年;陈杰:《袁世凯传》,长春:吉林大学出版社,2010年;等等。

思想观念等进行全面梳理和分析,既不能只说其好的一面而忽略其不好的一面,也不能只说其不好的一面而忽略其好的一面。为此,要进一步拓宽研究视野,拓展研究领域,全面认识和充分了解袁世凯一生的所作所为及心路历程。除了对人们普遍关注的与其评价关系密切的戊戌变法、清末新政、辛亥革命、洪宪帝制等问题进行深度研究,还需要从政治、经济、文化、社会活动等方面,对其一生的目标追求、心理取向、行为表现、价值评判等进行多维综合研究。

(三)必须把握好评价的"度",不要矫枉过正

综观改革开放40年来对袁世凯的评价,一方面正面评价增多、负面评价减少的趋势非常明显;另一方面,一些研究者在纠正以往研究中存在不足的同时,又有意无意地走向另一个极端——放大袁世凯的功劳和贡献,而对其错误和过失则避而不谈。比如,有论者认为,袁世凯"曾将中国绵延两千年的单调冗长的历史长卷亲手画下一个句号,并在新揭开的一页上颇具匠心地涂上了对后世影响深远的一笔"[①]。有论者认为:"袁世凯是中国近代数一数二的治世能臣,是民国史上的开卷英雄,是比老狐狸更老狐狸的老狐狸。"[②]还有论者对袁世凯一生的功劳进行了高度评价,认为:"在朝鲜,他不辱使命,捍卫了国家尊严,维系了中朝宗属关系,打击了日本人的野心;甲午战后,他编练新军,变革军制,使中国军队从此走上近代化的道路;他有新思想,参加维新运动,大力提倡新政,干了那么多实事,将直隶治理成中国的模范省;他开创了中国的警察制度;他和张之洞联手废止了千年的科举制度,功不可没;武昌起义后,他目光深远,顺应民主共和潮流,和革命党人联手,共同推翻了清王朝,结束了两千多年的封建帝制,避免了一场南北战争,使资产阶级共和方案得以在中国实现,能做到这一步,除了袁世凯,天下还能有几人?"进而得出"他是一个功大

[①] 郭剑林、纪能文:《瑰异总统袁世凯》(上),长春:吉林文史出版社,1995年,第2页。
[②] 刘澍:《麻辣近代史(1905—1928)》,杭州:浙江大学出版社,2012年,第95页。

于过,推动了历史向前迈进的人"这样的结论。[1] 甚至还有研究者在评价袁世凯在辛亥革命中的作用的时候,认为"袁世凯作为共和元勋,是当时的人们所公认的","如果是在今天,是一定会获得诺贝尔和平奖的"[2],而真正的辛亥革命领袖"共和元勋"孙中山反成了几无尺寸之功的陪衬。

历史不是任人打扮的小姑娘,历史是客观存在的,无人可以随意改变,历史研究注重的是"有一分材料说一分话"。对历史人物的评价特别是袁世凯这样颇有争议的历史人物的评价,既要立足于真实可靠的史料,又要切实把握好"度",既不能过分夸大其历史功绩,也不应任意抬高其历史地位,绝不能为迎合政治宣传需要而凭空想象、主观臆断,更不能是非颠倒、信口开河,否则就有矫枉过正甚至替其"翻案"的嫌疑。我们相信,通过进一步挖掘新的史料,积极探索新的研究方法,努力扩大国内外学术交流,不断加强协同创新力度,在袁世凯功过评价问题研究方面一定会取得新的突破,并出现新一轮学术争鸣的热潮。(唐金培)

---

[1] 李自存:《袁世凯新说》,郑州:河南人民出版社,2013年,第227—228页。
[2] 李新宇:《走近袁世凯(一):是"窃国大盗"还是"共和元勋"——为亚洲第一个民主共和国第一任大总统百年忌辰而作》,《领导者》2016年第1期。

第五章 地方特色文化研究

第一节
河南地方史研究的回顾与前瞻

　　地方史是我国改革开放以来史学界的一个新的研究领域,至今方兴未艾。河南地方史研究是河南省社会科学院历史与考古研究所一项责无旁贷的工作任务,河南省内高校历史文化学院、省地方史志办公室、省委党史研究室等单位也多致力于此。数十年来河南地方史研究取得丰硕的成果,在省内外产生了一定影响。在河南省社会科学院历史与考古研究所建所六十周年之际,特就20世纪中叶以来河南地方史的研究状况予以简单回顾,就以后的研究进行展望,并略述己见。

　　一、《河南通史》编撰始末

　　撰写《河南通史》是河南省史学工作者的夙愿。早在1958年,河南省历史研究所(河南省社会科学院历史与考古研究所的前身)创建伊始,就把编写《河南通史》教科书列入该所五年规划纲要。但由于种种原因,这项计划没有实现。

从20世纪70年代改革开放以后,社会科学研究迎来新的春天。1986年河南省社会科学院历史研究所应中州古籍出版社之约,着手编写《河南简史》。此事由副院长张文彬、所长陈振主持,成立了由王珍、程有为、智天成、王大良、刘益安、邓亦兵、王全营等人组成的编写组,确定编写提纲,着手撰写书稿。不久又将撰写《河南通史》提上日程,仍由副院长张文彬、所长陈振主持其事,并被列入河南省"七五"社会科学规划重点项目。但编写进入实施阶段时,觉得条件尚不成熟。张文彬后调河南省委宣传部,陈振也于1988年调南京师范大学。经所里研究,决定在"七五"期间先将1986年开始编写的《河南简史》书稿作为《河南通史》的先期成果,定稿出版,为以后撰写多卷本《河南通史》打好基础。于是,张文彬、程有为、王珍对书稿进行修订,交由中州古籍出版社出版,书名改为《简明河南史》,但此书延宕至1996年才面世。

1991年年初河南省社会科学院近代史研究所并入历史研究所,重新提出撰写《河南通史》一事,确定全书共四卷,约160万字。由河南省委秘书长张文彬、河南省社会科学院院长胡思庸主持其事,具体事务由所长王天奖负责,成立以历史研究所科研人员为主、郑州大学和河南大学历史系教师参与的课题组。次年年初,《河南通史》又被列入河南省"八五"社会科学规划重点项目。但是胡思庸院长于1993年病故,张文彬也调至国家文物局。几年过去,编写工作进展不大,到1995年年底,仅完成约2/3的初稿。

1996年3月,王天奖退休,程有为接任所长。不久,张锐调河南省社会科学院任副院长,分管历史研究所工作。次年4月,所里召开《河南通史》编写工作会议,重新拟定编撰《河南通史》的若干规定,将编写《河南通史》作为头等大事,加大工作力度,并争取到河南省人民政府的专项经费30万元,编写工作开始紧锣密鼓地进行。到1998年春,全书大部分初稿已经完成。

1998年5月,历史研究所在庆祝建所四十周年期间举行"《河南通史》学术研讨会"，出席会议的有河北、山东等省社会科学院历史研究所所长，省内的著名专家学者朱绍侯、高敏、安金槐、许顺湛、李民等，河南人民出版社文史处处长郑荣、陆树庆等，会议对《河南通史》书稿的体例、目录、样章提出修改意见和建议。课题组成员对这些意见择善而从，进行修改、补充，后经各分卷主编修订，又由程有为、王天奖通改全部书稿，于2001年年底交河南人民出版社。河南人民出版社邀请河南省政协学习和文史资料委员会主任葛纪谦，郑州大学教授李民、王兴亚，河南大学教授朱绍侯等审读书稿，提出许多中肯的意见。课题组在此基础上又进行最后的修改补充，方完成定稿。该书入选国家新闻出版总署首届"三个一百"原创作品出版工程，于2005年由河南人民出版社付梓面世。河南省社会科学院与河南人民出版社联合举行"《河南通史》首发式与座谈会"，该书在省内外史学界产生了较大的影响，很快销售一空，又予以重印。

二、编年体河南地方史的编纂

编年体是中国古代史书的一种体例，《春秋》《左传》与《资治通鉴》为其代表。河南省地方史志办公室不但编纂地方志，也编写地方史。他们约请河南省社会科学院历史研究所的研究人员，共同编纂两部河南编年体通史，即《河南通鉴》与《中华通鉴·河南卷》。

《河南通鉴》由程有为、王天奖、鲁德政主编，王珍、任崇岳、庞守信、冯文纲、耿瑞玲、杨航军等撰稿，中州古籍出版社2001年出版。该书近400万字，是一部河南地区的编年体通史，上起远古，下讫20世纪末，以时为经，以事为纬，以事系人，以朝代分期。每期前有概述，提纲挈领地阐述当时河南地区的社会状况和特点。该书可使读者对有史以来的河南历史有系统、全面的了解，又可起到资政育人的作用。

《中华通鉴·河南卷》由程有为、鲁德政主编,王珍、任崇岳、冯文纲、陈建魁、陈习刚、唐金培等撰稿,中国戏剧出版社2008年出版。该书是一部河南地区的编年体通史,近210万字。上起远古,下迄20世纪末,以时为经,以事为纬,以事系人,以朝代分期,每期前有概述,提纲挈领阐述当时河南地区的社会状况和特点。该书可使读者对有史以来的河南历史有系统、全面的了解,又可起到资政育人的作用。

三、断代河南地方史的编撰

河南学者从事河南断代史研究,特别是现代史与党史、革命史,在现当代史研究方面也有不少著作面世。

《当代河南简史》是"中华人民共和国地方简史丛书"之一种,当代中国出版社1999年出版。20世纪末成立以唐菊成为主任,彭春成、吴朝林、张岑晟、何有仑为成员的编辑部,进行编撰。该书前有总序、前言和绪论,依据时间顺序分为七编,简要介绍中华人民共和国成立50年(1949—1998年)间河南省的政治经济状况。此外还有郑州大学历史学院徐有礼等著的《河南现代史》,也是一部断代史著作。

《河南抗战简史》由中共河南省委党史研究室编著,河南人民出版社2010年出版,22万字。《河南抗日战争史》由王全营、赵保佑著,社会科学文献出版社2010年出版,20多万字。这两部书是河南抗日战争史研究的成果。

此外还有《漯河革命史》,漯河史志档案办公室编撰,河南人民出版社1999年出版,21万字。

四、河南专门史的研究撰述

20世纪末以来,河南省社会科学院、河南省内高校及政府部门陆续编写多部学术方面或者行业方面的专门史。

首先是三部多卷本专门通史,即《河南教育通史》《河南经济通史》《中原文化通史》。

《河南教育通史》由王日新、蒋笃运主编,大象出版社2004年出版。该书为全国哲学社会科学"九五"规划课题"中国地方教育史研究"的子课题"河南地方教育史研究"的最终成果,前后历时五年完成。书前有李克强、李成玉、何兹全等领导专家的题词及总序、序言。全书分为上、中、下三卷。上卷从原始社会至1839年鸦片战争前,中卷从1840年至1940年9月,下卷从1949年10月至2001年年底。该书对五千年来的河南教育发展历程进行了系统、全面、深入的研究和阐述,具有较高的学术价值。

《河南经济通史》由程民生主编,河南大学出版社2012年出版。全书分为五卷,其中第一、二卷为《古代河南经济史》(上、下),薛瑞泽、程民生著;第三、四卷为《近代河南经济史》(上、下),苏全友、李长印、王宇谦著;第五卷为《现代河南经济史》,孙建国著。该书是对数千年来河南地区经济发展史的系统、全面、深入的研究和阐述,具有较高的学术价值。

《中原文化通史》(八卷本)由程有为主编,李绍连、任崇岳、王全营等为分卷主编,将于2019年由河南人民出版社出版。该书为河南省社会科学规划重大项目"中原文化通史"的最终成果。全书分为史前三代、春秋战国、秦汉、魏晋南北朝、隋唐、宋金元、明清、晚清民国八卷,约300万字,全面系统地阐述了中原地区思想、学术、宗教、文学、艺术、科技、教育、民俗等精神文化,兼及物质文化与制度文化,揭示了中原文化在中华传统文化中的重要作用。

单卷本的河南地方史专著有《河南考试史》、《河南文学史》(古代卷)、《河南文化史》、《河南经济简史》、《河南生态文化史纲》、《河南航运史》、《中原文化史》、《中原移民简史》等。

《河南考试史》由李春祥、侯福禄主编,中州古籍出版社1994年出版,51万字。该书是国家教委考试中心"八五"重点课题"中国考试史系列研究"的子课题的最终成果,由河南省招生办公室组织编写。全书凡17章,上起先秦,下讫1990年,民国以前的考试依照历史时期设章,中华人民共和国成立后的考试则分为学校考试、招生考试、高教自学考试及其他考试四章。书首有杨学为写的序和程有为写的前言。

《中原文化史》由杨玉厚主编,文心出版社2000年出版,27.6万字。本书将中原文化史分为上、下两编。上编九章,从原始社会到南北朝,阐述中原文化的形成与发展,称"冉冉升起的朝阳";下编八章,从隋唐到明清,阐述封建后期的中原文化,称"从峰顶跌入低谷"。全书简要勾勒了中原文化发展的脉络及其赖以繁荣兴衰的历史素地,揭示了中原文化在中国文化史上的摇篮地位及所起的作用。

《河南文学史》(古代卷)由王永宽、白本松主编,中州古籍出版社2002年出版,65万字。该书为河南省社会科学"九五"规划项目,原计划分为古代、近现代、当代三卷,结果仅完成古代卷。全书除绪论外,分为先秦、秦汉、魏晋南北朝、隋唐五代、宋金、元代、明代、清前中期八编40章,系统阐述了历代河南的文学成就与发展脉络。

《河南文化史》由申畅、申少春主编,中州古籍出版社2002年出版,87万字。书首有贾连朝写的序、导论,全书分为哲学、宗教、民俗、文学、美术、戏曲艺术、教育、图书博物馆、方志金石、先民遗址、古都等篇,内容丰富,但在体例上与以历史时期设章的史书不同。

《河南航运史》由张圣城主编,河南航运史研究会撰写,为"中国水运史丛书"之一种。

《河南经济简史》由程民生著,中国社会科学出版社 2005 年出版,28 万字。该书上起先秦,下讫清末,共九章,简要阐述了河南地区历代的经济状况,揭示了其演变趋势及影响经济发展的因素。

《中原移民简史》由任崇岳著,河南人民出版社 2006 年出版,22 万字。该书为国家社科规划重大委托项目"河洛文化的内涵传承与影响"的成果之一。虽以"中原"为名,其地域范围仅限于今河南省,故可视为河南专门史之一。书首有绪论,分为先秦秦汉、魏晋南北朝、隋唐五代、宋辽金元、明清、中原汉人南迁与客家民系的形成六章。

《河南生态文化史纲》,刘有富、刘道兴主编,河南省社会科学院历史与考古研究所科研人员参与撰稿,黄河水利出版社 2013 年出版,27 万字。书首有刘满仓写的序、绪论。全书分为上、下两编。上编阐述先秦、汉魏、唐宋、元明清时期的生态环境及其演变,下编阐述生态方面的哲学、伦理、宗教、文艺、美学、习俗、科技、安全、教育。生态文明是学术研究的新领域,该书颇有新意。

五、河南市县通史的编写

从 20 世纪末以来,伴随着全国性的文化热,河南一些市县也开始研究编写自己的历史。至今问世的有《商丘通史》(上编)、《驻马店通史》、《洛阳通史》、《安阳通史》、《南阳通史》及《嵩县通史》等。

《商丘通史》(上编)由李可亭等著,河南大学出版社 2000 年出版,25 万字。该书前有朱绍侯、王子超撰写的序及前言,按历史时期分为远古、夏商、周、秦汉、魏晋南北朝、隋唐、宋元明清、民国等章节,末章为商丘文化景观,较为全面系统地阐述了数千年来商丘地区的政治、经济、文化状况。

《驻马店通史》由郭超、刘海峰、余全有主编,中州古籍出版社 2000 年出版,57.5万字。书首有路俊福撰写的序。该书上起原始社会,下讫1998年,分为古代、近现代、当代三编十九章,系统全面地阐述了驻马店地区数千年来的政治、经济、文化状况。

《洛阳通史》由李振刚、郑贞富著,中州古籍出版社2001年出版,30万字。前有李民撰写的序。洛阳是中国八大古都之一,该书以历史时期设章,从石器时代一直写到20世纪末,但与其他地市的通史的最大不同点,是宋金以前部分突出洛阳的建都史,以后的部分则与其他地市相同。

《安阳通史》由王迎喜撰,中州古籍出版社2003年出版,50多万字。该书上起原始社会,下讫1949年,分历史时期较为系统地阐述了安阳地区的政治、经济、文化状况和发展脉络。

《南阳通史》由李保铨著,中国文联出版社2002年出版,27万字。该书在体例上与一般历史著作不同,不是采用章节体,而是采用大事专记与纪事本末相结合的编写体例,采用司马迁的"历史文学"的笔法写史,比较自由随意。

关于县一级的通史,《嵩县通史》最值得称道。该书是在该县党政领导的倡导下,由该县几位有文史基础的中层领导组成编写组,从2011年开始撰写,5年完成定稿,2016年年底由中州古籍出版社出版,45万字。书首有朱绍侯、程有为撰写的两篇序。全书上起远古,下讫1949年中华人民共和国成立前,以历史时期设章,阐述有史以来嵩县政治、经济、文化的状况和发展脉络,不失为撰写县级通史的成功尝试。

综上所述,数十年来河南地方史的研究成果丰硕,但是也存在一些问题和不足。河南是我国历史最为悠久的地区之一,但是《河南通史》仅有四卷,其他省区的通史都有十卷左右,还有继续扩充内容的余地。断代史的研究偏重于现当代,古代的断代史尚不多见。已出版的专门史不过十种左右,还有许多门类属于研究空白,尚待开拓。大部分地市尚没有自己的通史,单本的通史或者简史与洛阳、开封、安阳、郑州等大古都城市丰富的历史文化内涵很不相称。

有些著作的学术水平尚待提高。因此,河南地方史研究还有继续开拓、深入的必要。

六、河南地方史研究的前瞻

中原经济区建立华夏历史文明传承创新区战略的实施,文化事业和文化产业蓬勃发展,各级领导和社会各界对文化日益重视,为河南地方史研究领域的拓展和深入提供了新的动力。

如今,河南省地方史研究出现一些可喜的新景象。2016年河南省社会科学院启动河南专门史研究课题,且已列入河南省社会科学规划重点项目,计划完成100种河南专门史的撰写,并争取到专项经费。两年来已经完成首批10多卷书稿,将由大象出版社出版,与广大读者见面。这是河南地方史研究的一批重要成果。河南专门史项目应该继续下去,撰写出版更多专门史,进一步丰富河南地方史的研究内容。

各地市的通史也有新进展。例如南阳市文化局退休干部王建中花费多年时间,用一己之力写成四卷本《南阳通史》书稿,经过进一步修订,有望早日面世。2017年洛阳市地方史志办公室也启动四卷本《洛阳通史》的编撰项目,组织专家教授紧锣密鼓地撰写,可望在不久的将来完稿。其他一些没有通史的市,应该组织力量,编写自己的通史或历史著作。一些有条件的县市也可以撰写自己的史书。

关于断代史,除现当代史可以继续加强外,也要开辟新领域,研究和撰写古代、近代的断代史。

最为关键的是,在全省的断代史、专门史和地市历史的基础上,撰写一部10卷左右的《河南通史》,以对得起河南的悠久历史,也不辜负文化昌盛的新时代。(程有为)

第二节
近30年来河洛文化研究的回顾与反思

20世纪80年代末期开始的河洛文化研究,至今已经走过将近30年的历程。对河洛文化研究的情况,此前不少学者作过总结回顾[1],但由于分析的角度不同,河洛文化一些领域的研究情况还未能总结出来,加之河洛文化研究的一些新变化,对河洛文化研究再次进行分析和总结是很有必要的。

一、近30年来河洛文化研究取得的成绩

近30年来的河洛文化研究,从研究成果数量上看,经历了从无到有、由少到多的发展历程;从研究内容上看,经历了从片面到全面、从零散到系统的渐

---

[1] 张新斌:《河洛文化若干问题的讨论与思考》,《中州学刊》2004年第5期;李晓燕:《二十年来河洛文化研究述评》,《东北史地》2011年第6期;李振宏:《大陆学界河洛文化研究的现状及问题》,《中原文化研究》2013年第2期;陈习刚:《二十五年来河洛文化研究的回顾、反思与前瞻——以郑州"河洛文化研究高层论坛(2014)"为中心》,《洛阳师范学院学报》2016年第9期;张新斌:《河洛文化与洛阳学》,《中州学刊》2016年第12期。

进过程。下面就从数量和内容两个方面入手对这一时期的河洛文化研究作一回顾。

(一)近30年来河洛文化研究的数量分析

文献数量是反映学术热度的一个重要指标。某一时段某一主题文献数量的变化反映了该主题的发展趋势和关注度。下面对河洛文化研究的期刊论文、会议论文、专著的数量作一总结。

1.期刊论文

在各种科学研究成果的知识载体中,期刊是极为重要的信息资源。研究者在科学研究中取得的新成果,一般首先以论文的形式在期刊上发表。就此而言,期刊论文成为各种科研动态和科研发展水平的一面镜子。所以,对相关学科领域期刊论文的研究,在很大程度上可以反映该学科领域的研究趋势。中国知网是收录期刊论文最为全面的学术平台,本文以其为统计源,以"河洛文化"为主题词对近30年来的河洛文化研究的期刊论文进行统计。

2018年3月10日在中国知网上共检索出以"河洛文化"为主题的论文446篇,其年代分布如下:

表一 1991—2017年河洛文化研究发文量一览表

年份(年)	1991	1992	1993	1994	1995	1996	1997	1998	1999	2000	2001	2002	2003	2004
发文量(篇)	1	0	0	10	1	4	4	8	4	2	6	3	6	17
年份(年)	2005	2006	2007	2008	2009	2010	2011	2012	2013	2014	2015	2016	2017	合计
发文量(篇)	31	26	28	35	30	36	34	28	22	28	29	30	23	446

从表一、图一可以看出,近30年来河洛文化研究的论文数量总体上是呈

图一 1994—2017年河洛文化研究论文分布曲线图

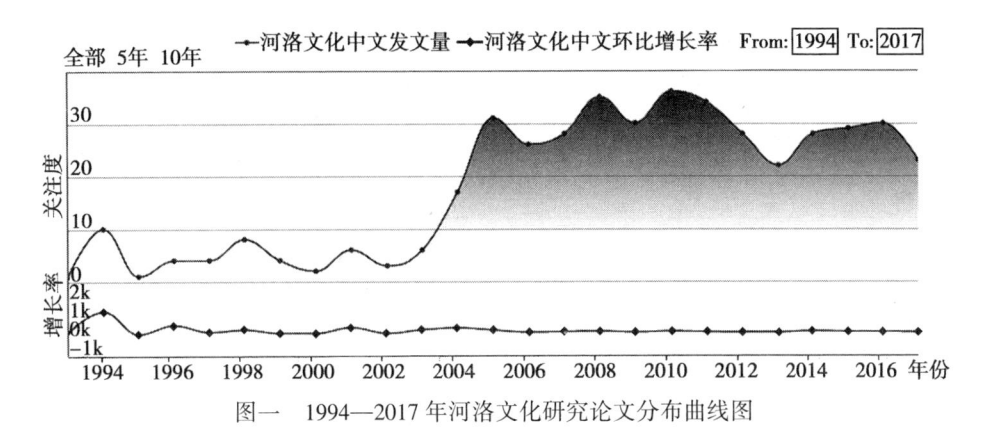

上升趋势的。但每年分布并不是很平衡,存在明显的波峰和波谷,其中1994年、2005年是前期两个波峰,这两年发表的论文数量都较上一年度有大幅度的增长;2005年之后,河洛文化研究论文数量始终处于高位状态,每年发表的论文都在20篇以上。

某一主题文献被引用数量的变化也是反映该主题研究趋势的重要指标。某一时段该领域论文被引用的数量多,则说明该主题是这个时期的研究热点。1994—2017年河洛文化研究论文被引用情况如下:

表二　1991—2017年河洛文化研究论文被引用量一览表

年份(年)	1991	1992	1993	1994	1995	1996	1997	1998	1999	2000	2001	2002	2003	2004
引文量(篇)	1	0	0	1	1	1	4	3	2	2	1	2	5	4
年份(年)	2005	2006	2007	2008	2009	2010	2011	2012	2013	2014	2015	2016	2017	合计
引文量(篇)	11	18	29	23	28	43	30	45	42	33	38	39	33	439

从表二、图二可以看出,近30年来河洛文化研究论文被引用的数量总体上是呈上升趋势的。但每年分布又不是很平衡,有波峰和波谷,其中1997年、2007年是前期两个波峰,这两年河洛文化研究论文被引用的数量都较上一年

图二 1994—2017年河洛文化研究论文被引用量分布曲线图

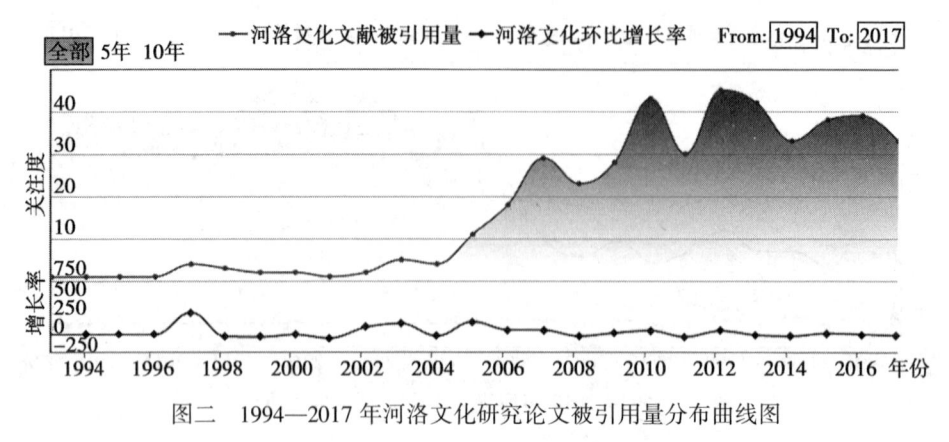

度有大幅度的增长;2007年之后,河洛文化研究论文被引用的数量始终在高位运行。从图一与图二比较来看,两者具有一致性,符合文献引用规律。

2.论文集论文

1989年至1991年,洛阳市历史学会、洛阳市海外联谊会先后主办了三届"河洛文化学术研讨会",其中前两次会议出版了《河洛文化论丛》第1、2辑。1991年,"洛阳市第二文物工作队成立五周年暨河洛文明学术研讨会"召开,会后出版了《河洛文明论文集》。2006、2008、2010、2014年,洛阳历史文物考古研究所、洛阳市文物考古研究院先后编辑出版了4辑《河洛文化论丛》。2004、2006、2007、2008、2009、2010、2011、2012、2014、2015、2016年,由全国政协港澳委员会、政协河南省委员会主办,河南省社会科学院等单位承办的"河洛文化研讨会"(河洛文化学术研讨会)连续召开了11届,其中会前均出版有论文集。上述论文集共收录论文1205篇,是期刊论文的2.7倍。论文集的出版对河洛文化研究起到了较大的推动作用。

表三　河洛文化有关论文集收录论文情况一览表

序号	论文集名称	责任者	出版社	出版时间（年）	论文数量（篇）	备注
1	《河洛文化论丛》第一辑	洛阳市历史学会、洛阳市海外联谊会编	河南大学出版社	1990	30	1989年洛阳市历史学会、洛阳市海外联谊会联合举办的"首届河洛文化学术研讨会"论文集。会议收到论文47篇
2	《河洛文化论丛》第二辑	洛阳市历史学会、洛阳市海外联谊会编	河南大学出版社	1991	36	1990年洛阳市历史学会、洛阳市海外联谊会联合举办的"第二届河洛文化学术研讨会"论文集。会议收到论文50余篇
3	《河洛文明论文集》	黄明兰等主编，洛阳市第二文物工作队编	中州古籍出版社	1993	43	1991年"洛阳市第二文物工作队成立五周年暨河洛文明学术研讨会"论文集
4	《河洛文化论丛》第三辑	韦娜主编，洛阳历史文物考古研究所编	中州古籍出版社	2006	33	为迎接"第五届河洛文化国际学术研讨会"而编辑出版
5	《河洛文化论丛》第四辑	韦娜主编，洛阳历史文物考古研究所编	北京图书馆出版社	2008	27	
6	《河洛文化论丛》第五辑	韦娜主编，洛阳历史文物考古研究所编	国家图书馆出版社	2010	28	
7	《河洛文化论丛》第六辑	史家珍主编，洛阳市文物考古研究院编	中州古籍出版社	2014	25	

续表

序号	论文集名称	责任者	出版社	出版时间（年）	论文数量（篇）	备注
8	《根在河洛——第四届河洛文化国际研讨会论文集》	陈义初主编，河南省河洛文化研究中心编	大象出版社	2004	74	"第四届河洛文化国际研讨会"论文集。会议收到论文93篇
9	《河洛文化与汉民族散论》	陈义初主编，河南省河洛文化研究中心编	河南人民出版社	2006	73	"第五届河洛文化国际研讨会"论文集。会议收到论文240多篇
10	《河洛文化与殷商文明》	陈义初主编	河南人民出版社	2007	91	"第六届河洛文化国际研讨会"论文集。会议收到论文133篇
11	《河洛文化与闽台文化》	邓永俭主编	河南人民出版社	2008	86	"第七届河洛文化国际研讨会"论文集。会议收到论文153篇
12	《河洛文化与姓氏文化》	邓永俭主编，中国河洛文化研究会、河南省河洛文化研究中心编	河南人民出版社	2009	119	"第八届河洛文化国际研讨会"论文集。会议收到论文180余篇
13	《河洛文化与岭南文化》	中国河洛文化研究会、广东省政协、河南省政协编	河南人民出版社	2010	95	"第九届河洛文化研讨会"论文集。会议收到论文129篇
14	《河洛文化与台湾文化》	中国河洛文化研究会、中华侨联总会编	河南人民出版社	2011	109	"第十届河洛文化学术研讨会"论文集。会议收到论文128篇

续表

序号	论文集名称	责任者	出版社	出版时间（年）	论文数量（篇）	备注
15	《河洛文化与客家文化》	中国河洛文化研究会等编	河南人民出版社	2012	96	"第十一届河洛文化研讨会"论文集。会议收到论文102篇
16	《河洛文化与闽南文化》	杨崇汇主编，中国河洛文化研究会等编	河南人民出版社	2014	96	"第十二届河洛文化研讨会"论文集。会议收到论文110篇
17	《河洛文化与台湾》	杨崇汇主编，中国河洛文化研究会、中华侨联总会编	河南人民出版社	2015	63	"第十三届河洛文化学术研讨会"论文集。会议收到论文70余篇
18	《河洛文化与华夏历史文明的传承及创新》	杨崇汇主编，中国河洛文化研究会编	河南人民出版社	2016	81	"第十四届河洛文化研讨会"论文集。会议收到论文94篇
合计					1205	

3.专著

近30年来，关于河洛文化研究的专门性著作也出版了不少，其中比较重要的著作有以下28种。

表四 河洛文化研究主要专著出版情况一览表

序号	书名	作者	出版社	出版时间（年）	备注
1	《河洛文化纵横》	孟令俊著	中州古籍出版社	1993	
2	《河洛文化论纲》	史善刚著	河南人民出版社	1994	
3	《河洛文化》	周文顺、徐宁生主编	五洲传播出版社	1998	

续表

序号	书名	作者	出版社	出版时间（年）	备注
4	《河洛文化研究》	李新社主编	远方出版社	2004	
5	《河洛文化研究》	张素环、刘道文主编	解放军外语音像出版社	2006	
6	《河图洛书探秘》	王永宽著	河南人民出版社	2006	"河洛文化研究丛书"
7	《河洛文化研究》	薛瑞泽、许智银著	民族出版社	2007	
8	《河洛文化概论》	程有为著	河南人民出版社	2007	"河洛文化研究丛书"
9	《河洛文明探源》	李绍连著	河南人民出版社	2007	"河洛文化研究丛书"
10	《图说河洛文化》	杨海中著	河南人民出版社	2008	"河洛文化研究丛书"
11	《河洛文化与闽台文化》	杨海中主编	河南人民出版社	2009	"河洛文化与民族复兴研究丛书"
12	《河洛文化与中国易学》	史善刚、谢琳惠、史东雨著	河南人民出版社	2009	"河洛文化与民族复兴研究丛书"
13	《河洛文化源流考》	史善刚主撰	河南人民出版社	2009	"河洛文化与民族复兴研究丛书"
14	《河洛文化与宗教》	温玉成等著	河南人民出版社	2010	"河洛文化与民族复兴研究丛书"
15	《河洛文化与客家优良传统》	刘加洪著	河南人民出版社	2010	"河洛文化研究丛书"
16	《河洛文化与客家文化》	安国楼等著	河南人民出版社	2010	"河洛文化与民族复兴研究丛书"

续表

序号	书名	作者	出版社	出版时间（年）	备注
17	《河洛文化的对外传播与交流》	薛瑞泽、徐金星、许智银著	河南人民出版社	2010	"河洛文化与民族复兴研究丛书"
18	《河洛思想文化研究》	董延寿等著	河南人民出版社	2010	"河洛文化与民族复兴研究丛书"
19	《根源：中华民族精神根源——河洛文化》	王伯章编著	河南人民出版社	2011	
20	《河洛文化与赣鄱文化》	龚国光著	河南人民出版社	2012	"河洛文化研究丛书"
21	《河洛文化视野下新时期河南文学的乡土风骚》	刘保亮著	河南人民出版社	2012	
22	《河洛文化研究十年》	陈义初著	河南人民出版社	2013	"河洛文化研究丛书"
23	《河洛文化与客家文化述论》	罗勇、邹春生著	河南人民出版社	2014	"河洛文化研究丛书"
24	《河洛文化与闽南文化综论》	汤漳平著	河南人民出版社	2014	"河洛文化研究丛书"
25	《河洛文化论衡》	徐金星、郭绍林、扈耕田等著	中国文史出版社	2014	
26	《闽台五缘简论》	何绵山著	河南人民出版社	2016	"河洛文化研究丛书"
27	《周代礼乐与河洛文化》	杨海中著	河南人民出版社	2016	"河洛文化研究丛书"
28	《河洛文化与"一带一路"》	扈耕田主编	中国文史出版社	2016	

总的来说，近30年来的河洛文化研究，无论是学术论文还是学术专著均

呈现出一派繁荣的景象,与全国地域文化研究相比,河洛文化研究的热度明显高于其他地域文化。

(二)近 30 年来河洛文化研究的内容分析

近 30 年来的河洛文化研究,如果按照主题来分析,主要包括以下几个方面的内容:

1.河洛文化的空间范围

空间范围是界定地域文化概念的前提和基础。关于河洛文化的地域的研究,是近些年来持续研究的热点。由于认识上的不同,对河洛地域的界定存在宽窄、大小不同的说法,主要观点有:

赵芝荃:"河洛地区系指以洛阳为中心的整个豫西地区及其黄河北岸的平原,它位于黄河中游,犹如摇篮之心脏,在史前文化的发展过程中,发挥着轴心和主导的作用。"[①]

陈昌远:"河、洛是黄河、洛水的简称。广义讲,它指黄河由河曲、渭河而东,中经砥柱之险,过孟津、洛河、流出大伾,开始散为荥播,这一大段大河之南地,古称为河南地,又称河洛地。狭义的河洛,就是指洛阳。"[②]

韩忠厚:"河洛,指的是黄河、洛水。在此是个地域概念,从广义上来讲,就是指黄河中游、洛水流城这一广阔的地域范围。具体地说,是黄河从河曲(风陵渡)向东经三门砥柱、过孟津直达荥阳、郑州,这一段大河以南,洛水、伊水及嵩山周围,包括颍水上游登封等地。古时称为河南地,亦称之为河洛地。

[①] 赵芝荃:《史前文化多元论与黄河流域文化摇篮说》,《河洛文化论丛》第一辑,开封:河南大学出版社,1990 年,第 1 页。
[②] 陈昌远:《先秦河洛历史地理与河洛文化历史地位考察》,《河洛文化论丛》第一辑,开封:河南大学出版社,1990 年,第 36 页。

从狭义上来讲,河洛就是洛阳。"①

窦志力:"'河洛'这一地域,是以洛阳为中心,北临黄河,南至嵩岳,东有虎牢为关,西近函谷据守。"②

李先登:"河洛地区指的是黄河中游潼关至郑州段的南岸,洛水、伊水及嵩山周围地区,包括颍水上游登封等地,大致包括北纬34°至35°、东经110°至114°之间的地区,概言之就是今天河南省的西部地区。河洛地区南为外方山、伏牛山脉,北为黄河,西为秦岭与关中平原,东为豫东大平原,北通幽燕,南达江淮。"③

王新年:"河洛文化,历史悠久,源远流长,它的范围是颇大的,它不能只限于现今的洛阳地区或豫西地区,它应该有更大的范围,这个范围应该是以豫西为腹区西起陕西关中的华阴以东,东到河南豫东平原的郑州、中牟一带,北至山西南部及河南的济源、沁阳、温县以南诸县,南达伏牛山北麓及临汝、郏县、禹县以北等地。"④

朱绍侯认为,历史上的河洛地区,"指以洛阳为中心,西至潼关、华阴,东至荥阳、郑州,南至汝颍,北跨黄河而至晋南、济源一带地区"⑤。

史善刚:"'河洛'就地域而言,指的是黄河中游南岸(西起潼关东至郑州),洛水、伊水及嵩山周围地区,并颍水、汝水、禹县、登封等地,大致在北纬34°—35°、东经110°—114°之间的地带。"⑥

---

① 韩忠厚:《试论河洛文化在中国文化史上的地位》,《河洛文化论丛》第一辑,开封:河南大学出版社,1990年,第22页。
② 窦志力:《河洛文化的内涵与特性述论》,《河洛文化论丛》第二辑,开封:河南大学出版社,1991年,第75页。
③ 李先登:《河洛文化与中国古代文明》,《河洛文化论丛》第一辑,开封:河南大学出版社,1990年,第53页。
④ 王新年:《河洛文化的地域与特点》,《河洛文化论丛》第二辑,开封:河南大学出版社,1991年,第67页。
⑤ 朱绍侯:《河洛文化与河洛人、客家人》,《文史知识》1994年第3期。
⑥ 史善刚:《河洛文化论纲》,开封:河南人民出版社,1994年,第1—2页。

李学勤:"河洛文化这一名称可有狭义、广义的不同理解。狭义的河洛,只指洛阳四周一带,若从文化角度来看,应该说这只是更广阔的一个区域的中心。这个大的区域,就是黄河中游的中原地区。因此,这里说的河洛文化即中原文化。"[1]

许顺湛:"河洛地区大体包括黄河与洛河交汇的内夹角洲、外夹角洲以及黄河北岸的晋南和豫北,河洛文化圈向西可伸入关中,向东可达豫东。"[2]

张新斌:"从地理与地貌特征方面来看,狭义的河洛应该是洛阳与洛河交汇一带,广义的河洛严格说应该是郑州以西的丘陵区,即在潼关或函谷关以东,黄河以南,伏牛山以北的豫西丘陵地区。"[3]

李玉洁:"河洛文化的地域范围应包括以洛、河为中心的河洛地区。洛,指的是洛水;河,指的是黄河中游地区。"[4]

薛瑞泽:"河洛地区是指以洛阳为中心,东至郑州、中牟一线,西抵潼关、华阴,南以汝河、颍河上游的伏牛山脉为界,北跨黄河,以汾水以南的济源、焦作、沁阳一线为界。"[5]

程有为:"从自然地理讲,河洛地区西起华山,东至豫西山地与黄河下游平原交汇处,南自伏牛山、外方山,北至太岳山(又称霍太山),包括伊洛河流域、涑水流域、沁水流域和汾水流域下游地区。"[6]

谢重光:河洛文化"是中原文化代名词,河洛文化指的就是华夏正统文

---

[1] 李学勤:《河洛文化研究的重要意义》,《光明日报》2004年8月25日。
[2] 许顺湛:《河洛文化与黄河文明》,《光明日报》2004年9月7日。
[3] 张新斌:《河洛文化若干问题的讨论与思考》,《中州学刊》2004年第5期。
[4] 李玉洁:《河洛文化刍论》,《根在河洛——第四届河洛文化国际研讨会论文集》,郑州:大象出版社,2004年,第33页。
[5] 薛瑞泽:《河洛地区的地域范围研究》,《洛阳师范学院学报》2005年第1期。
[6] 程有为:《河洛地区在中国古代文明起源中的地位》,《河洛文化与汉民族散论》,郑州:河南人民出版社,2006年,第100页。

化,并非仅仅局限于黄河、洛水交汇处的一个小小区域文化"①。

孟令俊:河洛"是指以洛阳为中心,西至潼关、华阴,东至荥阳、郑州,南越伏牛山,北跨黄河两岸,古称河南府,又叫河洛地"②。

邢永川认为,河洛在地理学意义上有三层含义:微观层面是指今天的河南洛阳;中观层面指洛阳地区,以洛水和嵩山为中心,包括汝水、颍水上游地区,北起中条山,南达伏牛山,东至京广铁路,西至潼关,与今河南省的西部和中部地区大体相当;宏观层面指今天的河南省,也可以看作"中原"的代名词。③

李绍连:"'河洛'是一个地理概念,特指黄河与洛河交汇之地域,就是黄河的'三河'和洛河流域。三河则是《汉书·地理志》中所说的河东郡、河内郡、河南郡。由于文化分布与行政区域并不完全一致,根据文化分布情况,河洛文化区大约相当于东至豫东,西抵陕豫交界一带,南达周口南阳一线,北涉晋、冀的中南部等地区。"④

阳信生、饶怀民:"河洛文化在空间上应该是以洛阳为中心的整个黄河、洛水流域地区,史称中原地区,大体相当于今天的河南,因此,河洛文化又可以称为中原文化、中州文化、河南文化。"⑤

由于河洛文化在历史上的影响范围较大,朱绍侯先生首先提出了河洛文化圈的概念,他说:"作为河洛文化圈,实际要超过河洛区域范围。笔者认为河洛文化圈应该涵盖目前河南省全部地区,东与齐鲁文化圈相衔接,南与楚文化圈相衔接,西与秦晋文化圈相衔接,北与燕赵文化圈相衔接。究其实质,河

---

① 谢重光:《河洛文化与客家人》,《根在河洛——第四届河洛文化国际研讨会论文集》,郑州:大象出版社,2004年,第361页。
② 孟令俊:《河洛文化的几个问题》,《河洛文化与汉民族散论》,郑州:河南人民出版社,2006年,第9页。
③ 邢永川:《"河洛"初考》,《河洛文化与汉民族散论》,郑州:河南人民出版社,2006年,第72—81页。
④ 李绍连:《略谈河洛文化与中华传统文化》,《黄河科技大学学报》2008年第6期。
⑤ 阳信生、饶怀民:《湖湘文化与河洛文化关系考略》,《河洛文化与汉民族散论》,郑州:河南人民出版社,2006年,第273页。

洛文化就是狭义的中原文化。广义的中原文化应包括齐鲁、秦晋、燕赵等文化。"①程有为赞同朱绍侯的观点,认为河洛文化圈应该突破河洛的范围,他说:"河洛文化圈,其地域也可以少许突破黄河和洛河流域的范围。"②徐正英认同朱绍侯的河洛文化圈范围,但注意到了河洛文化的历史分期问题,他说:"就河洛文化圈而言,我大体认同朱绍侯提出的'四至衔接'说,但不敢苟同其'河洛文化圈应该涵盖目前河南省全部地区''河洛文化就是狭义的中原文化'的提法。因为处于河南省西南部占省辖市最大面积的南阳市,历史上明显属于荆楚文化圈。南阳文化可以归属今天的中原文化,但不能归属传统的河洛文化,这是由中原文化与河洛文化下限断限不同决定的。"③

经过讨论,河洛文化的空间范围有了基本一致的意见:狭义的河洛,是指以洛阳为中心、以河洛交汇处为代表的河洛流域;广义的河洛,则包括西至潼关,东至开封,南至伏牛山北麓,北跨黄河至晋东南、济源至安阳一带相对广袤的区域。

2.河洛文化的时间范围

关于河洛文化的时间范围,有的学者认为是河洛地区的古代文化,如:

韩忠厚:"河洛文化是产生于河洛地区的中国古代的传统文化,是华夏文明—黄河文化摇篮的核心和象征。"④

李先登:"河洛文化指的是中国古代河洛地区的文化。"⑤

窦志力:"河洛文化,指的是在黄河中下游交汇区的疏松冲积黄土平原,

---

① 朱绍侯:《河洛文化与河洛人、客家人》,《文史知识》1994年第3期。
② 程有为:《河洛地区在中国古代文明起源中的地位》,《河洛文化与汉民族散论》,郑州:河南人民出版社,2006年,第100页。
③ 徐正英:《河洛文化的根源性特征及其当代意义》,《粤海风》2010年第5期。
④ 韩忠厚:《试论河洛文化在中国文化史上的地位》,《河洛文化论丛》第一辑,开封:河南大学出版社,1990年,第22页。
⑤ 李先登:《河洛文化与中国古代文明》,《河洛文化论丛》第一辑,开封:河南大学出版社,1990年,第53页。

与源自商洛山地蜿蜒于豫西丘陵林地的洛河这样一个方圆二百余公里范围内所孕育的人类古代文化。"[1]

陈昌远:"河洛文化应指河洛地区所统辖这块地方的一切传统文化。"[2]

王新年:"所谓河洛文化,即指这一广大地区在历史发展长河中所创造的物质文明和精神文明的总和。"[3]

张振犁:"'河洛文化'的概念,广义讲就是中原文化的泛称,狭义讲乃是指中原腹地伊、洛、河'三川'平原的远古文化。"[4]

周文顺:"河洛文化属于区域性的历史文化概念,河洛文化是上古三代河洛地区的文化现象,河洛文化是中国最古老的历史文化。"[5]

蔡运章、郭引强:"河洛文化是以洛阳为中心的黄河和洛水交汇地区古代物质文化与精神文化的总和。它既是狭义的中原文化,也是中国传统文化的主流和精华。"[6]

马帅、袁书琪:"河洛文化是以洛阳为中心,涵盖黄河与洛河交汇区的广大范围内形成的所有文化。包括石器时代、夏商周时代的全部文化以及汉唐魏时代的大部分文化。"[7]

孟令俊:"河洛文化,是产生于河洛地区的中华民族古老的传统文化,是

---

[1] 窦志力:《河洛文化浅说》,《河洛文化论丛》第一辑,开封:河南大学出版社,1990年,第64页。
[2] 陈昌远:《先秦河洛历史地理与河洛文化历史地位考察》,《河洛文化论丛》第一辑,开封:河南大学出版社,1990年,第36页。
[3] 王新年:《河洛文化的地域和特点》,《河洛文化论丛》第二辑,开封:河南大学出版社,1991年,第66页。
[4] 张振犁:《从"河图""洛书"乃"祭祀河洛"神话的演变看"河洛文化"在华夏文明中的地位和作用》,《河洺与河图洛书》,郑州:河南科学技术出版社,1996年,第15页。
[5] 周文顺:《"河洛文化"辨义》,《历史教学》1999年第3期。
[6] 蔡运章、郭引强:《河洛文化与河洛学》,《文史知识》2010年第6期。
[7] 马帅、袁书琪:《基于文脉传承的河洛文化与客家文化的旅游协作开发》,《洛阳理工学院学报(社会科学版)》2010年第3期。

华夏文化的源头。"①

徐正英:"河洛文化就是指以河洛地区为中心的,与东南西北四个文化圈相衔接的、上古至北宋时期的传统文化圈,其核心为夏商周文化。"②

也有学者认为是河洛地区的古今文化,如:

戴逸:"河洛文化就是指产生于河洛地区的区域性文化。区域性文化,是中华民族文化的一个组成部分,是炎黄文化的一个部分,而河洛文化则是一个非常重要的组成部分。"③

程有为:"河洛文化是植根于河洛地区的一种地域性文化……河洛文化的时间跨度很大,其上限可上溯到传说中的五帝时期,其下限则一直到今天。"④

学者还研究了河洛文化的分期问题。朱绍侯认为:"夏商周是河洛文化的源头,汉唐是河洛文化的兴盛期,北宋是河洛文化发展的顶峰,并由此而衰落下去。"⑤

张新斌说:"河洛文化划分为以下几个时期:以包括河图、洛书在内的史前文化为河洛文化的初始期,夏商周三代为河洛文化的形成期,秦汉魏晋为河洛文化的发展期,隋唐北宋为河洛文化的鼎盛期,元明清为河洛文化的中衰期,现当代为河洛文化的复兴期。但是考虑到河洛文化超越地域性的文化影响与辐射力主要集中在夏代以来到北宋之间,因此就时间概念而言,狭义的河洛文化可以特指这一时段。"⑥

---

① 孟令俊:《河洛文化的几个问题》,《河洛文化与汉民族散论》,郑州:河南人民出版社,2006年,第8页。
② 徐正英:《论河洛文化的根源性特征》,《河南社会科学》2010年第6期。
③ 戴逸:《关于河洛文化的四个问题》,《寻根》1994年第1期。
④ 程有为:《"河洛文化"略论》,《洛汭与河图洛书》,郑州:河南科学技术出版社,1996年,第299页。
⑤ 朱绍侯:《河洛文化研究之展望》,《洛阳工学院学报》2001年第3期。
⑥ 张新斌:《河洛文化若干问题的讨论与思考》,《中州学刊》2004年第5期。

孟令俊认为,河洛文化按历史发展的顺序可分为远古、夏商周、汉魏、隋唐、北宋前后等5个时期。①

徐金星、吴少珉说:"河洛文化起源于史前裴李岗文化时期或更早,形成于夏商周三代,发展于汉魏南北朝,鼎盛于隋唐北宋,宋以后开始衰落,新中国(中华人民共和国)成立后进入复兴期。"②

阳信生、饶怀民认为:"不能把河洛文化仅仅看作一种历史文化、古代文化或传统文化,更不能将其等同于夏、商、周三代河洛地区的文化,它的形成发展演变经历了史前、古代、近现代等各个时期。如果以社会形态的更替(由原始社会、奴隶社会、封建社会发展演变到资本主义社会和社会主义社会)为线,那么,史前是河洛文化的起源期,夏、商、周三代是河洛文化的形成期,先秦至南宋是河洛文化的发展期和繁荣期,元明清到近代是河洛文化的衰落期,现代是河洛文化的复兴期。"③

程有为将河洛文化分为五个阶段:史前的原始社会是滥觞期,夏商西周三代是形成期,春秋战国至魏晋南北朝是发展期,隋唐至北宋是兴盛期,金元明清是衰落期。④

3.河洛文化的内涵

关于河洛文化的内涵,朱绍侯认为:"河洛文化应是产生于河洛地区的,包括原始社会的彩陶文化(仰韶文化)和河南黑陶文化以及神秘而代表河洛人智慧的河图、洛书;应包括夏商周三代的史官文化,及集夏商周文化大成的周公制礼作乐的礼乐制度;还应包括综合儒、道、法、兵、农、阴阳五行各家学说

---

① 孟令俊:《河洛文化的几个问题》,《河洛文化与汉民族散论》,郑州:河南人民出版社,2006年,第10—18页。
② 徐金星、吴少珉:《河洛文化通论》,北京:光明日报出版社,2006年,第9页。
③ 阳信生、饶怀民:《湖湘文化与河洛文化关系考略》,《河洛文化与汉民族散论》,郑州:河南人民出版社,2006年,第273页。
④ 程有为:《河洛文化概论》,郑州:河南人民出版社,2007年,第10页。

而形成的汉代经学、魏晋玄学、宋明理学以及与儒、道思想互相融合的佛教文化等,以上各种文化的总和就是河洛文化。"①

戴逸认为,河洛文化源远流长,内涵丰富多彩,涉及哲学、文学、宗教、艺术、建筑、民风习俗等诸多方面。②

赵荣:"河洛文化,历史悠久,源远流长,是华夏灿烂文化的核心组成部分。它包括自然和社会两大学科的内容。"③

王新年:"所谓河洛文化,指这一广大地区在历史发展长河中所创造的物质文明和精神文明的总和。"④

张新斌:"河洛文化的本质是地域文化,河洛文化就是产生发展于河洛这块土地上的一切文化现象,它包括物质的、精神的、制度的各个层面。"⑤

程有为说:"河洛文化博大精深,内涵十分丰富。它可以分为物质文化、精神文化及制度文化三个部分,精神文化则包括思想学术、宗教信仰、文学、艺术、科学技术、教育与民风民俗等,而河图、洛书与二程洛学则是河洛文化所独有并带有标志性的思想学术,在中国传统文化中具有重要地位。"⑥他认为,河洛文化的内涵中有两个带有标志性的文化现象,一是河图、洛书,二是二程洛学。二者既具有明显的地域特色,为河洛文化所独有,也构成了系统的思想学术体系,应该属于河洛文化的核心内涵。⑦

徐心希认为,商周时期的王权文明是河洛文化的核心内涵。"判断早期中国文明的主要标准是宫殿、文字、青铜器和礼制的出现。这四种文明的基本

---

① 朱绍侯:《河洛文化与河洛人、客家人》,《文史知识》1994 年第 3 期。
② 戴逸:《关于河洛文化的四个问题》,《寻根》1994 年第 1 期。
③ 赵荣:《道教与河洛文化》,《河洛文化论丛》第一辑,开封:河南大学出版社,1990 年,第 160 页。
④ 王新年:《河洛文化的地域和特点》,《河洛文化论丛》第二辑,开封:河南大学出版社,1991 年,第 66 页。
⑤ 张新斌:《河洛文化若干问题的讨论与思考》,《中州学刊》2004 年第 5 期。
⑥ 程有为:《河洛文化概论》,郑州:河南人民出版社,2007 年,第 1 页。
⑦ 程有为:《论河洛文化的核心内涵》,《河洛文化与闽南文化》,郑州:河南人民出版社,2014 年,第 570 页。

因素均是围绕王权的产生和发展而不断完善的,因而可以统称为王权文明。我们以为,商周文明的核心应当就是日益巩固和加强的王权政治文明。河洛文化的形成和发展与商周时期王权政治的迭兴息息相关。"这使得"商周时期的王权文明成为河洛文化的核心内涵","王权政治文明就是贯串河洛文化始终的核心精髓"。[1]

徐正英认为:"河洛文化就是指以河洛地区为中心的,与东南西北四个文化圈相衔接的、上古至北宋时期的传统文化圈,其核心为夏商周文化。"[2]

4.河洛文化的特性

河洛文化与其他地域文化相比,具有自己独特的个性,研究者从各自的角度对河洛文化的特性作了论述。

陈昌远认为河洛文化具有正统性和稳固性,他说:"河洛文化具有自己的特点,它与齐鲁文化、燕赵文化、三晋文化、巴蜀文化、楚文化均不相同,不过它吸收其他地区的文化养料来丰富自己,萃取百家之长,而最后形成统一的文化体系并形成中心,表现出自己明显的正统性和稳固性,而且反过来又向四周辐射发展,最后融合于中华民族的整体文化复合之中。"[3]

李学勤认为,河洛居天下之中的特殊地位,决定了河洛文化的若干特点。他将河洛文化特点归纳为传统性、开放性、综合性、先导性。[4]

许顺湛说:"河洛文化最大的特点表现在以下三个方面:第一,国都文化连绵不断。……第二,树大根深的根文化是河洛文化的又一特点,有许多文明源头都在这一地区。……第三,大一统的思想根深蒂固,形成了传统的民族基

---

[1] 徐心希:《试论殷商文明与河洛文化之关系:兼论商周时期的王权文明是河洛文化的核心内涵》,《河洛文化与殷商文明》,郑州:河南人民出版社,2007年,第19—32页。
[2] 徐正英:《论河洛文化的根源性特征》,《河南社会科学》2010年第6期。
[3] 陈昌远:《先秦河洛历史地理与河洛文化历史地位考察》,《河洛文化论丛》第一辑,开封:河南大学出版社,1990年,第50页。
[4] 李学勤:《河洛的历史地位与河洛文化的性质》,《文史知识》1994年第3期。

因。善于吸收、包容、开放、凝聚的民族个性,在河洛文化都有充分的体现,但是最突出的是大一统的民族基因。"[1]

张新斌认为,地理、经济和政治因素是决定河洛文化超越地域文化的三个关键因素。这三个因素决定了河洛文化的正统性、传承性、融合性、原创性等特点。[2]

韩石萍认为河洛文化有源发性、正统性、兼容性、奇异性四个特征。[3]

程有为认为,河洛文化作为中国一种重要的地域文化,既有普遍性,也有特殊性。其特殊性为开放性或者说包容性、先进性或者说先导性、正统性、连续性。[4]

徐心希认为,河洛文化的第一特征表现在王权政治中心文明经久不衰。第二特征是文化结构严密与博大,许多文明可溯源于此。第三特征则表现在河洛文化的精神核心是大一统理念,这本身也成为民族传统的文化基因。[5]

徐正英:"河洛文化区别于其他区域性文化最鲜明、最本质的特征是它的根源性。所谓根源性,一是指在诸种文化中发端时间早,对文明发展方向有引领作用,二是指作为文化核心的思想富于原创性。"[6]

蔡运章、郭引强认为,河洛文化具有传统性、开放性、先导性等特征。[7]

5.河洛文化的地位与影响

对于河洛文化的地位,研究者们都给予了极高的评价。

韩忠厚认为,河洛文化"有别于其他区域性文化,在中国文化史上占有重

---

[1] 许顺湛:《河洛文化与黄河文明》,《光明日报》2004年9月7日。
[2] 张新斌:《河洛文化若干问题的讨论与思考》,《中州学刊》2004年第5期。
[3] 韩石萍:《关于河洛文化的若干问题》,《根在河洛——第四届河洛文化国际研讨会论文集》,郑州:大象出版社,2004年,第63页。
[4] 程有为:《河洛文化概论》,郑州:河南人民出版社,2007年,第501—503页。
[5] 徐心希:《试论殷商文明与河洛文化之关系:兼论商周时期的王权文明是河洛文化的核心内涵》,《河洛文化与殷商文明》,郑州:河南人民出版社,2007年,第28页。
[6] 徐正英:《论河洛文化的根源性特征》,《河南社会科学》2010年第6期。
[7] 蔡运章、郭引强:《河洛文化与河洛学》,《文史知识》2010年第6期。

要的地位","河洛文化是中国文明的摇篮文化"。①

窦志力说,河洛文化"在中华民族文明的生成、发展史上有着不可估量的作用,可以说是构成黄河文明的主脉与源头"。②

李先登认为:"在中国古代文明发展初期,河洛地区一直是王都之所在,河洛文化在中国大地上不仅最先进入文明时代,而且一直是中国古代文明的核心,为中国古代文明乃至世界古代文明作出了重大贡献。"③

戴逸指出:"河洛文化是中国文化的重要源泉之一,而且长期以来处于领先地位。说它是源泉,因为黄河是中华民族的摇篮,是中华民族文化重要的发祥地,河洛文化历史悠久,影响深远,七八千年来一直延续不断,前后相接,形成一个连绵不绝的文化发展系列。""河洛文化不是一般的地域性文化,而是中华民族文化的一个非常重要的组成部分,就是因为它对中华民族文化的形成和发展起着巨大的作用。这样一个地域性文化,对周围既有吸引作用,又有辐射作用。它既有强大的吸收、包容、凝聚的力量,把周围的文化收纳过来;又有把自己的文化传播出去,渗透出去,影响周围的地区的力量。……所以说,河洛地区的文化在中华文明发展中确实起着巨大的带动作用。"④

李学勤认为河洛是中原的中心,研究河洛文化可以说把握住了中原文化研究的关键。他指出河洛文化的性质是与河洛地区在历史上的地位分不开的。河洛居天下之中的特殊地位,决定了河洛文化的若干特点。⑤

刘乃和说:"在我国史前文化和进入文明社会后的文化发展过程中,中原

---

① 韩忠厚:《试论河洛文化在中国文化史上的地位》,《河洛文化论丛》第一辑,开封:河南大学出版社,1990年,第22页。
② 窦志力:《河洛文化浅说》,《河洛文化论丛》第一辑,开封:河南大学出版社,1990年,第64页。
③ 李先登:《河洛文化与中国古代文明》,《河洛文化论丛》第一辑,开封:河南大学出版社,1990年,第62页。
④ 戴逸:《关于河洛文化的四个问题》,《寻根》1994年第1期。
⑤ 李学勤:《河洛的历史地位与河洛文化的性质》,《文史知识》1994年第3期。

文化,尤其是其中的河洛文化,始终发挥着中心作用和导向作用,因而成为华夏文明的核心,是炎黄文化的发源地和深远而丰富的民族文化的奠基石。"①

徐金星说:"河洛文化,不同于任何一种地域文化,如山东的齐鲁文化、河北的燕赵文化、山西的晋文化、陕西的秦文化、四川的巴蜀文化、两湖的荆楚文化、江浙的吴越文化等,它是中央文化、国家文化、国都文化、统治文化,长期占据着主导地位,成为中国古文化的源头和核心,构成中国传统文化最重要的组成部分。"②

刘庆柱说:"从对夏王朝以后的中国古代历史发展而言,河洛地区的河南龙山文化、夏文化是孕育华夏文明、中华民族文化、汉文化的核心文化。"③

程有为认为:"河洛文化是中原文化和黄河文化流域文化的核心,在中华民族传统文化中具有十分重要的、无可替代的地位。它是中华民族文化的主根和主源,也是中华民族传统文化的主干、主流和核心。"④

范毓周强调:"纵观中国文明的发达史,从远古到文明肇始,中原地区始终是中国文明诞生和早期发展的历史摇篮,甚至直到人们艳称的汉唐盛世,河洛文化一直发挥着其他任何地域文化无可替代的主导作用。毫无疑问,河洛文化在中国文明的历史发展进程中具有其他地区文化不可替代的核心地位,是直接推动这一历史进程的主导力量。"⑤

徐心希说:"逾时千年的夏商周三代,其统治中心均在河洛地区。可以说,是河洛文化根基成就了商周文明;而商周文明在河洛地区的发展则奠定了

---

① 刘乃和:《中原文化与传统文化》序一,北京:高等教育出版社,1996年。
② 徐金星:《河洛地区与河洛文化》,《洛阳大学学报》2003年第3期。
③ 刘庆柱:《河洛文化是中华民族的核心文化》,《光明日报》2004年8月31日。
④ 程有为:《河洛文化概论》,郑州:河南人民出版社,2007年,第1页。
⑤ 范毓周:《河洛文化的历史地位与现实意义》,《河洛文化与汉民族散论》,郑州:河南人民出版社,2006年,第605页。

河洛文化成为中华民族文化之根的地位。"[1]

孟令俊:"河洛文化是以洛阳为中心的中原文化的核心,华夏文化的源头,在中国几千年的古代社会中都处于正统的地位。"[2]

李绍连:"崇黄敬祖、阴历农法、中庸与礼仪,以及《易经》等几项中华传统文化,源于河洛,形成于河洛,绵延几千年长盛不衰,是中华传统文化的灵魂和主流,其他门类文化,如文艺、国画、戏剧等均受其影响。由此推知,河洛文化是中华传统文化的主源和主流,在中华文化发展史上占有重要地位。"[3]

施由明:"中原文化是一种地域文化,即产生于中原区域的古今文化,又是一种国家文化,是我们国家传统的核心文化、主流文化,而河洛文化是中原文化的核心,因而河洛文化是中国传统文化核心中的核心。"[4]

陈良军:"河洛文化即以洛阳为中心的河洛地区的物质文化和精神文化的总和,它是中华文化的源头和重要组成部分,是中国进入文明社会后文化发展的轴心,对中华民族的形成和发展起着重要的推动和导向作用。"[5]

6.河图、洛书问题

河图、洛书被视为河洛文化的标志性成果,是河洛文化研究中的一个重要问题。

张振犁从神话学的角度出发,认为河图、洛书神话是中原文化之源和后来原始文化发展的基础,将河图、洛书启发伏羲画八卦神话的产生之地设在中原

---

[1] 徐心希:《试论殷商文明与河洛文化之关系:兼论商周时期的王权文明是河洛文化的核心内涵》,《河洛文化与殷商文明》,郑州:河南人民出版社,2007年,第19—32页。
[2] 孟令俊:《河洛文化的几个问题》,《河洛文化与汉民族散论》,郑州:河南人民出版社,2006年,第8页。
[3] 李绍连:《河洛文化与中华传统文明》,《河洛文化与闽台文化》,郑州:河南人民出版社,2008年,第368页。
[4] 施由明:《论中原移民与庐陵文化的历史形成》,《河洛文化与闽台文化》,郑州:河南人民出版社,2008年,第325页。
[5] 陈良军:《河洛文化与楚文化之比较》,《河洛文化与闽台文化》,郑州:河南人民出版社,2008年,第276、284页。

地区,并认为是该地区的原始游牧时代科学文化的形象总结,是中原人民智慧的结晶。① 楚庄与张振犁观点相似,他认为,拂去神话的附会,河图发展成八卦,洛书发展成五行,八卦五行向来被看成是中华文化的源头之一,中原河洛文化最重要的标志就是河图、洛书。②

戴逸认为:"河图、洛书是河洛文化研究中的一个重要内容。"③

周文顺、徐宁生认为:"河图、洛书在中国古典文化中居于至高无上的地位。"④

李民基本采信汉人关于八卦来自河图、《洪范》来自洛书的说法,认为河图、洛书是中国上古文献的源头。⑤

张新斌:"在文化的各个层面的对比中我们仍然很明显地找出河洛文化与其他地域文化的差异,'河图'与'洛书'正是河洛文化有别于其他地域文化的最大的差异,可以说这是河洛文化最大的特点。"⑥

张正明、董珞说:"三代的河洛文化是中华文化的主源。《易·系辞上》云:'河出图,洛出书。'河图与洛书只是中华文明抽象化且神秘化的符号,并非实有其物。图自河出,书自洛出,虽为传说,却正是先民对中华文明肇源于河洛的准确记忆。"⑦

周兴华认为:"《河图》《洛书》等三皇古书是古代中国人对岩画的最早认识、录制与解说,是上古社会的语言载体,是人类即将迈入文明大门的图书,是

---

① 张振犁:《从"河图""洛书"乃"祭祀河洛"神话的演变看"河洛文化"在华夏文明中的地位和作用》,《洛汭与河图洛书》,郑州:河南科学技术出版社,1996年,第16页。
② 楚庄:《中原河洛文化与"和合文化"》,《中国文化与现代化:第一届中原文化与现代化国际学术研讨会论文集》,郑州:大象出版社,2002年,第8—14页。
③ 戴逸:《关于河洛文化的四个问题》,《寻根》1994年第1期。
④ 周文顺、徐宁生:《河洛文化》,北京:五洲传播出版社,1998年,第1页。
⑤ 李民:《河洛文化与〈尚书·洪范〉》,《根在河洛——第四届河洛文化国际研讨会论文集》,郑州:大象出版社,2004年,第12—13页。
⑥ 张新斌:《河洛文化若干问题的讨论与思考》,《中州学刊》2004年第5期。
⑦ 张正明、董珞:《先秦河洛文化族属述略》,《根在河洛——第四届河洛文化国际研讨会论文集》,郑州:大象出版社,2004年,第27页。

人类文化的源头。"①

王永宽对河图、洛书有较深入的研究,他认为,河图、洛书是河洛文化中具有经典意义且具有标志性的文化成果,可以说是河洛文化的徽识。② 他还说,河洛文化之所以形成一个含义固定的文化概念,最主要的标志是河图洛书。虽然它是一种传说,宋人关于河图、洛书的图式的创设也难得确论,但它仍可作为研究河洛文化的重要根据。从文化符号的象征意义方面予以解析,可以由此悟知河图、洛书的图式包含着丰富的内容。③

蔡运章认为,古代的河洛地区、京都洛阳和河图洛书,都可简称为"河洛"。这种名称的混同和内涵的牵连,不但说明河图、洛书发祥于古都洛阳,而且还说明它们既是河洛文化的产物,又是古都洛阳的标志。④

黎世珍探讨了河图、洛书与河洛文化的关系,他认为,河洛文化的发展过程与河图、洛书的嬗变过程有时间上的巧合,也有文化理念和思维上的共通点。河图、洛书与河洛文化作为两个文化符号,两者之间有文化联想,有河、洛地名联想是十分自然且合理的。⑤

7. 河洛文化与其他地域文化

历史上以河洛地区为中心的中原汉族人民不断南迁,促进了南方广大地区的民族融合,同时将先进的河洛文化带到了南方和沿海地区,赣、闽、台等地的人民与河洛人有着共同的血缘关系,河洛文化对闽南文化、岭南文化、客家文化、台湾文化、赣鄱文化、荆楚文化、湖湘文化、徽州文化都产生了深远影响。

---

① 周兴华:《河洛文化溯源——从史前岩画看〈河图〉〈洛书〉》,《河洛文化与汉民族散论》,郑州:河南人民出版社,2006年,第46页。
② 王永宽:《河图洛书探秘》,郑州:河南人民出版社,2006年,第1页。
③ 王永宽:《河图洛书的文化内涵》,《光明日报》2004年10月12日。
④ 蔡运章:《河图洛书与古都洛阳》,《河南科技大学学报(社会科学版)》2007年第3期。
⑤ 黎世珍:《从元符号看文化联想——论河图洛书与河洛文化的关系》,《重庆文理学院学报(社会科学版)》2017年第5期。

陈云林:"历史上北方汉人的南迁促进了客家民系的形成,同时也传播了先进的中原文化与河洛文化。……客家文化、闽南文化和岭南文化从一定意义上说,都是受河洛文化蕴育而在我国南方产生的新的地域文化,这些文化既充满朝气,又有丰厚的河洛文化底蕴,均可视为河洛文化的亚文化。……河洛文化具有鲜明的'根文化'的特性。"[①]

(1)河洛文化与闽南文化

河洛文化与闽南文化的关系是河洛文化研究的热点问题,研究文章较多,下面择其要者予以介绍。

刘福兴认为,河洛文化与闽南文化有很深的渊源关系。河洛文化产生于河洛地区,是中华民族传统文化的核心,曾经长期占中国文化的主流地位;"闽南文化是衍生于中原地区的汉民族文化,经由移民的携带,南徙入闽后形成的闽文化在闽南地区发展的亚文化形态"。两种文化关系密切,但在价值观念、行为方式、社会心理等方面有着很大的区别。[②]

胡沧泽:"闽南文化是由晋朝及其以后中原人南下所传的河洛文化与闽南原住民文化经过长期的交流、融合而形成的,河洛文化与闽南文化的关系是源和流的关系,这可以从语言、文字、风俗、习惯等多方面获得证明。闽南文化既脱胎于河洛文化,又比河洛文化有许多新的发展和创新,比如它既'崇儒',又重商,既'守成',又富于开拓精神,特别是向海洋的开拓,向海外的开拓等。""台湾文化主要来源于闽南文化,直接或间接来源于河洛文化。……河洛文化与闽南文化的关系是源和流的关系,闽南文化移植到台湾,形成台湾文化的主体。台湾文化是以闽南文化为主体,并融合各地域文化和各国文化的

[①] 陈云林:《加强合作 整合力量 不断拓展》,《河洛文化与台湾文化》,郑州:河南人民出版社,2011年,第3页。
[②] 刘福兴:《河洛文化与闽南文化之比较》,《商丘师范学院学报》2006年第6期。

精髓而形成的。"①

陈子华:"由于历史上的移民,闽台地区与河洛地区在血缘、亲缘关系上是一脉相承的,因而,在文化上无论是语言、习俗、民间信仰、饮食等,闽台文化与河洛文化有着不可分割的渊源关系。"②

吴碧英:"闽台文化根源于中原汉文化,它传承了中原文化的基本精神,同时在文化的不断交融、演化过程中,形成了很鲜明的地域特征,这些文化特征是闽台区域共有的,因此,就闽台文化本质而言,闽台文化是中华文化的一种地域形态。"③

金相超:"闽南文化立足本土文化,在继承中原河洛文化的基础上,通过特殊的地理位置优势,又积极吸收其他域外文化,形成闽南文化的多元体系。因此,闽南文化来源于河洛文化,又异于河洛文化。""闽南文化与河洛文化是枝与根的关系,闽南文化来源于河洛文化。"④

张昌平:"河洛文化是中国文化的重要源泉之一,发源于古代黄河与洛水交汇地区,被专家学者誉为'华夏民族的根系文化',对中国社会发展的历史进程产生了重大而又深远的影响。闽南文化是河洛文化向外播迁的一个支脉,孕育在福建南部区域,又超越了闽南地区成为所有闽南人共同拥有的民系文化,具有鲜明地方特色、独特性格和丰富内涵,充分体现了'爱国爱乡、海纳百川、乐善好施、敢拼会赢'的福建精神。"⑤

---

① 胡沧泽:《河洛文化、闽南文化和台湾文化》,《河洛文化与殷商文明》,郑州:河南人民出版社,2007年,第53、56页。
② 陈子华:《论闽台文化与河洛文化之亲缘关系》,《河洛文化与殷商文明》,郑州:河南人民出版社,2007年,第75页。
③ 吴碧英:《闽台文化的共同本质与地域特色》,《河洛文化与闽台文化》,郑州:河南人民出版社,2008年,第41页。
④ 金相超:《闽南文化对河洛文化的继承和发展》,《河洛文化与闽南文化》,郑州:河南人民出版社,2014年,第120、127页。
⑤ 张昌平:《河洛文化与闽南文化交流、融合的缩影 中华文化凝聚力、感召力的彰显》,《政协天地》2014年第7期。

张新斌认为,河洛文化与闽南文化具有亲缘性,二者亲缘性关系以唐代两次移民史实为依托,而且还具有以光州固始为根基的血亲认同、以二程洛学为源头的儒学传承、以语音为标志的中原唐音保留、以中原名人为原型的神祇崇拜等四个主要特征。[①]

李汇洲:"河洛文化是闽南文化的根基,由移民于闽南的中原河洛人散播在这块土地上,并在当地的自然、人文环境中经过长时间的融合发展,最终形成了闽南文化,二者实为同质文化。闽南文化中也保留了古闽越文化和外向的海洋文化,不同于正统河洛文化的重农抑商、安贫乐道等思想,闽南文化形成了自由开放、农商并举的精神。"[②]

陈支平:"闽南区域文化是一种二元结构的文化结合体。这种二元结合体既向往追寻中华的核心主流文化,又在某种程度上顽固地保持边陲文化的变异体态;既遵循中华民族大一统政治文化体制并积极为之作出贡献,又不时超越传统与现实的规范与约束;既有步人之后的自卑心理,又有强烈的自我表现和自我欣赏的意识;既力图在边陲区域传承和固守中华文化早期的核心价值观念,又在潜移默化中造就了诸如乡族组织、帮派仁义式的社会结构。这种二元结构的文化结合体,可以把许多看似相互矛盾、相互排斥的人文因素,有机地磨合和交错在一起。也许正是这种二元结构文化结合体,在一定程度上滋生了闽南区域文化及其社会经济的持续生命力,从而使得闽南社会及其文化影响区域能够在坚守中华文化核心价值的同时,有所发扬,有所开拓。"[③]

(2)河洛文化与客家文化

有关河洛文化与客家文化关系的研究,也是河洛文化研究的一个重要议

[①] 张新斌:《河洛文化与闽南文化关系初论》,《黄河科技大学学报》2014年第3期。
[②] 李汇洲:《论河洛文化与闽南文化年的渊源传承》,《河洛文化与台湾》,郑州:河南人民出版社,2015年,第183页。
[③] 陈支平:《闽南文化研究的多元思考》,《泉州师范学院学报》2013年第1期。

题,因为闽台地区是客家人的重要聚集地,河洛文化与客家文化和闽台文化相互交融、密切相关。学者们从多角度探讨了二者之间的相互交流和影响。

张留见:"产生于河洛地区的中国古代文化,是中国古代文化的源头,中华民族的'根'文化。特别是奠基于河洛地区的儒家学说,对中国的影响是其他文化无法与之相比的,对客家的影响也是非常深远的。从西晋末年到南宋初年,由于战乱与自然灾害等原因,形成了中国历史上大规模中原人南迁高潮,从而形成了客家人。南迁客家人,把先进的中原文化特别是儒家文化带到了他们新的居住地,形成了独具特色的客家文化。客家人崇祖先、重教育、重谱牒的传统正是他们继承中原文化特别是儒家文化的具体体现。"[①]

马帅、袁书琪:"客家文化被认为是一种河洛移民文化,是河洛文化与赣、闽、粤等地自然地理因素结合的变异文化。总的来说,客家文化是以河图洛书为根基,以汉民族文化为主体,客家人在征服自然、改造社会的过程中,与当地民族文化相融合,形成的长期稳定的多元文化。"[②]

李龙:"湖湘地区的客家文化根在河洛,枝繁叶茂,在发展过程中,融入了大量的湖湘文化因素,具有强烈的开放性和兼容并蓄的特色。"[③]

司徒尚纪:"以河洛文化为核心的中原文化,随着历史上多次移民,不断向闽、粤、赣等地区传播,与当地自然人文环境相感应,发生文化蜕变与新生,形成客家文化。""河洛文化与客家文化渊源关系很早,从先秦到宋元,客家文化主要从河洛文化吸取养分,同时采借在岭南其他民族,经过文化碰撞融合,最终形成一个独立民系文化体系,故客家文化定型成熟以后,走上了独立发展

[①] 张留见:《浅论河洛文化与客家文化的关系》,《河洛文化与闽台文化》,郑州:河南人民出版社,2008年,第179页。
[②] 马帅、袁书琪:《基于文脉传承的河洛文化与客家文化的旅游协作开发》,《洛阳理工学院学报(社会科学版)》2010年第3期。
[③] 李龙:《湖湘地区客家人与客家文化浅探》,《河洛文化与闽台文化》,郑州:河南人民出版社,2008年,第361页。

道路,但并没有改变河洛文化的基因。"①

许桂灵、许桂香:"在中国历史发展进程中,河洛文化以其高位文化势能,不断向周边地域传播,其中向南的一支,后来发展为客家文化。这两种地域文化,虽因形成发展地理环境和时间早晚,以及各种社会人文要素作用不同,它们的文化特质和风格有异,但基于它们具有共同的文化渊源,从不间断的文化交流和互动,故在文化关系上应是一种同源异流关系。"②

徐维群:"客家人来自中原,河洛文化是客家文化的主流文化,客家人在迁入地适应环境、创造文化,但并没有丢弃中原传统,从方言到习俗、从宗族文化到精神理念都保留着丰富的中原河洛文化符号的痕迹。"③

常巧章、王援朝认为,客家土楼建筑中的建筑结构、方位布局、楹联文化等都深深地镌刻着河洛文化的印记,体现着河洛文化的深刻影响。④

(3)河洛文化与岭南文化

在河洛文化与岭南文化关系方面,主要有以下观点:

黄龙云:"大中华文明是一体的,同时又是'多源'的。河洛文明无疑是中华一体多源文化的重要核心。……南粤大地,广府、潮汕、客家三大民系,追根溯源,多来自河洛中原,他们不忘根本,文化俱以'中州'为本源。"⑤

司徒尚纪、许桂灵认为,以河洛文化为本根的中原文化与岭南文化,自远古时期开始即发生以部族征战和融合、方物贡献为主要形式的区域文化交流,

---

① 司徒尚纪:《河洛文化与客家文化的形成》,《河洛文化与台湾文化》,郑州:河南人民出版社,2011年,第297、304页。
② 许桂灵、许桂香:《河洛文化与客家文化的风格》,《河洛文化与台湾文化》,郑州:河南人民出版社,2011年,第305页。
③ 徐维群:《论客家文化中的河洛文化符号元素及其功能》,《河洛文化与华夏历史文明的传承及创新》,郑州:河南人民出版社,2016年,第76页。
④ 常巧章、王援朝:《从客家土楼建筑看河洛文化印记》,《河洛文化与闽台文化》,郑州:河南人民出版社,2008年,第220—222页。
⑤ 黄龙云:《河洛文化与岭南文化》序二,《河洛文化与岭南文化》,郑州:河南人民出版社,2010年。

中原文化居于强势和主流文化地位。秦汉以来,自北向南的军事活动和移民,成为中原文化向岭南传播的主要方式,并产生深远影响。而岭南文化则以广信经学和百越文化某些特有内涵传入中原。宋元以后,客家作为岭南一个族群形成,其在深厚宗族观念、俗重读书、聚落选址和建筑布局,以及包括整个岭南在内的龟蛇神崇拜等方面,都彰显客家人是中原文化传播入岭南的主要载体,对岭南文化和区域发展作出重要贡献。[①]

戢斗勇运用文化生态学的理论和方法对河洛文化与岭南文化作了比较:从生命历程比较,河洛文化早熟,岭南文化晚熟;从自然生态比较,河洛文化为山河型文化,岭南文化为河海型文化;从内部构造比较,河洛文化整合单一,岭南文化多元求变;从文化流派比较,河洛文化为理学正统,岭南文化为心学旁支;从文化态势比较,河洛文化传统,岭南文化新潮。作为古代中国文化的主流文化的河洛文化与现代中国文化的重要代表的岭南文化在中华文化的生态园中都占有十分重要的地位。[②]

李立新认为,河洛文化是中华民族文化的根文化、母文化、主流文化,客家文化、闽台文化、岭南文化都渊源于河洛文化。从政治文化、移民文化、贬官文化、姓氏文化等方面来看,岭南文化导源于河洛文化,根脉来自中原故土。[③]

阳信生、饶怀民说:"河洛文化与岭南文化的特征比较:河洛文化是岭南文化的母体,岭南文化属于河洛文化的子系文化。但是,河洛文化在传承过程中与当地的地理环境和社会环境发生密切联系,岭南文化外向性发展中也体现出很强的文化继承性、文化适应性。岭南文化既带有河洛文化的特点,也有自己的独特性。由于河洛文化的根源性、辐射性,岭南文化与河洛文化具有务

---

① 司徒尚纪、许桂灵:《河洛文化与岭南文化的历史交流和传播初探》,《河洛文化与岭南文化》,郑州:河南人民出版社,2010年,第244页。
② 戢斗勇:《河洛文化与岭南文化的文化生态学比较》,《黄河科技大学学报》2010年第6期。
③ 李立新:《论岭南文化渊源于河洛文化》,《河洛文化与岭南文化》,郑州:河南人民出版社,2010年,第370—374页。

实性、兼容性、传统性与现代性并存的共同文化基因和文化特质。由于地理因素、发展的历史机缘以及文化本身的特性,岭南文化更具对外开放的特质和创新的精神品质,兼容性、务实性、重商性更强。"①

张新斌在对河洛文化与岭南文化概念的对应性、交流的持续性、特点的差异性等方面进行研究后指出,因地理环境不同、历史传统不同,河洛文化与岭南文化所走道路不同,形成了各自独立的文化传统,但在发展过程中有交流与借鉴,两者的文化特点有差异性,也有互补性。②

(4)河洛文化与台湾文化

关于河洛文化与台湾文化间的关系,简汉生认为:"河洛文化是台湾闽南、客家文化的共同根源。"③

程有为说:"河洛文化是中国的一种根文化、原生文化;台湾文化则是一种亚文化、次生文化。闽南文化和客家文化是联系台湾文化与河洛文化的纽带。河洛文化主要以闽南人和客家人为载体,通过移民传播到宝岛台湾,并对台湾文化产生了重大影响。"④

张新斌称:"河洛文化以河洛为原点,成为号称'河洛郎'的闽南人与'根在河洛'的客家人的'原乡',河洛文化成为连接海峡两岸的精神纽带与文化纽带。"⑤

饶怀民、阳信生认为:"河洛人是台湾人的血缘之祖,河洛文化是闽台文化的母体文化和根系文化,两者具有很多相同的文化特征,并蕴含着共同和共

---

① 阳信生、饶怀民:《河洛文化与岭南文化的特征比较》,《河洛文化与岭南文化》,郑州:河南人民出版社,2010年,第425—433页。
② 张新斌:《河洛文化与岭南文化关系初探》,《东北史地》2011年第6期。
③ 简汉生:《追本溯源、振兴民族:论河洛文化的播迁与台湾及海外华人之关系》,《河洛文化与台湾文化》,郑州:河南人民出版社,2011年,第6页。
④ 程有为:《河洛文化在台湾的传播与影响》,《河洛文化与台湾文化》,郑州:河南人民出版社,2011年,第16页。
⑤ 张新斌:《以河洛文化为两岸交流文化纽带的思考》,《河洛文化与台湾文化》,郑州:河南人民出版社,2011年,第17页。

通的文化精神。同时,闽台文化在传承河洛文化的过程中,打上了一定的区域文化烙印,具有明显的地域特征和独特的人文风貌。"①

杨泰鹏说:"台湾地方文化与中原河洛文化有着深厚的不可分割的渊源关系,这已被……台湾人和河洛人所认同。这也是中华文化在台湾强烈归宗意识的体现。……河洛文化是中华文化的根,台湾文化是河洛文化的果。"②

黄莹认为:"台湾文化对河洛文化的继承,较多地体现在雅文化上,其核心、精髓和根柢还是河洛文化,如重教尚礼、祖述炎黄、姓氏文化等。同时,台湾文化吸收了很多的地方因素而有所发展,保留了较多的闽越遗风,在海洋文化、民间信仰、饮食文化等方面有着鲜明的特色。"③

张显运说:"台湾文化的主流和核心是河洛文化,虽然受到了欧风美雨的浸润,但西方文化在台湾文化中并未上升到主导地位,依然难以改变其根在河洛的本质。"④

(5)河洛文化与荆楚文化

陈良军:"河洛文化独具的地理位置和在文化发展过程中的领先作用,使它能以自己的号召力,吸引周边文化与其进行交流,吸收它的长处,所以楚文化中就有许多河洛文化的影子。同时,河洛文化也在汲取其他文化的因素,不断丰富自己的内涵,使自己能够一直保持旺盛的生命力发展下去并在中国文化史上长期占统治地位,成为中国传统文化的精华和主流。但是,河洛文化与

---

① 饶怀民、阳信生:《闽台文化与河洛文化的特征比较》,《河洛文化与台湾文化》,郑州:河南人民出版社,2011年,第205页。
② 杨泰鹏:《台湾人就是河洛人,台湾话就是河洛话》,《河洛文化与台湾文化》,郑州:河南人民出版社,2011年,第213页。
③ 黄莹:《台湾文化对河洛文化的继承和发展》,《河洛文化与台湾》,郑州:河南人民出版社,2015年,第212页。
④ 张显运:《略论台湾地域文化的特征》,《河洛文化与台湾》,郑州:河南人民出版社,2015年,第258页。

楚文化在自身的发展过程中,因地域差异等因素而形成了各自不同的文化现象与文化特色。比如,楚文化具有时间上的非持久性、特点上的浪漫性和崇凤习俗等特色,河洛文化则具有时间上的持久性、特点上的正统性和崇龙习俗等与之不同的现象。"①

晏春莲:"楚文化在发展过程中融合了河洛文化的因子,之后又对河洛文化产生了影响。比如,前身和雏形都出现在故楚之地、最终形成在故楚之地并创建于楚人之手的道教就是在楚国巫风的基础上,吸收了河洛文化中的阴阳、五行和太极思想。但道教产生后,道教及其养生理论也传到了河洛地区,历史上和现存的名山道观足以为证。作为中原文化的主流,河洛文化也正是在与周边文化进行交流的过程中,吸收了周边文化的长处,而使自己的文化内涵更加丰富。"②

陈绍辉:"三代时期的河洛文化,不仅是中原文化的源头和核心,而且通过种种途径向外发展和辐射,与周边文化进行着广泛的交流和渗透。因地缘之便利,发祥于江汉地区的楚文化,受到河洛文化的影响较其他文化更为直接和深远。……河洛文化作为一种宗周文化,是楚文化的主源。"③

孙君恒、孙平认为,河洛文化是中华民族的根文化、核心文化,荆楚文化因河洛人南迁等历史变化,延续、融合、发展了河洛文化,其主源仍是河洛文化。然而,河洛文化与荆楚文化在某些领域和方面存在着显著的差异,其主要表现在地理差异、性格差异、学派差异、信仰差异及成熟差异五个方面。④

---

① 陈良军:《河洛文化与楚文化之比较》,《河洛文化与闽台文化》,郑州:河南人民出版社,2008年,第276、284页。
② 晏春莲:《从道教透视河洛文化与楚文化的关系》,《河洛文化与闽台文化》,郑州:河南人民出版社,2008年,第290页。
③ 陈绍辉:《试论河洛文化对楚文化的主源性影响》,《河洛文化与闽台文化》,郑州:河南人民出版社,2008年,第291页。
④ 孙君恒、孙平:《荆楚文化与河洛文化差异论》,《河洛文化与闽台文化》,郑州:河南人民出版社,2008年,第317页。

(6)河洛文化与赣鄱文化

龚国光认为,"江西作为吴、楚的'瓯脱'之地,受楚文化辐射的强度是有限的,楚亡后,楚文化的影响逐渐在江西淡出,而中原文化的影响逐渐强化","直至清末,2000余年来,基本保持着这种态势"。①

施由明:"中原文化和河洛文化对中国各区域的辐射和影响是伴随着国家权力的伸展,伴随着中原移民到中国各地域的开拓并与中国各地域原住民的融合而展开的。庐陵文化的历史形成正是由于中原移民及其后裔在赣中区域传承与发扬光大中原文化的成果。"②

黄勇、陈文华认为,"河洛人的南迁和河洛文化促进了赣鄱文化的形成和发展。河洛文化具有重视文教的文化特征,赣鄱文化传承和发展了河洛文化重视文教的特点","河洛人的南迁促进和推动了赣鄱地区方言的形成和发展"。③

何祥荣以欧阳修的三篇骈文为例,对赣鄱文化与河洛文化的关系作了探讨,他认为欧阳修三篇骈文创作的思想内涵中"体现了河洛文化的深刻烙印,包括周礼中的尊尊与谦逊精神、周代的刑官思想与阴阳五行观念,以至周礼中的兄友弟恭与崇德思想等,由此可见赣鄱文化与河洛文化有着深刻的传承关系"④。

(7)河洛文化与其他地域文化

在河洛文化与湖湘文化关系方面,阳信生、饶怀民说,"从史前到南宋时

---

① 龚国光:《赣鄱文化与中原文化的交流和融合》,《河洛文化与汉民族散论》,郑州:河南人民出版社,2006年,第294页。
② 施由明:《论中原移民与庐陵文化的历史形成》,《河洛文化与闽台文化》,郑州:河南人民出版社,2008年,第325页。
③ 黄勇、陈文华:《河洛文化与赣鄱文化》,《河洛文化与客家文化》,郑州:河南人民出版社,2012年,第421页。
④ 何祥荣:《从欧阳修骈文看赣鄱文化与河洛文化的传承》,《河洛文化与客家文化》,郑州:河南人民出版社,2012年,第359页。

期河洛文化与湖湘文化的互动、互通、互融的大致过程,不难看出河洛文化对湖湘文化的巨大影响,甚至从某种程度上可以说河洛文化是湖湘文化的母体","河洛文化精神对湖湘文化精神的影响是全面的、深刻的","河洛文化对湖湘文化的发展起到了非常重要的作用,促进了中华民族文化精神的发扬光大,推动了中华文化的繁荣和进步,在历史上写下了光彩夺目的一页"。[1]

在河洛文化与江南文化关系方面,程有为认为永嘉之乱"导致中原汉人大规模外迁,其中大多数人渡过淮河、长江南下,史称'永嘉南渡'。河洛地区汉人的南渡引起河洛文化的南传,对江南文化的进步起了很大的促进作用"[2]。

二、近30年来河洛文化研究的成功经验

经过多年的努力,河洛文化研究领域不断拓展,研究深度不断增强,研究成果不断涌现,研究队伍不断扩大。这些成绩的取得主要有以下几个方面的因素:

(一)领导重视是河洛文化研究突飞猛进发展的最关键因素

自1989年洛阳市历史学会、洛阳市海外联谊会联合召开"第一届河洛文化国际学术研讨会"以来,河洛文化研究取得了一定的成绩,但研究成果不多,尤其是公开发表的期刊论文不多,出版的学术著作亦非常有限,但自2003年开始这种情况有了巨大变化。从2003年前后公开发表的期刊论文和出版

---

[1] 阳信生、饶怀民:《湖湘文化与河洛文化关系考略》,《河洛文化与汉民族散论》,郑州:河南人民出版社,2006年,第278、281页。
[2] 程有为:《永嘉南渡与河洛文化的南传》,《河洛文化与闽台文化》,郑州:河南人民出版社,2008年,第11页。

的学术著作数量便能看出这种变化。前文表一显示,1991—2003年的13年间,每年发表的论文数量都在10篇以下,总共发表论文49篇,平均每年不到4篇;而2004—2017年的14年间,总共发表论文397篇,平均每年发表论文近30篇,远远多于2003年之前。在专著出版方面,2003年之前仅有3种著作出版,而2003年之后,却有25种之多,足见变化之明显。

出现这种变化的一个重要因素就是党和政府对河洛文化研究工作的重视。2003年10月,全国政协副主席罗豪才赴河南出席"世界客属第18届恳亲大会",其间在洛阳考察时发现河洛文化的独特魅力,即时提出"要深入研究河洛文化,特别是研究河洛先民的历史迁徙情况和河洛语言的传播演变过程,对反对台独、推进祖国统一具有很大的现实意义。希望河南尽早组织开展专题研究,召开河洛文化研讨会,邀请海峡两岸和海外的专家学者共同交流研讨"。为贯彻落实罗豪才副主席关于深入研究河洛文化的指示,在河南省政协的推动下,在河南省社会科学院成立了河南省河洛文化研究中心,连续召开了河洛文化国际研讨会,成立了中国河洛文化研究会,河洛文化研究项目作为国家社会科学基金重大委托项目获准立项,出版了11辑会议论文集、15种学术专著,河洛文化研究进入一个空前繁盛的阶段。

在这个过程中,全国政协领导对河洛文化研究工作高度重视,并给予了积极支持。2007—2009年,政协主席贾庆林两次来河南视察时,都对河洛文化研究工作给予了充分肯定。第十届全国政协副主席罗豪才不仅对河洛文化研究在总体上提出明确要求,还先后两次来河南进行调查研究和听取专家学者的意见,五次出席河洛文化国际研讨会并接见海外的专家学者。第十届全国政协副主席张思卿对河洛文化研究不仅听取了工作汇报,还亲自到会讲话,鼓励大家解放思想,敢于创新。第十届全国政协副主席张克辉不仅对河洛文化研究作出具体批示,还亲自撰写研究文章,阐述闽台文化根在中原及在台湾与海外客家人中产生的重要影响。第十一届全国政协副主席陈奎元也指出,研究河洛文化,不仅仅是再出几本书,重要的是要把研究与继承、弘扬中国优秀传统文化结合起来,使它在政治、经济、道德、民风、学风等领域,对提高人的素质起到一定作用。第十二届全国政协副主席林文漪,第十二届、十三届全国政协副主席卢展工等也都对河洛文化研究工作给予了高度重视。全国政协港澳台侨委员会原主任、中国河洛文化研究会会长郭东坡对研究会的成立、河洛文化研究力量的组织与整合、课题组的组建、研究的重点及如何加强宣传等,都作过非常明确的要求和指示,并三次主持国际学术研讨会,发表讲话。全国政协港澳台侨委员会原主任、海峡两岸关系协会会长陈云林,作为研究会第二任会长,对河洛文化的研究也非常重视,亲自主持召开豫、闽、粤、赣四省政协领导参加的河洛文化研究协调会,连续出席五届河洛文化国际研讨会并讲话,并力促河洛文化国际研讨会突破地域限制走出河南,进而走向全国,走向海外。

　　河洛文化研究也得到了河南省领导的重视,李克强、徐光春、卢展工等历届省委书记都曾作出明确指示。其中李克强在一份报告上批示,指出"文化建设是实现中原崛起的题中应有之义。中原文化具有丰富的底蕴(河洛文化也是中原文化的一个方面),应加强这方面的研究,使其优秀的传统得以传承,使其精华得以光大,并在建设现代文明中起推进作用"。徐光春非常重视河南文化大省建设,2006年5月26日,他在一份研究工作报告上批示,明确要求"要把这件事情做好,逐渐把河南作为河洛文化的研究中心"。2007年年初,他在"中原文化港澳行"活动的讲话中多次提到河洛文化在中国传统文化中的地位与影响,要求认真进行中原文化与河洛文化的研究工作。省政协主席王全书多次出席河洛文化研究的会议并讲话,支持河洛文化研究,把开好河洛文化国际研讨会列为省政协的重要工作来抓,并要求"一定要把河洛文化国际研讨会持续不断地办下去,一届接着一届办,使之成为省政协主办的一个文化交流的重要平台"。卢展工充分肯定了河洛文化在打造华夏历史文明传承创新区方面的重要作用,他说:"河洛文化是中原文化的主要组成部分,也是客家文化和闽台文化的根源,联结两岸、通达海外。希望在中国河洛文化研究会的促进和引领下,我们能够不断传承创新发扬光大河洛文化,传承好保护好这笔宝贵的文化财富,在建设中原经济区实践中着力打造华夏历史文明传承创新区。"这些鼓励和支持,有力地促进了河洛文化研究工作的开展。

(二)中国河洛文化研究会是领导河洛文化研究的组织保障

为使河洛文化研究能够持续深入地进行下去,2004年1—3月,河南省政协连续多次召开由省相关部门负责人参加的协调会,制定河洛文化研究初步方案,重建河洛文化研究机制。2004年4月8日,罗豪才副主席在北京召集由全国政协港澳台侨委员会、中宣部全国社会科学规划办、河南省政协领导同志参加的河洛文化研究工作协调会。会议认为,河洛文化应作为长期项目进行研究,有必要以河南省社会科学院为依托,成立河南省河洛文化研究中心,筹备成立中国河洛文化研究会,并提议在研究会成立后请全国政协张思卿、罗豪才、张克辉、陈奎元四位副主席担任研究会顾问。中共中央政治局常委、全国政协主席贾庆林对筹备成立中国河洛文化研究会给予高度重视,并在此次会议纪要上作出重要批示。2006年2月24日,在罗豪才副主席的提议和关心下,经过两年筹备,经过文化部、民政部批准的中国河洛文化研究会在北京隆重成立。研究会聘请张思卿、陈奎元、罗豪才、张克辉等四位全国政协副主席担任研究会顾问。

中国河洛文化研究会是我国仅有的以地域文化命名的全国性学术团体,它的成立标志着河洛文化研究站在了一个新的起点。中国河洛文化研究会成立的目的十分明确,就是通过深入研究河洛文化的起源、内涵、传承及影响,进一步弘扬优秀传统文化,培育民族精神;以学术研究为纽带,团结海内外华夏儿女,促进两岸关系和平发展,为中华民族的伟大复兴贡献智慧和力量。中国河洛文化研究会的成立,标志着河洛文化研究工作由分散研究走向整合研究,由无规划研究走向有计划有组织研究，使研究工作迈向了规范化、科学化的轨道。

中国河洛文化研究会成立后，为推动河洛文化研究做了大量工作。一是在《光明日报》开辟了河洛文化研究专栏，刊发包括夏商周断代工程首席专家、清华大学教授、中国社会科学院历史所原所长李学勤，北京大学哲学系教授汤一介，中国社会科学院学部委员、考古研究所所长刘庆柱，中国秦汉史学会会长、北京师范大学历史系教授王子今等在内的全国著名专家的文章，全面论述并宣传了河洛文化的起源、重要地位及影响。

二是组织召开了11届河洛文化国际研讨会。2004年10月，由全国政协港澳台侨委员会、河南省政协主办，河南省社会科学院等单位承办的"第四届河洛文化国际学术研讨会"在郑州和洛阳召开。2006年开始，中国河洛文化研究会开始主办河洛文化研讨会，每年召开一次，每年一个主题，每年都能收到100多篇论文，并出版论文集，河洛文化研究从此进入一个空前繁盛的阶段。

三是组织完成国家社会科学基金重大委托项目。在中国河洛文化研究会领导下，组织全国河洛文化研究专家，先后完成4个国家社会科学重大委托项目。2004年，国家社会科学基金重大委托项目"河洛文化研究——河洛文化起源传承与影响"获准立项后，完成了"河图洛书探秘""河洛文化概论"等6项子课题，并有专著出版；2006年，国家社会科学基金重大委托项目"河洛文化与民族复兴研究"获得立项，"河洛文化与客家文化""河洛文化与闽台文化"等6项子课题先后完成，并出版了专著；2009年，国家社会科学规划重大委托项目"河洛文化与闽台关系研究"获得立项，子课题"河洛文化与客家优良传统""河洛文化与赣鄱文化""河洛文化与闽南文化"等相继完成，并出版了学术专著；2012年，国家社会科学规划重大委托项目"河洛文化与华夏历史文明的传承及创新"获得立项，已出版专著一部，其他子课题也即将完成。

(三)举办学术研讨会是推进河洛文化研究深入的重要手段

就某一主题召开学术研讨会是把该主题研究推向深入的有效措施。中国河洛文化研究会、河南省政协的领导,对河洛文化研讨会高度重视。自2004年至2016年,中国河洛文化研讨会先后围绕"河洛文化的内涵、传承与影响""河洛文化与汉民族""河洛文化与殷商文明""河洛文化与闽台文化""河洛文化与姓氏文化""河洛文化与岭南文化""河洛文化与台湾文化""河洛文化与客家文化""河洛文化与闽南文化""河洛文化与台湾""河洛文化与华夏历史文明的传承及创新"等主题,分别在郑州、洛阳、安阳、巩义、平顶山、广州、台北、赣州、厦门、新北等地召开了11次研讨会。

表五　中国河洛文化研究会主办的河洛文化学术研讨会

届次	会议时间	会议地点	会议主题	主办单位	参会人数	收到论文(篇)	论文集	收录论文(篇)
第四届	2004年9月	郑州	河洛文化的内涵、传承与影响	全国政协港澳台侨委员会、河南省政协	150余人	93	《根在河洛》(上、下)	74
第五届	2006年9月	洛阳	河洛文化与汉民族	全国政协港澳台侨委员会、河南省政协、中国河洛文化研究会	400余人	240	《河洛文化与汉民族散论》	73
第六届	2007年10月	安阳	河洛文化与殷商文明	全国政协港澳台侨委员会、河南省政协、中国河洛文化研究会	260余人	133	《河洛文化与殷商文明》	91
第七届	2008年9月	巩义	河洛文化与闽台文化	全国政协港澳台侨委员会、河南省政协、中国河洛文化研究会	近300人	153	《河洛文化与闽台文化》	86

续表

届次	会议时间	会议地点	会议主题	主办单位	参会人数	收到论文(篇)	论文集	收录论文(篇)
第八届	2009年10月	平顶山	河洛文化与姓氏文化	全国政协港澳台侨委员会、河南省政协、中国河洛文化研究会	500余人	180	《河洛文化与姓氏文化》（上、下）	119
第九届	2010年10月	广州	河洛文化与岭南文化	全国政协港澳台侨委员会、广东省政协、河南省政协、中国河洛文化研究会	300余人	126	《河洛文化与岭南文化》	95
第十届	2011年4月	台北	河洛文化与台湾文化	中国河洛文化研究会、台湾"中华侨联总会"	400余人	128	《河洛文化与台湾文化》	109
第十一届	2012年9月	赣州	河洛文化与客家文化	全国政协港澳台侨委员会、江西省政协、河南省政协、中国河洛文化研究会	170余人	102	《河洛文化与客家文化》	96
第十二届	2014年6月	厦门	河洛文化与闽南文化	全国政协港澳台侨委员会、福建省政协、河南省政协、中国河洛文化研究会	近200人	110	《河洛文化与闽南文化》	96
第十三届	2015年10月	新北	河洛文化与台湾	中国河洛文化研究会、台湾"中华侨联总会"	150余人	70	《河洛文化与台湾》	63
第十四届	2016年9月	洛阳	河洛文化与华夏历史文明的传承及创新	全国政协港澳台侨委员会、河南省政协、中国河洛文化研究会	200余人	94	《河洛文化与华夏历史文明的传承及创新》	81
合计					3000余人次	1429		983

来自世界各地专家学者3000余人次参加了河洛文化研讨会,共收到会议论文1429篇,论文集收录的论文983篇,河洛文化得到了广泛、深入的讨论。通过讨论,相关问题得到了深入研究。

(四)课题带动是把河洛文化研究引向深入的重要抓手

课题带动是推动科学研究的有效手段。国家社会科学基金是为支持社会科学基础研究而设立的。它面向全国,重点资助具有良好研究条件、研究实力的高等院校和科研机构中的研究人员。为推动河洛文化研究,在罗豪才、陈奎元等全国政协领导的推动支持下,2004年,全国社会科学规划领导小组办公室将中国河洛文化研究会申请的"河洛文化研究:河洛文化的内涵、传承与影响"课题批准立项。后中国河洛文化研究会集中精力,组织力量,精心实施,先后完成"河图洛书探秘"(王永宽)、"中原移民简史"(任崇岳)、"河洛文明探源"(李绍连)、"河洛文化概论"(程有为)、"固始与闽台"(李乔等)、"图说河洛文化"(杨海中)等6项子课题,成果由河南人民出版社出版。2006年,国家社会科学基金重大委托项目"河洛文化与民族复兴研究"获得立项,"河洛文化与中国易学"(史善刚等)、"河洛文化与客家文化"(安国楼等)、"河洛文化与闽台文化"(杨海中等)、"河洛文化与宗教"(温玉成等)、"河洛文化的对外传播与交流"(薛瑞泽等)、"河洛思想文化研究"(董延寿等)等6项子课题相继完成,成果由河南人民出版社出版。2009年,国家社会科学规划重大委托项目"河洛文化与闽台关系研究"获得立项,子课题"河洛文化与客家优良传统"(刘加洪)、"河洛文化与赣鄱文化"(龚国光)、"台湾知府陈星聚评传"(任崇岳)、"河洛文化与闽南文化综论"(汤漳平)、"河洛文化与客家文化述论"(罗勇等)、"闽台五缘简论"(何绵山)、"周代礼乐与河洛文化"(杨海中)等已由河南、广东、福建、江西四省学者合作完成,成果由河南人民出版社出版。2012年,国家社会科学规划重大委托项目"河洛文化与华夏历史文明的传承及创新"获得立项,子课题"中华法开天地——河洛文化的丰碑"(陈云生)已完成,成果由河南人民出版社出版,其他子课题也即将完成。另外还出版有《河洛文化十年》(陈义初著,河南人民出版社,2014年5月)。在本文河洛文化研究主要专著出版情况一览表中的28种学术专著中,属于国家社会科学基金项目的就有18种,占了六成以上,由此可见国家社会科学基金重大委托项目对推动河洛文化研究走向深入的积极作用。

(五)走出河南是把河洛文化研究引向深入的有效途径

经过8次学术研讨,河洛文化的研究取得了一定成绩,河洛文化的概念、内涵及地位与影响渐次清楚,但河洛文化研究不能自说自话,必须得到省内外甚至国内外的专家学者的认可。为扩大河洛文化的影响,吸纳更多域外学者加入河洛文化研究队伍,在全国政协和中国河洛文化研究会的指导下,在广东省政协的积极支持下,2010年,"第九届河洛文化研讨会"走出了河南,来到岭南文化重地广州召开。此次会议收入论文集的95篇论文中有三分之一的作者是广东省内的专家,研究主题涉及河洛文化与客家、潮汕、广府文化,河洛文化与岭南民俗、艺术及其他文化等。2011年,在中国河洛文化研究会和中华侨联总会的努力下,"第十届河洛文化学术研讨会"在台北市举行,来自海峡两岸及美国、日本、韩国、马来西亚等地的400名学者出席会议,会议收到论文128篇,在收入论文集的109篇论文中,由台湾学者撰写的就有44篇,足见台湾社会对河洛文化之关注。2012年,"第十一届河洛文化研讨会"在江西赣州举行,来自北京、江西、河南、福建、广东、湖北、安徽、广西、宁夏、贵州、香港、台湾及海外的专家学者170多人参加了研讨会。赣州被誉为"客家摇篮",会议选择"河洛文化与客家文化"为主题。研讨会期间,专家学者围绕这一议题进行了广泛讨论,发表了很多有价值的理论和观点。2014年,"第十二届河洛文化研讨会"在福建厦门召开,来自北京、福建、江西、广东、河南、香港、台湾及美国、韩国的专家学者近200人与会研讨。研讨会以"河洛文化和闽南文化"为主题,深入探讨了河洛文化和闽南文化在海峡两岸交流中的独特作用。2015年,"第十三届河洛文化学术研讨会"在台湾新北市举行。来自全国各省、市,台湾、香港地区以及美国、韩国的150多名学者与会,就河洛文化与河洛郎、河洛文化与台湾本土文化的融合与发展、河洛文化与台湾民间习俗、河洛文化与海外华人文化等开展了热烈讨论。在广东、台湾、江西、福建等地举办了五次研讨会,扩大了河洛文化的影响,使更多的人认识到了河洛文化与闽台文化、客家文化的渊源关系,河洛文化研究的队伍得到扩展。

三、近30年来河洛文化研究存在的问题

在总结成绩的同时,我们必须清醒地看到,河洛文化研究还存在不少问题,需要改进和提高。

(一)研究成果精品力作少

近30年的河洛文化研究红红火火,每次河洛文化研讨会都能收到数量可观的论文,然而由于参与人员学术能力和学术水平参差不齐,研究成果多是低水平重复,真正具有深刻见地和学术含量的论文少之又少。由于缺乏对相关问题的深入研究,一些研究者提出的一些观点也很难得到其他研究者的认可,譬如,由于研究者切入角度不同,对河洛文化特点的概括有十几种说法,这些说法都言之有理,但都失之太过笼统、一般,太多雷同,也都难以说服别人。对于河洛文化缺乏精品力作的现象,学术界也都认可。韩石萍在研究河洛文化若干问题时,将"河洛文化研究应注意的问题"作为专门的部分,她认为这些问题包括:"第一,研究方向不明确。对河洛文化中的某些问题反复研究,资料反复使用,抄录现象比较严重,叙述多、创新少。第二,研究不够全面、均衡,

过于偏重某一方面。对考古文物方面研究较多,而理论性、综合性研究缺乏探讨。"①李振宏也说:"我们看到每年的国际年会提交的论文内容雷同度极高。"他在分析造成这种现象的原因时说:"20多年来的河洛文化研究,主要是由社会经济发展和凝聚民族向心力两大需要所驱动,而主要不是导源于学术文化发展的内在需要,所以,主流学界的参与不够,学理性方面的探究不够,于是就在一定程度上局限了研究的深度发展,而使其多停留在外在的表皮的层面,陷入泛泛而谈的境况……少有学者的介入,就少有学理性的思考,研究就只能陷入一般化的状况,就表面上的一些问题炒来炒去,所以,我们看到每年的国际年会提交的论文内容雷同度极高。"②杨海中认为,30年来的河洛文化研究虽然取得了一些成绩,"但从整体上说,尚未对上述成果加以综合梳理,未从纵与横的结合上加以概括和进行学理分析,故未形成明晰的河洛文化全貌"。他在与楚文化研究比较后说:"总的来说,对河洛文化内涵及特点的概括不仅缺乏力度,而且不够全面和系统,论述尚不够精准,影响所及远无法与楚文化研究相比。"③

(二)地域性文化特色不足

尽管河洛文化在中华文化形成过程中发挥着重要作用,是中华文化的根文化,但河洛文化毕竟是一个地域文化,与中华文化不同,因此应该把河洛文化的地域性文化特色的研究放在基础性的地位。然而,以往的研究,总是过多关注它的超越性的方面、它的中华文化之根的方面,而河洛地区的地理环境面貌给这种文化打上了什么样的地域性特征,则思考很少。早在2006年的"第

---

① 韩石萍:《关于河洛文化的若干问题》,《根在河洛——第四届河洛文化国际研讨会论文集》,郑州:大象出版社,2004年,第67页。
② 李振宏:《大陆学界河洛文化研究的现状及问题》,《中原文化研究》2013年第2期。
③ 杨海中:《河洛文化及其研究中的不足与差距——与楚文化研究相比》,《楚学论丛》第4辑,武汉:湖北人民出版社,2015年,第393页。

五届河洛文化国际研讨会"上,董玉梅提交的论文《目前研究河洛文化的几点不足》就关注到了这个问题。她说:"目前,对河洛文化的了解大多集中在华夏文化的起源以及夏、商、周历史的发展方面,有时候似乎让人觉得这是在研究中国上古时期的通史;似乎对河洛地区进行的文化和历史的描述和解释,也可以用于其他地区,而且有时很容易把河洛地区的历史与陕西、山西或者山东的一些地方历史混淆。"[1]这一批评很有见地,但并未受到人们的重视,其后几年的研究仍没有相应的改观。可以说,对河洛文化地域性研究的忽视,仍然是目前河洛文化研究的致命弊端。我们在河洛文化研究中看到的是中国文化,而不是有明显地域特色的河洛地区的文化。譬如最近几年出版的几本河洛文化专著,总是给人一种与讲整个中原文化甚至中国文化、中国历史没有太多区别的感觉,人们所讲的河洛地区的物质文化、制度文化、思想学术、宗教、文学艺术、科学技术等,我们在一般的中国历史和中国文化读本中都可以看到。也就是说,这些所谓河洛文化的具体内容,缺乏"河洛"的地域规定性,只是和整个中国文化相比,显得略微"瘦身"而已。对河洛文化的内涵揭示,河洛文化所以为"河洛文化"的特殊规定性、地域性特征等问题,如果没有清晰的认识,我们就不能把河洛文化的特殊性和中国文化的一般共性相区分,河洛文化概念就不能成立,河洛文化研究就最终不能确立起来。这个问题,其实也是河洛文化研究缺乏学理性探讨的表现之一。

(三)研究缺乏中长期规划

张新斌将河洛文化研究历程概括为四个发展阶段,即 1989—1992 年的研究起步阶段、1993—2003 年的开拓阶段、2004—2009 年的繁荣阶段、2010 年以来的扩展阶段。河洛文化研究形式,实现了由个人的自发性研究,向集体的

---

[1] 董玉梅:《目前研究河洛文化的几点不足》,《河洛文化与汉民族散论》,郑州:河南人民出版社,2006 年,第 610 页。

国家重大社科基金研究的转变；实现了由地方学术团队组织,向国家学术团体及全国政协组织研讨的转变；实现了由主要在洛阳举办学术活动,向在省内其他地方、南方诸省甚至台湾举办学术活动的转变。[1] 看得出来,中国河洛文化研究会对近期的河洛文化研究活动是有一定安排的,包括每届河洛文化研讨会在哪里召开、研讨的主题是什么等,但对河洛文化研究的前景还不够明确,河洛文化研究还缺乏中期、长期规划。研究者对于河洛文化研究也缺乏专注,没有长期研究的规划,许多科研论文属于应景之作,只是为了应付某次会议而草就的急就章。薛瑞泽、许智银对这种现象就曾总结道："综观近几年的研究选题,给人一个总体印象是杂乱无章。河洛文化研究早期,人们研究的基本问题可以说是少而又少,但在基本问题尚未完全解决的情况下,人们就开始涉足以后的学术选题。比如,河洛地区的四至问题,据我们所收集到的资料来看,只有极个别论文涉及并论述,而大多数论文只是说到这一个问题,或者说到河洛地区的四至,但为什么河洛地区的四至是这一个地理坐标而不是另一个地理坐标,则罕有人论述。再如,研究了多年的河洛文化,至今对"河洛文化"的概念问题尚未有一个完整的表述,不知是学者相轻还是水平问题。即使已有的概念表述也不尽如人意。至于说一些小范围的选题更能看出部分学者急功近利的心态。"[2]

(四)高水平领军人物缺乏

纵观近 30 年的河洛文化研究,可以看出,研究者的参与热情是很高的,研究者队伍还是很庞大的,但研究水平和研究能力一般,尤其是高水平的领军人物非常有限。在河洛文化研究的早期,没有哪个学者是专门研究河洛文化的,对河洛文化的研究几乎都是业余的。随着河洛文化研究的深入,虽然也成立

---

[1] 张新斌:《河洛文化与洛阳学》,《中州学刊》2016 年第 12 期。
[2] 薛瑞泽、许智银:《河洛文化研究》,北京:民族出版社,2007 年,第 53—54 页。

了河南省河洛文化研究所、洛阳师范学院河洛文化国际研究中心、河南科技大学河洛文化研究所、洛阳理工大学东方文化研究院和洛阳市河洛文化研究会等以研究河洛文化为中心任务的机构、社会团体,但这些单位大多没有编制,多数是"一个单位、两块牌子",人员以兼职为主,没有固定办公场所,更无专项办公经费。在这种情况和环境下生存的研究基地,其作为大受限制,作用也难以发挥。在研究力量整合上,"利用社会资源"聘请兼职人员完成一定的课题的做法应予肯定,但就本单位培养专业人才而言,很难实现初衷。现实存在的问题是相当多的"中心"成立多年,除名义上"中心主任"对外挂帅之外,有的连一兵一卒也没有,这明显是一种目光不够长远的短期行为。最后的结果就是,我们虽然有一些专家的水平较高,但由于他们各有自己的工作与专业,无法把精力全部用于河洛文化的研究上,对河洛文化研究还处于"业余工作"地位,因而除少量文章之外,有分量的河洛文化专著寥寥无几。[1]

(五)研究的机制尚未建立

近30年来的河洛文化研究活动表明,河洛文化的推进离不开领导的重视。早期的河洛文化研究活动主要在河南省内举行,河洛文化的推进得到了河南省政协领导,尤其是第九届省政协副主席陈义初的大力支持。2009年,由全国政协港澳台侨委员会出面协调,促成了河南、广东、福建、江西四省联动,先后在广州、赣州和厦门召开了三次河洛文化研讨会。研讨会的会务组织工作由各省政协承办,论文征集及论文集的编辑、出版经费由河南省政协承担。但随着河洛文化研究的深入,一些问题也暴露出来,单靠领导重视是不够的。走出河南,河洛文化研究的组织工作机制也面临新的机遇和新的挑战。这其中就包括如何使研讨会一届接一届地在豫、闽、粤、赣四省不断地开下去,

---

[1] 杨海中:《河洛文化及其研究中的不足与差距——与楚文化研究相比》,《楚学论丛》第4辑,武汉:湖北人民出版社,2015年,第394页。

并且能够做好上下衔接;如何建立起由全国政协牵头、豫闽粤赣四省之间的协调机制;如何更好地发挥省级机关对本省研究工作的指导作用,调动各省地级市一级的积极性等。这些问题的解决单靠领导重视是不行的,必须有一个健康有序的机制来保障才行。

四、促进未来河洛文化研究的对策与建议

(一)建立协调领导机制

要充分发挥全国政协、全国政协港澳台侨委员会、中国河洛文化研究会的领导作用。在中国河洛文化研究会成立之初,就明确了中国河洛文化研究会会长是一个"职务性职务",即谁担任全国政协港澳台侨委员会主任,谁就担任会长。这样的安排对于统筹推进河洛文化研究工作是很有利的,但仅靠一个人是不行的,必须依靠豫、闽、粤、赣等相关省市政协的支持。为此,要建立河洛文化领导小组,组长由全国政协港澳台侨委员会主任担任,豫、闽、粤、赣等相关省级政协主管港澳台侨委员会工作的副主席是领导小组成员,每年定期召开河洛文化研究工作会议,每年的全国政协会议期间研究河洛文化研究力量整合、重大研究项目联合攻关、豫闽粤赣间的合作机制的相关事宜等。

(二)制定合理研究规划

要制定河洛文化研究的中长期规划,规划五年、十年、二十年的发展目标,以及达到这一目标的措施等。通过河洛文化研究中长期规划,逐步推出一批成果,如面向大众的《河洛文化读本》及面向专家的《姓氏文化与根亲文化概论》《全国十大姓氏集散地研究》《中国十大祖地研究》《河洛文化产业化研究》等。每部著作要突出理论性与学术创新,同时又有实践性和可操作性。同时,还要着手筹划《河洛文化研究大典》等基础性工作,联合省内各河洛文

化研究机构,待条件成熟时予以启动。制定学科发展规划,河洛文化研究的许多基本问题尚没有完全廓清,需要在河洛文化研究中心这个平台的基础上把问题分解,同时结合每人学科优长,进行跟踪式的细化研究。通过几年的研究,推进河洛文化研究的发展,促进各省的河洛文化建设。

(三)加强对洛阳的研究

洛阳是河洛文化的核心,河洛文化研究的地域性特色必须通过对洛阳的深入研究才能解决。张新斌首先认识到了这一问题,他说:"河洛文化的核心是洛阳,不研究洛阳,犹如花朵的心是空的,没有核。洛阳长期作为中国古代的政治文化中心,洛阳的问题搞清了,河洛文化的核心问题就搞清了。尽管'河洛文化等同于洛阳文化,认为河洛文化是洛阳的地域文化'是有失偏颇的,但是研究河洛文化'要特别重视洛阳',要'紧紧抓住洛阳这个河洛文化的核心,深化研究,扩大影响',旗帜鲜明地叫响洛阳学,应该是河洛文化研究下一步要关注的事情。"[①]

(四)加强人才队伍建设

推动河洛文化研究必须加强人才队伍建设。为此,要发挥河南省河洛文化研究中心的作用,通过河洛文化研究中心整合全省河洛文化研究队伍,集中河洛文化研究力量,联合攻关,通过课题和项目,带动河洛文化研究人才的成长,促进河洛文化研究基地建设,促进河洛文化研究人才队伍建设。要给予河洛文化研究中心不少于10名的人员编制,并每年配置一定的经费,以河南省社会科学院河洛文化研究中心为基础,在全省范围内调配使用,以期发挥其最大作用和价值。(李乔)

---

① 张新斌:《河洛文化与洛阳学》,《中州学刊》2016年第12期。

第三节
改革开放四十年河南姓氏文化研究与寻根发展历程

1978年改革开放后,河南姓氏文化研究与寻根经历了整整四十年时间。按照年代划分的话,我们可以将其分为四个阶段:萌发期(1978—1989年)、成长期(1990—1999年)、发展期(2000—2009年)、繁荣期(2010—2018年)。

一、河南姓氏文化研究与寻根之萌发期(1978—1989年)

(一)河南姓氏文化寻根的缘起

1978年12月18日至22日,中国共产党第十一届中央委员会第三次全体会议在北京举行。全会的中心议题是根据邓小平同志的指示,讨论把全党的工作重点转移到经济建设上来,同时全会作出了实行改革开放的新决策。改革开放促进了中外交流,台湾同胞和海外侨胞与中国大陆联系通畅,许多台湾同胞和海外侨胞到大陆寻根问祖,促进了河南姓氏文化的发展。

同时，20世纪七八十年代世界范围内的寻根热潮也带动了中国改革开放后出现的寻根潮。早在1976年，美国黑人作家阿历克斯·哈利出版了家史小说《根》，此书风靡一时，寻根遂成为一种世界性的文化现象，不仅引起了美国黑人到非洲的寻根，也引发了海外华人心中叶落归根的情结。1978年，台湾举办了《根——台湾的过去和现在》展览，出版了《五百年前是一家》一书，还拍摄了电影《源》，展示了民族魂、中国根。1981年春，厦门大学教授黄典诚到河南进行语言学考察，寻找闽南语的根，并在同年4月22日的《河南日报》上发表了《寻根母语到中原》的文章，称"河洛中原是故山，永嘉之乱入闽南"，指出台湾同胞"寻根的起点是闽南，终点无疑是河南"，此文对中原寻根具有里程碑意义，引起了较大反响。

（二）方姓河南寻根与郑氏荥阳寻根

姓氏寻根是与现实密切相关的课题，从一开始就实现了海外与国内、政府与民间等的互动，而媒体、社团等则起到了牵线搭桥的作用。

台湾同胞和海外侨胞寻根，首先在福建和广东；以姓氏为缘到河南寻根，较早的是方姓和郑姓。

1982年，香港实业家方润华致函河南省省长戴苏理，不仅要寻找方姓的祖根，也建议河南要派出巡回大使到东南亚去宣传河南的根文化。方先生多次到河南寻根，并成为河南省禹州市荣誉市民和许昌市荣誉市民。

郑氏到祖地荥阳的寻根则在20世纪80年代末90年代初产生了全国性的影响。

1984年10月，美国荥阳郑氏宗亲会郑瑞强先生致信河南省旅游局，表达对祖地的怀念之情。河南省旅游局宋振华处长把此信转到荥阳，引起了荥阳政府的重视。

1986年5月，海峡之声电台《台胞祖地》节目致信荥阳有关部门，约写"郑氏祖地"的稿件,当时任荥阳统战部部长的宋国桢[①]承担了撰稿任务。

1987年,荥阳与泰国郑氏宗亲总会建立了联系,并于11月12日在郑州市社会科学界联合会注册"荥阳郑氏研究会"为团体会员。14日,召开成立大会,由宋国桢任研究会会长,并聘请郑州大学教授荆三林为名誉会长。1988年12月18日,荥阳县编委正式下文将"荥阳郑氏研究会"列编。于1995年4月22日由荥阳县民政局注册发证。

1989年8月27日,荥阳举行了纪念民族英雄郑成功诞辰366周年大会。

1990年8月,中州古籍出版社正式出版了宋国桢、周显才主编的《中华望族——荥阳郑氏》一书。

1991年5月19日,以郑丁贵先生为团长的台湾敦亲睦族访问团一行23人到祖地荥阳寻根问祖。

1992年12月7日至9日,"世界郑氏宗亲荥阳祭祖大会"在荥阳举行。参加大会的有美国、菲律宾、马来西亚等国及我国福建、浙江、广东、北京、香港、台湾、澳门等地区的郑氏宗亲173人。

1994年9月7日至9日,荥阳召开了纪念郑桓公受封立国2800周年大会,参加会议者1000余人,其中来自美国、泰国、加拿大、菲律宾、马来西亚、新加坡、印度尼西亚的郑氏宗亲413人,来自国内闽、浙、粤、苏、鲁、赣等省的郑氏宗亲776人。

1992年与1994年海外郑氏族人大规模到河南荥阳寻根,树起了河南寻根的一面大旗,在河南海外姓氏寻根上占有突出地位。

(三)炎黄二帝塑像筹建工程

1986年,在郑州市重点旅游景点任职的王仁民先后到新加坡和美国考察

[①] 本文中出现的河南姓氏文化研究者,其身份如无特别指出,则均为河南人或在河南工作者。

旅游项目。在海外接触到的华人对炎黄子孙的概念非常认同,萌生了在黄河边建造炎黄二帝雕塑的想法。1987年10月15日,王仁民在黄河游览区主持了建造炎黄二帝巨塑的新闻发布会,向全球华人发出捐资倡议。自此,王仁民开始了在国内外长达5年的游说行动。1988年以周谷城为会长、萧克为执行会长的炎黄二帝巨塑筹委会在北京成立。1991年5月10日,全国性的中华炎黄文化研究会在北京成立,同年9月12日,炎黄巨塑举行了奠基仪式。奠基3年后,炎黄二帝巨塑基础工程于1994年9月开工,但由于资金经常断档,工程时建时停。2004年2月,工程建设交由郑州市政府负责,通过政府投资和招商引资的方式,工程建设进展顺利,2007年4月18日,炎黄二帝巨塑举行了落成典礼。炎黄二帝巨塑位于河南省郑州市西北部30公里之处的黄河风景名胜区向阳山(始祖山)上,背依邙山,面向黄河。巨塑占地2816平方米,像整体高106米,其中山高55米,像高51米,巨塑中高者为炎帝,矮者为黄帝,所使用的材料均是太行山真石。河南省炎黄文化研究会会长王仁民是该巨塑建设的直接推动者,巨塑总设计师是吴树华,海内外华人捐款、政府投资及招商引资共计人民币1.8亿元,历时20年建成。

(四)1987年版《百家姓》

中国的姓氏一般由父系代代相传,而且中国人"行不更名,坐不改姓"的传统,使探索中国家族的遗传密码成为可能。最早注意到中国人的姓氏与遗传学有关系的是美国斯坦福大学教授卡瓦利·斯福扎,他是一位世界著名的群体遗传学家。他在1985年给中国科学院遗传研究所致信,称中国人的姓氏很有意思,无论赵、钱、孙、李是怎么来的,但都是父传子传下来的,每一个姓氏都代表一个遗传上的符号,能解决一些遗传学上解决不了的问题,并提出与中国科学院合作,共同开展中国姓氏与遗传信息的研究。他多次与中国科学院遗传研究所联系,并派助手到中国来,当时前往机场迎接的是中国科学院遗传研究所的研究人员袁义达。袁义达还接受了这位助手的邀请，到斯坦福大学做了一年的访问学者。一年后，袁义达归国，姓氏群体遗传学的研究获国家自然科学基金立项，主持人是遗传研究所的研究人员杜若甫与袁义达，他们首先开展了对中国姓氏人口与分布的研究。

20 世纪 80 年代，电子计算机的逐渐普及为我国当时各姓人口的统计带来了方便。1987 年到 1989 年，中国科学院遗传研究所、国家语言工作委员会文字处、中国文字改革委员会根据 1982 年全国人口普查资料，分别进行抽样统计，其结果大同小异，前 10 个大姓都是"李、王、张、刘、陈、杨、赵、黄、周、吴"，只是排列顺序有所不同。国家语言工作委员会文字处对 1982 年全国人口普查中 57 万多人的姓氏情况进行分析统计，前 10 个大姓为：王、李、张、刘、陈、杨、周、黄、赵、吴。中国文字改革委员会进行姓氏普查的结果，前 10 个大姓为：王、陈、李、张、刘、杨、黄、吴、林、周；中国科学院遗传研究所进行姓氏普查的结果，前 10 大姓为：李、王、张、刘、陈、杨、赵、黄、周、吴。

在这三种抽样统计中，以中国科学院遗传研究所的抽查影响最大，当时被称为新《百家姓》，在 1987 年 5 月公布。它根据国家统计局提供的 1982 年全国人口普查千分之零点五随机抽样资料（57 万余人），以及 1970 年台湾省人口状况，按人数多少排列出了中国最常见的 100 个汉族姓氏。这 100 个汉族大姓是：

　　李王张刘陈杨赵黄周吴
　　徐孙胡朱高林何郭马罗
　　梁宋郑谢韩唐冯于董萧
　　程曹袁邓许傅沈曾彭吕
　　苏卢蒋蔡贾丁魏薛叶阎
　　余潘杜戴夏钟汪田任姜
　　范方石姚谭廖邹熊金陆

郝孔白崔康毛邱秦江史

顾侯邵孟龙万段雷钱汤

尹黎易常武乔贺赖龚文

这100个姓氏共占全国人口的87%,其中前5个大姓李、王、张、刘、陈分别占汉族人口的7.9%、7.4%、7.1%、5.4%、4.5%。列在5个大姓之后的杨、赵、黄、周、吴、徐、孙、胡、朱、高、林、何、郭、马这14个姓的人口也都占全国人口的1%以上。姓这19个大姓的人口,约占全国人口的55.6%。加上排名101至120位的庞、樊、兰、殷、施、陶、洪、翟、安、颜、倪、严、牛、温、芦、季、俞、章、鲁、葛这20个姓氏,全国有超过90%的人使用上述120个姓氏。

由于新《百家姓》是按人口数量排列的,这种排名机制引发了中国人对自己姓氏排名的兴趣,从而在一定程度上促进了中国当时的姓氏文化研究,提高了姓氏文化在民众心目中的地位,也为盘点河南姓氏文化资源在全国的历史地位打下了根基。

二、河南姓氏文化研究与寻根之成长期（1990—1999年）

（一）20世纪90年代的河南寻根热潮

浓浓的血脉亲情温热了中原寻根之旅。有学者称,20世纪80年代至90年代初是河南姓氏寻根的第一个高潮。[①]

除前面提到的方姓和郑姓外,90年代初,邓、谢、钟、南、许、林、尹、柯、蔡、江、廖、叶等姓氏的海外华人陆续到河南寻根。规模较大者有：

1991年,全欧客属崇正总会共245人到河南寻根,此举拉开了海外客家人集体到河南寻根的序幕。

---

① 张新斌：《寻根文化热潮的三大特征及发展态势》，《中原文化研究》2015年第4期。

1992年5月,台湾陈氏宗亲总会代表陈延厚先生一行到河南寻根谒祖。

1993年,海内外林氏第一次组团到林氏太始祖比干的墓葬地河南卫辉。一行527人,当场捐出500万元。

1995年10月,新加坡、美国、马来西亚、菲律宾等国家和我国台湾地区的陈氏宗亲334人,到河南省淮阳县参加了陈胡公诞辰3145周年纪念活动。

20世纪90年代末与21世纪初河南寻根掀起第二个高潮。[①] 一种文化流行起来了,随之而来的便是这种文化产业的兴起。其实,1992年12月,荥阳举行的"世界郑氏宗亲92荥阳祭祖大会",河南即首次以"根"文化搭建招商引资桥梁。自20世纪90年代以后,李、张、刘、陈、郑、谢、许、宋、林、蔡、钟、叶、南、韩、赖、詹、黄、方、牛、温、禹、千、范、邱、尹、柯等姓氏都组团到河南寻根,并出现了文化搭台、经贸唱戏的潮流。1999年,在长葛举办了"世界舜裔联谊会第13届国际大会",有关姓氏的全球盛会在河南举行,尚属首次;2001年,在印尼华侨宋良浩屡次无偿捐资商丘教育的启迪下,商丘创办了戴氏工业园区,这种情况亦为首创。在这一阶段,河南多地市都有类似的恳亲活动,一方面海外来寻根,另一方面河南祖地的人主动出去找亲戚。姓氏文化、根文化不仅增强了文化归属感和向心力,还能够给地方发展带来实实在在的利益。

(二)河南作者成为全国姓氏著作编撰主力军

1991年至1993年,三环出版社出版了"中华姓氏通书"系列丛书,共十多部,达良(即王大良)写作了《王姓》,开河南作者写作姓氏书之端。

1994年12月,河南人民出版社出版了由谢钧祥主编,王大良、刘翔南、文汇副主编的《中原寻根:源于河南千家姓》一书,此书始编于1992年,历时三年之后出版,是河南乃至国内第一部大部头的姓氏文化研究专著。此书是集

---

① 张新斌:《寻根文化热潮的三大特征及发展态势》,《中原文化研究》2015年第4期。

体研究的成果,由河南省社会科学院历史研究所和河南省地方史志办公室的数十位专家完成。这本书的编写,培育了河南第一批姓氏文化较为专业的研究者,此后相当长的时段内,河南省社会科学院和河南省地方史志办公室成为河南姓氏文化研究的两个中心。

1995年,四川人民出版社出版了"百家姓寻根探秘"丛书,共10本,多数由河南作者写就,王大良写有《周》《王》《杨》3本,谢钧祥写有《李》,程有为写有《张》,任崇岳写有《陈》,刘翔南写有《刘》,徐玉清写有《赵》。

在姓氏文化方面,王大良可谓高产作家。1993年广西人民出版社出版"华夏姓氏丛书"10种,王大良写有《谢》《杨》2本;1996年,气象出版社出版了王大良的《姓氏探源与取名艺术》一书,此书2001年在气象出版社再版,并多次印刷。

中州古籍出版社在1996年10月出版了谢钧祥所著的《中华百家大姓源流》。

1991年3月,河南人民出版社出版了赵国鼎所著的《炎黄二帝考略》。

气象出版社在1999年前后,出版了"大姓寻根与取名"丛书,共6本,每本4个姓氏。丛书多由河南作者写就,王大良、刘翔南、程有为、任崇岳、陈建魁、徐玉清、王秉伦等人参加了编撰工作。《赵钱孙李》为第一本,王大良等著,1999年4月出版;《程陈胡韩》由王大良、程有为、任崇岳、陈建魁等著,1999年9月出版;其他还有《林谢刘杨》《周吴郑王》《何高郭张》《朱黄罗蔡》等。

新蕾出版社在1999年前后,出版百家姓书系数种,河南作者占多数,如谢钧祥、张新斌、李立新、李乔、任崇岳、徐玉清等。张新斌写有《苏——出自昆吾后裔的姓》,1999年4月出版;程有为写有《张——创制长弓得来的姓》,1999年4月出版;任崇岳写有《陈——古帝虞舜后裔之姓》,1999年1月出版;李乔写有《孙——出自河南山东的姓》,1999年1月出版;徐玉清写有《赵——

用封城名命得的姓》《魏——出自邑名国名的姓》《袁——出自祖字异写的姓》；谢钧祥写有《李——感激木子形成的姓》。

在寻根热潮的推动下，《寻根》杂志创刊。《寻根》杂志创办于1994年，是大象出版社主管的国家重点学术期刊、省级期刊，主要栏目设置有《寻根寄语》《寻根专题》《百家纵横》《民俗志》《东西风》《寻根扫描》《名门望族》等，对推动河南的姓氏文化研究起到很大作用。

（三）省级姓氏文化社团成立

1982年信阳师范学院牵头成立了信阳地区台湾同胞祖根问题研究会，成为河南较早成立的与姓氏文化有关的地方学术团体。

1987年，荥阳成立了郑氏研究会，后来编印了多本关于荥阳郑氏起源的辑录。1988年，河南省社会科学院历史与考古专家联合完成《谢邑考》，拉开了专家认定河南姓氏起源地的序幕。1990年，新郑对于黄帝故里的论证，逐步启程。1992年3月11日，由河南省地方史志协会牵头正式成立了中原族史学术委员会，这是河南第一个研究姓氏寻根的综合性学术团体；1992年6月22日，中原族史学术委员会编印了第一期《中原族史研究简报》，刊登了河南省地方史志协会中原族史研究学术委员会成立暨首次会议纪要和中原族史学术委员会组成人员名单。1994年，《中原寻根：源于河南千家姓》出版，这是河南姓氏研究的奠基性著作。在此基础上，1995年，河南省中原姓氏历史文化研究会正式成立。通过这些学会，地方史志机构、高校、科研单位等的姓氏寻根团队初步建立。

河南省中原姓氏历史文化研究会于1995年8月24日在郑州正式成立，由当时的省政协主席林英海任会长，省委宣传部常务副部长葛纪谦等13人任副会长。研究会的主要任务是组织开展对中原地区姓氏源流的学术研究和信息交流活动，同时积极联络海内外华人。

1996年,在郑州举办了"首届豫闽台姓氏源流国际研讨会"。河南省中原姓氏历史文化研究会在1997年10月编印了《豫闽台姓氏源流——首届豫闽台姓氏源流国际研讨会论文集》。

(四)河南姓氏及中原人南迁研究

豫闽台渊源关系研究和起源于河南的姓氏是这一时期学术研究的热点。

王大良认为,"中原人口的南迁入闽,经历了一个漫长的历史过程。总的说来,这一过程开始于汉魏时期,并在晋末、唐初、唐末形成三大高潮,至宋代以后基本结束。一部中原人口南迁入闽的移民史,实际也是闽台人口源流史的重要内容"。[1]

谢钧祥指出,"据初步考证,起源于河南的姓氏共有1500个,其中单字姓1014个,双字姓484个,三字姓2个。这1500姓,占8115姓的18%强,也就是说中华姓氏有将近五分之一起源于今河南",而"在当今中国100大姓中,有73姓源于河南或有一支源头在河南,另有7姓望于河南或其起源与河南密切相关;前5大姓中,李、张、陈均出自河南,王姓最早的一支及刘姓最主要的源头也都在河南"。"除李、王、张、刘、陈5大姓外,还有杨、赵、黄、周、吴、徐、孙、胡、朱、高、林、何、郭、马14姓,均各占汉族人口的1%以上。姓这19个大姓的加起来的总人口,约占汉族人口的55.6%,也就是说,全国有一半以上的人口使用这些姓氏。而在后14姓中,有10姓源于河南或有一支源头在河南。综上所述,我们可以毫不夸张地说,当今海内外多数华人的祖根大都在今河南。"[2]

---

[1] 王大良:《从中原人口南迁看闽台姓氏源流》,《中州统战》1997年第3期。
[2] 谢钧祥:《姓氏起源与河南》,《河南社会科学》1994年第2期。

三、河南姓氏文化研究与寻根之发展期（2000—2009年）

（一）姓氏文化著作出版再掀高潮

21世纪初,全国出版界掀起了一波姓氏书出版热潮,河南作者是主力部队。

2001年1月,中州古籍出版社出版了谢钧祥所著的《新编百家姓》。此书在2007年出版增订本并多次印刷,在早期的姓氏专著中颇有影响。

2000年到2002年,东方出版社出版了9种姓氏文化通史。河南作者写作6种,其中王大良写作了王姓、郑姓和谢姓,陈建魁、王大良写作了林姓,徐玉清写作了马姓。[①]

江西人民出版社在2000年至2002年,出版了"中华姓氏文化丛书"系列,李乔著有两种:《曾姓史话》,2000年8月出版;《萧姓史话》,2002年12月出版。

2002年前后,现代出版社、华艺出版社联合出版了《中华姓氏谱》,共出版20余种,其中河南作者参与的有王大良、张新斌、程有为、刘翔南、任崇岳等。张新斌著有《中华姓氏谱·苏姓卷》,2002年出版;王大良著有《中华姓氏谱·郑姓卷》,2002年出版;程有为著有《中华姓氏谱·程姓卷》,2002年出版;任崇岳著有《中华姓氏谱·谢姓卷》,2002年出版;刘翔南、周观武著有《中华姓氏谱·蔡姓卷》,2002年出版。

2002年至2005年,在通许县教育系统工作的王文伦等人组织编写了"姓氏人物丛书"第一辑,共10本,选中国前十大姓氏,如《中国李姓名人》《中国

[①] 《中华姓氏通史·王姓》,2000年12月出版;《中华姓氏通史·郑姓》,2000年12月出版;《中华姓氏通史·谢姓》,2002年3月出版;《中华姓氏通史·林姓》,2002年3月出版;《中华姓氏通史·马姓》,2002年3月出版。

王姓名人》等,由作家出版社出版。2003年至2006年,王文伦等人又组织编写了"姓氏人物丛书"第二辑,有《共和国李姓名人》《共和国王姓名人》等,亦由作家出版社出版。

中华书局2002年11月出版了赵国成主编的《根在河南》一书。由河南省外事侨务办公室负责组织编写。河南省委书记陈奎元为该书题写了书名,王俊山、刘翔南、杨静琦、陈建魁、石晓庭、傅汝成等人参加了编写。书中简述了源于河南的100个大姓的祖源和播迁情况。

陕西人民出版社在2002年至2003年,组织了"百家姓书库"的编写,共出版图书100本,一姓一本,每本七八万字。河南学者参与了近半数的编写工作,徐玉清共编写了13本(《姚》《傅》《熊》《崔》《魏》《余》《吕》等),李乔编写了10多本(《叶》《孙》《曾》《梁》《罗》《郭》等),谢钧祥编写了《谢》《李》,程有为编写了《张》,任崇岳编写了《陈》《胡》,刘翔南编写了《江》,王珂编写了《杨》《朱》,宋国桢编写了《郑》。参加编写的河南作者还有石玉华、郭洁萌、常霞、朱伟奇、王自禹、刘晓东等人。

周口市姓氏文化研究会在2006年编写了"周口姓氏文化"丛书,由中州古籍出版社出版,主要有:《周口姓氏文化(一)周口姓氏考》,刘翔南主编;《周口姓氏文化(二)李姓》,李立新、李文德编著;《周口姓氏文化(四)胡姓》,李乔编著;《周口姓氏文化(六)袁姓》,徐玉清主编。

大河报社在2003年组织编纂了"客家文化研究丛书",共3本,由河南大学出版社出版。3本书中除大河报社编撰的《客家迁移万里寻踪》外,另有两本书为再版书:罗英祥的《漂洋过海的客家人》[①]、刘佐泉的《客家历史与传统

[①] 罗英祥,1940年3月出生于马来西亚,汉族,广东梅州市梅县区人,作家、研究员。曾任《客家人》杂志主编。1994年10月,河南大学出版社出版了他的第一部专著《漂洋过海的客家人》。2003年10月,河南人民出版社第二次印刷。

文化》①。

2009年3月,中州古籍出版社出版了河南社会科学院和河南省委统战部联合编纂的大型姓氏文化专著《中华姓氏河南寻根》,全书280万字,收录起源于河南的姓氏80个,就其起源、播迁、名人、文化等方面进行阐述。作者队伍达数十人,主要组织者和撰稿人有河南省社会科学院的赵保佑、张新斌、李乔、李立新、陈建魁、徐玉清、张玉霞、李龙、王建华、陈习刚等,除此以外,还有许多其他单位的姓氏文化研究者参加。

这一时期河南作者写就的姓氏文化方面的书籍还有很多,择所知者列表如下:

书　名	著者或编者	出版社名称	出版时间
《中华百家姓起源》	谢钧祥	海南人民出版社	2000年8月
《陈姓源流》	陈瑞松	黄河水利出版社	2002年4月
《新编百家姓姓氏宗祠》	谢钧祥	中州古籍出版社	2003年6月
《中国的百家姓》	王大良	百花文艺出版社	2004年
《台湾百家大姓源流》	谢钧祥	台海出版社	2004年5月
《伏羲与中国姓氏文化》	穆仁先、张新斌	黄河水利出版社	2004年9月
《百家姓》	张新斌	中州古籍出版社	2004年10月
《百家姓寻根探秘》	王大良	陕西旅游出版社	2005年
《根在信阳》	宋效忠	湖北教育出版社	2006年4月
《中原移民简史》	任崇岳	河南人民出版社	2006年4月
《百姓堂联》	李乔	江西人民出版社	2006年5月
《河南旅游姓氏文化》	谢钧祥	中国旅游出版社	2007年3月
《中国姓氏文化》	陈建魁	中原农民出版社	2008年1月
《名闻天下:给孩子起个好名字》	王大良	中原农民出版社	2008年1月

---

① 刘佐泉,1935年8月生,广东兴宁人。湛江师范学院历史学教授。所著《客家历史与传统文化》1991年4月由河南大学出版社出版,2003年10月第二版。

续表

书　名	著者或编者	出版社名称	出版时间
《寻根淮阳》	李红军	河南大学出版社	2009年7月
《固始与闽台渊源关系研究》	张新斌、金平、崔振俭	人民出版社	2009年9月
《河洛文化与姓氏文化》	邓永俭	河南人民出版社	2009年10月
《许由圣迹探访与研究》	王道生、李立新	吉林文史出版社	2009年10月

(二)姓氏文化社团全省开花

1995年5月,河南省许由与许氏文化研究会成立。

2000年,河南省社会科学院成立了河南省社会科学院姓氏文化研究中心,挂靠在历史研究所,程有为任研究中心主任,苏丽湘为副主任。后又在研究中心下面设立谢氏文史研究会和陈氏文史研究会,分别由任崇岳和陈建魁负责。研究中心主持召开了两次大规模的陈氏文化研究会暨新郑陈氏三宰相学术研讨会。2002年4月11日至14日召开的"河南省第二届国际陈氏文化研究会暨新郑陈氏三宰相研讨会"上,来自美国、马来西亚等国及国内各省市,香港、澳门、台湾地区的300多人参加了会议。会议期间收到专家、学者有关陈姓的论文70多篇。

2001年8月,河南省陈氏文史研究会在郑州成立。

之后,河南许多地市都成立了姓氏文化社团,如周口、信阳等。

(三)中原寻根更加深入

中原寻根从20世纪80年代开始逐渐形成热潮,寻根热带动了文化的交流和经济的交流发展,由此产生了具有特殊背景和意义的寻根经济。由于有相近的文化传统和价值认同,通过举办寻根文化活动,加强联系,增进了解,形成了通过文化交流带动经济发展的好局面,不少海内外华人通过寻根祭祖活动加深了对祖国大陆和故乡的了解,并积极为故乡投资效力。如2003年10月,"世界客属第十八届恳亲大会"在河南召开期间,全省共签约合作项目35个,项目投资额27.2亿美元,合同外资额24亿美元。而且资本涌入的基本都是河南急需的一些产业领域。

2004年,"世界刘氏第四届(寻根)联谊大会"在平顶山举行;2005年,"世界张氏总会第二届恳亲大会"在濮阳举行。"第二届温氏宗亲文化交流大会暨首届世界温氏祖地恳亲大会"在温县举行,"世界宋氏宗亲第一届恳亲大会"在商丘举行;2006年,"世界舜裔宗亲联谊会第19届国际大会"在濮阳举行,"第二届世界韩氏恳亲大会"在安阳举行。这些活动极大地提升了河南寻根的档次。2004年,在周口举办了"首届中华姓氏文化节",2006年提升为省级节会,已成为海内外较有影响的姓氏文化龙头节会。2006年、2007年连续举办的两届高规格的新郑黄帝故里拜祖大典,2007年在黄河岸边矗立的炎黄二帝巨塑的落成,均将河南寻根的活动推向高潮。可以说,河南的根文化资源已成为联结海内外华人的重要纽带。

21世纪初,文化搭台、经贸唱戏在全国依然热度不减。河南也不例外,以黄姓为例:

2006年2月12日,河南省社会科学院、大河报社、河南省文化厅等单位在郑州联合举办"新百家姓论坛·百家姓商都大团圆"活动,会上,袁义达、张新斌等商讨了黄氏文化研究会筹备事宜。

2007年1月,河南省黄氏文化研究会筹委会成立。

2007年7月,福建省江夏黄氏源流研究会常务副会长黄致宏等与河南省黄氏文化研究会(筹)相聚河南潢川黄国故城,共商黄国故城被列入全国重点文物保护单位的揭牌仪式及黄氏宗亲祭祖事宜。

2007年11月6日,河南省固始县人民政府举行了固始县根亲博物馆揭牌庆典活动。来自国内16个省、市及港、澳、台地区和海外黄姓宗亲代表300余人参加了此次庆典活动。

2009年10月29日晚,由河南省信阳市人民政府主办,潢川县人民政府、黄姓宗亲大会组委会承办了"水城花乡、黄姓之源、艺苑风景线走进潢川"大型文艺晚会。黄宏、冯巩、戴玉强、谭晶等来自两岸的众多著名歌唱家和相声表演艺术家纷纷上台献艺,为潢川人民带来丰富的文化大餐。

2009年10月28日,由黄如论捐资建造的河南固始江夏黄氏大宗祠举行竣工庆典仪式。2009年10月30日,由黄如论捐资兴建的古黄国历史文化陈列馆落成仪式隆重举行,来自海外及港、澳、台地区的黄氏宗亲1000余人参加了落成大典。

2010年4月12日,河南省委书记、省人大常委会主任卢展工,省委副书记郭庚茂,亲切会见专程来河南参加中原文化艺术学院揭牌仪式的著名企业家、慈善家黄如论。

(四)河南各地市姓氏文化资源盘点

专家与媒体的结合是文化研究与宣传的极佳途径,特别是对和每个人都有关联的姓氏文化来说,更是如此。

2002年9月,应中央电视台社教中心特别节目组之邀,河南社会科学院历史研究所副研究员、中国人民大学博士后王大良等参加社教中心特别节目组"春节特别节目《百家姓》"立项讨论会。会上决定拍摄《百家姓》文化专题节目,暂定拍摄15集,每集长度为85分钟,安排在春节黄金时间滚动播出。创作议案由王大良提供。后在节目实施过程中,河南学者刘翔南、程有为、任崇岳也参加了节目撰稿和录制。2003年2月1日19点30分,栏目在中央电视台10频道开始播出,并以19点30分一集、第二天13点50分重播、15点50分再次重播的滚动方式播出,直到2月16日15点50分三遍《百家姓》全部播完,总计45场节目。

《百家姓》在2003年春节期间由中央电视台播出,产生了较大的社会影响。这是中央电视台较早播出的姓氏文化栏目。在此之前有中央电视台第四套固定节目《天涯共此时·百家姓》较有影响。

2005年春节,大河报社与河南省社会科学院历史研究所策划和组织了"《大河报》发行百万邀百家姓百业人商都过大年"活动,100位入选的百家姓百业人在除夕之夜至初一上午,在郑州迎来了大团圆。此次活动以其浓厚民族氛围、浓郁百姓情结得到了老百姓的热烈响应。

2006年春节,为扩大影响,河南省社会科学院考古研究所和历史研究所又与大河报社策划和组织了"2006新百家姓商都大团圆"活动,活动自1月16日在《大河报》公布以后,尽管时间上跨越了2006年的春节,但广大读者的参与热情丝毫未减。"2006新百家姓商都大团圆"推荐河南最罕见的姓氏、评选河南民间十大姓氏研究者、评选河南民间十大家谱收藏者、读者支招姓氏文化如何变成文化产业、讲述趣味姓氏小故事等活动都受到了读者的欢迎,广大读者通过手机短信、电子邮件、邮寄信件、电话讲述等形式积极参与。活动聘请河南省社会科学院张新斌研究员和中国科学院遗传研究所袁义达先生为总顾问,聘请河南省社会科学院姓氏文化研究者陈建魁、李立新、李乔为顾问,顾问团全程参加了活动。《大河报》拿出十几个版面,对河南各地市的根文化资源进行了盘点。如对信阳姓氏文化资源的盘点,张新斌在《大河报》上发表了《淮水之畔,还有一棵"大槐树"》一文;对郑州姓氏文化资源的盘点,陈建魁发表了《黄帝黄河,撑起河南根文化的厚重》一文;对淮阳姓氏文化资源的盘点,李立新发表了《淮水之阳,中华姓氏的滥觞之地》一文;对开封姓氏文化资源的盘点,李乔发表了《珠玑小巷,粤港人魂牵梦绕的地方》一文。活动本着人口较少、有姓氏渊源、姓氏用字非冷僻字、确有其人几个原则,确定揣、豁、歹、漫、伽、耍、怯、湾、岁、遵等10个姓氏为稀有姓氏,评选王道生、牛思勇、宋国桢、陈瑞松、邵德宝、郑自修、黄泽岭、崔聚成、崔振江、谢纯灵等10人为河南民间十大家谱收藏者暨姓氏研究者。2月11日,在喜气祥和的氛围里,全省18个市100个姓氏的代表、稀有姓氏及民间家谱研究和收藏者的代表齐聚商都,忆祖先论姓氏、思接千载、话游山河。河南省文化厅副厅长崔为工参加迎宾仪式,他说:"'2006新百家姓商都大团圆'活动是全国姓氏文化的品牌活动,也是'春满中原'系列文化活动的重要组成部分,是河南省重大社会文化项目,活动以浓厚的民族氛围、浓郁的百姓情结赢得了社会的极大关注和群众空前的参与热情。100位姓氏代表在这里倾情演绎黄河黄土、故里故乡的民族大团圆,必将产生极大的社会效应和深远的影响。"此次"2006新百家姓商都大团圆"活动,极大地点燃了民间对姓氏文化的热情,对河南的姓氏文化研究起到了一定的促进作用。

(五)中国姓氏新排名与河南百家姓的出炉

1. 2006年版《百家姓》

中国科学院遗传研究所袁义达研究员在国家自然科学基金姓氏研究项目的支持下,通过两年的调查,涉及全国1110个县和市,得到了2.96亿人口的数据,共获得姓氏4100个,在2006年公布了新的《百家姓》。

调查结果表明,在调查的4100个姓氏中,位列前三位的李、王、张,分别占我国总人口比例的7.4%、7.2%和6.8%,三大姓氏总人口均不超过1亿人;占我国总人口比例1%以上的姓氏有18个,占总人口比例0.1%以上的姓氏共129个,而这129个姓氏的人口约占我国总人口的87%。而袁义达等人在1987年公布的数据表明,全国最大的三个姓氏是李、王、张,分别占总人口的7.9%、7.4%和7.1%。

此次调查与20年前的调查相比,调查的样本更大,涉及中国近40%的县,而且几乎都是使用汉字姓的地区。调查结果也更接近中国人姓氏的分布现

状。2006年版的《百家姓》出炉后,取代1987年版的《百家姓》,被称为新《百家姓》。这100个大姓的排列顺序如下:

  李王张刘陈杨黄赵周吴

  徐孙朱马胡郭林何高梁

  郑罗宋谢唐韩曹许邓萧

  冯曾程蔡彭潘袁于董余

  苏叶吕魏蒋田杜丁沈姜

  范江傅钟卢汪戴崔任陆

  廖姚方金邱夏谭韦贾邹

  石熊孟秦阎薛侯雷白龙

  段郝孔邵史毛常万顾赖

  武康贺严尹钱施牛洪龚

  这100个大姓与1987年中国科学院遗传研究所抽样统计的100个大姓相比,新增了韦、严、施、牛、洪五个姓氏,而汤、黎、易、乔、文五个姓氏则遗憾落选。这次新的百家姓排序,是否仍然反映了河南作为姓氏文化资源大省的地位,张新斌认为,在新的百家大姓中,起源或部分源头在河南的姓氏有78个,在起源过程中与河南关系密切的姓氏有17个,这可以说明河南仍然是"根"文化大省。[①]

2. 2007年版《百家姓》

  2007年4月,公安部治安管理局根据对全国户籍人口的一项统计分析,排出了新的《百家姓》,统计结果显示:

  姓氏人口总数在2000万人以上的姓有10个,依次为:王、李、张、刘、陈、杨、黄、赵、吴、周。其中,王姓是我国第一大姓,有9288.1万人,占全国人口总

[①] 张体义:《新"百家姓"新在哪儿》,《大河报》2006年1月16日。

数的7.25%；第二大姓是李，有9207.4万人，占全国人口总数的7.19%；第三位是张姓，有8750.2万人，占全国人口总数的6.83%。

姓氏人口少于2000万人多于1000万人的姓氏有12个，依次是：徐、孙、马、朱、胡、郭、何、高、林、罗、郑、梁。

前100个姓氏总人口占全国总人口的84.77%。

现把这100个大姓列表如下：

王李张刘陈杨黄赵吴周

徐孙马朱胡郭何高林罗

郑梁谢宋唐许韩冯邓曹

彭曾肖田董潘袁于蒋蔡

余杜叶程苏魏吕丁任沈

姚卢姜崔钟谭陆汪范金

石廖贾夏韦付方白邹孟

熊秦邱江尹薛闫段雷侯

龙史陶黎贺顾毛郝龚邵

万钱严覃武戴莫孔向汤

2007年版《百家姓》存在一个问题，即在这个《百家姓》中，有肖姓而没有萧姓，有闫姓而没有阎姓，有付姓而没有傅姓。但在1987年中国科学院遗传研究所统计的《百家姓》和2006年版《百家姓》这两种得到更多人认同的《百家姓》中，前100个大姓中都有萧姓、傅姓和阎姓，而没有肖姓、付姓和闫姓。这几个姓氏，"肖"是"萧"的俗写，"闫"是"阎"的简写（按古时并无"闫"姓而有"閆"姓，为"阎"氏别支，但"阎"不能简化为"閆"，更不能简化为"闫"，今人为了方便，把"阎"写为"闫"，这是不对的），"付"是"傅"的简写（按"傅"与"付"本为两个源与流都不同的姓氏，"付"姓在古代是较为罕见的姓氏，今人为了方便，把"傅"写为"付"，这是错误的），这是一般人的理解，发布2007年

《百家姓》的公安部对此也没有解释。因此，许多人在姓氏文化研究中仍采用2006年版的《百家姓》。

3.河南《百家姓》

《大河报》2007年9月15日，根据公安部门的统计，公布了河南《百家姓》。

文中称，河南目前共使用姓氏4582个，其中单姓4282个，复姓300个。在全国所有省份中，河南的姓氏数量位居第二，仅次于安徽省的4764个。

在我省的4582个姓氏中，人数在150万人以上的姓氏有10个，这些姓氏的人口占全省总人口的48.9%；人数在100万至150万人的姓氏有7个，其人口占全省总人口的8.5%；人数在10万至100万的姓氏有104个，其人口占全省总人口的34.1%；人数在1万至10万的姓氏有205个，其人口占全省总人口的7.1%；1万人以下的姓氏共有4256个，其人口占全省总人口的1.4%。

使用最多的是王姓，有971万人，占人口总数的9.7%。按照使用人数多少排列，第2位至第5位的姓氏分别为张（945万人，占全省总人口的9.5%）、李（930万人，占全省总人口的9.3%）、刘（566万人，占全省总人口的5.7%）、杨（317万人，占全省总人口的3.2%）。前5位大姓人口共占全省总人口的37.4%，排名前20位大姓的人口占全省总人口的60.1%，排名前50位大姓人口占全省总人口的76.7%，前100位大姓人口占全省总人口的88.8%。王姓同时占全国和河南省第一大姓的位置，但是从第一大姓占总人口的比例的角度来讲，王姓占我省总人口的比例比占全国总人口的比例高出2.4个百分点。在省会郑州，王、张、李、刘、杨、赵、陈、郭、孙、马列姓氏人口排名的前10位。

河南前5位大姓人口占全省总人口的37.4%，比全国前5位姓氏人口所占比例（31.8%）高5.6个百分点；河南前10位大姓人口所占比例为48.9%，比全国相应比例（42.6%）高6.3个百分点。对于这种情况，河南省社会科学院历史研究所副研究员陈建魁分析说："可见，无论是在全国还是在河南，人口的姓氏分布都服从多数人口集中在少数姓氏的规律,但在河南,这一现象表现更为明显,人口的姓氏分布向少数大姓集中的情况更为突出。"[1]

河南《百家姓》排列顺序如下:

王张李刘杨赵陈郭孙马

周朱吴高徐胡宋黄韩郑

冯曹董崔杜程贾任田魏

闫许梁何吕袁丁范牛孟

谢付秦常于侯苏姚史段

余薛石彭白卢罗潘乔肖

申郝翟武蔡蒋邢姜夏孔

焦岳唐邓尚贺樊雷汪邵

尹耿靳毛齐方金康林代

葛沈安叶鲁苗万路裴司

通过姓氏新的排名和媒体的策划宣传,姓氏文化进入千家万户。

(六)姓氏文化节会盛行一时

当时河南有多种重大节庆活动,包括新郑黄帝故里拜祖大典、淮阳中华姓氏文化节、固始中原根亲文化节等。2006年后,新郑黄帝故里拜祖大典、郑州公祭炎黄二帝活动、周口姓氏文化节相继被定为省级节会,寻根活动得到空前重视。

这些活动都以根亲文化为主题,吸引海内外华人寻根祭祖。

淮阳中华姓氏文化节共举办两届。2004年10月17日,"首届中华姓氏文化节"在中华人文始祖地——河南淮阳拉开序幕,共有7000余名来自世界

---

[1] 乔伟辉:《河南民众使用4582个姓氏》,《大河报》2007年9月15日。

各地的"龙的传人"参加了开幕式。河南省社会科学院历史研究所的张新斌、刘翔南受邀对此次活动进行策划。张新斌还主持了研讨会的筹备工作。这次为期三天的"首届中华姓氏文化节"由中国文联、中国侨联、中国全国工商联、中华炎黄文化研究会主办,周口市人民政府承办,以"万姓同根,万宗同源,寻根联谊,合作发展"为主题,旨在弘扬"根"文化,追溯姓氏之源,传承华夏文明,促进中华民族的伟大复兴。此后,又于2006年10月25日至27日在河南省淮阳县举办了"第二届中国姓氏文化节"。

新郑"黄帝故里拜祖大典"源于炎黄文化旅游节。1992年至1999年,新郑主办的炎黄文化旅游节,吸引了许多国内外炎黄子孙前来寻根问祖。2000年至2005年,拜祖大典成为中国新郑炎黄文化旅游节的重要内容。自2006年开始,升格为河南省主办的"黄帝故里拜祖大典"。

为了办好"黄帝故里拜祖大典",主办方在大典主题、大典规模、大典形式创新和文化内涵上狠下功夫。在大典主题上,拜祖大典初起时,每年的主题都不尽相同,2009年以后,一个主题持续保持十年。2006年主题为"盛世中国,和谐社会"。2007年主题为"和谐中原,和谐中国"。2008年主题为"共建中华精神家园,祈福北京奥运盛会"。2009年主题是"同根同祖同源,和平和睦和谐"。2010年到2018年,拜祖大典主题延续保持为"同根同祖同源,和平和睦和谐"。

拜祖大典拓展了新郑市旅游市场。2006年4月,新郑接待游客达110万人次,实现旅游总收入5000多万元,分别比2005年同期增长了12倍和15倍。2007年、2008年、2009年的拜祖大典引发的旅游效应更明显,游人由以前的一波一波流动参观,演变成平稳的高密度到访。

2013年,在拜祖大典筹办过程中,河南省、郑州市政府坚决贯彻落实好中央"八项规定",提出了"务实、节俭、隆重、大方"的总要求。拜祖大典大幅压缩总体规模,现场人数总规模控制在8000人以内,整体风格力求简朴、庄重、肃穆,突出大典的神圣感和仪式感。2018年的大典,规模也在8000人左右。

内黄县从2002年起到2008年,也连续举办了七届"颛顼帝喾陵祭祖节",相继有300多个姓氏组团到二帝陵寻根祭祖。

大型文化景观建设也风生水起。2007年4月18日,被誉为"世界第一高雕塑"的炎黄二帝巨塑举行落成大典,迄今已吸引海内外游客300多万人次参观拜谒。

河南省内旅游部门还开辟了"炎黄子孙拜祖游"等寻根旅游线路。寻根热潮也推动了相关研究,河南省仅姓氏研究机构就达20多个,寻根研究专著30余部。

(七)河南根文化的解读

2002年,河南学界正式提出了"根文化"概念[1],随之提出了"中原历史文化的本质是根文化"的观点,对中原文化中的根文化家底进行了全面盘点。

张新斌是提出"根文化"的第一人,他认为"中原历史文化的主线是根文化,中原历史名人是根文化的重要内涵,因此要以大手笔绘就大文化"。[2]

杨静琦在《协商论坛》2006年第3期的《客家姓氏根在中原》一文中指出:"在中国历史上,河南曾长期是全国的政治、经济、军事、文化的中心,东汉、魏、西晋、北魏、隋(东都)、唐(东都)、北宋等多个封建王朝均建都于河南,自古就有'得中原者得天下'之说。因此,这里便成为诸多姓氏的发源地。经初步统计,在中国古今姓氏中,约有1500多个姓氏的祖根在河南;在当今中国以人口统计,人口最多的大姓,有200多个大姓源于河南省的一些市、县。这些姓氏的子孙经历代迁徙繁衍,已散布于神州大地,更有远涉重洋,移居港台和海外各国及地区者。"

---

[1] 冻凤秋:《血脉亲情温热海外华人河南寻根之旅》,《河南日报》2009年7月15日。
[2] 张新斌:《中原历史名人与新世纪的中原》,《中州今古》2002年第1期。

张新斌认为,中原文化的本质是根文化,河南根文化资源主要包括姓氏资源和名人资源。经过20余年的研究和开发,河南根文化资源的开发已成为河南历史文化资源开发的重点,并形成了寻根经济。根文化不仅是维系海内外华人的重要纽带,而且将在打造河南文化强省、实现中原崛起和全面建成小康社会的进程之中,发挥越来越重要的作用。[1]

李立新认为,根文化是中原历史文化的特质,中原是中华民族的文化之根和血脉之根。[2]

四、河南姓氏文化研究与寻根之繁荣期（2010—2018年）

（一）中原文化与闽台寻根研究中心成立

1982年信阳师范学院牵头成立了信阳地区台湾同胞祖根问题研究会,2004年又成立了信阳师范学院闽台姓氏寻根研究所,挂靠历史文化学院。以此为基础,2010年,信阳师范学院与河南省台湾事务办公室联合组建中原文化与闽台寻根研究中心,历史文化学院院长为学术带头人,并由海峡两岸专家组成学术委员会。研究中心下设台湾历史文化研究室、中原与闽台渊源关系研究室、两岸族谱数字化工作室和台湾文献特藏部。截至2018年,研究中心拥有专、兼职研究人员35人,其中海外7人。研究中心成立以来,在开展两岸关系研究、推动台湾同胞中原寻根和两岸青年双向交流等方面取得较大成就,成为河南省对台学术文化交流的重要基地,也成为河南省姓氏文化研究的第三个中心。

---

[1] 张新斌:《河南寻根文化资源开发的战略思考》,《黄河科技大学学报》2006年第5期。
[2] 李立新:《论河南的根文化与根文化研究》,《黄河科技大学学报》2006年第5期。

(二)河南省姓氏祖地与名人里籍研究认定中心活动频繁

2008年6月,在河南省委的指示下,河南省社会科学院成立了河南省姓氏祖地与名人里籍研究认定中心,聘请全国姓氏文化学者为中心专家,在必要时对河南姓氏祖地与名人里籍进行认定。中心成立后,举行了几项活动:

2010年4月,河南省姓氏祖地与名人里籍研究认定中心认定河南方城为"中华曾姓祖根地"。在此基础上,2012年12月12日,古缯国文化苑项目在方城八里桥正式启动。曾氏后裔的杰出代表曾宪梓博士挥毫泼墨,写就"古缯国遗址""中华曾姓祖根地"的题词。2014年12月4日,在古缯国博物馆落成之际,中华曾氏拜祖大典在南阳方城古缯国博物馆举行,来自全国各地近千名曾氏宗亲前来祭拜曾姓始祖——曲烈。

2011年9月,河南省姓氏祖地与名人里籍研究认定中心在周口淮阳县组织召开了"河南淮阳为中华姓氏起源地暨中国姓氏博物馆立项研讨论证会"。

近几年,河南省姓氏祖地与名人里籍研究认定中心还进行了蒋姓祖根地在河南淮滨、张姓祖根地在河南濮阳、大禹故里故都在河南登封的认定。

(三)推出大型姓氏文化电视栏目《知根知底》

《知根知底》是河南卫视2012年重点打造的一档大型姓氏文化节目,该节目契合河南卫视"文化卫视"的定位,是河南卫视继《梨园春》《武林风》《华豫之门》等三档品牌文化节目之后的又一力作。姓氏不仅是表征个人及其家族的标志,更蕴藏和承载着家族起源、家族文化的悠远信息。作为中华民族和华夏文明的重要发源地,河南在传承中华民族姓氏文化方面有着深厚的文化底蕴和独特的资源魅力(中国70%的姓氏诞生在河南)。《知根知底》以解读姓氏文化、弘扬寻根文化、传承家族文化为核心,同时承载着励志向上和提升民众道德修养等功能。

《知根知底》由知名学者纪连海担任姓氏解读专家,每期节目均会邀请该姓氏的演艺明星、知名人士和公众人物组成根底团。节目分为"寻根问底""自说家事""百姓追击"和"真假后人"四个环节。现场嘉宾通过四个环节所设置的题目进行作答,同时与主持人、嘉宾和现场观众进行深度互动。常规节目形式为每期深度呈现一个姓氏,特殊策划有"百姓纠错队""怪姓探秘""海峡寻亲会""姓氏拜祖会"和"跨国寻亲会"等特别节目。

《知根知底》栏目每周一播,2012年1月3日首播孙姓,邀请孙正平、孙国庆、孙甜甜、孙菲菲等孙姓名人参加。栏目共播79期,涉及100多个姓氏。

河南卫视的《知根知底》栏目的编采模式,为其他省的姓氏文化栏目部分借用,如在2015年5月30日晚安徽卫视开播的大型姓氏文化寻根节目《中华百家姓》。该节目由明星寻根问祖,以"一周一姓氏,一季一相聚"的形式,还原每个姓氏的传奇故事,找寻家风家训的"传承宝物"。最大的特色体现为强大的嘉宾组合。

同在2015年,山西卫视也推出了一档姓氏文化栏目,由山西卫视和东方风行联合制作的中国首档大型姓氏揭秘互动脱口秀节目《你贵姓》。《你贵姓》打破了以往姓氏文化类节目的固有模式,在坚持挖掘姓氏文化内涵的同时,以轻松愉悦的表达方式和时尚多元的电视元素完成了姓氏节目的"换装秀"。

在时间上,湖南卫视推出的姓氏文化栏目《非常靠谱》,比河南卫视的《知根知底》稍早一些。《非常靠谱》是湖南卫视2011年推出的中国第一档趣味解读姓氏的文化节目。

(四)"老家河南"的形象和定位深入人心

《老家河南》是2012年1月由河南省人民政府、河南省旅游局推出的河南旅游形象宣传片,分为《壮美中原,老家河南》《记忆中原,老家河南》《豫见中国,老家河南》等三部。

"记忆中原,老家河南"的宣传语,产生了强烈的社会反响和积极的社会影响,契合当时河南"旅游立省""文化强省"的经济发展战略与因势利导的宗旨。河南旅游首次以集中宣传的形象在央视大规模推出,"记忆中原,老家河南"宣传语作为河南旅游形象宣传片的主题语深入人心,同时也成为河南旅游的品牌形象,由此河南省政府决定用重金来打造"老家"这一概念系列文化产业,并把"老家"注册为文化旅游商标。

"老家河南"的立足点就是河南学界的根文化研究,"老家河南"在海外华人的心里已经成了一个梦绕魂牵的向往。

以"老家河南"为宣传语的河南旅游形象宣传片先后在央视一套、新闻频道、财经频道、国际频道、科教频道等主流平台播出,在《新闻联播》《朝闻天下》《晚间新闻》《新闻30分》《经济信息联播》《海峡两岸》《探索发现》等十余个收视王牌栏目中累计播放两千余次,成功地在观众心目中刻画了文化厚重、风光秀美的河南旅游新形象。

此外,还有《大美中原,老家河南》等河南形象宣传片,在国人心目中为老家河南的形象增添了一抹亮丽的色彩。

(五)姓氏文化著作硕果累累

河南省社会科学院历史与考古研究所与社会和地方合作,多次召开全国性的关于历史文化与姓氏文化的学术研讨会,编辑了"河南历史与考古研究丛书"多种。如:《颛顼帝喾与华夏文明》,张新斌主编,河南人民出版社2009年5月出版;《鹿邑与中华李姓之根》,张新斌、夏学良主编,河南人民出版社2010年12月出版;《比干文化研究》,林宪斋主编,张新斌、范崇梅、陈建魁等副主编,河南人民出版社2012年4月出版;《武王伐纣宁氏源流:获嘉历史文化论丛》,张新斌主编,河南人民出版社2012年12月出版;《葛天氏与上古文明》,张新斌、杨智钦主编,河南人民出版社2013年10月出版;《共工氏与中华龚姓》,张新斌等主编,大象出版社2016年9月出版;《登封与大禹文化》,张新斌、王青山主编,大象出版社2016年11月出版;《柏皇氏与中华柏姓》,张新斌等主编,大象出版社2017年5月出版。

河南省社会科学院文学研究所也与地方和社会合作,出版了两部文集:《中华姜姓源流与太公文化研究》,卫绍生主编,李立新副主编,大象出版社2015年9月出版;《中华郑姓源流与荥阳堂研究》,卫绍生主编,李立新副主编,大象出版社2015年11月出版。

固始县出版了"固始历史文化丛书",由金平、崔振俭主编,其中有:《固始移民史料简编》,戴吉强主编,河南人民出版社2010年9月出版;《固始方言与民谚简编》,戴吉强主编,河南人民出版社2012年9月出版。

周口市姓氏文化研究会编辑出版了第二批"周口姓氏文化"书籍,主编是皇甫有风。其中有:《理姓》,理勤曾编著,中州古籍出版社2015年5月出版;《徐姓》,白保迎、黄保成编纂,中州古籍出版社2016年6月出版;《周口王姓》,王保清编纂,中州古籍出版社2017年1月出版。

气象出版社2011年出版"专家说姓名全书",王大良写有《新百家姓寻根探秘》《孩子取名技巧》《取名的学问》3本,均在2011年1月出版。

地方学者杨复竣对伏羲文化研究颇深,他在2010年前后,出版了多种姓氏文化专著。如:《中华始祖太昊伏羲:中国远古文明探源》,上海大学出版社2008年9月出版;"中国传统文化之根——中国本源文化伏羲文化"系列丛书中《中国祭祖史》《中国姓氏史》,上海大学出版社2010年10月出版。

《河南商报》在2014年前后开辟了《我从哪里来》姓氏栏目,后结集为《我从哪里来——中华姓氏河南寻根》一书,由中华书局2015年4月出版。

2014年至2015年,江西人民出版社出版"中华姓氏简史丛书"数种,陈建魁、徐玉清、王大良等参加了撰稿。陈建魁编著《黄姓简史》,2014年12月出版;徐玉清编著《赵姓简史》,2014年12月出版;王大良编著《温姓简史》,2015年9月出版。

这一时期河南作者写就的姓氏文化方面的书还有很多,择所知者列表如下:

书　名	著者或编者	出版社名称	出版时间
《黄帝后裔五千姓》	姬传东、李发立	河南人民出版社	2010年3月
《中华蒋姓淮滨寻根》	张新斌	中国文化出版社	2010年10月
《张氏名人传》	张放涛	中州古籍出版社	2011年5月
《历代崔氏人物辞典(古代卷)》	崔聚成	吉林文史出版社	2011年6月
《中华赖姓息县寻根》	张新斌	中国文化出版社	2011年11月
《固始移民与两岸关系认同研究》	尹全海、崔振俭、谷兴亚	河南人民出版社	2011年11月
《"闽祖光州"现象研究》	李乔	中州古籍出版社	2013年9月
《黄帝与中华姓氏》	张新斌、刘五一	河南人民出版社	2013年9月
《乐舞始祖葛天氏》	河南长葛葛天氏文化研究会	河南大学出版社	2012年4月
《历代崔氏人物辞典(近现代卷)》	崔聚成	白山出版社	2013年5月
《图说洛阳姓氏》	徐金星、张玉桥	中州古籍出版社	2014年1月
《中华望族颍川陈氏》	陈瑞松	中州古籍出版社	2014年8月
《中华王氏通书》	王大良等	天地出版社	2015年3月
《家谱编修实用大全》	魏怀习	中州古籍出版社	2015年8月
《我们最老最老的祖先》	陈建魁、唐金培、李玲玲	中州古籍出版社	2016年5月
《中华黄姓潢川寻根》	张新斌、陈建魁	河南人民出版社	2016年8月
《家谱文化知识与编修技巧》	王大良	气象出版社	2017年5月

(六)根亲文化建设进入省政府规划

2012年11月,国务院正式批复《中原经济区规划》(2012—2020年)。规划提出把建设华夏历史文明传承创新区作为中原经济区的五大战略定位之一。而建设华夏历史文明传承创新区，需要"挖掘中原历史文化资源，加强文化遗产保护传承。提升全球华人根亲文化影响力，培育具有中原风貌、中国特色、时代特征和国际影响力的文化品牌，提升文化软实力，增强中华民族凝聚力"。

2016年10月，河南省委、省政府制定《华夏历史文明传承创新区建设方案》，提出华夏历史文明传承创新区建设的战略定位之一是"全球华人根亲文化圣地"。"发挥中原根亲文化资源优势，开展寻根拜祖文化活动，发展根亲文化主题旅游，建设根亲文化主题基地，确立一批中华优秀传统文化符号，使河南成为中华民族精神家园和心灵故乡的主要承载地。"具体部署是：

"发挥华夏文明之源、炎黄子孙之根的资源优势，挖掘中华姓氏文化、黄帝文化、功夫文化、汉字文化、元典文化、河洛文化、客家文化之源等根亲祖地文化资源，打造中原根亲文化品牌，提升具有中原特质的文化内涵，增强对海内外华人的凝聚力，构筑华夏儿女心灵故乡。

"规划建设根亲文化主题基地。坚持巩固基础、扩大规模、提升内涵，规划建设一批凸显华夏历史文明符号、突出根亲主题，融教育、纪念、展示、体验为一体的文化主题基地。依托新郑黄帝故里、淮阳太昊陵、内黄颛顼帝喾陵、商丘燧皇陵、桐柏盘古之乡、泌阳盘古圣地、西华女娲城、濮阳帝舜故里等文化遗迹，建设人文始祖拜谒地。加强姓氏文化的研究挖掘，规划建设中华姓氏文化园，鼓励有基础、有条件的地方打造一批姓氏文化主题基地，形成'河洛是故乡''寻根到中原'的文化认同。加强对汉字起源、发展演变的研究阐释，抓好甲骨文识别工程、中国文字博物馆续建工程、漯河许慎文化园等一批重点项目，传承汉字国粹，弘扬传统文化。加强对周易文化、儒释道文化和诸子文化等元典文化思想价值的挖掘、阐发、展示，推出一批研究成果，建成一批主题基地，维护民族文化基本元素。依托登封少林寺、焦作陈家沟，建设少林武术和太极拳展示体验园区,打造世界功夫之都。

"组织开展根亲文化节会活动。坚持丰富内涵、创新形式,整合各地节会资源,突出根亲文化特色,着力打造一批富有乡愁家味的文化节会活动。进一步提升黄帝故里拜祖大典、中国洛阳牡丹文化节、中国开封清明文化节和菊花文化节、郑州国际少林武术节、中国·商丘国际华商节、唐人故里·闽台祖地中原(固始)根亲文化节、嵩山论坛、中国洛阳河洛文化旅游节的影响力,浓缩中原文化精华,彰显河南魅力。鼓励各地积极探索弘扬根亲文化的新形式、新载体,使之成为海内外华人中原寻根的重要纽带。

"积极打造根亲文化旅游线路。坚持政府引导、市场运作、区域协同、文旅融合,打造'老家河南'根亲文化旅游品牌体系。精心建设世界文化遗产游、中原古都文化游、丝绸之路起点游、华人寻根祭祖游、文字起源发展游、诸子文化遗迹游等精品旅游线路,全面、生动展示中原文化的独特魅力,打造世界知名、全国一流的旅游目的地。"

方案还提出了建设"中华姓氏文化园"的设想。"建设内容包括3个场馆和6个中心,即中华姓氏博物馆、中华姓氏寻根馆、中华姓氏单姓分园,中华姓氏文化研究中心、客家文化研究中心、豫闽台文化研究中心、中华家谱资料中心、中华姓氏国际交流中心、中华姓氏祖根地认定中心,打造展示中华姓氏文化的平台、全球华人寻根谒祖目的地。"

(七)固始根亲文化节深入人心

从2009年信阳市固始县举办中原(固始)根亲文化节开始,目前已举办了8届,影响力和知名度日益扩大。邀请的嘉宾包括美国、马来西亚、菲律宾、新加坡等十几个国家的宗亲代表,港、澳、台地区和各省的姓氏宗亲、专家学者、商界精英、文艺名流、新闻记者等,在国内外有较大的知名度,产生了重要的影响。根亲文化节的内容,有专业的学术研讨会、专门的招商引资经贸会、各姓氏海内外宗亲拜祖联谊活动、艺术展览旅游推介会等,非常丰富,各类活动精彩纷呈,向来自海内外的嘉宾充分展示了信阳和固始的魅力和诚意。与根亲文化节同时举行的由河南省社会科学院历史与考古研究所参与主办的"固始与闽台渊源关系研讨会",为文化节的成功打下了良好的学术基础。

连续8届根亲文化节规格之高、规模之大、组织之严、效果之好、反映之强、影响之深,赢得了各级、各界的关注、支持与肯定,取得了良好的文化、经济和社会效益。首先,"光州固始"成为信阳根亲文化和河南根亲文化的知名品牌。根亲文化节的连续成功举办,不仅在海内外打响了"唐人故里、闽台祖地"的品牌,"根在中原""根在固始"成为海内外众多人士的共同心声和高度共识,吸引了众多的闽台同胞、海外侨胞前来固始寻根联谊、投资合作;更为重要的是,通过根亲文化的广泛传播,拉紧了台湾同胞、海外侨胞与大陆、与固始的血脉亲情纽带,在增强他们的民族认同方面发挥了不可替代的作用。其次,信阳市利用根亲文化的平台,进一步提高了知名度,扩大了影响力。几年的成功实践,根亲文化节已逐步成为信阳市对外开放的平台、对外宣传的平台、对外恳亲联谊和招商引资的平台、推动整体工作全面提升的平台,催生了一批根亲文化研究成果和文化节纪念书籍、宣传品、纪念品的研发生产,带动了全县文化基础设施的续建升级,促进了文化遗址、遗存和非物质文化遗产的整理、保护、开发,促进了旅游业的发展和旅游基础设施的修复建设。

(八)河南省姓氏文化研究会成长壮大

2009年5月,河南省中原姓氏历史文化研究会业务主管单位由河南省文化厅转至河南省社会科学院。2010年1月,研究会召开了2010年年会暨换届大会,会议决定将河南省中原姓氏历史文化研究会更名为河南省姓氏文化研究会,并组成了河南省姓氏文化研究会第四届理事会,林宪斋任会长,刘翔南任执行会长,张新斌、林坚、石小生、安国楼、郑强胜等人任副会长,李立新任秘书长,陈建魁等任副秘书长,学会秘书处移至河南省社会科学院历史与考古研究所。此次换届,形成了河南姓氏文化研究的骨干和核心队伍。通过几年的发展,河南省姓氏文化研究会成为在全省颇具活力的社团。2010年年初,河南省姓氏文化研究会仅有7个二级分会,到2018年6月,已发展到82个分会、5个团体会员。

改革开放后,海外华人首先寻根到福建、广东。福建省在1989年10月成立了福建省姓氏源流研究会,是国内第一家带有"姓氏"二字的省级社团组织,业务主管单位是福建省委统战部。江西省则在1992年12月,成立了江西省谱牒研究会,业务主管单位是江西科学界联合会,挂靠在江西省教育学院。

1995年河南省成立的河南省中原姓氏历史文化研究会,是除福建之外全国第二家带有"姓氏"二字的省级社团组织。陕西省则在2000年成立了陕西省姓氏文化研究会,成为国内第三家带有"姓氏"二字的省级社团组织。

河南省姓氏文化研究会的发展,一方面是姓氏寻根热潮的推动,另一方面,在研究会及其所属二级分会的宣传和联络下,河南全球华人共有精神家园的建设也取得很大成效。

宗祠是心灵的故乡。在宗祠建设方面,河南省姓氏文化研究会郑姓委员会在郑姓祖地荥阳市的盘龙山上修建了始祖殿,作为海内外郑氏宗亲回祖地谒祖之场所,2015年建成,建筑占地面积为672平方米,呈三重檐式,是当时中原地区最大的殿堂,誉称"中原第一殿"。河南省姓氏文化研究会丘姓委员会,发动天下丘姓人捐款上亿元,历经6年多的时间,于2017年在丘姓郡望地河南偃师缑氏镇邱河村建成丘氏总祠。河南潢川、濮阳、鲁山、固始、光山、鹿邑等地,也都建有较大规模的姓氏文化设施,都是河南全球华人精神家园的重要组成部分。

(九)根亲文化的讨论与思考

2008年河南信阳在多年的实践中提出了"根亲文化"的概念。对于根亲文化的内涵,张新斌在《中原寻根中的"信阳现象"——中原寻根三十年的记忆与思考》一文中,特别提到实践对于"根亲文化"的意义,他认为,"根亲文化,是在'寻根'的多年实践的基础上,在对河南'根文化'资源认识的前提下而形成的,是对根文化的最新认识"。他将河南寻根的实践理解为:"所谓'根亲',是'寻根找亲',游子来寻根,祖地主动去找亲,根亲文化表述的就是一种'寻根找亲'的特殊的文化现象。这里边包含了以河南为代表的祖根地的文化自觉,一方面主动研究,主动出击,主动联谊;另一方面,广交游子,广交朋友,让内地的中原拥抱世界。因此,'根亲文化'不仅真实地反映了寻根的最新态势走向,而且也切实反映了寻根所引发的这类现象真实的文化含义。"①

张新斌在《中原文化研究》2014年第3期发表的《根亲文化的讨论与思考》一文,对根亲文化的内涵进行了更为明白的详述:"根亲文化,与寻根文化、根文化关系密切,三者既有联系又有区别。根亲文化理念在寻根文化、根文化理念的基础之上逐步形成而非同步形成,正是反映了三者之间的联系与区别,即三者不是一个替代关系,而是一个问题的三个方面、一个潮流的三个层面。根亲文化,可以解读为以下两层含义:一是'因根而亲'。常见的词汇有'宗亲'与'乡亲',宗亲为同姓而亲,乡亲为同乡而亲,根亲则有血缘与地缘而亲的双重意义,表述的是远方游子对祖地血浓于水的文化亲情。二是'寻根找亲'。既包括了海外华人到祖地寻根,也涵盖了祖地盘点'根文化'家底,在科学论证的基础上走出去到他乡去找亲人。……综上所述,根亲文化就是立足于中华传统伦理文化重亲情、讲乡谊的基础之上,依托中原丰厚的根文化

---

① 张新斌:《中原寻根中的"信阳现象"——中原寻根三十年的记忆与思考》,《信阳师范学院学报》2012年第5期。

资源,强化中原与域外血浓于水联系所形成的'寻根找亲'的重要文化现象,是中原寻根发展实践的真实写照,是中原文化走向世界的最新态势。"

崔信生根据自己最早创造"根亲"一词及多年来对信阳根亲文化研究的经历,在2015年《寻根》第1期上发表《根亲文化的概念、内涵、发展与创新》一文,对"根亲文化"的定义和内涵进行了界定:"'根亲'的概念应当指的是姓氏同源同脉的延续,族邦同渊同宗的联谊,族群同根同缘的亲情,故土同居同食的熏染。所谓'根亲文化'就是由根亲而发生、发展的一种追族索缘、血脉相继的文化现象。狭义的根亲主要指血缘、地缘的延续,广义的根亲包括文化的传承和认同。'根亲文化'是以姓氏文化、祖根文化、移民文化、历史名人文化为主要内容的人文历史文化,……本质上是文化的追属、心理的认同和心灵的归依。""根亲文化"的内涵有五种特性:地缘性、继承性、开放性、民间性、和谐性。(陈建魁)

后　记

　　河南省社会科学院历史与考古研究所已经走过了 60 年的历程，认真进行历史回顾与前景展望，对于每一位"社科历史人"而言，都是需要重视的事情。

　　1998 年建所 40 年时，我们召开了座谈会，河南省领导和省内著名专家云集河南省社会科学院，大家对历史研究所以河南地方史研究为特色给予了高度肯定。2008 年，我们着手准备建所 50 年纪念活动时，恰逢河南省社会科学院领导班子调整，加之院庆临近，相关纪念活动未能举行。2018 年是建所 60 年，回顾一个甲子的历史考古研究历程，举办一定的纪念活动，对于以中青年研究者为主的现职团队而言，异常重要。因为，我们有必要铭记历史研究者的历史，有必要探寻嵇文甫、朱芳圃、孙海波、胡思庸、王天奖、马世之等仙逝大师的学术轨迹，薪火相传，高擎学术大旗，把河南地方历史文化研究好，永葆河南省社会科学院历史与考古研究所的学科优势。

　　举办纪念活动就需要一本书，在这个问题上大家取得了共识。这本书既要保存历史，又要展示风采、放眼未来。建所 40 年时编印的小册子，使我们知悉了早期历史的点点滴滴,所以要收存相关内容,又请大家写了一些东西,形成了目前的书稿,看其内容,还是丰富多彩的。

本书的分工如下:张新斌任主编,进行总体策划,大纲设计,框架订正,通审稿件;李乔协助主编,从事了大量的编务工作与协调工作。陈建魁、唐金培参与了相关的讨论。各部分的写作分工为:前言由张新斌、李玲玲编写;上编部分第一章第一节采自建所40年纪念小册子,第二、三节采自河南省社会科学院院志,第四节采自河南省社会科学院大事记,第五节由李玲玲编写,全章由李玲玲修改编辑;第二章第一节由历史与考古研究所现职人员提供稿件,第二节、第三节采自建所40年纪念小册子,或由个人提供补充完善相关内容,第四节采自建所40年纪念小册子,师永伟、魏淑民、章秀霞分别负责第一节、第二节、第三节稿件的收集、编辑和修改工作,第四节由魏淑民修改编辑;第三章第一节由历史与考古研究所现职人员提供稿件,第二节来自《黄河文化》相关稿件,由王建华负责编写;下编部分第一章各节分别由李龙、王建华、张玉霞、李玲玲、章秀霞撰稿,第二章各节分别由陈习刚、杨世利撰稿,第三章各节分别由张新斌、田冰撰稿,第四章各节分别由徐春燕、张佐良、魏淑民、师永伟、唐金培撰稿,第五章各节分别由程有为、李乔、陈建魁撰稿,全编由师永伟修改编辑;后记由张新斌撰写;魏淑民、师永伟承担了校对工作。

郑杰祥、萧鲁阳、程有为、丁巍对该书的出版编辑提出了许多宝贵的建议;程有为、苏丽湘提供了有价值的资料;大象出版社的李小希逐字逐句审读了全部内容,修正其中不少错误,展现出一名优秀编辑的良好素质,在此一并表示感谢!

由于时间紧迫,书中可能有遗漏与错误,希望有机会进行修正。

希望有续编,续写河南省社会科学院历史与考古研究所未来的辉煌篇章。

张新斌
2018年10月24日于党校学习之际